300만 독자가 선택한

가장 쉬운
독학 일본어 첫걸음
14,000원

가장 쉬운
독학 중국어 첫걸음
14,000원

가장 쉬운
프랑스어 첫걸음의 모든 것
17,000원

가장 쉬운
독일어 첫걸음의 모든 것
18,000원

가장 쉬운
스페인어 첫걸음의 모든 것
14,500원

버전업! 가장 쉬운
베트남어 첫걸음
16,000원

버전업! 가장 쉬운
태국어 첫걸음
16,800원

가장 쉬운
러시아어 첫걸음의 모든 것
16,000원

가장 쉬운
이탈리아어 첫걸음의 모든 것
17,500원

첫걸음 베스트 1위!

가장 쉬운
포르투갈어 첫걸음의 모든 것
18,000원

가장 쉬운
터키어 첫걸음의 모든 것
16,500원

버전업! 가장 쉬운
아랍어 첫걸음
18,500원

가장 쉬운
인도네시아어 첫걸음의 모든 것
18,500원

가장 쉬운
영어 첫걸음의 모든 것
16,500원

버전업! 굿모닝
독학 일본어 첫걸음
14,500원

가장 쉬운
중국어 첫걸음의 모든 것
14,500원

동양북스
www.dongyangbooks.com
www.dongyangtv.com
m.dongyangbooks.com

문제집

北京大学

新HSK 더 THE 모의고사

6급

북경대학 감수 | 배수진 편저

동양북스 · 北京大学出版社 PEKING UNIVERSITY PRESS

초판 인쇄 | 2016년 6월 20일
초판 발행 | 2016년 6월 25일

편저자 | 배수진
발행인 | 김태웅
총　괄 | 권혁주
편집장 | 이경숙
책임편집 | 김효수
디자인 | 차경숙
마케팅 총괄 | 나재승
마케팅 | 서재욱, 김귀찬, 왕성석, 조경현
온라인 마케팅 | 김철영, 양윤모, 탁수지
제　작 | 현대순
총　무 | 한경숙, 안서현, 최여진, 강아담
관　리 | 김훈희, 이국희, 김승훈, 이규재

발행처 | 동양북스
등　록 | 제10-806호(1993년 4월 3일)
주　소 | 서울시 마포구 동교로22길 12 (04030)
전　화 | (02)337-1737
팩　스 | (02)334-6624

http://www.dongyangbooks.com
http://www.dongyangTV.com

ISBN 979-11-5703-187-0 14720
ISBN 979-11-5703-186-3 (세트)

ⓒ 배수진, 2016

▶ 본 책은 저작권법에 의해 보호를 받는 저작물이므로 무단 전재와 복제를 금합니다.
▶ 잘못된 책은 구입처에서 교환해 드립니다.

이 도서의 국립중앙도서관 출판예정도서목록(CIP)은 서지정보유통지원시스템 홈페이지(http://seoji.go.kr)와
국가자료공동목록시스템(http://www.nl.go.kr/kolisnet)에서 이용하실 수 있습니다.
(CIP제어번호:CIP2016014738)

머리말

　新한어수평고시(新汉语水平考试, 이하 新HSK)는 중국 국가한반(中国国家汉办)이 새롭게 내놓은 권위 있는 중국어능력평가시험입니다. 新HSK 취득자는 국내 기업 취업 및 승진 시 일정의 가산점을 부여받을 수 있는 장점이 있어, 응시자 수가 해마다 증가하고 있습니다. 그뿐만 아니라 문화, 예술, 산업 등 다방면에서 중국어에 대한 수요가 증가하고 있기에, 이제 중국어는 영어 못지않게 중요한 언어가 되었습니다. 이에 수험생들이 단시간에 新HSK를 취득할 수 있도록 실제 시험과 유사한 문제들을 반복 학습함으로써 시험 합격률을 높이고, 실제 중국어 구사 능력까지 향상할 수 있게 하기 위해서 이 실전 모의고사 문제집을 만들게 되었습니다.

1 최신 개정 난이도 전격 반영!

　이 책의 집필진은 수십 년간 현장 강의 경험을 통해 매년 바뀌는 新HSK의 경향과 흐름을 파악하였고, 특히 2013년에 비해 월등히 난이도가 높아진 최근 新HSK 경향을 반영하였습니다. 출제율이 떨어지는 어휘들은 배제하였고, 최근 4~5개월 동안의 기출 경향을 담았습니다. 또한, 新HSK에 출제된 문장과 단어, 출제 특징 및 문제의 핵심 포인트를 분석하였습니다. 이를 통해 수험생들이 실제 시험과 매우 유사한 문제들로 학습하여 짧은 시간 내에 점수를 취득할 수 있게 될 것입니다.

2 응시자 눈높이에 맞춘 문제 구성

　다년간의 HSK 강의 경험을 통해 많은 수험생들이 쉽게 암기하지 못하는 어휘, 어려워하는 문장 구조들을 통계 분석하여 반영하였습니다. 눈높이에 정확히 맞춰진 문제 및 어휘들을 통해 시간 낭비 없이 최단 시간에 수험 능력을 전반적으로 향상할 수 있도록 하였습니다.

3 북경대학의 감수로 믿고 푸는 실전 모의고사

　시중에 많은 HSK 모의고사가 있지만, 권위 있는 북경대학 HSK 집필진이 감수하고 그 결과를 반영한 모의고사는 본 서가 처음이자 마지막입니다. 다년간 HSK만을 연구하고 또 문제 출제에 참여한 경험이 있는 집필진들이 직접 감수를 하여 현재 출간된 그 어떤 모의고사보다도 더 최신 출제 경향에 가까워, 본 서로 자신의 실력을 점검한 후 바로 시험장으로 갈 수 있는 단 하나의 모의고사라고 자부합니다.

　본 실전 모의고사 문제집은 최근 변화된 난이도에 근거해서 HSK 강의만 10년 해온 편저자가 수험생들의 눈높이에 맞춰 집필된 훌륭한 수험 대비서임을 자부합니다. 오랜 기간 동안 심혈을 기울여 준비한 이 실전 모의고사 시리즈가 新HSK를 준비하는 모든 수험생들에게 밝은 빛을 비춰주는 등대가 되길 바랍니다.

저자 배수진

新HSK 소개

新HSK는 국제 중국어능력 표준화 시험으로, 중국어가 모국어가 아닌 수험생의 생활·학습·업무 중 중국어를 이용하여 교제를 진행하는 능력을 중점적으로 측정한다.

1. 구성 및 용도

新HSK는 필기시험과 구술시험으로 나누어지며, 각 시험은 서로 독립되어 있다. 또한 新HSK는 ① 대학의 신입생 모집·분반·수업 면제·학점 수여, ② 기업의 인재채용 및 양성·진급, ③ 중국어 학습자의 중국어 응용능력 이해 및 향상, ④ 중국어 교육 기관의 교육 성과 파악 등의 참고 기준으로 사용할 수 있다.

필기시험	구술시험
新HSK 6급 (구 고등 HSK에 해당)	HSKK 고급
新HSK 5급 (구 초중등 HSK에 해당)	HSKK 고급
新HSK 4급 (구 초중등 HSK에 해당)	HSKK 중급
新HSK 3급 (구 기초 HSK에 해당)	HSKK 중급
新HSK 2급 (신설)	HSKK 초급
新HSK 1급 (신설)	HSKK 초급

※ 구술시험은 녹음 형식으로 이루어진다.

2. 등급

新HSK 각 등급과 〈국제 중국어 능력 기준〉, 〈유럽 언어 공통 참고규격(CEF)〉의 대응 관계는 아래와 같다.

新HSK	어휘량	국제 중국어 능력 기준	유럽 언어 공통 참고규격(CEF)
6급	5,000 이상	5급	C2
5급	2,500	5급	C1
4급	1,200	4급	B2
3급	600	3급	B1
2급	300	2급	A2
1급	150	1급	A1

新HSK 1급	매우 간단한 중국어 단어와 문장을 이해하고 사용할 수 있으며, 구체적인 의사소통 요구를 만족시키고 진일보한 중국어 능력을 구비한다.
新HSK 2급	익숙한 일상 화제에 대해 중국어로 간단하고 직접적인 교류를 할 수 있으며, 초급 중국어의 우수 수준이라 할 수 있다.
新HSK 3급	중국어로 일상생활, 학습, 업무 등 방면에서 기본 의사소통이 가능하며 중국에서 여행할 때 대부분의 의사소통이 가능하다.
新HSK 4급	비교적 넓은 영역의 화제에 대해 중국어로 토론할 수 있으며, 원어민과 비교적 유창하게 대화할 수 있다.
新HSK 5급	중국어로 신문과 잡지를 읽고 영화와 TV 프로그램을 감상할 수 있으며 중국어로 비교적 완전한 연설을 할 수 있다.
新HSK 6급	중국어로 된 정보를 가볍게 듣고 이해할 수 있으며, 구어 또는 서면어의 형식으로 자신의 견해를 유창하게 표현할 수 있다.

3. 접수

① **인터넷 접수** : HSK 홈페이지(www.hsk.or.kr)에서 접수
② **우 편 접 수** : 구비서류(응시원서 + 반명함판 사진 + 응시비 입금영수증)를 동봉하여 HSK한국사무국으로 등기 발송
③ **방 문 접 수** : 서울공자아카데미(HSK한국사무국 2층)에서 접수
  - 접수시간 평일 - 오전 9시 30분~12시, 오후 1시~5시 30분 / 토요일 - 오전 9시 30분~12시
  - 준비물 응시원서, 사진 3장(3×4cm 반명함판 칼라 사진, 최근 6개월 이내 촬영)

4. 시험 당일 준비물

수험표, 2B 연필, 지우개, 신분증

※유효한 신분증:
- 18세 이상 - 주민등록증, 운전면허증, 기간만료 전의 여권, 주민등록증 발급신청 확인서
- 18세 미만 - 기간만료 전의 여권, 청소년증, HSK 신분확인서
  주의! 학생증, 사원증, 의료보험증, 주민등록등본, 공무원증은 인정되지 않음

5. 성적 조회, 성적표 수령

시험일로부터 1개월 후 중국고시센터 홈페이지(www.hanban.org)에서 개별 성적 조회가 가능하며, 성적표 발송은 성적조회 가능일로부터 2주 후이다.

新HSK 6급

1. 新HSK 6급 소개

- **어휘 수**: 5,000개 이상
- **수 준**: 중국어로 된 정보를 가볍게 듣고 이해할 수 있으며, 구어 또는 서면어의 형식으로 자신의 견해를 유창하게 표현할 수 있다.
- **대 상**: 5,000개 또는 그 이상의 상용어휘 및 관련 어법지식을 가지고 있는 학습자를 대상으로 한다.

2. 시험 구성

시험과목	문제형식	문항 수		시간
듣기	제1부분	15	50	약 35분
	제2부분	15		
	제3부분	20		
듣기 답안지 작성				5분
독해	제1부분	10	50	50분
	제2부분	10		
	제3부분	10		
	제4부분	20		
쓰기	제1부분	1		45분
합계		101		약 135분

※ 총 시험 시간 140분(개인정보 작성 시간 5분 포함)

3. 영역별 문제 유형

듣기	제1부분 (15문제)	**단문 듣고 일치하는 내용 고르기** 단문을 듣고 들려준 내용과 일치하는 답안을 시험지에 제시된 4개의 보기 중에서 고른다. (녹음은 1번 들려준다.)
	제2부분 (15문제)	**인터뷰 듣고 질문에 답하기** 3개의 인터뷰(취재 내용)와 인터뷰당 5개의 문제로 구성된다. 인터뷰를 듣고 들려주는 문제에 알맞은 답안을 시험지에 제시된 4개의 보기 중에서 고른다. (녹음은 1번 들려준다.)

	제3부분 (20문제)	**장문 듣고 질문에 답하기** 장문과 지문당 3~4개의 문제로 구성된다. 장문을 듣고 들려주는 문제에 알맞은 답안을 시험지에 제시된 4개의 보기 중에서 고른다. (녹음은 1번 들려준다.)
독 해	제1부분 (10문제)	**틀린 문장 고르기** 한 문제당 4개의 문장이 주어진다. 4개의 문장 중 어법 또는 논리적으로 잘못된 문장을 고른다.
	제2부분 (10문제)	**빈칸에 알맞은 단어 조합 고르기** 지문마다 몇 개의 빈칸이 있다.(한 지문당 3~5개) 문맥을 파악하여 빈칸에 알맞은 단어의 조합을 보기에서 고른다.
	제3부분 (10문제)	**빈칸에 알맞은 문장 고르기** 2개의 지문과 지문당 5개의 빈칸이 있다. 문맥을 파악하여 빈칸에 알맞은 문장을 보기에서 고른다.
	제4부분 (20문제)	**장문 독해하고 질문에 답하기** 한 지문당 몇 개의 문제가 나온다. 지문을 읽고 제시된 질문에 알맞은 답을 보기에서 고른다.
쓰 기	제1문제	**장문 읽고 요약하기** 약 1,000자 분량의 지문 한 편을 읽고(제한시간 10분), 400자 내외로 요약한다(제한시간 35분). 지문을 읽는 동안 메모는 할 수 없으며, 요약문을 쓸 때에도 지문을 다시 볼 수 없다. 요약문의 제목은 스스로 정하고, 원문의 내용을 서술할 뿐 자기의 관점이 들어가서는 안 된다.

4. 성적

성적표는 듣기, 독해, 쓰기 세 영역의 점수 및 총점이 기재되며, 총점이 180점을 넘어야 합격이다.

	만점	점수
듣기	100	
독해	100	
쓰기	100	
총점	300	

※ HSK 성적은 시험일로부터 2년간 유효하다.

新HSK 성적표

 国家汉办/孔子学院总部
Hanban/Confucius Institute Headquarters

新汉语水平考试
Chinese Proficiency Test

HSK（六级）成绩报告
HSK (Level 6) Examination Score Report

姓名：_____
Name

性别：_____ 国籍：_____
Gender　　　　　Nationality

考试时间：_____ 年 _____ 月 _____ 日
Examination Date　　　Year　　Month　　Day

编号：_____
No.

	满分 (Full Score)	你的分数 (Your Score)
听力 (Listening)	100	
阅读 (Reading)	100	
书写 (Writing)	100	
总分 (Total Score)	300	

总分180分为合格（Passing Score：180）

主任 _____　国家汉办
Director　　　　　　Hanban

中国・北京
Beijing・China

차례

- 머리말　　　　　3
- 新HSK 소개　　4
- 新HSK 6급　　 6
- 新HSK 성적표　8

- 실전 모의고사 제1회 ……… 13
- 실전 모의고사 제2회 ……… 43
- 실전 모의고사 제3회 ……… 73
- 실전 모의고사 제4회 ……… 103
- 실전 모의고사 제5회 ……… 133

- 녹음 스크립트　162
- 정답　　　　　 214
- 답안지　　　　 225

新汉语水平考试

실전 모의고사

제1회

新汉语水平考试
HSK(六级)
全真模拟题 1

注 意

一、HSK（六级）分三部分：

　　1．听力(50题，约35分钟)

　　2．阅读(50题，50分钟)

　　3．书写(1题，45分钟)

二、听力结束后，有5分钟填写答题卡。

三、全部考试约140分钟(含考生填写个人信息时间5分钟)。

中国　北京　　　　　　　　　　　xxxx/xxxxxx　　编制

一、听 力

第 一 部 分

第1-15题：请选出与所听内容一致的一项。

1. A 开封被认定为夏朝都城
   B 开封是唯一的七朝古都
   C 古都学会成立时间很早
   D 夏朝是中国第四个朝代

2. A 女性爱喝糯米酒
   B 女儿红是种化妆品
   C 女儿红产于绍兴
   D 绍兴人以酿酒为主

3. A 信息过量会给人们带来困扰
   B 读热门信息要收费
   C 电脑是获取信息的主要途径
   D 人们喜欢搜集各类信息

4. A 寄信的人少
   B 纸袋保护了寄信人的隐私
   C 书店老板常替人写信
   D 书店卖邮票

5. A 空中滑板参与者众多
   B 空中滑板没有观赏性
   C 空中滑板对装备没特殊要求
   D 空中滑板很刺激

6. A 不要盲目坚持
   B 理想并非遥不可及
   C 实现理想需竭尽全力
   D 智商低的人不能认清人生方向

7. A 雪松树体矮小
   B 雪松是名贵药材
   C 雪松生长比较慢
   D 雪松具有观赏性

8. A 汽车音响对听力损伤不大
   B 开车听音乐可提神
   C 汽车音响音量不宜过高
   D 汽车音响音质更佳

9. A 原地踏步的人值得赞赏
   B 走路姿势反映人的性格
   C 走下坡路更需要勇气
   D 走上坡路能遇到更优秀的人

10. A 做事不要犹豫
    B 对待别人要严格
    C 做人要讲信用
    D 做事要适可而止

11. A 荷叶饭清淡可口
    B 荷叶茶不宜长期饮用
    C 荷叶有减肥功效
    D 荷叶富含维生素

12. A 妙峰山山势平缓
    B 妙峰山游客众多
    C 妙峰山有深厚的文化底蕴
    D 妙峰山有很多珍稀动物

13. A 岫玉最昂贵
    B 岫玉是最早被发现的玉种
    C 岫玉质地坚硬
    D 岫玉很难开采

14. A 银离子不能食用
    B 银离子能杀菌
    C 银是一种珍稀金属
    D 银离子可防辐射

15. A 二十四节气并不科学
    B 二十四节气适用范围不大
    C 二十四节气可指导农事活动
    D 二十四节气已经失传

第 二 部 分

第16-30题：请选出正确答案。

16. A 表演和故事俱佳
    B 由文学名著改编
    C 贴近生活
    D 舞台布置要好

17. A 经验丰富
    B 能胜任角色
    C 戏剧专业出身
    D 外形条件最重要

18. A 深感不安
    B 应大力提倡
    C 有一定好处
    D 有待观察

19. A 要与明星合作
    B 要保留话剧本体的东西
    C 要加大宣传力度
    D 要有自己的模式

20. A 反对话剧创新
    B 尊重话剧传统
    C 喜欢古典话剧
    D 固执自己的个性

21. A 演员年轻
    B 媒体影响大
    C 制作非常棒
    D 昆曲美学价值高

22. A 速度快
    B 简单易学
    C 有些僵硬
    D 优雅

23. A 青春版《牡丹亭》很受欢迎
    B 古典戏曲没有魅力
    C 有文化的人才能看懂戏曲
    D 很多人对《牡丹亭》褒贬不一

24. A 昆曲美学价值高
    B 制作非常棒
    C 媒体大力宣传
    D 剧本写得很好

25. A 男的很小就接触昆曲
    B 昆曲是新兴剧种
    C 男的是电影演员
    D 很多人不了解中国戏剧

26. A 会产生气泡
    B 需与别人合作
    C 不必携带装备
    D 更安全

27. A 不会游泳的
    B 协调性差的
    C 上年纪的
    D 有心血管疾病的

28. A 认识更多朋友
    B 可与自己对话
    C 和海洋动物接触
    D 提高肺活量

29. A 性情温顺
    B 容易见到
    C 长得像猫
    D 体型较小

30. A 学习难度大
    B 下水前准备工作繁多
    C 调息时需要集中精神
    D 训练费用高

第 三 部 分

第31-50题：请选出正确答案。

31. A 失去
    B 变弱
    C 增强
    D 像平时一样

32. A 想引起他人关注
    B 摆脱了人际关系的束缚
    C 周围太吵
    D 想挑战自己

33. A 使自己更清醒
    B 释放精神压力
    C 能更好地表达自己
    D 增加肺活量

34. A 国家政事
    B 耕种技术
    C 学校改革
    D 生活趣闻

35. A 大受启发
    B 十分生气
    C 非常认同
    D 特别惭愧

36. A 加固堤坝
    B 疏散人群
    C 禁止船只通行
    D 放掉些水

37. A 置之不理
    B 交由地方机构处理
    C 定期整理上报
    D 听取并改正

38. A 家中无处摆放
    B 画作是假的
    C 不满意画作
    D 画作被人诋毁

39. A 这样做会连累家人
    B 画作多以建筑为主题
    C 画作摆满了房间
    D 画作很值钱

40. A 要居安思危
    B 要重视长远利益
    C 要肯定自己
    D 要敢于接受挑战

41. A 非常奇怪
    B 值得鉴赏
    C 特别粗鲁
    D 比较幼稚

42. A 动作更加形象
    B 使诗句更押韵
    C 更显夜深人静
    D 更加简单易懂

43. A 贾岛与韩愈的友谊
    B "推敲"一词的由来
    C 贾岛学诗的趣事
    D "推敲"一词的应用

44. A 夸张
    B 时尚
    C 有依赖性
    D 合理

45. A 仿生学
    B 进化论
    C 能量守恒
    D 力学

46. A 0赫兹-20赫兹
    B 300000赫兹以上
    C 20赫兹-20000赫兹
    D 20000赫兹-300000赫兹

47. A 手机不能播放超声波
    B 电脑音响音质更好
    C 蜻蜓不能发出超声波
    D 驱蚊软件只对蚊子有效

48. A 画画儿
    B 作诗
    C 下棋
    D 练书法

49. A 制造话题
    B 想让大家安静
    C 炫耀自己的才智
    D 打发时间

50. A 大吵大闹起来
    B 继续评论作品
    C 向唐伯虎道了歉
    D 默默地离开

二、阅 读

第 一 部 分

第51-60题：请选出有语病的一项。

51. A 新疆玉石是中国玉石中的佼佼者。
    B 能源的短缺极大地限制了这座城市的经济发展。
    C 不同的人，既然站在同一个地方，看到的风景也不尽相同。
    D 由于发行量小且具有纪念意义，纪念币往往有着较高的收藏价值。

52. A 水母含水量大多在95%以上，是世界上含水量最高的生物。
    B 屏风一般陈设于室内的显著位置，起到分隔空间、挡风及装饰等。
    C 爬上山顶后，他的眼前豁然开朗。
    D 真正的幸福需要我们一点点去争取，一天天去积累。

53. A 人们在海滩上呼吸着尽情地清新空气。
    B 山楂营养丰富，其有机酸和维生素C的含量较高。
    C 赛里木湖位于新疆的北天山山脉中，是一个风光秀美的高山湖泊。
    D 尊重数据就是尊重客观事实。

54. A 矿物质水并非矿泉水，它是用自来水加工生产而成的。
    B 生活是一面镜子，你若对它愁眉苦脸，它绝不会对你从容微笑。
    C 她的事迹鼓舞了很多正在找工作的年轻人。
    D 合适的枕头有利于保持人体正常的颈椎曲度，提高睡眠长度。

55. A 有时候眼见不一定为实，因为你所看到的很可能只是事情的一部分。
    B 命运就像自己的掌纹，虽然弯弯曲曲，而且始终掌握在自己手中。
    C 比起昨天股票市场的大幅上涨，今天的收益就惨淡多了。
    D 演讲时带上稿子，主要是为了心里踏实，不一定非得照着念。

56. A 这种新型燃料轿车车型精巧，突出体现了清洁环保的理念。
    B "重温经典"系列阅读活动，对改善青少年阅读现状有着重要的意义。
    C 在船上，我们遇到了一个老同学，千万没想到他也要去那个岛。
    D 科学是反映自然、社会、思维等客观规律的知识体系。

57. A 科学研究不能急功近利，而应该脚踏实地，一步一个脚印地前进。
    B 大明宫是东方园林建筑的杰出代表，被誉为"丝绸之路上的东方圣殿"。
    C 许多人对他的成功赢得了惊异、敬佩乃至嫉妒的目光。
    D 传统画竹方法多采用直幅构图法，这样可较好地体现竹子挺拔的姿态。

58. A "地球三大生态系统"之一的湿地、森林和海洋，与人类的生存发展休戚相关，具有不可替代的重要功能。
    B 只有在没有任何功利的心态下，我们才能享受到学习的乐趣、并真正学到东西。
    C 本市首届文化创意节日前开幕，主办方推出的一系列新颖独特的活动，受到了市民和四方游客的热捧。
    D 《搜神记》是一部记录神奇怪异传说的小说集，它开创了中国古代神话小说的先河。

59. A 这幅图片表现了打扮了节日盛装的姑娘们围绕在熊熊燃烧的篝火旁载歌载舞的景象。
    B 有氧运动是以增强有氧代谢能力为目的的耐力性运动，它可以有效地锻炼呼吸系统和心血管系统。
    C 只有当劳动与兴趣，乃至理想有机地结合在一起时，人的潜能才会最大程度地发挥出来。
    D 用简单的方法烹制出美食，同时保留住食材本身的营养，这才是科学健康的饮食方式。

60. A 你留意稍微就会发现，客家人居住的村庄和其周围的庙宇、祠堂等地方，都有虬干曲枝的参天柏树。

B 一个运动员即使天赋再好，如果没有教练的悉心指导和严格训练，也难以取得优异成绩。

C 《淮南子》是西汉时期的一部论文集，书中综合了诸子百家学说的精华，对人们研究秦汉文化具有重要的参考价值。

D 大雪过后，一切都变了模样，就像冰雪皇后对这个世界施加了神奇的魔法一样。

第二部分

第61-70题：选词填空。

61. 旅行中如果步履_____，只会错过沿途美景；生活中_____不曾停下脚步，免不了与幸福擦身而过。有时候我们需要放慢脚步，用心_____生活的美好。

    A 繁忙　　果然　　感慨
    B 忙乱　　假如　　接受
    C 忙碌　　好像　　留恋
    D 匆忙　　倘若　　感受

62. 日前，科研人员发明了一种3D眼镜贴纸。这种贴纸不仅_____低廉、携带方便，而且显示效果更_____。有了它，近视的观众在看3D电影时，就不需要戴两_____眼镜了。

    A 原料　　鲜明　　幅
    B 资本　　明确　　套
    C 成本　　清晰　　副
    D 资金　　生动　　支

63. 周庄古镇_____中国江苏省。全镇房屋沿河而筑，一座座深宅大院，古色古香。此外，周庄还_____了14座各具特色的古桥，它们与两岸的宅院共同构成了一_____"小桥、流水、人家"的水乡风景画。

    A 位于　　保存　　幅
    B 遍布　　保持　　副
    C 在于　　保管　　幢
    D 分布　　保留　　枚

64. 每个人都有一双灵活的手，相比之下，脚就____得多。其实，在远古时代，人的手和脚都不灵活。后来在漫长的进化过程中，手和脚逐渐有了____的分工。手主要从事____的生产劳动，而脚主要用于____身体和走路，因此远不如手那么灵活。

    A 笨重　　　　显著　　　　精密　　　　支援
    B 迟缓　　　　确切　　　　精致　　　　支持
    C 迟钝　　　　明显　　　　精确　　　　支配
    D 笨拙　　　　明确　　　　精细　　　　支撑

65. 豆腐虽富含营养，但也不能过量食用，____是老年人更要注意，这是因为豆腐所含的植物蛋白质经过人体____后，大部分都会成为废物，由肾脏排出体外。而老年人肾脏排泄废物的____较弱，如果吃太多豆腐，势必会加重肾脏____，加速肾功能的衰退。

    A 极其　　　　吸取　　　　素质　　　　负荷
    B 格外　　　　咀嚼　　　　力量　　　　压力
    C 尤其　　　　代谢　　　　能力　　　　负担
    D 难怪　　　　吸收　　　　品质　　　　责任

66. 水洗纸____就是一种可水洗的纸。它的原料——天然纤维浆，不含任何有害物质，可____使用，因此它是一种低碳环保材质。目前，水洗纸已被____用于制作大型手提袋、服装吊牌和____记事本封面等。

    A 顾名思义　　循环　　　　广泛　　　　高档
    B 名副其实　　往返　　　　普遍　　　　精致
    C 众所周知　　持续　　　　明显　　　　华丽
    D 归根到底　　重复　　　　广阔　　　　高级

67. 研究者在对乒乓球和拳击比赛研究后发现，身穿红色运动服的运动员比赛____更大。研究者解释说，人在____时会面红耳赤，于是，红色便被下意识地跟攻击性____在了一起，所以红色运动服能对对手形成心理____。

   A 输赢   挑衅   联络   恐吓
   B 胜负   害羞   联合   示威
   C 胜算   发怒   联系   威慑
   D 成功   拼命   联想   畏惧

68. 明前茶泛指清明节前采摘的茶叶。这样的茶叶经过一个冬天的____，芽叶细嫩，味道____。但由于清明前气温较低，茶发芽____有限，且生长速度较慢，能达到采摘____的很少，所以有"明前茶，贵如金"之说。

   A 滋养   清新   数量   标准
   B 培养   清淡   分量   规定
   C 保养   清晰   数字   条约
   D 滋润   清澈   数额   原则

69. 斯佩里神经生理学的重要发现告诉人们：人脑的左半球主管抽象思维，右半球则____形象思维和灵感思维。____生活中，大约90%的人习惯用左脑思考，只有10%的人善于用右脑思考。其实，只有善于同时____左右脑思考的人，才具有较高的____能力。

   A 负担   平常   发动   发明
   B 承担   普通   调动   开发
   C 担任   平淡   应用   创新
   D 负责   日常   运用   创造

70. 彩陶最早出现于新石器时代。最____的当属河南仰韶村出土的、距今已有5000到7000年历史的彩陶。它是仰韶文化的____，因此仰韶文化又有"彩陶文化"的____。彩陶既是当时的生活____，又是____的艺术品，堪称中华民族的瑰宝。

A	显著	象征	名誉	家具	惟妙惟肖
B	经典	表现	称号	玩具	精益求精
C	著名	代表	盛誉	用具	精美绝伦
D	杰出	记号	名牌	工具	难能可贵

第 三 部 分

第71-80题：选句填空。

71-75.

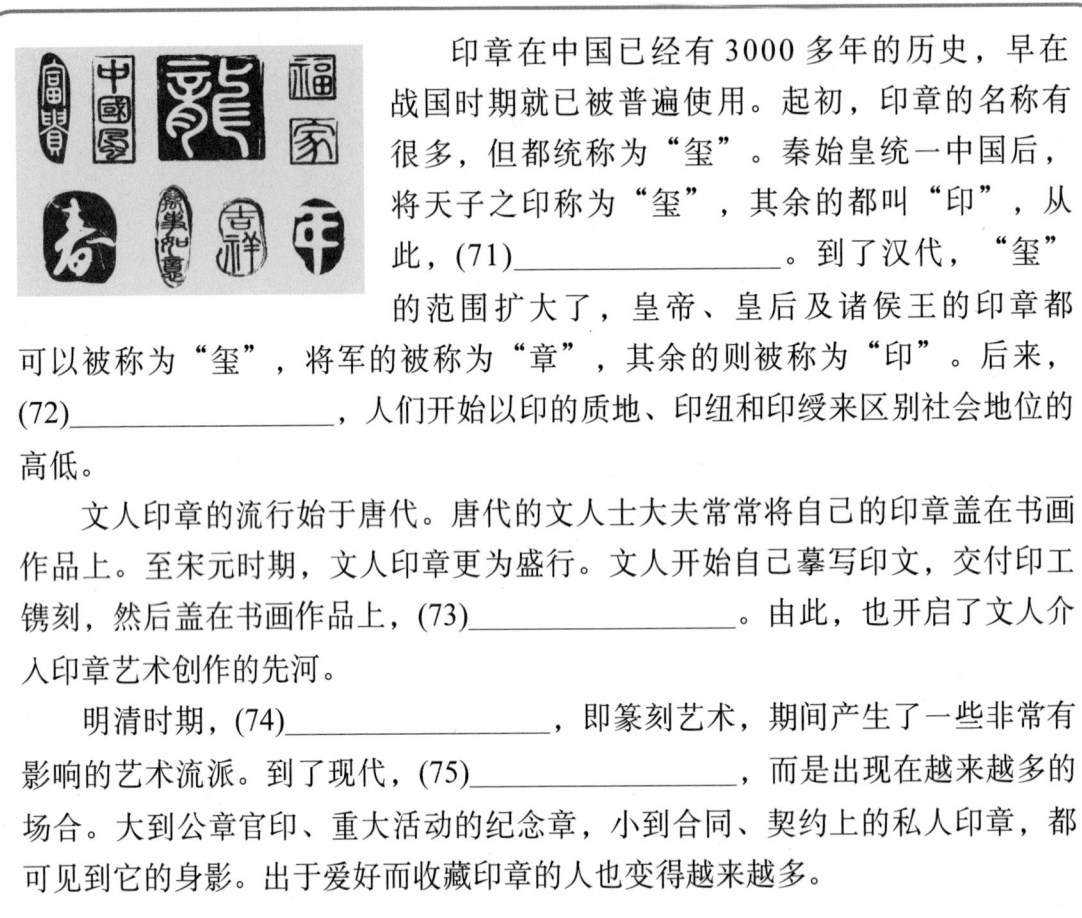

印章在中国已经有3000多年的历史，早在战国时期就已被普遍使用。起初，印章的名称有很多，但都统称为"玺"。秦始皇统一中国后，将天子之印称为"玺"，其余的都叫"印"，从此，(71)_____。到了汉代，"玺"的范围扩大了，皇帝、皇后及诸侯王的印章都可以被称为"玺"，将军的被称为"章"，其余的则被称为"印"。后来，(72)_____，人们开始以印的质地、印纽和印绶来区别社会地位的高低。

文人印章的流行始于唐代。唐代的文人士大夫常常将自己的印章盖在书画作品上。至宋元时期，文人印章更为盛行。文人开始自己摹写印文，交付印工镌刻，然后盖在书画作品上，(73)_____。由此，也开启了文人介入印章艺术创作的先河。

明清时期，(74)_____，即篆刻艺术，期间产生了一些非常有影响的艺术流派。到了现代，(75)_____，而是出现在越来越多的场合。大到公章官印、重大活动的纪念章，小到合同、契约上的私人印章，都可见到它的身影。出于爱好而收藏印章的人也变得越来越多。

A 书法篆刻的应用已不仅仅局限于诗画作品

B 使印与诗文书画合为一体

C "玺"成为了权力的象征

D 随着印章文化的发展与丰富

E 印文的摹写与镌刻发展成为一门独特的艺术

76-80.

心理学家认为，暗示有着不可思议的力量。(76)_____，从而影响人的某些生理功能、健康状况和工作能力。

《世说新语》里有这样一则故事。一次，曹操领兵出征走错了路，一直找不到水。士兵们渴得嗓子都快冒烟了。曹操见状，便指着前方对士兵们说，前面有一大片梅林。士兵们一听，便联想到梅子的酸味，顿时流出口水，(77)_____。于是，队伍士气大振，又继续向前走了几十里路，终于找到了水源。这就是家喻户晓的"望梅止渴"的故事。曹操利用语言暗示，达到了给士兵解渴的效果，稳定了军心。这种暗示在心理学上被称为"他暗示"。

语言不仅对他人有暗示作用，(78)_____。当你渴得厉害时，如果心里想着前面就有卖水的，也能起到暂时缓解口渴的作用。这在心理学上被称为"自我暗示"。自我暗示的用处很多，范围也很广，只是开始时，(79)_____。这不奇怪，因为人的心理并不是一下子就能改变的。自我暗示发挥作用也需要一个过程，但只要我们持之以恒，不断给自己积极的心理暗示，(80)_____。

A 暗示会使人的心境、兴趣和情绪等发生变化

B 就一定可以将心态调整到最佳状态

C 还有自我暗示的功能

D 效果往往不够明显

E 也不感到那么渴了

第四部分

第81-100题：请选出正确答案。

81-84.

在大型超市购物时，消费者往往会购买一些原本没打算买的东西。这难道是因为消费者的购物冲动吗？原因并没那么简单。这其实跟超市商品的摆放有着很大的关系。

超市商品的摆放，看似毫无规律，实则暗藏玄机。超市在推崇消费者"自选"的同时，会利用商品的特殊摆放来引导消费者购物。例如，某些超市为了将相对陈旧的商品优先销售出去，会把最新的商品摆在货架里面，而把出厂日期较早的商品摆在最外面。

利用位置优势推销商品是超市常用的一种营销策略。据业内人士介绍，超市的货架从上到下一般分为上段、黄金段、中段和下段4大段位。与顾客视线平行的位置即所谓的黄金段，齐腰的位置算是中段。黄金段与中段是最能吸引消费者的段位，也是商家最看好的位置。一般来说，超市会把利润较大的商品、自有品牌商品或独家代理商品，以及消费者选购较多的商品摆放在黄金段和中段；而价格相对低廉，或是进入衰退期的商品则多被放在下段。另一方面，同一系列的商品在摆放时，往往呈纵向陈列，这样，消费者站在货架旁边时，就能一目了然地看到货架上所有的相关商品。

另外，超市还会不定期地举行促销活动。促销商品往往被分散在超市内的多个促销展位上，并用红色或黄色等颜色比较鲜艳的牌子予以标示，以吸引消费者的关注，提高该商品的销售量。

81. 为什么有些超市会将最新的商品放在货架最里面？
    A 想先卖掉陈旧商品
    B 还未定价
    C 应厂家要求
    D 为了保鲜

82. 关于货架的黄金段，下列哪项正确？
    A 不受商家重视
    B 位置最有利
    C 利用率低
    D 多摆放贵重饰品

83. 促销牌子多用鲜艳的颜色是为了：
    A 提醒收银员
    B 引起消费者关注
    C 营造节日气氛
    D 使超市变得更加明亮

84. 最适合做上文标题的是：
    A 如何买到物美价廉的商品
    B 超市装修与商品销量的关系
    C 超市商品摆放的秘密
    D 冲动购物与理性消费

女书是记录湖南江永、道县等地方言的一种文字，因其只在妇女中流传使用，男人不识，故称女书。女书于20世纪80年代被发现，这一消息一经公布，就震惊了中外。这是迄今为止世界上唯一的女性文字。它的发现被中外学者称为"中国文字史上的奇迹"。

女书的字形与汉字相似，但又有不同之处。女书字形倾斜，略呈菱形，笔画纤细飞扬，自由舒畅，因而当地妇女也叫它"长脚文"。其书写方式与中国古代文字的书写方式相同：上下留白，行文自上而下，走形从右至左，通篇没有标点符号。另外，女书仅有点、竖、斜、弧4种笔画。据统计，女书约有2000个单音字，它们几乎能应对日常生活的各个方面。

严格来讲，女书应该叫女字，用这种文字写成的作品才叫女书。女书作品几乎都是诗歌，主要为七言诗，少数为五言诗，一般书写在精致的宣纸、扇面或布帕上。其作品用途多样，不仅可以用于女子间通信，记录出嫁、结拜、祭祀和悼念等活动，还可以用来记录历史上的大事件。一些中国民间故事，如《肖氏女》、《三姑记》等也被她们翻译成了女书唱本，在当地妇女中传唱。

女书的使用者、欣赏者乃至创造者都是普通女性，传承也是由母亲传给女儿，上辈传下辈，传女不传男。但令人遗憾的是，由于经费、人力等多方面的原因，女书资料的收集和整理工作愈加困难，女书作品散失严重，再加上现在能阅读和书写女书的人越来越少，女书已濒于绝境，它的光辉似乎被尘封在了古老的岁月里。

85. 根据第1段，这种文字为什么叫"女书"？

    A 只在女性间流传使用

    B 最早的发现者是女性

    C 发明的第一个字是"女"

    D 记录的内容都是关于女性的

86. 女书的字形有什么特点？

    A 为椭圆形

    B 与女性形体相似

    C 棱角分明

    D 细长倾斜

87. 第3段主要谈的是：

    A 女书的用途

    B 女书的书写步骤

    C 女书对诗歌的影响

    D 女书的演变

88. 根据第4段，令人遗憾的事情是什么？

    A 女书难以应付现代生活

    B 女书传女不传男

    C 关注女书的人越来越少

    D 女书面临消失的危险

一个团队中难免会有人犯错。如果你是团队领导，员工出错了你会怎么办？是等他自己醒悟，还是毫不留情地指出他的错误？性格直率的领导往往会选择后者，但这样可能会在无形中挫伤员工的工作积极性，甚至影响整个团队的工作效率。

人力资源专家建议，身为团队领导，你首先要在全体会议等公开场合反复强调团队原则，包括做事方式与底线，通过不断强调，将员工犯错的概率降到最低。

如果发现员工依然会犯错，那你就需要找他进行一对一的交流了。当面交谈要比通过邮件、短信等间接交流方式效果好得多，也能更清楚地传达你的意思。面谈的地点可以选在自己的办公室，但最好别去会议室，因为就算会议室只有你们两个人，也会让员工觉得太过正式而感到压抑。

当给予员工负面反馈的时候，你首先要保持客观与平和的态度。无论员工犯的是何种错误、他对你是什么态度，永远要记住对事不对人，就事论事，不要上升到对员工个人的抱怨。当然，你也不要觉得作为领导，自己就是团队的权威，员工应无条件服从。这样的做法只会令员工反感。

另外，交流时应直奔主题，尽量将自己的意思说透，让员工明确知道哪里需要改正。当然，直截了当并不意味着可以毫无保留地一吐为快，领导同样也要照顾员工的情绪。在任何情况下，对员工做出的负面反馈都不应该以破坏合作，甚至影响团队为代价。

反馈完了就行了吗？如何检验你给出的负面反馈是否有效呢？人力资源专家认为，最好将此落实到书面形式上，以确保执行力。如果与员工进行的是重要谈话，那么一定要让他给你写一个书面总结。之后，还要对其工作进行跟踪、了解，比如对其所做的某件事、某个任务的计划、进程等一直跟踪，直到处理完毕为止。

89. 毫不留情地指出员工的错误会:
    A 提高团队的工作效率
    B 帮他们更快改正
    C 树立领导的权威
    D 挫伤他们的工作积极性

90. 领导不断强调团队原则是为了:
    A 给员工施加压力
    B 减少不必要的财务损失
    C 降低员工犯错几率
    D 增强团队凝聚力

91. 下列哪项不是与员工进行面谈时需要注意的?
    A 不要抱怨
    B 心态要客观
    C 交流要直接
    D 选择正式的谈话场合

92. 最后一段主要谈的是:
    A 工作总结的格式要求
    B 怎样帮助员工完成任务
    C 如何检验负面反馈是否有效
    D 负面反馈对员工的心理影响

93-96.

人们总说"柔情似水",水在人们印象中历来以"温柔"著称。我们平时看到的水似乎总是毫无冲击力,这是由于它处于静止状态或流速缓慢的缘故。随着科技的迅速发展,人们已经有办法使看似柔弱无力的水一反常态,变得坚硬起来。

早在20世纪80年代,科学家就已经研发出一项新的加工技术——高压水射流切割技术,人们形象地称之为"水刀"。其实,水刀就是一束很细的高压水射流。当人们迫使水以超过声速的速度通过极小的喷嘴时,聚集而成的高压水射流就具有了切割多种材料的能力。水喷射而出时的压强在50兆帕以上,相当于在一平方毫米的面积上放5千克物体所产生的压强。

这种超声速的水流射到被加工材料的瞬间,由于突然受到阻碍,其速度会急剧下降,而压力却骤然增加,顷刻间就会产生巨大的冲击力,使被加工的部位发生脆性断裂,从而达到对材料进行切割的目的。假如在水中掺入硅石等磨削材料,水射流的切割能力还会成倍增加,并且切割效果明显优于金属刀具。

此外,用水刀还可以加工金属刀具无法加工的复杂型面和沿任意曲线切开的零部件,而且加工过的工件切口整齐光滑,没有粗糙的边缘、分层、撕扯或变形等问题。同时,在加工过程中,水刀所引起的振动和噪声都很小,哪怕产生少量切屑也会随水流走,不会出现切屑飞扬的情况,且工作过程中产生的热量也几乎可以全部被水带走。另外,水刀还有一个突出的优点,那就是它不存在刀具磨损的问题,并且用过的水可以回收再利用,这样又达到了节约用水的目的,真可谓一举两得。

93. 根据第1段，水给人们的印象是：
    A 汹涌澎湃
    B 坚硬
    C 柔弱无力
    D 纯净

94. 水刀的实质是什么？
    A 金属刀具
    B 高压水射流
    C 硅石磨削材料
    D 超低速水流

95. 第3段主要谈的是什么？
    A 使用水刀的注意事项
    B 水刀的制作过程
    C 水刀的工作原理
    D 水刀的应用领域

96. 下列哪项是水刀的优点？
    A 省电
    B 轻巧
    C 操作简单
    D 工作时产生的热量低

梨汁、苹果汁和香蕉汁等果汁都很容易变色。变色后不仅颜色难看，而且味道也会受影响。怎样才能使它们不变色呢？不妨往里面加点儿柠檬汁。

果蔬中或多或少都含有多酚化合物，去皮之后，这些化合物就暴露在空气中，被氧化生成醌化合物很容易相互作用生成褐色素，使食物变色。而柠檬汁中含有大量的抗坏血酸，添加到果蔬汁里，会迅速氧化，从而消耗掉多酚周围的氧气，使多酚免受氧气的攻击，保持果蔬新鲜的颜色。

在食品工业中，人们根据柠檬汁的作用机理，在果蔬汁中添加了抗坏血酸，以保持其外观和风味。此外，人们也会在肉类制品中加入抗坏血酸。因为肉中的油脂氧化时会释放出难闻的气味，而抗坏血酸的加入，可以防止油脂被氧化，保持肉的新鲜。

此外，抗坏血酸被氧化后会生成脱氧抗坏血酸，这些脱氧抗坏血酸易与氢原子发生反应。人们利用这一特性，在面粉中加入抗坏血酸，以增加面团韧性。这是因为面粉中的谷胶蛋白含有许多巯基——由一个硫原子和一个氢原子组成的原子团。当我们揉面时，巯基中的氢原子会被脱氧抗坏血酸"夺走"，而剩下的硫原子就会两两相连形成二硫键。当大量的二硫键产生后，面团中的谷胶蛋白就会组成一个巨大的网络，从而让面食更筋道。

大多数的食品添加剂本身并没有营养，它们的存在只是为了改善食品的风味、口感以及增加食品的稳定性。但抗坏血酸并不属于这个"大多数"。虽然作为食品添加剂时，它通常被叫做"抗坏血酸"，但它本身也是人体所需要的营养成分之一——维生素C。维生素C不稳定，光照、加热或与空气、金属容器接触等，都会使它失去活性。但正是由于这种不稳定性，才使维生素C具有良好的抗氧化性。它进入人体后，可以保护细胞免受氧化损伤；添加到食品中时，又可先被氧化，从而保持食品中其它成分的稳定。

97. 果蔬中的多酚化合物暴露在空气中会使食物:
    A 变酸
    B 变干
    C 变色
    D 腐烂

98. 为什么肉类制品会释放出难闻的气味?
    A 细菌滋生
    B 存放方法不当
    C 添加了化学成分
    D 油脂被氧化了

99. 在面粉中加入抗坏血酸可以:
    A 让面团变软
    B 使面食更易消化
    C 增加面团韧性
    D 缩短面团的发酵时间

100. 抗坏血酸与大多数食品添加剂的不同之处在于:
    A 有营养价值
    B 稳定性强
    C 能令食物口感更好
    D 不易被人体吸收

三、书 写

第101题：缩写。

> (1) 仔细阅读下面这篇文章，时间为10分钟，阅读时不能抄写、记录。
> (2) 10分钟后，监考收回阅读材料，请你将这篇文章缩写成一篇短文，时间为35分钟。
> (3) 标题自拟。只需复述文章内容，不需加入自己的观点。
> (4) 字数为400左右。
> (5) 请把作文直接写在答题卡上。

相传杜康受黄帝之命负责粮食生产工作，他对此事尽心尽力。那时，土地肥沃，风调雨顺，年年丰收，粮食越来越多。但因为没有仓库，杜康只得把收获的粮食堆放在山洞里。但山洞阴暗潮湿，时间一长，存放的粮食全都发霉了。黄帝知道这件事后，非常生气，降了杜康的官职，让他去保管粮食。杜康由一个负责粮食生产的大臣，一下子降成了粮食保管员，心里十分难过。他暗下决心，一定要把保管粮食这件事做好。

有一天，杜康在一片树林里发现了几颗枯死的大树，这些大树的树冠都没了，只剩下空心的树干。他灵机一动，心想：假如把粮食都装在空空的树干里，应该不会发霉了吧？杜康把这个想法告诉了大家，大家都觉得这个办法不错。于是，他们把树林里枯死了的大树都修整了一番，然后把收获的粮食全部装了进去。

这个保管粮食的方法差不多用了两年。一天，杜康去树林里查看粮食的保管情况，突然发现一棵装有粮食的枯树周围躺着山羊和兔子等动物。起初他以为这些动物是病死在那里的，可走近一看，却发现它们还活着，只是在睡大觉而已。当他正在纳闷是怎么一回事时，却发现又有两只山羊走到另外一棵装有粮食的枯树前舔起树根来。这两只山羊舔了一阵儿后，跌跌撞撞地走了两步，便倒在地上。

杜康连忙跑过去仔细查看树根。原来装粮食的枯树正不断地往外渗水，这些动物可能就是舔了这些水才睡着的。杜康一闻，发现渗出的水气味芳香，便不由得尝了一口。虽然味道有些辛辣，但他觉得特别好喝，于是又忍不住喝了几口。这一喝不要紧，一会儿工夫他就觉得天旋地转，竟然也倒下睡着了。

当他醒来时，天都已经黑了。不知是睡了一觉，还是因为喝了这香浓的水的缘故，杜康觉得精神饱满，浑身是劲儿。他顺手摘下系在腰间的葫芦，装了一些水带了回去。

杜康回去后把他所经历的一切，向大家讲述了一遍，又把带回的水让他们品尝，人们都觉得此事很稀奇。有人提出赶快把此事报告给黄帝，但有人却不同意，怕黄帝再次怪罪杜康保管粮食不力。杜康说："事到如今，不管是好是坏，绝不能瞒着黄帝。"说完，他便提着那个葫芦去见黄帝了。

黄帝听完杜康的汇报，又品尝了他带来的水，便立刻召来各位大臣商议此事。大臣一致认为是粮食的元气化成的。因此，黄帝命杜康继续观察这种水是否有毒。在确定这种水可以饮用后，黄帝又命大臣们给这种水起个名字，有位大臣把它命名为"酒"。于是，"酒"便诞生了。后来，人们为了纪念杜康，便尊称他为"酿酒始祖"，他的名字也成为了美酒的代称。

新汉语水平考试

실전 모의고사

제2회

新汉语水平考试
HSK（六级）
全真模拟题 2

注　意

一、HSK（六级）分三部分：

　　1．听力(50题，约35分钟)

　　2．阅读(50题，50分钟)

　　3．书写(1题，45分钟)

二、听力结束后，有5分钟填写答题卡。

三、全部考试约140分钟(含考生填写个人信息时间5分钟)。

中国　北京　　　　　　　　　　XXXX/XXXXXX　编制

一、听 力

第 一 部 分

第 1-15 题：请选出与所听内容一致的一项。

1. A 长寿面很宽
   B 除夕时要吃长寿面
   C 长寿面寓意富贵
   D 吃长寿面的习俗始于汉代

2. A 蝴蝶兰颜色淡雅
   B 蝴蝶兰香气迷人
   C 蝴蝶兰花姿优美
   D 蝴蝶兰会跳舞

3. A 健康是幸福的基础
   B 幸福感与心态有关
   C 压力大的人幸福感低
   D 幸福有明确定义

4. A 鳞片能帮助蛇保暖
   B 鳞片可辅助蛇爬行
   C 蛇的药用价值极高
   D 蛇的脚从没全退化

5. A 黑西红柿产量低
   B 黑西红柿对人体有益
   C 黑西红柿易保存
   D 黑西红柿的枝叶是黑色的

6. A 责任感很重要
   B 逃避不能解决问题
   C 要有长远眼光
   D 有责任感的人脾气大

7. A 火把节禁止赛马
   B 火把节近些年才流行起来
   C 火把节是彝族独有的节日
   D 火把节多在农历六月举行

8. A 应多征求别人意见
   B 要敢于承认错误
   C 做决定时要谨慎
   D 不可避免自己的决定

9. A 听音乐会分散精力
   B 听音乐能减轻运动时的疲劳
   C 每天应进行适量运动
   D 随音乐运动会降低耐力

10. A 科学家已找到替代能源
    B 化石燃料污染大气
    C 全球能源需求逐年下降
    D 化石燃料面临枯竭

11. A 极限运动对身体素质要求不高
    B 极限运动追求超越自我
    C 极限运动处于起步阶段
    D 极限运动不存在危险

12. A 心态影响成败
    B 输赢并不重要
    C 要重视与他人的差异
    D 细节决定胜负

13. A 植物靠根茎吸取养分
    B 植物在湿热环境下更喜午睡
    C 植物午睡可减少水分流失
    D 植物午睡可加速光合作用

14. A 八大处山势较高
    B 八大处是健身的理想场所
    C 八大处是座寺庙
    D 八大处冬季不开放

15. A 成功需要专注
    B 做决定时要慎重
    C 要多听听别人的意见
    D 不要急于求成

第 二 部 分

第 16-30 题：请选出正确答案。

16. A 获得满足感大
    B 市场需求很大
    C 对专业要求不高
    D 能开阔眼界

17. A 不便携带
    B 不宜存放
    C 效率较低
    D 清晰度低

18. A 损害了他的权益
    B 无所谓
    C 有积极影响
    D 感到惭愧

19. A 有创意
    B 敢于尝试
    C 善于倾听
    D 有效力

20. A 很看重研究
    B 急于求成
    C 不在乎别人的看法
    D 做事执着

21. A 是绘画的基础
    B 应临摹著名大师的作品
    C 可以激发灵感
    D 限制画家的创新意识

22. A 笔墨凝练
    B 讲究写意
    C 构图工整
    D 色彩明快淡雅

23. A 画家性格
    B 别人评价
    C 流行趋势
    D 客户需求

24. A 修身养性
    B 仔细观察生活
    C 向其他画家请教
    D 多亲近自然

25. A 要举办画展
    B 要创作曲或舞的诗词
    C 喜欢含蓄的画风
    D 认为绘画要有感而发

26. A 材料价格
    B 房间格局
    C 木材品质
    D 客户需求

27. A 制作
    B 选材
    C 展示
    D 设计

28. A 木材使用年限
    B 木材硬度
    C 家具类型
    D 房屋装修风格

29. A 使木材表面的粗糙度降低
    B 增加木材香味
    C 确保木材性能稳定
    D 防止虫蛀

30. A 喜欢用稀有木材
    B 从小就对家具制造感兴趣
    C 不善于与别人打交道
    D 种过树

第 三 部 分

第31-50题：请选出正确答案。

31. A 不畏严寒
    B 多长在悬崖边
    C 枝叶紧密相连
    D 成片生长

32. A 利于呼吸
    B 便于迁移
    C 利于接收光照
    D 便于吸收水分

33. A 要勇于面对困难
    B 要学会因地制宜
    C 不要相信别人
    D 成功要学会"借力"

34. A 加量饮料卖得好
    B 具有广告效应
    C 结果与预期不符
    D 消费者喜欢讨价还价

35. A 数字越大越优惠
    B 名牌产品更可信
    C 一分价钱一分货
    D 促销商品更划算

36. A 要学会计算
    B 要懂得投资
    C 要节约
    D 做事要有条理

37. A 饮料利润高
    B 要懂得知足常乐
    C 增数盲点很普遍
    D 购物不要货比三家

38. A 依附地表植被
    B 需水量很少
    C 发芽速度快
    D 根系很发达

39. A 叶面宽
    B 可防风固沙
    C 高度可达15米
    D 多长在潮湿地带

40. A 要有长期计划
    B 要及时抓住机遇
    C 要承担责任
    D 要乐观面对人生

41. A 改变
    B 自由
    C 灵敏
    D 整齐

42. A 对称才会产生美
    B 自然界不存在完全对称
    C 不对称有偶然性
    D 对称是一种正常现象

43. A 生物进化速度不一
    B 细胞内原生质不对称
    C 外力作用
    D 细胞变异

44. A 广受欢迎
    B 足球里面没有科学道理
    C 源于欧洲
    D 球的冲击力大

45. A 无规律可循
    B 球的冲击力大
    C 守门员的反应时间不够
    D 罚球点离球门远

46. A 罚球运动员的表情
    B 球的行进路线
    C 风向
    D 预感

47. A 有可能发挥失常
    B 与队友合作密切
    C 熟知守门员扑球规律
    D 在球队中技术最棒

48. A 顽强的意志与合作精神
    B 比赛技巧
    C 队友的竞争
    D 整齐划一的动作

49. A 客观条件多变
    B 只适用于体育运动
    C 只有坚持对的才能胜利
    D 多数与事实不符

50. A 成功有时要靠运气
    B 拔河结果与绳子长短有关
    C 要有自己的想法
    D 拔河双方人数相同

二、阅 读

第 一 部 分

第51-60题：请选出有语病的一项。

51. A 岸边的华灯倒映在湖中，比如无数银蛇在游动。
    B 《皇帝内径》是中国现存最早的一部医学经典著作。
    C 今年风调雨顺，庄稼一定会有个好收成。
    D 人的心就像一个容器，装的快乐多了，烦恼自然就少了。

52. A 长江江豚是国家二级保护动物，被誉为"水中大熊猫"的称号。
    B 世上本没有路，走的人多了，便变成了路。
    C 一到夏天就会有很多人来什刹海消夏避暑。
    D 经朋友引荐，我终于见到了这位在学术上卓有成就的老前辈。

53. A 50%的受访者表示，低价是他们选择网购的首要原因。
    B 秦淮河是南京古老文明的摇篮，在历史上极负盛名。
    C 能源的短缺极大地限制了这座城市的经济发展。
    D 热带雨林树木繁杂且品种繁茂，是地球上过半数动植物的栖居场所。

54. A 公园里到处可以听到悦耳的乌鸦和盛开的鲜花。
    B 今年世界无线电日的主题是"珍惜频谱资源，保护电磁环境"。
    C 单电相机因时尚的外形和出色的画质，正逐渐成为专业相机市场的新宠。
    D 每个人都有缺点，但不是每个人都能做到客观、公正地评价自己

55. A 对于公司人才闲置的现象，王经理至今还没有拿出一个有效的解决方案。
    B 幼儿园里的奇幻魔术表演遭到了许多小朋友的掌声。
    C 这种新型抗癌药能有效降低结肠癌的复发率。
    D 海浪拍打着礁石，激起了洁白晶莹的水花。

56. A 她说话总是慢条斯理，做事也不慌不忙。
    B 有位哲学家曾说："三样东西有助于缓解生活的辛劳：希望、睡眠和笑。"
    C 紫罗兰除了具有观赏性，还有清热解毒和美白祛斑的功效。
    D 要实现梦想，宁可下一百次决心，也要付诸一次行动。

57. A 岩画在中国南北方均有分布，其内容多为狩猎、战争等为主。
    B 学习的最终目的是学会思考并具有独立的判断能力。
    C 今年5月至8月，海淀博物馆展出了来自颐和园的60多件家具。
    D 生活绝不可能一帆风顺，遇到挫折或处于低谷时，自信和乐观尤为重要。

58. A 光年是指光在真空中沿直线传播一年的距离，它是长度单位，一般用来衡量天体间的距离。
    B 为了保护文化遗址的考虑，余杭良渚文化遗址的大部分区域仍处于未发掘状态。
    C 人们都说"猫是老鼠的天敌"，但有些养尊处优的猫早已把抓老鼠的本领忘得一干二净了。
    D 松岙镇充分发挥地理和生态优势，全力打造"海洋科技新城"和"休闲度假名镇"。

59. A 梅花象征着中华民族不屈不挠、坚强乐观的品格，因此，咏梅也成为了中国诗歌的传统题材。
    B 每当回忆起和他朝夕相处的日子，他那和蔼可亲的模样总会浮现在我的眼前。
    C 鲜柠檬维生素含量极高，能防止和增长皮肤色素沉着，是天然的美容佳品。
    D 幽默的语言不仅能缓和尴尬的场面、消除人们的拘谨和不安，还能调解小小的矛盾。

60. A 吃过饭后，血液会集中供向消化系统，从而导致流向大脑的血流量减少，大脑兴奋性比较降低很多，因此饭后人常常会犯困。

B 到了黄果树瀑布而不进水帘洞，就不算真正领略了黄果树瀑布的雄奇和壮观。

C 一项关于百岁老人的研究发现，亲密的朋友关系与和谐的家庭氛围是人长寿的秘诀。

D 《牛郎织女》、《孟姜女》、《梁山伯与祝英台》与《白蛇传》被称为中国四大民间传说。

第二部分

第61-70题：选词填空。

61. 路的重要性不但在于其功能意义，还在于它的____意义。老路____的是一种古老的生活方式，____着某种古老的价值观。走在老路上，你____会停下脚步，慢慢回味与思考过往。

    A 审查　　发言　　包围　　常常
    B 审判　　象征　　围绕　　不止
    C 审理　　预兆　　包括　　不免
    D 审美　　代表　　包含　　不禁

62. 口技是古老的民间表演艺术，也是中国文化艺术的____遗产。口技表演者多隐藏在布幔或屏风后边，用嘴____出各种声音，如火车声、鸟鸣声等，使听者产生____的感觉。

    A 珍贵　　仿造　　恰到好处
    B 稀有　　效仿　　莫名其妙
    C 宝贵　　模仿　　身临其境
    D 贵重　　模拟　　喜闻乐见

63. 一____研究指出，幸福感很大程度上是由大脑中的一种基因——血清素决定的。由于每个人体内的这种基因____都不同，人们对生活的满意程度也不同，因此科学家把这种基因____做"幸福感基因"。

    A 项　　结构　　称
    B 行　　状态　　喊
    C 列　　形状　　诵
    D 份　　比例　　念

64. 纪录片是一种以真实生活为____素材，以真人真事为表现对象，并用真实来____人们思考的电影或电视艺术，它的____是展现真实。因此，纪录片对再现历史与人类文化生活有着重要的意义。

A	写作	开发	根源
B	创作	引发	本质
C	创立	引导	核心
D	塑造	启发	标志

65. 啤酒盖儿最初的锯齿数并不____，后来，设计者为了能快速打开瓶盖儿，不断对锯齿设计进行了____。其主要____有两个：一是密封性，二是咬合度。也就是说瓶盖儿既要____与瓶口的接触面积，增加摩擦力，又要方便开瓶，而21个锯齿正是这两个要求的最佳折中。

A	固定	修改	依据	保证
B	稳定	修复	收据	保留
C	坚固	改良	证据	证实
D	坚定	改正	数据	保障

66. 强迫症是以反复持久的强迫观念或强迫动作为主要____的病症。有这种症状的病人明知自己的某种想法或做法不必要，但却无法____而反复地想或做。这种明知不____，但又无法摆脱的状态往往使病人感到非常____。

A	目标	操纵	切实	苦涩
B	体现	支配	适宜	悲哀
C	象征	限制	恰当	艰苦
D	表现	控制	合理	痛苦

67. "驴友"一词源自网络，是对户外运动或自助旅行爱好者的称呼，____指经常参加一般性探险、爬山等活动的爱好者。因为"驴"和"旅"____，且驴子能驮重物，____，所以，这一称呼也让旅游爱好者感到很____。

    A 大致　　类似　　任劳任怨　　自满
    B 格外　　相似　　任重道远　　欣慰
    C 极其　　相同　　苦尽甘来　　骄傲
    D 尤其　　谐音　　吃苦耐劳　　自豪

68. 荣宝斋木版水印是根据画稿笔迹的粗细长短、曲直方圆、刚柔枯润____分版____勾摹，再刻成若干板块，____原作叠印的。它是一种纯手工的印刷工艺，追求传统书画的笔墨和神采，是雕版印刷技术中的一项____技艺。

    A 实行　　对比　　归还　　卓越
    B 履行　　参考　　恢复　　高级
    C 运行　　参照　　重现　　高超
    D 进行　　对照　　还原　　顶尖

69. 《最强大脑》是中国首档科学励志类电视节目，也是少见的专注于____脑科学知识和脑力竞技的节目。该节目每集都有不同的____，邀请了众多领域的高手前来挑战。在这里，全国各地的天才们轮番上阵，纷纷晒出看家____，展现出了超越想象的____技能。

    A 普及　　题目　　特长　　神圣
    B 推广　　题材　　本事　　惊讶
    C 宣传　　焦点　　本能　　惊奇
    D 传播　　主题　　本领　　神奇

70. "买椟还珠"原指那些没有眼光、____的人买来珠宝,却只留下漂亮的盒子。现在这个成语____有了新解:"椟"可被视为包装,"珠"则可被视为产品。很多时候人们对一件商品的心动就是从包装开始的,因为许多人都有这种____,精致且富于美感的包装往往____着里面的东西拥有更高的品质。

A	舍本逐末	似乎	错觉	意味
B	莫名其妙	何必	知觉	提示
C	知足常乐	或许	幻觉	示意
D	理直气壮	反而	觉悟	抒发

第 三 部 分

第71-80题：选句填空。

71-75.

乔家大院位于山西省祁县乔家堡村，始建于清代乾隆年间，是清代著名的金融家乔致庸的宅第。(71)_____，分6个大院，20个小院，共313间房屋。其三面临街，不与周围民居相连，是全封闭的城堡式建筑。大院外围是10米多高的封闭式砖墙，气势雄伟，威严高大。

大院的大门坐西朝东，大门以里是一条石铺的通道，直通祠堂。北面有三个大院，门外侧有栓马柱和上马石，供车轿使用。乔家大院所有院落都是正偏结构，正房主人居住，偏房则是客房、佣人房及灶房。在建筑风格上，(72)_____，正房都有房檐，而偏房较为低矮，且为方砖铺顶的平房，无房檐。各院房顶有通道相连，便于夜间巡逻护院。这种建筑结构既显示了建筑上的层次感，(73)_____。

俯瞰乔家大院，其整体呈"囍"字形，斗拱飞檐，建筑考究，彩饰金绘，工艺精湛，(74)_____。因此，这座大院也被专家学者誉为"北方民居建筑史上一颗璀璨的明珠"。

"皇家有故宫，民宅看乔家"。(75)_____，吸引着无数的游客前来观光。

A 大院占地一万多平方米

B 集中体现了中国清代北方民居的独特风格

C 如今的乔家大院已成为中外闻名的民俗游览胜地

D 正房个和偏房又有所不同

E 又表现了当时社会伦理上的尊卑有序

76-80.

　　琥珀是世界上最轻的宝石，一直深受人们的喜爱。那么，琥珀到底是怎样形成的呢?

　　琥珀的形成离不开松脂。亿万年前，在原始森林里生长着一些像白松、红杉这样的植物。(76)_____，这就是松脂。这种松脂的黏性很强，有时黏稠的松脂从树上滴落下来，刚好会落在一些昆虫的身上，于是这些昆虫就被封入了松脂中，无法脱身。(77)_____，松脂渐渐变硬，最后形成了琥珀。琥珀之所以珍贵，(78)_____，内部还经常可见气泡及古老的昆虫或植物碎屑。

　　琥珀十分稀少，而且每一个琥珀都是独一无二的。它的形成至少需要200万年，那么为什么经过那么长时间，琥珀还能完好地保存至今呢？这不得不追溯到远古时期。当时的地壳运动导致了陆地逐渐下沉，(79)_____，原始森林被淹没，一些松脂连同被封入其中的昆虫被卷入海水之中，沉积在泥沙里。又是千万年过去了，经过一系列复杂的化学变化，那些松脂逐渐变成了透明的琥珀，而被封入其中的昆虫因为有松脂的保护，(80)_____，所以完好地保存了下来。

A 它们的树干能够分泌出黄色的黏液

B 没有被细菌分解以致腐烂

C 是因为它们保留了当初松脂流动时产生的纹路

D 随着时间的推移

E 海水逐渐上升

第四部分

第81-100题：请选出正确答案。

81-84.

在一个小村庄里，有一棵历经80多年风吹雨打，至今仍枝繁叶茂的榆树。这棵榆树的树干周长有4米，枝干伸展开来可达20米，因极具传奇色彩而为当地居民津津乐道。说它具有传奇色彩，倒不是因为它的树龄长，而是因为在周围的榆树大批死亡后，这棵树却奇迹般地活了下来。

1930年，一种榆树病横扫了小村庄的榆树区，榆树几乎死光，仅剩下这棵饱受铁圈儿束缚之苦的榆树。人们以为它肯定也活不长了，可随着时间的推移，它不但没有死，反而一年比一年茂盛，历经80多年，更加郁郁葱葱了。是什么原因让这棵榆树免受病毒的侵袭而存活下来呢？这引起了植物学家的关注。经过长时间的研究，植物学家得出结论：这棵榆树是从锈蚀的铁圈儿中吸收了大量的铁元素，才幸免于难的。

原来，这片榆树林的主人为了方便拴牛，便在这棵榆树上箍了个铁圈儿，把牛拴在这个铁圈儿上。牛常常绕着榆树一圈儿一圈儿地踱步，天长日久，榆树皮便蹭出了一道凹痕。随着榆树长大变粗，铁圈儿慢慢地长进了树身里，成了树的一部分。

锈迹斑斑的铁圈儿嵌进榆树的身体里，给榆树的生长造成了巨大的伤害，但想不到的是，铁圈儿后来竟成了它的大救星，为它补充了急需的养分，使它能够抵挡榆树病毒的侵害，得以健康成长。其实，生活中的每一个挫折就像这锈迹斑斑的铁圈儿一样，虽然会让人痛苦，但却是我们成长中必不可少的养分。正是有了这种养分，我们才会变得更刚强、坚毅，更加充满生机和活力。

81. 为什么说那棵榆树具有传奇色彩？
    A 形状奇特
    B 枝繁叶茂
    C 树龄长
    D 独自存活下来

82. 植物学家研究后发现，那棵榆树：
    A 叶子中含有多种微量元素
    B 从铁圈儿中吸收了养分
    C 分泌的树脂可杀菌
    D 周围的泥土养分高

83. 根据上文，下列哪项正确？
    A 那棵榆树因祸得福
    B 榆树病不会传染
    C 那棵榆树即将枯萎
    D 榆树种植很困难

84. 上文主要想告诉我们什么？
    A 要学会未雨绸缪
    B 逃避不是解决问题的办法
    C 挫折使人更坚强
    D 优胜劣汰是自然界的规律

85-88.

宓子贱是孔子的得意门生,被孔子赞为君子。他曾被鲁国国君派去管理一个叫单父的地方,在任一年多,他把单父治理得井井有条。但他却曾经宁愿把成熟的麦子留给敌人,也不让单父的百姓收割。这到底是怎么回事呢?

原来,当时强大的齐国经常对其他国家发动战争,而鲁国的单父正好与齐国接壤。有一年初夏,城外传来消息说,齐国军队将路过单父。城中的百姓闻讯后对宓子贱说:"我们郊外大约还有几千亩成熟的麦子没收割,如今齐国军队要来,恐怕很多人都来不及收割自己的麦子。请您下令让我们一起出城去抢收麦子,这样粮食就不会被齐国夺走了。"

宓子贱闻言并未表态,百姓又多次恳求,他还是没有同意。很快,齐国的军队便到了单父城下。齐军本想入城抢夺粮食,但看见郊外大片成熟的麦子后,他们便打消了这一念头,收割完麦子便扬长而去了,单父城内也因此免去一场浩劫。百姓这才恍然大悟:幸亏宓子贱下令闭城,否则要是城内百姓都出城收割麦子,无人守城,齐军必然长驱直入,到那时,恐怕失去的就不只是城外的麦子了。

后来这件事传到了鲁国公子季平子的耳中,他责问宓子贱说:"百姓多次请求收麦你都不听,他们辛辛苦苦种的粮食遭到抢劫,岂不是很难过?难道你就是这样爱护百姓的?"

宓子贱说:"假如当时大家一哄而上去收割麦子,其中一定会有许多不劳而获者,甚至会有一些人以后就不去种地而整天盼望敌国军队来犯境了。长此以往,鲁国必然会走向衰落。单父失去的麦子只是鲁国所有粮食的九牛一毛,不会使鲁国遭受多大损失。但如果这种侥幸获利的心理被保留下来,势必会影响几代人。"季平子听后感慨不已,深深地佩服宓子贱的深谋远虑。

85. 百姓在得知齐军要来的消息后，有什么反应？
    A 纷纷情愿入伍
    B 想出城抢收麦子
    C 准备投奔别的城市
    D 希望尽快关闭城门

86. 根据第3段，下列哪项正确？
    A 齐军未进城抢粮
    B 单父遭到了洗劫
    C 齐军后来驻扎在城外
    D 守城的士兵逃走了

87. 宓子贱拒绝百姓请求的根本原因是：
    A 援军未到
    B 怕城内粮食遭抢
    C 敌人实力太强
    D 避免侥幸获利心理生根

88. 关于宓子贱，可以知道什么？
    A 很有远见
    B 得不到国君赏识
    C 非常惧怕齐国
    D 不爱惜百姓

别以为植物把根深埋地下，只是为了吸收养分和水分。其实，它们在干好本职工作的同时，还搞一些"社交活动"。地下有许多细菌都想跟它们"交朋友"，但并不是所有的细菌都会成为它们的朋友。对于那些对自己没有帮助的细菌，它们往往会紧闭大门，拒之于千里之外；而对那些有利于自己发展的细菌朋友，它们不但会敞开大门，热情拥抱，甚至还会主动"巴结"呢。

如豆科植物就会主动巴结对自己生长有益的根瘤菌。根瘤菌是生长在豆科植物根部的像瘤子一样的菌块。它能吸收并固定大气中的氮，为植物提供肥料。但豆科植物周围的细菌千千万万，它们是如何巴结到根瘤菌的呢？科学家通过实验发现，根瘤菌中含有一种名为"Nod因子"的信号分子，只要遇到这种分子，豆科植物就会马上主动巴结，与其结为"盟友"。

另外，不同种类的植物相遇时，它们相互间的竞争往往会非常激烈。就是说当植物发现"邻居"与自己不属于同一遗传体系时，便会投入更多精力，与邻居争夺地下资源，发展壮大自己。这个现象虽然不怎么新奇，但其中潜藏的问题还是引起了科学家的好奇：植物靠什么来分辨亲疏关系？它们的辨认方式和动物的认亲方式一样吗？

动物一般是通过气味来辨别对方身份的，有的动物还会把声音当做判断亲属关系的标识。那植物是采用什么方法来辨别亲疏关系呢？有科学家认为，植物周围的土壤中很可能含有这个植物家族特有的蛋白质或化学信号，它们能被同类植物的根系感知。也就是说，植物可能有一套感知同种类蛋白质或化学信号的体系，如果它的根与其他植物的根系紧密地靠在一起，它就会分辨出对方是否是同类。当然，植物的这种认亲方式还需要进一步的研究证明。

89. 根据第1段，植物的"社交活动"指的是什么？
    A 吸引昆虫
    B 结交有益菌
    C 寻找同类
    D 吸收养分

90. 关于根瘤菌，可以知道：
    A 含有丰富的氧元素
    B 可释放氧气
    C 可为植物提供肥料
    D 促进植物吸收水分

91. 植物可能依靠什么来分辨亲疏关系？
    A 土壤中的蛋白质或化学信号
    B 花粉数目
    C 根的形状
    D 茎叶的颜色

92. 根据上文，下列哪项正确？
    A 动物通常靠气味认亲
    B 植物之间鲜有竞争
    C 动物没有社交活动
    D 动植物的认亲方式一样

93-96.

温泉是指从地下自然涌出的，温度高于当地年平均气温5℃或以上，而且含有对人体健康有益的微量元素的泉水。

温泉的形成一般有两种。一种是由地壳内部的岩浆作用形成的。火山活动过的死火山地形区，其地下还有未冷却的岩浆，这些岩浆会不断释放出大量热能。由于此类热源的热量集中，因此，附近含水岩层里的水会受热成为高温水。这类温泉多为硫酸盐泉。

另一种是由地表水渗透循环作用形成的。雨水渗透地表，深入到地壳深处形成地下水后，会因地热作用而成为热水。地壳深处的热水多含有气体，温度升高使得水压增强，以致一有裂缝儿，泉水就会蹿涌而上。当热水上升到接近地表时，又会因压力不同而与下渗的冷水产生对流。如此循环往复，热水就会源源不断地往上涌，并最终流出地面，形成温泉。

大多数温泉都含有丰富的化学物质，对人体有一定的益处。例如，温泉中的碳酸钙就对改善体质、恢复体力有相当大的作用；丰富的钙、钾、氡等元素，对治疗心脑血管疾病、糖尿病、痛风、神经痛、关节炎等均有一定效果。常泡温泉，不仅可以消除疲劳，还可以促进血液循环，加速人体的新陈代谢。

泡温泉虽然对人体有益，但也有一些事项须注意。首先，泡温泉不要从水温太烫的池水开始，而要从水温较温和的池水开始浸泡，且每次浸泡超过10分钟后，要及时让胸部露出水面或离水歇息。此外，温泉的水温较高，浸泡后可能会出现出汗、口干、胸闷等不适感，这是血液循环过快的正常反应。此时，换凉水浸泡或走出水池休息一会儿，多喝点儿水，就可以缓解。

93. 硫酸盐泉多是由于什么而形成的?
   A 地表水循环
   B 气候变暖
   C 破坏性地震
   D 岩浆作用

94. 根据第3段,地壳深处的热水为什么会上涌?
   A 空气对流
   B 地壳运动
   C 水压升高
   D 雨水渗透

95. 下列哪项不是泡温泉的好处?
   A 改善体质
   B 加速新陈代谢
   C 缓解神经痛
   D 促进骨骼发育

96. 最后一段主要谈的是什么?
   A 温泉的分类
   B 泡温泉的注意事项
   C 泡温泉的最佳季节
   D 温泉的成因

97-100.

　　人们常说的鲸鱼，其实并非真正的鱼，而是一种鱼形的哺乳动物。5000万年前，现代鲸鱼的祖先离开陆地，进入了一望无际的大海中，其后又经过漫长的岁月，才演化成了现在的样子。

　　鲸鱼是温血动物，从冰天雪地的南北极到酷热难耐的赤道地带都可以看到它们的踪迹，无论是在什么样的环境下，它们的体温始终保持在36℃左右。和其他温血动物最大的不同在于，鲸鱼生活在水中，因此无法以聚集和筑巢等方式维持体温。另外，像北冰洋和南极周围海洋的水压挤出来，皮毛的保温功能会大大降低。于是，鲸鱼便逐步演化出了皮下脂肪，用这件特殊的"外衣"来维持自己的体温。

　　动物栖身的海水温度越低，其自身的脂肪也就越厚。曾有记录，鲸鱼脂肪的厚度可达50厘米，重量可达体重的一半儿。鲸鱼的这层脂肪除了可以帮助其维持体温外，还可以为它长途跋涉进行繁殖和觅食等活动提供重要的能量储备。另外，这层脂肪还可以帮助鲸鱼塑造流线型的身体，以减少在水中游动时所消耗的能量，提高游动速度。但是，这么厚的皮下脂肪还是不能完全阻挡体内热量的流失，鲸鱼还需要通过摄取大量的食物，来获得维持体温所需的能量。

　　此外，鲸鱼还会通过血管的收缩，有效地维持体温。当鲸鱼潜入深海中时，因为周围温度较低，鲸鱼体表的血管便会收缩，将血液集中送往腩部、心脏、肝、肾等内脏器官，维持身体内部的体温；反之，当水温上升时，体表的血管便会扩张，加速散热。

97. 第2段中，鲸鱼的"外衣"指的是：
    A 身体上的寄生物
    B 皮下脂肪
    C 体表血管
    D 表层皮肤

98. 根据第3段，可以知道什么？
    A 鲸鱼身体呈流线型
    B 水温越低鲸鱼游动越快
    C 鲸鱼体内热量散失极慢
    D 鲸鱼不能长途跋涉

99. 鲸鱼收缩血管是为了：
    A 促进消化
    B 保持平衡
    C 加大氧气供应
    D 维持体温

100. 关于鲸鱼，下列哪项正确？
    A 体温稳定
    B 多生活在热带地区
    C 是最有智慧的鱼类
    D 喜欢群居

三、书 写

第101题：缩写。

> (1) 仔细阅读下面这篇文章，时间为10分钟，阅读时不能抄写、记录。
> (2) 10分钟后，监考收回阅读材料，请你将这篇文章缩写成一篇短文，时间为35分钟。
> (3) 标题自拟。只需复述文章内容，不需加入自己的观点。
> (4) 字数为400左右。
> (5) 请把作文直接写在答题卡上。

  作为当代著名的明星企业家，马云不可避免地成为众多青年创业者追捧的偶像。在一档电视节目中，两名大学生滔滔不绝地谈论着自己的创业项目，言语中洋溢着按捺不住的激情与自信。为了能获得偶像马云的认可，其中一个学生甚至宣称："给我投资1000万，明天就能分红，后天就能变成2000万！"

  马云听后微微摇头，不仅没有对他们的创业蓝图予以鼓励，反而当头浇下一盆冷水："如果我是你们，我现在不会去创业，而是去找一个公司踏踏实实地工作5年。"全场惊愕，两名年轻人虽然始终面带微笑，但看得出他们心里很不服气。

  随后，马云道出了自己一段鲜为人知的往事。上世纪80年代，风华正茂的马云一心想要做出一番宏图伟业。但当时，大学生就业由学校统一分配，临毕业时，马云得知自己被分到了杭州的一所学校当英语老师。当老师显然与他的创业理想有很大差距。他感到很迷茫，于是到校园里散心。

  这时，校长突然走过来和他打招呼。原来，马云是校园里的风云人物，校长很关心他今后的发展，便亲切地和他交谈起来。马云直言不讳地说："我希望能够自己创业，当一名教师我心有不甘。"校长没有多说什么，只是要马云许下一个承诺：去分配的学校教书，5年内不创业。马云当时并不明白校长为什么要他这么做，但出于对校长的尊重，他还是答应了。

  那时候，老师一个月的工资只有92块钱。起初，马云勤恳工作，甘守清贫。但后来，接二连三的诱惑摆在了他的面前——有好几家公司都高薪邀请他加入，开出的工资是他在学校教书所赚的几十倍。但马云思量再三，还是决定坚守承诺。就这样，他在学校里教了5年书。虽然失去了很多高薪机会，但他却得到了一样受用终身的东西：懂得了什么叫做浮躁，什么叫做沉稳。这样一个简单的道理似乎人人都懂，但要真切而深刻地领悟它，却需要在达到一种境界之后。

　　带着一种沉稳、踏实的心态，马云开始了自己的创业历程，期间也经历了很多的挫折和磨难。在众人纷纷动摇的时候，马云却仍然信心十足，他相信自己的判断，也更明白坚韧的力量有多大。在阿里巴巴网站创立之初，有人嘲讽马云："如果阿里巴巴能够成功，无疑是把一艘万吨巨轮从喜马拉雅山脚下抬到珠穆拉玛峰峰顶。"但马云却做到了，一如他当初在学校坚守了5年，马云终于一步一个脚印地创造出了阿里巴巴的神话，敲开了财富之门。

　　"不想当将军的士兵不是好士兵，但是当不好士兵的人，也永远无法成为一位伟大的将军。"马云的成功恰恰印证了他的这句话。

新汉语水平考试

실전 모의고사

제3회

新汉语水平考试
HSK(六级)
全真模拟题 3

注 意

一、HSK（六级）分三部分：

    1. 听力(50题，约35分钟)

    2. 阅读(50题，50分钟)

    3. 书写(1题，45分钟)

二、听力结束后，有5分钟填写答题卡。

三、全部考试约140分钟(含考生填写个人信息时间5分钟)。

中国 北京　　　　　　　　　　XXXX/XXXXXX 编制

一、听 力

第 一 部 分

第1-15题：请选出与所听内容一致的一项。

1. A 老友粉口感偏甜
   B 老友粉有十几种原料
   C 老友粉做法简单
   D 老友粉是南宁特色小吃

2. A 风雨草适合室内种植
   B 风雨草雨后迅速凋谢
   C 风雨草下雨时会开花
   D 风雨草很耐旱

3. A 要敢于承认错误
   B 读书让人进步
   C 要选择合适的书读
   D 书有好坏之分

4. A 助人为快乐之本
   B 不要依赖别人
   C 要善于钻研
   D 要先把小事做好

5. A 背水一战是兵家大忌
   B 背水一战形容两败俱伤
   C 背水一战常指身处绝境
   D 背水一战中"背"指对面

6. A 运气更重要
   B 要选择学习知识
   C 知识不能改变命运
   D 要注重积累

7. A 不要满足于现状
   B 要注意自己的言行
   C 发牢骚有助于减压
   D 要珍惜已拥有的

8. A 鲨鱼视力非常好
   B 鲨鱼害怕橙黄色
   C 救生衣的材质特别
   D 鲨鱼易攻击衣着鲜艳的人

9. A 台风频繁登陆五指山地区
   B 五指山市地势低洼
   C 五指山市常年低温
   D 五指山地区生物种类繁多

10. A 萝卜价格很高
    B 秋季吃萝卜益处多
    C 萝卜是种中药
    D 萝卜在秋季很罕见

11. A 疲劳驾驶易发生事故
    B 夹层玻璃透光率低
    C 夹层玻璃抗压性比较好
    D 夹层玻璃可缓解视觉疲劳

12. A 学乐器可提高智商
    B 多接触自然有助于开发智力
    C 孩子应掌握一种乐器
    D 家长应尊重孩子的选择

13. A 情绪波动大不利于冷静思考
    B 天气变化会影响人的情绪
    C 负面情绪危害大
    D 人很难控制情绪

14. A 梅里雪山环境恶劣
    B 10月适宜观赏梅里雪山
    C 梅里雪山主峰海拔低
    D 梅里雪山植被稀少

15. A 飞机保养费用高
    B 飞机型号越新越节能
    C 飞机安全性取决于保养
    D 老飞机安全令人担忧

第二部分

第16-30题：请选出正确答案。

16. A 是成功的绊脚石
    B 能磨炼自己
    C 可以避免
    D 是把双刃剑

17. A 多个听众互动
    B 邀请成功人士演讲
    C 热情地分享经历
    D 多找共同话题

18. A 要感兴趣
    B 熟练掌握培训技能
    C 资金充足
    D 拥有优秀的团队

19. A 善于倾听
    B 多和朋友聊天
    C 与人辩论
    D 阅读相关书籍

20. A 专注于营销课程
    B 从未失败过
    C 喜欢教导别人
    D 培训课很有感染力

21. A 同学
    B 教练
    C 母亲
    D 父亲

22. A 敬业精神
    B 专注精神
    C 谦虚的态度
    D 诚实的品质

23. A 风格独特
    B 勤学苦练
    C 追求创新
    D 心态平和

24. A 生动逼真
    B 气势宏伟
    C 想象力丰富
    D 亲近清净自然

25. A 重视写生
    B 对未来有详细规划
    C 是科学家
    D 喜欢写作

26. A 童年时
    B 参观美术展后
    C 大学毕业时
    D 赢得设计比赛后

27. A 能修身养性
    B 能提高鉴赏力
    C 是一种思考方式
    D 是一项基本功

28. A 建筑的本质
    B 中西方建筑对比
    C 建筑风格的演变
    D 写作技巧

29. A 扩大建筑视野
    B 使建筑更美丽
    C 赋予建筑生命
    D 突出建筑色彩

30. A 建筑师要懂古典音乐
    B 男的的理想是当教师
    C 男的崇尚大自然
    D 建筑师要有个性

第 三 部 分

第31-50题：请选出正确答案。

31. A 熟悉当地盛行风向
    B 能见度高
    C 知道水源的分布情况
    D 植物覆盖面积广

32. A 沙子颜色深
    B 沙质软
    C 坡度较小
    D 沙层较厚

33. A 枝干粗壮
    B 不耐寒
    C 多朝东南倾斜
    D 种类单一

34. A 缺乏锻炼
    B 饮食不规律
    C 收入高
    D 工作日经常熬夜

35. A 要处理紧急事件
    B 工作强度大
    C 沉迷夜生活
    D 为获得更多学习时间

36. A 效果因人而异
    B 科学性有待研究
    C 值得推广
    D 只能缓解心理疲劳

37. A 扰乱生物钟
    B 引起神经兴奋
    C 影响大脑发育
    D 导致许多疾病

38. A 喝酒不利于身心健康
    B 喝酒可以放松心情
    C 酒量是后天练成的
    D 喝酒有助于睡眠

39. A 检测人的酒精含量
    B 研制新的戒酒药物
    C 生产新型含酒精饮料
    D 预防酒精中毒

40. A 食物让胃变大了
    B 人吃饱后不愿意喝酒
    C 食物分散了人对酒的注意力
    D 食物能降低酒精浓度

41. A 神经过度活跃
    B 压力
    C 不良情绪
    D 失眠

42. A 泪液
    B 体温
    C 唾液
    D 血压

43. A 爱看喜剧的人更乐观
    B 第二组被试者不爱笑
    C 两组记忆测试结果一致
    D 多笑能增强记忆力

44. A 饮食习惯
    B 新陈代谢
    C 天气
    D 自身色素细胞

45. A 橙色
    B 紫色
    C 黄色
    D 红色

46. A 体温改变了
    B 光照角度不同
    C 空气湿度不一
    D 受力不均

47. A 使茶杯更坚固
    B 防止杯子烫手
    C 提示温度适宜饮茶
    D 减慢茶变凉的速度

48. A 人流量大
    B 地方宽敞
    C 噪音较大
    D 便于宣传

49. A 储备用电
    B 照明
    C 科学实验
    D 大楼取暖

50. A 不易收集
    B 可循环利用
    C 转化复杂
    D 无污染

二、阅 读

第 一 部 分

第51-60题：请选出有语病的一项。

51. A 大家可通过现场领取、短信预约两种方式来获取参观票。
    B 对工程施工认真负责，关系到工程质量的好坏。
    C 《中国大百科全书》是中国第一部权威性的大型综合性百科全书。
    D 台风将至，所有渔船都回到港口避风了。

52. A 这篇文章的作者出自莫言之手。
    B 由高原低氧环境引起的人体低氧性疾病，统称为"高原病"。
    C 随着经济全球化进程不断加快，国际人口流动变得越来越频繁。
    D 虽然实验没有成功，但大家都知道他已经尽了最大努力。

53. A 近年来，海交会已成为海峡两岸经贸合作和文化交流的重要平台。
    B 比目鱼小的时候眼睛是长在两边的，长大后眼睛才长到了同一侧。
    C 那个精彩的瞬间恰巧被一位摄影师捕捉到了动人的画面。
    D 读书会教于人的不仅是知识，还有精神的陶冶与心灵的净化。

54. A 不但他爱下围棋，而且对围棋的发展史也颇有研究。
    B 在向别人推销商品之前，你必须先学会如何把自己推销出去。
    C 驾车途中如遇恶劣天气，应减速慢行或寻找安全地带停车等候。
    D 如果平时不学好本领，那么机会到来时，你只能眼睁睁地看着它溜走。

55. A 与电影相比，动画的特点在于它是否受到实物的限制。
    B 她的歌声高亢粗犷，又富有情韵，展现了她深厚的歌唱功底。
    C 白墙、黑瓦、青石板路是典型的明清时期江南村落样式。
    D 据气象部门监测，这次沙尘暴瞬间风力达到了11级，地面能见度为零。

56. A 赞美是人际交往中最好的润滑剂。
    B 新龙县位于四川甘孜州腹地，地处雅砻江流域，是有名的旅游胜地。
    C 演出期间，请各位观众将手机调至静音状态。
    D 陈老师一旦退休了，但他无时无刻不在牵挂着那些学生们。

57. A 按照方向和速度变化的突然性强，羽毛球运动员要具有较高的身体素质。
    B 如果一篇作品的主旨有问题，那么即使文字再优美，也算不上是好文章。
    C 一阵雷雨过后，天空中出现了一道美丽的彩虹。
    D 离家20年后，他终于又回到了魂牵梦萦的故乡。

58. A 年画是一种古老的民间艺术，把人们的风俗和信仰反映了，寄托着他们对未来的美好祝愿。
    B 和乙醇汽油相比，这种新配方的醚类清洁汽油点燃速度更快、燃烧效率更高。
    C 某些植物，如江西井冈山地区的"灯笼树"，之所以会发出冷光，是因为其体内含有大量的磷。
    D 自明代以来，天心阁就被视为长沙古城的标志，有"潇湘古阁，秦汉名城"的美誉。

59. A 历史作为一门学科，其最终目的是记录人类社会的发展历程，总结规律，为后人提供更多的经验。
    B 企鹅是因为其皮下厚厚的脂肪层可以有效防止体温的散失，之所以能在寒冷的南极生存下去。
    C "一叶知秋"这个成语指的是通过细微的迹象，就可以看出整个形势的发展趋向与结果。
    D 青少年若要更好地适应互联时代，不仅要掌握一定的计算机技术，还要学会辨别网上的各种信息，提高自制力。

60. A 研究表明，在开车或坐车时听音乐有助于缓解旅途疲劳，使驾驶者、乘坐者感到轻松愉快。

　　B 半干旱山区或高原冰川区的地形十分陡峭，泥沙、石块儿等堆积物较多，且植被稀疏，是泥石流的多发地带。

　　C 小品常常一般通过简单的情节和场景创造出一种情境，给观众带来艺术的享受，哲理性的思考。

　　D 北京野生动物园是动物保护、野生动物驯养、繁殖及科普教育为一体的大型自然生态公园。

第 二 部 分

第61-70题：选词填空。

61. 前置消费者是指那些早在产品＿＿＿问世之前，就积极＿＿＿产品的生存，促进产品的改进和问世的消费者。他们与品牌的关系＿＿＿，是产品口碑宣传的最佳代言人。

    A 正宗　　投机　　周密
    B 正当　　投入　　亲切
    C 正规　　参谋　　亲密
    D 正式　　参与　　密切

62. 歇后语是中国人在生活＿＿＿中创造的一种独具风格的语言形式。它短小，风趣，却蕴含着极深的文化＿＿＿。可以说几乎每一则歇后语的背后都有一个＿＿＿的故事或传说。

    A 实践　　内涵　　生动
    B 行动　　内在　　出色
    C 体会　　精华　　好奇
    D 教训　　底蕴　　惊奇

63. 身体长时间保持一种＿＿＿会导致肌肉静脉血管的血液淤积。这时，＿＿＿个懒腰，便可使全身大部分肌肉舒张或收缩，让淤滞的血液流回心脏，从而＿＿＿血液循环，减缓疲劳。

    A 姿势　　伸　　改善
    B 形势　　歇　　改进
    C 神态　　蹲　　改动
    D 形态　　扶　　改革

阅读

64. 《书香北京》是北京电视台推出的一＿＿＿文化栏目。该节目定位于"品味读书人生，感受知识力量"。它以书为＿＿＿，邀请多位名人来＿＿＿他们"读书改变人生"的亲身经历，从最真实的角度展现阅读的＿＿＿与价值。

A	档	载体	分享	意义
B	套	核心	分析	意图
C	批	重心	探讨	定义
D	列	工具	交流	内涵

65. 配音与有声电影一同产生。一般在两种＿＿＿下电影才需要配音：一种是拍摄时，因演员不能使用电影所需语言或嗓音不够有魅力而无法同期＿＿＿；另一种是从不同语言的国家或地区＿＿＿的电影，须配上本土语言，以弥补语言不通造成的理解＿＿＿。

A	状况	合成	招收	屏障
B	形势	直播	采购	界限
C	情况	录音	进口	障碍
D	情景	录取	引用	隔阂

66. 六安瓜片是中国十大名茶之一，它叶质＿＿＿，气味清新，回味甘美。明代科学家徐光启就曾＿＿＿其为"茶之极品"。六安瓜片因生长＿＿＿长，积蓄的＿＿＿比较多，因而在所有绿茶当中营养价值最高。

A	柔软	评价	周期	养分
B	柔和	评论	期限	品质
C	光滑	赞赏	阶段	元素
D	细腻	赞扬	日程	精华

67. 《齐民要术》是南北朝时期的重要农学____。该书总结了6世纪前中国黄淮____农业和畜牧业的生产经验，提出了农业生产要____考虑各项生产因素、抓好各个环节等思想，是____当时物质生产及社会生活的重要史料。

A	典籍	地势	混合	调查
B	著作	地区	综合	研究
C	文献	区域	组合	考察
D	书籍	陆地	合并	钻研

68. 电子鞭炮是一种可代替传统鞭炮的电子产品，这种鞭炮不仅能____出普通鞭炮的响声，而且还能发出闪光，几乎可以____。另外，电子鞭炮无污染，也不会引发安全____，还能重复使用，大大减少了人们的经济____。

A	伪造	滥竽充数	事件	代价
B	拟定	鱼目混珠	事项	开支
C	模仿	以次充好	事迹	经费
D	模拟	以假乱真	事故	支出

69. "百年陈酒十里香"是说陈放多年的酒味道更香浓甘爽。这是因为让酒散发芳香____的功臣是乙酸乙酯，而乙酸乙酯在新酒中的含量____，所以新____的酒才会味苦、生涩。只有经过几个月____几年自然窖藏的酒，才会散发出浓郁的酒香。

A	滋味	举足轻重	制造	以免
B	风味	无微不至	铸造	以致
C	口味	无穷无尽	酝酿	乃至
D	气味	微乎其微	酿造	甚至

70. 唐卡是富有藏族文化特色的一个画种，其内容____，无所不包，____一部社会史。它一般以亚麻布作为底布，所用颜料以____矿物和植物为主，且经过了科学的配比，再加上西藏气候____，所以即使经过数百年之久，唐卡依然色泽____，就像新绘制的一般。

A	深刻	如同	原始	枯燥	华丽
B	丰盛	假如	陈旧	干旱	丰满
C	巨大	譬如	天生	炎热	鲜明
D	广泛	犹如	天然	干燥	鲜艳

第 三 部 分

第71-80题：选句填空。

71-75.

柠檬是一种营养丰富的水果，在美容和保健方面都有很大的作用。很多人会问，柠檬怎么吃才好？（71）_____。

柠檬水中含有极为丰富的维生素C，经常喝柠檬水可以快速、有效地补充维生素C。不仅如此，柠檬水还具有抗菌、协助骨胶原生成等功效，（72）_____。感冒的时候，如果能喝上500到1000毫升的柠檬水，你就会明显觉得鼻涕少了，（73）_____；如果是感冒初期，那么喝柠檬水会使你很快痊愈。

除了以上功效外，柠檬水还能开胃消食。夏天喝，还能起到解暑的效果。另外，用温开水泡柠檬，再加少许盐一同喝下去，还可以起到化痰的作用。这对咳嗽痰多、轻微结核病的患者来讲，非常有帮助。

但值得注意的是，（74）_____，柠檬也不例外。现在，有很多女性为了美容，每天喝大量的柠檬水，结果却伤了胃，实在得不偿失。因此，喝柠檬水一定要适量，每天不宜超过1000毫升。此外，（75）_____，胃酸过多者和胃溃疡患者最好不要饮用柠檬水。

A 答案是泡水饮用

B 再好的东西摄入时也应有节制

C 可以增强体质

D 感冒症状减轻了

E 由于柠檬的pH值非常低

76-80.

清徐位于山西省中部，其境内已发掘出4处古文化遗址，(76)_____。在历经数千年的演进后，清徐至少有6种具有鲜明特色的文化。

其一为尧文化。据记载，(77)_____，清徐尧城就是早期的帝都，后来也成为了人们祭祀尧帝和海内外炎黄子孙寻根祭祖的圣地。

其二为醋文化。作为"中国醋都"，清徐醋史源远流长，其生产的老陈醋被誉为"华夏第一醋"。

其三为葡萄文化。清徐是中国四大葡萄产地之一，(78)_____。其葡萄栽培历史可上溯到2000年前。

其四为贯中文化。文学巨匠罗贯中在清徐的清源镇出生，他的著作《三国演义》脍炙人口，闻名中外。作品中关公的忠义与诚信深深地影响了清徐人，(79)_____，清徐才有了辉煌的晋商文化。

其五为晋商文化。明清时期，地处交通要冲的清徐逐渐发展成为商业重镇，并成为了晋商活动的中心区域，晋商的足迹也从此遍及全国。

其六为民间文化。清徐的民间文艺源于秦汉，发展于唐宋，兴盛于明清，(80)_____，这种集民间口头文学、美术、音乐、舞蹈、杂技、戏曲和手工艺为一体的综合艺术精品，被誉为"无言戏剧""空中舞蹈"和"流动杂技"。

A 尧帝最早在清徐建都

B 正因为秉持着这种诚信的理念

C 文明历史可以追溯到新石器时代

D 素有"葡萄之乡"的美誉

E 特别是徐沟背铁棍艺术

第四部分

第81-100题：请选出正确答案。

81-84.

　　大众媒体对我们赋予事物的意义有着重要影响。它们不仅影响着我们对身边事件的看法，也影响着我们对全球重大事件的思考，并逐步塑造着我们的世界观和价值观。它们告知我们该相信谁，该害怕谁；什么能给我们安全感，又是什么在威胁着我们；什么是生命中最重要的，什么是次要的；我们该羡慕谁，又该鄙视谁。它们影响着我们对死刑、囚犯、社会工作者、贫穷和福利等社会问题的看法。它们暗示我们在什么情况下暴力是必要的，并且是值得称颂的；以及什么时候暴力是非法的，是该被谴责的。

　　虽然大众媒体宣传的观点并非完全错误，但它们带给我们的影响大多是单方面的，甚至是有误导性的。各种形式的媒体在生活中无处不在，我们常常被动地接受它们施加给我们的影响。无论我们的观点是保守的还是开放的，是带有宗教色彩的还是无神论的，我们都要警惕大众媒体对我们的持续影响。我们应该博览群书、积极思考，在亲身体验中形成属于自己的价值观念体系。

　　当然，只知道大众媒体的宣传具有片面性是远远不够的，我们还应该学会理性地看待它们，不能总是被媒体牵着鼻子走。我们要看透它们的本质，以防止它们利用我们最薄弱的地方，将一些观念渗入到我们的思想中。

81. 第1段主要谈的是什么？

　　A 当今社会热点问题
　　B 大众媒体的影响
　　C 世界观的形成
　　D 大众媒体的产生

82. 作者对大众媒体持何种态度？
    A 批判
    B 认可
    C 中立
    D 推崇

83. 根据上文，面对大众媒体，我们应该：
    A 关注影响力大的
    B 置之不理
    C 学会独立思考
    D 参与互动

84. 最适合做上文标题的是：
    A 大众媒体的新挑战
    B 理性看待大众媒体
    C 新闻工作者的义务
    D 宣传的力量

85-88.

悲剧的发生通常会让人觉得难受。但奇怪的是，随着时间的推移，当初的悲剧往往会成为后来的笑料。最近，研究者做了一项有关飓风玩笑的研究。他们选取了100名参与者来评价有关飓风的玩笑，例如"餐厅的房顶被吹掀，天降免费面包人人有份"等。参与者需要对这些玩笑在"无礼度"和"幽默度"两个方面进行评分。

结果显示，在飓风登陆后的头两周，这些玩笑的无礼度得分非常高，而幽默度得分非常低。但随着时间的流逝，玩笑的无礼度得分逐渐下降，幽默度评分越来越高。时间冲淡了灾难带来的负面情绪，人们开始能接受拿它来开玩笑。当然，玩笑也有保质期。三个月后，其好笑程度便已衰退到和飓风刚登陆时相差无几。由此可见，时间可以把悲剧变成喜剧，但它在达到一个"最佳笑点"后，就逐渐变得索然无味了。

研究者认为，这种时间效应不仅可以预测玩笑何时好笑，还可以分析出它为什么好笑。研究者用"良性冲突理论"来解释这种幽默：当一个刺激在生理或者心理上给人造成一定的威胁，但同时又是良性时，幽默就产生了。根据这个理论，幽默需要有恰到好处的威胁感或紧张度。威胁太大，事情就不是良性的；威胁太小，又会平淡无聊。而时间恰好可以冲淡威胁感，创造一种威胁与安全的绝妙平衡。

然而，时间并不是影响幽默的唯一因素。相关研究证实，空间距离、社会关系及事件本身是事实还是虚构都会影响幽默程度。和时间一样，这些因素只有在合适的范围内，才能提升幽默程度，反之则会降低。

幽默在生活中必不可少。了解某个场景何时以及为何有趣并不只对那些笑星有帮助，对普通人而言，提升幽默感可以让我们更从容地应对人生的坎坷，这也是生活幸福的诀窍。

85. 关于那个研究，下列哪项正确？
    A 有两个评价指标
    B 参与者人数不定
    C 评分并无太大变化
    D 是关于免费午餐的

86. "良性冲突理论"说明：
    A 威胁越大幽默程度越高
    B 时间能冲淡刺激所造成的威胁
    C 喜剧的发生需要冲突
    D 人的心理素质普遍很差

87. 下列哪项不是影响幽默的因素？
    A 事件真实度
    B 社会关系
    C 人格魅力
    D 空间距离

88. 根据上文，可以知道：
    A 悲剧一定能够变成喜剧
    B 玩笑只能保鲜两周
    C 幽默感是天生的
    D 生活需要幽默

刺绣，古代称为针绣，是用针和线把设计好的图案绣在纺织品上的一种艺术。刺绣是中国古老的手工技艺之一，已经有几千年的历史了。

在原始社会，人们会通过纹身、纹面来装饰自己。自从有了麻布、毛纺织品、丝织品做成的衣服后，人们就开始在衣服上绣上图腾等各种图案作为装饰。据《尚书》记载，早在4000多年前，当时的章服制度就规定"衣画而裳绣"。

现存最早的刺绣是湖南长沙楚墓出土的两件战国时期的绣品。这两件绣品针脚整齐，配色清雅，图案中的龙游凤舞、猛虎瑞兽自然生动，活泼有力，充分展现了当时的刺绣水平。

到了汉代，绣品图案多以波状的云纹、翱翔的凤鸟、奔驰的神兽等为主题。其技法以锁绣为主，构图紧密，针法整齐，线条极为流畅。

唐代刺绣的内容除佛像人物外，山水花鸟、亭台楼阁也日渐兴起。唐代刺绣运用了大量的色线，因此绣品颜色艳丽、构图活泼。至于采用金银线盘绕图案的轮廓，以加强实物立体感的做法，更视为唐代刺绣的一项创举。

宋代是中国手工刺绣发展的高峰时期，无论绣品质量还是刺绣技法均属空前。由于当时朝廷的奖励和提倡，宋代优秀的绣工层出不穷，刺绣针法也比以前更富有变化。另外，宋代刺绣还结合了书画艺术，常以名人作品为题材，追求书画的趣致和境界。

清代时，民间先后出现了许多"地方绣"，其中苏、蜀、粤、湘4个地方的刺绣销路最广，最负盛名，因此被誉为中国"四大名绣"。由于刺绣的保存难度较大，所以古代刺绣的收藏价值极高。保存至今的清代刺绣大多已出现掉色、变色，甚至腐烂的现象。甘肃的民间藏品《福禄寿》，是目前保存较好的一件名家绣品。这件绣品颜色鲜艳、绣工精细、人物栩栩如生。因为此类绣品在市面上非常少见，所以具有极高的收藏价值。

89. 汉代刺绣多以什么为主题？
    A 山水
    B 人物
    C 鸟兽
    D 亭台楼阁

90. 唐代刺绣有什么特点？
    A 绣法以锁绣为主
    B 用金银线勾勒轮廓
    C 颜色淡雅
    D 图案单调

91. 关于宋代刺绣，可以知道什么？
    A 分为4个绣种
    B 发展缓慢
    C 远销海外
    D 与书画艺术相结合

92. 根据上文，下列哪项正确？
    A 战国时的刺绣水平最高
    B 清代地方绣呈衰退趋势
    C 《福禄寿》已开始掉色
    D 刺绣的保存难度大

北京四合院作为老北京人世代居住的主要场所，驰名中外。北京四合院之所以有名，首先在于它历史悠久。元朝正式建都北京后，朝廷便大规模建设都城，元世祖忽必烈将土地分给京城的官吏们营建住宅，北京传统的住宅——四合院便由此形成。自此，四合院和北京的宫殿、衙署、街区、坊巷和胡同一起，成为了这个城市的标志。明清以来，北京四合院虽历经沧桑，但基本形式被保留了下来，并且不断完善，逐渐形成了我们今天所见到的四合院形式。

北京四合院之所以有名，还在于它结构独特，在中国传统住宅建筑中具有典型性和代表性。南方许多地区也有四合院，但南方四合院四面的房屋多为楼房，而且庭院的4个拐角处相接，东、西、南、北四面房屋并不独立存在。庭院之小，犹如一口"井"，所以南方人将庭院称为"天井"。这种住宅通风、采光均欠理想，只适合南方的气候条件。而北方的四合院，四面房屋各自独立，彼此之间游廊连接，院落宽绰。四合院是封闭式住宅，对外只是一个街门，但因其四面房屋各自独立，关起门来可自成天地，具有很强的私密性，因此非常适合整个家庭居住。

另外，四合院的装修、雕饰和彩绘等也处处体现着老北京的民俗民风和传统文化，表现了人们对幸福、美好、富贵和吉祥的追求。比如蝙蝠、"寿"字组成的图案，寓意"福寿双全"；花瓶内插月季花的图案寓意"四季平安"；而嵌于门楣和门柱上的吉辞祥语，以及悬挂在室内的书画佳作，更是让整个建筑充满了浓郁的文化气息。这也是它之所以有名的原因之一。

93. 第1段主要讲的是什么?
    A 北京四合院的历史
    B 北京人的居住环境
    C 胡同的形成过程
    D 北京四合院的布局

94. 为什么南方人将庭院称为"天井"?
    A 庭院像井一样小
    B 庭院的采光不好
    C 南方四合院是封闭的
    D 每个庭院里都有井

95. 北京四合院的装饰、装修表现了:
    A 建造者的爱好
    B 人们对美好事物的追求
    C 主人的生活水平
    D 城市的发展史

96. 关于北京四合院,下列哪项正确?
    A 通风不好
    B 四面房屋在拐角处相连
    C 是北京的标志之一
    D 始建于明代

97-100.

人们常说"生命在于运动"。运动能塑造我们强壮的身体，提高我们抵抗疾病的能力。然而，运动也是有限度的，过度运动对人体非但无益反而有害。

有时，在剧烈运动后，我们常会感觉身体反应变迟钝了，而且脑子也出现了短暂的"跟不上"的现象。这是因为高强度运动会消耗人体大量的能量，为了保证机体有足够的能量维持正常运转，人体的"保护性抑制"机制便开始发挥作用。这时我们会感到极度疲劳、浑身无力、大脑反应变慢。如果我们长期进行高强度的运动，保护性抑制的敏感性就会降低，从而会导致大脑机能受损。大脑机能一旦受损就会出现注意力不集中、失眠、健忘等症状，长此以往，人的健康就会受到极大伤害。科学研究证明，长期高强度运动使大脑皮层活动减弱，降低脑组织兴奋性。

那么，怎样衡量自己的运动是否适量呢？这主要看心率。一般来讲，运动时的心率在自身最大心率的65%~85%之间就属于适量运动。但由于每个人的年龄、性别、体力状况、健康水平不同，适量运动时的心率也会有差别。通常，老人和孩子可以做一些心率变化较小的轻量运动。如老年人可以多进行手部的单项锻炼，以增强身体的协调性；小孩子则可多做一些机械运动，如摆放积木等等，这类运动虽然看似简单，但其实能大大促进孩子的大脑发育，提高他们的手眼协调能力。

另外，检验运动量是否合适还可以参照运动后人体的反应，如运动后的排汗量和轻松程度等。运动时还要有较强的时间观念，一般而言，每次有氧运动的时间应控制在30~60分钟时间。

97. 第2段中的"跟不上"指的是什么？

    A 感觉麻木

    B 反应变慢

    C 思想落后

    D 发育迟缓

98. 过度运动可能会带来什么危害？

    A 衰老速度加快

    B 免疫力降低

    C 大脑机能受损

    D 视力下降

99. 衡量运动是否适量的主要标准时什么？

    A 食欲

    B 睡眠质量

    C 心率

    D 运动协调性

100. 根据上文，下列哪项正确？

    A 运动时间越短越好

    B 运动量因人而异

    C 运动后应立即补充能量

    D 老年人应多进行机械运动

三、书 写

第101题：缩写。

> (1) 仔细阅读下面这篇文章，时间为10分钟，阅读时不能抄写、记录。
> (2) 10分钟后，监考收回阅读材料，请你将这篇文章缩写成一篇短文，时间为35分钟。
> (3) 标题自拟。只需复述文章内容，不需加入自己的观点。
> (4) 字数为400左右。
> (5) 请把作文直接写在答题卡上。

　　我的一个朋友在一所大学里当宿舍管理员，在一次聊天儿中，她给我讲了一件很有意思的事情。

　　她负责管理男生宿舍楼。这栋楼每个宿舍住4个学生，每个学生都有一把宿舍钥匙。楼里的男生很爱睡懒觉，总是拖到快上课了，才匆匆忙忙地起床刷牙洗脸，然后直奔教室。因为早上走得匆忙，很多学生往往下课时间回来开门时，才发现钥匙忘在宿舍里，于是只能等其他同学回来开门。多数情况下，同一个宿舍里总有一两个人带着钥匙，但也有那么几次，4个人全忘了带钥匙，所以就都被挡在宿舍外了。无奈之下，他们只能去找宿舍管理员，也就是我的朋友借宿舍钥匙。

　　朋友保管着整栋楼所有宿舍的备份钥匙，因为有这层保障，所以学生忘带钥匙的情况越来越多。朋友为了改变这一现状，便定了个规矩：每个宿舍每学期来找她借钥匙的次数不得超过三次，凡超过三次者，自己想办法把锁弄开，然后再自己掏钱买把新锁换上。

　　学期快结束的时候，朋友把所有宿舍借钥匙的情况做了一次统计。她发现了一个有趣的现象：5楼几个连在一起的宿舍——501到506，居然一次都没向她借钥匙！一次都没借过钥匙的宿舍不是没有，可同一层连着的6个宿舍都没借过的情况却从未有过，这引起了朋友的兴趣。

　　为了解开心里的疑团，朋友特地去其中一个宿舍了解情况，终于知道了他们的"秘密"。原来，这6个宿舍共同制定了一个方案，每个宿舍都另外配了一把钥匙存放到下一个宿舍中。也就是说，如果把这6个宿舍和对应的6把钥匙按顺序编上号，那么，钥匙一就被存放到宿舍二，钥匙二被存放到宿舍三，依此类推，最后一把钥匙就被存放到了宿舍一。这样一来，6个宿舍的24个人中，只要有一个人带了钥匙，那么所有人都不会被挡在宿舍门外。因为只要有一把钥匙，就能先打开一个宿舍，然后取得第二把钥匙再打开第二道门，这样下去，就可以打开所有的门。

　　听到这里，我忍不住想：假设每个学生忘记带钥匙的几率是50%（实际上应该小于这个数字），那么会不会出现24个学生同时不带钥匙的情况呢？从理论上来讲的是可能的。于是我根据概率论计算了一下，最后的结果令我大吃一惊：24个学生都不带钥匙的几率是千万分之一，近乎于零！我不禁佩服起这群聪明的小伙子来，他们彼此信任、互相合作，让问题迎刃而解。

　　面对困难时，亲如果我们各自为战，那就如何同一盘散沙，常会自乱阵脚，困难也更加难以克服；而如果我们并肩作战、共同面对问题，困难往往会变得不堪一击，因为这时候我们每个人手里都多了一把"钥匙"，一把能打开所有门的钥匙。

新汉语水平考试

실전 모의고사

제4회

新汉语水平考试
HSK(六级)
全真模拟题 4

注 意

一、HSK（六级）分三部分：

　　1．听力(50题，约35分钟)

　　2．阅读(50题，50分钟)

　　3．书写(1题，45分钟)

二、听力结束后，有5分钟填写答题卡。

三、全部考试约140分钟(含考生填写个人信息时间5分钟)。

中国 北京　　　　　　　　　　　XXXX/XXXXXX　编制

一、听 力

第 一 部 分

第1-15题：请选出与所听内容一致的一项。

1. A 古塔已不存在
   B 砖塔胡同地面铺满青砖
   C 砖塔胡同历史悠久
   D 砖塔胡同急需维护

2. A 要多吸取教训
   B 恶劣的环境能锻炼人
   C 困难面前要学会变通
   D 悲观的人容易被生活打垮

3. A 电吹风辐射大
   B 微波炉不宜长时间使用
   C 辐射是可以屏蔽的
   D 家店越大辐射也越大

4. A 女演员感到很惭愧
   B 女演员致辞时说错话了
   C 女演员伤害了自尊心
   D 女演员成功化解了尴尬

5. A 格桑花代表财富
   B 格桑花长在沙漠中
   C 格桑花花期短
   D 格桑花生命力顽强

6. A 按摩有利于手部血液循环
   B 吃冷冻食品可减轻肌肉痛
   C 吃冰激凌可能会引发头痛
   D 冰激凌吃多了对肠胃不好

7. A 高压锅做饭快
   B 密封圈并未密封
   C 高压锅耗能大
   D 高压锅易爆炸

8. A 跑步时要注意保护膝盖
   B 转弯时要慢跑
   C 逆时针跑可保护心脏
   D 左腿跑步时重心不稳

9. A 要学会与人沟通
   B 合作时要讲信用
   C 性格互补有利于合作
   D 强势的人不受欢迎

10. A 神经衰弱者不宜喝蜂蜜
    B 蜂蜜是减肥药品
    C 蜂蜜可健脾开胃
    D 蜂蜜对人体有益

11. A 雪化时会释放热量
    B 降雪有助作物生长
    C 雪化时更冷
    D 雪后空气清新

12. A 《茉莉花》深受大众喜爱
    B 《茉莉花》借鉴了西方音乐
    C 《茉莉花》演唱难度很大
    D 《茉莉花》由一对情侣所创

13. A 家训在现代已经不被重视
    B 家训限制个人发展
    C 家训是家族的道德标准
    D 家训有法律效力

14. A 青少年不宜健走
    B 健走属于极限运动
    C 健走体力消耗大
    D 健走能提高身体平衡性

15. A 明式家具风格独特
    B 明式家具闻名海外
    C 明式家具注重细节
    D 明式家具价值连城

第二部分

第16-30题：请选出正确答案。

16. A 节目策划
    B 视频剪辑
    C 培训新人
    D 播音主持

17. A 请教资深记者
    B 仔细检查采访设备
    C 先熟悉采访现场
    D 准备好采访资料

18. A 具备应变能力
    B 胆量大
    C 口才好
    D 能快速记录

19. A 采访时间越短越好
    B 容易忽视细节
    C 缺乏引导力
    D 工作态度消极

20. A 采访时细节问题十分重要
    B 采访后要及时整理材料
    C 采访要抓住关键问题
    D 采访提纲越细越好

21. A 文化所占比重大
    B 读者水平不低
    C 发行量大
    D 创刊时间最长

22. A 质量不如从前
    B 每个月出版一期
    C 是一本时尚杂志
    D 有些文章较难懂

23. A 已形成固定类型
    B 读者数量在不断增加
    C 调整的成本过高
    D 没到有适当的时机

24. A 杂志让知识传播更迅速
    B 知识面拓宽了
    C 纸质杂志发展到了瓶颈期
    D 很有成就感

25. A 男的进修过古典音乐
    B 很多人开始关注传统文化
    C 新媒体概念由男的首次提出
    D 杂志文章要短小

26. A 浪费时间
    B 更高效
    C 收获少
    D 能培养青少年的阅读兴趣

27. A 阅读方式不当
    B 娱乐活动太多
    C 太功利化
    D 好书越来越贵

28. A 确保出版物质量
    B 组织知识竞赛
    C 借助媒体
    D 强化学校教育

29. A 篇幅较长
    B 能提高修养
    C 可提高逻辑性
    D 内容空洞

30. A 要少玩儿电子游戏
    B 应加强对网络读物的管理
    C 阅读应克服浮躁心态
    D 要多参加社会活动

第 三 部 分

第 31-50 题：请选出正确答案。

31. A 品质好
    B 味道香
    C 物美价廉
    D 品种少

32. A 油坊很有名气
    B 油坊规模缩小
    C 油坊老板很狡猾
    D 油坊产油量小

33. A 成功需要专注
    B 要有充满信心
    C 竞争推动发展
    D 要实事求是

34. A 起装饰作用
    B 被偷走了
    C 是空心的
    D 很笨重

35. A 粗绳
    B 石头
    C 金属
    D 泥沙

36. A 空气阻力
    B 地球引力
    C 水的浮力
    D 风力

37. A 怀丙很有智慧
    B 黄河很少发大水
    C 浮桥修建难度大
    D 打捞用了三艘船

38. A 安全性高
    B 存储量小
    C 体积大
    D 不能储存账户信息

39. A 不受电磁干扰
    B 使用寿命长
    C 装有电子锁
    D 需要电池

40. A 保护芯片
    B 鉴别使用者身份
    C 加密个人信息
    D 识别电子信号

41. A 竞争太激烈
    B 遭到家人的议论
    C 没有创作灵感
    D 作品不被认可

42. A 能尽快摸清地形
    B 可缓解压力
    C 能欣赏林中景色
    D 可锻炼身体

43. A 要注重细节
    B 做事要坚持到底
    C 做事不能贪多
    D 要有明确目标

44. A 从树上扔核桃
    B 拣壳儿薄的
    C 挑人吃剩的
    D 偷吃人们剥好的

45. A 为保存体力
    B 壳儿被撞破的概率低
    C 为储存更多核桃
    D 想迁徙到别处去

46. A 提醒同伴注意安全
    B 捉弄路人
    C 吸引猎物
    D 利用车辆碾碎核桃

47. A 乌鸦非常有智慧
    B 做事不能怕麻烦
    C 要懂得举一反三
    D 要学会借助外力

48. A 脾气越暴躁
    B 免疫力降低
    C 反应变迟钝
    D 加速衰老

49. A 要重视倾诉
    B 多参加社交活动
    C 具有良好的心态
    D 营造和谐的家庭环境

50. A 消极情绪无法转化
    B 要学会疏导情绪
    C 待人要宽容
    D 环境对情绪的影响很小

二、阅 读

第 一 部 分

第51-60题：请选出有语病的一项。

51. A 四月的春城，赏花的人如潮水一般，处处洋溢着欢笑声。
    B 甲队相比，乙队的表现就稍微逊色些。
    C 宋代是继唐代之后中国文学史上又一个创作的繁荣期。
    D 运动员在参加夏季马拉松比赛时，应及时补充水分，注意防暑降温。

52. A 在双方经过近半年的谈判中，最终达成了合作意向。
    B 傍晚时，很多人喜欢在这条街上闲逛。
    C 这届全运会会徽和吉祥物设计的应征者大多是年轻人。
    D 太阳笼罩着大地，小草在阳光的沐浴下吐出了嫩绿的细芽。

53. A 他的话给了我很大的启发。
    B 这种花皮茄子不仅味道鲜美，而且价格便宜，因此很受欢迎。
    C 《营造法式》是中国建筑学史上一部具有划时代意义的。
    D 就在这时，机器忽然发生故障，工人不得不关掉电闸。

54. A 《史记》与《资治通鉴》并称为中国古代史学"双璧"。
    B 西单是北京最著名的商业区之一，日均客流量将近20万以上。
    C 这部小说一经网上连载，就引起了巨大的轰动。
    D 关于这个问题，不同学派有不同解释，而且针锋相对，各不相让。

55. A 景德镇瓷器造型优美、种类繁多，其中以"骨瓷"最为有名。
    B 时间就像一张网，你撒在哪里，收获就在哪里。
    C 孩子们正在为马上立刻到来的春节晚会准备节目。
    D 渤海海峡位于辽东半岛与山东半岛之间，是渤海海运交通的唯一通道。

56. A 截止到昨天,我们网站的注册用户已超过50万人。
    B 世上没有白吃的苦,每吃一次苦,你就积攒了一些本钱为未来的成功。
    C 羽绒是目前最好的天然保暖材料,其保暖性要比其他人造材料好很多。
    D 有时候,我们并不是缺乏机遇,而是不懂得如何把握它。

57. A 一个成年人在安静状态下心脏每分钟大约跳动70次。
    B 小说的基本特征是通过一定的故事情节来塑造人物形象,反映社会生活。
    C 火车渐渐远去,望着母亲越来越模糊的身影,热泪盈眶。
    D 与人沟通时,学会倾听比一味诉说更重要。

58. A 玩笑可以活跃气氛,增进彼此的感情,但是开玩笑也要讲分寸,不能涉及他人的隐私,否则就会在无意中伤害到他人。
    B 很多人习惯用自己的生日、身份证号或电话号码做密码,但这类密码太过简单,很难被破解。
    C 《日出》这部戏剧作品历经70多年,被无数次搬上舞台,至今仍具有很强的感染力。
    D 要想使人成长得更快,就要给他活动的自由,而不是将他束缚在一个小小的"鱼缸"里。

59. A 过去一些病症被认为一种不治之症,这样的患者促进了医学发展,这也是一个事实。
    B 受中西伯利亚较强冷空气的影响,未来三天,中东部大部分地区将迎来大风降温和雨雪天气。
    C 时光的流逝不能抹去我对故乡浓浓的思念,相反,随着年龄的增长,我对故乡的思念愈发强烈。
    D 6月22日,与"迪士尼乐园"的"环球影城"并列为世界三大娱乐品牌之一的"环球嘉年华",在石景山北京国际雕塑公园盛装开幕。

60. A 凡事若不问青红皂白，就把自己的愤怒发泄到他人身上，很可能就对方造成伤害。

B 随着天文学研究的深入，彗星不再被看做是不祥的征兆，但它在一般人眼中依旧很神秘。

C 由于长时间注视闪烁的电脑屏幕以及保持一种操作姿势，是导致上班族视觉疲劳的主要原因。

D 素有"庐山第一景"之称的石门涧，是庐山的西大门。这里一年四季泉水叮咚，鸟语花香，云蒸雾绕。

第 二 部 分

第61-70题：选词填空。

61. 钟鼓楼是北京南北轴线上的一组_____建筑，也是古都北京的标志性建筑之一。_____元、明、清三代都城的报时中心，"暮鼓晨钟"使全城有序可循。在钟鼓楼的建制史上，这座钟鼓楼的_____是最大的。

    A 年代　　充当　　造型
    B 历代　　当做　　模型
    C 古代　　作为　　规模
    D 朝代　　以为　　模式

62. 苦难没有统一的衡量准则。同一件事，如果你认为它是无法逾越的难关，那你就会_____；如果你认为它只是道坎儿，那你迟早会_____过去；如果你认为它是绊脚石，搬开它，你面前就会出现一条_____的大道。

    A 再接再厉　　踏　　广阔
    B 望而却步　　跨　　宽阔
    C 争先恐后　　蹦　　开阔
    D 小心翼翼　　踩　　辽阔

63. 多肉植物又称多浆植物，是指外形_____肥厚多汁的一类植物。它们靠茎、叶或根内贮藏的水分来_____生命，可以长期生活在_____的环境中。常见的多肉植物有仙人掌、芦荟等。

    A 反映　　延续　　湿润
    B 暴露　　保持　　干燥
    C 体现　　捍卫　　潮湿
    D 显得　　维持　　干旱

64. 炎炎夏日里，不仅身体易中暑，连心理也会中暑。心理中暑指的是人在炎热的天气里脾气_____、难以平静的心理状态。医学研究_____，当气温超过35℃、日照时间超过12个小时、空气湿度高于80%时，心理中暑的概率会_____上升。此时人很容易情绪失控，与他人发生_____或争执。

A	暴躁	表明	急剧	摩擦
B	疯狂	指示	猛烈	纠纷
C	愤怒	显示	敏捷	冲突
D	凶恶	证实	急切	矛盾

65. 位于四川的卧龙国家自然保护区，南、西、北三面环山，地形呈_____状。冬季时，南下的寒流被山体_____，使保护区免受寒流的侵袭。夏季时，东南季风从东部进入，又为保护区带来_____的雨水。所以，这里冬无_____，夏无酷暑，一年四季温差不大，气候条件非常_____。

A	包围	阻止	充实	冷酷	优异
B	关闭	阻挠	丰满	凄凉	杰出
C	封闭	阻挡	充沛	严寒	优越
D	闭塞	阻拦	富裕	荒凉	突出

66. 对孩子来说，最_____的伤害是打击他的自信；最大的帮助莫过于_____他信任与赞美。所以，不论你的孩子现在_____得多么差，你都要鼓励他，帮助他_____自信。有了父母的肯定和自信，孩子一定会步入成功的殿堂。

A	悲惨	赠送	实现	创立
B	严厉	赋予	兑现	确立
C	残忍	授予	涌现	设立
D	残酷	给予	表现	建立

67. 《镜花缘》是一部_____了幻想、历史、游记等元素的长篇小说。这部小说的语言滑稽_____，作者将中国古代虚幻国度的_____与荒诞离奇的故事情节结合在一起，为读者_____了一个神秘而浪漫的奇幻世界。

A	集合	开心	学说	展示
B	融合	风趣	传说	呈现
C	混合	夸张	传记	体现
D	合成	幽默	寓言	显示

68. 坚强的_____有很多种。面对打击，宁折不弯是一种坚强，但以柔克刚有何尝不是呢？生活中，勇敢不屈的人_____可敬，但能够用柔韧的智慧去化解_____、克服困难，更是一种_____的境界。

A	模式	不如	毛病	可贵
B	样式	但是	尴尬	高尚
C	形式	固然	矛盾	难得
D	格式	宁可	痛苦	崇高

69. 残茶主要指泡过，但因种种原因不能再次饮用的茶叶。_____这些茶叶，人们常常是一丢了之。但其实残茶有很多_____：如可以擦洗_____的锅碗，清洁木、竹桌椅等。另外，残茶_____干后还可以当枕芯用，具有去火的功效。

A	按照	用途	浑浊	煮
B	依照	效益	黝黑	蒸
C	至于	应用	粗糙	炒
D	对于	妙用	油腻	晒

70. 中国画大多画在易碎的宣纸上或易皱的绢类物品上。想要完好地____一幅国画，装裱____。装裱是中国特有的一种____并美化书画及碑帖的技术。它主要通过托裱画心、____画幅的长宽、美化和修复作品内容，来达到突出书画色彩、形象的____。

A	收集	微不足道	守护	调节	目标
B	收藏	不可或缺	保护	调整	目的
C	蕴藏	难能可贵	保障	协调	结局
D	集中	举足轻重	维护	调剂	结论

第 三 部 分

第71-80题：选句填空。

71-75.

　　狮子被视为狰狞之兽，人们根据它凶猛的性格，设计出了狮子雕塑，(71)_____。中国古代陵墓和重要建筑物的大门两旁都有狮子雕塑，它们守护着主人并显示着主人的威势。

　　不同时期的狮子雕塑具有不同的风格。唐代的石雕狮子体形高大、造型夸张，让人望而生畏。比起唐代，宋代石狮的造型更具写实性，大小接近狮子的原型，但整体形象却不如唐代石狮那么威武有力。明清时期，(72)_____，在宫殿、园林和寺庙里，石狮子、铜狮子、铁狮子比比皆是，它们的造型也比过去复杂得多，比如戴上铃铛等配饰。

　　从历史的发展来看，(73)_____。唐代的建筑规模宏大，气魄雄伟，壮丽而不纤巧。唐代的石狮子也体现了这种风格。宋代的建筑逐步向秀丽的方向迈进，总体气势不如前代，(74)_____。清代尤其到了清末，建筑和其他艺术上都表现出一种追求繁琐绮丽的风气，工艺品上堆砌玉石珍宝，建筑装修上镶嵌珐琅玉石，(75)_____，所以这时期的狮子雕塑被加上了各种配饰，甚至连神态都发生了很大变化。

A 艺术之高低仿佛与金银财宝的多少成了正比

B 并赋予它特殊的使命——护卫

C 这一特点在石狮身上得以展现

D 建筑中留存下来的狮子雕塑更多

E 狮子雕塑的风格与各朝代的建筑风格相符合

76-80.

位于河南省原阳县的玲珑塔，是一座仿木结构的楼阁式砖塔。该塔建于公元1105年，塔高约47.25米。一般来说，(76)_____，但这座塔却有12层，为偶数。这是为什么呢？原来，这里自古便是黄河水泛滥的地区，塔的最底层已被泥沙埋于地下，所以地面上只能看到12层。

玲珑塔的结构科学严谨，虽历经900多年的历史风烟，经受过10多次的地震，(77)_____。玲珑塔还是一座富有民族建筑特色的塔，其造型美观，是宋代寺院建筑中的佳作。登上此塔便可东见浩瀚云海，西览万顷碧绿，南望黄河波涛，北眺太行峰峦，(78)_____。

最令人惊奇的是，这座古塔竟然明显地向东北方向倾斜，好像随时都会倒塌似的。据说，玲珑塔处于风口地带，为了抵御东北风，在建造该塔时，当时的能工巧匠故意让塔身往东北方向倾斜。后来，随着黄河水的浸泡，(79)_____。

这座玲珑塔是目前世界上发现的最古老的斜塔。据悉，该塔还有继续向东北方向倾斜的趋势，有关部门正在想办法减缓其倾斜的速度，(80)_____。

A 将各色美景尽收眼底

B 以留住这已存在了近千年的别致景观

C 但它至今仍巍然屹立

D 塔身倾斜的角度就更大了

E 中国古塔的层数多为奇数

第四部分

第81-100题：请选出正确答案。

81-84.

雾凇是雾冻结在树枝或电线上形成的白色或乳白色不透明的冰晶。雾凇的形成需要两个条件：一是气温要低，二是水汽要充足。吉林市就因其特殊的自然条件和人为因素形成了中国四大自然奇观之一——吉林雾凇。

吉林市冬季气温一般在零下20到25℃。每到冬季，尽管松花湖湖面一抹如镜、冰冻如铁，但冰层下面几十米深处仍能保持4℃的水温。原来，从吉林市溯流而上15公里就是著名的丰满水电站。水电站大坝将江水拦腰截断，形成了巨大的人工湖泊——松花湖。湖水通过水电站发电机组后，温度有所升高，湖水载着巨大的热能顺流而下，于是便产生了大量的雾气。这就为雾凇的产生提供了两个必要而又相互矛盾的条件——足够的低温和充分的水汽。蒸腾的水汽在遇到冰冷的树枝、电线等物体后，便冻结起来形成了雾凇。

除观赏外，雾凇还有很多实际用处。首先，雾凇是空气的天然清洁工。人们在观赏玉树般的雾凇时，都会感到空气格外清新，这是因为雾凇可吸附空气中悬浮的各种尘埃和粒子，从而净化空气。其次，雾凇还是天然的"消音器"。由于雾凇具有厚度大、结构疏松、空隙度高的特点，所以它对音波的反射率很低，能吸收和容纳大量音波，因此，在雾凇密集的树林里人们会感到特别幽静。

81. 雾凇的形成需要下列哪个条件？
    A 水汽充足
    B 天气晴朗
    C 树枝茂密
    D 风势强劲

82. 湖水通过发电站后，有什么变化？
    A 水温升高
    B 其中的水生植物减少
    C 流速减慢
    D 水质变好

83. 下列哪项不是雾凇的作用？
    A 欣赏的作用
    B 降低噪音
    C 保护电线
    D 净化空气

84. 关于雾凇，可以知道什么？
    A 可漂浮于空中
    B 在下雪天出现
    C 呈透明状
    D 结构疏松

85-88.

有这样一种鱼，它的眼睛很大，呈椭圆形，中间被一层膜分开，看起来就像4只眼睛，它就是"四眼鱼"。因为拥有4只眼睛，所以它觅起食来就有了得天独厚的条件。

四眼鱼的4只眼睛都可以视物，一般，上面那对眼睛用来看空中的东西，下面那对则用来看水中的东西。按理说，四眼鱼拥有这种优势，应该比其他鱼类活得更轻松自在。但出人意料的是，四眼鱼的数量却在一天天减少。这是什么原因呢？科学家最初也<u>不得其解</u>，毕竟四眼鱼的眼睛多，对捕捉食物更有利，而且水中食物丰富，不存在食物匮乏的问题。后来，经过几年的细致观察，科学家最终查明了原因，四眼鱼的数量之所以不断减少，恰恰与它的4只眼睛有关。

因为拥有4只眼睛，四眼鱼就用下面那对眼睛捕捉食物，用上面那对眼睛望天看风景，但它却忽略了来自周围的危险。一边吃着美味的食物，一边欣赏风景的四眼鱼，极易成为水中其他鱼类的攻击对象。那些凶猛的鱼类会乘其不备时，将它吞掉。结果，刚才还悠闲快活的四眼鱼，眨眼间就成了其他鱼类的腹中之物，这不能不说是一种悲哀。

生活中，我们也常遇到这种情况，明明占据优势，却因得意忘形，最后把优势变成了劣势。所以，拥有优势的时候，也要警惕其可能带来的危险。只有合理利用自身优势，才能使自己立于不败之地。

85. 关于四眼鱼的眼睛，可以知道什么？

    A 只能看到移动的物体

    B 有一对眼睛睁不开

    C 呈椭圆形

    D 长在鱼身的一侧

86. 第2段中的画线词语"不得其解"是什么意思?

    A 找不到重点

    B 不明白原因

    C 极力反对

    D 意见不统一

87. 四眼鱼为什么容易受到攻击?

    A 肉质鲜美

    B 游速慢

    C 身体笨重

    D 对周围环境不警惕

88. 上文主要想告诉我们什么?

    A 世上没有十全十美的事物

    B 要看到他人的长处

    C 要正确利用自身优势

    D 要学会劳逸结合

89-92.

雨是从云层中落下来的水滴。雨滴有大有小：瓢泼大雨的雨滴直径一般有三四毫米，最大可达7毫米，而毛毛细雨的雨滴直径则在0.5毫米以下。

为了测量雨滴的大小，人们设计了许多方法，比如雷达观测法、光学雨量计法、摄影法、面粉球法和色斑法等。雷达观测法和光学雨量计法可实时、大面积地测量雨滴直径及分布等情况，一般用于观测天然降雨。摄影法是把拍摄出的下落中的雨滴相片，放在显微镜下测量雨滴直径的方法，非常适用于在实验室内观测模拟降雨。面粉球法是将雨滴收集在盛有面粉的容器中，让雨滴与面粉接触，形成一个个小小的湿面球，然后将其烘干后称重，测出每个雨滴的直径。色斑法是通过雨滴在不同材料上所形成的色斑大小，来推测相应雨滴直径的，也是应用非常广泛的一种测量方法。也许有人会问，有必要测量雨滴的大小吗？答案是肯定的。

下大雨时，雨滴击溅可能会破坏土壤环境结构，造成土壤表层空隙减少或者堵塞，形成土壤板结。而且，雨滴过大还可能会打伤幼苗。如果我们掌握了降雨量以及雨滴大小的数据，就可以采取防范措施。减轻即将到来的大雨对土壤和农作物的损害。此外，下大雨时，不少电视频道也会开始"下雨"，影像变得模糊不清，连移动电话也会出现杂音。这些都是由雨滴对电磁波的散射衰减作用造成的，雨滴大小不同，造成的散射衰减程度也不同，所以测量雨滴的大小就成了解决此类通讯难题的前提条件。

89. 根据上文，哪种方法最适用于在实验室内观测模拟降雨？

A 摄影法

B 面粉球法

C 光学雨量计法

D 色斑法

90. 雨滴过大可能会有什么影响？
    A 造成土壤沙化
    B 使营养物质流失
    C 打伤幼苗
    D 加剧土壤酸化

91. 为什么下大雨时电视的影像会变得模糊不清？
    A 电视机电压不稳
    B 受雷电的影响
    C 雨滴会干扰电磁波
    D 雨滴损坏了电视机电路

92. 上文主要讲的是：
    A 人工降雨的原理
    B 雨滴形成的原因
    C 雨水对农作物的重要性
    D 测量雨滴的方法及意义

93-96.

你听说过浅层地温能吗？它是一种低于25℃的热能，一般蕴藏在地表以下200米范围内的岩土体、地下水和地表水中。浅层地温能的来源以太阳辐射为主，还有一小部分来自地心热量。

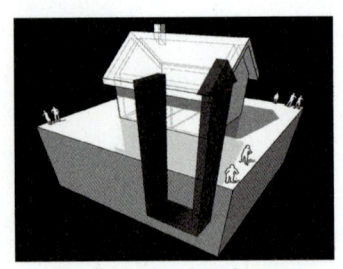

我们的地球可以称得上是一个巨大的热库，它的热能资源储量极为丰富，约为地球上全部煤炭所蕴含能量的1.7亿倍。就浅层地温能来说，它的储量几乎是全球能源消耗总量的45万倍，极具经济价值。

浅层地温能是一种清洁无污染的能源，我们只需消耗少量的电能对其进行开发，便可提取出大量的热能。并且开发过程中不会产生二氧化碳等废气，也不会影响地下水的水质，水量也不会发生任何变化，对环境影响极小。与传统能源相比，浅层地温能无处不在，人们可以就近开采，就地取热为建筑物供暖，极大地节省了运输和存放的成本。

可见，浅层地温能具有众多优点。那么，我们该如何开采这种比人类体温还要低很多的能源呢？科技人员认为，使用热泵是一种比较好的方式。热泵和水泵的工作原理相似，水泵是利用管道将水从低位抽到高位的机械，而热泵传输的不是水而是热能。一般情况下，我们居住的室内环境和地层土壤温度之间有一定的温差。冬季时，我们可以利用热泵把地下的热能抽出来，给室内供暖；夏季时，再利用热泵把室内的热能取回来，排放到地下储存起来。这种自然和人工相结合的补给方式，实现了地温能量的动态平衡，使浅层地温得以循环利用。

随着地球能源的大量消耗，能源危机日渐凸显，开发利用新能源将是必然趋势。作为一种重要的新能源，浅层地温能将会受到越来越多国家的重视。

93. 关于浅层地温能的来源，可以知道：
    A 小部分来自煤炭燃烧
    B 地心热量占绝大部分
    C 与地质运动有关
    D 主要来自太阳辐射

94. 下列哪一项不属于浅层地温能的优点？
    A 清洁环保
    B 开发过程中耗电低
    C 覆盖范围广
    D 改善水质

95. 第4段主要谈的是什么？
    A 浅层地温能的开采
    B 水源的工作原理
    C 使用热泵的注意事项
    D 冬季取暖的方法

96. 根据上文，下列哪项正确？
    A 利用浅层地温能会造成能源危机
    B 浅层地温能开发潜力大
    C 浅层地温能循环利用率低
    D 地球热能资源储量贫乏

97-100.

鸽子认路的本领大得惊人，不论是白天还是黑夜，不论是疾风还是骤雨，甚至在千里之外，它们都能找到回家的路。那么鸽子是怎样记住飞行路线的呢？

为了解开这个谜题，科学家们做了一个实验。他们挑选了20只受过训练的鸽子，把其中10只脚上系上铜棒，另外10只脚上系上磁棒，然后把它们同时运送到遥远的地方，并在阴雨天放飞。结果，系铜棒的鸽子在两天内有8只回家，而系磁棒的鸽子却迷失了方向，4天后仅有一只鸽子精疲力尽地回到家。由此可见，磁棒产生的磁场会影响鸽子对地球磁场的判断，这说明鸽子平时飞行主要依靠的是地磁导航。

鸽子为什么能利用地磁导航呢？一位生物学家在鸽子眼窝背后的脑外侧发现了一个一平方毫米大小的磁性组织，这种磁性组织含铁丰富，是鸽子的生物指南针。有了它，鸽子才能在远途飞行时，利用地球磁场确定方向。

尽管如此，关于鸽子认路的原理仍然是<u>众说纷纭</u>，除了地磁因素，做其他推测的也大有人在。有人认为，鸽子可以根据太阳、月亮或星星的位置来判定方向。白天，只要有一线阳光，鸽子就可以把太阳当做罗盘，利用自身生物钟来判断太阳移动的方向。到了晚上，它可以利用天上的星星、月亮来导航。可是问题来了，如果遇到阴雨天怎么办？于是又有人说，鸽子可以通过气味认路。还有人说，鸽子可以听到数千里以外的地音频，并以此来确定飞行方向。

目前，我们对鸽子认路本领的研究还不是十分全面，要想真正认识鸽子导航的生物学机制，还需要更多的实验。

97. 根据第2段的实验，下列哪项正确？

　　A 地球磁场很不稳定
　　B 阴雨天鸽子难辨方向
　　C 鸽子飞行主要靠地磁导航
　　D 铜棒影响鸽子的飞行速度

98. 根据第3段，鸽子的"生物指南针"指的是：
    A 眼窝
    B 神经末梢
    C 体内的金属元素
    D 脑外侧的磁性组织

99. 第4段的画线词语"众所纷纭"，说明：
    A 鸽子有许多本领
    B 影响实验结果的因素很多
    C 对鸽子认路原理的说法很多
    D 人们的推测都没有依据

100. 最适合做上文标题的是：
    A 鸽子认路之谜
    B 鸽子的送信原理
    C 太阳对鸽子认路的影响
    D 鸽子根据星星确定方向

三、书 写

第101题：缩写。

> (1) 仔细阅读下面这篇文章，时间为10分钟，阅读时不能抄写、记录。
> (2) 10分钟后，监考收回阅读材料，请你将这篇文章缩写成一篇短文，时间为35分钟。
> (3) 标题自拟。只需复述文章内容，不需加入自己的观点。
> (4) 字数为400左右。
> (5) 请把作文直接写在答题卡上。

　　春秋时期，晋献公听信谣言，杀掉了之前立的太子。晋献公的另外一个儿子重耳感到了危险，于是便决定逃往别的诸侯国。

　　经过千辛万苦，重耳来到了楚国。楚国的国君楚成王认为重耳日后一定会有大作为，就以国君之礼来招待他，待他如上宾。重耳对楚成王也十分尊敬。两个人就这样成为了朋友。

　　一天，楚成王摆宴席招待重耳，两人饮酒聊天儿，气氛十分融洽。忽然，楚成王问重耳："假如有一天，你能回到晋国并当上国君，会怎么报答我呢？"重耳思考片刻后，说："大王您从来不缺什么稀世珍宝，楚国还盛产各种珍禽羽毛，物产丰富。晋国远比不上贵国的富有，没有什么奇珍异宝可以献给您啊。"

　　楚成王说："你也太谦虚了。"重耳接着说道："不过，要是托大王您的福，我能够回到晋国，并当上晋国的国君，那我一定努力跟贵国交好，让咱们两国的百姓都过上太平的日子。但是万一两国发生了战争，那么在两军相遇的时候，为了报答大王您，我一定会命令我的军队退避三舍。如果还得不到您的原谅，我再与您交战。"古时候行军，每30里叫一"舍"。退避三舍，也就是退让90里的意思。

　　后来，重耳果真回到了晋国，还成为了国君，也就是历史上赫赫有名的晋文公。晋国在晋文公的领导下，国力不断强盛，国土面积不断扩大。晋文公还努力训练军队，积极准备争霸中原。

　　公元前633年，楚成王率兵攻打宋国，宋国向晋国请求援助。晋文公于是联合其他诸侯国前去救援，迫使楚国军队北上。楚成王见形势对自己不利，便决定率军队赶紧撤离，并命令手下将军避免和晋国军队决战。但楚国的将军刚愎自用，不顾形势变化。仍率楚军杀向了晋军的驻扎地。

　　此时，晋文公命令自己的军队往后撤，不要与楚军交锋。晋军的将士们都感到很不理解，问他："仗还没打，怎么就让我们撤退呢？楚军虽然强大，但是为了保卫自己的国家，我们愿意拼死一战！"

　　晋文公说："当初我流亡到楚国，受到了楚成王的厚待，于是就向他承诺：如果两国交战，晋国情愿退避三舍。如今，我必须履行诺言！"于是，晋军向后一口气退了30里地。随后，他们楚军紧跟了过来，就又退了30里。谁知，楚军仍然穷追不舍，晋军就又退了30里。最后，他们总共退了90里，也就是三舍。

　　楚国的将军见晋军不断后退，以为对方害怕了，就命令军队继续追击。这时，晋军不再避让，而是集中兵力，奋勇作战，大破楚军，取得了这次战争的胜利。

　　后来，人们就用"退避三舍"来比喻主动避让他人，以避免冲突。

新汉语水平考试

실전 모의고사

제5회

新汉语水平考试
HSK(六级)
全真模拟题 5

注 意

一、HSK（六级）分三部分：

　　1．听力(50题，约35分钟)

　　2．阅读(50题，50分钟)

　　3．书写(1题，45分钟)

二、听力结束后，有5分钟填写答题卡。

三、全部考试约140分钟(含考生填写个人信息时间5分钟)。

中国 北京　　　　　　　　　　　XXXX/XXXXXX　编制

一、听 力

第 一 部 分

第1-15题：请选出与所听内容一致的一项。

1. A 蜡烛是文明时代的标志
   B 火最初只用于照明
   C 蜡烛上有动物脂肪
   D 蜡烛起源于火把

2. A 人的性格是天生的
   B 环境对人有塑造作用
   C 青春期是成长的关键期
   D 幼儿教育很重要

3. A 杆秤称重不精确
   B 杆秤容易折断
   C 杆秤制作过程复杂
   D 杆秤操作简便

4. A 经理应变能力强
   B 厨师被开除了
   C 餐厅在发优惠券
   D 顾客无理取闹

5. A 环境对人的影响很大
   B 要学会处理人际关系
   C 职场中要保持积极心态
   D 对人要热情

6. A 晏殊作弊了
   B 晏殊的分数最高
   C 晏殊受到了皇帝的赞赏
   D 晏殊重做了一遍题

7. A 该馆面积很大
   B 该馆馆藏丰富
   C 该馆有6万件标本
   D 中国有很多珍稀动物

8. A 赞助可提升企业形象
   B 赞助可增加销量
   C 品牌产品不易被淘汰
   D 产品质量对品牌至关重要

9. A 有天赋就能成才
   B 不要过分讲究完美
   C 唐伯虎后来学画很用功
   D 唐白虎画的更逼真

10. A 读梦机有助于恢复记忆
    B 发明读梦机只是幻想
    C 读梦机已投入使用很多年
    D 读梦机可识别梦中人脸图像

11. A 找准企业发展方向很关键
    B 创业者需有良好的沟通力
    C 创新力是创业成功的基础
    D 个人能力决定创业成败

12. A 春天常有水管出汗现象
    B 水管出汗表示某处有渗漏
    C 水管内水温变化大
    D 水管大量出汗是下雨的前兆

13. A 节能灯越用越暗
    B 节能灯管不能随意丢弃
    C 节能灯利用气体放电原理工作
    D 节能灯尚未普及

14. A 座头鲸游动速度快
    B 座头鲸听觉敏锐
    C 座头鲸喜欢群居
    D 座头鲸歌声优美

15. A 南瓜是喜阴植物
    B 天气变化会影响南瓜生长
    C 南瓜蔓儿生长缓慢
    D 南瓜蔓梢方向可预示天气变化

第 二 部 分

第 16-30 题：请选出正确答案。

16. A 与专业相关
    B 利润高
    C 市场需求大
    D 感觉更有意义

17. A 可免费注册
    B 便捷高效
    C 不受地域限制
    D 可信度高

18. A 积极面对相亲
    B 参加户外活动
    C 提高自身素养
    D 扩大交友圈

19. A 经济基础
    B 保留隐私空间
    C 理解与沟通
    D 统一的价值观

20. A 看重创业结果
    B 曾涉足投资领域
    C 热衷实验
    D 通过相亲结婚

21. A 良好的机遇
    B 优秀的团队
    C 充足的资金
    D 务实的态度

22. A 急需别人的帮助
    B 踏实走好每一步
    C 在摸索中前进
    D 困难很多

23. A 看清问题本质
    B 协调各方矛盾
    C 勇于尝试新事物
    D 果断取舍

24. A 要结合自身爱好
    B 多参加培训
    C 选择新兴行业
    D 做好规划

25. A 热心公益事业
    B 曾是小学教师
    C 创办了一所学校
    D 创业之路很顺畅

26. A 人才外流
    B 应聘者要求多
    C 管理策略缺失
    D 招聘程序复杂

27. A 团队精神
    B 技能
    C 态度
    D 学识

28. A 勤于动手
    B 多与人交流
    C 培养艺术爱好
    D 亲近自然

29. A 积累人脉
    B 完善自己
    C 培养吃苦精神
    D 巩固知识

30. A 男的喜欢阅读
    B 求职不应只看重薪酬
    C 职业规划可有可无
    D 男的大一便开始实习

第 三 部 分

第 31-50 题：请选出正确答案。

31. A 其他家用设备干扰
    B 插头掉了
    C 电视机出毛病了
    D 保险丝烧断了

32. A 卫星脱离正常轨道
    B 接收器收不到信号
    C 太阳被完全遮挡
    D 卫星和太阳在一条线上

33. A 天气变化会干扰无线信号
    B 卫星凌日很少发生
    C 天体运行会影响信号接收
    D 太阳发出的电波很弱

34. A 价格最贵的
    B 看得最久的
    C 评价最高的
    D 第一眼看见的

35. A 免费试用
    B 商品拍卖
    C 商品促销
    D 限时抢购

36. A 营造气氛
    B 提示测试流程
    C 提醒时间
    D 吸引志愿者

37. A 广告无法提升经济效益
    B 品牌商品质量好
    C 品牌偏好可以改变
    D 要重视商品包装

38. A 同你握手
    B 脚朝你的方向移动
    C 对你微笑
    D 调高说话声音

39. A 善于伪装
    B 会反映身体状况
    C 总保持一种表情
    D 常透露内心真实想法

40. A 向同伴发出暗号
    B 舒缓内心焦虑
    C 吸引他人注意
    D 辅助表达感情

41. A 随年龄增长而缩短
    B 与地球公转有关
    C 易被打乱
    D 比地球自转周期稍长

42. A 与外界完全隔离
    B 室内外温差大
    C 有钟表
    D 有娱乐设施

43. A 细胞活动
    B 阳光
    C 饮食
    D 气温

44. A 眨眼拍照
    B 转动眼珠关闭电脑
    C 用眼睛暂停视频
    D 用眼睛控制音量

45. A 测量眼睛与设备的距离
    B 捕捉眼部变化特征
    C 检测眨眼频率
    D 计算眼球转动时间

46. A 手机
    B 车载播放器
    C 探测器
    D 电子阅读器

47. A 发展存在局限
    B 造价高
    C 会损伤视力
    D 能识别人眼的全部动作意图

48. A 了解船的结构
    B 观察别人划船
    C 学游泳
    D 熟悉航线

49. A 让自己心安
    B 想照着读
    C 时刻提示自己
    D 给观众展示

50. A 学习要持之以恒
    B 做事应有备选方案
    C 做事要有条不紊
    D 学习要讲求效率

二、阅 读

第 一 部 分

第51-60题：请选出有语病的一项。

51. A 人生的价值不在于你和别人相像的地方，而在于你与别人的不同之处。
    B 春草冒出尖尖的脑袋，似针似线，点缀着大地。
    C 屋里安排着鲁迅先生曾用过的一些物品。
    D 她毫无争议地成为了本届世界超级模特大赛的总冠军。

52. A 他事先没有充分地调查研究，以致得出了错误的结论产生。
    B 口弦是彝族人民文化艺术生活中最常见的一种乐器。
    C 最新的一项研究显示，午间小睡有助于儿童巩固上午所学的内容。
    D 旅客须持与票面身份信息一致的本人有效身份证原件进站上车。

53. A 泉州木偶戏始于汉、兴于唐、盛于宋，历史悠久。
    B 秋冬交替之时，银杏树满身金黄，十分好看。
    C 低碳环保的生活方式已成为一种趋势，逐渐为大众所远离。
    D 对于公司人才闲置的现象，王经理至今还没有拿出一个有效的解决方案。

54. A 拙政园是苏州园林中面积最大的一座，在江南园林中极具代表性。
    B 为了培育好这些树苗，他每天都坚持去地里查看并做记录。
    C "金无足赤，人无完人"，任何人都会有缺点。
    D 雪崩的发生归因于冰雪能够承受的压力有关。

55. A 北京四合院有着深厚的文化底蕴，是中华传统文化的载体。
    B 一切伟大的行动都有一个微不足道的开始。
    C 鱼类所含有的蛋白质属于优质蛋白，易把人体吸收。
    D 持续的高温天气引起了公众的广泛关注。

56. A 本公司办理各类运输保险，您的货物安全护航。
    B 中华书局一直以传承中华文明为己任，整理并出版了大批古籍。
    C 人们习惯将日常生活中那些不太好办却又算不上困难的事称为"麻烦"。
    D 人工炒制的茶叶一般都较完整、鲜亮，口感也比较清醇。

57. A 抗生素有很强的杀菌性，可有效抑制细菌细胞壁的合成，抑制细菌生长。
    B 北极村是中国境内唯一一处可以观赏到极光和极昼现象。
    C 海水深度在200米以内的大陆架，蕴藏着大约1500亿吨石油。
    D 救援人员冒着滂沱大雨，在泥泞的小路上快速前行。

58. A 这种新研制的牙膏不仅香气浓郁，还能使牙齿洁白光亮，因此深受消费者喜爱。
    B 作为人类文明奇迹和世界文化艺术瑰宝，敦煌壁画的重大价值不止在于数量巨大，更在于其内涵博大精深。
    C 那时，世界上很多国家才知道，虽然用化肥和农药能大大提高农作物产量，但后果是真可怕的。
    D 很多时候，把困难看得太清楚，分析得太透彻、考虑得太详尽，我们反而会被它吓倒。

59. A 太阳房是指利用太阳能取暖发电、去湿降温和通风换气的节能环保型住宅。
    B 刺猬身上的刺不仅可收集果子，还是一种防卫武器。当刺猬受到侵袭时，身体就会团成一个刺球，使侵犯者扫兴而去。
    C 专家认为，早在文字出现以前，作为口头文学的民歌就已经在民间广泛流传了。
    D 到目前为止，人类还不能完全控制自然灾害，农业收成的好坏很大程度上还是取决于自然条件的好坏决定的。

60. A 沙坡旅游区集大漠、黄河、高山和绿洲为一体，既有西北风光之雄奇，又有江南景色之秀美。

B 贵州阴雨天多，气候潮湿，所以人们常用"天无三日晴"来形容其气候特征。

C 闹钟响后继续睡，醒后却感觉更累。这是因为闹钟响后，所以大脑会不断发出起床提醒，睡眠质量大打折扣。

D 电子促销券是指由商家发放的，以电子媒介形式制作、传播和使用的促销优惠凭证。

第 二 部 分

第61-70题：选词填空。

61. 潜力股本来指在未来一段时间内具有上涨潜力的股票，后用来指尽管现在不是非常_____，但是在能力、人气等方面都有很大发展_____的人。若未来有_____的机遇，他们就会取得很大的成就。

    A 出色　　　前景　　　合适
    B 优越　　　预兆　　　舒适
    C 突出　　　前途　　　合格
    D 优秀　　　背景　　　适宜

62. 宜昌古称夷陵，是巴蜀文化的发源地。宜昌地处长江中上游，_____就是兵家必争、商旅云集之地。_____三峡工程蓄水、通航、发电目标的实现，宜昌独特的大坝景观、峡江风光、民俗风情等_____优势将日益突显。

    A 自古以来　　随着　　资源
    B 不言而喻　　跟随　　物资
    C 一如既往　　接着　　资本
    D 家喻户晓　　伴随　　资产

63. 秋天树叶落地时一般都是正面朝下。树叶正面的细胞中含有很多叶绿体，且排列_____紧密，而背面细胞中叶绿体较少，排列_____，因此正面要比背面_____。所以树叶落地时，通常是正面朝下，背面向上。

    A 齐全　　　稀薄　　　壮
    B 完整　　　疏远　　　硬
    C 整齐　　　疏松　　　重
    D 全面　　　分散　　　宽

64. 云锦因其色彩绚丽、美如天上云霞而得名，_____已有1500多年的历史。它浓缩了中国丝织技艺的_____，有"寸锦寸金"之说。云锦集历代织锦_____之大成，是中国乃至全世界最珍贵的历史文化_____之一。

A	曾经	宝贝	文艺	文物
B	始终	经典	手法	资源
C	至今	精华	工艺	遗产
D	总共	核心	手艺	资产

65. 汤圆是中华民族的传统小吃之一，历史十分_____。汤圆虽好吃却不适合做早餐，这是因为_____汤圆的主料——糯米粉黏性很高，不易消化，再加上汤圆馅儿油脂高，会加重胃肠_____。所以汤圆最好是在中午吃，此时人的胃肠消化功能最强，有_____的时间来消化汤圆里过多的热量。

A	长久	创造	包负	富裕
B	持久	加工	责任	充沛
C	悠久	制作	负担	充分
D	遥远	制定	义务	充足

66. 自然界中的一草一木，都有其存在的价值与_____性。大自然总是会用一只无形的手，_____地调节和平衡各种生物之间的关系，而人类所要做的就是_____自然法则和规律，与自然_____相处。

A	合法	奇妙	遵守	和气
B	充实	敏捷	尊敬	和睦
C	合理	巧妙	尊重	和谐
D	必要	灵敏	遵循	和蔼

67. 白洋淀____河北省中部，是中国海河平原上最大的____，平均蓄水量可达13.2亿立方米，白洋淀水产____丰富，有淡水鱼50多种，并以大面积的芦苇荡和千亩连片的荷花淀而____。

    A 坐落　　沙滩　　资产　　著名
    B 占据　　陆地　　物资　　知名
    C 位于　　湖泊　　资源　　闻名
    D 处于　　沼泽　　能源　　驰名

68. 肢体动作可以传递____，有时甚至比有声的语言更容易吸引对方的注意。人的每个肢体动作都代表或者隐含着一些____的含义，掌握这些有助于我们在沟通中准确____对方的态度，及时做出____。

    A 信号　　独特　　抓紧　　答复
    B 信息　　特殊　　把握　　回应
    C 因素　　神秘　　推测　　答应
    D 情景　　奇妙　　琢磨　　反应

69. 哺乳动物和鸟类为什么会____地躲避高压电线呢？科学家发现，电线发出的紫外线是动物躲避它的主要____。电线周围会发出不____的紫外线，虽然人类看不见，但动物却看得很清楚，而且电压越大，紫外线越强，它们的躲避____也就越高。

    A 自发　　动机　　规矩　　比例
    B 自觉　　原因　　规则　　程度
    C 自主　　道理　　规范　　频率
    D 自动　　理由　　正规　　幅度

70. 阿尔山____太兴安岭西南麓。远古时期,这里的岩浆活动____而强烈,为阿尔山留下了丰富的地质遗迹和自然____。这里有亚洲面积最大、保存最完整的火山熔岩____,有世界最大、可洗可饮的矿泉群;有世上____的天池群,还有在-40℃以下也不会结冰的不冻河。

A	属于	繁忙	财产	景色	难得
B	坐落	忙碌	资产	风景	珍稀
C	位于	频繁	财富	景观	罕见
D	在于	漫长	宝藏	情景	珍贵

第 三 部 分

第71-80题：选句填空。

71-75.

节约是自然界进化发展的神圣法则之一，动物在进化的过程中就很好地贯彻了这一法则。众所周知，水作为生物最基本的组成成分，其比热是随着温度的变化而变化的。(71)_____，这是因为水在35℃时的比热最小，也就是说在这个温度时，动物为保持体温恒定所需要吸收和释放的热量最少。又例如蜻蜓的翅膀只有5厘米长，(72)_____，重量仅0.005克。然而，它却有足够的强度和硬度，能在一秒钟内扇动20至40次，让蜻蜓飞行15米远。这种翅膀构造可谓是节约的典型了。

(73)_____。人们发现，某些植物的叶子是按照螺旋状排列的，夹角为137°30′，这样的叶序排列能使植物的采光面积达到最大。有建筑设计师借鉴这一采光原理，设计建造了一座13层高、外形呈螺旋状的大楼。结果发现，(74)_____。另外，人们还从雨滴下落时前圆后尖的形状中得到启发，设计制造了阻力很小的雨滴状汽车。空气从车前拂过时，在车后不会形成空气漩涡，(75)_____。

A 面积不过4.6平方厘米

B 恒温动物的体温大都保持在35℃左右

C 从而大大地提高了车的行驶速度

D 这个大楼里的每个房间都能照到阳光

E 自然界中的节约法则极大地启发了人类

76-80.

　　研究发现，当人们觉得凭自己的能力无法完成一件事，或者可能会搞砸一件事的时候，就会产生恐惧感。但是，(76)_____，我们就会发现，其实这种恐惧感很多时候都是毫无依据的。

　　出于自我保护的目的，(77)_____。举个例子，假如你乘坐的飞机在万米高空中遇到险情，你必须要跳伞，这时大脑便会产生一些负面信息让你不敢从机舱内跳下去。但如果你以前有过多次跳伞的经历，(78)_____，因为你的潜意识已经告诉你：跳伞不会有危险。

　　当你试着将自己推向能力极限的时候，让你感到恐惧的事就会开始减少。久而久之，(79)_____：其实所有的恐惧都只是我们的大脑处于保护自己的本能而产生的，而那些未知的恐惧其实并没有我们潜意识中认为的那样可怕。

　　人们常说：能想多远就能够走多远。坚持去做一些让自己感到恐惧的事情，(80)_____，你就会变得越来越自信，也不会再因为恐惧而错失体验人生的大好机会。

A　你会悟出这样一个道理

B　当我们尝试去做这件事时

C　或是完成一些原先自己认为不可能做到的事情

D　大脑会不顾一切地阻止人们做一些有风险的事

E　便不会有这样的恐惧感

第 四 部 分

第81-100题：请选出正确答案。

81-84.

心理学上有一个著名的现象叫做框架效应。它指的是对于同一个问题或同一种情况，不同的表达方式会导致接受方做出不同的决定。在生活中，框架效应很常见。有这样一个典型的案例：

甲加油站每升汽油卖7.6元，但如果以现金的方式付款，每升汽油可以便宜0.6元。而乙加油站每升汽油卖7元，但如果用信用卡付款，则每升要多付0.6元。面对这两种选择，人们通常会认为甲加油站的价格要比乙加油站的更吸引人，所以大多数人都会去甲加油站加油。但事实上，无论从哪个加油站购买汽油，所花的钱都是一样的。但由于两个加油站不同的表述方式，导致了人们更倾向于选择甲加油站。

这是一种复杂的心理现象。如果人们选择去乙加油站购买汽油，心里往往会感到不舒服。这是因为甲加油站是与某种"效益"联系在一起的，而乙加油站则是与某种"损失"联系在一起的。人们在利益的驱动下，自然会选择貌似很占便宜的甲加油站。

通过这一事例可以发现，人们在做决定时很容易受框架效应的影响。生活中，那些看似很有诱惑力的选项，往往会让人们掉入决策的陷阱。

81. 根据框架效应，什么会影响人们的决定？

　　A 坚定的立场
　　B 人际关系
　　C 表达方式
　　D 审美习惯

82. 根据第2段，下列哪项正确？
    A 刷卡消费更划算
    B 汽油价格波动大
    C 人们不喜欢用现金付款
    D 两个加油站油价一样

83. 人们为什么更倾向于选择甲加油站？
    A 服务非常周到
    B 获得的实际利益更多
    C 汽油品质更好
    D 感觉得到了某种优惠

84. 上文主要想告诉我们：
    A 不要被表面现象迷惑
    B 要懂得货比三家
    C 做决定要果断
    D 不能重利轻义

85-88.

一个年轻人在经历了几次失败的面试后，心灰意冷，便不再继续找工作。一天，他看见父亲种的南瓜无人照料，想到自己也没事可做，于是就去地里给南瓜施肥、浇水、灭虫，干得非常认真。

在他的精心照料下，瓜藤长得非常茂盛。可奇怪的是，那些茂盛的瓜藤上却迟迟不结瓜。千盼万盼，好不容易结了一个，但长到拳头大小就没再长，反而渐渐萎缩，最后竟然烂掉了。年轻人以为是肥料不足，于是又给南瓜施了很多肥。可结出的瓜依然无一例外都"夭折"了。他沮丧地问父亲："为什么瓜藤长得那么好，却结不成瓜呢？"父亲说："你用竹签从瓜藤中间插过去，以后结的瓜就不会烂了。"

于是，年轻人照父亲说的，拿了一大把竹签到地里准备插瓜藤。可刚插了一根，他就下不去手了。他心想：自己费尽心思才种出这么好的瓜藤，为什么要刺伤它们？再说，完好的瓜藤都结不成瓜，受伤的又怎能结成呢？年轻人怀疑父亲故意捉弄他，于是就干脆把剩下的竹签都扔掉了。

之后，那根被插了竹签的瓜藤长势明显赶不上其他的瓜藤。可出乎意料的是，这根受伤的瓜藤竟结出了南瓜，而且南瓜并没有烂掉，反而长得飞快，最后竟然长到了15公斤。而那些没有插竹签的瓜藤，只空长了一堆藤叶。

年轻人不解地问父亲："为什么好的瓜藤结不成瓜，而受伤的瓜藤反而结出了一个大瓜呢？"父亲说："瓜和人一样，肥料下得足不见得有用，有时吃点儿苦、受点儿磨难更有助于成长。"年轻人恍然大悟，于是开始积极地寻找工作，在一次次的应聘失败中总结经验教训，最后终于找到了一份满意的工作。

人生的道路不会总是一帆风顺，但只要我们肯在自己这根"瓜藤"上插一根"竹签"，勇于在逆境中磨砺自己，就一定能够实现我们的人生目标。

85. 根据第2段，下列哪项正确？
    A 南瓜长得都不好
    B 父亲也无能为力
    C 瓜藤都烂掉了
    D 年轻人没用心照料南瓜

86. 年轻人为什么把竹签扔掉了？
    A 用不了那么多
    B 觉得父亲在骗他
    C 想到了更好的办法
    D 竹签太难插

87. 关于那根被插了竹签的瓜藤，可以知道：
    A 叶子异常茂盛
    B 被施了更多的肥料
    C 结出的南瓜更大
    D 有15米长

88. 上文主要想告诉我们：
    A 要善于思考
    B 虚心才能进步
    C 成长需要经历磨难
    D 要有坚定的信念

89-92.

你是否曾经为在某次宴会上把饮料洒了一身而懊恼很久？你是否曾经在公共场合摔倒后迅速起身，虽然装作若无其事，但还是觉得极为丢脸？很多人的回答都是"是"。这就是心理学中"焦点效应"的表现。焦点效应是人类的一种普遍心理，主要表现是过度关注自我，把自己当做一切的中心，过高地估计周围人对自己外表和行为的关注度。

为了观察人们对其他人的关注度究竟有多高，心理学家曾做过一个实验：他让几个大学生穿上某名牌衬衫走进教室，在此之前，他让这些学生预计一下教室里会有多少人注意到他们的衬衫，大家都觉得至少会有一半儿的同学注意到。而实际上，最后的调查结果却出人意料，只有不到四分之一的人注意到了这一点。这个实验说明，我们往往会不自觉地放大别人对我们的关注程度，觉得他们对自己非常在意，而事实并非如此。所以，如果下次再遇到把饮料弄洒或者其他尴尬的情况时，你完全不必不好意思，因为关注你的人要比你想象的少得多。

如果我们总是觉得别人非常关注自己，总觉得自己是人们视线的焦点，一举一动都受到监控，这样下去很容易产生社交恐惧。有社交恐惧的人往往心理压力较大，他们难以容忍自己的社交失误。比如，当他们发现自己恰巧是宴会上唯一一位没有主人准备礼物的客人，他们会为此苦恼很久。所以，只有正确理解焦点效应，除去压在自己身上沉重的心理负担，才能享受轻松的社交生活。

89. 第1段主要谈的是什么?
    A 几种常见的心理疾病
    B 焦点效应的表现
    C 宴会上的礼节
    D 焦点效应在医学上的应用

90. 第2段的实验说明了什么问题?
    A 人喜欢关注新奇事物
    B 人常高估他人对自己的关注度
    C 大学生并不追求名牌
    D 人会出于礼貌忽略别人的错误

91. 有社交恐惧的人：
    A 不能容忍自己的社交失误
    B 总感觉别人对自己不友好
    C 习惯掩饰自己的错误
    D 不愿接触陌生人

92. 第3段主要想告诉我们：
    A 要扩大自己的社交圈
    B 心理压力很难消除
    C 要学会卸去心理负担
    D 不要因为别人的失误而苦恼

93-96.

在新疆浩瀚的荒原中，常常会见到一座座矗立"城堡"、一系列奇特的"雕塑"，犹如鬼斧神工一般，人们称其为"魔鬼城"。魔鬼城不仅仅存在于新疆，世界上许多干旱的沙漠地区都有此奇观。

其实，魔鬼城并不是真正的城市，而是一种典型的风蚀地貌——雅丹地貌。在一些极度干旱的地区，地表常因干涸而裂开，随着时间的流逝，这些裂隙越来越大，于是，原本平坦的地面产生了许多不规则的垄脊和沟槽。那么形状各异的雅丹地貌又是如何被塑造出来的呢？我们知道，地表是由不同性状的岩石一层层相叠而成的。这些岩石有的坚硬，如花岗岩；有的松软，如砂岩、泥岩。在长期的强风作用下，比较松软的部分被吹蚀，而比较坚硬的部分则被保留下来，从而形成了千姿百态的地形地貌。所以，岩石的性状与风力的大小是形成雅丹地貌的重要条件。

这种风蚀地貌在新疆的分布相当广。罗布泊西北的楼兰地区有着最为典型的雅丹地貌，堪称最全面的地质资料宝库。该地区的土丘由泥岩和砂岩相叠构成，丘体高约10到20米，长约200到300米，且成行列式整齐分布。远远望去，这些土丘既像海湾中停泊待航的巨大舰队，又似鳞次栉比的高楼大厦，蔚然壮观。

魔鬼是恐怖的，魔鬼城却是可爱的。如今，新疆很多的魔鬼城已被开发成了旅游景区，吸引了许多中外人士前来观光。

93. 魔鬼城一般出现在什么地方？

A 热带地区
B 高原
C 干旱地区
D 盆地

94. 下列哪项是雅丹地貌形成的重要条件?
    A 风
    B 充足的阳光
    C 充足的降雨
    D 悬殊的昼夜温差

95. 根据第3段,楼兰地区:
    A 有很多高楼大厦
    B 船舶制造业发达
    C 人口密度大有
    D 被称为地质资料宝库

96. 根据上文,下列哪项正确?
    A 新疆水土流失严重
    B 魔鬼城可由人工建造
    C 雅丹地貌正逐年增加
    D 魔鬼城已成为旅游景点

97-100.

在日益全球化的今天，会讲两种语言比只会一种语言具有明显的交际优势。近年来，科学家们又有新的发现：熟谙两种语言会让人更聪明。使用双语会对人的大脑产生深刻的影响，提高人的认知能力，甚至还能预防老年痴呆。

长期以来，研究人员和教育工作者都认为第二语言是一种干扰。从认知的角度来说，学习第二语言会影响儿童的学业和智力发育。有充分的证据表明，即使双语者只使用一种语言，他们大脑中的两种语言系统也都同时处于活跃状态，从而会出现一种语言系统妨碍另一种语言系统的状况。

不过，这种干扰与其说是障碍，倒不如说让双语者因祸得福。许多研究表明，使用双语能够增强大脑的执行功能。在我们做计划、解决问题以及执行其他对智力要求比较高的任务时，这种功能可以引导我们忽略干扰、集中注意力、随意在两件事情之间转换注意力以及牢记信息等。

为什么两种同时活跃的语言系统间的冲突会提高这些方面的能力呢？有研究者认为，双语者的优势主要来自于某种抑制能力，这种能力有助于训练双语者的大脑忽视其他干扰。不过，这种解释显然不够充分。因为也有研究表明，即使在完成不需要抑制能力的任务，如将纸上任意分布的数字按升序排列时，双语者的表现也比只使用一种语言的人出色。

另外，双语者比只使用一种语言的人具有更加突出的监控环境的能力。在执行任务时，他们参与监控的那部分大脑的活动较少，这表明他们这方面的能力更强。研究者说："双语者需要频繁切换语言——你可能跟爸爸说话时用一种语言，跟妈妈说话时又用另一种语言，这就要求你时刻注意周围环境的变化，这和开车时随时留意周围是一个道理。"

97. 根据第1段，掌握两种语言的人：
    A 更聪明
    B 爱独立思考
    C 更敏感
    D 更长寿

98. 第3段中的"因祸得福"指的是什么？
    A 大脑的执行功能得到提高
    B 消除了文化隔阂
    C 逻辑思维能力增强
    D 记忆力更好

99. 下列哪项属于双语者的优势？
    A 突出的环境监控能力
    B 识别差异的能力更强
    C 获取信息更快
    D 驾驶技术更好

100. 根据上文，下列哪项正确？
    A 研究者不同意学习双语
    B 双语者的抑制能力差
    C 双语者的语言系统相互干扰
    D 双语者的注意力很难集中

三、书 写

第101题：缩写。

> (1) 仔细阅读下面这篇文章，时间为10分钟，阅读时不能抄写、记录。
> (2) 10分钟后，监考收回阅读材料，请你将这篇文章缩写成一篇短文，时间为35分钟。
> (3) 标题自拟。只需复述文章内容，不需加入自己的观点。
> (4) 字数为400左右。
> (5) 请把作文直接写在答题卡上。

秦朝末年，楚国有一个叫季布的人，他性情耿直、乐于助人。而且只要是他答应过的事情，无论遇到多大的困难，他都会设法办到，从不会让求助于他的人失望。所以，季布一直都很受大家的尊敬。

秦朝灭亡后，刘邦与项羽展开了争夺天下的大战。季布作为项羽的部下，很受项羽的器重。他为项羽进献良策，并主动带兵出击，多次使刘邦的军队陷入困境。

不过，最终刘邦打赢了这场战争，建立了汉朝，并当上了汉朝的开国皇帝。他每次想起季布帮助项羽让自己的军队多次陷入困境的事就气愤不已，于是下令捉拿季布。他专门让人贴出告示：如有举报季布行踪者，赏黄金一千斤，而如果有人敢窝藏季布，则予以重罚。

季布平时非常讲信用，帮助过很多人，大家都感念他的恩情。因此，当刘邦的告示公布于天下之后，有许多知道季布行踪的人不但不受金钱的诱惑上报他的行踪，甚至还冒着生命危险，尽心尽力地保护季布。当时，还流传着这样一句话"得黄金千斤，不如得季布一诺"。后来，季布藏到了一个叫朱家的人家里。朱家也很欣赏季布，他不仅努力保护季布，还专门找到刘邦的亲信滕公，准备说服他，让他为季布求情。

其实，滕公也认为季布是一个不可多得的人才，再加上朱家的一番劝说，他就答应了下来。滕公对刘邦说："我知道您之所以捉拿季布，是因为他当初曾帮助项羽，使您的军队陷入困境。但那时候，季布是项羽的部下，他为项羽打仗，这是他应尽的责任啊。同时，这不也表明季布是一个有才干、有责任心的人吗？何况，现在您刚刚赢得天下，就因为从前的仇恨捉拿季布，作为一个皇帝来说，会显得您太没有气量了。"

　　滕公见刘邦并没有反驳他的意思，于是就接着说道："您现在这么恨季布，到处捉拿他，假如他因为害怕，再去为别的国家效力，与汉朝作对，这不是给您增添了不必要的麻烦吗？依我说，您还不如现在就把他召进宫来，给他一个合适的官职，让他为您做事。这样他不仅不会投奔他国，给您带来威胁，说不定还会对您十分感激，从而发挥自己的才智为汉朝做出贡献。另外，您这么做的话，老百姓也会赞扬您爱惜人才，大家一定都会很敬重您，愿意归顺您。"

　　刘邦听后，点了点头，觉得滕公说得有一定的道理，便接受了他的建议，并立即派人撤去了告示，将季布召进宫来，任命他为郎中。后来，季布果然对刘邦十分感激，而且不负众望，竭尽所能为汉朝做出了很大的贡献。

新汉语水平考试

녹음
스크립트

〈제1회〉 녹음 스크립트

(音乐，30秒，渐弱)

大家好！欢迎参加HSK(六级)考试。
大家好！欢迎参加HSK(六级)考试。
大家好！欢迎参加HSK(六级)考试。

HSK(六级)听力考试分三部分，共50题。
请大家注意，听力考试现在开始。

第 一 部 分

第1到15题，请选出与所听内容一致的一项。现在开始第1题：

1. 日前，中国古都学会认定河南省开封市为夏朝都城。至此，这座有着七朝都会之称的古城正荣升为八朝古都。它的最早建成时间也被提前了。

2. 女儿红是一种糯米酒，产于浙江绍兴一带。在绍兴，生了女儿的人家，在女儿满月的时候，都会选数坛好酒埋于地下或藏于地窖内。等到女儿出嫁的时候，再取出来招待亲朋好友。女儿红也由此得名。

3. 每天各种各样的信息，充斥着我们的手机和邮箱。就算我们不主动关注，最新鲜热门的信息，也会被推送到我们眼前。把握最新信息本来是件好事，可如果过量，就会给人造成困扰，甚至使人患上信息疲劳综合症。

4. 以前有个书店老板，替顾客送信件。由于信件大多是情书，寄信人常担心信件内容被曝光，引起尴尬。所以老板制作了许多简易的纸袋，将信装在里面，封好后再送往目的地。据说，纸质信封就是这样诞生的。

5. 空中滑板是一种让人心跳加速、热血沸腾的极限运动。进行这项运动的人，脚踩滑板，背着降落伞从飞机上一跃而下。在自由落体期间表演各种特技，姿势如同在海上冲浪一般。所以，这项运动也叫空中冲浪。

6. 持之以恒的精神固然可贵，但如果我们坚持的方向是错误的，那坚持到底的结果也只能是一错再错。敢于放弃不切实际的理想，重新选择正确的方向，也是一种人生智慧。

7. 雪松——树体高大，树形优美，是世界上著名的观赏树种之一。它具有较强的防尘与减噪能力。最适于栽种于草坪中央、广场中心或主要建筑物的两旁。另外，雪松木质轻软，不易受潮，还是一种重要的建筑用材。

8. 汽车音响设备的音量，不能开得太大。这是因为车内空间小，声压大。车内音响设备对听力造成永久性损伤的风险要比家庭音响高得多。而且声音越大，驾驶员的反应速度越慢，引发交通事故几率也就越高。

9. 人生如行路。如果总看到比自己优秀的人，说明你在走上坡路；假如看到的都是与自己水平差不多的人，说明你正原地踏步；若总是看到不如自己的人，则说明你已开始走下坡路。

10. 俗话说"有理也要让三分，得饶人处且饶人"。这句话告诉我们，凡事都应适可而止，给别人留有余地。同时，也是给自己留一条后路。很多时候，理直气和远比理直气壮更能让人诚服。

11. 中医把荷叶奉为减肥的良药。它主要有分解脂肪、消除便秘和利尿三种作用。荷叶泡的茶，即使长期饮用，对身体也没有副作用。此外，荷叶中的生物碱还具有明显地降血脂、抗病毒等功效。

12. 妙峰山位于北京市门头沟区。山势峭拔、风景优美。妙峰山以"古庙"、"奇松"、"怪石"、"异卉"而闻名。山上古迹众多，是北方最具文化底蕴的风景名胜之一。

13. 岫玉是一种历史悠久的玉种，考古人员曾在古人类洞穴遗址中发掘出3件岫玉制品，证实了在旧石器时代晚期，人类就开始使用玉器。作为最早被发现和使用的玉种，岫玉素有"古玉之光，万年瑰宝"的美誉。

14. 银离子具有杀菌功效，每升水中只要含有五千万分之一毫克的银离子，就可杀死水中的大部分细菌。所以，日常生活中，多使用银餐具或者佩戴银首饰，对人体健康有一定的好处。

15. 二十四节气，是一种通过反映天气变化，来指导农事活动的补充历法。形成于春秋战国时期，众所周知，农业的发展受到气候条件的制约。所以，二十四节气对农业有着重要的指导作用。

第 二 部 分

第16到30题，请选出正确答案。现在开始第16到20题：

第16到20题是根据下面一段采访：

女：你觉得做话剧导演最大的快乐是什么？

男：话剧舞台很纯粹，可以坚持的东西更多一些。只要是我看好的题材和剧本，我就会主动出击，去寻找合适的演员和合作伙伴。尽量使最后呈现的结果更接近我的初衷。

女：你觉得一部话剧最吸引观众的是什么？

男：有两个方面，一个是文学层面，一个是表演层面。简而言之，就是用好的表演去呈现一个好的故事。

女：作为导演，你在挑选演员的时候，是否有自己独特的标准呢？

男：没什么独特的。标准只有一个，那就是要胜任角色。

女：现在很多明星都参演话剧，对此你怎么看？

男：大部分观众对话剧文化的了解还很少，基础还很薄弱。我觉得今天我们仍然处于话剧的启蒙年代。因此明星演话剧是好事，可以吸引更多的观众走进剧场。

但是这些走上戏剧舞台的明星，必须同时也是优秀的演员。如果仅仅是看重明星的商业价值就让他们来演话剧，对话剧本身是一种伤害。剧场不是明星的秀场，在剧场里，观众最终还是要看作品质量的。

女：那你怎么对待话剧的商业化呢？

男：我觉得商业化是大势所趋。在商品社会里，你必须承认话剧是艺术，同时也是文化商品。但这个商品必须是高质量高品质的，不能丢失了话剧本体的东西。就像某些话剧，每次演出都爆满，票价也越来越贵。你能说这些话剧不商业吗？如果简单地将话剧和商业对立起来是很浅薄的。

女：最后，请你评价一下自己在话剧方面的表现吧。

男：在话剧创作上，我算是一个年轻的保守派，因为我对传统永远都怀着敬慕之心。我一直认为，只有深入学习并理解了传统，才能知道如何去发展话剧文化。

16. 男的认为什么样的话剧能吸引观众？
17. 男的挑选演员的标准是什么？
18. 男的怎样看待明星参演话剧？
19. 对于话剧的商业化，男的认为应注意什么？
20. 男的为什么说自己是保守派？

第21到25题是根据下面一段采访：

女：能跟我们说一下，您是何时开始接触昆曲的吗？

男：我生平第一次接触昆曲差不多是在9岁时，那时有幸在上海看到一场梅兰芳和于振飞大师的戏，演的是《牡丹亭》里面的一则——《游园惊梦》。从那之后，我便和昆曲和《牡丹亭》结下了几十年的缘分。

女：您最开始有制作青春版《牡丹亭》的想法大概是什么时候？

男：大概是03年，有人请我去做一个昆曲的演讲。我当时请了一些年轻演员去做示范演出，其中有两个演员的气质非常像《牡丹亭》中的男女主角柳梦梅和杜丽娘。从那时候开始，我便下了决心要制作青春版的《牡丹亭》。

女：青春版《牡丹亭》在国外巡演过多次，演出的反响如何呢？

男：观众的反映非常热烈，我们的观众群很年轻，学生的观众差不多占了六七成。我们到很多大学去演出，几乎每场都有80%的上座率。有时演完以后，观众站起来鼓掌的时间可以持续十几分钟。可以看出他们非常喜欢这部青春版的《牡丹亭》。另外，很多外国观众对水袖动作特别感兴趣，他们觉得演员能把水袖挥舞得那么优雅，非常不可思议。

女：一段时间以来昆曲变得很时尚，甚至变成了一种非常高雅的文化消费活动，您怎么看待这种变化？

男：我觉得这很好。其实昆曲从晚明到前清时期一直独霸中国剧坛。我们只是在发挥这个传统而已。青春版《牡丹亭》就好像老树开花一样，给昆曲带来了新的生命。有一件很有意思的事，我们的戏在北大演完后，北大的一个学生在网上留言说，世界上只有两种人，一种是看过青春版《牡丹亭》的，一种是没看过的。可见大家对青春版《牡丹亭》的喜爱。

女：青春版《牡丹亭》取得了非常大的成功，在年轻人当中掀起了昆曲热，您觉得这应归功于哪些因素呢？

男：我觉得第一是《牡丹亭》这部戏写得好，第二是昆曲的美学价值高，可以超越一切文化的界限；第三，我得说我们的制作，包括演员的选择都是非常恰当的，服装和整个舞台制作也相当成功。另外，我们的观众非常有耐心，因为看完整场戏要坐9个小时，这对于一般人来说是很困难的。

21. 关于03年那次示范演出，下列哪项正确？
22. 外国观众觉得水袖动作怎么样？
23. 北大学生的话说明了什么？
24. 下列哪项不是青春版《牡丹亭》成功的原因？
25. 根据这段对话，下列哪项正确？

第26到30题是根据下面一段采访：

女：能给我们介绍一下什么叫自由潜水吗？

男：所谓自由潜水，是指不携带水下供气设备，屏息进行的潜水方式。自由潜水员只靠一口气屏息潜入水中。或感受水中的宁静，或挑战自己的深度，或与大型海洋生物共游。与水肺潜水相比，自由潜水抛弃了繁重的装备，更加自由自在。因为没有气泡的产生，潜水员更容易与大型海洋生物接触。可以拍出更多优美的照片。

女：学潜水需要什么基本条件吗？比如：会游泳。

男：学习自由潜水，其实门槛非常低。只要你年满18岁，身体健康，没有什么心血管儿系统或肺部疾病，以及其他影响潜水的疾病，并且喜欢这项运动就可以了。不是一定要会游泳，但至少不能怕水。对于有潜水经验的人或者是游泳好的人来说，学习起来可能更加容易。

女：对你来说，自由潜水最大的魅力是什么？

男：自由潜水最大的魅力就在于，有机会可以和自己对话。当我们下潜前进行调息时，需要完完全全地集中精神。这时，整个世界就只有你自己。你不得不听得见自己的呼吸，周围的一切仿佛都离你很远。你闭上眼睛，陷入一种深深的冥想之中。世界寂静下来，天空和海之间的界限仿佛已经不存在。然后你再深深地吸满一口气下潜，和整个海洋融为一体。

女：你印象最深的一次潜水经历是什么？

男：12年8月，我在一个小渔村附近的海域潜水，那天看起来和之前并没有什么不同。我正在进行调息。忽然一起训练的人拍了拍我的肩膀，让我看身后。我扭头一看，一条十米长的鲸鲨就在我们身后。它简直就跟一辆小公共汽车似的。我知道，它是世界上最大的鱼类。但它性情却非常温顺，主要是以浮游生物和小鱼、小虾为食。我非常兴奋，而这只鲸鲨貌似对我们也很感兴趣，还一圈儿一圈儿地围着我们转。甚至有一次，它张开大嘴朝我游过来，然后轻轻地擦着我的身体过去。仿佛小猫在撒娇一样。它绕着我们转了很久才离开。当地人说我们真是太幸运了。很多人专门来看鲸鲨，等了两个月都一无所获。而我们仅仅来了几天，就有幸近距离接触它。

26. 与水肺潜水相比自由潜水有什么特点？
27. 什么样的人不能学潜水？
28. 男的认为，潜水最大的魅力是什么？
29. 关于鲸鲨，下列哪项正确？
30. 关于自由潜水，可以知道什么？

第 三 部 分

> 第31到50题，请选出正确答案。现在开始第31到33题：

第31到33题是根据下面一段话：

即使性格内向，羞于在人前讲话的人，看演唱会时，也会跟着大声唱歌。看体育比赛时，也会高声为运动员呐喊助威。同一个人在不同的场合，怎么会有这么大的变化呢？这是因为，当人置身于团体之中时，个人意识会变得非常淡薄。心理学将这种现象称为没个性化。个人意识变淡后，人们就会觉得，反正周围没有人认识自己，更不会有人留意自己，终于可以做喜欢做的事情了。所以，没有了人际关系的束缚。害羞的人也会大声唱歌、高声呐喊了。此外，大声喊叫还是一种释放精神压力的方法，可以使人心情舒畅。

31. 害羞的人处于团体中时，个人意识有什么变化？
32. 为什么害羞的人在听演唱会时可以大声歌唱？
33. 大声喊叫的好处是什么？

第34到37题是根据下面一段话：

春秋时期，郑国都城内有一所学校，人们都喜欢在那里聚会畅谈。一天，一位叫然明的官员路过那儿，听到里面的人正在评判朝政得失，议论官员是非。然明愤怒地转身离开。找到另一位大臣子产抱怨道："老百姓在学校里没有学到什么有用的东西，倒是学会了抨击政事。如果这些言论流传出去，对国家有害无益，干脆把学校拆了吧。"子产听完，摆摆手说："我先请教你一件事。当河水暴涨，即将溃堤时，是因势利导，放掉一些水比较好，还是加高堤岸，把水堵住比较好呢？""当然是放掉一些水比较好。"然明答道。子产接着说道："君主治理国家，官员处理政务时都免不了会出些差错。老百姓把我们的错误都指出来，我们就可以及时改正。但如果我们拆了学校，老百姓也无处宣泄，自然不得不把不满情绪憋在心里，久而久之，就会像暴涨的河水一样，堵塞得越厉害，冲决堤岸时的力量就越大，造成的危害也就越严重。"然明听后，心服口服。

34. 老百姓喜欢在学校里谈论什么？
35. 然明听到老百姓的议论后，有什么感受？
36. 然明认为河水暴涨时，应该怎么做？
37. 子产觉得朝廷应如何处理老百姓的意见？

第38到40题是根据下面一段话：

  一次，著名画家吴冠中在整理画作时，竟将自己创作的几百幅作品撕毁了。他撕画的行为被人们戏称为"烧掉豪华的房子"。对此，吴冠中淡定地表示：我只想保留那些让行家挑不出毛病的画儿。吴冠中这样做，不仅仅是撕毁了精心创作的画作，更是将巨大的财富拒之门外。如此否定自己需要莫大的勇气，但是我们不得不说，吴冠中否定自己的行为其实也是一种智慧。他这样做，既是对画作的欣赏者和买家负责，也是对自己信誉和口碑的维护。有时候，人生得失决不能只看眼前，维护长远利益才是最明智的选择。

38. 吴冠中为什么要撕画儿？
39. 为什么有人觉得吴冠中的行为是"烧掉豪华的房子"？
40. 这段话主要想告诉我们什么？

第41到43题是根据下面一段话：

  汉语中的"推敲"一词，意为反复琢磨。它是由唐朝诗人贾岛锤炼诗句的故事引申而来的。一天，贾岛在街上行走，随口吟了一首诗。其中两句是："鸟宿池边树，僧推月下门。"贾岛觉得诗中的"推"字用得不够恰当，想改为"敲"字。但又不知"敲"字是否真的合适。因此，他一面思考，一面用手反复地做着推门和敲门两种动作。路人看到贾岛的行为，都感到十分奇怪。这一幕恰好也被当时的著名诗人——韩愈看到了。韩愈问他在做什么。贾岛就将自己斟酌"推"、"敲"二字的事情讲了一遍。韩愈听后，深思片刻说道："'敲'字好，在万物入睡，沉静得没有一点儿声息的时候，敲门声更显得夜深人静。"贾岛连连拜谢，并把诗句定为："僧敲月下门"。从此，"推敲"一词，便用来表示——反复修改文字或深入思考问题。

41. 路人觉得贾岛的行为怎么样？
42. 韩愈为什么认为"敲"字更好？
43. 这段话，主要谈的是什么？

第44到47题是根据下面一段话：

近年来，一些驱蚊软件受到了很多年轻人的追捧。但从科学的角度来讲，它们却未必靠谱儿。这些驱蚊软件的开发者，都声称，软件是根据仿生学及声学原理开发的。通过手机或电脑运行，可以发出与蚊子的天敌蝙蝠、蜻蜓等相同频率的超声波，从而达到驱蚊的目的。但这里存在两个问题：其一，超声波到底能不能驱蚊。据生物学专家介绍，蚊子对超声波虽有一定的感知能力，但由于蚊子交流的复杂性，现在还没有足够的范例，能证明哪种声波能对蚊子有影响。其二，即便超声波能有效地驱蚊，但我们日常生活的手机、电脑，真能产生这样的超声波吗？我们知道，人的听觉范围在20赫兹~20000赫兹之间。电脑、手机的音响就是根据人耳的这种听觉特性设计的。蝙蝠、蜻蜓等发出的声音都是20000赫兹以上的超声波。其中，蝙蝠发出的超声波更是高达300000赫兹。也就是说，要起到驱蚊作用，就一定要用特殊的设备来播放超声波才行。从技术层面上来说，目前的电脑和手机都不可能实现这项功能。

44. 这段话中的"靠谱儿"是什么意思？
45. 开发者声称，驱蚊软件是利用什么原理开发的？
46. 人的听觉范围是多少？
47. 根据这段话，下列哪项正确？

第48到50题是根据下面一段话：

一天，唐伯虎在家中作画时，突然来了几个熟人。他们对墙壁上的书画指指点点，妄加评论。噪声使得唐伯虎无法静心作画，但他又不好下逐客令。为了让他们安静下来，唐伯虎给大家出了道题。只见他在一张白纸上涂了一团墨，说猜一个字。然后，就进里屋作画去了。这群人面对一团墨，猜了大半天，却没有一个人猜中。这时，唐伯虎的好友祝枝山来了。众人忙上前求他破解谜题。祝枝山一看，稍微一笑，对众人说："此题不难，墨团就是大黑点儿。而大黑点这三个字组合起来就是沉默的默字。"众人听后顿时醒悟，便一声不响地离开了。

48. 那群人来的时候，唐伯虎在做什么？
49. 唐伯虎为什么给那群人出题？
50. 知道答案后，那群人是怎么做的？

听力考试现在结束。

〈제2회〉 녹음 스크립트

(音乐，30秒，渐弱)

大家好！欢迎参加HSK(六级)考试。
大家好！欢迎参加HSK(六级)考试。
大家好！欢迎参加HSK(六级)考试。

HSK(六级)听力考试分三部分，共50题。
请大家注意，听力考试现在开始。

第 一 部 分

第1到15题，请选出与所听内容一致的一项。现在开始第1题：

1. 在中国民间汉族历来就有生日吃寿面（长寿面）的习俗，据说这一习俗早在汉代就已出现。长寿面的主料是高筋粉可搭配各种调料使用。人们借长长的面条儿来祈愿长寿，同时也表达了对未来生活的美好期盼。

2. 蝴蝶兰是热带兰中的珍品，素有兰中皇后的美誉。它全部盛开时，仿佛一群蝴蝶在翩翩起舞。那种飘逸的姿态会令人产生一种如诗如画，似梦似幻的感觉。

3. 每个人对幸福的理解不尽相同，对幸福的认识也就很难有统一的标准。幸福度的高低完全取决于你自己的心态。只要你能保持一份好心情，并用乐观积极的心态对待每一件事，幸福就会像影子一样跟随着你，与你一路同行。

4. 身上的鳞片，不但可以保护它们，还可以帮助它们爬行。蛇在曲线向前爬行时，弯曲部位的蛇鳞片会翘起来，帮助它们抓住路面，推动身体前行。所以，蛇没有脚，照样可以走路。

5. 西红柿以后不一定叫做"红柿"了，还也可能是黑色的。科学家最近培育出一种独特的西红柿。它拥有黑色的外皮和紫红色的枝叶。虽然这种西红柿卖相不那么吸引人，但却富含抗氧化剂，是一种营养极为丰富的食品。

6. 从长远来说，有责任感的人远胜过有能力的人。如果一个人没有责任感，即便身处重要位置，他也会觉得有些事情与自己无关，找种种借口逃避。而有责任感的人，则会主动、尽全力履行自己的职责，甚至会做得更多。

7. 火把节是彝族、白族等少数民族的传统节日，有着深厚的文化内涵，蜚声海内外，被称为"东方的狂欢节"。 这些民族举行火把节的时间不同，但大多是在农历六月二十四这天。主要活动有：斗牛、赛马、摔跤和歌舞表演等。

8. "三思而后行"作为一句儒家经典，意思是说：做事情之前，应先考虑其可行性以及这样做会产生的结果和影响。它告诫人们要慎重思考，以免因一时冲动或考虑不周，而做出令自己后悔的事。

9. 研究表明，运动或劳动时听音乐，能减轻人的疲劳感。而且如果跟着音乐的节拍运动或劳动，人的耐力或代谢速率都会有所提高。很多音乐就是为劳动而创作的，比如：劳动号子。

10. 化石燃料终将枯竭。尽管没有人能够准确预测出枯竭的时间，但这一天迟早会到来。从火山到波浪再到藻类，科学家正在竭力寻找替代能源，以满足化石燃料枯竭之后，全球巨大的能源需求。

11. 极限运动是对一些难度较高，且挑战性较大之组合运动项目的统称，例如：滑板、极限单车、攀岩、雪板、空中冲浪等等。除了崇尚竞技体育、超越自我生理极限的精神外，它更强调参与，娱乐和勇敢的精神，追求在跨越心理障碍后，所获得的愉悦感和成就感。

12. 人与人在心态上的小差异，很可能造成生活上的巨大差异。小差异就是心态的好坏，大差异就是事情的成败。一个人的心态，特别是关键时刻的心态，是积极还是消极，直接关系着事业的成功与失败。

13. 上午11点至下午2点是植物的午睡时间。这时，植物叶子的气孔关闭，光合作用明显减弱。午睡其实是植物在长期进化过程中形成的一种抗干旱的本领。它们这样做可以减少水分流失，以便在恶劣条件下生存。

14. 八大处公园位于北京市西郊西山风景区南麓，是一座历史悠久、盛名远播、风水宜人的山地佛教寺庙园林。这里山势不高不低，冬季山暖风和，夏季凉爽宜人。因此成为了人们登山健身的首选之地。

15. 只有偏执狂才能成功，说的正是专注精神，多数人很难经受住诱惑。于是，今天选择这个，明天选择那个。结果到头来什么都没做成，白白浪费了时间和精力。所以，如果你找到了值得做的事情，就专注地做下去吧。

第 二 部 分

第16到30题，请选出正确答案。现在开始第16到20题：

第16到20题是根据下面一段采访：

女：商业摄影的范围很广，对于你个人而言，更偏爱哪种呈现方式？

男：应该是人像摄影吧。因为除了用光构图之外要关注的东西很多，要与被摄者沟通、捕捉表情神态，还要考虑人物和环境的融合等很多元素。当然，这样拍出一张好片，带来的满足感也更大。

女：通过摄影作品向观众传达你的认知，是你的追求吗？

男：虽然我为每幅照片都写了相应的故事，但我并不希望引导人们按照一种定式来欣赏我的作品。每个人对这些照片和故事，都有他们自己独一无二的解读。我不会告诉他们我的本意是什么，我所能做的就是用零散的信息创造一个宽广的想象空间。至于怎么想，那是观众的自由。

女：你喜欢用数码还是胶片？

男：摄影人比较讲究效率，用胶片会降低效率，影响交流。胶片拍完就这一张，而且还特别小，要用放大镜看，数码就不一样了，拍完后放在电脑上一看，哪里有不足就可以马上改进。

女：因为你的成功，很多人在风格手法上也在向你靠近、效仿你。对此，你怎么看？

男：我觉得挺好的，一个人做得好，有人向他学习，并且在学习中慢慢找到自己的风格，这是一件好事。

女：你能分享一下自己的成功秘诀吗？

男：对我来说技术方面其实是相对简单的，关键是观念。不是说用特别好的相机就能拍出特别好的照片来，创意才是最重要的。所以，我以它为重点，从拍照到后期的修图都亲力亲为。另外，要打造属于自己的风格。这种风格没办法定义，做自己喜欢的就好。当然，要成为真正的摄影师，精力不能只放在拍摄上面，还要研究很多东西。比如：音乐、色彩、绘画等。研究喜欢的东西越多，知识也就越丰富，对你拍摄的帮助就会越大。

16. 男的为什么偏爱人像摄影？
17. 男的认为胶片有什么缺点？
18. 对于别人效仿自己，男的怎么看？
19. 男的认为成为优秀摄影师的关键是什么？
20. 关于男的，下列哪项正确？

第21到25题是根据下面一段采访：

女：您的谈话中常常提到临摹，您是不是认为临摹非常重要？

男：临摹是绘画的基础。有了基础，笔墨才有灵性，才有情调和韵味。所以说学画必须从临摹开始。有了扎实的基础，才能在绘画上有所发展。

女：画作是为了表现画家心境而创作的，您的画作想要表达一种什么样的心境呢？

男：画家的任何一幅画儿都是有感而发。可能是一首诗，也有可能是一处风景或是一段乐曲。每幅画儿所表达的感情都不同，所以画面构图、章法及笔墨情趣都不同。

女：您创作的灵感从哪里来？

男：艺术家的感情是丰富的，思维是游离、跳跃的。一句话、一件事、一本书都可能打动他们。但是这种有感而发创作的，都是一些小作品。一幅大的、好的作品，不仅需要情感的撞击，而且需要长时间的酝酿、构图和布局。

女：国画与西方绘画有什么不同？

男：西方绘画讲究直观、写实，而国画讲究写神、写意。写神——是画家对事物的感悟。每一幅画儿都会带给你不同的感觉。观赏一幅画儿，你会觉得很美，心情舒畅。但又无法用准确的语言表达出来。它给你的触动，给你的感悟，只能意会不能言传。这就是国画的生命力所在，也是国画传神的真谛。

女：您的画风与您的性格有什么关系吗？

男：每一笔都与性格有关，很微妙。单拿一根线来讲，性格直爽、豪放、豁达的人画出来的线，与含蓄的人画出来的线不一样，画面也不同。含蓄的人画的画儿曲径通幽，画面也含蓄。而我性格豪爽，画出的画儿也是痛快淋漓。总之，画作都有性格的表现。正如古人所讲的，画如其人。

女：您画山水画除了勤练技法，其他方面还下了什么工夫？

男：不管你画多大的画儿，到了多一笔不行，少一笔更不行这种境界，才是真好。去俗气、求骨气、气节高、废笔就少。画外的东西很重要，所以要修身养性。心境高了，画境自然就高了。

女：接下来，您有什么创作计划？

男：我想到四川看看巴山蜀水，创作一幅大画儿。我想身临其境去寻找那种灵感和感动，画出气势磅礴的作品。

21. 男的怎样看待临摹？
22. 男的认为国画有什么特点？
23. 男的觉得画风会受什么影响？
24. 要提高画技，应该怎么做？
25. 关于男的，下列哪项正确？

第26到30题是根据下面一段采访：

女：你是什么时候想成为家具设计师和制造商的？

男：很小的时候。那时，我经常照着家具的样子，做一些小东西。11岁的时候，我就去拜访家具制造商。他们的工作给我留下了深刻的印象。长大后，我开始规划我的未来，渴望有一个自己的生产车间。

女：你是如何构思你的家具作品的？

男：我大部分的工作都是受客户委托的，根据客户的需要进行创作。这是激发我创意灵感的源泉。另外，如何让家具更契合人的内心感受，也是我所考虑的内容。

女：整个创作过程，哪个环节最让你兴奋？

男：整个创作过程都很精彩，从客户、手工业者到供应商，从研究设计开发、制作、展示到运行等。每个阶段都有不同的需求和品质要求。这是多方面因素相结合的产物。要说最让我兴奋的，应该是设计和工艺吧。因为，这是会持续增值的部分。

女：你如何选择家具材料呢？

男：我一般会选择普通树木来做家具。比如：水曲柳、榉木、冬青树和桑树等，当然也包括一些巨大的橡木。另外，我会根据客户的需要，家具的类型综合考虑。比如弯曲的大红豆杉，就是制作床的天然材料。

女：原木放多久后，才可以用于制作家具呢？

男：首先，要将原木摆放几天，等木材中的水分蒸发到与周围的水汽平衡为止。这样可以实现，木材与清新空气之间的循环。然后，我们会通过人工烘干的方式让它进一步干燥。以确保木材性能的稳定。同时，通过控制窑内湿度和温度，达到去除异味儿的效果。几周后，原木就成为绿色、干燥的可用之材了。

女：木材短缺的问题，你怎么看？

男：这涉及到可持续发展的问题。可持续发展要求我们提高设计水平、改进材料种类，这也意味着要采用更有效的制作方法。否则，这个问题不会得到根本解决。

26. 男的根据什么来构思家具作品？
27. 在制作过程中，男的更看重哪个环节？
28. 选择家具材料应考虑什么？
29. 为什么要人工烘干原木？
30. 关于男的，下列哪项正确？

第 三 部 分

第31到50题，请选出正确答案。现在开始第31到33题：

第31到33题是根据下面一段话：

世界上没有独立长高长大的红杉，它们必定是一大片连在一起生长的。根紧密相连，一株接着一株。除非飓风强到足以将整块儿地掀起，否则没有任何自然力量可以撼动它们。红杉的浅根正是它们长得如此高大的奥秘所在。根浮于地表，便于它们快速地吸收大量的水分，从而迅速地成长壮大。同时，这样也节省了扎深根所需的能量。使红杉可以积聚更多的能量向上生长。红杉给了我们一个很好的启示：成功不能只靠自己，也需要依靠他人。如果你还不够强大，不妨伸出你学习的根，与成功者紧密连接，吸取他们的经验，让自己迅速成长。最终，你会像红杉林那样，创造出不可动摇的伟业。

31. 关于红杉，下列哪项正确？
32. 浅根对红杉来说，有什么作用？
33. 这段话，想告诉我们什么？

第34到37题是根据下面一段话：

经济学中有一个最基本的常识，如果一种商品加量50%却不加价，它相当于降了33%的价。对此，经济学家曾做过一项实验：他将同一种饮料，一半儿加量50%出售，而另一半降价33%出售。结果前者的销量明显好于后者，这是为什么呢？原来只因为前者的数字比较大。很多消费者认为50明显比33多，所以肯定是前者划算，但其实这根本就是一回事，经济学家将此称为增数盲点。这个盲点几乎人人都有，他不但说明人们盲目地相信数字越大优惠越多，还暗示了一个常被人们忽视了的问题，人们不喜欢计算，大部分人嫌麻烦，不愿意去计算，结果被表面数字误导。其实，小至买东西，大至人生大事，我们都应该谨慎一些，学会计算，这样才能让我们获益更多。

34. 关于那项实验，可以知道什么？
35. 根据这段话，人们盲目相信什么？

36. 这段话主要想告诉我们什么?
37. 根据这段话,下列哪项正确?

第38到40题是根据下面一段话:

在中国广袤的沙漠上,生活着这样一种植物——梭梭。它们是中国荒漠区最重要的植被类型。被誉为"沙漠卫士"。作为灌木植物,梭梭的外形并不出众,一般只有三四米高。可是,它们却能在恶劣的沙漠环境中生存下来,给沙漠带来生机和活力,成为沙漠独特的景观,也成为了沙漠中最优良的防风固沙植被。当然,梭梭的成功并非侥幸。它们的秘诀就在于,无与伦比的生长速度。研究发现,梭梭的种子是世界上发芽最快的种子。只要有雨水,它们的种子便能在短短的两三个小时之内萌发出新的生命。这么快的成长速度,不能不令人吃惊。面对恶劣的自然环境,它们从来不观望,不犹豫。其实,细想一下,我们追求成功又何尝不应当如此呢?人的一生中没有机遇会为我们停留,如果缺乏当机立断的决心,那就只能坐看它溜走。所以,要想成功,我们就要及时抓住机遇,不断进取,不停拼搏。

38. 梭梭能在恶劣环境下生存的原因是什么?
39. 关于梭梭,可以知道什么?
40. 这段话,主要想告诉我们什么?

第41到43题是根据下面一段话:

对称,能给人以整齐、沉静和稳重的美感。但也因此缺少了灵动,显得变化少,不自由。事实上,自然界中没有完全对称的物质。仔细观察叶子的细微结构,你会发现叶子左右两边叶脉的数量、分布以及叶缘锯齿的数目都是不同的。人也一样,绝大多数人的面部和四肢也不完全对称。59%的人右半脸比较大,而75%的人右侧上肢较左侧的长。另外,人两手的掌纹脉络也是不同的。可以说,自然界的不对称是绝对的,而对称则是相对的。这是由细胞内原生质的不对称性引起的。研究发现,不对称原生质的新陈代谢比左右结构相同的化学物至少要快三倍。由此可见,不对称性对生命的进化有着十分重要的意义。

41. 对称给人的感觉是什么?
42. 说话人举叶脉和掌纹的例子是为了说明什么?
43. 出现不对称现象的原因是什么?

第44到47题是根据下面一段话:

　　足球,作为最具影响力的体育运动之一,深受人们的喜爱。复杂多变的战术组合,娴熟高超的个人技术,总能让人兴奋不已。特别是互罚点球,决定胜负的紧张场面,更是令人难忘。其实,罚点球里面还有不少科学道理呢。在理论上,点球是扑不到的。据测试和分析,球从罚球点踢出到越过球门线所需的时间,仅为0.2至0.4秒。而守门员从看准球来的方向到做出扑球动作,最少也要0.4秒。所以,他们根本不能等到看清球来的方向再做出反应。只能在罚球运动员提脚时,向着预感的方向扑过去。这样才有扑到点球的希望。知道了这一点,你就会明白,为什么常常看到点球飞进球门的这边,而守门员却扑向另一边的情况了。他们并非看错了方向,只是实际来球的方向和他们预想的不一致罢了。那为什么还会有一定比例的点球被扑到了呢?这些偶然中也包含着某些必然因素。例如,罚球的运动员经过长时间的激烈对抗后,体力消耗已达到极点。此外,胜败在此一脚。球员难免会承受巨大的压力,发挥失常也有可能。再加上,不少运动员罚点球时,都会采用让球贴着地面滚进球门的踢法,很容易被老练的守门员抓住规律。所以,点球被扑到的几率也就提高了。

44. 关于足球运动,可以知道什么?
45. 为什么从理论上来讲,点球是扑不到的?
46. 守门员根据什么来确定扑球方向?
47. 关于罚点球的运动员,下列哪项正确?

第48到50题是根据下面一段话：

　　拔河，是一项简单的体育运动。比赛时，人数相同的两方，各执绳子的一端，同时用力向自己一方拉绳。哪方能将对方拉过中间的界限，哪方就获胜。一开始，双方都会相持一段时间，但是时间长了，便会有一方坚持不下去，并最终输掉比赛。从表面上看，拔河是力量的对抗。但从本质上讲，则是意志与信念的较量。一般来说，双方人数相同，力量不会相差太大，可以说是势均力敌。所以，在这种情况下，力量的重要性就退居其次。关键是看大家是否齐心协力。是否能坚持到最后一秒钟。其实不只是拔河，人生也是如此。谁能坚持到最后，谁就能赢得最后的胜利。从这个意义上来说，坚持就是胜利。但是，坚持就是胜利是有相对性的。因为，只有坚持了正确的事情，坚持才会和胜利画上等号。否则，就会是另一种结果。

48. 拔河获胜的关键是什么？
49. 为什么说"坚持就是胜利"是有相对性的？
50. 根据这段话，下列哪项正确？

听力考试现在结束。

〈제3회〉 녹음 스크립트

(音乐，30秒，渐弱)

大家好！欢迎参加HSK(六级)考试。
大家好！欢迎参加HSK(六级)考试。
大家好！欢迎参加HSK(六级)考试。

HSK(六级)听力考试分三部分，共50题。
请大家注意，听力考试现在开始。

第 一 部 分

第1到15题，请选出与所听内容一致的一项。现在开始第1题：

1. 老友粉是广西南宁代表小吃之一。与柳州的螺蛳粉、桂林的桂林米粉，并称为广西的"三大米粉"。老友粉口味独特，它将酸、辣、咸、香几种味道，巧妙地结合在一起，夏天吃了开胃，冬天吃了驱寒。

2. 风雨草，因能预报风雨而得名。每当风雨来临时，它便迅速开花，任凭风吹雨打，依然亭亭玉立。而且风雨过后，它的花开得越发鲜艳，好像只有经过风雨的洗礼，才能显露其本色。

3. 有位著名的作家曾经说过，书是人类进步的阶梯。书可以让你感到浑身充满力量，激励你不断前进、不断成长。从书中，你可以发现自己的缺点。从而不断改正，调整前进的方向。

4. 有位天文学家，每天晚上都会观察夜空。一天，他边走边看天上的星星。没有注意到脚下，不小心掉进了一口井里。救起他的人说："你用心观察天上，却没认真留意地上。要先做好普通的事，才能做高深的事情啊。"

5. 成语背水一战中"背"的意思是背向，"水"指江、河、湖、海。"背水"即指背后是水，没有退路。这个成语指在不利的情况下，跟敌人进行决战。比喻面临绝境，为求得出路而做最后一次努力。

6. 学知识不一定长本事。但是，想要长本事，就必须学知识。不要把改变命运的希望寄托在某个偶然的巧合上。只有丰厚的积淀才能让你迸发出强劲的力量。

7. 有位名人曾经说过：让人沮丧的往往并不是事实，而是比较。总是和别人比较，会让你变得牢骚满腹。其实，与其羡慕别人，不如好好儿珍惜自己现在所拥有的。

8. 鲨鱼最怕橙黄色，它们一见到这种颜色，就会掉头逃走。因此，人们根据鲨鱼的这一特点，把救生圈、救生衣的颜色设计为橙黄色。此外，橙黄色特别鲜艳。发生意外的时候，能使救生队较快地发现目标，及时进行抢救。

9. 五指山市是海南岛海拔最高的城市。周围群山环抱，森林茂密。因为该地区气候独特，既不受寒潮侵袭，也不易受台风影响。所以，生物种类繁多。山清水秀、四季如春，有天然别墅之称。

10. 俗话说，十月萝卜，小人参。这句话形象地说明了，秋天吃萝卜对人体有补益作用。萝卜中含有促进新陈代谢的成分，可以解油腻、促消化。而且它还是清热降火的好帮手。特别适宜在干燥的秋季食用。

11. 汽车的前挡风玻璃是一种夹层玻璃。这种玻璃透光率高，可以让司机清楚地看到车外的情况。另外，夹层玻璃还能令照进车里的光线更加柔和，从而有效地缓解司机的视觉疲劳，增强驾驶的安全性。

12. 很多家长认为，只要让孩子掌握一种乐器或一种技能，就等于开发了他们的智力。实际上，真正的智力开发是开阔孩子的视野。鼓励孩子多接触自然、多探索和思考，让他们在这一过程中学习知识，锻炼能力。

13. 研究表明，当人们情绪波动大时，常常不容易对外界刺激做出反应。也就是说，当一个人情绪非常激动时，别人说什么，他都听不进去。只有等他心情平静下来之后，他才可能冷静地思考别人说过的话。

14. 梅里雪山位于云南省迪庆藏族自治州境内，是云南著名的旅游胜地。每年的10月到次年的5月，这里天气晴朗，能见度高。人们常能看到高耸的主峰。于是，这段时间也是观赏梅里雪山的最佳时间。

15. 人们普遍认为，新飞机的设计更加先进，因此其安全性肯定也更高。其实，飞机安全性的高低，不在于机型的新旧和机龄的长短，而在于飞机的保养。只要保养得当，工作30年的飞机，照样能安全飞行。

第 二 部 分

第16到30题，请选出正确答案。现在开始第16到20题：

第16到20题是根据下面一段采访：

女：很多人做培训只做一个领域，而您涉猎这么多，并且都成功了，您是如何做到的？

男：其实并不是都成功的，也有失败的时候。我觉得我的成功在于，面对挑战时，懂得要怎么去克服它。人生当中，需要有挑战来磨炼自己的毅力、精神，来面对以后的困难。在面对一件事情的时候，怎么样让自己做好，我觉得这需要热情、坚持。你的焦点、热情在哪里，那么结果就在哪里。

女：您的培训课气氛很有感染力，这是所有培训师都需要具有的能力吗？您被称为"心灵鬼才"，这是天生的？还是后天努力的？

男：其实在演讲或者培训现场，我个人并没有特意渲染什么。而是用自己最大的热情和大家分享我的经历，而不是掌控整个现场。我觉得这是最好的气氛，不需要去刻意渲染。因为刻意去做某件事情，会让人觉得很虚假。至于如何成为心灵鬼才，我觉得兴趣很重要。如果一个人对人的内心活动感兴趣的话，我相信，这个人可以成为一个很棒的老师。当然，真正成为一位很棒的老师，还需要不断积累经验。我并不认为这是天生注定的。因为如果没有后天的努力，那么先天条件再好，也不能成功。

女：您觉得做好培训的先决条件是什么？

男：我觉得最重要的还是兴趣。同时，还要有助人为乐的心态。有一句话，我觉得讲得很好。那就是：帮助别人，提升自己，共创辉煌。

女：在交流的过程中，我能感觉得到，您的口才非常不错。能和我们谈谈，怎样才能拥有好口才吗？

男：首先，是要做一个好的聆听者。第二，用自己的真心去和别人分享，而不是教导别人。第三，把受众当成朋友，这样就不会说废话或者语无伦次了。

16. 男的怎样看待挑战？
17. 男的是如何控制培训课堂气氛的？
18. 做好培训的先决条件是什么？
19. 要想拥有好口才，应该怎么做？
20. 关于男的，下列哪项正确？

第21到25题是根据下面一段采访：

女：您的父亲是当代著名画家及美术教育家，他对您的影响很深吧？

男：可以说没有我父亲，我是不会画画儿的。每次我画画儿时，他总会时不时走过来，指出我哪里画得不行。然后，亲自画给我看。父亲对我的另一个影响，就是他收藏了很多画册。尤其是山水画，画面呈现出来的那种咫尺天涯的感觉，特别开阔，特别有气势。我当时就想，我要是画画儿，就得画山水。我后来学习山水画儿，就是受父亲这些画册的影响。

女：您师承多位山水画家，他们对您有什么影响？

男：我觉得这几位老先生，对我影响最大的就是他们对事业兢兢业业的精神。我认为，要画好画儿，青年画家必备的品质就是要敬业。我觉得我喜欢画画儿以及我艺术风格的养成，都是受家庭和老师们的影响。

女：您对绘画的执着，让我们敬佩。那么，您对今后的艺术道路有什么规划呢？

男：我没什么特别具体的规划。不过，我画画儿这么多年，到现在我一直有一个观点，那就是——活着就得创新。要有新的想法，无论多大岁数，在艺术上都要有追求。应该试着变一种风格，与前半辈子画得不太一样。所以，我现在画画儿对自己有两个要求：一是，往大感觉上画；二是，往简单上画。

女：您曾出版过《写意山水画技法》一书，能和我们谈谈这本书的主要内容吗？

男：这是好多年前的一本书。书的内容主要是介绍我自己怎么画山、水、石和树的。

女：画山水画离不开写生，您如今已经七十五岁高龄了，还在坚持写生吗？

男：写生应该贯穿山水画家的一生。我特别注重写生。清静自然是山水画的特点，真正的老师就是大自然。但是，不能画得跟自然景物一模一样。画家得思考自己看完以后的感受，然后再画出来。这才叫中国画的写生。我建议大家，无论是不是要写生，都要多出去走走。尤其到大山里，空气清新，四顾茫茫。只有自己一个人独行，那种感觉和心情会激发出很多的创作灵感。

21. 男的学画画儿是受谁的影响？
22. 从几位山水画家身上，男的学到了什么？
23. 在画画儿上，男的一直以来的观点是什么？
24. 男的认为，山水画的特点是什么？
25. 关于男的，可以知道什么？

第26到30题是根据下面一段采访：

女：您是如何与建筑设计结缘的？

男：上大学时，我念的是建筑系。不过毕业后，我一直从事教师职业。直到有一次，参加了一个美术馆的设计方案竞赛，并最后胜出。才算是真正走上了建筑设计这条道路。

女：您既从事建筑设计，又从事绘画和写作。您是如何协调三者关系的？

男：对我而言，写作、绘画和设计师是创作的不同部分。我大学毕业后，一边教书一边设计。这让我有机会系统地整理我的建筑观。起初，我总找不到自己的定位。所以，我在学校做了大量关于建筑哲学的讲座和写作。想借此找到自己在建筑上的发展方向和表达方式。而画画儿是一种开放自由的思考方式。有时，我在思考一个设计方案时，也会让助手试着画一些实验方案。我觉得这样开始一项工作很有启发性，很有趣也很轻松。

女：您认为建筑的本质是什么？

男：我认为建筑应该在基地上自然生长，跟基地不可分割，共同构成人们体验的场所。我在自己的第一本书里，就曾描述过这一看法。

女：大家都说，您是一位能让光线跳舞的建筑师。您认为在建筑中，光线起到怎样的作用？

男：在我看来，光线对空间的意义，好比声音对音乐的意义。一段音乐要先有音符、旋律，然后由声音赋予它生命。建筑也是这样。每一个建筑，在建设它之前，我都先形成空间概念。近景和远景的融合，以及建筑和周围环境、风景的融合。然后，用光线赋予建筑生命。否则，一切都没有意义。

女：很多人觉得您的建筑风格比较反传统，说您是不按常规出牌的建筑师。对此，您怎么看？

男：建筑是一个展现创造力的行业。作为建筑师，完全没必要按常规出牌。否则，便无法体现出他作为一门艺术的真正特质。

女：身为一位成功的建筑大师，您对建筑系的学生们有什么建议？

男：很简单，就是必须有梦想，同时也要保持个性。

26. 男的真正与建筑结缘是什么时候？
27. 男的怎样看待绘画？
28. 男的曾在自己的第一本书中，谈到了什么？
29. 男的认为，光线对建筑有什么作用？
30. 根据对话，下列哪项正确？

第 三 部 分

第31到50题，请选出正确答案。现在开始第31到33题：

第31到33题是根据下面一段话：

大自然中除了太阳、树的年轮和夜晚的星辰外，风也是我们辨别方向的好帮手，但前提是你必须熟悉当地的盛行风向。以沙漠地区为例，风是塑造沙漠地表形态的重要因素。在单风向地区，沙丘和沙垄的迎风面坡度较小，背风面坡度较大。中国西北地区由于盛行西北风，沙丘的走向一般为西北至东南。沙丘西北面坡比较缓，砂质较硬；东南面坡比较陡，砂质松软。另外，在西北风的作用下，该地区的植物，如红柳、酥油草等通常都向东南方向倾斜。

31. 通过风来判断方向的前提是什么？
32. 单风向地区处于迎风面的沙丘有什么特征？
33. 关于中国西北地区的植物，下列哪项正确？

第34到37题是根据下面一段话：

目前，越来越多的职场人士，把上夜班当成一种正常的生活方式。他们长期熬夜，再利用周末或节假日集中补觉。这种像骆驼一样，吃喝一次熬几天的作息方式，被称为骆驼式睡眠。有些人是主动奉行长昼长夜的睡眠方式。沉溺于丰富多彩、繁华热闹的夜生活，无法自拔。有些人却是不得不熬夜；或是因为工作强度大，必须熬夜加班完成任务；或是因为职业的关系，要处理一些紧急事件，如：警察、医生等。专家指出，骆驼式睡眠其实是对心理疲劳的安慰，它并不能达到补觉的目的。因为，在骆驼式睡眠阶段，大脑神经元的活动与清醒时的基本相同。骆驼式的睡眠并不能真正补偿优质的深睡眠。相反，它会打乱人体生物钟，造成睡眠节律紊乱。

34. 骆驼式睡眠人群的特点是什么？
35. 人们选择骆驼式睡眠的原因，下列哪项没提到？
36. 专家怎么看骆驼式睡眠？
37. 骆驼式睡眠对人有什么影响？

第38到40题是根据下面一段话：

　　一直以来，人们都认为，酒量是练出来的。而一项最新的研究表明，人酒量的大小以及有无酒瘾绝非后天养成，而是由饮酒基因决定的。研究者发现，十五号染色体上部分基因与喝醉程度紧密相关。这组基因在经过复杂的变化后，会影响人对酒精的反应。但这种饮酒基因，究竟能起多大作用，还未能确定。或许将来，饮酒基因能为科学家研制戒酒药物提供新的思路，帮助人们戒酒。尽管酒量不能练出来，但喝酒之前多吃高脂肪食物，多喝水或酸奶，也能让人阵前不倒。这是因为饮酒前多吃，不仅有利于延缓肠胃对酒精的吸收，还能使大部分酒精与食物混合，降低单位体积消化物中的酒精浓度。这样，血液中的酒精含量虽已经让人微醺，但还不足以让人醉倒。

38. 最新研究推翻了什么说法？
39. 破解饮酒基因，对未来有什么帮助？
40. 为什么饮酒前多吃，不容易醉倒？

第41到43题是根据下面一段话：

　　一项最新的研究表明，笑可以提高人的记忆力。研究者指出，当人们大笑时，他们会更容易记住一些事情。因为压力是引起记忆力下降的重要原因，而笑恰恰能缓解压力。对此，研究者做了一个实验。他们把40名健康的成年人，平均分为两组，要求第一组观看一部时长二十分钟的有趣视频，而仅要求第二组静坐。随后，研究者提取了这两组人的唾液样本，来分析压力激素的含量，并对他们进行了记忆力测试。结果表明，相比于第二组，第一组人唾液中压力激素的含量要低得多，在记忆测试中的表现也更好。所以，不想健忘的话，就多笑笑吧。

41. 根据这段话，导致记忆力下降的重要原因是什么？
42. 研究者对被试者的什么进行了分析？
43. 根据这段话，下列哪项正确？

第44到47题是根据下面一段话：

  有一种爬行动物，它能够根据周围环境来改变皮肤颜色。人们形象地称它为变色龙。变色龙之所以能变色，是因为它的真皮内有多种色素细胞。当它伸缩身体时，这些色素细胞就会发生变化，从而产生出不同颜色。有科学家曾仿照变色龙变色的原理，研制出一种服装面料。这种面料可以根据温度情况，变换色彩。如：在28度时，会呈红色；在33度时，又呈黄色。人在行走时，由于速度和方向的改变，身体各部位的体温会略有不同。因此这种面料就会随之变幻出彩虹般迷人的色彩。现在，变色材料的用途越来越广，例如：有一种茶杯，当茶水温度适宜时，茶杯表面就会浮现出一行文字，请您用茶。原来这种茶杯外面涂有感温变色材料。一旦水温到达适合饮茶的温度，它就会显现出鲜艳醒目的标语，来提示人们用茶。

44. 变色龙变色跟什么有关？
45. 那种服装面料在28度时，会呈现什么颜色？
46. 人在行走时，衣服变幻出多种色彩的原因是什么？
47. 茶杯表面涂感温材料，可以起到什么作用？

第48到50题是根据下面一段话：

人体所具有的生物能，可以通过多种形式转化成电能。比如，当一个人坐着或者站立时，会产生持续的重力能。如果采用特制的重力转换器，把重力能转化成电能，就可以存入蓄电池或者直接利用。有一位工程师曾将一种发电装置放在人流量较大的商场和火车站等处的地毯下，当行人从地毯上走过时，与地毯下踏板相连的摇杆儿就会被不停地压下，使发电装置的中心轴持续旋转，从而带动发电机发电。将人体热能收集起来，然后转化成电能，也是一条经济实用的发电途径。有一所大学设计了一个热量收集系统。这系统可以将学生和教师释放的热能，以及电灯和阳光所产生的热量等，统统聚集到一个中央设备中。据说该系统收集的热量，可以在寒冷的冬季，供学校的10座大楼取暖。科学家认为，人体生物能，无污染且收集转化并不复杂。既能现收现用，也能零存整取，如能被充分地利用起来，无疑会为人类做出极大的贡献。

48. 工程师为什么选择将发电装置放在商场和火车站？
49. 那所大学的热量收集系统，可以被用于哪方面？
50. 人体生物能，有什么特点？

听力考试现在结束。

⟨제4회⟩ 녹음 스크립트

(音乐，30秒，渐弱)

大家好！欢迎参加HSK(六级)考试。
大家好！欢迎参加HSK(六级)考试。
大家好！欢迎参加HSK(六级)考试。

HSK(六级)听力考试分三部分，共50题。
请大家注意，听力考试现在开始。

第 一 部 分

第1到15题，请选出与所听内容一致的一项。现在开始第1题：

1. 砖塔胡同位于北京西四牌楼附近。它的名字源于该胡同中的一座青砖古塔。砖塔胡同是北京历史最悠久的胡同之一，被人们称为"北京胡同儿的根"。

2. 一个在厄运面前不绝望的人，注定是一个永远不会被生活打垮的人。事实上，人生的许多失败并不是败给了强大的对手，也不是败给了恶劣的环境，而是败给了悲观的自己。

3. 说到家电辐射，我们通常会想到电脑、微波炉，而往往会忽视体积较小的电吹风。其实，它才是辐射大王。因电吹风辐射源离头部较近，很容易使人头晕乏力，所以使用时，应尽量远离头部，也不要连续长时间使用。

4. 一位女演员上台领奖时，不小心被自己的长裙绊倒了。面对直播镜头，她笑着说："为了实现梦想，这一路我走得非常艰辛，有时甚至还会摔跤。"她的话赢得了全场热烈的掌声。同时，也巧妙地化解了意外摔倒的尴尬。

제 4 회
스크립트

5. 格桑花是一种生长在高原地区的花朵。它看似弱不禁风，实则生命力顽强。风愈狂，它身愈挺；雨愈大，它叶愈翠。在藏语中，格桑是幸福的意思。寄托了藏族人对幸福、吉祥等美好生活的追求。

6. 夏天喜欢吃冰激凌的人，要警惕冰激凌头痛症。当人快速进食冷冻食品时，头部的肌肉和血管就会收缩，因而就会引起头痛。头痛发作时，可用手进行局部按摩，这样可以缓解收缩，减轻疼痛。

7. 高压锅特有的密封圈能在加热时，牢牢地锁住锅内的蒸汽，使锅内的压力增大。这样锅内的温度便能提高到108度左右。所以用高压锅做饭不但省时省力，还能节约燃料。

8. 在现代跑步比赛中，凡超过200米的项目，运动员都会沿着逆时针方向跑。这是因为人的左腿是支撑腿，沿着逆时针方向跑，重心便会落在左腿上。这样有利于保护运动员的心脏，保证他们能正常发挥。

9. 两个性格都很强势的人也许可以一起合作。但观念上的摩擦很难避免，一旦争执起来很容易伤和气。反之，性格互补的两个人往往会相处得比较融洽，合作起来也会比较顺利。

10. 蜂蜜是一种营养丰富的天然滋养食品，也是人们日常生活中接触最多的保健品之一。它不仅可以美容养颜，让肌肤变得细腻白皙，还可以预防神经衰弱，帮助人们保持身体健康。

11. 人们常说，下雪不冷，化雪冷。这是因为水汽在凝结成雪花的过程中会释放热量，所以下雪时人们并不会感觉太冷。而雪融化时，需要从空气中吸收热量，这样会导致气温下降，因此，人们才会有寒冷的感觉。

12. 《茉莉花》是一首广为传唱的中国民歌，主要流传于江浙一带。这首歌反映了青年男女之间纯真的爱情，旋律优美动听，曾被用在外国歌剧《图兰朵》中，为该歌剧增添了一抹东方的音乐色彩。

13. 家训——是家族成员必须遵守的道德标准。在中国历史上，家训对个人的修身、齐家有着极其重要的作用。古人非常重视家训，至今，我们所熟知的家训有：颜氏家训、朱子家训、曾国藩家训等等。

14. 健走是一种介于散步和竞走之间的运动方式。它通过大步向前、快速行走，来提高肢体的平衡性。而且，健走不受年龄、性别、体力等方面的限制。属于低投入、高产出的有氧健身运动。

15. 明清时期的红木家具，在中国家具史上的地位举足轻重，尤其是明式家具。设计者大多都是文化造诣较高文人雅士，受这些人的影响，明式家具气质典雅，艺术风格极具独特。

第 二 部 分

第16到30题，请选出正确答案。现在开始第16到20题：

第16到20题是根据下面一段采访：

女：您是省电视台的一名老记者了，拿过不少奖项，很多报道也被人津津乐道。不过，有消息说，您明年就会离开电视镜头，这是真的吗？

男：对，我会离开电视镜头而转向幕后。把更多地机会让给年轻人，让给比我更有创造力的人来做。

女：您所说的转向幕后，是指做什么工作？

男：我还会继续与记者这个行当打交道。但是，不会再去现场做新闻报道了。我会做新人培训和节目监制的工作。最近，我已经开始这方面的工作了。

女：您宝贵的采访经验，肯定会为新人带来很多启发，让他们少走弯路。能给我们讲讲，您是如何培训新记者的吗？

男：我个人认为记者的工作开始于前期的资料准备。而不是等你到了现场，拿起了话筒，才代表了工作的开始。记者应该善于研究分析资料，并以此为据，写出采访提纲。只有这样，才能保证采访的顺利展开。

女：但很多时候，提前拿到的资料非常有限，这怎么办？

男：你说的这种情况，是新记者所面临的最大挑战。应变能力应该是衡量一个记者是否能够独立外出采访的重要指标。在充分做好前期准备的前提下，要学会应变，根据当时的情境，适当地改变自己的采访思路。采访提纲应该是一条粗略的线，而不是精确的图表。

女：您觉得新记者最容易犯什么错？

男：新记者刚刚上岗时，往往会在一些细节问题上浪费大量的时间。采访对象都快走了，还没问到关键问题上，这是缺乏引导力的表现。我并不是说细节问题不重要，细节往往能揭露事件的真相。但一个事件有很多细节，记者如何在短短的一两分钟内，抓住最关键的那个，就需要有足够的洞察力。其实，如果前期工作做得好，你肯定会感觉出哪个问题才是关键问题。只要尽量把这个关键问题，放在第一个或者第二个提问中问出来就行了。

16. 下列哪项是男的现在的工作内容？
17. 男的觉得要想采访顺利，应该怎么做？
18. 男的认为，记者独立采访的前提是什么？
19. 新记者存在哪方面的不足？
20. 根据对话，可以知道什么？

第21到25题是根据下面一段采访：

女：各位观众朋友，大家好！今天我们非常荣幸地邀请到了我们的老朋友，《三联生活周刊》的主编——朱伟先生，做客直播间。朱先生，您好！

男：主持人好！大家好！

女：很多朋友看到您写的节气、古典音乐等，也慢慢爱上了中国的传统文化。这是不是您做这些的初衷？知道大家有这样的改变之后，您是不是也觉得挺欣慰的？

男：我想这也不全是我的功劳。现在，越来越多的人开始觉得中国的传统文化中还是有很多有意思的东西。他们开始去试着了解它，节气只是一个特别小的窗口而已。中国的传统文化太博大精深了！

女：您说得对！另外，很多朋友也想听听您自己对《三联生活周刊》的看法。有人说，它算是小众杂志。您怎么看？

男：我们的杂志在这一类型的杂志里发行量最大，不能说是小众。只不过书中有些东西，读者会觉得理解起来有些吃力而已。比如，我们的一些文章比较长，看起来就会比较累。

女：有没有想过，针对这些读者的反映，对杂志做出一定的调整呢？

男：我有一个看法不一定对，这个可以讨论。我认为，不同的媒体在扮演不同的角色。就像我们的杂志扮演的角色和别的杂志也不一样。《三联生活周刊》已经形成了一种类型，并吸引了一批读者，这批读者是它的拥护者。另外，正因为现在只是传播越来越方便，信息越来越简洁，我们更需要提高门槛。至于你说的调整，我们可能会在我们的新媒体上面来解决。新媒体受众才不同，它可能会稍微通俗一些。

女：您从95年进入《三联生活周刊》到现在已经有近二十个年头了。您一路走来，最大的感触是什么？

男：很辛苦，但也很有成就感。一本杂志一周出一期，然后要让它的质量不断地提高、读者不断增多，是一件很不容易的事情。而且，读者本身也在成长，他们对杂志的要求会越来越高。所以，就必须得不断地提高自己。但是当看到自己做的杂志在不断成长和壮大，还是很有成就感的。

21. 男的认为《三联生活周刊》不是小众杂志的原因是什么？
22. 关于《三联生活周刊》，下列哪项正确？
23. 男的为什么不想对杂志做出调整？
24. 对于做杂志，男的最大的感触是什么？
25. 根据对话，下列哪项正确？

第26到30题是根据下面一段采访：

女：现在的年轻人都是伴随着网络成长起来的，很少有看纸质书的习惯。您是怎样看待网络阅读的呢？您觉得现在的年轻人应该怎么去阅读？

男：我觉得需要花更多的时间来读纸质书，网络的阅读是浅表性的，快餐式的阅读，收获不大。你如果真想在阅读中有所收获的话，恐怕还是读传统出版物好一些。因为读书最需要的是静下心来，一边阅读一边思考。

女：有调查表明，超过一半儿的人认为自己的阅读量非常小，您觉得这背后的原因是什么？

男：我觉得是人心态的功利化。进入商品社会后，一方面，人们发财致富的机会增多了，另一方面，生活压力也越来越大。于是，很多人为了有更多的时间工作、赚钱，就放弃了读书，心情也变得浮躁了，读不进去书了。

女：您觉得在现在这样一个社会环境中，我们需要什么样的阅读风气？

男：最重要的是克服浮躁，保持平静的心态，踏踏实实地阅读。要真正拿出时间来用心地读，要把阅读当做一种生活方式，而不是纯粹为了解决某一个问题，比如，为了完成一门学业或者为了考到一个文凭所做的那种阅读。

女：您觉得怎样才能树立一个良好的阅读风气呢？

男：我觉得还是得借助媒体的力量，我非常希望有影响的报纸、电视台，多开一些推荐阅读这样的栏目。我们在电视上，不是经常可以看到公益广告吗？为什么不能把读书栏目也办成一个公益节目？如果说，你把读书栏目做成一个公益节目在黄金时间播出，这样对推广阅读可能会有很大的好处。当然，现在很多媒体都有一些读书专栏，有些媒体还搞了一些图书的年度评选活动。搞得很好！我觉得很有影响，对读者也非常有意义。

女：那可以请您为大家推荐一些书吗？

男：我建议大家读三种书。一类是能启迪思想，促使你思考人生，思考社会的书；另外一类是，可以提高自身修养的文史哲类的读物；第三类是艺术类的，可以陶冶性情的读物。

26. 男的怎样看待网络阅读？
27. 男的觉得现在的人阅读量小的原因是什么？
28. 男的认为怎样才能树立良好的阅读风气？
29. 男的觉得，文史哲类图书怎么样？
30. 根据对话下列哪项正确？

第 三 部 分

第31到50题，请选出正确答案。现在开始第31到33题：

第31到33题是根据下面一段话：

有一家油坊在当地家喻户晓。虽然市场上的食用油品种繁多，不断出新，但似乎并没有对这家油坊造成多大的冲击，它的生意依旧红火。据油坊的老顾客介绍，这家油坊生产的油色泽金黄、无杂质，烹饪时还不起泡沫和油烟。有一次，电视台去采访油坊老板。记者问："您的生意为什么这么好？有什么诀窍吗？"老板憨厚一笑，说："几十年来，我只想怎样能榨出更好的油，其他的事，我从不去做梦。"显而易见，油坊老板所说的正是一种专注精神。其实，很多人之所以成功，就是因为比别人多了一份专注。正所谓，多刨坑不如挖深井，如果你什么都想做，那结果可能会是一事无成。

31. 顾客觉得那家油坊的油怎么样？
32. 根据这段话，下列哪项正确？
33. 这段话主要想告诉我们什么？

第34到37题是根据下面一段话：

宋朝时，有一次，黄河发大水，冲断了城外的一座浮桥，原本用于栓浮桥的八只铁牛也被大水冲走了。洪水退后，浮桥可以重修，但是笨重的铁牛，却陷在河底。怎样才能把它们捞起来呢？当人们议论纷纷时，一个叫怀丙的人说："让我来试试。铁牛是被水冲走的，我还叫水把它们送回来。"捞铁牛那天，怀丙先请熟悉水性的人潜到河底，摸清了八只铁牛的位置，然后让人准备了两艘装满了泥沙的船，划到铁牛沉没的地方。船停稳之后，他又叫人把两艘船并排栓得紧紧的，再用结实的木料做了个架子，搭在两艘船上。最后，他又让人带着绳索潜到河底，把绳索的一头牢牢地栓在铁牛上，另一头绑在两艘大船之间的架子上。准备工作做好了，怀丙请大家一起动手，把船上的泥沙都铲到黄河里去。船里的泥沙慢慢减少，船身开始慢慢向上浮，拴着铁牛的绳索也越来越紧。就这样，靠着水的浮力，铁牛被一点儿、一点儿地从淤泥里拔了出来。等船上的泥沙铲光了，铁牛也离开了河底。但怀丙并不急着把铁牛捞上船，而是指挥大家把船划到岸边，再一起用力将铁牛拖上岸。按照这个办法，八只铁牛，很快就都被打捞起来了。

34. 关于铁牛，可以知道什么？
35. 怀丙命人在船上装满了什么？
36. 怀丙是利用了什么将铁牛打捞了上来的？
37. 根据这段话，下列哪项正确？

第38到40题是根据下面一段话：

　　储蓄卡、信用卡的卡面上，都有一个长长的磁条，这种卡被称为磁卡。银行发行的这种磁卡，相当于记账簿。可用来存储客户身份、交易记录等信息。但这种磁卡的存储容量较小，而且易受到磁场因素的干扰。为此，科技人员又研究出一种新型的智能卡。这种卡内嵌有芯片，存储容量大且不受任何电磁干扰，是磁卡等便携式信息介质所无法比拟的。另外，智能卡的内芯装有微电脑的超记忆集成电路，可作为识别装置。当信号从外部输入后，这种超记忆集成电路可以辨别出使用者是不是卡的真正主人。这就好像为卡装了一把电子锁，较好地保护了卡内所存储的信息，避免了钱款被冒领的危险。

38. 关于磁卡，可以知道什么？
39. 下列哪项是智能卡的优点？
40. 智能卡的超记忆集成电路有什么作用？

第41到43题是根据下面一段话：

　　一位画家，为了迅速提高画技，每天都画大量的画。但他的作品，却始终得不到大家的认可。为此，他很苦恼。一天，他在山林中散步，看见一位守林人挑着两桶水从远处走来。走近一看，他发现桶里装的水不太多。按理说，从那么远的地方挑水过来，应该多挑一些才对。于是，他好奇地问守林人其中的原因。守林人笑了笑说："水够用就好，如果因为装得太满而水洒了，或者因为我太累摔倒了，岂不是白挑了？一味贪多，只会适得其反。况且，一天去挑一次，不仅可以喝到新鲜的水，还可以锻炼身体呢。"画家猛然醒悟。凡事不能贪多，尽全力做好一件事才更重要。回到家后，他一改往日只求数量的做法，认真仔细地画好每一幅画。最终，他成为了国画界的一代大师。

41. 画家为什么很苦恼？
42. 守林人认为一天挑一次水有什么好处？
43. 这段话主要想告诉我们什么？

第44到47题是根据下面一段话：

我的家乡盛产核桃，每年秋末冬初，都会有成群的乌鸦飞到这里，捡拾那些果农遗留下来的核桃。核桃的外壳坚硬。乌鸦怎么吃到里面的仁儿呢？经过留心观察，我终于发现了乌鸦的聪明之处。它们先叼起核桃飞到高高的树枝上，然后再将核桃摔下去。核桃落到坚硬的物体表面，壳儿就会撞破。于是，乌鸦就能吃到美味的核桃仁儿了。可是核桃从高处掉落摔破壳儿的概率很低，于是，乌鸦又找到了一种更有效的方法。它们把核桃扔到附近的公路上，利用过往的车辆碾碎核桃。等车辆过去后，它们就会迅速叼起核桃仁儿，享用美食。乌鸦借力的故事，对我们的人生有很大的启示。现实生活中，每个人都渴望成功，然而个人的能力是有限的，要想在事业上做出一番成就，就应该学会借力，充分利用各种有利条件，提高自身成功的几率。只要我们敢借，会借，善借，就一定能借出一片新天地。

44. 乌鸦一开始是怎么吃到核桃仁儿的？
45. 为什么乌鸦后来换了一种方法？
46. 乌鸦将核桃扔到公路上的目的是什么？
47. 这段话，主要想告诉我们什么？

第48到50题是根据下面一段话：

　　无论你是什么样的人，处于什么样的社会地位，或多或少都会有烦恼。有烦恼自然就会有不良情绪。如果这种情绪是暂时的，那么对健康的影响不会很大。但如果不良情绪过于强烈或持续的时间太长，就会对人体造成伤害。研究证实，持续的不良情绪，特别是烦恼、忧郁、悲伤等，会造成人体免疫力下降，甚至诱发其他的精神疾病。消除不良情绪的关键，是建立稳定而又良好的心态，用顽强的意志战胜不良情绪的干扰。还要学会自我疏导，把不良情绪变为积极情绪。另外，情绪的产生离不开环境，避免强烈的环境刺激，也是很必要的。

48. 如果不良情绪持续时间过长会怎么样？
49. 消除不良情绪的关键是什么？
50. 根据这段话，可以知道什么？

听力考试现在结束。

〈제5회〉 녹음 스크립트

(音乐, 30秒, 渐弱)

大家好！欢迎参加HSK(六级)考试。
大家好！欢迎参加HSK(六级)考试。
大家好！欢迎参加HSK(六级)考试。

HSK(六级)听力考试分三部分，共50题。
请大家注意，听力考试现在开始。

第 一 部 分

第1到15题，请选出与所听内容一致的一项。现在开始第1题：

1. 一般认为，火的发现使人类进入了文明时代。后来，为了能够持久照明，人们便把动物脂肪一类的东西涂在捆扎好的树皮或木片上，做成照明用的火把。这就是蜡烛的起源。

2. "一岁看大，三岁看老"的意思是：看一个人年幼时的样子，可以知道他成年后的模样。也就是说，通过一个人年幼时的行为品性，可以大概预测出他的将来。所以，幼年教育对人的成长很关键。

3. 杆秤是秤的一种，也是中国最古老的衡量工具。它是利用杠杆原理来秤重量的。杆秤最大的特点是：便于携带。由于杆秤的制作工艺简单，操作也不复杂。所以至今仍有不少人在使用它。

4. 一位顾客在餐厅吃饭时，发现菜里有一截儿铁丝。他十分生气地叫来餐厅经理质问他，这究竟是怎么回事。餐厅经理不慌不忙地说："先生，恭喜您抽中了本餐厅再来一份的大奖。"

5. 蒲公英心态，是指像蒲公英一样，即使被吹到并不肥沃的土壤里，也能扎根开花的心态。在工作中，我们如果能用这种积极的心态来面对环境，就能真正做到傲立职场。

6. 北宋词人晏殊素以诚实著称。14岁时，他奉皇帝之命与其他进士一同参加考试。结果晏殊发现考题是自己刚做过的，就如实向皇帝禀告，并请求更换试题。皇帝对他的诚实品质赞赏有加，便赐他同进士出身。

7. 国家动物博物馆是中国最大的动物类专业博物馆，由动物标本馆和标本展示馆组成。馆内的动物标本超过600万件，几乎囊获了中国版图上所有的动物种类。被称为静止的动物园。

8. 品牌一词，品在前，牌在后，这说明要先有产品，后有牌子。如果没有高质量的产品作为支撑，仅靠提供赞助和打广告做宣传手段，即便能打出很高的知名度，也只会是昙花一现，注定要被市场淘汰。

9. 唐伯虎小时候天赋过人，常得到众人的夸奖，他因此很自满。有一次，他的老师让他去开窗户，他过去一推，才发现窗户是老师画的。面对如此逼真的画作，唐伯虎自愧不如，从此便全心学画，终成为著名画家。

10. 近日，科学家研制出一台读梦机。它能够从人类大脑中提取梦里的情景。这项技术已被用来检测和绘制人类脑海中浮现的人脸图像。未来，类似的技术还可能运用到帮助人们重构记忆上来。

11. 提起创业，绝大多人会想到奋斗、努力、创新等关键词。孰不知，创业者沟通能力的高低，在某种程度上也决定了其创业的成败。因为创业往往要依靠整个团队的力量，而不是个人的力量。

12. 夏天，自来水管外壁常出现"出汗"现象。这是因为，自来水管大都埋在地下，水温较低。空气中的水蒸气接触水管后，就会液化成小水滴，附在上面。如果管壁大量"出汗"，说明空气湿度较大。这正是，下雨的前兆。

13. 节能灯是利用气体放电原理工作的。刚开灯时,气体放电不显著,灯光较暗。经过一段时间的放电后,灯光会越来越亮。不过,现在节能灯以实现了快速启动,因此不会再出现,刚开灯时,灯光昏暗的现象了。

14. 座头鲸的耳朵,就是头上的两个小洞。它们的耳朵虽小,但却丝毫不影响听力。座头鲸的听觉非常敏锐,它们常常以唱歌的方式相互交谈。就算相隔几百里远,也能听到同伴的声音。

15. 南瓜蔓儿可以预报天气。天气晴朗时,南瓜蔓梢是向上翘起的。如果蔓梢下垂,那是天气转为阴雨的征兆。如果在阴雨连绵的天气里,蔓梢由下垂转为上翘。那就表明,阴雨天即将结束,晴天马上就会到来。

第 二 部 分

第16到30题,请选出正确答案。现在开始第16到20题:

第16到20题是根据下面一段采访:

女:从金融高管到专业婚介人,行业跨度非常大。你为什么会选择这样的挑战?

男:我从事过三个行业,分别是:遗传工程、投资行业和互联网服务业。分子遗传学对我而言,既有趣又有意义,但我没有动手做实验的天分。投资行业的市场需求虽大,但我对它缺乏热忱。而创办相亲网站,令我感到自己的人生很有意义。我不太在乎创业的结果,只在乎生活的方式,是不是我所感兴趣的。

女:与传统婚介所相比,和互联网相结合的红娘,有什么优势?

男:借助广阔的网络平台,婚恋网站可以在短时间内,聚集众多有相亲需求的单身人士。这是对传统婚介所的超越,它为追求效率的都市人,能更好、更快地相亲提供了极大地方便。婚恋网站改变了人们通常认为的,网上只能进行浅层次的交流的看法。它利用网络,高效、便捷地解决了人们最实际的婚姻需求。

女:在你看来,人们对网络相亲的接受度如何?

男：与家人和朋友的介绍相比，网络相亲越来越被单身人士所接受。相亲是一个提供给单身人士找到幸福的平台。不同的人需要不同的方式寻找幸福。我希望单身的朋友能以积极的态度去面对相亲。这只是一种认识的方式，坦然面对即可。

女：你怎么看待婚姻的经营？

男：我认为，最理想的伴侣应该是在性格上没有太多冲突的两个人。这样比较容易维持婚姻的稳定。对于婚姻的经营，我个人认为有八个字很重要：及时沟通、相互理解。婚姻不像恋爱，它需要更多的时间和责任去维护。任何一方有问题，都要及时说出来。只有两个人共同经营、相互理解，才能在生活的点滴中铸造美满，让婚姻走得更长远。

16. 男的为什么转行创办相亲网站？
17. 男的觉得，婚恋网站有什么优势？
18. 男的建议单身人士怎么做？
19. 男的认为，婚姻中最重要的是什么？
20. 关于男的，下列哪项正确？

第21到25题是根据下面一段采访：

女：高总，您认为对于创业者来说最重要的是什么？

男：对刚开始创业的人来说，需要有一个非常务实的心态。如果没有这种务实心态，很多事情都只是空谈和妄想。我当年创业的时候，什么都做。既是老板，也是装卸工、业务员和出纳。我想创业者无论干什么、干哪个行业，这种状态都是一个前提。

女：您当年离开小学教师的岗位自己创业，现在又在学校里面做创业导师，那您是如何看待现在的创业教育呢？

男：应该说这两年创业教育的情况比前些年好多了。我们以前基本上是靠自己摸索，在摸索中感悟，在感悟中纠正，在纠正中实现企业的成长，就是所谓的摸着石头过河。这两年，创业教育发展很快。在一些大专院校当中，甚至在整个社会体系中，都已经有人提出并开始去做一些事情。这个太重要了！可以让很多创业青年少走一些弯路，让他们能够在创业的道路上走得更加顺畅。

女：那您认为创业教育的培养目标是什么？

男：我觉得整个创业教育最重要的目标就是培养企业家精神。

女：什么是企业家精神？您能否给我们定义一下？

男：企业家精神是企业文化的核心。我认为其中有三点是必不可少的，即洞察力、领导力和行动力。企业家每天都要面对主客观环境的变化，所以他们必须具备能够一眼看到问题的根源、把握脉络和方向的能力。企业越做越大，组织架构会越来越庞杂。在这种情况下，只有具备领导力的企业家，才能将企业的决策层层贯彻下去，使之成为整个企业的一致行动。而所有好的想法，都一定要通过有效的行动，才能达成。所以，行动力也是一个非常重要的环节。

女：最后，请您给那些想创业或正在创业的朋友们提一些建议吧。

男：创业一定要做自己感兴趣的方面，这是最基本的。然后就是刚开始讲到的心态问题。我发现很多年轻创业者，心智都很高，不愿意放低身段。事实上，所有伟大的事业都是从点滴开始积累的。

21. 对于刚开始创业的人来说，什么最重要？
22. "摸着石头过河"是什么意思？
23. 面对主客观环境的变化，企业家要具备什么能力？
24. 男的对刚开始创业的人有什么建议？
25. 关于男的，可以知道什么？

第26到30题是根据下面一段采访：

女：很多人觉得要找到一个优秀的人才很难，您怎样看待这件事？

男：以前曾听人感叹过找人真难，项目马上就要上线了，最头疼的就是找不到合适的人才，尤其是好的销售总监。我听了之后，第一个反应就是他缺的不是人才，而是管理员工的策略。正因为管理策略的缺失才让现有员工不能人尽其才，从而加重了企业对人才的渴求。因此，经营者不应把管理策略的缺失转嫁为对人才的依赖。

女：您觉得工作中最重要的是什么？

男：是态度，不论工作如何变都要不断学习、积极进取。工作需要的无非就是知识、技能和态度，我们走到今天学到的知识不到20%，技能也只占了30%而态度则占到了50%。如果我们能有一个积极进取的态度，把知识学以致用，再练就熟练的技能，那么离实现人生目标就不远了。

女：您是如何做到在繁忙的工作中一直保持创新力的呢？

男：一是要保持一定的阅读量，一周不读书，你就要落后了。我每周都要阅读大量的信息，如新闻评论等。二是要保持一定的交际圈，与朋友们多交流，个人的阅历毕竟有限，多与他人沟通，才能碰撞出火花，发现新的思路、观点和主意。

女：现在很多大学生都会提出很多疑问，如怎样规划职业路线，求职路上需要做哪些准备等。您能给他们一些建议吗？

男：有几件事情千万不能忘记！一是研究市场，在读书期间就要密切地关注社会上需要什么样的人才，思考自己怎样才能变成市场上的稀缺资源。二是制定计划，在大一的时候就写一份推销自己的简历，简历中所提到的自己就不应该是你毕业时的样子，而大学4年就是你打造自己的过程。三是重视学习，在不影响学业的前提下，积极寻找实习机会，不断积累经验，完善自己。这要比正式进入公司之后犯下许多错误再改正要好得多。

26. 男的认为为什么会出现找人难的现象？
27. 男的觉得工作中最重要的是什么？
28. 下列哪项是保持创新力的途径？
29. 男的认为实习的好处是什么？
30. 根据这段对话，下列哪项正确？

第 三 部 分

第31到50题，请选出正确答案。现在开始第31到33题：

第31到33题是根据下面一段话：

看电视的时候，偶尔会遇到电视信号中断的情况。通常我们会以为是电视机坏了，或者信号线接触不良。其实，这还可能与天体运行有关。通讯卫星地面接收站，经常会出现短暂的无线电通信受到干扰，甚至工作中断的情况。这是卫星凌日现象造成的。卫星凌日是指，赤道上空的通讯卫星与太阳及地面卫星接收站，大致位于一条直线上的现象。当卫星凌日时，接收器不仅会收到卫星信号，还会接收到太阳发出的强电波。这种强电波会干扰卫星发出的信号。于是就会出现电视节目中断的现象了。

31. 人们一般认为电视信号中断的原因是什么？
32. 关于卫星凌日的说法，下列哪项正确？
33. 根据这段话，下列哪项正确？

第34到37题是根据下面一段话：

很多人购买商品时，都有自己偏爱的品牌。一般来说，对品牌的偏好一旦形成就很难改变。但经济学家却表示，想要改变这种偏好其实很简单。经济学家通过研究发现，消费者在对不同品牌的同类商品进行选择时，一般会选择那个让其视线停留时间最长的。也就是说，消费者偏爱哪个品牌的商品，就会给予其更多地注意力。那么，反过来想一想，如果一种商品能够吸引消费者更多的注意力，那它是否就更容易被消费者选择呢？对此，经济学家以商品拍卖的方式对志愿者进行了测试。他们事先了解了志愿者对品牌的偏好，在拍卖过程中，针对某些志愿者不喜爱的品牌，还特意用声音提示等方式来吸引其注意力。果然，对于自己原本不喜欢，但却有提示音的品牌商品，有超过三分之二的志愿者给出了原本高于偏爱品牌商品的价格。看来，商家只要能够吸引顾客的眼球，就不愁商品没销路了。

34. 面对多个同类商品，消费者一般会选择哪个？
35. 经济学家以什么方式来测试志愿者？
36. 提示音的作用是什么？
37. 根据这段话，下列哪项正确？

第38到40题是根据下面一段话：

　　研究发现，脚能比较准确地透露出一个人的内心感受。比如，你想参与某几个人的谈话，但你不确定自己是否受欢迎，这时你可以观察一下他们的脚有没有朝你的方向移动。有的话，就是表示欢迎。如果脚没有动，只是髋部转动，那么你最好知趣地走开。人们在交往中，往往更习惯从对方的脸上寻找有效信息。但不幸的是，脸是很善于骗人的。光是微笑，就会让你很难猜出对方的想法。而脚却不容易伪装或撒谎。人在讲话时，如果说的是真话，双脚会自然的分开，而如果对自己所说的话感到不安，例如：说谎时，双脚就会不自觉地靠近一些。另外，坐着说话时，说谎的人会不自觉地用手反复摩擦大腿。这是因为，人在说谎时会略有不安。如果遇到非常直接、尖锐的问题，就会感到非常不适。而做些小动作，能有效缓解他们内心的焦虑。

38. 如果别人欢迎你加入交谈，他们会怎么做？
39. 关于人的脸，下列哪项正确？
40. 为什么人在说谎时，喜欢做一些小动作？

第41到43题是根据下面一段话：

地球上绝大多数生物，从藻类、真菌再到人类这样的哺乳动物，体内的细胞活动都会在生物钟的指挥下与地球的昼夜变化周期保持同步。但是，生物钟的周期和地球自转的周期并不是精确对应的，研究表明，人体生物钟的一天要比地球的一天长一些。科学家曾做过这样一个实验，他们让志愿者在没有阳光、无法获取时间信息，完全与外界隔离的地方生活一个月，结果发现，这些人每天都比前一天晚起床十几分钟。这个实验表明，人体生物钟的节律周期要比地球自转的24小时长一些。人体为了使生物钟的周期与地球自转的周期相一致，就会利用太阳光线来调整。正是这种努力校正自身节律以适应自然节律的行为才使得有些人感觉起床很困难。

41. 人体生物钟周期，下列哪项正确？
42. 关于实验环境，可以知道什么？
43. 人体利用什么来调整自身节律？

第44到47题是根据下面一段话：

也许你已经发现，身边很多人有了特异功能。比如，他们动动眼珠，电子设备的屏幕就会翻页；眨一下眼就能拍照；开车犯困眯一下眼睛，马上就会有语音提示响起。这可并不是因为他们的眼睛被改造了，而是因为他们使用的电子设备搭载了一项名为"眼球追踪"的技术。"眼球追踪"的技术并不复杂，当人眼看向不同方向时，眼部会有细微的变化。而这些变化特征，可以被计算机捕捉和提取。从而实现通过追踪眼睛的变化来预测用户需求，达到用眼睛控制电子设备的目的。在日常生活中，使用"眼球追踪"技术最多的就是手机。比如：一些智能手机可以通过检测用户的眼睛状态，来控制屏幕锁定。只要用户盯着手机屏幕，即使没有进行任何操作，屏幕也不会被锁定。然而，目前"眼球追踪"技术的发展还存在不少困难。要让机器对眼部动作的真实意图，进行识别并不是件容易的事。所以，这项技术在短期内，很难成为人与机器互动的主要方式。

44. 下列哪项，属于这段话提到的特异功能？
45. 计算机通过什么来使眼睛控制电子设备？
46. "眼球追踪"技术运用最多的设备是什么？
47. 关于"眼球追踪"技术，下列哪项正确？

第48到50题是根据下面一段话：

　　一位年轻人拜一位老船工为师，学习划船。一开始，老船工并没有教他如何划船，而是让他先学游泳。年轻人一学就是半年。终于有一天，他游得不耐烦了。就问："师傅，我是来跟您学划船的。您却一天到晚让我练游泳，这是为什么？"老船工说："要想学划船，就得先学会游泳。如果你不会游泳，划船时难免会担心失足落水，就不能专心致志地去划船。你觉得这样能划好吗？"年轻人顿悟。于是，他潜心学习游泳，再学划船。很快，他便成了一名划船好手。这就是所谓的有备无患。就像演讲家演讲时，虽然不一定会照着稿子念，但他们还是会随身带着稿子，只为求一个心安。备用方案并不一定能直接派上用场，但却可以减轻我们的忧虑。这样，注意力就会更多地集中到事情本身上。从而达到事半功倍的效果。

48. 老船工一开始让年轻人做什么？
49. 根据这段话，演讲家为什么要随身带着稿子？
50. 这段话，主要想告诉我们什么？

听力考试现在结束。

新汉语水平考试

정답

제1회~제5회

〈제1회〉 정답

一、听力

第一部分

1.A	2.C	3.A	4.B	5.D
6.A	7.D	8.C	9.D	10.D
11.C	12.C	13.B	14.B	15.C

第二部分

16.A	17.B	18.C	19.B	20.B
21.A	22.D	23.A	24.C	25.A
26.C	27.D	28.B	29.A	30.C

第三部分

31.B	32.B	33.B	34.A	35.B
36.D	37.D	38.C	39.D	40.B
41.A	42.C	43.B	44.D	45.A
46.C	47.A	48.A	49.B	50.D

二、阅读

第一部分

51.C	52.B	53.A	54.D	55.B
56.C	57.C	58.A	59.A	60.A

第二部分

61.D	62.C	63.A	64.D	65.C
66.A	67.C	68.A	69.D	70.C

第三部分

71.C	72.D	73.B	74.E	75.A
76.A	77.E	78.C	79.D	80.B

第四部分

81.A	82.B	83.B	84.C	85.A
86.D	87.A	88.D	89.D	90.C
91.D	92.C	93.B	94.B	95.C
96.D	97.C	98.D	99.C	100.A

三、书写

101.

　　　　　　　　杜康与酒

　　相传黄帝让杜康负责粮食生产工作。因为一连几年粮食大丰收，所以他把粮食堆放在了山洞里。可让他出乎意料的是，后来这些粮食都发霉了，所以最后他由一名大臣，变成了一名粮食保管员。虽然他很难过，但是他下决心一定要做好。

　　有一天，他发现几棵枯死的大树，所以他就想出了把粮食放进枯树里的办法。但是两年后的一天，他发现枯树的周围有很多病死的动物。但是走近一看，他们并没有死，只是在睡大觉而已，这让他疑惑不解。经过一番仔细观察之后，才知道原来是枯树里面渗出的水的缘故。他尝了一下这种水，感觉微辣，但是很好喝，于是就多喝了几口，没想到却晕倒了，醒来时天已黑了。

　　后来他带了一些回去，并把他的经历告诉了大家。有人提议上报皇上，但是又怕被责怪，杜康虽然害怕被责怪，可是后来还是对黄帝说了。黄帝知道后让他继续观察，确定有没有毒。最后，确定可以饮用后，黄帝又命大臣给这种水起了个名字，叫"酒"。于是，就便诞生了。后来，杜康也成了美酒的代称。

〈제2회〉 정답

一、听力

第一部分

1.D	2.C	3.B	4.B	5.B
6.A	7.D	8.C	9.B	10.D
11.B	12.A	13.C	14.B	15.A

第二部分

16.A	17.C	18.C	19.A	20.A
21.A	22.B	23.A	24.A	25.D
26.D	27.D	28.C	29.C	30.B

第三部分

31.D	32.D	33.D	34.A	35.A
36.A	37.C	38.C	39.B	40.B
41.D	42.B	43.B	44.A	45.C
46.D	47.A	48.A	49.C	50.D

二、阅读

第一部分

51.A	52.A	53.D	54.A	55.B
56.D	57.A	58.B	59.C	60.A

第二部分

61.D	62.C	63.A	64.B	65.A
66.D	67.D	68.D	69.D	70.A

第三部分

71.A	72.D	73.E	74.B	75.C
76.A	77.D	78.C	79.E	80.B

第四部分

81.D	82.B	83.A	84.C	85.B
86.A	87.D	88.A	89.B	90.C
91.A	92.A	93.D	94.C	95.D
96.B	97.B	98.A	99.D	100.A

三、书写

101.

　　　　　　成功贵在坚持

　　当代著名的明星企业家马云成为了众多青年创业者的偶像。在一档电视节目中，两名大学生为了得到他的认可，都说出了自己的创业蓝图。但是马云却给他们泼了一盆冷水,马云说如果是他自己的话,他不会去创业,而是找一个公司,踏踏实实地工作五年。两个大学生显然很不服气。

　　后来马云说出了自己的一段鲜为人知的往事。马云在他上大学的时候就一心想创业。后来他被分到一所学校当英语老师,这与他的理想差距甚大!在一次校园散步中,偶然遇到了校长。因为他也是学校的风云人物,所以校长很关心他的发展,校长了解了他此时的心态后,让他许下一个承诺:去学校工作,五年内不要创业。那时老师的工资非常的低,而且有很多公司都愿意高薪聘请他,但是他一直坚守着那个承诺。

　　五年之后,带着沉稳踏实的心态,马云开始了创业。创业之初,他遇到了很多困难和挫折,在众人纷纷动摇的时候,马云却一直坚持,就像五年前,一直坚持在学校工作那样。最后通过努力,马云终于一步一个脚印地创造了阿里巴巴诸多神话。

〈제3회〉 정답

一、听力

第一部分

1.D	2.C	3.B	4.D	5.C
6.D	7.D	8.B	9.D	10.B
11.D	12.B	13.A	14.B	15.C

第二部分

16.B	17.C	18.A	19.A	20.D
21.D	22.A	23.C	24.D	25.A
26.D	27.C	28.A	29.C	30.D

第三部分

31.A	32.C	33.C	34.D	35.D
36.D	37.A	38.C	39.B	40.D
41.B	42.C	43.D	44.D	45.D
46.A	47.C	48.A	49.D	50.D

二、阅读

第一部分

51.B	52.A	53.C	54.A	55.A
56.D	57.A	58.A	59.B	60.C

第二部分

61.D	62.A	63.A	64.A	65.C
66.A	67.B	68.D	69.D	70.D

第三部分

71.A	72.C	73.D	74.B	75.E
76.C	77.A	78.D	79.E	80.B

第四部分

81.B	82.A	83.C	84.B	85.A
86.B	87.C	88.D	89.C	90.B
91.D	92.D	93.A	94.A	95.B
96.C	97.B	98.C	99.C	100.B

三、书写

101.

众志成城

我有一个在大学当宿舍管理员的朋友,她给我讲了一件很有趣的事。

她负责管理男生宿舍,每个宿舍四名学生,

每个人都有一把钥匙。但是男孩子总是爱睡懒觉，所以每天早上都是匆匆忙忙地离开宿舍。可是下课回来才发现，因为早上太匆忙，所以忘带了钥匙，只好等其他的同学回来。但有的时候，也有四个人都忘记带钥匙的情况。这时就去我朋友那借钥匙。因为她那里有整栋楼的备份钥匙。也是因为这个原因，借钥匙的情况越来越多。后来我的朋友便定了一个新规定：一个学期，每个宿舍不能超过三次。

可是学期结束后，她发现501至506居然一次也没有向她借过钥匙。为了解开心里的谜团，她便去了解情况。六个宿舍制定了一个方案，就是把宿舍的钥匙放到下个宿舍里。这样一来，只要是六个宿舍当中有一名带钥匙的话，那么其余宿舍的门都会被打开。后来我算了一下，都不带的钥匙的几率几乎为零。因为他们彼此信任，互相合作，才会让问题迎刃而解。

面对困难时，如果我们并肩作战，那么我们的手里就会多一把钥匙。

〈제4회〉 정답

一、听力

第一部分

1.C	2.D	3.A	4.D	5.D
6.C	7.A	8.C	9.C	10.D
11.C	12.A	13.C	14.D	15.A

第二部分

16.C	17.D	18.A	19.C	20.C
21.C	22.D	23.A	24.D	25.B
26.C	27.C	28.C	29.B	30.C

第三部分

31.A	32.A	33.A	34.D	35.D
36.C	37.A	38.B	39.A	40.B
41.D	42.D	43.C	44.A	45.B
46.D	47.D	48.B	49.C	50.B

二、阅读

第一部分

51.B	52.A	53.C	54.B	55.C
56.B	57.C	58.B	59.A	60.A

第二部分

61.C	62.B	63.D	64.A	65.C
66.D	67.B	68.C	69.D	70.B

第三部分

71.B	72.D	73.E	74.C	75.A
76.E	77.C	78.A	79.D	80.B

第四部分

81.A	82.A	83.C	84.D	85.C
86.B	87.D	88.C	89.A	90.C
91.C	92.D	93.D	94.D	95.A
96.B	97.C	98.D	99.C	100.A

三、书写

101.

　　　　　　　退避三舍

　　春秋时期晋献公听信谣言，杀掉了之前立的太子之后，另外的一个儿子重耳因为害怕而逃到了楚国。楚成王认为重耳日后一定会大有作为，所以对他的十分敬重，两个人后来成为了朋友。

　　有一天两人饮酒聊天时，楚成王问重耳："如有一天，你能回到晋国并当上国君，你怎么报答我呢？"重耳说楚国非常的富有，晋国没有什么可以给他的。他说他如果真的回到了晋国，并且当上国君，那一定的，会让两个国家和平相处。如果有战争的话，他会令他的军队退避三舍。后来重耳果真回到了晋国并成为了国君，晋国在他的统治下，国力不断地强大。后来楚成王攻打宋国，宋国向晋国求助。晋文公和其他的诸侯国去救援，楚国国君见形势不妙，赶紧撤退，并命令他的部下不要和晋军作战。但是他的部下却一意孤行，与晋军作战。然而重耳果真命令他的部下向后退30里。但是楚军却紧追不舍，最后晋军连续退到了90里，也就是退避三舍。

　　谁知楚军却并不退却，晋军不再退让，而是集中兵力与楚军作战，最后取得了这次战争的胜利！

　　后来人们就用退避三舍来比喻主动避让他人。

〈제5회〉 정답

一、听力

第一部分

1.D	2.D	3.D	4.A	5.C
6.C	7.B	8.D	9.C	10.D
11.B	12.D	13.C	14.B	15.D

第二部分

16.D	17.B	18.A	19.C	20.B
21.D	22.C	23.A	24.A	25.B
26.C	27.C	28.B	29.B	30.A

第三部分

31.C	32.D	33.C	34.B	35.B
36.D	37.C	38.B	39.A	40.B
41.D	42.A	43.B	44.A	45.B
46.A	47.A	48.C	49.A	50.B

二、阅读

第一部分

| 51.C | 52.A | 53.C | 54.D | 55.C |
| 56.A | 57.B | 58.C | 59.D | 60.C |

第二部分

| 61.A | 62.A | 63.C | 64.C | 65.C |
| 66.C | 67.C | 68.B | 69.B | 70.C |

第三部分

| 71.B | 72.A | 73.E | 74.D | 75.C |
| 76.B | 77.D | 78.E | 79.A | 80.C |

第四部分

81.C	82.D	83.D	84.A	85.A
86.B	87.C	88.C	89.B	90.B
91.A	92.C	93.C	94.A	95.D
96.D	97.A	98.A	99.A	100.C

三、书写

101.

　　　　　　季布

　　秦朝末年有一个叫季布的人,他不但性情耿直,乐于助人,而且还一言九鼎,所以很多人都非常的尊敬他。

秦朝灭亡后，刘邦与项羽开战。季布作为项羽的部下，项羽非常器重他，而且他多次使刘邦军队陷入困境。

　　后来刘邦取得了天下。当他一想起季布时，总是耿耿于怀，于是下令捉拿季布，而且要对提供信息的人就赏黄金千两。因为季布平时帮助过很多人，所以大家不但没有被金钱诱惑，反而用生命去保护他。后来他逃到了一个姓朱的人家，姓朱的人家也很欣赏季布。所以姓朱的人家为了帮季布而找到了刘邦的亲信滕公，请求滕公说服刘邦。其实滕公也很欣赏季布，所以他在刘邦面前，为季布说了很多好话，说季布帮项羽，其实那是因为他很有责任心，也能看出他对国君是多么忠心。他还跟刘邦说，如果季布为别国效力，多么还会给刘邦带来很多麻烦。相反，如果把他招进宫来，老百姓也会赞扬刘邦是个贤明的皇帝。后来刘邦听了滕公的建议，把季布招回宫。季布不负众望，对汉朝做出了很多的贡献！

新汉语水平考试
HSK（六级）答题卡

姓名 _____

国籍 [0] [1] [2] [3] [4] [5] [6] [7] [8] [9]
     [0] [1] [2] [3] [4] [5] [6] [7] [8] [9]
     [0] [1] [2] [3] [4] [5] [6] [7] [8] [9]

序号 [0] [1] [2] [3] [4] [5] [6] [7] [8] [9]
     [0] [1] [2] [3] [4] [5] [6] [7] [8] [9]
     [0] [1] [2] [3] [4] [5] [6] [7] [8] [9]
     [0] [1] [2] [3] [4] [5] [6] [7] [8] [9]
     [0] [1] [2] [3] [4] [5] [6] [7] [8] [9]

性别　　男 [1]　　　女 [2]

考点 [0] [1] [2] [3] [4] [5] [6] [7] [8] [9]
     [0] [1] [2] [3] [4] [5] [6] [7] [8] [9]
     [0] [1] [2] [3] [4] [5] [6] [7] [8] [9]

年龄 [0] [1] [2] [3] [4] [5] [6] [7] [8] [9]
     [0] [1] [2] [3] [4] [5] [6] [7] [8] [9]

你是华裔吗？　　是 [1]　　　不是 [2]

学习汉语的时间：

2年以下 [1]　　2年－3年 [2]　　3年－4年 [3]　　4年－5年 [4]　　5年以上 [5]

注意　请用2B 铅笔这样写：■

一、听力

1. [A] [B] [C] [D]
2. [A] [B] [C] [D]
3. [A] [B] [C] [D]
4. [A] [B] [C] [D]
5. [A] [B] [C] [D]
6. [A] [B] [C] [D]
7. [A] [B] [C] [D]
8. [A] [B] [C] [D]
9. [A] [B] [C] [D]
10. [A] [B] [C] [D]
11. [A] [B] [C] [D]
12. [A] [B] [C] [D]
13. [A] [B] [C] [D]
14. [A] [B] [C] [D]
15. [A] [B] [C] [D]
16. [A] [B] [C] [D]
17. [A] [B] [C] [D]
18. [A] [B] [C] [D]
19. [A] [B] [C] [D]
20. [A] [B] [C] [D]
21. [A] [B] [C] [D]
22. [A] [B] [C] [D]
23. [A] [B] [C] [D]
24. [A] [B] [C] [D]
25. [A] [B] [C] [D]
26. [A] [B] [C] [D]
27. [A] [B] [C] [D]
28. [A] [B] [C] [D]
29. [A] [B] [C] [D]
30. [A] [B] [C] [D]
31. [A] [B] [C] [D]
32. [A] [B] [C] [D]
33. [A] [B] [C] [D]
34. [A] [B] [C] [D]
35. [A] [B] [C] [D]
36. [A] [B] [C] [D]
37. [A] [B] [C] [D]
38. [A] [B] [C] [D]
39. [A] [B] [C] [D]
40. [A] [B] [C] [D]
41. [A] [B] [C] [D]
42. [A] [B] [C] [D]
43. [A] [B] [C] [D]
44. [A] [B] [C] [D]
45. [A] [B] [C] [D]
46. [A] [B] [C] [D]
47. [A] [B] [C] [D]
48. [A] [B] [C] [D]
49. [A] [B] [C] [D]
50. [A] [B] [C] [D]

二、阅读

51. [A] [B] [C] [D]
52. [A] [B] [C] [D]
53. [A] [B] [C] [D]
54. [A] [B] [C] [D]
55. [A] [B] [C] [D]
56. [A] [B] [C] [D]
57. [A] [B] [C] [D]
58. [A] [B] [C] [D]
59. [A] [B] [C] [D]
60. [A] [B] [C] [D]
61. [A] [B] [C] [D]
62. [A] [B] [C] [D]
63. [A] [B] [C] [D]
64. [A] [B] [C] [D]
65. [A] [B] [C] [D]
66. [A] [B] [C] [D]
67. [A] [B] [C] [D]
68. [A] [B] [C] [D]
69. [A] [B] [C] [D]
70. [A] [B] [C] [D]
71. [A] [B] [C] [D] [E]
72. [A] [B] [C] [D] [E]
73. [A] [B] [C] [D] [E]
74. [A] [B] [C] [D] [E]
75. [A] [B] [C] [D] [E]
76. [A] [B] [C] [D] [E]
77. [A] [B] [C] [D] [E]
78. [A] [B] [C] [D] [E]
79. [A] [B] [C] [D] [E]
80. [A] [B] [C] [D] [E]
81. [A] [B] [C] [D]
82. [A] [B] [C] [D]
83. [A] [B] [C] [D]
84. [A] [B] [C] [D]
85. [A] [B] [C] [D]
86. [A] [B] [C] [D]
87. [A] [B] [C] [D]
88. [A] [B] [C] [D]
89. [A] [B] [C] [D]
90. [A] [B] [C] [D]
91. [A] [B] [C] [D]
92. [A] [B] [C] [D]
93. [A] [B] [C] [D]
94. [A] [B] [C] [D]
95. [A] [B] [C] [D]
96. [A] [B] [C] [D]
97. [A] [B] [C] [D]
98. [A] [B] [C] [D]
99. [A] [B] [C] [D]
100. [A] [B] [C] [D]

三、书写

101.

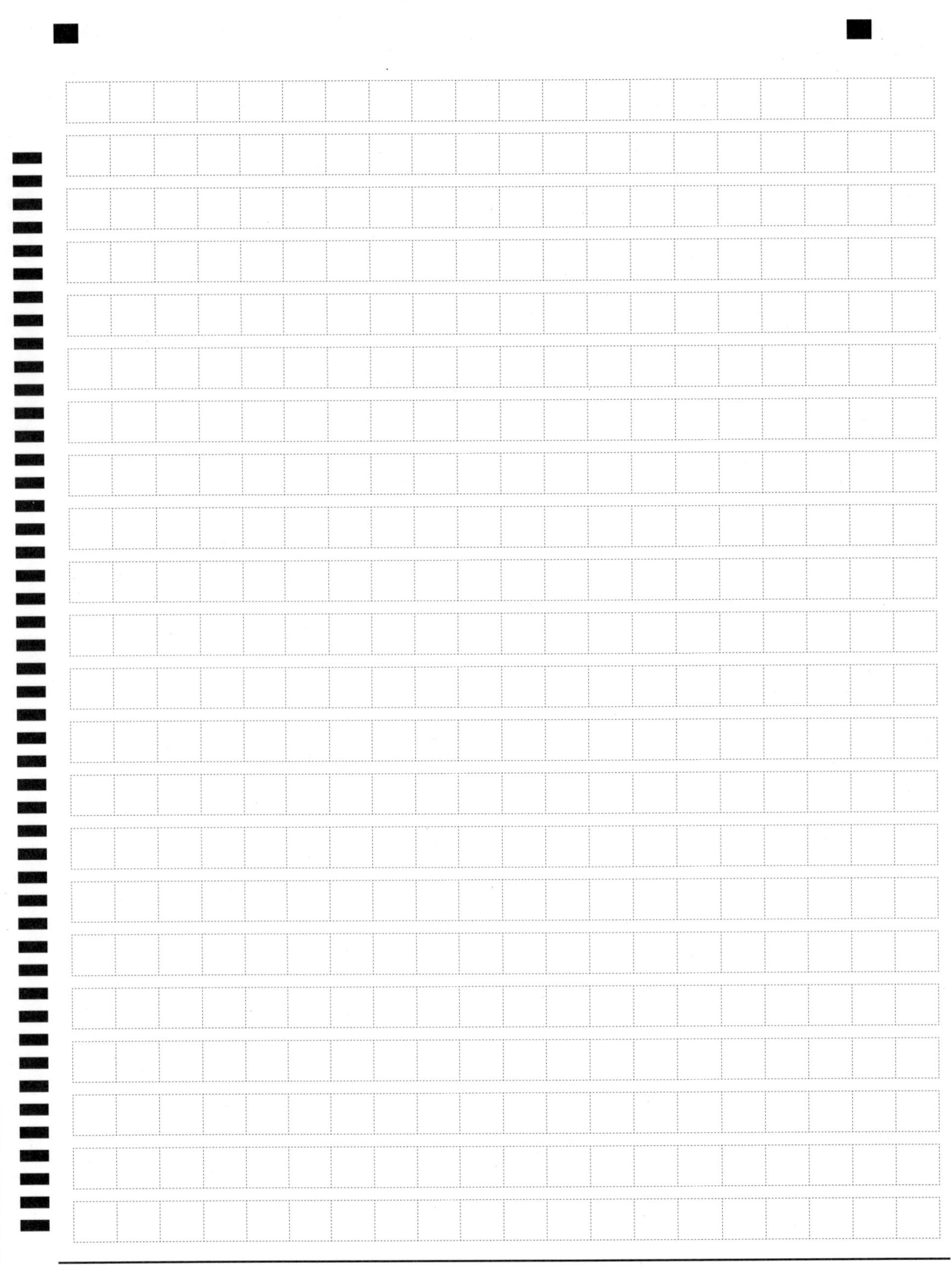

新汉语水平考试
HSK（六级）答题卡

姓名

国籍 [0] [1] [2] [3] [4] [5] [6] [7] [8] [9]
[0] [1] [2] [3] [4] [5] [6] [7] [8] [9]
[0] [1] [2] [3] [4] [5] [6] [7] [8] [9]

序号 [0] [1] [2] [3] [4] [5] [6] [7] [8] [9]
[0] [1] [2] [3] [4] [5] [6] [7] [8] [9]
[0] [1] [2] [3] [4] [5] [6] [7] [8] [9]
[0] [1] [2] [3] [4] [5] [6] [7] [8] [9]
[0] [1] [2] [3] [4] [5] [6] [7] [8] [9]

性别　男 [1]　　女 [2]

考点 [0] [1] [2] [3] [4] [5] [6] [7] [8] [9]
[0] [1] [2] [3] [4] [5] [6] [7] [8] [9]
[0] [1] [2] [3] [4] [5] [6] [7] [8] [9]

年龄 [0] [1] [2] [3] [4] [5] [6] [7] [8] [9]
[0] [1] [2] [3] [4] [5] [6] [7] [8] [9]

你是华裔吗？　是 [1]　　不是 [2]

学习汉语的时间：

2年以下 [1]　　2年－3年 [2]　　3年－4年 [3]　　4年－5年 [4]　　5年以上 [5]

注意　请用 2B 铅笔这样写：■

一、听力

1. [A] [B] [C] [D]　6. [A] [B] [C] [D]　11. [A] [B] [C] [D]　16. [A] [B] [C] [D]　21. [A] [B] [C] [D]
2. [A] [B] [C] [D]　7. [A] [B] [C] [D]　12. [A] [B] [C] [D]　17. [A] [B] [C] [D]　22. [A] [B] [C] [D]
3. [A] [B] [C] [D]　8. [A] [B] [C] [D]　13. [A] [B] [C] [D]　18. [A] [B] [C] [D]　23. [A] [B] [C] [D]
4. [A] [B] [C] [D]　9. [A] [B] [C] [D]　14. [A] [B] [C] [D]　19. [A] [B] [C] [D]　24. [A] [B] [C] [D]
5. [A] [B] [C] [D]　10. [A] [B] [C] [D]　15. [A] [B] [C] [D]　20. [A] [B] [C] [D]　25. [A] [B] [C] [D]
26. [A] [B] [C] [D]　31. [A] [B] [C] [D]　36. [A] [B] [C] [D]　41. [A] [B] [C] [D]　46. [A] [B] [C] [D]
27. [A] [B] [C] [D]　32. [A] [B] [C] [D]　37. [A] [B] [C] [D]　42. [A] [B] [C] [D]　47. [A] [B] [C] [D]
28. [A] [B] [C] [D]　33. [A] [B] [C] [D]　38. [A] [B] [C] [D]　43. [A] [B] [C] [D]　48. [A] [B] [C] [D]
29. [A] [B] [C] [D]　34. [A] [B] [C] [D]　39. [A] [B] [C] [D]　44. [A] [B] [C] [D]　49. [A] [B] [C] [D]
30. [A] [B] [C] [D]　35. [A] [B] [C] [D]　40. [A] [B] [C] [D]　45. [A] [B] [C] [D]　50. [A] [B] [C] [D]

二、阅读

51. [A] [B] [C] [D]　56. [A] [B] [C] [D]　61. [A] [B] [C] [D]　66. [A] [B] [C] [D]　71. [A] [B] [C] [D] [E]
52. [A] [B] [C] [D]　57. [A] [B] [C] [D]　62. [A] [B] [C] [D]　67. [A] [B] [C] [D]　72. [A] [B] [C] [D] [E]
53. [A] [B] [C] [D]　58. [A] [B] [C] [D]　63. [A] [B] [C] [D]　68. [A] [B] [C] [D]　73. [A] [B] [C] [D] [E]
54. [A] [B] [C] [D]　59. [A] [B] [C] [D]　64. [A] [B] [C] [D]　69. [A] [B] [C] [D]　74. [A] [B] [C] [D] [E]
55. [A] [B] [C] [D]　60. [A] [B] [C] [D]　65. [A] [B] [C] [D]　70. [A] [B] [C] [D]　75. [A] [B] [C] [D] [E]
76. [A] [B] [C] [D] [E]　81. [A] [B] [C] [D]　86. [A] [B] [C] [D]　91. [A] [B] [C] [D]　96. [A] [B] [C] [D]
77. [A] [B] [C] [D] [E]　82. [A] [B] [C] [D]　87. [A] [B] [C] [D]　92. [A] [B] [C] [D]　97. [A] [B] [C] [D]
78. [A] [B] [C] [D] [E]　83. [A] [B] [C] [D]　88. [A] [B] [C] [D]　93. [A] [B] [C] [D]　98. [A] [B] [C] [D]
79. [A] [B] [C] [D] [E]　84. [A] [B] [C] [D]　89. [A] [B] [C] [D]　94. [A] [B] [C] [D]　99. [A] [B] [C] [D]
80. [A] [B] [C] [D] [E]　85. [A] [B] [C] [D]　90. [A] [B] [C] [D]　95. [A] [B] [C] [D]　100. [A] [B] [C] [D]

三、书写

101.

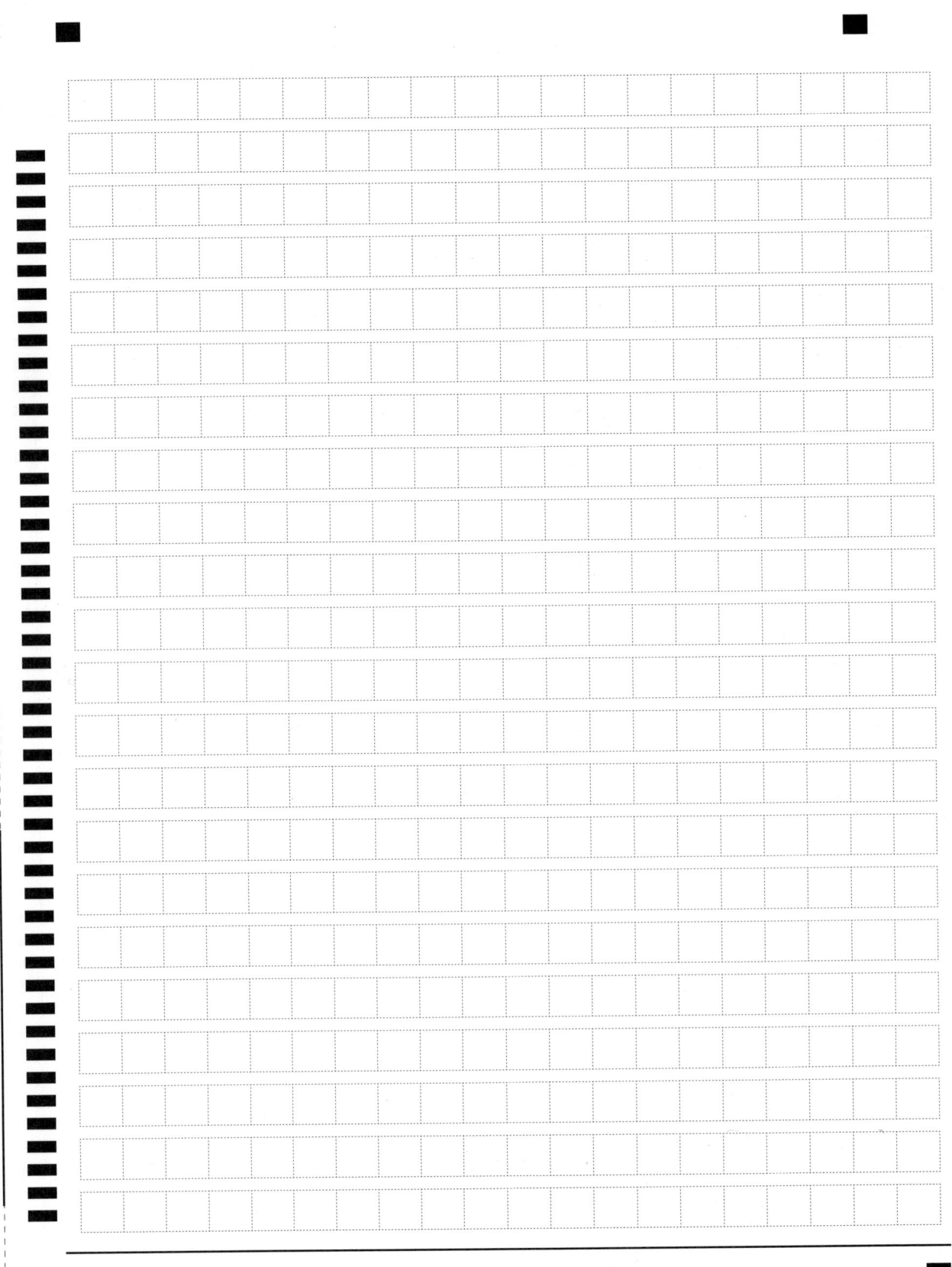

新汉语水平考试
HSK（六级）答题卡

姓名 _____

国籍 [0] [1] [2] [3] [4] [5] [6] [7] [8] [9]
　　 [0] [1] [2] [3] [4] [5] [6] [7] [8] [9]
　　 [0] [1] [2] [3] [4] [5] [6] [7] [8] [9]

序号 [0] [1] [2] [3] [4] [5] [6] [7] [8] [9]
　　 [0] [1] [2] [3] [4] [5] [6] [7] [8] [9]
　　 [0] [1] [2] [3] [4] [5] [6] [7] [8] [9]
　　 [0] [1] [2] [3] [4] [5] [6] [7] [8] [9]

性别　男 [1]　　女 [2]

考点 [0] [1] [2] [3] [4] [5] [6] [7] [8] [9]
　　 [0] [1] [2] [3] [4] [5] [6] [7] [8] [9]
　　 [0] [1] [2] [3] [4] [5] [6] [7] [8] [9]

你是华裔吗？
是 [1]　　不是 [2]

年龄 [0] [1] [2] [3] [4] [5] [6] [7] [8] [9]
　　 [0] [1] [2] [3] [4] [5] [6] [7] [8] [9]

学习汉语的时间：
2年以下 [1]　　2年－3年 [2]　　3年－4年 [3]　　4年－5年 [4]　　5年以上 [5]

注意　请用2B铅笔这样写：■

一、听力

1. [A] [B] [C] [D]　　6. [A] [B] [C] [D]　　11. [A] [B] [C] [D]　　16. [A] [B] [C] [D]　　21. [A] [B] [C] [D]
2. [A] [B] [C] [D]　　7. [A] [B] [C] [D]　　12. [A] [B] [C] [D]　　17. [A] [B] [C] [D]　　22. [A] [B] [C] [D]
3. [A] [B] [C] [D]　　8. [A] [B] [C] [D]　　13. [A] [B] [C] [D]　　18. [A] [B] [C] [D]　　23. [A] [B] [C] [D]
4. [A] [B] [C] [D]　　9. [A] [B] [C] [D]　　14. [A] [B] [C] [D]　　19. [A] [B] [C] [D]　　24. [A] [B] [C] [D]
5. [A] [B] [C] [D]　　10. [A] [B] [C] [D]　　15. [A] [B] [C] [D]　　20. [A] [B] [C] [D]　　25. [A] [B] [C] [D]
26. [A] [B] [C] [D]　　31. [A] [B] [C] [D]　　36. [A] [B] [C] [D]　　41. [A] [B] [C] [D]　　46. [A] [B] [C] [D]
27. [A] [B] [C] [D]　　32. [A] [B] [C] [D]　　37. [A] [B] [C] [D]　　42. [A] [B] [C] [D]　　47. [A] [B] [C] [D]
28. [A] [B] [C] [D]　　33. [A] [B] [C] [D]　　38. [A] [B] [C] [D]　　43. [A] [B] [C] [D]　　48. [A] [B] [C] [D]
29. [A] [B] [C] [D]　　34. [A] [B] [C] [D]　　39. [A] [B] [C] [D]　　44. [A] [B] [C] [D]　　49. [A] [B] [C] [D]
30. [A] [B] [C] [D]　　35. [A] [B] [C] [D]　　40. [A] [B] [C] [D]　　45. [A] [B] [C] [D]　　50. [A] [B] [C] [D]

二、阅读

51. [A] [B] [C] [D]　　56. [A] [B] [C] [D]　　61. [A] [B] [C] [D]　　66. [A] [B] [C] [D]　　71. [A] [B] [C] [D] [E]
52. [A] [B] [C] [D]　　57. [A] [B] [C] [D]　　62. [A] [B] [C] [D]　　67. [A] [B] [C] [D]　　72. [A] [B] [C] [D] [E]
53. [A] [B] [C] [D]　　58. [A] [B] [C] [D]　　63. [A] [B] [C] [D]　　68. [A] [B] [C] [D]　　73. [A] [B] [C] [D] [E]
54. [A] [B] [C] [D]　　59. [A] [B] [C] [D]　　64. [A] [B] [C] [D]　　69. [A] [B] [C] [D]　　74. [A] [B] [C] [D] [E]
55. [A] [B] [C] [D]　　60. [A] [B] [C] [D]　　65. [A] [B] [C] [D]　　70. [A] [B] [C] [D]　　75. [A] [B] [C] [D] [E]
76. [A] [B] [C] [D] [E]　　81. [A] [B] [C] [D]　　86. [A] [B] [C] [D]　　91. [A] [B] [C] [D]　　96. [A] [B] [C] [D]
77. [A] [B] [C] [D] [E]　　82. [A] [B] [C] [D]　　87. [A] [B] [C] [D]　　92. [A] [B] [C] [D]　　97. [A] [B] [C] [D]
78. [A] [B] [C] [D] [E]　　83. [A] [B] [C] [D]　　88. [A] [B] [C] [D]　　93. [A] [B] [C] [D]　　98. [A] [B] [C] [D]
79. [A] [B] [C] [D] [E]　　84. [A] [B] [C] [D]　　89. [A] [B] [C] [D]　　94. [A] [B] [C] [D]　　99. [A] [B] [C] [D]
80. [A] [B] [C] [D] [E]　　85. [A] [B] [C] [D]　　90. [A] [B] [C] [D]　　95. [A] [B] [C] [D]　　100. [A] [B] [C] [D]

三、书写

101.

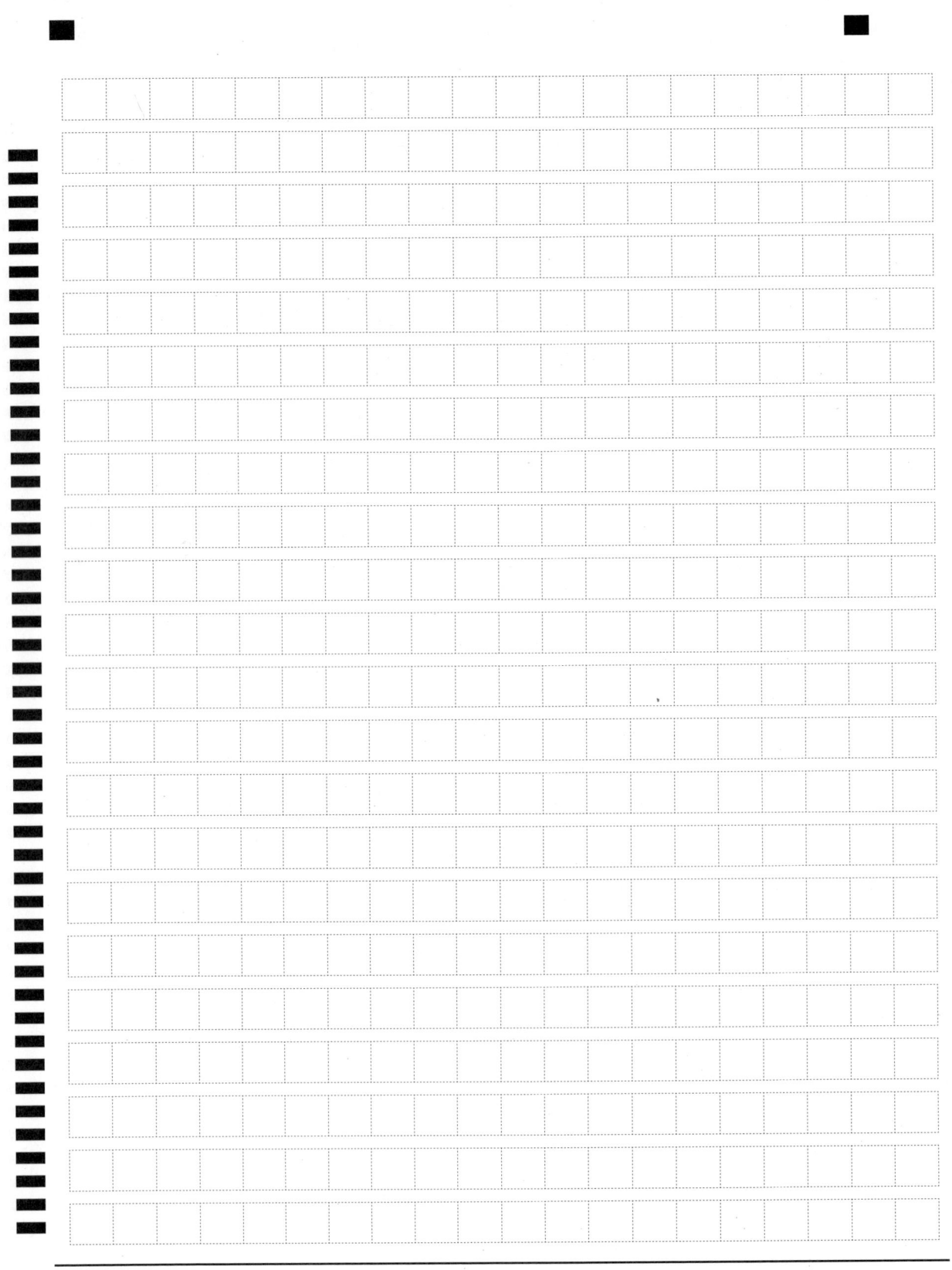

新 汉 语 水 平 考 试
HSK（六级）答题卡

姓名

序号

年龄

国籍

性别　　男 [1]　　女 [2]

考点

你是华裔吗？　　是 [1]　　不是 [2]

学习汉语的时间：

2年以下 [1]　　2年－3年 [2]　　3年－4年 [3]　　4年－5年 [4]　　5年以上 [5]

注意　请用2B 铅笔这样写：▬

一、听力

1. [A] [B] [C] [D]　　6. [A] [B] [C] [D]　　11. [A] [B] [C] [D]　　16. [A] [B] [C] [D]　　21. [A] [B] [C] [D]
2. [A] [B] [C] [D]　　7. [A] [B] [C] [D]　　12. [A] [B] [C] [D]　　17. [A] [B] [C] [D]　　22. [A] [B] [C] [D]
3. [A] [B] [C] [D]　　8. [A] [B] [C] [D]　　13. [A] [B] [C] [D]　　18. [A] [B] [C] [D]　　23. [A] [B] [C] [D]
4. [A] [B] [C] [D]　　9. [A] [B] [C] [D]　　14. [A] [B] [C] [D]　　19. [A] [B] [C] [D]　　24. [A] [B] [C] [D]
5. [A] [B] [C] [D]　　10. [A] [B] [C] [D]　　15. [A] [B] [C] [D]　　20. [A] [B] [C] [D]　　25. [A] [B] [C] [D]

26. [A] [B] [C] [D]　　31. [A] [B] [C] [D]　　36. [A] [B] [C] [D]　　41. [A] [B] [C] [D]　　46. [A] [B] [C] [D]
27. [A] [B] [C] [D]　　32. [A] [B] [C] [D]　　37. [A] [B] [C] [D]　　42. [A] [B] [C] [D]　　47. [A] [B] [C] [D]
28. [A] [B] [C] [D]　　33. [A] [B] [C] [D]　　38. [A] [B] [C] [D]　　43. [A] [B] [C] [D]　　48. [A] [B] [C] [D]
29. [A] [B] [C] [D]　　34. [A] [B] [C] [D]　　39. [A] [B] [C] [D]　　44. [A] [B] [C] [D]　　49. [A] [B] [C] [D]
30. [A] [B] [C] [D]　　35. [A] [B] [C] [D]　　40. [A] [B] [C] [D]　　45. [A] [B] [C] [D]　　50. [A] [B] [C] [D]

二、阅读

51. [A] [B] [C] [D]　　56. [A] [B] [C] [D]　　61. [A] [B] [C] [D]　　66. [A] [B] [C] [D]　　71. [A] [B] [C] [D] [E]
52. [A] [B] [C] [D]　　57. [A] [B] [C] [D]　　62. [A] [B] [C] [D]　　67. [A] [B] [C] [D]　　72. [A] [B] [C] [D] [E]
53. [A] [B] [C] [D]　　58. [A] [B] [C] [D]　　63. [A] [B] [C] [D]　　68. [A] [B] [C] [D]　　73. [A] [B] [C] [D] [E]
54. [A] [B] [C] [D]　　59. [A] [B] [C] [D]　　64. [A] [B] [C] [D]　　69. [A] [B] [C] [D]　　74. [A] [B] [C] [D] [E]
55. [A] [B] [C] [D]　　60. [A] [B] [C] [D]　　65. [A] [B] [C] [D]　　70. [A] [B] [C] [D]　　75. [A] [B] [C] [D] [E]

76. [A] [B] [C] [D] [E]　　81. [A] [B] [C] [D]　　86. [A] [B] [C] [D]　　91. [A] [B] [C] [D]　　96. [A] [B] [C] [D]
77. [A] [B] [C] [D] [E]　　82. [A] [B] [C] [D]　　87. [A] [B] [C] [D]　　92. [A] [B] [C] [D]　　97. [A] [B] [C] [D]
78. [A] [B] [C] [D] [E]　　83. [A] [B] [C] [D]　　88. [A] [B] [C] [D]　　93. [A] [B] [C] [D]　　98. [A] [B] [C] [D]
79. [A] [B] [C] [D] [E]　　84. [A] [B] [C] [D]　　89. [A] [B] [C] [D]　　94. [A] [B] [C] [D]　　99. [A] [B] [C] [D]
80. [A] [B] [C] [D] [E]　　85. [A] [B] [C] [D]　　90. [A] [B] [C] [D]　　95. [A] [B] [C] [D]　　100. [A] [B] [C] [D]

三、书写

101.

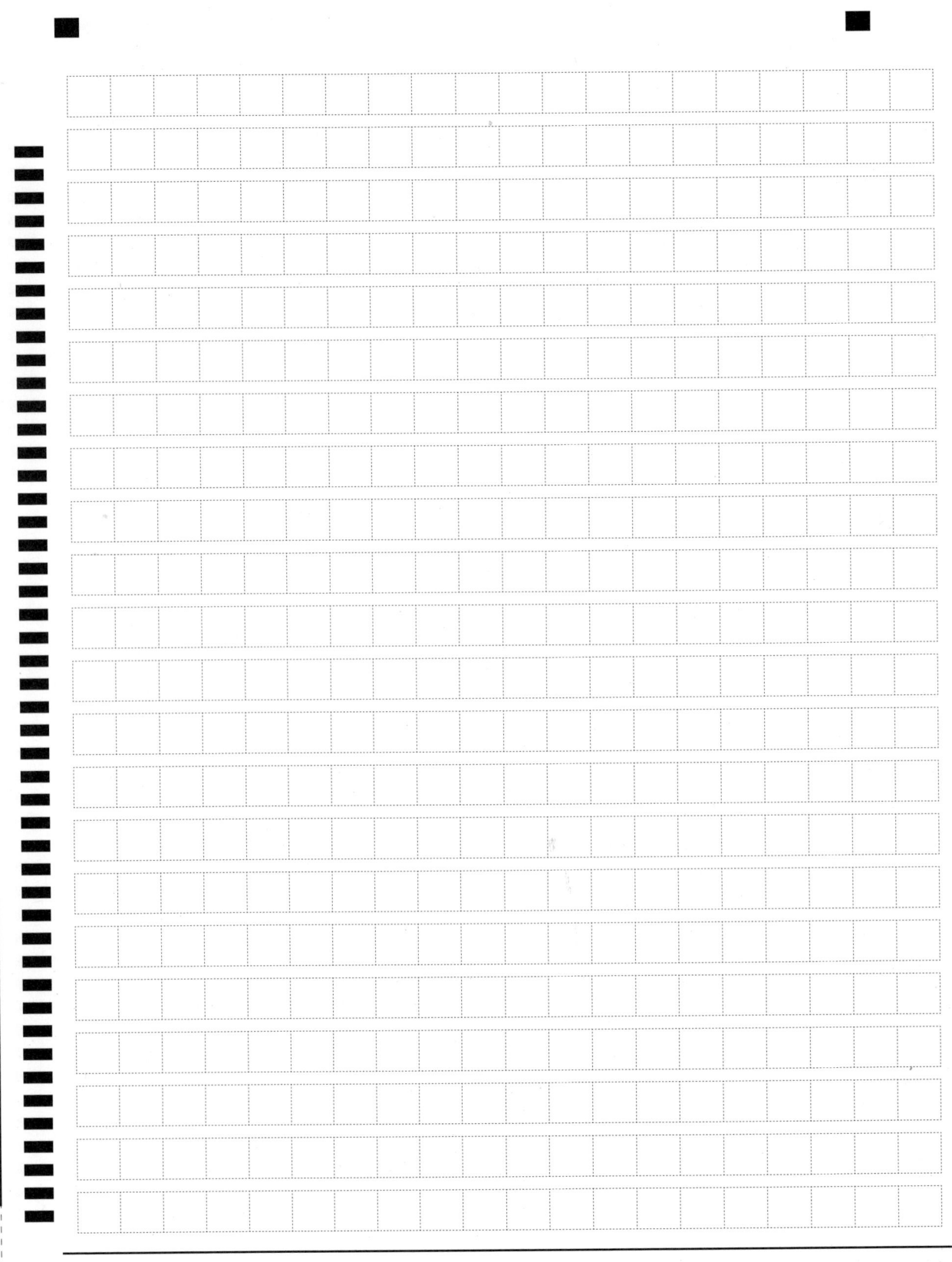

新 汉 语 水 平 考 试
HSK（六级）答题卡

姓名		国籍	[0] [1] [2] [3] [4] [5] [6] [7] [8] [9]
			[0] [1] [2] [3] [4] [5] [6] [7] [8] [9]
			[0] [1] [2] [3] [4] [5] [6] [7] [8] [9]

序号	[0] [1] [2] [3] [4] [5] [6] [7] [8] [9]	性别	男 [1]　　　　女 [2]
	[0] [1] [2] [3] [4] [5] [6] [7] [8] [9]	考点	[0] [1] [2] [3] [4] [5] [6] [7] [8] [9]
	[0] [1] [2] [3] [4] [5] [6] [7] [8] [9]		[0] [1] [2] [3] [4] [5] [6] [7] [8] [9]
	[0] [1] [2] [3] [4] [5] [6] [7] [8] [9]		[0] [1] [2] [3] [4] [5] [6] [7] [8] [9]
	[0] [1] [2] [3] [4] [5] [6] [7] [8] [9]		

年龄	[0] [1] [2] [3] [4] [5] [6] [7] [8] [9]	你是华裔吗?
	[0] [1] [2] [3] [4] [5] [6] [7] [8] [9]	是 [1]　　　　不是 [2]

学习汉语的时间：

2年以下 [1]　　2年－3年 [2]　　3年－4年 [3]　　4年－5年 [4]　　5年以上 [5]

注意　　请用2B 铅笔这样写：■

一、听力

1. [A] [B] [C] [D]　　6. [A] [B] [C] [D]　　11. [A] [B] [C] [D]　　16. [A] [B] [C] [D]　　21. [A] [B] [C] [D]
2. [A] [B] [C] [D]　　7. [A] [B] [C] [D]　　12. [A] [B] [C] [D]　　17. [A] [B] [C] [D]　　22. [A] [B] [C] [D]
3. [A] [B] [C] [D]　　8. [A] [B] [C] [D]　　13. [A] [B] [C] [D]　　18. [A] [B] [C] [D]　　23. [A] [B] [C] [D]
4. [A] [B] [C] [D]　　9. [A] [B] [C] [D]　　14. [A] [B] [C] [D]　　19. [A] [B] [C] [D]　　24. [A] [B] [C] [D]
5. [A] [B] [C] [D]　　10. [A] [B] [C] [D]　　15. [A] [B] [C] [D]　　20. [A] [B] [C] [D]　　25. [A] [B] [C] [D]

26. [A] [B] [C] [D]　　31. [A] [B] [C] [D]　　36. [A] [B] [C] [D]　　41. [A] [B] [C] [D]　　46. [A] [B] [C] [D]
27. [A] [B] [C] [D]　　32. [A] [B] [C] [D]　　37. [A] [B] [C] [D]　　42. [A] [B] [C] [D]　　47. [A] [B] [C] [D]
28. [A] [B] [C] [D]　　33. [A] [B] [C] [D]　　38. [A] [B] [C] [D]　　43. [A] [B] [C] [D]　　48. [A] [B] [C] [D]
29. [A] [B] [C] [D]　　34. [A] [B] [C] [D]　　39. [A] [B] [C] [D]　　44. [A] [B] [C] [D]　　49. [A] [B] [C] [D]
30. [A] [B] [C] [D]　　35. [A] [B] [C] [D]　　40. [A] [B] [C] [D]　　45. [A] [B] [C] [D]　　50. [A] [B] [C] [D]

二、阅读

51. [A] [B] [C] [D]　　56. [A] [B] [C] [D]　　61. [A] [B] [C] [D]　　66. [A] [B] [C] [D]　　71. [A] [B] [C] [D] [E]
52. [A] [B] [C] [D]　　57. [A] [B] [C] [D]　　62. [A] [B] [C] [D]　　67. [A] [B] [C] [D]　　72. [A] [B] [C] [D] [E]
53. [A] [B] [C] [D]　　58. [A] [B] [C] [D]　　63. [A] [B] [C] [D]　　68. [A] [B] [C] [D]　　73. [A] [B] [C] [D] [E]
54. [A] [B] [C] [D]　　59. [A] [B] [C] [D]　　64. [A] [B] [C] [D]　　69. [A] [B] [C] [D]　　74. [A] [B] [C] [D] [E]
55. [A] [B] [C] [D]　　60. [A] [B] [C] [D]　　65. [A] [B] [C] [D]　　70. [A] [B] [C] [D]　　75. [A] [B] [C] [D] [E]

76. [A] [B] [C] [D] [E]　　81. [A] [B] [C] [D]　　86. [A] [B] [C] [D]　　91. [A] [B] [C] [D]　　96. [A] [B] [C] [D]
77. [A] [B] [C] [D] [E]　　82. [A] [B] [C] [D]　　87. [A] [B] [C] [D]　　92. [A] [B] [C] [D]　　97. [A] [B] [C] [D]
78. [A] [B] [C] [D] [E]　　83. [A] [B] [C] [D]　　88. [A] [B] [C] [D]　　93. [A] [B] [C] [D]　　98. [A] [B] [C] [D]
79. [A] [B] [C] [D] [E]　　84. [A] [B] [C] [D]　　89. [A] [B] [C] [D]　　94. [A] [B] [C] [D]　　99. [A] [B] [C] [D]
80. [A] [B] [C] [D] [E]　　85. [A] [B] [C] [D]　　90. [A] [B] [C] [D]　　95. [A] [B] [C] [D]　　100. [A] [B] [C] [D]

三、书写

101.

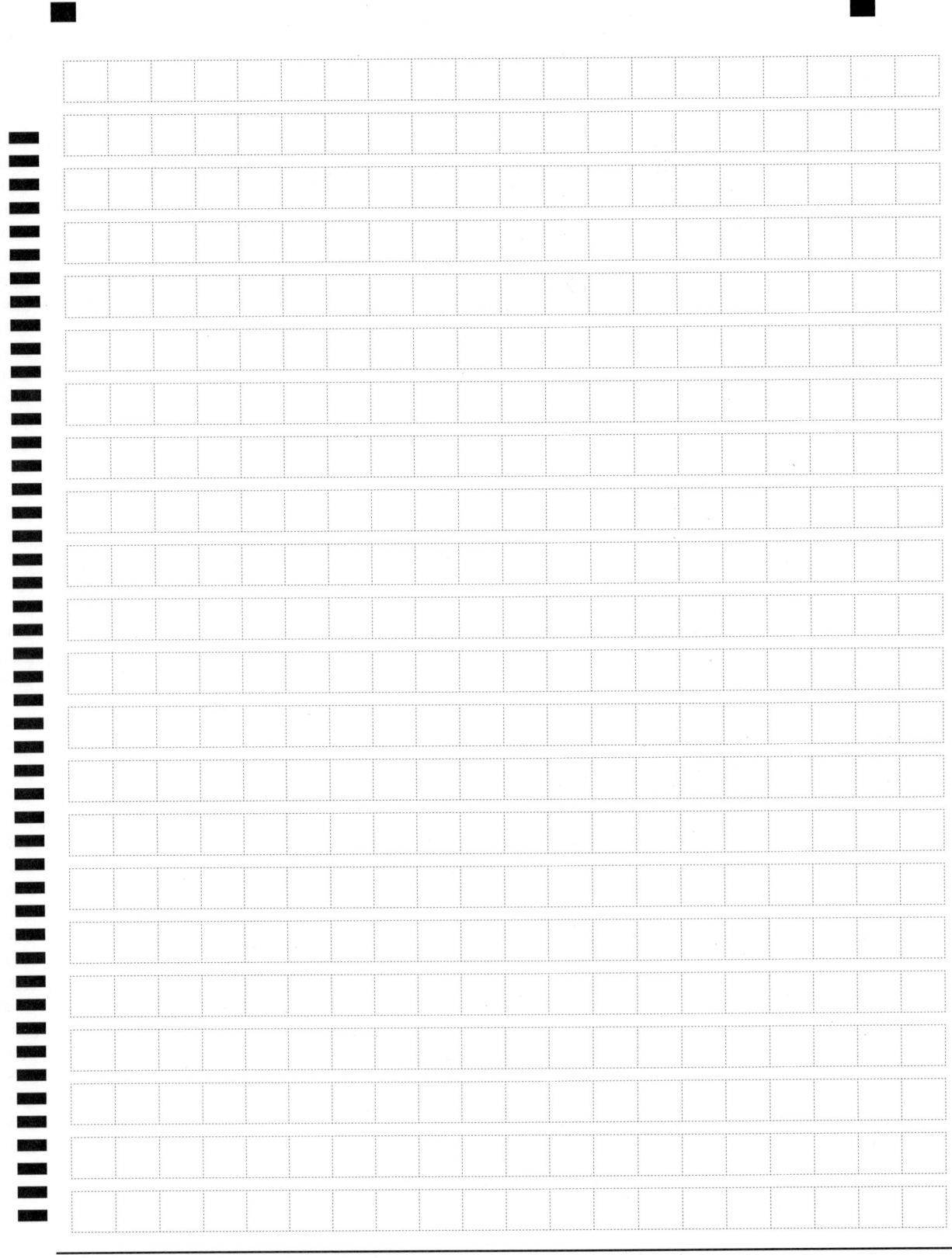

新汉语水平考试
HSK（六级）答题卡

姓名

国籍 [0] [1] [2] [3] [4] [5] [6] [7] [8] [9]
[0] [1] [2] [3] [4] [5] [6] [7] [8] [9]
[0] [1] [2] [3] [4] [5] [6] [7] [8] [9]

序号
[0] [1] [2] [3] [4] [5] [6] [7] [8] [9]
[0] [1] [2] [3] [4] [5] [6] [7] [8] [9]
[0] [1] [2] [3] [4] [5] [6] [7] [8] [9]
[0] [1] [2] [3] [4] [5] [6] [7] [8] [9]
[0] [1] [2] [3] [4] [5] [6] [7] [8] [9]

性别　　　男 [1]　　　女 [2]

考点
[0] [1] [2] [3] [4] [5] [6] [7] [8] [9]
[0] [1] [2] [3] [4] [5] [6] [7] [8] [9]
[0] [1] [2] [3] [4] [5] [6] [7] [8] [9]

年龄
[0] [1] [2] [3] [4] [5] [6] [7] [8] [9]
[0] [1] [2] [3] [4] [5] [6] [7] [8] [9]

你是华裔吗？　　是 [1]　　不是 [2]

学习汉语的时间：

2年以下 [1]　　2年－3年 [2]　　3年－4年 [3]　　4年－5年 [4]　　5年以上 [5]

注意　　请用2B铅笔这样写：■

一、听力

1. [A] [B] [C] [D]　　6. [A] [B] [C] [D]　　11. [A] [B] [C] [D]　　16. [A] [B] [C] [D]　　21. [A] [B] [C] [D]
2. [A] [B] [C] [D]　　7. [A] [B] [C] [D]　　12. [A] [B] [C] [D]　　17. [A] [B] [C] [D]　　22. [A] [B] [C] [D]
3. [A] [B] [C] [D]　　8. [A] [B] [C] [D]　　13. [A] [B] [C] [D]　　18. [A] [B] [C] [D]　　23. [A] [B] [C] [D]
4. [A] [B] [C] [D]　　9. [A] [B] [C] [D]　　14. [A] [B] [C] [D]　　19. [A] [B] [C] [D]　　24. [A] [B] [C] [D]
5. [A] [B] [C] [D]　　10. [A] [B] [C] [D]　　15. [A] [B] [C] [D]　　20. [A] [B] [C] [D]　　25. [A] [B] [C] [D]

26. [A] [B] [C] [D]　　31. [A] [B] [C] [D]　　36. [A] [B] [C] [D]　　41. [A] [B] [C] [D]　　46. [A] [B] [C] [D]
27. [A] [B] [C] [D]　　32. [A] [B] [C] [D]　　37. [A] [B] [C] [D]　　42. [A] [B] [C] [D]　　47. [A] [B] [C] [D]
28. [A] [B] [C] [D]　　33. [A] [B] [C] [D]　　38. [A] [B] [C] [D]　　43. [A] [B] [C] [D]　　48. [A] [B] [C] [D]
29. [A] [B] [C] [D]　　34. [A] [B] [C] [D]　　39. [A] [B] [C] [D]　　44. [A] [B] [C] [D]　　49. [A] [B] [C] [D]
30. [A] [B] [C] [D]　　35. [A] [B] [C] [D]　　40. [A] [B] [C] [D]　　45. [A] [B] [C] [D]　　50. [A] [B] [C] [D]

二、阅读

51. [A] [B] [C] [D]　　56. [A] [B] [C] [D]　　61. [A] [B] [C] [D]　　66. [A] [B] [C] [D]　　71. [A] [B] [C] [D] [E]
52. [A] [B] [C] [D]　　57. [A] [B] [C] [D]　　62. [A] [B] [C] [D]　　67. [A] [B] [C] [D]　　72. [A] [B] [C] [D] [E]
53. [A] [B] [C] [D]　　58. [A] [B] [C] [D]　　63. [A] [B] [C] [D]　　68. [A] [B] [C] [D]　　73. [A] [B] [C] [D] [E]
54. [A] [B] [C] [D]　　59. [A] [B] [C] [D]　　64. [A] [B] [C] [D]　　69. [A] [B] [C] [D]　　74. [A] [B] [C] [D] [E]
55. [A] [B] [C] [D]　　60. [A] [B] [C] [D]　　65. [A] [B] [C] [D]　　70. [A] [B] [C] [D]　　75. [A] [B] [C] [D] [E]

76. [A] [B] [C] [D] [E]　　81. [A] [B] [C] [D]　　86. [A] [B] [C] [D]　　91. [A] [B] [C] [D]　　96. [A] [B] [C] [D]
77. [A] [B] [C] [D] [E]　　82. [A] [B] [C] [D]　　87. [A] [B] [C] [D]　　92. [A] [B] [C] [D]　　97. [A] [B] [C] [D]
78. [A] [B] [C] [D] [E]　　83. [A] [B] [C] [D]　　88. [A] [B] [C] [D]　　93. [A] [B] [C] [D]　　98. [A] [B] [C] [D]
79. [A] [B] [C] [D] [E]　　84. [A] [B] [C] [D]　　89. [A] [B] [C] [D]　　94. [A] [B] [C] [D]　　99. [A] [B] [C] [D]
80. [A] [B] [C] [D] [E]　　85. [A] [B] [C] [D]　　90. [A] [B] [C] [D]　　95. [A] [B] [C] [D]　　100. [A] [B] [C] [D]

三、书写

101.

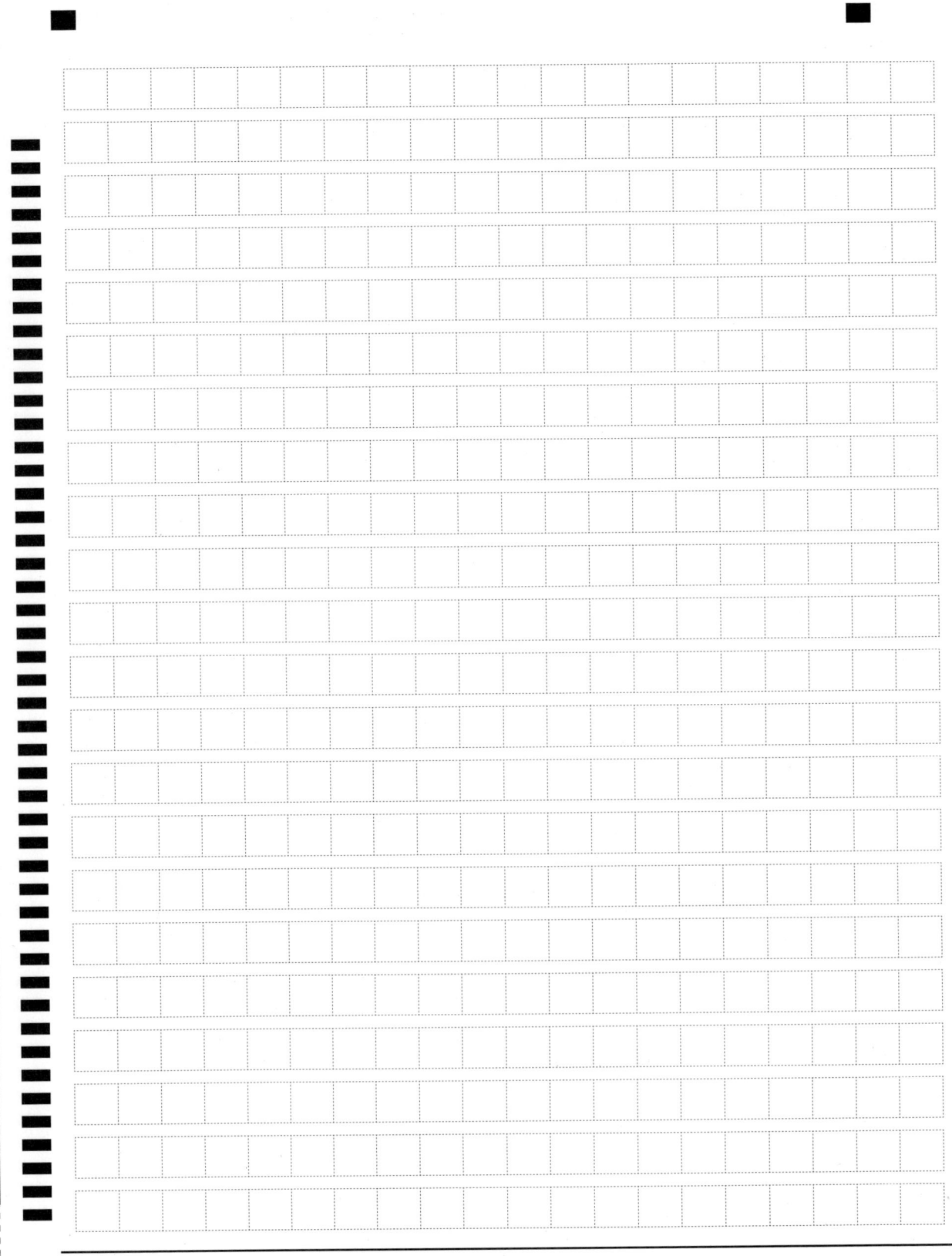

新汉语水平考试
HSK（六级）答题卡

姓名：_____

序号：[0][1][2][3][4][5][6][7][8][9]

年龄：[0][1][2][3][4][5][6][7][8][9]

国籍：[0][1][2][3][4][5][6][7][8][9]

性别：男 [1]　　女 [2]

考点：[0][1][2][3][4][5][6][7][8][9]

你是华裔吗？　是 [1]　　不是 [2]

学习汉语的时间：

2年以下 [1]　2年—3年 [2]　3年—4年 [3]　4年—5年 [4]　5年以上 [5]

注意　请用2B铅笔这样写：■

一、听力

1. [A] [B] [C] [D]
2. [A] [B] [C] [D]
3. [A] [B] [C] [D]
4. [A] [B] [C] [D]
5. [A] [B] [C] [D]
6. [A] [B] [C] [D]
7. [A] [B] [C] [D]
8. [A] [B] [C] [D]
9. [A] [B] [C] [D]
10. [A] [B] [C] [D]
11. [A] [B] [C] [D]
12. [A] [B] [C] [D]
13. [A] [B] [C] [D]
14. [A] [B] [C] [D]
15. [A] [B] [C] [D]
16. [A] [B] [C] [D]
17. [A] [B] [C] [D]
18. [A] [B] [C] [D]
19. [A] [B] [C] [D]
20. [A] [B] [C] [D]
21. [A] [B] [C] [D]
22. [A] [B] [C] [D]
23. [A] [B] [C] [D]
24. [A] [B] [C] [D]
25. [A] [B] [C] [D]
26. [A] [B] [C] [D]
27. [A] [B] [C] [D]
28. [A] [B] [C] [D]
29. [A] [B] [C] [D]
30. [A] [B] [C] [D]
31. [A] [B] [C] [D]
32. [A] [B] [C] [D]
33. [A] [B] [C] [D]
34. [A] [B] [C] [D]
35. [A] [B] [C] [D]
36. [A] [B] [C] [D]
37. [A] [B] [C] [D]
38. [A] [B] [C] [D]
39. [A] [B] [C] [D]
40. [A] [B] [C] [D]
41. [A] [B] [C] [D]
42. [A] [B] [C] [D]
43. [A] [B] [C] [D]
44. [A] [B] [C] [D]
45. [A] [B] [C] [D]
46. [A] [B] [C] [D]
47. [A] [B] [C] [D]
48. [A] [B] [C] [D]
49. [A] [B] [C] [D]
50. [A] [B] [C] [D]

二、阅读

51. [A] [B] [C] [D]
52. [A] [B] [C] [D]
53. [A] [B] [C] [D]
54. [A] [B] [C] [D]
55. [A] [B] [C] [D]
56. [A] [B] [C] [D]
57. [A] [B] [C] [D]
58. [A] [B] [C] [D]
59. [A] [B] [C] [D]
60. [A] [B] [C] [D]
61. [A] [B] [C] [D]
62. [A] [B] [C] [D]
63. [A] [B] [C] [D]
64. [A] [B] [C] [D]
65. [A] [B] [C] [D]
66. [A] [B] [C] [D]
67. [A] [B] [C] [D]
68. [A] [B] [C] [D]
69. [A] [B] [C] [D]
70. [A] [B] [C] [D]
71. [A] [B] [C] [D] [E]
72. [A] [B] [C] [D] [E]
73. [A] [B] [C] [D] [E]
74. [A] [B] [C] [D] [E]
75. [A] [B] [C] [D] [E]
76. [A] [B] [C] [D] [E]
77. [A] [B] [C] [D] [E]
78. [A] [B] [C] [D] [E]
79. [A] [B] [C] [D] [E]
80. [A] [B] [C] [D] [E]
81. [A] [B] [C] [D]
82. [A] [B] [C] [D]
83. [A] [B] [C] [D]
84. [A] [B] [C] [D]
85. [A] [B] [C] [D]
86. [A] [B] [C] [D]
87. [A] [B] [C] [D]
88. [A] [B] [C] [D]
89. [A] [B] [C] [D]
90. [A] [B] [C] [D]
91. [A] [B] [C] [D]
92. [A] [B] [C] [D]
93. [A] [B] [C] [D]
94. [A] [B] [C] [D]
95. [A] [B] [C] [D]
96. [A] [B] [C] [D]
97. [A] [B] [C] [D]
98. [A] [B] [C] [D]
99. [A] [B] [C] [D]
100. [A] [B] [C] [D]

三、书写

101.

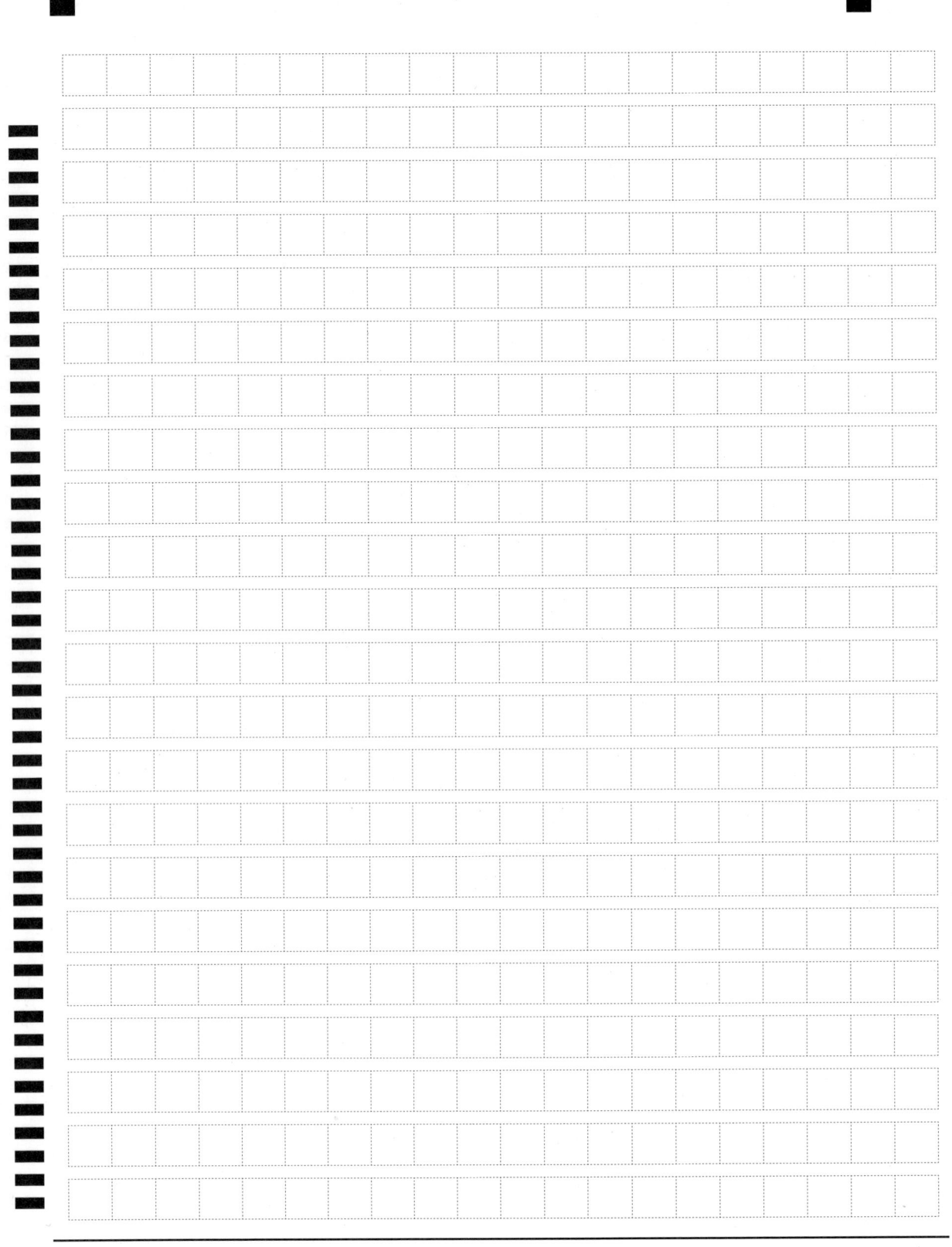

新汉语水平考试
HSK（六级）答题卡

姓名 _____

国籍　[0] [1] [2] [3] [4] [5] [6] [7] [8] [9]
　　　[0] [1] [2] [3] [4] [5] [6] [7] [8] [9]
　　　[0] [1] [2] [3] [4] [5] [6] [7] [8] [9]

序号　[0] [1] [2] [3] [4] [5] [6] [7] [8] [9]
　　　[0] [1] [2] [3] [4] [5] [6] [7] [8] [9]
　　　[0] [1] [2] [3] [4] [5] [6] [7] [8] [9]
　　　[0] [1] [2] [3] [4] [5] [6] [7] [8] [9]

性别　男 [1]　　　女 [2]

考点　[0] [1] [2] [3] [4] [5] [6] [7] [8] [9]
　　　[0] [1] [2] [3] [4] [5] [6] [7] [8] [9]
　　　[0] [1] [2] [3] [4] [5] [6] [7] [8] [9]

年龄　[0] [1] [2] [3] [4] [5] [6] [7] [8] [9]
　　　[0] [1] [2] [3] [4] [5] [6] [7] [8] [9]

你是华裔吗？
是 [1]　　　不是 [2]

学习汉语的时间：

2年以下 [1]　　2年－3年 [2]　　3年－4年 [3]　　4年－5年 [4]　　5年以上 [5]

注意　请用 2B 铅笔这样写：▬

一、听力

1. [A] [B] [C] [D]　　6. [A] [B] [C] [D]　　11. [A] [B] [C] [D]　　16. [A] [B] [C] [D]　　21. [A] [B] [C] [D]
2. [A] [B] [C] [D]　　7. [A] [B] [C] [D]　　12. [A] [B] [C] [D]　　17. [A] [B] [C] [D]　　22. [A] [B] [C] [D]
3. [A] [B] [C] [D]　　8. [A] [B] [C] [D]　　13. [A] [B] [C] [D]　　18. [A] [B] [C] [D]　　23. [A] [B] [C] [D]
4. [A] [B] [C] [D]　　9. [A] [B] [C] [D]　　14. [A] [B] [C] [D]　　19. [A] [B] [C] [D]　　24. [A] [B] [C] [D]
5. [A] [B] [C] [D]　　10. [A] [B] [C] [D]　　15. [A] [B] [C] [D]　　20. [A] [B] [C] [D]　　25. [A] [B] [C] [D]

26. [A] [B] [C] [D]　　31. [A] [B] [C] [D]　　36. [A] [B] [C] [D]　　41. [A] [B] [C] [D]　　46. [A] [B] [C] [D]
27. [A] [B] [C] [D]　　32. [A] [B] [C] [D]　　37. [A] [B] [C] [D]　　42. [A] [B] [C] [D]　　47. [A] [B] [C] [D]
28. [A] [B] [C] [D]　　33. [A] [B] [C] [D]　　38. [A] [B] [C] [D]　　43. [A] [B] [C] [D]　　48. [A] [B] [C] [D]
29. [A] [B] [C] [D]　　34. [A] [B] [C] [D]　　39. [A] [B] [C] [D]　　44. [A] [B] [C] [D]　　49. [A] [B] [C] [D]
30. [A] [B] [C] [D]　　35. [A] [B] [C] [D]　　40. [A] [B] [C] [D]　　45. [A] [B] [C] [D]　　50. [A] [B] [C] [D]

二、阅读

51. [A] [B] [C] [D]　　56. [A] [B] [C] [D]　　61. [A] [B] [C] [D]　　66. [A] [B] [C] [D]　　71. [A] [B] [C] [D] [E]
52. [A] [B] [C] [D]　　57. [A] [B] [C] [D]　　62. [A] [B] [C] [D]　　67. [A] [B] [C] [D]　　72. [A] [B] [C] [D] [E]
53. [A] [B] [C] [D]　　58. [A] [B] [C] [D]　　63. [A] [B] [C] [D]　　68. [A] [B] [C] [D]　　73. [A] [B] [C] [D] [E]
54. [A] [B] [C] [D]　　59. [A] [B] [C] [D]　　64. [A] [B] [C] [D]　　69. [A] [B] [C] [D]　　74. [A] [B] [C] [D] [E]
55. [A] [B] [C] [D]　　60. [A] [B] [C] [D]　　65. [A] [B] [C] [D]　　70. [A] [B] [C] [D]　　75. [A] [B] [C] [D] [E]

76. [A] [B] [C] [D] [E]　　81. [A] [B] [C] [D]　　86. [A] [B] [C] [D]　　91. [A] [B] [C] [D]　　96. [A] [B] [C] [D]
77. [A] [B] [C] [D] [E]　　82. [A] [B] [C] [D]　　87. [A] [B] [C] [D]　　92. [A] [B] [C] [D]　　97. [A] [B] [C] [D]
78. [A] [B] [C] [D] [E]　　83. [A] [B] [C] [D]　　88. [A] [B] [C] [D]　　93. [A] [B] [C] [D]　　98. [A] [B] [C] [D]
79. [A] [B] [C] [D] [E]　　84. [A] [B] [C] [D]　　89. [A] [B] [C] [D]　　94. [A] [B] [C] [D]　　99. [A] [B] [C] [D]
80. [A] [B] [C] [D] [E]　　85. [A] [B] [C] [D]　　90. [A] [B] [C] [D]　　95. [A] [B] [C] [D]　　100. [A] [B] [C] [D]

三、书写

101.

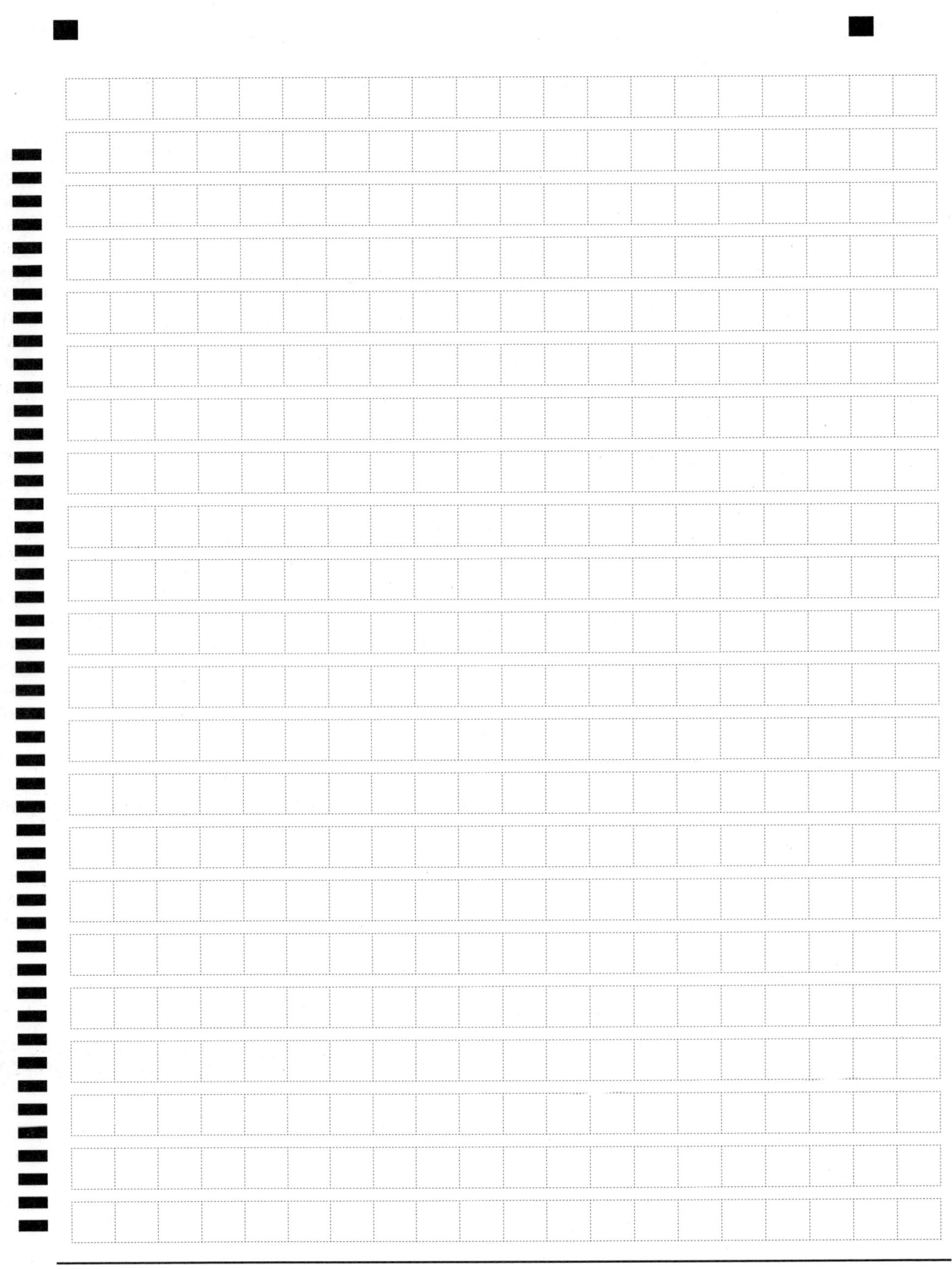

해설집

北京大學

新HSK 더 THE 모의고사

6급

북경대학 감수 | 배수진 편저

동양북스 北京大學出版社 PEKING UNIVERSITY PRESS

초판 인쇄 | 2016년 6월 20일
초판 발행 | 2016년 6월 25일

편저자 | 배수진
발행인 | 김태웅
총　괄 | 권혁주
편집장 | 이경숙
책임편집 | 김효수
디자인 | 차경숙
마케팅 총괄 | 나재승
마케팅 | 서재욱, 김귀찬, 왕성석, 조경현
온라인 마케팅 | 김철영, 양윤모, 탁수지
제　작 | 현대순
총　무 | 한경숙, 안서현, 최여진, 강아담
관　리 | 김훈희, 이국희, 김승훈, 이규재

발행처 | 동양북스
등　록 | 제10-806호(1993년 4월 3일)
주　소 | 서울시 마포구 동교로22길 12 (04030)
전　화 | (02)337-1737
팩　스 | (02)334-6624

http://www.dongyangbooks.com
http://www.dongyangTV.com

ISBN 979-11-5703-187-0 14720
ISBN 979-11-5703-186-3 (세트)

ⓒ 배수진, 2016

▶ 본 책은 저작권법에 의해 보호를 받는 저작물이므로 무단 전재와 복제를 금합니다.
▶ 잘못된 책은 구입처에서 교환해 드립니다.

이 도서의 국립중앙도서관 출판예정도서목록(CIP)은 서지정보유통지원시스템 홈페이지(http://seoji.go.kr)와
국가자료공동목록시스템(http://www.nl.go.kr/kolisnet)에서 이용하실 수 있습니다.
(CIP제어번호:CIP2016014738)

차례

- 실전 모의고사 해설
    제1회 6

- 실전 모의고사 해설
    제2회 68

- 실전 모의고사 해설
    제3회 130

- 실전 모의고사 해설
    제4회 190

- 실전 모의고사 해설
    제5회 250

新汉语水平考试

실전 모의고사 해설

제1회

第一部分

1-15

1

日前，中国古都学会认定河南省开封市为夏朝都城。至此，这座有着七朝都会之称的古城正荣升为八朝古都。它的最早建成时间也被提前了。

A 开封被认定为夏朝都城
B 开封是唯一的七朝古都
C 古都学会成立时间很早
D 夏朝是中国第四个朝代

최근 중국고도학회에서는 허난성 카이펑시가 하나라의 도읍이었다는 것을 인정했다. 이에 7개 왕조의 대도시라 불리던 고성이 영예롭게 8개 왕조의 고도가 되었고, 고도의 최초 건설 시기도 앞당겨졌다.

A 카이펑은 하나라 도읍으로 인정받았다
B 카이펑은 유일한 7개 왕조 고도이다
C 고도학회는 매우 일찍 성립되었다
D 하나라는 중국의 네 번째 나라이다

단어 古都 gǔdū 명 옛 도읍 | 认定 rèndìng 동 인정하다 | 都城 dūchéng 명 도읍 | 都会 dūhuì 명 대도시 | 荣升 róngshēng 동 영예롭다 | 建成 jiànchéng 동 건설하다

해설 첫 번째 문장에서 '中国古都学会认定河南省开封市为夏朝都城(중국고도학회에서는 허난성 카이펑시가 하나라의 도읍이었다는 것을 인정했다)'이라고 언급했기 때문에 정답은 A이다.

Tip 新HSK 6급 듣기 1부분에서는 보통 첫 번째 문장 혹은 마지막 문장에 유의해야 한다는 것을 알아두자.

2

女儿红是一种糯米酒，产于浙江绍兴一带。在绍兴，生了女儿的人家，在女儿满月的时候，都会选数坛好酒埋于地下或藏于地窖内。等到女儿出嫁的时候，再取出来招待亲朋好友。女儿红也由此得名。

A 女性爱喝糯米酒
B 女儿红是种化妆品
C 女儿红产于绍兴
D 绍兴人以酿酒为主

뉘얼홍은 일종의 찹쌀술로 저장 샤오싱 일대에서 생산된다. 샤오싱에 딸이 태어난 집에서는 딸이 만 한 달이 되었을 때 항아리를 골라 좋은 술을 땅 속에 묻거나 혹은 토굴 안에 숨겼다가 딸이 시집갈 때 다시 꺼내 친지와 친구들을 접대한다. 뉘얼홍은 이렇게 이름을 얻게 된 것이다.

A 여자는 찹쌀술을 즐겨 마신다
B 뉘얼홍은 일종의 화장품이다
C 뉘얼홍은 샤오싱에서 생산된다
D 샤오싱 사람들은 술 빚는 것을 위주로 한다

단어 糯米 nuòmǐ 명 찹쌀 | 满月 mǎnyuè 동 (출생 후) 만 한 달이 되다 | 坛 tán 명 항아리 | 埋 mái 동 (흙·눈 등으로) 묻다 | 藏 cáng 동 숨기다 | 地窖 dìjiào 명 토굴

해설 첫 번째 문장에서 '女儿红是一种糯米酒(뉘얼홍은 일종의 찹쌀술로)'라고 했기 때문에 B는 정답이 될 수 없다. A와 D는 언급이 된 바 없고, '产于浙江绍兴一带(저장 샤오싱 일대에서 생산된다)'라고 했기 때문에 C가 정답이다.

제1회 听力

3

每天各种各样的信息，充斥着我们的手机和邮箱。就算我们不主动关注，最新鲜热门的信息，也会被推送到我们眼前。把握最新信息本来是件好事，可如果过量，就会给人造成困扰，甚至使人患上信息疲劳综合症。

A 信息过量会给人们带来困扰
B 读热门信息要收费
C 电脑是获取信息的主要途径
D 人们喜欢搜集各类信息

매일 각양각색의 정보가 우리 휴대전화와 이메일에 가득하다. 설령 우리가 먼저 관심을 두지 않더라도 가장 새롭고 인기 있는 정보가 우리 눈앞에 놓여 있을 것이다. 최신 정보를 장악한다는 것은 본래는 좋은 일이지만, 만약 양이 지나치게 많아진다면 우리를 귀찮게 할 것이고 심지어 정보 피로 증후군을 겪게 할 수 있다.

A 정보의 양이 너무 많으면 사람들을 귀찮게 할 수 있다
B 인기 있는 소식을 보는 것은 유료로 해야 한다
C 컴퓨터는 정보를 얻는 주요 경로이다
D 사람들은 각종 정보를 수집하는 것을 좋아한다

단어 充斥 chōngchì 통 가득 채우다, 넘치다 | 关注 guānzhù 통 주시하다, 관심을 가지다 | 困扰 kùnrǎo 통 귀찮게 굴다, 괴롭히다 ‖ 途径 tújìng 명 경로 | 搜集 sōují 통 수집하다

해설 '그러나'라는 의미를 가지고 있는 '可', '但', '却' 이후를 주의 깊게 들어야 한다. 본문에서 '可' 뒤에 '如果过量，就会给人造成困扰，甚至使人换上信息疲劳综合症(만약 양이 지나치게 많아진다면 우리를 귀찮게 할 것이고 심지어 정보 피로 증후군을 겪게 할 수 있다)'이라고 했기 때문에 정답은 A이다.

4

以前有个书店老板，替顾客送信件。由于信件大多是情书，寄信人常担心信件内容被曝光，引起尴尬。所以老板制作了许多简易的纸袋，将信装在里面，封好后再送往目的地。据说，纸质信封就是这样诞生的。

A 寄信的人少
B 纸袋保护了寄信人的隐私
C 书店老板常替人写信
D 书店卖邮票

예전에 어떤 서점의 사장이 고객을 대신하여 우편물을 보냈다. 우편물 대부분이 연애편지였기 때문에 발신자는 우편물 내용이 노출되어 난처함을 일으킬까 늘 걱정했다. 그래서 사장은 간편한 종이봉투를 많이 제작하여 편지를 안에 담아 잘 밀봉한 후 목적지까지 보냈다. 전하는 바로는, 종이 재질의 봉투가 이렇게 탄생한 것이라 한다.

A 편지 부치는 사람이 적다
B 종이봉투가 발신자의 사생활을 보호했다
C 서점 사장은 자주 남을 대신하여 편지를 쓴다
D 서점에서 우표를 판다

단어 信件 xìnjiàn 명 우편물 | 情书 qíngshū 명 연애편지 | 寄信人 jìxìnrén 명 발신자 | 曝光 bàoguāng 통 노출되다 | 尴尬 gāngà 형 난감하다, 난처하다 | 简易 jiǎnyì 형 간편하다 | 诞生 dànshēng 통 탄생하다 | 隐私 yǐnsī 명 개인의 사생활, 프라이버시

해설 '情书'는 '연애편지'라는 의미이다. '由于信件大多是情书，寄信人常担心信件内容被曝光，引起尴尬(우편물 대부분이 연애편지였기 때문에 발신자는 우편물 내용이 노출되어 난처함을 일으킬까 봐 늘 걱정했다)'라는 내용을 보면 발신자가 두려워한 것이 연애편지의 내용, 즉 '隐私(개인의 사생활)'라는 것을 알 수 있고 이 개인의 사생활을 보호하기 위해 종이봉투가 개발된 것이다. 따라서 정답은 B이다.

5

　　空中滑板是一种让人心跳加速、热血沸腾的极限运动。进行这项运动的人，脚踩滑板，背着降落伞从飞机上一跃而下。在自由落体期间表演各种特技，姿势如同在海上冲浪一般。所以，这项运动也叫空中冲浪。

A 空中滑板参与者众多
B 空中滑板没有观赏性
C 空中滑板对装备没特殊要求
D 空中滑板很刺激

　　스카이서핑은 사람들의 심장 박동을 가속시키고 피를 끓어오르게 하는 극한 운동이다. 이런 운동을 하는 사람은 스케이트보드를 밟고 서서 낙하산 등에 메고 비행기에서 뛰어내린다. 자유낙하를 하는 동안에는 각종 묘기 비행을 하며, 자세는 마치 바다에서 서핑하는 것과 같다. 그래서 이 운동을 스카이서핑이라 한다.

A 스카이서핑은 참여하는 사람이 많다
B 스카이서핑은 사람들이 구경할 만한 볼거리가 없다
C 스카이서핑은 설비에 대해서 특별한 요구가 없다
D 스카이서핑은 자극적이다

단어 空中滑板 kōngzhōng huábǎn 명 스카이서핑 | 心跳 xīntiào 명 심장 박동 | 加速 jiāsù 동 가속시키다 | 热血沸腾 rèxuè fèiténg 성 뜨거운 피를 끓어오르게 하다 | 滑板 huábǎn 명 스케이트보드 | 降落伞 jiàngluòsǎn 명 낙하산 | 跃 yuè 동 뛰어내리다 | 落体 luòtǐ 명 낙하하다 | 特技 tèjì 명 묘기 기술 | 姿势 zīshì 명 자세 | 如同 rútóng 동 마치 ~와 같다 | 冲浪 chōnglàng 동 서핑하다 ‖ 装备 zhuāngbèi 명 설비, 장비 | 刺激 cìjī 동 자극적이다

해설 '心跳加速、热血沸腾'이란 '심장 박동을 가속시키고 피를 끓어오르게 하다'라는 의미이다. 지문에서 '刺激(자극적이다)'라고 직접 언급하지는 않았지만 결국은 자극적이라는 내용을 풀어서 말한 것이므로 정답은 D이다.

6

　　持之以恒的精神固然可贵，但如果我们坚持的方向是错误的，那坚持到底的结果也只能是一错再错。敢于放弃不切实际的理想，重新选择正确的方向，也是一种人生智慧。

A 不要盲目坚持
B 理想并非遥不可及
C 实现理想需竭尽全力
D 智商低的人不能认清人生方向

　　오랫동안 고수해온 정신은 물론 귀중한 것이지만 만약 우리가 고수하는 방향이 잘못되었다면 끝까지 해낸 결과에도 실수를 반복할 수밖에 없다. 용기 있게 현실에 맞지 않는 이상을 포기하고 정확한 방법을 새로이 선택하는 것 또한 일종의 인생의 지혜이다.

A 맹목적으로 고수하면 안 된다
B 이상은 결코 도달할 수 없는 것이 아니다
C 이상을 실현하려면 온 힘을 기울이는 것이 필요하다
D 지능지수가 낮은 사람은 인생의 방향을 알 수 없다

단어 持之以恒 chízhī yǐhéng 성 오랫동안 견지해오다 | 固然 gùrán 접 물론 ~지만 | 一错再错 yīcuò zàicuò 실수를 반복하다 | 不切实际 búqiè shíjì 성 현실에 부합하지 않다 ‖ 遥不可及 yáobù kějí 도달할 수 없다 | 竭尽全力 jiéjìn quánlì 모든 힘을 기울이다 | 智商 zhìshāng 명 지능지수

해설 '固然'은 '물론 ~지만'이라는 의미로 '但(是)'와 함께 '固然A，但B'의 구조로 쓰여 '물론 A이지만 B이다'의 형식으로 쓰인다. 첫 번째 문장에서 '持之以恒的精神固然可贵，但如果我们坚持的方向是错误的，那坚持到底的结果也只能是一错再错(오랫동안 고수해온 정신은 물론 귀중한 것이지만 만약 우리가 고수하는 방향이 잘못되었다면 끝까지 해낸 결과에도 실수를 반복할 수밖에 없다)'라고 했기 때문에 맹목적으로 고수하는 것이 옳지 않음을 알 수 있다. 그러므로 정답은 A이다.

7

　　雪松——树体高大，树形优美，是世界上著名的观赏树种之一。它具有较强的防尘与减噪能力。最适于栽种于草坪中央、广场中心或主要建筑物的两旁。另外，雪松木质轻软，不易受潮，还是一种重要的建筑用材。

히말라야삼목은 나무가 크고 형상이 아름다워 세계적으로 유명한 관상수 중 하나이다. 삼목은 먼지를 막고 소음을 줄이는 데에 비교적 강한 능력을 가지고 있어 잔디밭 중앙이나 광장 중심 혹은 주요 건축물 좌우 양옆에 재배하는 것이 적절하다. 그 외에도 히말라야삼목은 목질이 가볍고 물러서 쉽게 습기가 차지 않아 여전히 중요한 건축자재이다.

A 雪松树体矮小
B 雪松是名贵药材
C 雪松生长比较慢
D 雪松具有观赏性

A 히말라야삼목은 작다
B 히말라야삼목은 유명하고 진귀한 약재이다
C 히말라야삼목은 생장이 비교적 느리다
D 히말라야삼목은 관상성을 가지고 있다

단어 观赏树 guānshǎngshù 图 관상수 | 防尘 fángchén 图 먼지를 막다 | 减噪 jiǎnzào 소음을 줄이다 | 适于 shìyú 图 ~에 알맞다 | 栽种 zāizhòng 图 재배하다 | 草坪 cǎopíng 图 잔디밭 | 名贵药材 míngguì yàocái 图 유명하고 진귀한 약재

해설 첫 번째 문장에서 '雪松——树体高大，树形优美，是世界上著名的观赏树种之一(히말라야삼목은 나무가 크고 형상이 아름다워 세계적으로 유명한 관상수 중 하나이다)'라고 했기 때문에 정답은 D이다.

8

　　汽车音响设备的音量，不能开得太大。这是因为车内空间小，声压大。车内音响设备对听力造成永久性损伤的风险要比家庭音响高得多。而且声音越大，驾驶员的反应速度越慢，引发交通事故几率也就越高。

자동차 음향시설의 음량을 너무 크게 틀면 안 된다. 왜냐하면, 차 안의 공간이 작아 소리의 압력이 커지기 때문이다. 자동차의 음향시설이 청력에 끼치는 영구적인 손상의 위험은 가정의 음향시설보다 높다. 게다가 소리가 클수록 운전자의 반응속도는 느려져 교통사고를 일으킬 확률도 높아진다.

A 汽车音响对听力损伤不大
B 开车听音乐可提神
C 汽车音响音量不宜过高
D 汽车音响音质更佳

A 자동차의 음향은 청력에 손상을 적게 준다
B 운전하며 음악을 들으면 정신을 깨울 수 있다
C 자동차 음향의 음량이 지나치게 높은 건 적절하지 않다
D 자동차 음향의 음질이 더 좋다

단어 音响设备 yīnxiǎng shèbèi 图 음향시설 | 永久性 yǒngjiǔxìng 영구적 | 损伤 sǔnshāng 图 손상 | 驾驶员 jiàshǐyuán 图 운전자 | 引发 yǐnfā 图 일으키다 | 几率 jǐlǜ 图 확률 | 提神 tíshén 图 정신을 차리다 | 不宜 bùyí 图 적절하지 않다

해설 C의 '过高'는 '지나치게 높다'라는 의미인데, 앞에 '不宜'라는 '적절하지 않다'라는 단어가 더해져 '지나치게 높은 건 적절하지 않다'라는 뜻이 되므로 첫 번째 문장의 '汽车音响设备的音量，不能开得太大(자동차 음향시설의 음량을 너무 크게 틀면 안 된다)'와 상응한다. 그러므로 정답은 C이다.

9

人生如行路。如果总看到比自己优秀的人，说明你在走上坡路；假如看到的都是与自己水平差不多的人，说明你正原地踏步；若总是看到不如自己的人，则说明你已开始走下坡路。

인생은 길을 걷는 것과 같다. 만약 늘 자기보다 우수한 사람을 본다면 당신은 오르막길을 걷고 있는 것이고, 만약 보이는 사람이 모두 자신과 수준이 비슷한 사람들이라면 제자리걸음을 하고 있다는 것이며, 만약 자신보다 못한 사람을 줄곧 보게 된다면 당신은 이미 내리막길을 걷기 시작했음을 설명하는 것이다.

A 原地踏步的人值得赞赏
B 走路姿势反映人的性格
C 走下坡路更需要勇气
D 走上坡路能遇到更优秀的人

A 제자리걸음을 하는 사람은 칭찬할 만하다
B 걷는 자세는 사람의 성격을 반영한다
C 내리막길을 걷는 것은 더욱 용기가 필요하다
D 오르막길을 걸으면 더 우수한 사람을 만날 수 있다

단어 行路 xínglù 图 길을 걷다 | 上坡路 shàngpōlù 圆 오르막길 | 假如 jiǎrú 웹 만약 | 原地踏步 yuándì tàbù 제자리걸음 하다 | 若 ruò 웹 만약 | 下坡路 xiàpōlù 圆 내리막길 | 赞赏 zànshǎng 图 칭찬하며 높이 평가하다 | 姿势 zīshì 圆 자세

해설 첫 번째 문장에서 '人生如行路。如果总看到比自己优秀的人，说明你在走上坡路(인생은 길을 걷는 것과 같다. 만약 늘 자기보다 우수한 사람을 본다면 당신은 오르막길을 걷고 있는 것이다)'라고 했다. 이 말은 다시 말해서, 오르막길을 걸으면 더욱 우수한 사람을 만날 수 있다는 의미이기 때문에 정답은 D이다.

10

俗话说"有理也要让三分，得饶人处且饶人"。这句话告诉我们，凡事都应适可而止，给别人留有余地。同时，也是给自己留一条后路。很多时候，理直气和远比理直气壮更能让人诚服。

속담에 '이유가 있어도 삼분 양보하고, 남을 용서할 수 있을 때 용서하라'라는 말이 있다. 이 말은 우리에게 무릇 모든 일은 적당한 정도에서 멈추어야 하고 다른 사람에게 여지를 남겨주어야 한다고 말한다. 동시에 자신에게도 여지를 남겨두어야 한다. 많은 경우에 온화한 것이 당당한 것보다 훨씬 사람을 탄복하게 할 수 있다.

A 做事不要犹豫
B 对待别人要严格
C 做人要讲信用
D 做事要适可而止

A 일을 할 땐 망설이면 안 된다
B 다른 사람에게 엄격해야 한다
C 좋은 사람이 되려면 신용을 중시해야 한다
D 일을 할 땐 적당한 정도에서 멈추어야 한다

단어 饶人 ráorén 图 (남에게) 관용을 베풀다 | 适可而止 shìkě érzhǐ 図 적당한 정도에서 멈추다 | 留有余地 liúyǒu yúdì 図 여지를 남겨두다, 말이나 행동이 극단적이지 않다 | 后路 hòulù 圆 여지, 빠질 구멍 | 理直气和 lǐzhí qìhé 태도가 온화하고 부드럽다 | 理直气壮 lǐzhí qìzhuàng 図 이유가 충분하여 태도가 당당하다 | 诚服 chéngfú 图 진심으로 탄복하다

해설 첫 문장의 '有理也要让三分，得饶人处且饶人'는 이유가 있어도 삼분 양보하고, 남을 용서할 수 있을 때 용서하라는 의미의 속담이다. 속담의 의미를 모른다 할지라도 속담 문제가 나올 경우 당황하지 않도록 한다. 그다음 문장까지 집중하면 속담을 쉽게 풀어 준 설명을 들을 수 있다. 이 속담의 뜻은 '凡是都应适可而止，给别人留有余地(무릇 모든 일은 적당한 정도에서 멈추어야 하고 다른 사람에게 여지를 남겨주어야 한다)'라고 했기 때문에 정답은 D이다.

11

中医把荷叶奉为减肥的良药。它主要有分解脂肪、消除便秘和利尿三种作用。荷叶泡的茶，即使长期饮用，对身体也没有副作用。此外，荷叶中的生物碱还具有明显地降血脂、抗病毒等功效。

A 荷叶饭清淡可口
B 荷叶茶不宜长期饮用
C 荷叶有减肥功效
D 荷叶富含维生素

중국 의학에서는 연잎을 다이어트에 좋은 약재로 삼는다. 연잎은 주로 지방을 분해하고, 변비를 없애고 이뇨를 돕는 세 가지 작용을 한다. 연잎을 우려낸 차는 장기간 마시더라도 몸에 부작용이 없다. 이 외에, 연잎 속의 알칼로이드는 혈액 속의 지방을 낮추고 바이러스에 저항하는 등의 뚜렷한 효능도 지니고 있다.

A 연잎 밥은 담백하고 맛있다
B 연잎 차를 장기간 마시는 것은 적절치 않다
C 연잎은 다이어트 효과가 있다
D 연잎은 비타민을 많이 함유한다

단어 荷叶 héyè 몡 연잎 | 奉为 fèngwéi 됭 ~로 받들다, ~로 하다 | 分解 fēnjiě 됭 분해하다 | 脂肪 zhīfáng 몡 지방 | 消除 xiāochú 됭 없애다 | 便秘 biànmì 몡 변비 | 利尿 lìniào 됭 이뇨, 소변을 잘 나오게 하다 | 泡 pào 됭 물(액체)에 담가두다 | 副作用 fùzuòyòng 몡 부작용 | 生物碱 shēngwùjiǎn 몡 알칼로이드 | 血脂 xuèzhī 몡 혈액 내 지방 | 抗 kàng 됭 저항하다 | 病毒 bìngdú 몡 바이러스 ‖ 清淡 qīngdàn 혱 담백하다 | 维生素 wéishēngsù 몡 비타민

해설 첫 번째 문장에서 '中医把荷叶奉为减肥的良药(중국 의학에서는 연잎을 다이어트에 좋은 약재로 삼는다)'라고 했기 때문에 정답은 C이다.

12

妙峰山位于北京市门头沟区。山势峭拔、风景优美。妙峰山以"古庙"、"奇松"、"怪石"、"异卉"而闻名。山上古迹众多，是北方最具文化底蕴的风景名胜之一。

A 妙峰山山势平缓
B 妙峰山游客众多
C 妙峰山有深厚的文化底蕴
D 妙峰山有很多珍稀动物

먀오펑산은 베이징시 먼터우거우 지역에 위치하고 있다. 산세가 높고 가파르며 풍경이 아름답다. 먀오펑산은 오래된 사찰, 기이한 소나무, 괴석, 기이한 풀로 유명하며, 산에는 유적이 많아 북쪽에서 가장 많은 문화적 재지를 갖춘 풍경 명소 중 하나이다.

A 먀오펑산의 산세는 평평하다
B 먀오펑산에는 관광객이 많다
C 먀오펑산에는 풍부한 문화적 재지가 있다
D 먀오펑산에는 많은 희귀동물이 있다

단어 位于 wèiyú 됭 ~에 위치하다 | 山势 shānshì 몡 산세 | 峭拔 qiàobá 혱 높고 가파르다 | 古庙 gǔmiào 몡 오래된 사찰 | 异卉 yìhuì 몡 기이한 풀 | 古迹 gǔjì 몡 고적 | 底蕴 dǐyùn 몡 상세한 내용, 묻혀있는 재지와 식견, 속사정 | 风景名胜 fēngjǐng míngshèng 몡 풍경 명소 | 珍稀 zhēnxī 혱 진귀하고 드물다

해설 듣기 1부분은 첫 번째 문장이나 마지막 문장에서 정답이 나오는 경우가 많다. 마지막 문장에서 '是北方最具文化底蕴的风景名胜之一(북쪽에서 가장 많은 문화적 재지를 갖춘 풍경 명소 중 하나)'라고 했기 때문에 정답은 C이다.

13

　　岫玉是一种历史悠久的玉种，考古人员曾在古人类洞穴遗址中发掘出3件岫玉制品，证实了在旧石器时代晚期，人类就开始使用玉器。作为最早被发现和使用的玉种，岫玉素有"古玉之光，万年瑰宝"的美誉。

수옥은 역사가 유구한 옥 중의 하나로 고고학자가 일찍이 고인류 동굴 유적 중에서 3개의 수옥 제조품을 발굴해내어 구석기시대 말기에 인류가 옥 그릇을 사용하기 시작했다는 것을 증명했다. 가장 일찍 발견되어 사용된 옥의 종류로서 수옥은 '오래된 옥의 빛이오, 만년의 귀중한 보물'이라는 명성을 가지고 있다.

A 岫玉最昂贵
B 岫玉是最早被发现的玉种
C 岫玉质地坚硬
D 岫玉很难开采

A 수옥은 제일 비싸다
B 수옥은 가장 일찍 발견된 옥의 종류이다
C 수옥은 재질이 견고하다
D 수옥은 채굴이 어렵다

단어 考古 kǎogǔ 몡 고고학 | 洞穴遗址 dòngxué yízhǐ 몡 동굴 유적 | 发掘 fājué 동 발굴하다 | 制品 zhìpǐn 몡 제조품, 제품 | 证实 zhèngshí 동 사실을 증명하다 | 旧石器时代 jiùshíqì shídài 몡 구석기시대 | 作为 zuòwéi 동 ~로서 | 素有 sùyǒu 동 원래부터 있다, 평소에 가지고 있다 | 瑰宝 guībǎo 몡 진귀한 보물 | 美誉 měiyù 몡 명성 ‖ 昂贵 ángguì 형 비싸다 | 坚硬 jiānyìng 형 단단하다, 견고하다 | 开采 kāicǎi 동 채굴하다, 발굴하다

해설 마지막 문장에서 '作为最早被发现和使用的玉种'는 '가장 일찍 발견되어 사용된 옥의 종류로서'라는 의미이기 때문에 B가 정답이 된다는 것을 알 수 있다.

14

　　银离子具有杀菌功效，每升水中只要含有五千万分之一毫克的银离子，就可杀死水中的大部分细菌。所以，日常生活中，多使用银餐具或者佩戴银首饰，对人体健康有一定的好处。

음이온은 살균 효과를 가지고 있어 리터당 5천만 분의 1밀리그램의 음이온이 함유되어 있기만 하면 물에 있는 세균을 대부분 죽일 수 있다. 그래서 일상생활에서 은으로 된 식기구를 많이 사용하거나 은 장신구를 많이 착용하면 인체 건강에 상당한 이점이 있다.

A 银离子不能食用
B 银离子能杀菌
C 银是一种珍稀金属
D 银离子可防辐射

A 음이온은 먹을 수 없다
B 음이온은 살균할 수 있다
C 은은 귀중한 금속 중 하나이다
D 음이온은 방사선을 막을 수 있다

단어 银离子 yínlízǐ 몡 음이온 | 杀菌 shājūn 동 살균하다 | 升 shēng 양 리터(ℓ) | 毫克 háokè 양 밀리그램(mg) | 杀死 shāsǐ 동 죽이다 | 细菌 xìjūn 몡 세균 | 餐具 cānjù 몡 식기 | 佩戴 pèidài 동 (장식품, 명찰 등을) 달다, 차다 | 首饰 shǒushi 몡 장신구 ‖ 防辐射 fáng fúshè 방사선을 막다

해설 첫 번째 문장인 '银离子具有杀菌功效'에서 '음이온은 살균 효과를 가지고 있다'라고 했기 때문에 정답은 B라는 것을 알 수 있다. 첫 번째 문장에서 많은 정답의 힌트가 나온다는 것을 유념하도록 하자.

15

　　二十四节气，是一种通过反映天气变化，来指导农事活动的补充历法。形成于春秋战国时期，众所周知，农业的发展受到气候条件的制约。所以，二十四节气对农业有着重要的指导作用。

A 二十四节气并不科学
B 二十四节气适用范围不大
C 二十四节气可指导农事活动
D 二十四节气已经失传

　　24절기는 날씨 변화를 반영하여 농사 활동을 지도하도록 한 보충 역법이다. 춘추전국 시기에 형성되었고, 모두가 알다시피, 농업 발전은 기후 조건의 제약을 받는다. 따라서 24절기는 농업에 있어서 중요한 지도 역할을 하고 있다.

A 24절기는 결코 과학적이지 않다
B 24절기는 활용 범위가 넓지 않다
C 24절기는 농사 활동을 지도할 수 있다
D 24절기는 이미 전해 내려오지 않는다

제1회

听力

단어 节气 jiéqi 몡 절기 | 指导 zhǐdǎo 동 지도하다, 이끌어 주다 | 历法 lìfǎ 몡 역법 | 众所周知 zhòngsuǒzhōuzhī 젱 모든 사람이 다 알고 있다 | 制约 zhìyuē 동 제약하다 | 失传 shīchuán 동 전해 내려오지 않다

해설 첫 번째 문장에서 '二十四节气，是一种通过反映天气变化，来指导农事活动的补充立法(24절기는 날씨 변화를 반영하여 농사 활동을 지도하도록 한 보충 역법이다)'라고 했다. 다시 말해 24절기는 농사에 도움이 된다는 것이므로 정답은 C이다.

第二部分

16-20

女：你觉得做话剧导演最大的快乐是什么？

男：话剧舞台很纯粹，可以坚持的东西更多一些。只要是我看好的题材和剧本，我就会主动出击，去寻找合适的演员和合作伙伴。尽量使最后呈现的结果更接近我的初衷。

女：你觉得一部话剧最吸引观众的是什么？

男：[16]有两个方面，一个是文学层面，一个是表演层面。简而言之，就是用好的表演去呈现一个好的故事。

女：作为导演，你在挑选演员的时候，是否有自己独特的标准呢？

男：没什么独特的。标准只有一个，[17]那就是要胜任角色。

女：现在很多明星都参演话剧，对此你怎么看？

男：大部分观众对话剧文化的了解还很少，基础还很薄弱。我觉得今天我们仍然处于话剧的启蒙年代。因此[18]明星演话剧是好事，可以吸引更多的观众走进剧场。但是这些走上戏剧舞台的明星，必须同时也是优秀的演员。如果仅仅是看重明星的商业价值就让他们来演话剧，对话剧本身是一种伤害。剧场不是明星的秀场，在剧场里，观众最终还是要看作品质量的。

女：那你怎么对待话剧的商业化呢？

男：我觉得商业化是大势所趋。在商品社会里，你必须承认话剧是艺术，同时也是文化商品。[19]但这个商品必须是高质量高品质的，不能丢失了话剧本体的东西。就像某些话剧，每次演出都爆满，票价也越来越贵。你能说这些话剧不商业吗？如果简单地将话剧和商业对立起来是很浅薄的。

女：最后，请你评价一下自己在话剧方面的表现吧。

男：在话剧创作上，[20]我算是一个年轻的保守派，因为我对传统永远都怀着敬慕之心。我一直认为，只有深入学习并理解了传统，才能知道如何去发展话剧文化。

여: 당신은 연극 연출가의 가장 큰 즐거움이 무엇이라고 생각하나요?

남: 연극 무대는 매우 순수하고 고집할 수 있는 것들이 더욱 많습니다. 제 마음에 드는 소재와 극본이기만 하면 저는 주동적으로 나아가 적당한 배우와 파트너를 찾을 것입니다. 마지막에 나타나는 결과가 저의 첫 의도와 최대한 가까워지도록 말이죠.

여: 당신은 연극이 관중을 가장 매료시키는 부분이 무엇이라고 생각합니까?

남: [16]두 가지 방면이 있습니다. 하나는 문학 방면이고 하나는 연기 방면입니다. 간단히 말하자면, 좋은 연기가 좋은 이야기를 나타낼 수 있는 것입니다.

여: 감독으로서 배우를 고를 때 자신만의 독특한 기준이 있나요?

남: 그다지 독특한 것은 없어요. 기준은 오직 하나로 [17]바로 배역을 감당해야 한다는 것이죠.

여: 현재 많은 연예인이 연극에 참여하고 있는데 이에 대해서 어떻게 생각하나요?

남: 대부분의 관중은 아직 연극 문화에 대한 이해가 적고 기초도 약합니다. 저는 오늘날 우리가 여전히 연극의 계몽시대에 처해있다고 생각합니다. 그렇기 때문에 [18]연예인이 연극 하는 것은 좋은 일이며, 더욱 많은 관중을 극장으로 오게 할 수 있습니다. 하지만 이렇게 연극 무대에 오른 연예인들은 또한 반드시 우수한 배우여야 합니다. 만약 단지 연예인의 상업 가치만을 중시하여 그들에게 연극을 하게 한다면, 연극 자체를 손상하는 일이 될 것입니다. 극장은 연예인이 쇼하는 곳이 아니며, 극장 안에서 관중들은 최종적으로 작품의 질을 봅니다.

여: 그렇다면 연극의 상업화에 대해서 어떻게 생각합니까?

남: 저는 상업화가 대세의 흐름이라고 생각합니다. 상품 사회에서 연극이 예술이자 동시에 문화 상품임을 인정해야 합니다. [19]하지만 이 상품은 반드시 질이 높아야 하고 연극 본연의 것을 잃으면 안 됩니다. 몇몇 연극과 같이 매번 공연이 만석이 되고 표값도 점점 더 비싸집니다. 당신은 이런 연극이 상업적이지 않다고 말할 수 있습니까? 만약 단순하게 연극과 상업을 대립시킨다면 매우 천박한 것입니다.

여: 마지막으로 연극 창작에 대한 자신의 태도를 평가해주세요.

제1회
听力

남: 연극 창작에서 [20]저는 젊은 보수파인 셈입니다. 저는 전통에 대해서 영원히 존경하는 마음을 품고 있기 때문입니다. 저는 전통을 깊게 공부하고 이해해야만 어떻게 연극 문화를 발전시킬 수 있을지를 알 수 있다고 줄곧 생각해 왔습니다.

단어 纯粹 chúncuì 형 순수하다 | 题材 tícái 명 소재, 제재 | 剧本 jùběn 명 극본 | 出击 chūjī 동 출격하다 | 尽量 jǐnliàng 부 가능한 한 | 呈现 chéngxiàn 동 나타나다 | 初衷 chūzhōng 명 최초의 소망 | 层面 céngmiàn 명 범위, 방면 | 简而言之 jiǎn'ér yánzhī 요컨대 | 挑选 tiāoxuǎn 동 고르다 | 胜任 shèngrèn 동 능히 감당하다 | 薄弱 bóruò 형 박약하다, 약하다 | 启蒙 qǐméng 동 계몽하다 | 秀场 xiùchǎng 명 공연장 | 大势所趋 dàshì suǒqū 성 대세의 흐름, 전체적인 발전 추세 | 爆满 bàomǎn 동 만원이 되다 | 浅薄 qiǎnbó 형 천박하다 | 保守派 bǎoshǒupài 명 보수파, 보수적인 사람 | 敬慕 jìngmù 동 깊이 존경하고 사모하다

16 男的认为什么样的话剧能吸引观众? 남자는 어떤 연극이 관중을 매료시킬 수 있다고 생각하는가?

A 表演和故事俱佳
B 由文学名著改编
C 贴近生活
D 舞台布置要好

A 연기와 이야기가 모두 훌륭해야 한다
B 문학적으로 유명한 작품을 각색해야 한다
C 생활에 밀접해야 한다
D 무대 배치가 좋아야 한다

단어 俱佳 jùjiā 모두 훌륭하다 | 改编 gǎibiān 동 각색하다, 개편하다 | 布置 bùzhì 동 안배하다, 배치하다, 진열하다

해설 여자의 두 번째 질문으로 '你觉得一部话剧最吸引观众的是什么?(당신은 연극이 관중을 가장 매료시키는 것이 무엇이라고 생각합니까?)'라고 했을 때 남자의 대답에 집중해야 한다. 남자가 '有两个方面, 一个是文学层面, 一个是表演层面(두 가지 방면이 있다. 하나는 문학 방면이고 하나는 연기 방면이다)'이라고 했기 때문에 연기와 이야기 모두를 중시하고 있다는 것을 알 수 있다. 정답은 A이다.

17 男的挑选演员的标准是什么? 남자가 배우를 선정하는 기준은 무엇인가?

A 经验丰富
B 能胜任角色
C 戏剧专业出身
D 外形条件最重要

A 경험이 풍부하다
B 배역을 감당할 수 있다
C 연극 전문 출신이다
D 외적 조건이 가장 중요하다

해설 여자는 '作为导演, 你在挑选演员的时候, 是否有自己独特的标准呢?(감독으로서 배우를 고를 때 자신만의 독특한 기준이 있나요?)'라는 질문을 세 번째로 물어보았다. 이 때 남자가 '那就是要胜任角色(바로 배역을 감당해야 한다는 것이다)'라고 했기 때문에 정답은 B이다.

18 男的怎样看待明星参演话剧? 남자는 연예인이 연극에 참여하는 것을 어떻게 생각하는가?

A 深感不安
B 应大力提倡
C 有一定好处
D 有待观察

A 심한 불안함을 느낀다
B 강력하게 제창해야 한다
C 상당한 장점이 있다
D 관찰할 필요가 있다

해설 제1회 • 15

단어 提倡 tíchàng 통 제창하다

해설 여자의 네 번째 질문인 '现在很多明星都参演话剧，对此你怎么看?(현재 많은 연예인이 연극에 참여하고 있는데 이것에 대해서 어떻게 생각하나요?)'에 대해서 남자는 '明星演话剧是好事，可以吸引更多的观众走进剧场(연예인이 연극을 하는 것은 좋은 일이며, 더욱 많은 관중을 극장으로 오게 할 수 있다)'이라고 대답했기 때문에 장점이 있다고 여긴다는 것을 알 수 있다. 하지만 그 뒤에 반드시 우수한 배우여야 한다고 덧붙이고 있다. 따라서 정답은 C이다.

19

对于话剧的商业化，男的认为应注意什么? | 연극의 상업화에 대하여 남자는 무엇을 주의해야 한다고 생각하는가?

A 要与明星合作
B 要保留话剧本体的东西
C 要加大宣传力度
D 要有自己的模式

A 연예인과 협력해야 한다
B 연극 본연의 것을 남겨두어야 한다
C 홍보 역량을 키워야 한다
D 자신만의 양식이 있어야 한다

단어 宣传 xuānchuán 통 홍보하다 | 力度 lìdù 명 역량, 힘의 세기

해설 여자의 다섯 번째 질문 '那你怎么对待话剧的商业化呢?(그렇다면 당신은 연극의 상업화에 대해서 어떻게 생각합니까?)'에 대한 남자의 대답을 들어야 한다. 남자는 상업화가 대세의 흐름이라고 생각한다. 하지만 '但(그러나)' 이후의 발언을 들어보면 '但这个商品必须是高质量高品质的，不能丢失了话剧本体的东西(하지만 이 상품은 반드시 질이 높아야만 하고 연극 본연의 것을 잃으면 안 된다)'라고 했기 때문에 정답이 B라는 것을 알 수 있다.

20

男的为什么说自己是保守派? | 남자는 왜 자신을 보수파라고 말하는가?

A 反对话剧创新
B 尊重话剧传统
C 喜欢古典话剧
D 固执自己的个性

A 연극의 창의성을 반대한다
B 연극의 전통을 존중한다
C 고전 연극을 좋아한다
D 자신의 개성을 고집한다

단어 创新 chuàngxīn 명 창의성, 창조성

해설 남자의 마지막 대답을 들어보면 '我算是一个年轻的保守派。因为我对传统永远都怀着敬慕之心(나는 젊은 보수파인 셈이다. 나는 전통에 대해서 영원히 존경하는 마음을 품고 있기 때문이다)'이라고 했다. 그가 전통을 중시하기 때문에 보수파라고 칭한 것을 알면 정답은 쉽게 B로 선택할 수 있다.

21-25

제1회 听力

女：能跟我们说一下，您是何时开始接触昆曲的吗？

男：²⁵我生平第一次接触昆曲差不多是在9岁时，那时有幸在上海看到一场梅兰芳和于振飞大师的戏，演的是《牡丹亭》里面的一则——《游园惊梦》。从那之后，我便和昆曲和《牡丹亭》结下了几十年的缘分。

女：您最开始有制作青春版《牡丹亭》的想法大概是什么时候？

男：大概是03年，有人请我去做一个昆曲的演讲。²¹我当时请了一些年轻演员去做示范演出，其中有两个演员的气质非常像《牡丹亭》中的男女主角柳梦梅和杜丽娘。从那时候开始，我便下了决心要制作青春版的《牡丹亭》。

女：青春版《牡丹亭》在国外巡演过多次，演出的反响如何呢？

男：观众的反映非常热烈，我们的观众群很年轻，学生的观众差不多占了六七成。我们到很多大学去演出，几乎每场都有80%的上座率。有时演完以后，观众站起来鼓掌的时间可以持续十几分钟。可以看出他们非常喜欢这部青春版的《牡丹亭》。另外，很多外国观众对水袖动作特别感兴趣，²²他们觉得演员能把水袖挥舞得那么优雅，非常不可议。

女：一段时间以来昆曲变得很时尚，甚至变成了一种非常高雅的文化消费活动，您怎么看待这种变化？

男：我觉得这很好。其实昆曲从晚明到前清时期一直独霸中国剧坛。我们只是在发挥这个传统而已。青春版《牡丹亭》就好像老树开花一样，给昆曲带来了新的生命。有一件很有意思的事，我们的戏在北大演完后，北大的一个学生在网上留言说，²³世界上只有两种人，一种是看过青春版《牡丹亭》的，一种是没看过的。可见大家对青春版《牡丹亭》的喜爱。

女：青春版《牡丹亭》取得了非常大的成功，在年轻人当中掀起了昆曲热，您觉得这应归功于哪些因素呢？

여：당신은 언제 곤곡을 접하기 시작했는지 말씀해주실 수 있나요？

남：²⁵제 생애 처음으로 접한 곤곡은 9살 때입니다. 그때 운이 좋게도 상하이에서 매란방과 여진비 대사의 극을 보게 되었는데, 연기한 것이《모란정》의 한 토막인《유원경몽》이었습니다. 그때부터 저는 바로 곤곡, 그리고《모란정》과 몇십 년의 인연을 맺게 되었습니다.

여：당신이 처음 청춘판《모란정》을 제작해야겠다는 생각을 한 것은 대략 언제입니까？

남：대략 03년도에 어떤 사람이 저에게 곤곡 공연을 부탁했습니다. ²¹저는 당시 몇몇 젊은 배우에게 시범 공연을 청했는데, 그 중 두 배우의 기질이《모란정》의 남녀 주인공인 '유몽매', '두여낭'과 매우 비슷했어요. 그때부터 시작해서 저는 청춘판《모란정》을 제작하기로 마음먹었습니다.

여：청춘판《모란정》은 국외에서 순회공연을 많이 했는데 공연에 대한 반응은 어땠나요？

남：관중들의 반응은 매우 열렬했습니다. 우리 관중들은 젊어서 학생 관중이 거의 60~70%를 차지합니다. 우리가 여러 대학교에 공연을 가면 거의 모든 공연이 80%의 관중 동원율을 지닙니다. 어떤 때에는 공연을 마친 후 관중이 일어나서 박수치는 시간이 몇십 분 동안 이어지는 때도 있어서 그들이 청춘판《모란정》을 매우 좋아한다는 것을 알 수 있었습니다. 그 밖에 많은 외국 관중들이 한삼 동작에 특히 관심을 가졌는데, ²²그들은 배우가 너무나도 우아하게 한삼을 흔들 수 있다는 것을 매우 놀라워합니다.

여：한동안 곤곡이 매우 유행하게 되어 심지어 고상한 문화 소비활동으로까지 변하게 됐는데, 당신은 이런 변화를 어떻게 생각하나요？

남：저는 좋다고 생각합니다. 사실 곤곡은 명대말부터 청대초까지 계속 중국 극단을 독점해왔습니다. 우리는 단지 이 전통을 더 발전시켰을 뿐이에요. 청춘판《모란정》은 마치 고목이 꽃을 피운 것과 같이 곤곡에 새 생명을 가져다주었습니다. 한 가지 재미있는 일이 있었는데, 우리가 베이징 대학교에서 연극을 마친 후 베이징대의 한 학생이 인터넷에 글을 남기길 ²³'세상에 두 종류의 사람이 있는데 한 종류는 청춘판《모란정》을 본 사람이고 한 종류는 보지 못한 사람이다'라는 것이었습니다. 여러분의 청춘판《모란정》에 대한 사랑을 볼 수 있었습니다.

여：청춘판《모란정》은 큰 성공을 얻었고 젊은이들 사이에서는 곤곡의 붐이 일었는데, 당신은 이것이 어떤 요인 때문이라고 생각하나요？

男: 我觉得²⁴第一是《牡丹亭》这部戏写得好，第二是昆曲的美学价值高，可以超越一切文化的界限；²⁴第三，我得说我们的制作，包括演员的选择都是非常恰当的，服装和整个舞台制作也相当成功。另外，我们的观众非常有耐心，因为看完整场戏要坐9个小时，这对于一般人来说是很困难的。	남: 제 생각엔 ²⁴첫 번째는 《모란정》이 잘 쓰여졌기 때문이고, 두 번째는 곤곡의 미학 가치가 높아서 모든 문화적 경계를 초월하기 때문입니다. ²⁴세 번째로는 우리의 제작을 말할 수 있습니다. 배우의 선택이 모두 합당했던 것을 포함해 복장과 모든 무대 제작도 상당히 성공적이었습니다. 그 외에도 우리 관중들이 매우 인내력이 있었어요. 이유는 모든 극을 다 보려면 9시간 동안 앉아 있어야 하는데, 이것은 일반 사람들에게는 매우 힘든 일이기 때문입니다.

단어 昆曲 kūnqǔ 몡 곤곡, 장쑤(江苏)성 남부와 베이징(北京)·허베이(河北)성 등지에서 유행했던 곤강(昆腔)으로 노래하는 지방극 | 生平 shēngpíng 몡 생애 | 有幸 yǒuxìng 운이 좋게도 | 缘分 yuánfèn 몡 인연 | 示范 shìfàn 몡 시범 | 气质 qìzhì 몡 기질 | 巡演 xúnyǎn 몡 순회공연 | 反响 fǎnxiǎng 몡 반응 | 上座率 shàngzuòlǜ 몡 관객 동원률 | 看出 kànchū 동 알아차리다 | 水袖 shuǐxiù 몡 한삼, 긴 덧소매 | 挥舞 huīwǔ 동 팔에 끼고 흔들다 | 优雅 yōuyǎ 몡 우아하다 | 独霸 dúbà 동 독점하다 | 剧坛 jùtán 몡 극단 | 发挥 fāhuī 동 발휘하다 | 留言 liúyán 동 메모를 남기다 | 可见 kějiàn 접 ~라는 것을 알 수 있다, ~라고 보다 | 掀起 xiānqǐ 동 일어나다 | 归功于 guīgōngyú ~ 덕분이라 생각하다 | 因素 yīnsù 몡 요소, 요인 | 超越 chāoyuè 동 초월하다 | 界限 jièxiàn 몡 경계 | 恰当 qiàdàng 몡 합당하다

21

关于03年那次示范演出，下列哪项正确？ A 演员年轻 B 媒体影响大 C 制作非常棒 D 昆曲美学价值高	03년 시범 공연에 대해서 다음 중 옳은 것은? A 배우가 젊다 B 대중 매체의 영향이 크다 C 제작을 매우 잘했다 D 곤곡의 미학 가치가 높다

해설 03년 시범공연의 내용이 처음 나온 곳은 두 번째 질의응답 부분이다. '大概是03年，有人请我去做一个昆曲的演讲。我当时请了一些年轻演员去做示范演出(대략 03년도에 어떤 사람이 나에게 곤곡 공연을 부탁했고, 나는 당시 몇몇 젊은 배우에게 시범 공연을 청했다)'를 들으면 젊은 배우가 공연했다는 것을 알 수 있다. 따라서 정답은 A이다.

22

外国观众觉得水袖动作怎么样？ A 速度快 B 简单易学 C 有些僵硬 D 优雅	외국 관중은 한삼 동작을 어떻게 생각하는가? A 속도가 빠르다 B 간단하고 배우기 쉽다 C 조금 뻣뻣하다 D 우아하다

단어 僵硬 jiāngyìng 몡 뻣뻣하다

해설 '水袖(한삼)'에 대한 언급은 남자의 세 번째 대답에서 찾아볼 수 있다. '他们觉得演员能把水袖挥舞得那么优雅，非常不可思议(그들은 배우가 너무나도 우아하게 한삼을 흔들 수 있다는 것을 매우 놀라워한다)'라고 했기 때문에 정답은 D라는 것을 알 수 있다. '优雅(우아하다)'라는 단어를 안다면 쉽게 찾을 수 있다.

23

北大学生的话说明了什么?

A 青春版《牡丹亭》很受欢迎
B 古典戏曲没有魅力
C 有文化的人才能看懂戏曲
D 很多人对《牡丹亭》褒贬不一

베이징대 학생의 말은 무엇을 설명하는가?

A 청춘판《모란정》은 인기가 있다
B 고전 희곡은 매력이 없다
C 교양 있는 사람만이 희곡을 이해할 수 있다
D 많은 사람이《모란정》에 대해서 좋고 나쁨을 평가하는 것이 일치하지 않는다

단어 戏曲 xìqǔ 명 희곡 | 褒贬不一 bāobiǎn bùyī 좋고 나쁨을 평가하는 것이 일정치 않다

해설 베이징대 학생의 메시지 내용은 남자의 네 번째 대답에서 찾아볼 수 있다. '世界上只有两种人,一种是看过青春版《牡丹亭》的,一种是没看过的(세상에 두 종류의 사람이 있는데 한 종류는 청춘판《모란정》을 본 사람이고 한 종류는 보지 못한 사람이다)' 이에 대해 남자가 이어서 '可见大家对青春版《牡丹亭》的喜爱(여러분의 청춘판《모란정》에 대한 사랑을 볼 수 있었다)'라고 했기 때문에 이 공연이 매우 인기가 있다는 것을 알 수 있으므로 정답은 A이다.

24

下列哪项不是青春版《牡丹亭》成功的原因?

A 昆曲美学价值高
B 制作非常棒
C 媒体大力宣传
D 剧本写得很好

다음 중 청춘판《모란정》의 성공 원인이 아닌 것은?

A 곤곡의 미학 가치가 높다
B 제작이 매우 훌륭하다
C 대중매체에서 강력하게 홍보했다
D 극본을 잘 썼다

해설 여자의 마지막 질문인 '在年轻人当中掀起了昆曲热,您觉得这因归功于哪些因素呢?(젊은이들 사이에서는 곤곡의 붐이 일었는데, 당신은 이것이 어떤 요인 때문이라고 생각하나요?)'에 대해서 남자는 여러 가지 원인을 이야기했다.《牡丹亭》这部戏写得好(《모란정》이 잘 쓰여졌기 때문이고)'라고 했기 때문에 D는 언급이 되었다. 그리고 '昆曲的美学价值高(곤곡의 미학 가치가 높다)'라고 해서 A도 언급이 되었으며 마지막으로 '服装和整个舞台制作也相当成功(복장과 모든 무대 제작도 상당히 성공적이다)'이라고 해서 B도 언급이 되었다. 보기 중 언급이 되지 않은 것은 C 뿐이다.

25

根据这段对话,下列哪项正确?

A 男的很小就接触昆曲
B 昆曲是新兴剧种
C 男的是电影演员
D 很多人不了解中国戏剧

대화에 근거하여 다음 중 옳은 것은?

A 남자는 어릴 때 곤곡을 접했다
B 곤곡은 신흥극의 종류이다
C 남자는 영화배우이다
D 많은 사람이 중국 희극을 잘 알지 못한다

해설 옳은 것을 고르는 문제는 본문에 대해 전반적인 이해가 필요하다. 남자의 첫 번째 대답에서 '我生平第一次接触昆曲差不多是在9岁时(생애 처음으로 접한 곤곡은 9살 때이다)'라고 했기 때문에 정답은 A이다.

26-30

女：能给我们介绍一下什么叫自由潜水吗？
男：所谓自由潜水，是指不携带水下供气设备，屏息进行的潜水方式。自由潜水员只靠一口气屏息潜入水中。或感受水中的宁静，或挑战自己的深度，或与大型海洋生物共游。26与水肺潜水相比，自由潜水抛弃了繁重的装备，更加自由自在。因为没有气泡的产生，潜水员更容易与大型海洋生物接触。可以拍出更多优美的照片。
女：学潜水需要什么基本条件吗？比如：会游泳。
男：学习自由潜水，其实门槛非常低。27只要你年满18岁，身体健康，没有什么心血管儿系统或肺部疾病，以及其他影响潜水的疾病，并且喜欢这项运动就可以了。不是一定要会游泳，但至少不能怕水。对于有潜水经验的人或者是游泳好的人来说，学习起来可能更加容易。
女：对你来说，自由潜水最大的魅力是什么？
男：28自由潜水最大的魅力就在于，有机会可以和自己对话。30当我们下潜前进行调息时，需要完完全全地集中精神。这时，整个世界就只有你自己。你不得不听得见自己的呼吸，周围的一切仿佛都离你很远。你闭上眼睛，陷入一种深深的冥想之中。世界寂静下来，天空和海之间的界限仿佛已经不存在。然后你再深深地吸满一口气下潜，和整个海洋融为一体。
女：你印象最深的一次潜水经历是什么？
男：12年8月，我在一个小渔村附近的海域潜水，那天看起来和之前并没有什么不同。我正在进行调息。忽然一起训练的人拍了拍我的肩膀，让我看身后。我扭头一看，一条十米长的鲸鲨就在我们身后。它简直就跟一辆小公共汽车似的。我知道，它是世界上最大的鱼类。29但它性情却非常温顺，主要是以浮游生物和小鱼、小虾为食。我非常兴奋，而这只鲸鲨貌似对我们也很感兴趣，还一圈儿一圈儿地围着我们转。甚至有一次，它张开大嘴朝我游过来，然后轻轻地擦着我的身体过去。仿佛小猫在撒娇一样。它绕着我们转了很久才离开。当地人说我们真是太幸运了。很多人专门来看鲸鲨，等了两个月都一无所获。而我们仅仅来了几天，就有幸近距离接触它。

여: 무엇이 자유잠수인지 저희에게 소개해주실 수 있나요?
남: 소위 말해 자유잠수는 물 아래에서 공기 공급 설비를 휴대하지 않은 채로 숨을 참는 잠수방식을 가리킵니다. 자유잠수자는 한 호흡에 의지하여 숨을 참고 물에 들어가는 것입니다. 어떤 사람은 물속의 고요함을 느끼고, 또 어떤 사람은 자신의 심도에 도전하며, 어떤 사람은 대형 해양 생물과 함께 수영을 하지요. 26스쿠버 다이빙과 비교했을 때, 자유잠수는 무거운 장비를 포기하기 때문에 더욱더 자유롭습니다. 왜냐하면, 기포가 발생하지 않기 때문에 잠수자가 더욱 쉽게 대형 해양 생물들과 접촉할 수 있어 더욱 아름다운 사진을 찍을 수 있기 때문입니다.
여: 잠수를 배우려면 어떤 기본 조건이 필요합니까? 예를 들어 수영할 줄 아는 것처럼요.
남: 자유잠수를 배우는 것은 사실 문턱이 아주 낮습니다. 27만 18세에 몸이 건강하고 심혈관 계통과 폐부 질병 및 기타 잠수에 영향을 주는 질병들이 없으며, 아울러 이런 운동을 좋아하기만 하면 됩니다. 반드시 수영할 줄 알아야 하는 것은 아니지만 적어도 물을 두려워해서는 안 됩니다. 잠수 경험이 있거나 수영을 좋아하는 사람들은 배울 때 더욱 쉬울 수 있습니다.
여: 당신에게 자유잠수의 가장 큰 매력은 무엇인가요?
남: 28자유잠수의 가장 큰 매력은 바로 자신과 대화할 수 있는 기회가 생긴다는 것입니다. 30우리가 잠수하기 전 호흡을 가다듬을 때 완전히 정신을 집중하는 게 필요합니다. 이때, 세상에는 오직 당신 자신만이 있습니다. 당신은 어쩔 수 없이 자신의 숨소리를 듣게 되고 주위의 모든 것이 마치 당신과는 멀게 느껴지게 되죠. 당신이 눈을 감으면 깊은 명상에 빠져들게 됩니다. 세상이 고요해지고 하늘과 바다 사이의 경계는 이미 존재하지 않는 것 같습니다. 그런 후에 당신이 다시 숨 한 모금을 깊게 들이쉬고 잠수를 하면 바다 전체와 하나가 됩니다.
여: 당신에게 가장 인상 깊었던 잠수 경험은 무엇인가요?
남: 12년도 8월에 저는 작은 어촌 부근의 해역에서 잠수를 했습니다. 그날 겉으로 보기엔 이전과 그다지 다를 것이 없었고 저는 바로 호흡을 가다듬었습니다. 그런데 갑자기 함께 훈련하던 사람이 제 어깨를 쳤고 뒤를 보게 했습니다. 머리를 돌려 보았더니 10미터 정도 길이의 고래상어가 제 뒤에 있었습니다. 그건 그야말로 작은 버스 한 대 같았습니다. 제가 알기로 고래상어는 세계에서 가장 큰 어종입니다. 29하지만 고래상어의 천성은 오히려 아주 온순하고, 주로 플랑크톤과 작은 물고기, 작은

제 1 회
听力

새우를 먹이로 삼습니다. 저는 매우 흥분했고 이 고래상어도 우리에게 흥미가 있는 것처럼 한 바퀴 한 바퀴 우리 주위를 빙빙 돌았습니다. 심지어 한 번은 입을 벌리고 저를 향해 헤엄쳐 와서는 가볍게 제 몸을 스치고 지나갔습니다. 마치 작은 고양이가 애교를 부리는 것 같았습니다. 고래상어는 우리를 몇 번이나 휘감아 돈 후에 떠났습니다. 현지인은 우리에게 정말 행운이라고 말했습니다. 많은 사람이 일부러 고래상어를 보러 오는데, 두 달을 기다려도 소득이 없었다고 합니다. 하지만 우리는 단지 며칠간 있었는데 운 좋게 가까운 거리에서 고래상어와 접촉한 것입니다.

단어 潜水 qiánshuǐ 명 잠수 | 携带 xiédài 동 휴대하다 | 供气 gōngqì 동 공기를 공급하다 | 屏息 bǐngxī 동 숨을 죽이다 | 或 huò 대 어떤 사람, 혹자 | 宁静 níngjìng 형 편안하다 | 水肺潜水 shuǐfèi qiánshuǐ 명 스쿠버 다이빙 | 抛弃 pāoqì 동 버리다, 포기하다 | 繁重 fánzhòng 형 번잡하다, 무겁다 | 自由自在 zìyóu zìzài 성 자유자재하다 | 气泡 qìpào 명 기포 | 门槛 ménkǎn 명 문턱 | 肺部 fèibù 명 폐부 | 调息 tiáoxī 호흡을 가다듬다 | 仿佛 fǎngfú 부 마치 ~인 듯 하다 | 陷入 xiànrù 동 빠지다 | 冥想 míngxiǎng 동 명상하다 | 寂静 jìjìng 형 고요하다 | 界限 jièxiàn 명 경계 | 融为一体 róngwéi yìtǐ 일체가 되다 | 肩膀 jiānbǎng 명 어깨 | 扭头 niǔtóu 동 머리를 돌리다, 몸을 돌리다 | 鲸鲨 jīngshā 명 고래상어 | 性情 xìngqíng 명 천성, 성향, 기질 | 浮游生物 fúyóu shēngwù 명 플랑크톤 | 貌似 màosì 보기에 마치 ~인 듯 하다 | 撒娇 sājiāo 동 애교 떨다

---

26 与水肺潜水相比自由潜水有什么特点?   스쿠버 다이빙과 비교했을 때 자유잠수는 어떤 특징이 있는가?

A 会产生气泡   A 기포가 발생할 수 있다
B 需与别人合作   B 다른 사람과 협력이 필요하다
C 不必携带装备   **C 장비를 휴대할 필요가 없다**
D 更安全   D 더욱 안전하다

해설 여자가 첫 번째 질문으로 자유잠수에 대해서 묻자 남자는 '与水肺潜水相比，自由潜水抛弃了繁重的装备，更加自由自在(스쿠버 다이빙과 비교했을 때, 자유잠수는 무거운 장비를 포기하기 때문에 더욱 더 자유롭다)'라고 했으므로 정답은 C이다.

---

27 什么样的人不能学潜水?   어떤 사람이 잠수를 배우면 안 되는가?

A 不会游泳的   A 수영할 줄 모르는 사람
B 协调性差的   B 조화성이 떨어지는 사람
C 上年纪的   C 연로한 사람
D 有心血管疾病的   **D 심혈관 질병이 있는 사람**

단어 协调 xiétiáo 형 조화롭다

해설 여자가 두 번째 질문에서 '学潜水需要什么基本条件吗?(잠수를 배우려면 어떤 기본 조건이 필요합니까?)'라고 묻자 남자는 '只要你年满18岁，身体健康，没有什么心血儿管系统、肺部疾病，以及其他影响潜水的疾病(만 18세에 몸이 건강하고 심혈관 계통과 폐부 질병 및 기타 잠수에 영향을 주는 질병들이 없어야 한다)'고 했기 때문에 정답은 D이다.

28 男的认为，潜水最大的魅力是什么? 　　　　남자가 생각하기에 잠수의 가장 큰 매력은 무엇인가?

　A 认识更多朋友　　　　　　　　　　　　A 더욱 많은 친구를 알 수 있다
　B 可与自己对话　　　　　　　　　　　　B 자신과 대화할 수 있다
　C 和海洋动物接触　　　　　　　　　　　C 해양 동물과 접촉할 수 있다
　D 提高肺活量　　　　　　　　　　　　　D 폐활량을 높일 수 있다

단어　肺活量 fèihuóliàng 명 폐활량

해설　문제의 질문은 여자의 세 번째 질문에서 '对你来说，自由潜水最大的魅力是什么?(당신에게 자유잠수의 가장 큰 매력은 무엇인가요?)'와 같다. 남자의 대답 중에서 '自由潜水最大的魅力就在于，有机会可以和自己对话(자유잠수의 가장 큰 매력은 바로 자신과 대화할 수 있는 기회가 생긴다는 것이다)'라고 했다. 그러므로 B가 정답임을 알 수 있다.

29 关于鲸鲨，下列哪项正确? 　　　　　　고래상어에 관하여 다음 중 옳은 것은?

　A 性情温顺　　　　　　　　　　　　　　A 성향이 온순하다
　B 容易见到　　　　　　　　　　　　　　B 쉽게 볼 수 있다
　C 长得像猫　　　　　　　　　　　　　　C 고양이처럼 생겼다
　D 体型较小　　　　　　　　　　　　　　D 체형이 비교적 작다

해설　남자의 네 번째 대답에서 처음 '鲸鲨(고래상어)'가 언급된다. '但它性情却非常温顺(하지만 고래상어의 천성은 오히려 아주 온순하다)'이라고 했으므로 정답은 A이다. 앞부분에서 몸집이 가장 큰 어종이라고 했지만 의미 전환의 느낌을 주는 '但' 뒤의 내용에 주의하도록 하자.

30 关于自由潜水，可以知道什么? 　　　　자유잠수에 관해서 알 수 있는 것은 무엇인가?

　A 学习难度大　　　　　　　　　　　　　A 학습 난도가 높다
　B 下水前准备工作繁多　　　　　　　　　B 잠수하기 전에 준비해야 할 일이 많다
　C 调息时需要集中精神　　　　　　　　　C 호흡을 가다듬을 때 정신을 집중해야 한다
　D 训练费用高　　　　　　　　　　　　　D 훈련비용이 많이 든다

해설　남자의 세 번째 질문에서 자유잠수의 매력에 대해서 설명하다가 '当我们下潜前进行调息时，需要完完全全地集中精神(잠수하기 전 호흡을 가다듬을 때 완전히 정신을 집중하는 게 필요하다)'이라고 했기 때문에 정답이 C라는 것을 알 수 있다.

第三部分

31-33

即使性格内向，羞于在人前讲话的人，看演唱会时，也会跟着大声唱歌。看体育比赛时，也会高声为运动员呐喊助威。同一个人在不同的场合，怎么会有这么大的变化呢？这是因为，³¹当人置身于团体之中时，个人意识会变得非常淡薄。心理学将这种现象称为没个性化。个人意识变淡后，人们就会觉得，反正³²周围没有人认识自己，更不会有人留意自己，终于可以做喜欢做的事情了。所以，没有了人际关系的束缚。害羞的人也会大声唱歌、高声呐喊了。此外，³³大声喊叫还是一种释放精神压力的方法，可以使人心情舒畅。

설령 성격이 내성적이고 다른 사람 앞에서 말하는 것을 부끄러워하는 사람일지라도 콘서트를 볼 때 큰 소리로 노래를 따라 부르기도 하고, 스포츠 경기를 볼 때에도 큰소리로 운동선수를 위해 응원하기도 한다. 같은 사람이 다른 장소에서 어떻게 이렇게 큰 변화가 있을 수 있을까? 이것은 ³¹사람이 단체에 있을 때 개인의식이 매우 희미해지기 때문이다. 심리학에서는 이러한 현상을 '몰개성화'라고 부른다. 개인의식이 옅어진 이후에 사람들은 어쨌든 ³²주변에 자신을 아는 사람이 없고 자신에게 신경 쓸 사람도 없다고 생각하므로 마침내 하고 싶은 일을 할 수 있게 되는 것이다. 그래서 대인관계의 속박이 없어지게 된다. 부끄럼을 타는 사람들도 큰소리로 노래를 부르고 크게 함성을 지르게 되는 것이다. 이 외에 ³³크게 소리 지르는 것은 일종의 정신적 스트레스를 방출하는 방법이기도 해서 사람의 마음을 상쾌하게 할 수 있다.

단어 羞于 xiūyú 통 ~에 대해 난처해하다 | 演唱会 yǎnchànghuì 명 음악회, 콘서트 | 呐喊助威 nàhǎn zhùwēi 기세를 돋구다, 성원하다 | 置身 zhìshēn 통 자신을 ~에 두다, 몸담다 | 淡薄 dànbó 형 희박하다, 희미하다 | 留意 liúyì 관심을 기울이다 | 人际关系 rénjì guānxi 명 대인관계 | 束缚 shùfù 구속하다 | 释放 shìfàng 통 방출하다 | 舒畅 shūchàng 형 상쾌하다

31
害羞的人处于团体中时，个人意识有什么变化？

A 失去
B 变弱
C 增强
D 像平时一样

부끄럼을 타는 사람이 단체에 속할 때 개인의식에 어떠한 변화가 생기는가?

A 잃어버린다
B 약해진다
C 강해진다
D 평소와 같다

해설 본문에서 콘서트와 스포츠 경기를 예로 들며 '当人置身于团体之中时, 个人意识会变得非常淡薄(사람이 단체에 있을 때 개인의식이 매우 희미해지기 때문이다)'라고 했다. 희미해진다는 것은 약해진다는 것으로 정답은 B이다.

32
为什么害羞的人在听演唱会时可以大声歌唱？

A 想引起他人关注
B 摆脱了人际关系的束缚
C 周围太吵
D 想挑战自己

왜 부끄럼을 타는 사람이 콘서트에서는 큰소리로 노래를 부를 수 있는가?

A 타인의 관심을 끌고 싶어서
B 대인관계의 속박에서 벗어나서
C 주위가 너무 시끄러워서
D 자신에게 도전하고 싶어서

단어 摆脱 bǎituō 통 벗어나다, 빠져 나오다

해설 본문에서 말하는 '没个性化(몰개성화)'라는 것은 '周围没有人认识自己，更不会有人留意自己，终于可以做喜欢做的事情了。所以，没有了人际关系的束缚(주변에 자신을 아는 사람이 없고 자신에게 신경 쓸 사람도 없다고 생각하므로 마침내 하고 싶은 일을 할 수 있게 되는 것이고, 그래서 대인관계의 속박이 없어지게 된다)'라는 것이다. 다시 말해 대인관계의 속박을 떨쳐버리기 때문에 큰소리로 노래를 따라 부를 수 있는 것이라 했으므로 정답은 B이다.

33

大声喊叫的好处是什么？	크게 소리 지르는 것의 장점은 무엇인가?
A 使自己更清醒	A 자신을 더욱 또렷하게 한다
B 释放精神压力	B 정신적 스트레스를 방출시킨다
C 能更好地表达自己	C 더욱 좋게 자신을 표현할 수 있다
D 增加肺活量	D 폐활량을 늘릴 수 있다

단어 清醒 qīngxǐng 휑 맑다, 또렷하다

해설 본문 맨 마지막 문장에서 '大声喊叫还是一种释放精神压力的方法，可以使人心情舒畅(크게 소리 지르는 것은 또한 일종의 정신적 스트레스를 방출하는 방법이기도 해서 사람의 마음을 상쾌하게 할 수 있다)'이라고 했기 때문에 정답은 B이다.

34-37

春秋时期，郑国都城内有一所学校，人们都喜欢在那里聚会畅谈。一天，一位叫然明的官员路过那儿，³⁴听到里面的人正在评判朝政得失，议论官员是非。³⁵然明愤怒地转身离开。找到另一位大臣子产抱怨道："老百姓在学校里没有学到什么有用的东西，倒是学会了抨击政事。如果这些言论流传出去，对国家有害无益，干脆把学校拆了吧。"子产听完，摆摆手说："我先请教你一件事。当河水暴涨，即将溃堤时，是因势利导，放掉一些水比较好，还是加高堤岸，把水堵住比较好呢？" "³⁶当然是放掉一些水比较好。"然明答道。子产接着说道："君主治理国家，官员处理政务时都免不了会出些差错。³⁷老百姓把我们的错误都指出来，我们就可以及时改正。但如果我们拆了学校，老百姓也无处宣泄，自然不得不把不满情绪憋在心里，久而久之，就会像暴涨的河水一样，堵塞得越厉害，冲决堤岸时的力量就越大，造成的危害也就越严重。"然明听后，心服口服。

춘추 시기 정나라 수도 성내에 학교가 하나 있었는데 사람들은 그곳에 모여서 마음껏 이야기하는 것을 좋아했다. 하루는 연명이라 불리는 관원이 그곳을 지나가다가 ³⁴안에 있는 사람이 조정의 정치 득실을 평가하고 관원의 옳고 그름에 대해 논하는 것을 들었다. ³⁵연명은 분노하며 그곳을 떠났고, 다른 대신인 자산을 찾아가 불만을 터뜨리며 말했다. "백성들이 학교에서 쓸모 있는 것은 배우지 않고 오히려 정사를 비난하는 것을 배웁니다. 만약 이런 말들이 퍼져나가게 된다면 국가에 백해무익합니다. 아예 학교를 없애버립시다." 자산이 다 듣고는 손을 저으며 말했다. "제가 먼저 한 가지 일을 가르쳐 드리겠습니다. 강물이 불어나고 곧 제방이 무너질 때 추세에 따라 물을 개방하는 것이 나을까요, 아니면 둑을 높여서 물을 틀어막는 게 좋을까요?" "³⁶당연히 물을 개방하는 게 좋지요."라고 연명이 대답했다. 자산이 이어서 말했다. "군주가 국가를 통치하고 관원이 정무를 처리할 때 실수가 생기는 것은 피할 수 없습니다. ³⁷백성들이 우리의 잘못을 지적하면 우리는 즉시 바꿀 수 있습니다. 그러나 만약 학교를 없앤다면, 백성들은 털어놓을 곳이 없어지고 자연히 불만의 감정을 마음속에 담아둘 수밖에 없습니다. 오랜 시일이 지나면 불어난 강물처럼 많이 담아둘수록 제방을 무너뜨리는 힘도 더 커질 것이고, 야기되는 피해도 더욱 심각할 것입니다." 연명이 듣고 매우 감탄했다.

| 단어 | 聚会 jùhuì 동 모이다, 합류하다 | 畅谈 chàngtán 동 마음껏 이야기하다 | 路过 lùguò 동 지나다, 거치다 | 评判 píngpàn 동 판정하다, 평가하다 | 朝政 cháozhèng 명 조정의 정치 | 愤怒 fènnù 동 분노하다 | 抱怨 bàoyuàn 동 (불만을 품고) 원망하다 | 抨击 pēngjī 동 비난하다 | 有害无益 yǒuhài wúyì 성 백해무익하다 | 拆 chāi 동 뜯다, 부수다, 해체하다 | 暴涨 bàozhǎng 동 불어나다 | 溃堤 kuìdī 제방을 무너뜨리다 | 因势利导 yīnshì lìdǎo 성 사물의 발전 추세에 따라 유리한 방향으로 이끌다 | 堤岸 dī'àn 명 둑 | 堵住 dǔzhù 동 틀어막다, 메우다 | 宣泄 xuānxiè 동 털어놓다, 발산하다 | 憋 biē 동 참다, 억제하다 | 久而久之 jiǔ'ér jiǔzhī 성 오랜 시일이 지나면 | 堵塞 dǔsè 동 막히다 | 冲决 chōngjué 동 제방을 무너트리다 | 心服口服 xīnfú kǒufú 성 마음으로 감복하고 말로도 탄복하다, 감탄하다

34

老百姓喜欢在学校里谈论什么?

A 国家政事
B 耕种技术
C 学校改革
D 生活趣闻

백성들은 학교에서 무엇에 대해 논하는 것을 좋아하는가?

A 국가의 정사
B 파종 기술
C 학교 개혁
D 생활에서 재미있는 소식

단어 耕种 gēngzhòng 동 땅을 갈고 씨를 뿌리다, 파종하다 | 趣闻 qùwén 명 재미있는 소식

해설 연명이 학교를 지나가다가 '听到里面的人正在评判朝政得失, 议论官员是非(안에 있는 사람이 조정의 정치 득실을 평가하고 관원의 옳고 그름에 대해 의논하는 것을 들었다)'라고 했기 때문에 정답은 A이다.

35

然明听到老百姓的议论后, 有什么感受?

A 大受启发
B 十分生气
C 非常认同
D 特别惭愧

연명은 백성들의 여론을 듣고 어떻게 느꼈는가?

A 크게 깨우쳤다
B 매우 화가 났다
C 매우 인정했다
D 매우 부끄럽다

단어 惭愧 cánkuì 형 부끄럽다

해설 백성들이 학교에서 조정 정치의 득실, 관원의 시비를 논하는 것을 듣고는 '然明愤怒地转身离开(연명이 분노하며 그곳을 떠났다)'라고 했기 때문에 매우 화가 났음을 알 수 있다. 정답은 B이다.

36

然明认为河水暴涨时, 应该怎么做?

A 加固堤坝
B 疏散人群
C 禁止船只通行
D 放掉些水

연명은 강물이 불어났을 때 어떻게 해야 한다고 생각하는가?

A 댐을 단단하게 한다
B 인파를 분산한다
C 선박의 통행을 금지한다
D 물을 개방한다

단어 船只 chuánzhī 명 선박

해설 '当河水暴涨, 即将溃堤时, 是因势利导, 放掉一些水比较好? 还是加高堤岸, 把水堵住比较好呢? (강물이 불어나고 곧 제방이 무너질 때 추세에 따라 물을 개방하는 것이 나을까요, 아니면 둑을 높여서 물을 틀어 막는 게 좋을까요?)'라고 물어보는 자산의 말에 연명은 '当然是放掉一些水比较好(당연히 물을 개방하는 게 좋다)'라고 했기 때문에 정답은 D이다.

37 子产觉得朝廷应如何处理老百姓的意见? / 자산은 조정이 백성들의 의견을 어떻게 처리해야 한다고 생각하는가?

A 置之不理 / 내버려 두고 거들떠보지 않는다
B 交由地方机构处理 / 지방 기구가 처리하도록 맡긴다
C 定期整理上报 / 정기적으로 정리하여 상부에 보고한다
D 听取并改正 / **귀담아듣고 고친다**

 置之不理 zhìzhī bùlǐ 통 내버려 두고 거들떠보지 않다 | 交由 jiāoyóu 맡기다

 자산은 백성들이 조정의 일을 논하는 것에 대해서 '老百姓把我们的错误都指出来，我们就可以及时改正(백성들이 우리의 잘못을 지적하면 우리는 즉시 바꿀 수 있다)'라고 했기 때문에 정답은 D이다.

38-40

一次，著名画家吴冠中在整理画作时，竟将自己创作的几百幅作品撕毁了。他撕画的行为被人们戏称为"烧掉豪华的房子"。对此，吴冠中淡定地表示：³⁸我只想保留那些让行家挑不出毛病的画儿。吴冠中这样做，³⁹不仅仅是撕毁了精心创作的画作，更是将巨大的财富拒之门外。如此否定自己需要莫大的勇气，但是我们不得不说，吴冠中否定自己的行为其实也是一种智慧。他这样做，既是对画作的欣赏者和买家负责，也是对自己信誉和口碑的维护。有时候，人生得失决不能只看眼前，⁴⁰维护长远利益才是最明智的选择。

한 번은 유명 화가 오관중이 작품을 정리할 때 뜻밖에도 자신이 만든 몇백 개의 작품을 찢어버렸다. 그의 그림 찢는 행위는 사람들에게 '호화롭게 꾸민 집을 불태운다'고 조롱을 받았다. 이에 대해 오관중은 침착하게 표명했다. ³⁸"저는 단지 전문가가 흠잡을 것이 없는 그림을 남겨두고 싶었을 뿐입니다." 오관중의 이러한 행동은 ³⁹정성 들여 창작한 작품을 찢어버린 것일 뿐만 아니라 한층 나아가서는 막대한 재산을 거절한 것이기도 하다. 이처럼 자신을 부정하려면 크나큰 용기가 필요하다. 그러나 우리는 오관중의 자신을 부정하는 행위가 사실 일종의 지혜라고 말하지 않을 수 없다. 그가 이렇게 한 것은 작품의 감상자와 작품 구매자에 대한 책임을 지는 것뿐만 아니라 자신에 대한 신용과 평판에 대한 보호이다. 때로는 인생의 득실을 절대 눈앞에서만 봐서는 안 된다. ⁴⁰원대한 이익을 유지하는 것이 현명한 선택이다.

画作 huàzuò 명 작품, 미술작품 | 撕毁 sīhuǐ 찢다 | 戏 xì 통 조롱하다 | 烧掉 shāodiào 태우다 | 豪华 háohuá 형 호화스럽다 | 淡定 dàndìng 침착하다 | 保留 bǎoliú 남기다 | 行家 hángjia 전문가 | 挑毛病 tiāo máobìng 통 결점을 들추다 | 精心 jīngxīn 형 정성이다 | 拒之门外 jùzhī ménwài 명 사람을 집안에 들어오지 못하게 하다, 거절하다 | 买家 mǎijiā 사는 사람 | 口碑 kǒubēi 명 평판 | 维护 wéihù 통 유지하다, 보호하다 | 决不能 juébùnéng 절대 ~하면 안 된다 | 长远 chángyuǎn 형 원대하다 | 利益 lìyì 명 이익 | 明智 míngzhì 형 총명하다

38 吴冠中为什么要撕画儿? / 오관중은 왜 그림을 찢으려고 했는가?

A 家中无处摆放 / 집에 놓을 곳이 없어서
B 画作是假的 / 작품이 가짜라서
C 不满意画作 / **작품에 만족하지 못해서**
D 画作被人诋毁 / 작품이 사람들에게 모욕당해서

无处 wúchù 통 ~할 곳이 없다 | 摆放 bǎifàng 통 놓다 | 诋毁 dǐhuǐ 통 모욕하다, 능멸하다

| 해설 | 오관중이 그림을 찢을 때 많은 사람이 비난했지만 오관중은 '我只想保留那些让行家挑不出毛病的画儿(나는 단지 전문가가 흠잡을 것 없는 그림을 남겨두고 싶었을 뿐이다)'이라고 했다. 다시 말해 오관중이 작품에 스스로 만족하지 못해서 그림을 찢었다는 것을 알 수 있다. 답은 C이다. |

제 1회

听力

39

为什么有人觉得吴冠中的行为是"烧掉豪华的房子"?

A 这样做会连累家人
B 画作多以建筑为主题
C 画作摆满了房间
D 画作很值钱

왜 사람들은 오관중의 행위를 '호화롭게 꾸민 집을 불태우는 것'이라고 생각하는가?

A 이렇게 하면 가족과 연관될 것이기 때문에
B 작품이 주로 건물을 주제로 삼고 있어서
C 작품이 방 안에 가득 놓여 있어서
D 작품이 값어치가 나가서

| 단어 | 连累 liánlěi 동 연관되다 | 值钱 zhíqián 동 값어치가 나가다 |

| 해설 | 오관중이 그림을 찢는 행위에 대해서 '不仅仅是撕毁了精心创作的画作, 更是将巨大的财富拒之门外(정성 들여 창작한 작품을 찢어버린 일일 뿐만 아니라 한층 더 나아가서는 막대한 재산을 거절한 것이다)'라고 했다. 다시 말해 그만큼 그림이 값어치가 나갔기 때문에 '호화로운 집을 불태우는 것'이라고 표현한 것이다. 정답은 D이다. |

40

这段话主要想告诉我们什么?

A 要居安思危
B 要重视长远利益
C 要肯定自己
D 要敢于接受挑战

이 글에서 우리에게 말하고자 하는 것은 무엇인가?

A 위험에 대처할 수 있도록 준비해야 한다
B 원대한 이익을 중시해야 한다
C 자신을 인정해야 한다
D 용감하게 도전을 받아들여야 한다

| 단어 | 居安思危 jū'ān sīwēi 성 위험에 대처할 수 있도록 준비한다 |

| 해설 | 마음에 들지 않는 작품은 찢어버리는 오관중을 예로 들며 마지막에 '维护长远利益才是最明智的选择(원대한 이익을 유지하는 것이 현명한 선택이다)'라고 했기 때문에 정답은 B이다. |

41-43

汉语中的"推敲"一词, 意为反复琢磨。它是由唐朝诗人贾岛锤炼诗句的故事引申而来的。一天, 贾岛在街上行走, 随口吟了一首诗。其中两句是: "鸟宿池边树, 僧推月下门。"贾岛觉得诗中的"推"字用得不够恰当, 想改为"敲"字。但又不知"敲"字是否真的合适。因此, 他一面思考, 一面用手反复地做着推门和敲门两种动作。⁴¹路人看到贾岛的行为, 都感到十分奇怪。这一幕恰好也被当时的著名诗人——韩愈看到了。

중국어 중에 '퇴고(推敲)'라는 단어는 거듭하여 깊게 생각한다는 뜻이다. 그것은 당나라 시인 가도가 시구를 연마하던 이야기에서 파생되어 나온 것이다. 하루는 가도가 길을 가다가 입에서 나오는 대로 시 한 수를 읊었다. 그중 두 구절이 "새들도 연못가 나무에서 잠을 자는데, 스님만이 달 아래에서 문을 미네."였다. 가도는 시에서 '퇴(推, 밀다)'라는 글자가 적절한 것 같지 않아 '고(敲, 두드리다)'로 바꾸고 싶었다. 하지만 또 '고'라는 글자가 정말 적절한지도 알 수 없었다. 그리하여 그는 생각에 빠진 채 손으로 문을 밀고 두드리는 두 가지

韩愈问他在做什么。贾岛就将自己斟酌"推"、"敲"二字的事情讲了一遍。韩愈听后，深思片刻说道："⁴²'敲'字好，在万物入睡，沉静得没有一点儿声息的时候，敲门声更显得夜深人静。"贾岛连连拜谢，并把诗句定为："僧敲月下门"。⁴³从此，"推敲"一词，便用来表示——反复修改文字或深入思考问题。

동작을 반복했다. ⁴¹지나가던 행인이 가도의 행동을 보고 매우 이상하게 여겼다. 이 장면을 마침 당시의 유명한 시인이었던 한유가 보게 되었고 한유는 그에게 무엇을 하고 있느냐고 물었다. 가도는 자신이 고민하는 '퇴', '고' 두 글자의 일을 설명했다. 한유가 다 듣고 잠시 깊이 생각한 후 말했다. "⁴²'고'라는 글자가 좋네. 만물이 잠이 들고 고요하여 작은 소리도 없을 때에 문을 두드리는 소리가 더욱 밤의 고요함을 잘 드러낸다네." 가도는 거듭 감사해 하며 시구를 "스님만이 달 아래에서 문을 두드리네"로 정했다. ⁴³이때부터 '퇴고'라는 단어는 문자를 거듭 고치거나 문제를 깊게 생각한다는 의미로 쓰이게 되었다.

단어 推敲 tuīqiāo 동 퇴고하다, 이것 저것 곰곰이 생각하다 | 琢磨 zuómo 동 깊이 생각하다 | 锤炼 chuíliàn 동 연마하다 | 引申 yǐnshēn 동 새로운 뜻이 파생되다 | 随口 suíkǒu 튀 입에서 나오는 대로 | 吟 yín 동 읊다 | 恰当 qiàdàng 형 합당하다 | 恰好 qiàhǎo 튀 마침 | 斟酌 zhēnzhuó 동 심사숙고하다 | 入睡 rùshuì 동 잠들다 | 沉静 chénjìng 형 고요하다 | 夜深人静 yèshēn rénjìng 성 밤이 깊어지자 인적이 드물어 아주 고요하다 | 连连 liánlián 튀 줄곧 | 拜谢 bàixiè 동 감사 드리다

41
路人觉得贾岛的行为怎么样?

A 非常奇怪
B 值得鉴赏
C 特别粗鲁
D 比较幼稚

지나가던 행인은 가도의 행위를 어떻게 생각했는가?

A 매우 이상하다
B 감상할 만하다
C 매우 거칠고 우악스럽다
D 비교적 유치하다

단어 鉴赏 jiànshǎng 동 감상하다 | 粗鲁 cūlǔ 형 거칠고 우악스럽다 | 幼稚 yòuzhì 형 유치하다

해설 가도가 시를 읊다가 '推'라는 단어에 의문이 생겨 손으로 계속 문을 밀고 두드리는 동작을 하자 '路人看到贾岛的行为，都感到十分奇怪(행인이 가도의 행동을 보고 매우 이상하게 여겼다)'라고 했으므로 정답은 A이다.

42
韩愈为什么认为"敲"字更好?

A 动作更加形象
B 使诗句更押韵
C 更显夜深人静
D 更加简单易懂

한유는 왜 '敲'라는 글자가 더 좋다고 생각하는가?

A 동작이 더욱 형상적이다
B 시구가 더욱 운율에 맞다
C 밤의 고요함을 더 잘 드러낸다
D 더 이해하기 쉽다

단어 押韵 yāyùn 동 압운하다, 운율이 맞다

해설 한유 또한 '敲'라는 글자가 더 적절하겠다고 생각을 했다. 그 이유는 ''敲'字好，在万物入睡，沉静的没有一点儿声息的时候，敲门声更显得夜深人静('고'라는 글자가 좋네. 만물이 잠이 들고 고요하여 작은 소리도 없을 때에 문을 두드리는 소리가 더욱 밤의 고요함을 잘 드러난다)'이라는 부분을 보면 알 수 있으므로 정답은 C이다.

43

这段话，主要谈的是什么？

A 贾岛与韩愈的友谊
B "推敲"一词的由来
C 贾岛学诗的趣事
D "推敲"一词的应用

이 글에서 말하고 싶은 것은 무엇인가?

A 가도와 한유의 우정
B '퇴고'라는 단어의 유래
C 가도가 시를 배울 때 있었던 재미난 일
D '퇴고'라는 단어의 응용

 趣事 qùshì 명 재미난 일

 가도와 한유의 이야기를 통하여 알려주고자 하는 것은 본문 맨 마지막 문장을 보면 알 수 있다. '从此，"推敲"一词，便用来表示──反复修改文字或深入思考问题(이때부터 '퇴고'라는 단어는 문자를 거듭 고치거나 문제를 깊게 생각한다는 의미로 쓰이게 되었다)'라고 했기 때문에 정답은 B라는 것을 알 수 있다.

 44-47

近年来，一些驱蚊软件受到了很多年轻人的追捧。但从科学的角度来讲，⁴⁴它们却未必靠谱儿。这些驱蚊软件的开发者，都声称，⁴⁵软件是根据仿生学及声学原理开发的。通过手机或电脑运行，可以发出与蚊子的天敌蝙蝠、蜻蜓等相同频率的超声波，从而达到驱蚊的目的。但这里存在两个问题：其一，超声波到底能不能驱蚊。据生物学专家介绍，蚊子对超声波虽有一定的感知能力，但由于蚊子交流的复杂性，现在还没有足够的范例，能证明哪种超声波能对蚊子有影响。其二，即便超声波能有效地驱蚊，但我们日常生活的手机、电脑，真能产生这样的超声波吗？我们知道，⁴⁶人的听觉范围在20赫兹~20000赫兹之间。电脑、手机的音响就是根据人耳的这种听觉特性设计的。蝙蝠、蜻蜓等发出的声音都是20000赫兹以上的超声波。其中，蝙蝠发出的超声波更是高达300000赫兹。也就是说，⁴⁷要起到驱蚊作用，就一定要用特殊的设备来播放超声波才行。从技术层面上来说，目前的电脑和手机都不可能实现这项功能。

최근 모기 퇴치 소프트웨어가 젊은이들의 열렬한 각광을 받았다. 하지만 과학적인 시각에서 말하자면 ⁴⁴그것들은 합당한 근거가 있는 것은 아니다. 이러한 모기 퇴치 소프트웨어의 개발자들은 ⁴⁵소프트웨어가 생체공학과 음향학의 원리로 개발된 것이라고 표명했다. 휴대전화나 컴퓨터의 작동을 통하여 모기의 천적인 박쥐, 잠자리 등과 동일한 주파수의 초음파를 낼 수 있어 모기 퇴치의 목적을 달성하는 것이다. 하지만 여기에는 두 가지 문제점이 있다. 첫 번째는 초음파가 정말로 모기를 퇴치할 수 있느냐는 것이다. 생물학자의 소개에 따르면 모기가 초음파에 대한 어느 정도의 감지 능력이 있기는 하지만 모기가 교류하는 복잡성 때문에 어떤 초음파가 모기에게 영향을 주는지 증명할 수 있는 충분한 범례가 아직은 없다. 두 번째는 비록 초음파가 모기 퇴치에 효과적이라고 할지라도 일상생활에서의 휴대전화, 컴퓨터가 정말로 이러한 초음파를 낼 수 있을까? 우리는 ⁴⁶사람의 청각 범위가 20Hz에서 20,000Hz 사이라고 알고 있다. 컴퓨터, 휴대전화의 음향은 사람 귀의 이러한 청각 특성에 근거하여 설계된 것이다. 박쥐, 잠자리 등이 내는 소리는 모두 20,000Hz 이상의 초음파이다. 그 중, 박쥐가 내는 초음파는 300,000Hz가 넘는다. 다시 말해 ⁴⁷모기 퇴치의 작용을 하려면 반드시 특수한 장비로 초음파를 내야만 가능하다. 기술적인 측면에서 말하자면 현재의 컴퓨터와 휴대전화는 모두 이 기능을 실현할 수 없다.

 驱 qū 쫓아내다 | 追捧 zhuīpěng 동 열렬하게 추종하다 | 未必 wèibì 부 반드시 ~한 것은 아니다 | 靠谱儿 kàopǔer 이치에 부합되다 | 声称 shēngchēng 표명하다 | 仿生学 fǎngshēngxué 생체공학 | 蚊子 wénzi 명 모기 | 天敌 tiāndí 명 천적 | 蝙蝠 biānfú 명 박쥐 | 蜻蜓 qīngtíng 명 잠자리 | 频率 pínlǜ 주파수 | 超声波 chāoshēngbō 초음파 | 范例 fànlì 명 범례, 모델 | 赫兹 hèzī 명 헤르츠(Hz) | 层面 céngmiàn 명 방면

44 这段话中的"靠谱儿"是什么意思?　　　이 글에서 '靠谱儿'는 무슨 뜻인가?

A 夸张　　　　　　　　　　　　　　　　A 과장되다
B 时尚　　　　　　　　　　　　　　　　B 최신 유행이다
C 有依赖性　　　　　　　　　　　　　　C 의존성이 있다
D 合理　　　　　　　　　　　　　　　　D 이치에 합당하다

> 해설　원래 '靠谱'는 '이치에 부합하다'라는 뜻으로, 중간에 '儿'이 붙었을 뿐이다. '它们却未必靠谱儿'은 '그것들은 합당한 근거가 있는 것이 아니다'라는 의미이며 '靠谱儿' 자체는 '이치에 합당하다'라는 의미의 D와 부합한다.

45 开发者声称,驱蚊软件是利用什么原理开发的?　　개발자는 모기 퇴치 소프트웨어가 어떤 원리를 이용해서 개발했다고 표명했는가?

A 仿生学　　　　　　　　　　　　　　　A 생체공학
B 进化论　　　　　　　　　　　　　　　B 진화론
C 能量守恒　　　　　　　　　　　　　　C 에너지 보존
D 力学　　　　　　　　　　　　　　　　D 역학

> 단어　守恒 shǒuhéng 동 변함없이 보존하다

> 해설　'软件是根据仿生学及声学原理开发的(소프트웨어가 생체공학과 음향학의 원리로 개발된 것이다)'라고 했기 때문에 정답은 A이다.

46 人的听觉范围是多少?　　　　　　　　사람의 청각 범위는 어떻게 되는가?

A 0赫兹-20赫兹　　　　　　　　　　　　A 0Hz -20Hz
B 300000赫兹以上　　　　　　　　　　　B 300,000Hz 이상
C 20赫兹-20000赫兹　　　　　　　　　　C 20Hz -20,000Hz
D 20000赫兹-300000赫兹　　　　　　　　D 20,000Hz -300,000Hz

> 해설　사람의 청각 범위에 대해서 묻는 문제로, 숫자가 하나만 나오는 것이 아니기 때문에 주의 깊게 들어야 한다. 지문에서 사람의 청각 범위는 20Hz에서 20,000Hz 사이이고, 박쥐와 잠자리 등이 내는 소리는 모두 20,000Hz 이상의 초음파이며, 박쥐가 내는 초음파는 300,000Hz가 넘는다고 했기 때문에 정답은 C이다.

47 根据这段话,下列哪项正确?　　　　　　이 글에 근거하여 다음 중 옳은 것은?

A 手机不能播放超声波　　　　　　　　　A 휴대전화는 초음파를 낼 수 없다
B 电脑音响音质更好　　　　　　　　　　B 컴퓨터 음향 음질이 더욱 좋다
C 蜻蜓不能发出超声波　　　　　　　　　C 잠자리는 초음파를 낼 수 없다
D 驱蚊软件只对蚊子有效　　　　　　　　D 모기퇴치 소프트웨어는 모기에게만 효과적이다

> 해설　본문에서는 사람의 청각 범위와 모기가 내는 소리의 청각 범위가 다르기 때문에 모기 퇴치 소프트웨어가 소용이 없다고 말하고 있다. 게다가 마지막에 '要起到驱蚊作用,就一定要用特殊的设备来播放超声波才行。从技术层面上来说,目前的电脑和手机都不可能实现这项功能(모기 퇴치 작용을 하려면 반드시 특수한 장비로 초음파를 내야만 가능하다. 기술적인 측면에서 말하자면 현재의 컴퓨터와 휴대전화는 모두 이 기능을 실현할 수 없다)'이라고 했기 때문에 A가 정답이다.

48-50

⁴⁸一天，唐伯虎在家中作画时，突然来了几个熟人。他们对墙壁上的书画指指点点，妄加评论。噪声使得唐伯虎无法静心作画，但他又不好下逐客令。⁴⁹为了让他们安静下来，唐伯虎给大家出了道题。只见他在一张白纸上涂了一团墨，说猜一个字。然后，就进里屋作画去了。这群人面对一团墨，猜了大半天，却没有一个人猜中。这时，唐伯虎的好友祝枝山来了。众人忙上前求他破解谜题。祝枝山一看，稍微一笑，对众人说："此题不难，墨团就是大黑点儿。而大黑点这三个字组合起来就是沉默的默字。"⁵⁰众人听后顿时醒悟，便一声不响地离开了。

⁴⁸하루는 당백호가 집에서 그림을 그리는데 갑자기 몇몇 지인들이 찾아왔다. 그들은 벽에 걸린 서예와 그림에 대해 결점을 찾으며 멋대로 평론했다. 소음으로 당백호는 차분하게 그림을 그릴 수 없었지만, 손님을 내쫓는 말을 하기도 쉽지 않았다. ⁴⁹그들을 조용하게 하기 위해 당백호는 모두에게 문제를 냈다. 그는 흰 종이 위에 한 덩이 먹을 칠하여 보여주면서 글자 하나를 추측하라고 말했다. 그런 후 그림을 그리러 방으로 들어갔다. 이 사람들은 한 덩이의 검은 먹물을 보며 한참동안 추측했지만, 누구도 맞추지 못했다. 이때 당백호의 친한 친구인 축지산이 왔다. 모두 앞다투어 그에게 수수께끼를 풀게 했다. 축지산이 한 번 보고는 슬며시 웃으며 모두에게 말했다. "이 문제는 어렵지 않습니다. 이 검은 덩어리는 바로 크고 검은 점(大，黑，点)입니다. 이 세 글자(大，黑，点)를 조합해보면 '침묵'의 '묵(默)'자가 됩니다." ⁵⁰모두가 듣고 갑자기 깨달아서 아무 소리도 내지 않고 돌아갔다.

단어 墙壁 qiángbì 圐 벽 | 指指点点 zhǐzhi diǎndiǎn 圐 결점을 찾다 | 妄加 wàngjiā 圐 멋대로 가하다 | 噪声 zàoshēng 圐 소음 | 静心 jìngxīn 圐 마음을 가라앉히다 | 逐客令 zhúkèlìng 圐 손님을 내쫓는 말 | 猜中 cāizhòng 圐 맞추다, 예상이 적중하다 | 破解 pòjiě 圐 파헤치다, 분석하다 | 谜题 mítí 圐 수수께끼 | 沉默 chénmò 圐 침묵하다, 과묵하다 | 顿时 dùnshí 圐 갑자기 | 醒悟 xǐngwù 圐 깨닫다 | 一声不响 yìshēng bùxiǎng 圐 아무 소리도 내지 않다

48
那群人来的时候，唐伯虎在做什么？

A 画画儿
B 作诗
C 下棋
D 练书法

사람들이 왔을 때 당백호는 무엇을 하고 있었는가?

A 그림을 그리고 있었다
B 시를 쓰고 있었다
C 장기를 두고 있었다
D 서예를 연마하고 있었다

해설 첫 번째 문장에서 '一天，唐伯虎在家中作画时，突然来了几个熟人(하루는 당백호가 집에서 그림을 그리는데 갑자기 몇몇 아는 사람들이 찾아왔다)'라고 했기 때문에 그때 그림을 그리고 있었음을 알 수 있다. 정답은 A이다.

49
唐伯虎为什么给那群人出题？

A 制造话题
B 想让大家安静
C 炫耀自己的才智
D 打发时间

당백호는 왜 사람들에게 문제를 냈는가?

A 화젯거리를 만들려고
B 모두를 조용하게 하고 싶어서
C 자신의 지혜를 자랑하고 싶어서
D 시간을 보내려고

단어 炫耀 xuànyào 圐 자랑하다

해설 갑자기 찾아온 사람들이 그림을 멋대로 평가하면서 시끄러웠기 때문에 당백호는 그들을 조용히 시키기 위해 문제를 낸 것이다. '为了让他们安静下来(그들을 조용히 시키기 위해)'를 들었다면 답을 쉽게 찾을 수 있으므로 B가 정답이다.

50 知道答案后，那群人是怎么做的? | 답을 알고 난 후에 사람들은 어떻게 했는가?

A 大吵大闹起来
B 继续评论作品
C 向唐伯虎道了歉
D 默默地离开

A 소란을 피우기 시작했다
B 계속해서 작품을 평론했다
C 당백호에게 사과했다
D 조용히 떠났다

단어 大闹 dànào 동 요란을 떨다

해설 당백호가 낸 문제의 답은 '침묵'의 '묵(默)'자였기 때문에, 시끄럽게 떠들던 사람들은 당백호가 문제를 낸 이유가 자신들을 침묵하게 하기 위함이라는 것을 깨달았다. 그렇기 때문에 '众人听后顿时醒悟，便一声不响地离开了 (모두 듣고 갑자기 깨달아서 아무 소리도 내지 않고 그곳을 떠났다)'라는 문장을 통하여 정답이 D라는 것을 알 수 있다.

二 阅读

제1회
阅读

第 一 部 分

51-60

51
A 新疆玉石是中国玉石中的佼佼者。
B 能源的短缺极大地限制了这座城市的经济发展。
C 不同的人, 既然站在同一个地方, 看到的风景也不尽相同。
D 由于发行量小且具有纪念意义, 纪念币往往有着较高的收藏价值。

A 신장옥은 중국의 옥 중에서도 으뜸이다.
B 에너지의 부족은 이 도시의 경제 발전을 크게 제한시켰다.
C 다른 사람이 (설령) 같은 자리에 서 있더라도 보는 풍경도 같은 것은 아니다.
D 발행량이 적고 기념의 의미를 지녀서 기념화폐는 흔히 비교적 높은 소장 가치를 지닌다.

단어 佼佼者 jiǎojiǎozhě 몡 뛰어난 존재, 걸출한 인물 | 既然 jìrán 젭 ~된 바에야 | 即使 jíshǐ 젭 설령 ~하더라도 | 不尽 bújìn 빈 모두 ~한 것은 아니다 | 由于 yóuyú 젭 ~으로 인하여 | 纪念 jìniàn 몡 기념 | 收藏 shōucáng 동 소장하다

해설 C의 '既然'은 '~하게 된 바에야'라는 의미로 '就'와 호응한다. 문장을 해석해보면 '既然'보다는 '即使(설령 ~일지라도)'가 더욱 적절하다. 또한 '即使'는 본문에 있는 '也'와 호응으로 '不同的人, 即使站在同一个地方, 看到的风景也不尽相同'이 맞는 표현이다.

52
A 水母含水量大多在95%以上, 是世界上含水量最高的生物。
B 屏风一般陈设于室内的显著位置, 起到分隔空间、挡风及装饰等。
C 爬上山顶后, 他的眼前豁然开朗。
D 真正的幸福需要我们一点点去争取, 一天天去积累。

A 해파리는 함수량이 95% 이상으로, 세상에서 함수량이 가장 많은 생물이다.
B 병풍은 일반적으로 실내의 눈에 잘 띄는 곳에 두는데, 공간을 나누고 바람을 막아주며 장식 등(의 작용)을 한다.
C 산꼭대기에 오르자 그의 눈앞이 탁 트였다.
D 진정한 행복은 우리가 조금씩 쟁취하며 하루하루 쌓아가는 것이다.

단어 水母 shuǐmǔ 몡 해파리 | 屏风 píngfēng 몡 병풍 | 陈设 chénshè 동 배치하다 | 显著 xiǎnzhù 톙 현저하다, 두드러지다 | 分隔 bùjìn 동 갈라놓다 | 挡风 dǎngfēng 동 바람을 막다 | 装饰 zhuāngshì 몡 장식(품) | 豁然开朗 huòrán kāilǎng 졩 눈앞이 확 트이다 | 争取 zhēngqǔ 동 쟁취하다 | 积累 jīlěi 동 쌓이다, 누적되다

해설 B에서의 주어는 '屏风(병풍)'이며 이어지는 뒷절에서 술어는 '起到(일으키다)'이다. 하지만 '起到分隔空间、挡风及装饰等'을 해석해보면 '공간을 나누고 바람을 막아주고 장식 등을 일으킨다'라고 하여 목적어가 명확하지 않다. 따라서 '起到分隔空间、挡风及装饰的作用'으로 덧붙여 '공간을 나누고 바람을 막아주며 장식을 하는 작용을 일으킨다'라고 하는 것이 적절하다. 이때 쓰이는 상용구문인 '起到…作用'을 외워두면 더욱 좋다.

53

A 人们在海滩上呼吸着尽情地清新空气。
B 山楂营养丰富，其有机酸和维生素C的含量较高。
C 赛里木湖位于新疆的北天山山脉中，是一个风光秀美的高山湖泊。
D 尊重数据就是尊重客观事实。

A 사람들이 해변에서 신선한 공기를 (마음껏) 호흡하고 있다.
B 산사자는 영양이 풍부하며, 그중 크레아틴과 비타민C의 함량이 높은 편이다.
C 싸이리무 호수는 신장의 북천산 산맥에 있는 경치가 매우 아름다운 산중 호수이다.
D 데이터를 중시하는 것은 바로 객관적인 사실을 중시하는 것이다.

단어 海滩 hǎitān 몡 해변의 모래시장 | 呼吸 hūxī 동 호흡하다 | 尽情 jìnqíng 부 한껏, 마음껏 | 山楂 shānzhā 몡 산사자, 산사나무의 열매 | 有机酸 yǒujīsuān 몡 유기산, 크레아틴 | 维生素 wéishēngsù 몡 비타민 | 含量 hánliàng 몡 함량 | 位于 wèiyú 동 ~에 위치하다 | 风光秀美 fēngguāng xiùměi 경치가 수려하다 | 尊重 zūnzhòng 동 중시하다 | 客观 kèguān 형 객관적이다

해설 A의 구조조사 '地'는 동사나 형용사의 앞에 쓰여 술어부분을 수식하는 역할을 한다. 다시 말해 '尽情地'가 들어갈 곳은 명사 앞이 아닌 술어 '呼吸'의 앞부분이어야 한다. 따라서 '人们在海滩上尽情地呼吸着清新空气'와 같은 어순이 적절하다.

54

A 矿物质水并非矿泉水，它是用自来水加工生产而成的。
B 生活是一面镜子，你若对它愁眉苦脸，它绝不会对你从容微笑。
C 她的事迹鼓舞了很多正在找工作的年轻人。
D 合适的枕头有利于保持人体正常的颈椎曲度，提高睡眠长度。

A 광물질 물은 광천수가 아니라, 수돗물을 가공해서 만들어내는 것이다.
B 생활은 하나의 거울이어서, 당신이 만약에 찡그리며 쳐다보면 거울은 절대 당신에게 웃지 않을 것이다.
C 그녀의 사적은 일자리를 찾고 있는 많은 젊은 이들을 격려했다.
D 적당한 베개는 인체의 정상적인 경추도를 유지하고 수면의 (질)을 높이는 데 이롭다.

단어 矿物质 kuàngwùzhì 몡 광물질 | 生产 shēngchǎn 동 생산하다 | 愁眉苦脸 chóuméi kǔliǎn 성 우거지상 | 事迹 shìjì 몡 사적 | 鼓舞 gǔwǔ 동 격려하다 | 枕头 zhěntou 몡 베개 | 有利 yǒulì 형 유리하다, 이롭다 | 颈椎 jǐngzhuī 몡 경추 목등뼈 | 曲度 qū dù 굽은 정도

해설 D의 '提高睡眠长度'을 직역하면 '수면의 길이를 높이다'라는 의미이기 때문에 어색하다. 이때 '길이'라는 의미의 '长度'보다는 '질'이라는 의미의 '质量'이 적합하다. 따라서 '提高睡眠质量'이라고 써야 한다.

55

A 有时候眼见不一定为实，因为你所看到的很可能只是事情的一部分。
B 命运就像自己的掌纹，虽然弯弯曲曲，而且始终掌握在自己手中。
C 比起昨天股票市场的大幅上涨，今天的收益就惨淡多了。
D 演讲时带上稿子，主要是为了心里踏实，不一定非得照着念。

A 때로는 눈으로 직접 본 것이 꼭 사실이 아닐 수 있는데, 왜냐하면 당신이 본 것이 단지 사건의 일부분일 수 있기 때문이다.
B 운명은 자신의 손금과 같아서 비록 구불구불 (하지만) 언제나 자신의 손에 있기 때문이다.
C 어제 주식시장의 대폭 상승과 비교하면, 오늘의 수익은 정말 참담하다.
D 연설할 때 원고를 챙기는 것은 주로 심리적인 안정을 위함이며, 반드시 그대로 읽을 필요는 없다.

제1회

阅读

> **단어** 眼见 yǎnjiàn 통 눈으로 직접 보다 | 掌纹 zhǎngwén 명 손금 | 弯弯曲曲 wānwānqūqū 구불구불하다 | 始终 shǐzhōng 부 언제나 | 掌握 zhǎngwò 통 파악하다, 지배하다 | 股票 gǔpiào 명 주식 | 大幅 dàfú 형 대폭의, 대폭적인 | 上涨 shàngzhǎng 통 오르다 | 收益 shōuyì 명 수익 | 惨淡 cǎndàn 형 암담하다, 참담하다 | 踏实 tāshi 형 마음이 놓이다 | 非得 fēiděi 부 반드시 ~해야 한다

> **해설** '虽然'은 '비록'이라는 의미로 '그러나'라는 뜻의 '但是'와 호응한다. B에서는 '虽然' 다음에 '而且(게다가)'가 나왔기 때문에 호응관계가 부적절하다. 따라서 '而且'를 '但是'로 바꾸어 '命运就像自己的掌纹, 虽然弯弯曲曲, 但是始终掌握在自己手中'이 옳은 표현이다.

56

A 这种新型燃料轿车车型精巧, 突出体现了清洁环保的理念。	A 이러한 신형 연료의 승용차는 스타일이 정교하고, 청정 친환경 이념을 부각했다.
B "重温经典"系列阅读活动, 对改善青少年阅读现状有着重要的意义。	B '고전 되새기기' 시리즈의 독서 캠페인은 청소년들의 독서 현황을 개선하는 데 있어 중요한 의의를 가진다.
C 在船上, 我们遇到了一个老同学, **千万**没想到他也要去那个岛。	C 배에서 우리는 옛 동창을 만났는데, 그도 그 섬에 가려고 하는 것은 (결코) 생각지도 못했다.
D 科学是反映自然、社会、思维等客观规律的知识体系。	D 과학은 자연, 사회, 사유 등 객관적인 법칙의 지식 체계를 반영한다.

> **단어** 燃料 ránliào 명 연료 | 轿车 jiàochē 명 승용차 | 精巧 jīngqiǎo 형 정교하다 | 突出 tūchū 형 두드러지다 | 清洁 qīngjié 형 깨끗하다, 청결하다 | 理念 lǐniàn 명 신념, 이념 | 重温 chóngwēn 통 되새기다 | 系列 xìliè 명 시리즈, 계열 | 反映 fǎnyìng 통 반영하다 | 思维 sīwéi 명 사유 | 体系 tǐxì 명 체계

> **해설** C에서 '千万'은 '부디, 제발, 아무쪼록'이라는 의미로 때에 따라서 '万万'과 같은 용법으로 쓰일 수 있다. 하지만 '千万'은 평서문에서는 잘 쓰이지 않으며 '万万'은 그러한 제한이 따로 없다. 만약 '결코 생각하지 못했다'고 쓰려면 '万万没想到'가 적절하다.

57

A 科学研究不能急功近利, 而应该脚踏实地, 一步一个脚印地前进。	A 과학 연구는 눈앞의 성공과 이익에만 급급해서는 안 되며 착실하게 한 걸음씩 나가야 한다.
B 大明宫是东方园林建筑的杰出代表, 被誉为"丝绸之路上的东方圣殿"。	B 대명궁은 동방원림 건축의 뛰어난 대표(작)으로, '실크로드 위의 동방성지'라 불린다.
C 许多人对他的成功**赢得**了惊异、敬佩乃至嫉妒的目光。	C 많은 사람이 그의 성공에 경이로움과 존경스러움, 심지어 질투의 시선을 (보냈다).
D 传统画竹方法多采用直幅构图法, 这样可较好地体现竹子挺拔的姿态。	D 전통적으로 대나무를 그리는 방식에는 대부분 수직의 구도 방법을 사용했으며, 이렇게 해서 대나무의 곧추선 자태를 더 잘 표현해낼 수 있었다.

> **단어** 急功近利 jígōng jìnlì 성 눈앞의 성공과 이익에만 급급하다 | 脚踏实地 jiǎotà shídì 성 착실하고 견실하다 | 脚印 jiǎoyìn 명 발자국 | 杰出 jiéchū 형 뛰어난 | 誉为 yùwéi 통 ~(이)라고 칭송되다 | 圣殿 shèngdiàn 명 성지 | 惊异 jīngyì 형 놀랍다 | 敬佩 jìngpèi 통 탄복하다 | 嫉妒 jídù 통 질투하다 | 挺拔 tǐngbá 형 우뚝하다, 높이 솟다 | 姿态 zītài 명 자태, 태도

> **해설** C의 '赢得'는 '얻다'라는 뜻이다. 이 문장의 목적어는 '惊异、敬佩乃至嫉妒的目光(놀라움과 탄복, 심지어 질투의 시선)'이며, 주어까지 모두 해석을 해보면 '많은 사람이 그의 성공에 경이로움과 존경스러움, 심지어 질투의 시선을 얻었다'가 되기 때문에 매우 어색하다. 목적어인 '目光'과 상응할 수 있는 술어로는 '投向'이 있으며 '许多人对他的成功投向了惊异、敬佩乃至嫉妒的目光'이 적절하다.

58

A "地球三大生态系统"之一的湿地、森林和海洋，与人类的生存发展休戚相关，具有不可替代的重要功能。
B 只有在没有任何功利的心态下，我们才能享受到学习的乐趣、并真正学到东西。
C 本市首届文化创意节日前开幕，主办方推出的一系列新颖独特的活动，受到了市民和四方游客的热捧。
D 《搜神记》是一部记录神奇怪异传说的小说集，它开创了中国古代神话小说的先河。

A '지구 삼대 생태시스템'인 습지와 삼림, 해양은 인류의 생존 발전과 밀접한 관계가 있으며, 대체할 수 없는 중요한 기능을 가졌다.
B 어떠한 실리도 없는 심리 상태에서만이 학습의 재미를 느끼면서 진정으로 뭔가를 배울 수 있다.
C 우리 시의 제1회 문화창작의 축제가 얼마 전 개막되어 주최 측이 마련한 일련의 참신하고 독특한 행사가 시민들과 각지에서 온 관광객들의 뜨거운 호응을 얻었다.
D ≪수신기≫는 신기하고 기이한 전설을 기록한 소설집으로, 이것은 중국 고대 신화소설의 시작을 열었다.

단어 湿地 shīdì 명 습지 | 休戚相关 xiūqī xiāngguān 성 밀접한 관계가 있다 | 不可替代 bùkě tìdài 대체할 수가 없다 | 功能 gōngnéng 명 기능 | 功利 gōnglì 명 실리 | 创意 chuàngyì 명 독창적인 견해, 창의적인 구상 | 开幕 kāimù 동 개막하다 | 主办方 zhǔbànfāng 명 주최자 | 推出 tuīchū 동 밖으로 밀어내다 | 新颖 xīnyǐng 형 새롭다, 참신하다 | 热捧 rèpěng (스타나 상품이) 열렬한 환영을 받다 | 开创 kāichuàng 동 열다, 창립하다 | 先河 xiānhé 명 근원, 시작

해설 A의 '之一'는 '~중 하나'라는 뜻이다. 하지만 '地球三大生态系统(지구 삼대 생태시스템)' 가운데 하나만 제시된 것이 아니라 '湿地、森林和海洋(습지, 삼림, 해양)', 삼대 생태시스템을 모두 열거했으므로 '之一'를 없애야 한다.

59

A 这幅图片表现了打扮了节日盛装的姑娘们围绕在熊熊燃烧的篝火旁载歌载舞的景象。
B 有氧运动是以增强有氧代谢能力为目的的耐力性运动，它可以有效地锻炼呼吸系统和心血管系统。
C 只有当劳动与兴趣，乃至理想有机地结合在一起时，人的潜能才会最大程度地发挥出来。
D 用简单的方法烹制出美食，同时保留住食材本身的营养，这才是科学健康的饮食方式。

A 이 그림은 명절에 화려한 옷차림의 아가씨들이 활활 타오르는 모닥불 옆을 둘러싸고 노래를 부르며 춤을 추는 광경을 (재현했다).
B 유산소 운동은 유산소 대사능력 강화를 목적으로 하는 지구력 운동으로 호흡계와 심혈관계를 더 효과적으로 단련할 수 있다.
C 일과 흥미, 더 나아가서 이상이 유기적으로 함께 결합했을 때만이 사람의 잠재력이 가장 크게 발휘될 수 있다.
D 간단한 방법으로 맛있는 음식을 요리하고, 동시에 재료 자체의 영양을 보존하는 것이야말로 과학적으로 건강하게 먹고 마시는 방법이다.

단어 打扮 dǎban 동 꾸미다 | 盛装 shèngzhuāng 명 화려한 옷차림 | 围绕 wéirào 동 주위를 돌다, 둘러싸다 | 熊熊燃烧 xióngxióng ránshāo 활활 타오르다 | 篝火 gōuhuǒ 모닥불, 캠프파이어 | 载歌载舞 zàigē zàiwǔ 성 노래하며 춤추다, 마음껏 즐기다 | 耐力 nàilì 명 지구력 | 锻炼 duànliàn 동 단련하다 | 乃至 nǎizhì 접 더 나아가서, 심지어 | 潜能 qiánnéng 명 잠재력 | 发挥 fāhuī 동 발휘하다 | 烹制 pēngzhì 동 요리하다

해설 A의 술어인 '表现'은 '나타내다'라는 의미로 겉모습이나 분위기를 통하여 다른 사람이 그 사람의 생각을 알게 할 때 쓰인다. 따라서 A의 '表现'을 '再现(재현하다)'으로 바꾸는 것이 더욱 적절하다.

60

A 你留意稍微就会发现，客家人居住的村庄和其周围的庙宇、祠堂等地方，都有虬干曲枝的参天柏树。
B 一个运动员即使天赋再好，如果没有教练的悉心指导和严格训练，也难以取得优异成绩。
C 《淮南子》是西汉时期的一部论文集，书中综合了诸子百家学说的精华，对人们研究秦汉文化具有重要的参考价值。
D 大雪过后，一切都变了模样，就像冰雪皇后对这个世界施加了神奇的魔法一样。

A 당신이 (조금만) 주의를 기울이면 객가인들이 거주하는 마을과 그 주변의 불당, 사당 같은 곳에 모두 구불구불 휘어진 가지를 가진 하늘 높이 솟아 있는 측백나무가 있는 것을 발견할 수 있다.
B 운동선수가 아무리 천부적 재능이 좋아도 감독의 전심전력을 다하는 지도와 엄격한 훈련이 없으면 우수한 성적을 얻기 힘들다.
C ≪회남자≫는 서한 시기의 한 논문집으로, 책 속에 제자백가 학설의 정수를 종합하여 사람들이 진한 문화를 연구하는 데 있어 중요한 참고 가치를 지녔다.
D 폭설이 지나간 후, 모든 것이 변해버려 얼음눈 여왕이 이 세상에 신비로운 마법을 걸어놓은 것 같다.

제1회
阅读

단어 留意 liúyì 통 관심을 기울이다 | 稍微 shāowēi 부 조금, 약간 | 村庄 cūnzhuāng 명 마을, 촌락 | 庙宇 miàoyǔ 명 사당, 불당 | 祠堂 cítáng 명 사당 | 参天 cāntiān 통 하늘 높이 우뚝 솟아 있다 | 柏树 bǎishù 명 측백나무 | 天赋 tiānfù 명 천부적이다 | 教练 jiàoliàn 명 감독, 코치 | 悉心 xīxīn 부 전심전력으로, 온 마음으로 | 指导 zhǐdǎo 통 지도하다 | 训练 xùnliàn 통 훈련하다 | 优异 yōuyì 형 특히 우수하다, 특출나다 | 精华 jīnghuá 명 정수 | 模样 múyàng 명 상황 | 施加 shījiā 통 압력을 가하다 | 魔法 mófǎ 명 마법

해설 A의 '稍微'는 '조금'이라는 의미의 부사이다. A의 첫 구문을 그대로 해석해보면 '당신이 주의를 기울이면 조금만 발견할 수 있다'로 풀이되는데, 이러한 해석보다는 '당신이 조금만 주의를 기울이면 바로 발견할 수 있다'가 더욱 적절하다. 그렇기 때문에 '稍微'를 '留意' 앞에 두어 '留意'를 꾸며주어야 한다.

第 二 部 分

61-70

61

旅行中如果步履____，只会错过沿途美景；生活中____不曾停下脚步，免不了与幸福擦身而过。有时候我们需要放慢脚步，用心____生活的美好。

여행 중에 만약 발걸음이 급하다면 길가의 아름다운 풍경을 놓치기만 할 것이고, 생활 속에서 만약 걸음을 멈춘 적이 없다면 행복이 스치고 지나가는 것을 피하기 어렵다. 가끔 우리는 발걸음을 늦추고 주의를 기울여 생활의 아름다움을 느낄 필요가 있다.

A 繁忙　果然　感慨
B 忙乱　假如　接受
C 忙碌　好像　留恋
D 匆忙　倘若　感受

A 바쁘다 / 과연 / 감격하다
B 바빠서 허둥지둥하다 / 만약 / 받아들이다
C 서두르다 / 마치 ~와 같다 / 미련을 두다
D 바쁘다 / 만약 / 느끼다

단어 步履 bùlǚ 명 행보, 걸음걸이 | 沿途 yántú 명 길가 | 免不了 miǎnbuliǎo 동 피할 수 없다 | 擦身而过 cāshēn érguò 스치고 지나가다 ‖ 忙乱 mángluàn 형 바빠서 허둥지둥하다 | 忙碌 mánglù 동 서두르다 | 感慨 gǎnkǎi 동 감격하다

해설 보기 A, B, C, D의 첫 단어는 모두 '바쁘다'라는 느낌을 주는 단어들이다. 하지만 B의 '忙乱'은 바빠서 허둥지둥대는 모습을 표현하는 단어이기 때문에 '步履(행보)'와 적절치 않다.
두 번째 빈칸 뒤의 내용이 '행복이 스치고 지나가는 것을 피하기 어렵다'라는 가정의 문장 형태가 어울리므로 '만약'이라는 뜻의 B '假如', D '倘若'가 적절하다.
마지막으로 '生活的美好(생활의 아름다움)'라는 목적어와 가장 어울리는 술어는 '느끼다'라는 뜻의 '感受'이므로 정답은 D이다.

62

日前，科研人员发明了一种3D眼镜贴纸。这种贴纸不仅____低廉、携带方便，而且显示效果更____。有了它，近视的观众在看3D电影时，就不需要戴两____眼镜了。

최근에 과학연구원이 일종의 3D 안경 스티커를 발명했다. 이 스티커는 원가가 저렴하고, 들고 다니기도 편할 뿐만 아니라 또 시각 효과가 더욱 또렷하다. 이것이 있으면, 근시인 관객들이 3D 영화를 볼 때, 두 개의 안경을 낄 필요가 없다.

A 原料　鲜明　幅
B 资本　明确　套
C 成本　清晰　副
D 资金　生动　支

A 원료 / 선명하다 / 폭
B 자본 / 명확하다 / 세트
C 원가 / 또렷하다 / 쌍, 벌, 세트
D 자금 / 생동감 있다 / 자루, 필

단어 贴纸 tiēzhǐ 명 스티커 | 低廉 dīlián 형 싸다, 저렴하다 | 携带 xiédài 동 휴대하다 | 显示 xiǎnshì 동 나타내다 | 近视 jìnshì 명 근시 ‖ 清晰 qīngxī 형 또렷하다, 분명하다 | 生动 shēngdòng 형 생동감 있다

해설 첫 번째 빈칸 뒤에 '低廉(저렴하다)'이라는 표현이 나왔기 때문에 가장 적절한 명사로는 A와 C가 있다.
두 번째 빈칸에서 '显示效果(시각 효과)'라는 주어와 가장 잘 어울리는 술어는 '또렷하다'라는 의미의 '清晰'이다.
세 번째 빈칸에서 안경을 세는 양사는 '副'뿐이므로 정답은 C이다.

63

　　周庄古镇＿＿＿中国江苏省。全镇房屋沿河而筑，一座座深宅大院，古色古香。此外，周庄还＿＿＿了14座各具特色的古桥，它们与两岸的宅院共同构成了一＿＿＿"小桥、流水、人家"的水乡风景画。

A 位于　保存　幅
B 遍布　保持　副
C 在于　保管　幢
D 分布　保留　枚

저우좡의 오래된 촌락은 중국 장쑤성에 위치해 있다. 마을 전체의 집들은 물길을 따라 지어졌고, 한 채 한 채 깊숙이 자리 잡아 옛 모습 그대로 남아 있다. 이것 말고도, 저우좡은 각각의 특색을 지닌 14개의 오래된 다리를 보존하고 있는데, 이것들은 양쪽의 집들과 함께 어우러져 한 폭의 '작은 다리, 흐르는 물, 사람'의 물의 고장 풍경화를 이룬다.

A 위치하다 / 보존하다 / 폭
B 널리 분포하다 / 유지하다 / 쌍, 벌, 세트
C ~에 있다 / 보관하다 / 동, 채
D 분포하다 / 남겨두다 / 매, 개

단어 古镇 gǔzhèn 圐 오래된 촌락 | 沿河 yánhé 圄 물길을 따라가다 | 深宅大院 shēnzhái dàyuàn 圀 깊숙이 자리잡고 있는 큰 저택 | 古色古香 gǔsè gǔxiāng 圀 옛모습 그대로이다 | 特色 tèsè 圐 특색 | 遍布 biànbù 圄 널리 분포하다 | 分布 fēnbù 圄 분포하다 | 保持 bǎochí 圄 유지하다 | 保留 bǎoliú 圄 보존하다 | 枚 méi 영 매, 개

해설 첫 번째 빈칸에서 '位于'는 '~에 위치하다'라는 뜻으로 보통 장소 혹은 위치를 말할 때 쓰이므로 첫 번째 답으로 유력하다.
두 번째 빈칸에서 목적어인 '古桥(오래된 다리)'를 아직까지도 보존하고 있다는 표현에는 '保存' 또는 '保留'가 적절하다.
세 번째 빈칸에서 그림을 세는 양사는 '幅'밖에 없으므로 정답은 A이다.

64

　　每个人都有一双灵活的手，相比之下，脚就＿＿＿得多。其实，在远古时代，人的手和脚都不灵活。后来在漫长的进化过程中，手和脚逐渐有了＿＿＿的分工。手主要从事＿＿＿的生产劳动，而脚主要用于＿＿＿身体和走路，因此远不如手那么灵活。

A 笨重　显著　精密　支援
B 迟缓　确切　精致　支持
C 迟钝　明显　精确　支配
D 笨拙　明确　精细　支撑

모든 사람은 민첩한 손을 가지고 있다. 이에 반해 발은 굼뜬 편이다. 사실, 옛날에는 사람의 손과 발이 모두 민첩하지 못했다. 이후 길고 긴 진화 과정 중 손과 발은 점차 명확하게 분업이 이루어졌다. 손은 주로 정교하고 섬세한 생활노동에 종사했고, 발은 주로 몸을 지탱하는 것과 걷는 것에 사용되어 손보다 훨씬 민첩하지 못했다.

A 육중하다 / 돋보이다 / 정밀하다 / 지원하다
B 느리다 / 확실하다 / 정교하고 치밀하다 / 지지하다
C 둔하다 / 뚜렷하다 / 정밀하고 확실하다 / 분배하다
D 굼뜨다 / 명확하다 / 정교하고 섬세하다 / 지탱하다

단어 灵活 línghuó 圐 민첩하다 | 漫长 màncháng 圀 멀다, 길다 | 逐渐 zhújiàn 圁 점점, 점차 | 分工 fēngōng 圄 분업하다, 분담하다 ‖ 迟缓 chíhuǎn 圀 느리다 | 笨拙 bènzhuō 圀 멍청하다, 굼뜨다 | 显著 xiǎnzhù 圀 현저하다, 돋보이다 | 精密 jīngmì 圀 정밀하다 | 精致 jīngzhì 圀 정교하고 치밀하다 | 支援 zhīyuán 圄 지원하다 | 支撑 zhīchēng 圄 버티다, 지탱하다

해설 첫 번째 빈칸은 어떠한 행동이 굼뜨거나 느리다는 표현이 와야 하며, A, B, C, D의 표현은 모두 사용 가능하다.
두 번째 빈칸에서 '分工(분업, 분담)'과 호응하는 것은 '明确(확실하다)'뿐이다.
세 번째 빈칸에서 손으로 할 수 있는 '정교하다'라는 느낌을 줄 수 있는 단어로는 '精细'가 유일하다.
마지막 빈칸에서 목적어인 '身体(몸)'와 같이 쓰일 수 있는 표현은 '지탱하다'라는 뜻의 '支撑'뿐이므로 정답은 D이다.

65

豆腐虽富含营养，但也不能过量食用，____是老年人更要注意，这是因为豆腐所含的植物蛋白质经过人体____后，大部分都会成为废物，由肾脏排出体外。而老年人肾脏排泄废物的____较弱，如果吃太多豆腐，势必会加重肾脏____，加速肾功能的衰退。

두부는 비록 영양가가 풍부하지만, 과하게 섭취해서도 안 된다. <u>특히</u> 노인들은 더욱 주의해야 한다. 두부에 함유된 식물성 단백질이 인체에서 <u>신진대사</u>를 거친 후에, 대부분은 노폐물이 되어 콩팥에서 체외로 내보내기 때문이다. 하지만 노인들은 콩팥의 노폐물을 내보내는 <u>능력</u>이 약하기 때문에, 만약 두부를 너무 많이 먹으면 콩팥에 <u>부담</u>을 가중하고, 콩팥 기능의 저하가 빨라질 것이다.

A 极其　吸取　素质　负荷
B 格外　咀嚼　力量　压力
C 尤其　代谢　能力　负担
D 难怪　吸收　品质　责任

A 몹시 / 섭취하다 / 소양, 자질 / 하중
B 유달리 / 씹다 / 힘 / 압력
C 특히 / 신진대사(하다) / 능력 / 부담
D 과연 / 흡수하다 / 품질 / 책임

[단어] 豆腐 dòufu 몡 두부 | 肾脏 shènzàng 콩팥, 신장 | 排泄 páixiè 동 배출하다 | 废物 fèiwù 몡 폐품 | 势必 shìbì 뵈 반드시, 꼭 | 衰退 shuāituì 동 쇠약해지다 ‖ 咀嚼 jǔjué 동 (음식물을) 씹다 | 负荷 fùhè 몡 부하, 하중 | 负担 fùdān 몡 부담, 책임

[해설] 첫 번째 빈칸 앞에 '과식을 하면 안 된다'고 나와 있고, 빈칸 뒤에 노인이라는 특정 대상을 언급하고 있으므로 '특히'라는 뜻의 '尤其'가 적절하다.
두 번째 빈칸은 식물성 단백질이 체내에서 어떻게 되는지에 대한 이야기이므로 B '咀嚼(씹다)'라는 표현을 제외한 나머지는 모두 가능하다.
세 번째 빈칸에서 뒤에 있는 '弱(약하다)'와 적절한 것은 '力量'과 '能力'가 모두 가능하지만 주어와 함께 보았을 때 能力만 가능하다.
네 번째 빈칸은 '加重(가중하다)'이라는 술어와 어울리는 목적어가 '负担(부담)'뿐이므로 정답은 C이다.

66

水洗纸____就是一种可水洗的纸。它的原料——天然纤维浆，不含任何有害物质，可____使用，因此它是一种低碳环保材质。目前，水洗纸已被____用于制作大型手提袋、服装吊牌和____记事本封面等。

수세종이는 <u>이름으로 그 뜻을 알 수 있듯이</u> 물로 세탁할 수 있는 종이의 일종이다. 이것의 원료인 천연 섬유 슬러지는 어떠한 유해물질도 포함하지 않아 <u>순환하여</u> 사용 가능하므로, 일종의 저탄소 친환경 소재이다. 현재 수세종이는 이미 대형 손잡이 봉투나 의류 라벨, <u>고급</u> 노트 표지 등에 <u>광범위하게</u> 사용되고 있다.

A 顾名思义　循环　广泛　高档
B 名副其实　往返　普遍　精致
C 众所周知　持续　明显　华丽
D 归根到底　重复　广阔　高级

A 이름을 보고 뜻을 알 수 있다 / 순환하다 / 광범위하다 / 고급의
B 명실상부하다 / 왕복하다 / 보편적이다 / 정교한
C 모두가 알다 / 지속하다 / 분명하다 / 화려한
D 근본으로 돌아가다 / 반복하다 / 넓다 / 고급의

[단어] 纤维浆 xiānwéijiāng 몡 섬유 슬러지 | 低碳 dītàn 몡 저탄소 | 材质 cáizhì 몡 재질 | 手提袋 shǒutídài 몡 손잡이 봉투 | 吊牌 diàopái 몡 라벨 | 记事本 jìshìběn 노트, 수첩, 메모장 ‖ 顾名思义 gùmíng sīyì 몡 이름을 보고 그 뜻을 생각하다 | 名副其实 míngfù qíshí 몡 명성과 실상이 서로 부합되다, 명실상부하다 | 众所周知 zhòngsuǒ zhōuzhī 몡 모든 사람이 다 알고 있다 | 归根到底 guīgēn dàodǐ 몡 근본으로 돌아가다 | 循环 xúnhuán 동 순환하다 | 高档 gāodàng 형 고급의, 상등의

해설 첫 번째 빈칸은 주어인 '水洗纸'를 이름을 통해 보다 더 정확한 의미를 파악하기 위한 것이므로 '顾名思义(이름을 보고 뜻을 알 수 있다)'가 적절하다.
두 번째 빈칸은 '계속해서 사용하다'라고 해석이 되어야 하기 때문에 B '往返(왕복하다)' 빼고는 모두 사용이 가능하다.
세 번째 빈칸은 '사용하다'라는 '用' 앞에서 '광범위하게'라고 해석이 되려면 A의 '广泛'이 적절하다.
네 번째 빈칸은 목적어인 '记事本封面(노트 표지)'을 꾸며주는 표현으로 보기의 네 단어가 모두 사용 가능하다.
따라서 다른 빈칸의 답을 고려할 때 A만이 적절하다.

67

研究者在对乒乓球和拳击比赛研究后发现，身穿红色运动服的运动员比赛____更大。研究者解释说，人在____时会面红耳赤，于是，红色便被下意识地跟攻击性____在了一起，所以红色运动服能对对手形成心理____。

A 输赢　挑衅　联络　恐吓
B 胜负　害羞　联合　示威
C 胜算　发怒　联系　威慑
D 成功　拼命　联想　畏惧

연구원이 탁구와 복싱 시합을 연구한 후, 빨간 운동복을 입은 운동선수가 시합의 승산이 더 크다는 점을 알아냈다. 연구원이 설명하기를, 사람이 화를 낼 때 얼굴이 귀밑까지 빨개지며, 이 때문에 빨간색은 무의식중에 공격성과 함께 연결된다. 그러므로 빨간색 운동복은 상대방에게 심리적인 위협을 조성할 수 있다.

A 승패 / 도발하다 / 연락하다 / 협박하다
B 승부 / 부끄러워하다 / 연합하다 / 시위하다
C 승산 / 화를 내다 / 연결하다 / 위협하다
D 성공 / 기를 쓰다 / 연상하다 / 무서워하다

단어 拳击 quánjī 명 복싱, 권투 | 面红耳赤 miànhóng ěrchì 성 얼굴이 귀밑까지 빨개지다 | 下意识 xiàyìshí 명 잠재 의식 | 攻击性 gōngjīxìng 공격성 | 挑衅 tiǎoxìn 동 도발하다 | 发怒 fānù 동 화내다 | 联络 liánluò 동 연락하다 | 恐吓 kǒnghè 동 협박하다, 으르다 | 威慑 wēishè 동 위협하다

해설 첫 번째 빈칸은 '시합'이라는 단어와 함께 쓰이는 복합명사이며 술어인 '大'와 호응할 수 있는 단어는 '승산'이라는 뜻의 '胜算'뿐이다.
두 번째 빈칸의 보기 A '挑衅'는 '도발하다, 싸움을 걸다'라는 뜻이므로 문맥상 적절하지 않으며, B '害羞'는 '부끄러워하다, 쑥스러워하다'라는 의미이기 때문에 문맥적으로 어울리지 않는다.
세 번째 빈칸은 빨간색과 공격성이 관련되어 있다는 '联系'가 적절하다.
마지막으로 전체적인 내용을 고려하여 빨간색 옷을 입었을 때 심리적인 '위협'을 형성한다는 내용이므로 정답은 C이다.

68

明前茶泛指清明节前采摘的茶叶。这样的茶叶经过一个冬天的____，芽叶细嫩，味道____。但由于清明前气温较低，茶发芽____有限，且生长速度较慢，能达到采摘____的很少，所以有"明前茶，贵如金"之说。

A 滋养　清新　数量　标准
B 培养　清淡　分量　规定
C 保养　清晰　数字　条约
D 滋润　清澈　数额　原则

명전차는 청명절 전에 채취한 찻잎을 가리킨다. 이런 찻잎은 겨울 동안의 생장을 거쳐, 싹 잎이 여리고, 맛이 맑고 산뜻하다. 하지만 청명절 이전에는 기온이 낮은 편이어서, 새싹의 수량이 제한적인 데다, 성장 속도가 늦은 편이어서 채취 기준에 이르는 잎이 매우 적다. 그래서 "명전차는 금처럼 귀하다"라는 말이 있다.

A 생장하다 / 맑고 산뜻하다 / 수량 / 기준
B 배양하다 / 담백하다 / 중량 / 규정
C 보양하다 / 또렷하다 / 숫자 / 조약
D 습윤하다 / 맑고 투명하다 / 액수 / 원칙

단어 泛指 fànzhǐ 통 ~를 가리키다 | 采摘 cǎizhāi 통 따다 | 芽叶 yáyè 잎 싹 | 细嫩 xìnèn 형 여리다 ‖ 滋养 zīyǎng 통 자양하다, 생장하다 | 滋润 zīrùn 형 습윤하다, 촉촉하다 | 清晰 qīngxī 형 또렷하다, 분명하다 | 清澈 qīngchè 형 맑고 투명하다

해설 첫 번째 빈칸의 '滋养'은 '자양하다, 자양분을 주다'라는 뜻과 더불어 '생장하다'라는 뜻도 있기 때문에 정답으로 가장 옳다.
두 번째 빈칸에서 맛과 함께 쓰일 수 있는 표현은 '清新(맑고 산뜻하다)'과 '清淡(담백하다)'이지만 차에 대한 주제이기 때문에 '清新'이 더욱 적절하다.
세 번째 빈칸의 '有限(유한하다)'이라는 술어와 가장 어울리는 주어는 '数量(수량)'이다.
마지막 빈칸에서 '标准'은 '표준'이라는 뜻 외에도 '기준'이라는 뜻도 있으므로 각 빈칸의 답을 종합해보면 정답은 A이다.

69
斯佩里神经生理学的重要发现告诉人们：人脑的左半球主管抽象思维，右半球则____形象思维和灵感思维。____生活中，大约90%的人习惯用左脑思考，只有10%的人善于用右脑思考。其实，只有善于同时____左右脑思考的人，才具有较高的____能力。

A 负担　平常　发动　发明
B 承担　普通　调动　开发
C 担任　平淡　应用　创新
D 负责　日常　运用　创造

스페리 신경생리학의 중요한 발견은 우리에게 다음을 알려준다. 인간의 좌뇌는 추상적 사고를 주관하고, 우뇌는 형상적 사고와 영감적 사고를 책임진다. 일상생활 중, 90%의 사람들은 좌뇌를 사용하여 사고하는 것에 익숙하고, 10%의 사람만이 우뇌 사고에 능숙하다. 사실, 좌우 뇌를 동시에 운용하여 사고하는 것을 잘하는 사람만이 높은 창의력을 가진다.

A 부담하다 / 평범한 / 발동하다 / 발명
B 담당하다 / 평범한 / 옮기다 / 개발
C 담당하다 / 평범한 / 응용하다 / 창의
D 책임지다 / 일상 / 운용하다 / 창의

단어 左半球 zuǒbànqiú 명 좌뇌 | 主管 zhǔguǎn 통 주관하다 | 抽象 chōuxiàng 형 추상적이다 | 思维 sīwéi 명 사유 | 灵感 línggǎn 명 영감 ‖ 负担 fùdān 통 부담하다 | 发动 fādòng 통 발동하다 | 调动 diàodòng 통 옮기다, 변동하다

해설 첫 번째 빈칸은 우뇌가 영감적 사고를 '담당한다'라는 내용이 나와야 한다. 하지만 '负担'은 '부담하다'라는 의미가 더욱 강하며 '承担'은 '책임'과 같은 추상적인 개념과 함께 쓰이기 때문에 본문에는 '负责'가 가장 적절하다.
두 번째 빈칸에서 '生活'와 같이 쓰여 하나의 복합명사를 이룰 수 있는 단어는 '平常' 또는 '日常'뿐이다.
세 번째 빈칸 뒤에서 '思考'는 '사고, 생각'이라는 명사로 쓰였으며 이 목적어를 받을 수 있는 술어로는 '运用'이 유일하다.
네 번째 빈칸에서 보기 중 '开发'는 에너지, 자원, 황무지 등을 개발할 때 주로 쓰이는 표현이므로 '开发'를 제외한 모든 단어를 쓸 수 있다. 각 빈칸에 들어갈 어휘를 종합해 볼 때 정답은 D이다.

70

彩陶最早出现于新石器时代。最＿＿的当属河南仰韶村出土的、距今已有5000到7000年历史的彩陶。它是仰韶文化的＿＿，因此仰韶文化又有"彩陶文化"的＿＿。彩陶既是当时的生活＿＿，又是＿＿的艺术品，堪称中华民族的瑰宝。

A	显著	象征	名誉	家具	惟妙惟肖
B	经典	表现	称号	玩具	精益求精
C	著名	代表	盛誉	用具	精美绝伦
D	杰出	记号	名牌	工具	难能可贵

채문도기는 신석기시대에 처음 출현했다. 가장 유명한 것은 허난 양사오촌에서 출토된 지금으로부터 5,000년에서 7,000년의 역사를 지닌 채문도기이다. 이것은 양사오 문화의 대표로서 양사오 문화는 '채도 문화'라는 큰 영예를 지니고 있다. 채문도기는 당시의 생활 도구이자 매우 정교한 예술품이기도 하여 중화민족의 보배라고 할 만하다.

A 뚜렷한 / 상징 / 명성 / 가구 / 진짜와 똑같이 모방하다
B 전형적인 / 표현 / 칭호 / 장난감 / 더욱 더 완벽을 추구하다
C 유명한 / 대표 / 큰 영예 / 도구 / 매우 정교하다
D 뛰어난 / 기호 / 명패 / 공구 / 쉽지 않은 일을 해내 매우 장하다

단어 彩陶 cǎitáo 몡 (중국 신석기 시대의) 채문도기, 채도 | 出土 chūtǔ 동 출토하다 | 距今 jùjīn 동 지금으로부터 (얼마간) 떨어져 있다 | 堪称 kānchēng 동 ~라고 할 만하다 | 瑰宝 guībǎo 몡 보배 ‖ 盛誉 shèngyù 몡 큰 영예 | 惟妙惟肖 wéimiào wéixiào 성 진짜와 똑같이 모방하다 | 精益求精 jīngyì qiújīng 성 훌륭하지만 더욱 완벽을 추구하다 | 精美绝伦 jīngměi juélún 매우 정교하다 | 难能可贵 nánnéng kěguì 성 쉽지 않은 일을 해내어 매우 장하다

해설 첫 번째 빈칸에서 '显著'는 '뚜렷하다'라는 뜻이기 때문에 '허난 양사오촌에서 출토된 것이다'라는 뒤의 내용과 적절치 않다. '显著'를 제외한 나머지 동사들은 모두 쓸 수 있다.
두 번째 빈칸에서 의미상 '채문도기가 양사오 문화의 ＿＿이다'라고 해석되어야 하므로 '象征(상징)' 혹은 '代表(대표)'가 옳다.
세 번째 빈칸에서 양사오 문화가 '채도 문화'라는 명성을 가지고 있다는 내용으로 유추되므로 '큰 영예'라는 '盛誉'가 옳다.
네 번째 빈칸에서 채문도기가 장난감이나 가구가 아니었기 때문에 '도구'라는 의미를 지닌 '用具'나 '工具'가 들어갈 수 있다.
마지막 빈칸에서 예술품을 꾸며주는 사자성어로 '惟妙惟肖'는 '진짜와 똑같이 모방하다'라는 의미이므로 부적절하다. 또한 '难能可贵'는 '매우 장하다'라는 의미이므로 예술품을 꾸며주는 말로는 적절하지 않다. 각 빈칸의 답을 종합했을 때 C가 정답이다.

제1회 阅读

第 三 部 分

71-75

　　印章在中国已经有3000多年的历史，早在战国时期就已被普遍使用。起初，印章的名称有很多，但都统称为"玺"。秦始皇统一中国后，将天子之印称为"玺"，其余的都叫"印"，从此，(71)__C__。到了汉代，"玺"的范围扩大了，皇帝、皇后及诸侯王的印章都可以被称为"玺"，将军的被称为"章"，其余的则被称为"印"。后来，(72)__D__，人们开始以印的质地、印纽和印绶来区别社会地位的高低。

　　文人印章的流行始于唐代。唐代的文人士大夫常常将自己的印章盖在书画作品上。至宋元时期，文人印章更为盛行。文人开始自己摹写印文，交付印工镌刻，然后盖在书画作品上，(73)__B__。由此，也开启了文人介入印章艺术创作的先河。

　　明清时期，(74)__E__，即篆刻艺术，期间产生了一些非常有影响的艺术流派。到了现代，(75)__A__，而是出现在越来越多的场合。大到公章官印、重大活动的纪念章，小到合同、契约上的私人印章，都可见到它的身影。出于爱好而收藏印章的人也变得越来越多。

A 书法篆刻的应用已不仅仅局限于诗画作品
B 使印与诗文书画合为一体
C "玺"成为了权力的象征
D 随着印章文化的发展与丰富
E 印文的摹写与镌刻发展成为一门独特的艺术

| 71 | C "玺"成为了权力的象征 | C '새'는 권력의 상징이 되었다 |

단어 象征 xiàngzhēng 명 상징

해설 빈칸 앞에서 '秦始皇统一中国后，将天子之印称为"玺"，其余的都叫"印"(진시황이 중국을 통일한 후, 황제의 도장을 '새'라고 불렀고, 나머지는 모두 '印(인)'이라 불렀다)'이라는 표현을 보아 당시 '새'가 나타내는 권력의 느낌이 세졌다는 것을 알 수 있다. 따라서 빈칸에는 C가 적절하다.

| 72 | D 随着印章文化的发展与丰富 | D 도장문화가 발전하고 풍성해짐에 따라 |

해설 빈칸의 위치는 주절 앞에서 주절을 꾸며주는 부사절로, 뒷부분을 해석했을 때 '人们开始以印的质地、印纽和印绶来区别社会地位的高低(사람들은 도장의 재질과 도장의 손잡이, 인수로 사회적 지위의 높고 낮음을 구분했다)'를 꾸며줄 수 있는 부사절은 D가 적절하다.

| 73 | B 使印与诗文书画合为一体 | B 도장과 시문서화가 하나가 되었다 |

해설 빈칸 앞에서 '文人开始自己摹写印文，交付印工镌刻，然后盖在书画作品上(문인들은 도장을 직접 베껴 쓰거나, 도장 장인에게 도장을 파도록 맡기고, 이후 서화작품 위에 찍기 시작하면서)'이라고 했다. 다시 말해 B에 있는 '诗文书画(시문서화)'가 언급이 된 것이다. 따라서 B가 답이다.

| 74 | E 印文的摹写与镌刻发展成为一门独特的艺术 | E 도장의 모사와 전각이 하나의 독특한 예술로 발전했다 |

해설 빈칸을 채우기 위해 남은 보기 A와 E 가운데 A에 '~일 뿐만 아니다'라는 의미의 '不仅仅'이 들어갔기 때문에 정답이 되지 않는다. 따라서 E가 정답이다.

| 75 | A 书法篆刻的应用已不仅仅局限于诗画作品 | A 서예전각의 응용은 시화작품뿐에만 국한되지 않았다 |

단어 不仅仅 bùjǐnjǐn 부 ~일 뿐만 아니다 | 局限 júxiàn 동 국한하다, 한정하다

해설 빈칸 뒤에 '现在越来越多的场合(더욱 더 많은 장소에서 보인다)'라고 했기 때문에 A의 '书法篆刻的应用已不仅仅局限于诗画作品(서예전각의 응용은 시화작품에만 국한되지 않았다)'과 호응하여 점층관계로 쓰였음을 알 수 있다.

제1회
阅读

76-80

　　心理学家认为，暗示有着不可思议的力量。(76)___A___，从而影响人的某些生理功能、健康状况和工作能力。

　　《世说新语》里有这样一则故事。一次，曹操领兵出征走错了路，一直找不到水。士兵们渴得嗓子都快冒烟了。曹操见状，便指着前方对士兵们说，前面有一大片梅林。士兵们一听，便联想到梅子的酸味，顿时流出口水，(77)___E___。于是，队伍士气大振，又继续向前走了几十里路，终于找到了水源。这就是家喻户晓的"望梅止渴"的故事。曹操利用语言暗示，达到了给士兵解渴的效果，稳定了军心。这种暗示在心理学上被称为"他暗示"。

　　语言不仅对他人有暗示作用，(78)___C___。当你渴得厉害时，如果心里想着前面就有卖水的，也能起到暂时缓解口渴的作用。这在心理学上被称为"自我暗示"。自我暗示的用处很多，范围也很广，只是开始时，(79)___D___。这不奇怪，因为人的心理并不是一下子就能改变的。自我暗示发挥作用也需要一个过程，但只要我们持之以恒，不断给自己积极的心理暗示，(80)___B___。

A 暗示会使人的心境、兴趣和情绪等发生变化
B 就一定可以将心态调整到最佳状态
C 还有自我暗示的功能
D 效果往往不够明显
E 也不感到那么渴了

제 1 회
阅读

76 A 暗示会使人的心境、兴趣和情绪等发生变化 　　 A 암시는 사람의 심경과 흥미, 정서 등에 변화를 줄 수 있다

해설 빈칸의 뒷부분을 보면 '从而影响人的某些生理功能、健康状况和工作能力(이에 따라 사람의 일부 생리 기능과 건강 상태, 작업 능력에 영향을 준다)'라고 이어진다. '从而(이에 따라)'라는 표현으로 이루어 보아 빈칸 앞에서 언급했던 불가사의한 힘이 무엇인지를 언급해야 하므로 정답은 A이다.

77 E 也不感到那么渴了 　　 E 그렇게 목마르다고 느껴지지 않았다

해설 빈칸의 앞을 보면 '士兵们一听，便联想到梅子的酸味，顿时流出口水(병사들은 그 말을 듣고 매화의 새콤한 맛이 연상되어 곧바로 군침이 돌았고)'라고 했으므로 E가 정답이다.

78 C 还有自我暗示的功能 　　 C 자기암시의 효능도 있다

해설 빈칸 앞의 '语言不仅对他人有暗示作用(언어는 타인에게 암시작용을 할 뿐만 아니라)'이라는 내용에서 '不仅'은 '也' 혹은 '还'와 호응하므로 '还'가 있는 C가 가장 적절하다.

79 D 效果往往不够明显 　　 D 효과가 명확하지 않을 수 있다

단어 明显 míngxiǎn 형 뚜렷하다, 분명하다

해설 의미상 빈칸은 자연스럽게 D가 정답이 된다.

80 B 就一定可以将心态调整到最佳状态 　　 B 반드시 심리 상태를 최적의 상태로 조절할 수 있다

단어 调整 tiáozhěng 동 조절하다, 조정하다

해설 빈칸 앞의 '只要'와 B의 '就'가 서로 호응하여 '只要A就B(오직 A해야만 반드시 B하다)' 구조가 됨을 알아야 한다. 그러므로 B가 정답이 된다.

第四部分

81-84

　　在大型超市购物时，消费者往往会购买一些原本没打算买的东西。这难道是因为消费者的购物冲动吗？原因并没那么简单。这其实跟超市商品的摆放有着很大的关系。

　　超市商品的摆放，看似毫无规律，实则暗藏玄机。超市在推崇消费者"自选"的同时，会利用商品的特殊摆放来引导消费者购物。例如，81某些超市为了将相对陈旧的商品优先销售出去，会把最新的商品摆在货架里面，而把出厂日期较早的商品摆在最外面。

　　利用位置优势推销商品是超市常用的一种营销策略。据业内人士介绍，超市的货架从上到下一般分为上段、黄金段、中段和下段4大段位。与顾客视线平行的位置即所谓的黄金段，齐腰的位置算是中段。82黄金段与中段是最能吸引消费者的段位，也是商家最看好的位置。一般来说，超市会把利润较大的商品、自有品牌商品或独家代理商品，以及消费者选购较多的商品摆放在黄金段和中段；而价格相对低廉，或是进入衰退期的商品则多被放在下段。另一方面，同一系列的商品在摆放时，往往呈纵向陈列，这样，消费者站在货架旁边时，就能一目了然地看到货架上所有的相关商品。

　　另外，超市还会不定期地举行促销活动。促销商品往往被分散在超市内的多个促销展位上，83并用红色或黄色等颜色比较鲜艳的牌子予以标示，以吸引消费者的关注，提高该商品的销售量。

대형슈퍼에서 쇼핑할 때, 소비자들은 종종 본래 살 계획이 없었던 물건을 사기도 한다. 이것은 과연 소비자들의 충동구매 때문일까? 원인은 그렇게 간단하지 않다. 이것은 사실 슈퍼 상품의 진열과 큰 연관이 있다.

슈퍼 상품의 진열은 보기에는 규칙이 없는 듯하지만 사실 절묘한 계책이 숨겨져 있다. 슈퍼는 소비자들이 '스스로 선택하는' 것을 지지하는 동시에, 상품의 특별 진열을 이용해 소비자의 물품 구매를 유도한다. 예를 들면, 81어떤 슈퍼는 비교적 오래된 물건을 우선적으로 팔리게 하려고 최신 상품은 상품 진열장의 안쪽에 놓고, 공장 출하 일자가 빠른 것을 제일 바깥쪽에 놓아 둔다.

위치의 우세를 이용해 상품을 마케팅하는 것은 슈퍼가 자주 사용하는 하나의 영업 전략이다. 업계 내 관계자가 설명하길, 슈퍼 진열장은 위에서 아래까지 일반적으로 윗부분과 황금 부분, 중간 부분과 아랫부분 이렇게 4부분으로 나뉜다. 손님의 시선과 평행되는 위치가 소위 말하는 황금 부분이고, 허리 쪽 부분을 중간 부분으로 삼는다. 82황금 부분과 중간 부분이 가장 소비자들의 눈길을 끄는 곳이며, 상점에서 가장 잘 보이는 위치이기도 하다. 일반적으로 말해서 슈퍼는 이윤이 가장 큰 상품과 자사 상표 제품, 독점 대행 상품 및 소비자들이 많이 선택하는 상품들을 황금 부분과 중간 부분에 진열한다. 그러나 가격이 상대적으로 저렴하거나 불경기에 접어들고 있는 상품들은 주로 아래쪽에 진열한다. 다른 한편으로 같은 계열의 상품을 진열할 때에는 주로 세로로 진열한다. 이렇게 함으로써 소비자들이 진열장 옆에 서있을 때 일목요연하게 진열장에 있는 모든 관련 상품을 볼 수 있다.

그 밖에, 슈퍼는 비정기적으로 판촉활동을 연다. 판촉상품은 종종 슈퍼 내의 여러 판촉부스에 분산되어있고, 83빨간색이나 노란색과 같은 비교적 선명한 색의 간판으로 표시하여 소비자들의 관심을 끌고, 상품의 판매량을 높인다.

단어 难道 nándào 閂 설마 ~란 말인가 | 冲动 chōngdòng 휑 충동적이다 | 摆放 bǎifàng 배열하다 | 毫无 háowú 휑 조금도 ~이 없다 | 暗藏玄机 àncáng xuánjī 절묘한 계책이 숨겨져 있다 | 推崇 tuīchóng 휑 추앙하다, (떠)받들다 | 陈旧 chénjiù 휑 낡다 | 出厂日期 chūchǎng rìqī 제품의 공장 출하일자 | 优势 yōushì 閂 우세 | 营销 yíngxiāo 휑 판매하다 | 业内 yènèi 閂 업계 내 | 货架 huòjià 閂 화물 수납장 | 视线 shìxiàn 閂 시선, 눈길 | 腰 yāo 閂 허리 | 利润 lìrùn 閂 이윤 | 低廉 dīlián 휑 저렴하다 | 呈 chéng 휑 나타내다 | 纵向 zòngxiàng 閂 세로의 | 陈列 chénliè 휑 진열하다 | 一目了然 yímù liǎorán 閂 일목요연하다 | 促销 cùxiāo 휑 판매를 촉진하다 | 分散 fēnsàn 휑 분산시키다 | 展位 zhǎnwèi 閂 부스(booth)

81 为什么有些超市会将最新的商品放在货架最里面?

　A　想先卖掉陈旧商品
　B　还未定价
　C　应厂家要求
　D　为了保鲜

왜 일부 슈퍼에서는 최신 상품을 상품 진열장의 가장 안쪽에 두는가?

　A　오래된 것을 먼저 팔아버리려고
　B　가격을 아직 정하지 않아서
　C　공장의 요청으로
　D　신선함을 유지하기 위하여

 定价 dìngjià 명 정가, 정찰가

 두 번째 단락에서 '某些超市为了将相对陈旧的商品优先销售出去, 会把最新的商品摆在货架里面, 而把出厂日期较早的商品摆在最外面(예를 들면, 어떤 슈퍼는 비교적 오래된 물건을 우선적으로 팔리게 하려고 최신 상품은 상품 진열장의 안쪽에 놓고, 공장 출하 일자가 빠른 것을 제일 바깥쪽에 놓아 둔다)'이라고 했기 때문에 정답은 A이다.

82 关于货架的黄金段, 下列哪项正确?

　A　不受商家重视
　B　位置最有利
　C　利用率低
　D　多摆放贵重饰品

진열장의 황금 부분에 관해 다음 중 옳은 것은?

　A　상점의 중시를 받지 않는다
　B　위치가 가장 유리하다
　C　이용률이 낮다
　D　귀중품을 주로 둔다

 贵重饰品 guìzhòng shìpǐn 명 귀중품

 질문의 키워드가 '货架的黄金段(진열장의 황금 부분)'이므로 세 번째 단락에서 답을 살펴볼 수 있다. '黄金段与中段是最能吸引消费者的段位, 也是商家最看好的位置(황금 부분과 중간 부분이 가장 소비자들의 눈길을 끄는 곳이며, 상점에서 가장 잘 보이는 위치이기도 하다)'를 보아 정답은 B이다.

83 促销牌子多用鲜艳的颜色是为了:

　A　提醒收银员
　B　引起消费者关注
　C　营造节日气氛
　D　使超市变得更加明亮

판촉 간판에 선명한 색을 많이 쓰는 이유는?

　A　카운터 직원을 상기시키기 위해서
　B　소비자들의 관심을 끌기 위해서
　C　기념일의 분위기를 조성하기 위해서
　D　슈퍼를 더 밝게 하기 위해서

 收银员 shōuyínyuán 수금원 | 营造 yíngzào 동 세우다, 경영하다 | 提醒 tíxǐng 동 깨우치다

 마지막 문장인 '并用红色或黄色等颜色比较鲜艳的牌子予以标示, 以吸引消费者的关注, 提高该商品的销售量(빨간색이나 노란색과 같은 비교적 선명한 색의 간판으로 표시하여 소비자들의 관심을 끌고, 상품의 판매량을 높인다)'을 보아 정답이 B임을 알 수 있다.

84 最适合做上文标题的是:

A 如何买到物美价廉的商品
B 超市装修与商品销量的关系
C 超市商品摆放的秘密
D 冲动购物与理性消费

윗글의 표제가 되기에 가장 적합한 것은?

A 어떻게 값싸고 질 좋은 상품을 살 것인가
B 슈퍼 인테리어와 상품 판매량의 관계
C 슈퍼 상품 진열의 비밀
D 충동구매와 이성적인 소비

 物美价廉 wùměi jiàlián 図 상품의 질이 좋고 값도 저렴하다

 최신 상품을 진열장 안쪽에 놓는 이유, 진열장을 공간별로 나누는 이유, 판촉 간판을 색상별로 구별하는 이유에 대해 언급한 문제이므로 C가 가장 적절하다.

85-88

　　女书是记录湖南江永、道县等地方言的一种文字，85因其只在妇女中流传使用，男人不识，故称女书。女书于20世纪80年代被发现，这一消息一经公布，就震惊了中外。这是迄今为止世界上唯一的女性文字。它的发现被中外学者称为"中国文字史上的奇迹"。

　　女书的字形与汉字相似，但又有不同之处。86女书字形倾斜，略呈菱形，笔画纤细飞扬，自由舒畅，因而当地妇女也叫它"长脚文"。其书写方式与中国古代文字的书写方式相同：上下留白，行文自上而下，走形从右至左，通篇没有标点符号。另外，女书仅有点、竖、斜、弧4种笔画。据统计，女书约有2000个单音字，它们几乎能应对日常生活的各个方面。

　　严格来讲，女书应该叫女字，用这种文字写成的作品才叫女书。女书作品几乎都是诗歌，主要为七言诗，少数为五言诗，一般书写在精致的宣纸、扇面或布帕上。87其作品用途多样，不仅可以用于女子间通信，记录出嫁、结拜、祭祀和悼念等活动，还可以用来记录历史上的大事件。一些中国民间故事，如《肖氏女》、《三姑记》等也被她们翻译成了女书唱本，在当地妇女中传唱。

　　女书的使用者、欣赏者乃至创造者都是普通女性，传承也是由母亲传给女儿，上辈传下辈，传女不传男。但令人遗憾的是，由于经费、人力等多方面的原因，女书资料的收集和整理工作愈加困难，88女书作品散失严重，再加上现在能阅读和书写女书的人越来越少，女书已濒于绝境，它的光辉似乎被尘封在了古老的岁月里。

　　여서(女书)는 후난 지앙용, 다오현 등지의 방언을 기록한 일종의 문자이다. 85부녀자들 사이에서만 전해지고 사용돼 남자들은 알지 못했으므로 여서라 불렸다. 여서는 20세기 80년대에 발견되었고, 이 소식이 발표되자마자 국내외에서 매우 놀라워했다. 이것은 지금까지의 세계에서 유일한 여성 문자이며, 여서의 발견은 중국과 외국 학자들에게 '중국 문자 역사의 기적'이라 불린다.

　　여서의 글자 형태는 한자와 비슷하나 또 다른 점도 있다. 86여서의 글자 형태는 기울어져 있고 대략 마름모 모양이다. 필획이 섬세하게 휘날리며 자유롭고 시원해서 현지 부녀자들도 그것을 '장족문'이라 불렀다. 글을 쓰는 방식이 중국 고대문자의 쓰기 방식과 같아 위아래 공간을 비워두고 문장은 위에서 아래로, 오른쪽으로 왼쪽으로 쓰며 책 전체에 문장 부호가 없다. 그 외에 여서는 점(点), 세로 획(竖), 대각선 획(斜), 구부러지는 획(弧)만 있다. 통계에 따르면, 여서는 약 2,000개의 단음자가 있고 일상생활의 각 방면에 거의 대응할 수 있다.

　　엄밀히 말하면, 여서는 여자(女字)라 불러야 마땅하며 이러한 문자를 사용한 작품을 여서라 해야 한다. 여서 작품은 대부분 시가이며 주로 칠언시이나 오언시도 소수 있다. 보통 섬세한 선지나 부채, 손수건에 쓰여졌다. 87작품의 용도는 매우 다양하다. 여자들끼리 서신을 주고 받거나 출가, 결의, 제사, 추모 등의 활동을 기록하는 데 사용했을 뿐 아니라, 역사상의 큰 일들을 기록하는 데에도 쓰였다. 중국 민간 이야기, 예를 들어 ≪초씨녀≫나 ≪비구니 이야기≫ 등은 여성들에 의해 여서 창본으로 번역되어 현지의 부녀자들 사이에서 불렸다.

　　여서의 사용자와 감상자, 심지어 창작자 모두가 보통 여성들이며, 전승도 어머니가 딸에게, 위 세대가 아래 세대에게, 여자에게만 전수하고 남자에게는 전수하지 않았다. 하지만 안타까운 점은 경비, 인력 등 여러 방면

의 이유로 여서의 자료 수집과 정리 작업이 점점 어려워지고 있고, [88]여서 작품의 손실이 심각하며, 더욱이 현재 여서를 읽고 쓸 줄 아는 사람이 점점 줄어들고 있어 최악의 사태에 처해있다. 여서의 그 찬란한 빛은 이미 오래된 세월 속에 먼지투성이로 묻힌 듯하다.

단어 女书 nǚshū 몡 여서 | 一经 yìjīng 팀 ~하자마자 | 公布 gōngbù 통 공포하다 | 震惊 zhènjīng 혱 깜짝 놀라게 하다 | 迄今为止 qìjīn wéizhǐ 성 지금에 이르기까지 | 唯一 wéiyī 혱 유일한 | 奇迹 qíjì 몡 기적 | 倾斜 qīngxié 통 기울다 | 菱形 língxíng 몡 마름모 | 笔画 bǐhuà 몡 필획 | 纤细 xiānxì 혱 섬세하다 | 飞扬 fēiyáng 통 높이 오르다, 의기양양하다 | 因而 yīn'ér 접 그러므로, 따라서 | 通篇 tōngpiān 몡 책 전체, 전문 | 精致 jīngzhì 혱 섬세하다 | 宣纸 xuānzhǐ 몡 선지 | 用途 yòngtú 몡 용도 | 祭祀 jìsì 통 제사 지내다 | 悼念 dàoniàn 통 애도하다, 추모하다 | 唱本 chàngběn 몡 가사 대본, 노래책 | 传唱 chuánchàng 통 유행하여 불리다 | 传承 chuánchéng 통 전수하고 계승하다 | 遗憾 yíhàn 몡 유감이다 | 愈加 yùjiā 팀 더욱, 한층 더 | 散失 sànshī 통 없어지다 | 濒于绝境 bīnyú juéjìng 궁지에 몰리다 | 光辉 guānghuī 혱 찬란하다 | 尘封 chénfēng 통 먼지로 뒤덮이다, 오랫동안 방치하다

85

根据第1段，这种文字为什么叫"女书"？

첫 번째 단락에 근거하여 이 문자는 왜 '여서'라고 불리는가?

A 只在女性间流传使用
B 最早的发现者是女性
C 发明的第一个字是"女"
D 记录的内容都是关于女性的

A 여성 사이에서만 퍼져서 사용하기 때문에
B 제일 처음 발견한 사람이 여성이기 때문에
C 제일 처음 발명한 글자가 '녀' 자이기 때문에
D 기록된 내용이 모두 여성에 관한 것이기 때문에

 첫 번째 단락에서 '因其只在妇女中流传使用，男人不识，故称女书(부녀자들 사이에서만 전해지고 사용돼 남자들은 알지 못했으므로 여서라 불렸다)'를 보아 정답이 A임을 알 수 있다.

86

女书的字形有什么特点？

여서의 글자 형태는 무슨 특색이 있는가?

A 为椭圆形
B 与女性形体相似
C 棱角分明
D 细长倾斜

A 타원형이다
B 여성의 형체와 비슷하다
C 모서리가 분명하다
D 가늘고 기울어져 있다

단어 椭圆形 tuǒyuánxíng 타원형 | 棱角 léngjiǎo 몡 모서리, 날카로움

해설 여서의 글자체에 관한 문제로 두 번째 단락에서 '女书字形倾斜，略呈菱形，笔画纤细飞扬，自由舒畅(여서의 글자 형태는 기울어져 있고 대략 마름모 모양이다. 필획이 섬세하게 휘날리며 자유롭고 시원하다)'이라고 했으므로 정답은 D이다.

87

第3段主要谈的是：

세 번째 단락에서 주로 말하는 것은?

A 女书的用途
B 女书的书写步骤
C 女书对诗歌的影响
D 女书的演变

A 여서의 용도
B 여서의 글 쓰기 순서
C 여서가 시가에 미친 영향
D 여서의 변천

단어 步骤 bùzhòu 명 순서

해설 세 번째 단락에서 '其作品用途多样(작품의 용도는 매우 다양하다)'이라고 했기 때문에 여서가 어느 용도로 쓰였는지를 주로 언급하는 단락이라는 것을 알 수 있다. 그러므로 정답은 A이다.

88

根据第4段，令人遗憾的事情是什么？

A 女书难以应付现代生活
B 女书传女不传男
C 关注女书的人越来越少
D 女书面临消失的危险

네 번째 단락을 근거로 안타까운 점은 무엇인가？

A 여서는 현대 생활에 대응하기 어렵다
B 여서는 여자에게만 전수하고 남자들에게는 전수하지 않는다
C 여서에 관심을 두는 사람들이 점점 줄어든다
D 여서가 사라질 위기에 놓여있다

해설 마지막 단락에서 '现在能阅读和书写女书的人越来越少(현재 여서를 읽고 쓸 줄 아는 사람이 점점 줄어들고 있다)'라고 했으므로 여서가 사라질 위기에 놓여있음을 알 수 있다. 정답은 D이다.

89-92

一个团队中难免会有人犯错。如果你是团队领导，员工出错了你会怎么办？是等他自己醒悟，还是毫不留情地指出他的错误？ ⁸⁹性格直率的领导往往会选择后者，但这样可能会在无形中挫伤员工的工作积极性，甚至影响整个团队的工作效率。

人力资源专家建议，身为团队领导，你首先要在全体会议等公开场合反复强调团队原则，包括做事方式与底线，⁹⁰通过不断强调，将员工犯错的概率降到最低。

如果发现员工依然会犯错，那你就需要找他进行一对一的交流了。当面交谈要比通过邮件、短信等间接交流方式效果好得多，也能更清楚地传达你的意思。⁹¹面谈的地点可以选在自己的办公室，但最好别去会议室，因为就算会议室只有你们两个人，也会让员工觉得太过正式而感到压抑。

当给予员工负面反馈的时候，你首先要保持客观与平和的态度。无论员工犯的是何种错误，他对你是什么态度，永远要记住对事不对人，就事论事，不要上升到对员工个人的抱怨。当然，你也不要觉得作为领导，自己就是团队的权威，员工应无条件服从。这样的做法只会令员工反感。

另外，交流时应直奔主题，尽量将自己的意

한 집단에는 잘못을 저지르는 사람이 있기 마련이다. 만약 당신이 집단의 지도자이고, 직원이 잘못을 했다면 어떻게 하겠는가? 그가 스스로 깨닫기를 기다리겠는가, 아니면 사정을 봐주지 않고 그의 잘못을 지적하겠는가？ ⁸⁹성격이 직설적이고 솔직한 지도자는 종종 후자를 선택하겠지만 이러면 무의식중에 직원의 업무 적극성에 대한 의욕을 꺾을 것이고, 심지어 집단 전체의 작업 효율성에 영향을 미칠 것이다.

인력자원 전문가가 건의하길, 집단의 지도자는 먼저 전체 회의 등 오픈된 장소에서 일하는 방식과 최저 기준을 포함한 집단 규칙을 반복적으로 강조해야 하며, ⁹⁰지속적인 강조를 통해 직원이 잘못을 저지르는 확률을 최소로 줄여야 한다.

만약 직원이 여전히 잘못을 저지른다면, 그를 찾아 일대일 면담을 할 필요가 있다. 직접 대면하는 것은 메일이나 문자 등과 같이 간접 교류방식보다 효과가 훨씬 좋고, 당신의 의견을 더 분명하게 전달할 수 있다. ⁹¹면담을 하는 곳은 자신의 사무실을 선택해도 되지만, 회의실로는 가지 않는 것이 좋다. 왜냐하면, 회의실에 두 명밖에 없다 해도 직원은 너무 정식적이어서 부담을 느낄 수 있다.

직원에게 부정적인 피드백을 할 때에도 당신은 먼저 객관적이고 평화로운 태도를 취해야 한다. 직원이 어떤 잘못을 저지르든, 직원이 당신에게 어떤 태도를 취하든, 사람이 아닌 일에 관한 일임을 반드시 기억하고, 있는

思说透，让员工明确知道哪里需要改正。当然，直截了当并不意味着可以毫无保留地一吐为快，领导同样也要照顾员工的情绪。在任何情况下，对员工做出的负面反馈都不应该以破坏合作，甚至影响团队为代价。

<u>⁹²反馈完了就行了吗？如何检验你给出的负面反馈是否有效呢？</u>人力资源专家认为，最好将此落实到书面形式上，以确保执行力。如果与员工进行的是重要谈话，那么一定要让他给你写一个书面总结。之后，还要对其工作进行跟踪、了解，比如对其所做的某件事、某个任务的计划、进程等一直跟踪，直到处理完毕为止。

그대로의 일을 논하며, 직원 개인에 대한 원망으로 만들면 안 된다. 물론 당신도 당신 자신이 지도자로서 이 집단의 권위자이므로 직원은 무조건 복종해야 한다고 생각하지 말아야 한다. 이런 일 처리는 직원의 반감만 사게 된다.

그 외에도, 교류할 때는 주제로 바로 나와야 되는데, 될 수 있는 대로 자신의 의견을 확실하게 말해서, 직원이 분명하게 어떤 점을 고쳐야 하는지 알게 해야 한다. 물론, 직설적으로 말한다는 것은 통쾌하게 하고 싶은 말을 다 내뱉으라는 의미가 아니다. 지도자는 마찬가지로 직원의 정서 또한 신경을 써야 한다. 어떠한 상황에서도 직원에게 주는 부정적인 피드백이 협력을 깨뜨리고, 심지어 집단에 영향을 끼치는 대가를 치르게 해서는 안 된다.

<u>⁹²피드백이 끝나면 된 것일까? 당신의 부정적인 피드백이 효과가 있는지 어떻게 확인할 수 있을까?</u> 인력자원 전문가는 이것을 서면형식에 실현시켜 집행력을 보장하는 것이 가장 좋다고 본다. 만약 직원과 중요한 대화를 했으면, 반드시 서면으로 정리해서 달라고 해야 한다. 후에도 그 일의 진행을 추적하고 이해해야 하는데, 예를 들어 이 일에 대해 수행한 어떤 업무, 어떤 임무의 계획, 진행 과정 등이 다 처리될 때까지 계속 알아보아야 한다.

제1회 阅读

단어 | 犯错 fàncuò 실수하다 | 留情 liúqíng 图 체면을 보아 용서하다 | 直率 zhíshuài 刨 솔직하다, 시원시원하다 | 挫伤 cuòshāng 图 의욕이나 기를 꺾다 | 底线 dǐxiàn 최소 기준 | 概率 gàilǜ 图 확률 | 依然 yīrán 图 여전히 | 间接 jiànjiē 간접적인 | 压抑 yāyì 图 답답하다, 억누르다 | 反馈 fǎnkuì 图 피드백 | 就事论事 jiùshì lùnshì 図 있는 그대로를 가지고 논하다 | 抱怨 bàoyuàn 图 원망하다 | 权威 quánwēi 권위자, 권위 | 直奔 zhíbèn 곧장 달려가다 | 说透 shuōtòu 확실히 말하다 | 直截了当 zhíjié liǎodàng 図 직설적으로, 정면으로 | 毫无 háowú 조금도 ~이 없다 | 一吐为快 yìtǔ wéikuài 図 하고 싶은 말을 뱉어 내니 통쾌하다 | 破坏 pòhuài 图 파괴하다, 해치다 | 代价 dàijià 図 대가, 가격 | 检验 jiǎnyàn 图 검증하다, 검사하다 | 落实 luòshí 図 실현되다 | 执行力 zhíxínglì 집행력 | 跟踪 gēnzōng 图 바짝 뒤를 따르다 | 完毕 wánbì 끝내다, 마치다 | 为止 wéizhǐ 图 ~을 끝으로 하다

---

89 毫不留情地指出员工的错误会:

A 提高团队的工作效率
B 帮他们更快改正
C 树立领导的权威
D 挫伤他们的工作积极性

사정을 봐주지 않고 직원의 잘못을 지적하면 어떻게 되는가?

A 집단의 작업 효율이 오른다
B 그들이 더 빨리 고치게 도와준다
C 지도자의 권위를 세운다
D 그들의 업무 적극성을 해친다

해설 '毫不留情地指出他的错误?(사정을 봐주지 않고 그의 잘못을 지적하겠는가?)'라는 질문에 있어서 이런 행동을 취하는 지도자에 대해 '可能会在无形中挫伤员工的工作积极性, 甚至影响整个团队的工作效率(무의식중에 직원의 업무 적극성에 대한 의욕을 꺾을 것이고, 심지어 집단 전체의 작업 효율성에 영향을 미칠 것이다)'라고 했기 때문에 정답은 D이다.

90

领导不断强调团队原则是为了：

A 给员工施加压力
B 减少不必要的财务损失
C 降低员工犯错几率
D 增强团队凝聚力

지도자가 계속해서 집단 규칙을 강조하는 것은 무엇을 위해서인가?

A 직원에게 압력을 가하려고
B 불필요한 재무 손실을 줄이기 위해서
C 직원이 일을 잘못하는 확률을 줄이기 위해서
D 집단의 응집력을 강화하기 위해서

단어 凝聚力 níngjùlì 명 응집력

해설 문제의 키워드인 '团队原则'는 두 번째 문단에서 나오는데 '通过不断强调，将员工犯错的概率降到最低(지속적인 강조를 통해 직원이 잘못을 저지르는 확률을 최소로 줄여야 한다)'라고 했기 때문에 정답은 C이다.

91

下列哪项不是与员工进行面谈时需要注意的?

A 不要抱怨
B 心态要客观
C 交流要直接
D 选择正式的谈话场合

다음 중 직원과 면담할 때 주의해야 하는 것이 아닌 것은?

A 원망하지 않는다
B 객관적인 마음을 갖는다
C 직설적으로 말한다
D 정식적인 면담 장소를 정한다

해설 질문의 핵심 단어인 '面谈(면담)'이라는 단어는 세 번째 문단에서 처음 나온다. '但最好别去会议室，因为就算会议室只有你们两个人，也会让员工觉得太过正式而感到压抑(회의실로는 가지 않는 것이 좋다. 왜냐하면, 회의실에 두 명밖에 없다 해도 직원은 너무 정식적이어서 부담을 느낄 수 있다)'이라고 했기 때문에 면담 시 정식적인 면담 장소로 가는 것은 오히려 악영향을 미친다는 것을 알 수 있다. '아닌 것'을 고르는 문제이므로 정답은 D이다.

92

最后一段主要谈的是：

A 工作总结的格式要求
B 怎样帮助员工完成任务
C 如何检验负面反馈是否有效
D 负面反馈对员工的心理影响

마지막 단락에서는 무엇에 관해 말하고 있는가?

A 작업 총정리의 격식 요구
B 어떻게 직원을 도와 임무를 완성하는가
C 어떻게 부정적인 피드백이 효과가 있는지 확인하는가
D 부정적인 피드백이 직원한테 주는 심리적 영향

해설 마지막 단락의 주제를 찾는 문제로 이러한 문제는 그 단락의 첫 줄을 읽어보면 바로 알 수 있다. '反馈完了就行了吗？如何检验你给出的负面反馈是否有效呢？(피드백이 끝나면 된 것일까? 당신이 한 부정적인 피드백이 효과가 있는지 어떻게 확인할 수 있을까?)'라고 했기 때문에 정답은 C이다.

93-96

人们总说"柔情似水",水在人们印象中历来以"温柔"著称。我们平时看到的水似乎总是毫无冲击力,这是由于它处于静止状态或流速缓慢的缘故。⁹³随着科技的迅速发展,人们已经有办法使看似柔弱无力的水一反常态,变得坚硬起来。

早在20世纪80年代,⁹⁴科学家就已经研发出一项新的加工技术——高压水射流切割技术,人们形象地称之为"水刀"。其实,水刀就是一束很细的高压水射流。当人们迫使水以超过声速的速度通过极小的喷嘴时,聚集而成的高压水射流就具有了切割多种材料的能力。水喷射而出时的压强在50兆帕以上,相当于在一平方毫米的面积上放5千克物体所产生的压强。

⁹⁵这种超声速的水流射到被加工材料的瞬间,由于突然受到阻碍,其速度会急剧下降,而压力却骤然增加,顷刻间就会产生巨大的冲击力,使被加工的部位发生脆性断裂,从而达到对材料进行切割的目的。假如在水中掺入硅石等磨削材料,水射流的切割能力还会成倍增加,并且切割效果明显优于金属刀具。

此外,用水刀还可以加工金属刀具无法加工的复杂型面和沿任意曲线切开的零部件,而且加工过的工件切口整齐光滑,没有粗糙的边缘、分层、撕扯或变形等问题。同时,在加工过程中,水刀所引起的振动和噪声都很小,哪怕产生少量切屑也会随水流走,不会出现切屑飞扬的情况,⁹⁶且工作过程中产生的热量也几乎可以全部被水带走。另外,水刀还有一个突出的优点,那就是它不存在刀具磨损的问题,并且用过的水可以回收再利用,这样又达到了节约用水的目的,真可谓一举两得。

사람들은 종종 '물처럼 부드러운 마음'이라고 말한다. 물은 사람들의 인상 속에서 줄곧 '부드러움'으로 알려져 왔다. 우리가 평소에 보는 물은 거의 충격이 없으며, 이것은 물이 부동 상태에 있거나 유동 속도가 느린 까닭이다. ⁹³과학기술의 빠른 발전에 따라 인류는 부드럽고 힘을 가지지 않은 물을 완전히 다른 모습으로 견고하게 변화시키는 방법을 갖게 됐다.

일찍이 20세기 80년대에 ⁹⁴과학자는 새로운 가공 기술, 즉 고압 워터젯 절단 기술을 연구해냈고, 사람들은 그것을 구체화하여 '수력 절단기'라고 불렀다. 사실 수력 절단기는 한 줄기의 매우 얇은 고압 워터젯이다. 사람들이 물을 강제로 음속의 속도보다 더 빠르게 아주 작은 노즐을 통과시킬 때 모여서 만들어진 고압 워터젯은 여러 종류의 물건을 절단하는 능력이 있다. 물이 분사되어 나올 때의 압력은 50메가파스칼 이상이며, 제곱밀리미터의 면적에 5킬로그램의 물체를 내려놓으면서 생기는 압력과 같다.

⁹⁵이런 초음속의 물살은 재료가 가공되는 순간에 분사되며, 갑작스러운 방해를 받아 그 속도가 급속히 떨어지고 압력은 일시에 증가하여, 순간에 큰 충격이 생기면서 가공되는 부분이 취성파괴된다. 이로써 재료를 절단하는 목적을 이루게 된다. 만약 물속에 규석 등 연마재료를 혼합시키면 워터젯의 절단 능력은 배가 될 것이며, 절단 효과도 금속 절삭 공구보다 뛰어나다.

이외에도, 수력 절단기는 금속 절삭공구가 가공할 수 없는 복잡한 면과 임의의 곡선을 따라 잘라내야 하는 부속품을 가공할 수 있다. 가공된 부속품의 절개 부분은 깔끔하고 매끈하며, 가장자리가 거칠거나 층이 지지 않고, 떼어지거나 혹은 변형되는 등의 문제가 없다. 게다가 가공과정에서 수력 절단기가 일으키는 진동과 소음이 매우 작고, 소량의 쇳밥이 생겨도 물에 씻겨져서 쇳밥이 날리는 상황은 나타나지 않는다. ⁹⁶또한 작업과정 중에 생기는 열량도 거의 전부 물에 씻겨버린다. 그 외에도 수력 절단기에는 돋보이는 장점이 있는데, 바로 절단 공구가 마모되는 문제가 없다는 것이다. 또한 사용한 물을 다시 회수하여 재활용이 가능해 용수 절약의 목적도 달성하므로 일거양득이라고 할 수 있다.

단어 著称 zhùchēng 图 유명하다 | 毫无 háowú 图 조금도 ~이 없다 | 冲击力 chōngjīlì 图 충격 | 处于 chǔyú 图 처하다, 놓이다 | 缓慢 huǎnmàn 图 느리다 | 切割 qiēgē 图 자르다 | 水刀 shuǐdāo 图 수력 절단기 | 喷嘴 pēnzuǐ 图 노즐 | 兆帕 zhàopà 메가파스칼 | 压强 yāqiáng 图 단위 면적당 받는 압력 | 超声速 chāoshēngsù 图 음속(340m/1초)을 초과하는 속도 | 顷刻间 qǐngkèjiān 찰나, 순간 | 脆性 cuìxìng 图 부서지기 쉬운 성질 | 断裂 duànliè 图 끊어져 갈라지다 | 掺入 chānrù 포함하다, 넣다 | 硅石 guīshí 图 규석 | 磨削 móxiāo 연삭하다, 연마하다 | 工件 gōngjiàn 기계 부속품 | 切口 qiēkǒu 책의 가장자리, 절개한 자리 | 整齐 zhěngqí 图 고르다 | 光滑 guānghuá 图 매끌매끌하다 | 粗糙 cūcāo 图 거칠다 | 边缘 biānyuán 图 가장자리 | 分层 fēncéng 층, 막 | 撕扯 sīchě 图 찢다, 뜯다 | 振动 zhèndòng 图 진동하다 | 切屑 qiēxiè 图 절삭기로 자르고 남는 쇳밥 | 飞扬 fēiyáng 图 높이 오르다 | 磨损 mósǔn 图 마모되다 | 一举两得 yìjǔ liǎngdé 图 일거양득, 일석이조

93 根据第1段，水给人们的印象是：   첫 단락을 근거로 하여 물이 사람에게 주는 인상은 어떠한가?

A 汹涌澎湃
B 坚硬
C 柔弱无力
D 纯净

A 물결이 세차게 출렁이다
B 견고하다
C 유약하고 힘이 없다
D 깨끗하다

단어 汹涌澎湃 xiōngyǒng péngpài 휑 물결이 세차게 출렁이다 | 坚硬 jiānyìng 휑 견고하다 | 纯净 chúnjìng 휑 순수하고 깨끗하다

해설 첫 번째 단락 첫 문장에서 물은 부드러운 것으로 유명하다고 하면서도 단락의 마지막 부분에 '随着科技的迅速发展，人们已经有办法使看似柔弱无力的水一反常态，变得坚硬起来(과학기술의 빠른 발전에 따라, 인류는 부드럽고 힘을 가지지 않은 물을 완전히 다른 모습으로 견고하게 변화시키는 방법을 갖게 됐다)'라고 하였으므로 답은 B이다. 이 문장에서 '柔弱无力'와 '坚硬'이 다 나왔지만 의미를 통해 답은 B라는 것을 정확하게 선택해야 한다.

94 水刀的实质是什么?   수력 절단기는 실질적으로 무엇인가?

A 金属刀具
B 高压水射流
C 硅石磨削材料
D 超低速水流

A 금속공구
B 고압 워터젯
C 규석 연마 재료
D 최저속 물살

해설 두 번째 단락 첫 부분에 '科学家就已经研发出一项新的加工技术——高压水射流切割技术，人们形象地称之为"水刀"(과학자는 일종의 가공 기술 즉 고압 워터젯 절단 기술을 연구해냈고, 사람들은 그것을 '수력 절단기'라 부르게 되었다)'라고 하였으므로 고압 워터젯 절단 기술을 수력 절단기라고 부른다는 것을 알 수 있다. 답은 B이다.

95 第3段主要谈的是什么?   세 번째 단락은 주로 무엇을 말하고 있는가?

A 使用水刀的注意事项
B 水刀的制作过程
C 水刀的工作原理
D 水刀的应用领域

A 수력 절단기 사용의 주의사항
B 수력 절단기의 제작 과정
C 수력 절단기의 작업 원리
D 수력 절단기의 응용 분야

해설 세 번째 단락의 내용을 전체적으로 보면, '초음속 물살이 분사되면 압력이 증가하면서 큰 충격이 생겨 재료를 절단할 수 있다'고 하였으므로 답 C의 수력 절단기 작업 원리를 설명하고 있는 것이다.

96 下列哪项是水刀的优点?   다음 중 수력 절단기의 장점은?

A 省电
B 轻巧
C 操作简单
D 工作时产生的热量低

A 전기를 절약한다
B 가볍고 정교하다
C 조작 방법이 간단하다
D 작업할 때 나오는 열량이 낮다

단어 轻巧 qīngqiǎo 휑 가볍고 정교하다 | 操作 cāozuò 동 조작하다, 일하다

해설 네 번째 단락에서 주로 수력 절단기의 장점에 대해 설명이 되고 있으며, '且工作过程中产生的热量也几乎可以全部被水带走(또한 작업과정 중에 생기는 열량도 거의 전부 물에 씻겨버린다)'라고 하였으므로 옳은 것은 D이다. A, B, C는 모두 언급되지 않았다.

97-100

梨汁、苹果汁和香蕉汁等果汁都很容易变色。变色后不仅颜色难看，而且味道也会受影响。怎样才能使它们不变色呢？不妨往里面加点儿柠檬汁。

⁹⁷果蔬中或多或少都含有多酚化合物，去皮之后，这些化合物就暴露在空气中，被氧化生成醌化合物很容易相互作用生成褐色素，使食物变色。而柠檬汁中含有大量的抗坏血酸，添加到果蔬汁里，会迅速氧化，从而消耗掉多酚周围的氧气，使多酚免受氧气的攻击，保持果蔬新鲜的颜色。

在食品工业中，人们根据柠檬汁的作用机理，在果蔬汁中添加了抗坏血酸，以保持其外观和风味。此外，人们也会在肉类制品中加入抗坏血酸。因为⁹⁸肉中的油脂氧化时会释放出难闻的气味，而抗坏血酸的加入，可以防止油脂被氧化，保持肉的新鲜。

此外，抗坏血酸被氧化后会生成脱氧抗坏血酸，这些脱氧抗坏血酸易与氢原子发生反应。人们利用这一特性，⁹⁹在面粉中加入抗坏血酸，以增加面团韧性。这是因为面粉中的谷胶蛋白含有许多巯基——由一个硫原子和一个氢原子组成的原子团。当我们揉面时，巯基中的氢原子会被脱氧抗坏血酸"夺走"，而剩下的硫原子就会两两相连形成二硫键。当大量的二硫键产生后，面团中的谷胶蛋白就会组成一个巨大的网络，从而让面食更筋道。

¹⁰⁰大多数的食品添加剂本身并没有营养，它们的存在只是为了改善食品的风味、口感以及增加食品的稳定性。但抗坏血酸并不属于这个"大多数"。虽然作为食品添加剂时，它通常被叫做"抗坏血酸"，但它本身也是人体所需要的营养成分之一——维生素C。维生素C不稳定，光照、加热或与空气、金属容器接触等，都会使它失去活性。但正是由于这种不稳定性，才使维生素C具有良好的抗氧化性。它进入人体后，可以保护细胞免受氧化损伤；添加到食品中时，又可先被氧化，从而保持食品中其它成分的稳定。

단어 变色 biànsè 동 색깔이 변하다 | 不妨 bùfáng 부 (~하는 것도) 무방하다 | 多酚化合物 duōfēn huàhéwù 폴리페놀 화합물 | 去皮 qùpí 껍질을 벗기다 | 暴露 bàolù 동 폭로하다, 드러내다 | 氧化生 yǎnghuàshēng 산화성 | 醌化合物 kūnhuàhéwù 퀴논 화합물 | 生成 shēngchéng 동 생겨나다 | 褐色 hèsè 명 갈색 | 抗坏血酸 kànghuàixuèsuān 명 아스코르브산 | 添加 tiānjiā 동 보태다, 첨가하다 | 消耗 xiāohào 동 소모하다 | 氧气 yǎngqì 명 산소 | 攻击 gōngjī 동 공격하다 | 机理 jīlǐ 명 구조, 기능 및 상호 관계 | 风味 fēngwèi 명 맛, 풍미 | 油脂 yóuzhī 명 지방 | 氧化 yǎnghuà 동 산화하다 | 释放 shìfàng 동 방출하다, 내보내다 | 难闻 nánwén 냄새가 좋지 않다 | 防止 fángzhǐ 동 방지하다 | 脱氧 tuōyǎng 동 탈산(脫酸)하다 | 面团 miàntuán 명 밀반죽 덩어리 | 韧性 rènxìng 명 인성 | 谷胶蛋白 gǔjiāo dànbái 단백질 글루텐 | 巯基 qiújī 명 메르캅토기 | 硫原子 liúyuánzǐ 유황 원자 | 氢原子 qīngyuánzǐ 명 수소 원자 | 揉面 róumiàn 밀가루를 반죽하다 | 夺走 duózǒu 빼앗다 | 两两 liǎngliǎng 부 둘씩 둘씩, 쌍쌍으로 | 二硫键 èrliújiàn 명 이황화 결합 | 筋道 jīndao 쫄깃쫄깃하다 | 添加剂 tiānjiājì 첨가제 | 营养 yíngyǎng 영양 | 酸 suān 명 시다 | 光照 guāngzhào 동 두루 비추다 | 加热 jiārè 동 가열하다 | 活性 huóxìng 명 (반응 속도가) 활발하고 빠르다 | 抗氧化性 kàngyǎnghuàxìng 산화방지제 | 免受 miǎnshòu 동 받지 않다, 당하지 않다

97

果蔬中的多酚化合物暴露在空气中会使食物：

A 变酸
B 变干
C 变色
D 腐烂

채소와 과일의 폴리페놀 화합물이 공기에 노출되면 음식이 어떻게 되는가?

A 시큼해진다
B 건조해진다
C 색이 변한다
D 부패한다

단어 腐烂 fǔlàn 동 부패하다

해설 '变色'라는 표현이 첫 번째 단락에서도 언급되기는 하지만 '多酚化合物(폴리페놀 화합물)'가 언급되는 것은 두 번째 단락이기 때문에 두 번째 단락까지 주의해서 읽어야 한다. '果蔬中或多或少都含有多酚化合物，去皮之后，这些化合物就暴露在空气中，被氧化生成醌化合物很容易相互作用生成褐色素，使食物变色(채소와 과일 안에는 많든 적든 폴리페놀 화합물이 들어있어, 껍질을 벗겨내면 이런 화합물이 공기 중에 노출되고, 그것이 산화되어 퀴논 화합물을 만들어내고, 상호작용으로 갈색소가 생성되어 음식의 색이 변하는 것이다)'라고 하여 정답은 C이다.

98

为什么肉类制品会释放出难闻的气味？

A 细菌滋生
B 存放方法不当
C 添加了化学成分
D 油脂被氧化了

왜 육류제품은 고약한 냄새를 풍기는가?

A 세균이 번식해서
B 보관 방법이 잘못돼서
C 화학성분을 첨가해서
D 지방이 산화해서

단어 滋生 zīshēng 동 번식하다

해설 세 번째 단락에서 '肉中的油脂氧化时会释放出难闻的气味(육류의 지방이 산화할 때 고약한 냄새를 풍긴다)'라고 했기 때문에 정답이 D임을 알 수 있다.

99

在面粉中加入抗坏血酸可以：

A 让面团变软
B 使面食更易消化
C 增加面团韧性
D 缩短面团的发酵时间

밀가루에 아스코르브산을 첨가하면 어떻게 될 수 있는가?

A 밀가루 반죽이 부드러워진다
B 밀가루 음식이 쉽게 소화된다
C 밀가루 반죽의 인성이 증가한다
D 밀가루 반죽의 발효 시간이 줄어든다

단어 发酵 fājiào 통 발효하다

해설 네 번째 단락에서 아스코르브산에 대하여 '在面粉中加入抗坏血酸, 以增加面团韧性(밀가루에도 아스코르브산을 넣어 밀가루 반죽을 강하게 한다)'라고 했으므로 정답이 C라는 것을 알 수 있다.

100

抗坏血酸与大多数食品添加剂的不同之处在于：

A 有营养价值
B 稳定性强
C 能令食物口感更好
D 不易被人体吸收

아스코르브산이 대다수의 식품첨가제와 다른 점은 어디에 있는가?

A 영양적 가치가 있다
B 안정성이 강하다
C 식품의 맛을 더 좋게 한다
D 인체에 흡수가 잘 안 된다

해설 마지막 단락의 첫 번째 문장인 '大多数的食品添加剂本身并没有营养(대다수의 식품 첨가제는 그 자체에 영양가가 없다)'라고 했으므로 아스코르브산과 일반 식품첨가제의 다른 점은 영양가에 있다는 것을 알 수 있어 정답은 A이다.

书 写

(1) 아래 지문을 자세히 읽을 것. 제한시간은 10분이며 읽는 동안 베끼거나 기록할 수 없음.
(2) 10분 후 감독관이 읽기 자료를 수거하면 이 지문을 짧은 글로 요약할 것. 제한시간은 35분.
(3) 제목은 스스로 정할 것. 지문 내용만 요약하고 자신의 의견은 첨가하지 말 것.
(4) 글자수는 400자 내외로 할 것.
(5) 답안지에 직접 작성할 것.

相传杜康受黄帝之命负责粮食生产工作，他对此事尽心尽力。那时，土地肥沃，风调雨顺，年年丰收，粮食越来越多。但因为没有仓库，杜康只得把收获的粮食堆放在山洞里。但山洞阴暗潮湿，时间一长，存放的粮食全都发霉了。黄帝知道这件事后，非常生气，降了杜康的官职，让他去保管粮食。杜康由一个负责粮食生产的大臣，一下子降成了粮食保管员，心里十分难过。他暗下决心，一定要把保管粮食这件事做好。

有一天，杜康在一片树林里发现了几颗枯死的大树，这些大树的树冠都没了，只剩下空心的树干。他灵机一动，心想：假如把粮食都装在空空的树干里，应该不会发霉了吧？杜康把这个想法告诉了大家，大家都觉得这个办法不错。于是，他们把树林里枯死了的大树都修整了一番，然后把收获的粮食全部装了进去。

这个保管粮食的方法差不多用了两年。一天，杜康去树林里查看粮食的保管情况，突然发现一棵装有粮食的枯树周围躺着山羊和兔子等动物。起初他以为这些动物是病死在那里的，可走近一看，却发现它们还活着，只是在睡大觉而已。当他正在纳闷是怎么一回事时，却发现又有两只山羊走到另外一棵装有粮食的枯树前舔起树根来。这两只山羊舔了一阵儿后，跌跌撞撞地走了两步，便倒在地上。

杜康连忙跑过去仔细查看树根。原来装粮食的枯树正不断地往外渗水，这些动物可能就是舔了这些水才睡着的。杜康一闻，发现渗出的水气味芳香，便不由得尝了一口。虽然味道有些辛辣，但他觉得特别好喝，于是又忍不住喝了几口。这一喝不要紧，一会儿工夫他就觉得天旋地转，竟然也倒下睡着了。

当他醒来时，天都已经黑了。不知是睡了一觉，还是因为喝了这香浓的水的缘故，杜康觉得精神饱满，浑身是劲儿。他顺手摘下系在腰间的葫芦，装了一些水带了回去。

전해 내려오기를, 두강은 황제의 명령으로 식량 생산 작업을 책임지게 되었고 그는 이 일에 전심전력을 다했다. 그때는 땅이 비옥하고 날씨가 매우 좋아서, 매년 풍년이 들어 식량은 갈수록 많아졌다. 하지만 창고가 없었기에 두강은 수확한 식량을 산속 동굴에 쌓아둘 수밖에 없었다. 하지만 동굴은 어둡고 습해서 시간이 지나면 저장해놓은 식량에 모두 곰팡이가 피었다. 황제는 이 일을 알고 나서 매우 화를 내며 두강의 관직을 낮췄고, 그에게 식량을 관리하라고 했다. 두강은 식량 생산을 관리하는 대신에서 식량 관리인으로 한순간에 좌천되어 매우 괴로웠다. 그래서 그는 식량을 관리하는 이 일을 꼭 잘해내겠다고 남몰래 다짐했다.

어느 날 두강은 숲에서 말라 죽은 큰 나무를 발견했는데, 이 나무들은 수관도 모두 없어지고 그저 속이 빈 나무 기둥만 남아 있었다. 그는 문득 영감이 떠올라 생각했다. '만약 식량을 빈 나무 기둥에 넣어두면 곰팡이가 피지 않겠지?' 두강은 이 생각을 모두에게 말했고, 모두 이 방법이 나쁘지 않다고 생각했다. 이리하여 그들은 숲에 말라 죽은 큰 나무들을 모두 정리한 후, 수확한 식량을 모조리 집어넣었다.

이 식량 보관 방법을 사용한 지 거의 2년이 되었다. 하루는 두강이 숲에 가서 식량의 보관 상태를 확인하는데, 식량이 보관되어 있는 고목 주위에 산양과 토끼 같은 동물이 누워있는 것을 발견했다. 처음에 그는 이 동물들이 병들어 그곳에 죽어 있는 줄 알았지만, 가까이 가서 보니 그것들은 아직 살아있고, 그저 잠자고 있음을 알았다. 그가 어찌 된 상황인지 의아하고 있을 때, 또 다른 두 마리의 산양이 식량이 들어있는 다른 고목 앞에서 나무뿌리를 핥고 있는 것을 발견했다. 이 두 마리 산양은 잠시 고목을 핥은 후 비틀거리며 몇 걸음 가다가 땅에 쓰러졌다.

두강은 황급히 달려가 나무의 뿌리를 자세히 보았다. 알고 보니 식량이 담겨있던 고목에서 물이 계속해서 조금씩 밖으로 새어 나오고 있었고, 이 동물들은 아마 이 물을 핥아먹고 잠이 든 모양이었다. 두강이 냄새를 맡아보니, 새어 나오는 물이 향기로워 저도 모르게 맛

제1회
书写

　　杜康回去后把他所经历的一切，向大家讲述了一遍，又把带回的水让他们品尝，人们都觉得此事很稀奇。有人提出赶快把此事报告给黄帝，但有人却不同意，怕黄帝再次怪罪杜康保管粮食不力。杜康说："事到如今，不管是好是坏，绝不能瞒着黄帝。"说完，他便提着那个葫芦去见黄帝了。

　　黄帝听完杜康的汇报，又品尝了他带来的水，便立刻召来各位大臣商议此事。大臣一致认为是粮食的元气化成的。因此，黄帝命杜康继续观察这种水是否有毒。在确定这种水可以饮用后，黄帝又命大臣们给这种水起个名字，有位大臣把它命名为"酒"。于是，"酒"便诞生了。后来，人们为了纪念杜康，便尊称他为"酿酒始祖"，他的名字也成为了美酒的代称。

을 보게 되었다. 비록 맛은 조금 매웠지만, 매우 맛있어서 참지 못하고 몇 모금을 더 마셨다. 마실 때는 문제가 없는 듯했지만 얼마 안 돼서 하늘과 땅이 빙빙 도는 듯했고, 결국 쓰러져 잠이 들었다.

그가 일어났을 때 날은 이미 어두워져 있었다. 잠을 자서 그런 건지 아니면 이 향이 짙은 물을 마신 연고인지는 모르겠지만, 두강은 정신이 충만하고 온몸에 힘이 있음을 느꼈다. 그는 손으로 허리춤에 차고 있던 조롱박을 풀어, 물을 조금 담아서 가지고 돌아갔다.

두강은 돌아가서 그가 겪었던 모든 일을 사람들에게 말하며 가져온 물을 그들에게 권했고, 모두 이 일을 기이하게 여겼다. 어떤 사람은 어서 이 일을 황제께 알리자고 했지만 또 어떤 사람은 반대하며 황제가 또다시 두강에게 식량을 관리하는 데에 힘쓰지 않았다고 죄를 물을까 걱정했다. 두강은 "일이 지금 이렇게 됐는데, 좋든 나쁘든 황제를 기만해서는 안 된다"고 말한 뒤, 그 조롱박을 들고 황제를 만나러 갔다.

황제는 두강의 보고를 받고 그가 가져온 물을 맛본 후, 즉시 여러 대신들을 불러 이 일을 논의했다. 대신들은 모두 식량의 원기가 녹은 것이라고 생각했다. 그래서 황제는 두강에게 이 물에 독이 있는지 없는지 계속 관찰할 것을 명했다. 이 물을 마실 수 있다고 확신이 든 후, 황제는 대신들에게 이 물의 이름을 짓게 했고, 어떤 대신이 "술"이라고 이름을 지었다. 그렇게 "술"이 탄생했다. 후에, 사람들은 두강을 기념하기 위해, 그에게 "양주의 시조"라고 높여 불렀고, 그의 이름도 좋은 술의 별칭이 되었다.

단어 相传 xiāngchuán 통 ~라고 전해지다, 대대로 전하다 | 负责 fùzé 통 책임지다 | 尽心尽力 jìnxīn jìnlì 몸과 마음을 다하다 | 肥沃 féiwò 형 비옥하다 | 风调雨顺 fēngtiáo yǔshùn 정 바람과 비가 알맞다, 날씨가 매우 좋다 | 丰收 fēngshōu 명 풍작, 풍년 | 收获 shōuhuò 통 수확 | 堆放 duīfàng 통 쌓아두다 | 阴暗 yīn'àn 형 음침하다 | 潮湿 cháoshī 형 습하다, 축축하다 | 发霉 fāméi 통 곰팡이가 피어 변질되다 | 官职 guānzhí 명 관직 | 枯死 kūsǐ 통 말라 죽다, 시들어 죽다 | 树冠 shùguān 명 수관 | 灵机一动 língjī yídòng 영감이 탁 떠오르다, 기지를 발휘하다 | 修整 xiūzhěng 통 정리하다, 수선하다 | 一番 yìfān 양 한 차례, 한 번 | 突然 tūrán 부 갑자기 | 纳闷 nàmèn 통 (궁금하거나 이해가 되지 않아) 답답해하다 | 跌跌撞撞 diēdie zhuàngzhuàng 형 쓰러질 듯 비틀거리다, 비틀비틀하다 | 渗水 shènshuǐ 통 물이 천천히 새다 | 芳香 fāngxiāng 명 향기 | 不由得 bùyóude 부 저절로, 저도 모르게 | 天旋地转 tiānxuán dìzhuàn 정 하늘과 땅이 빙빙 돌다, 큰 변화가 일어나다 | 竟然 jìngrán 부 뜻밖에도, 의외로 | 讲述 jiǎngshù 통 서술하다, 진술하다 | 品尝 pǐncháng 통 맛보다, 시식하다 | 稀奇 xīqí 형 희한하다, 신기하다 | 汇报 huìbào 통 종합하여 보고하다 | 诞生 dànshēng 통 탄생하다, 출생하다 | 记念 jìniàn 통 기념하다

지문 분석 및 요약 요령

相传杜康受黄帝之命负责粮食生产工作，他对此事尽心尽力。那时，土地肥沃，风调雨顺，年年丰收，粮食越来越多。但因为没有仓库，杜康只得把收获的粮食堆放在山洞里。但山洞阴暗潮湿，时间一长，存放的粮食全都发霉了。黄帝知道这件事后，非常生气，降了杜康的官职，让他去保管粮食。杜康由一个负责粮食生产的大臣，一下子降成了粮食保管员，心里十分难过。他暗下决心，一定要把保管粮食这件事做好。

해설 첫 단락은 두강이 높은 직책을 맡았다가 생각지 못한 실수로 인해 식량 관리원이 되었고, 이에 괴로웠지만 계속해서 최선을 다하리라 다짐하는 내용이다. 여기서 토지가 비옥하고 날씨가 좋으며, 풍년으로 식량이 많아졌다고 하는 것을 '식량 대풍년'이라는 말로 줄일 수 있다. 황제가 화가 나서 두강에게 식량품을 관리하라고 한 것과 대신에서 관리원으로 직책이 낮아진 것은 같은 의미이므로 한 문장으로 줄이면 된다.

요약 相传黄帝让杜康负责粮食生产工作。因为一连几年粮食大丰收，所以他把粮食堆放在了山洞里，可让他出乎意料的是，后来这些粮食都发霉了，所以最后他由一名大臣，变成了一名粮食保管员。虽然他很难过，但是他下决心一定要做好。

有一天，杜康在一片树林里发现了几颗枯死的大树，这些大树的树冠都没了，只剩下空心的树干。他灵机一动，心想：假如把粮食都装在空空的树干里，应该不会发霉了吧？杜康把这个想法告诉了大家，大家都觉得这个办法不错。于是，他们把树林里枯死了的大树都修整了一番，然后把收获的粮食全部装了进去。

这个保管粮食的方法差不多用了两年。一天，杜康去树林里查看粮食的保管情况，突然发现一棵装有粮食的枯树周围躺着山羊和兔子等动物。起初他以为这些动物是病死在那里的，可走进一看，却发现它们还活着，只是在睡大觉而已。当他正在纳闷是怎么一回事时，却发现又有两只山羊走到另外一棵装有粮食的枯树前舔起树根来。这两只山羊舔了一阵儿后，跌跌撞撞得走了两步，便倒在地上。

杜康连忙跑过去仔细查看树根。原来装粮食的枯树正不断地往外渗水，这些动物可能就是舔了这些水才睡着的。杜康一闻，发现渗出的水气味芳香，他不由得尝了一口。虽然味道有些辛辣，但他觉得特别好喝，于是又忍不住喝了几口。这一喝不要紧，一会儿功夫他就觉得天旋地转，竟然也倒下睡着了。

当他醒来时，天都已经黑了。不知是睡了一觉，还是因为喝了这香浓的水的缘故，杜康觉得精神饱满，浑身是劲儿。他顺手摘下系在腰间的葫芦，装了一些水带了回去。

해설 이 네 단락은 '枯死的大树'에 관한 내용이다. 특히 이 부분에는 간단히 줄여 쓸 수 있는 생각을 적은 부분이 많으므로 짧게 요약할 수 있다. 두강은 식량을 고목에 넣어 저장하는 방법을 생각해내고, 2년 후 여기에서 흘러나온 액체가 동물들을 취하게 한다는 것을 알게 되었다. 그도 그것을 맛본 후에 취해서 쓰러져 잠들었고, 한참 후에 일어났다는 것이 이 세 단락의 전체 내용이다. 여기서는 두강이 "술"을 발견하게 된 과정을 간단하게 서술하면 된다.

요약 有一天，他发现几棵枯死的大树，所以他就想出了把粮食放进枯树里的办法。但是两年后的一天，他发现枯树的周围有很多病死的动物。但是走近一看，他们并没有死，只是在睡大觉而已，这让他疑惑不解。经过一番仔细观察之后，才知道原来是枯树里面渗出的水的缘故。他尝了一下这种水，感觉微辣，但是很好喝。于是就多喝了几口，没想到却晕倒了，醒来时天已黑了。

杜康回去后把他所经历的一切，向大家讲述了一遍，又把带回的水让他们品尝，人们都觉得此事很稀奇。有人提出赶快把此事报告给黄帝，但有人却不同意，怕黄帝再次怪罪杜康保管粮食不力。杜康说："事到如今，不管是好是坏，绝不能瞒着黄帝。"说完，他便提着那个葫芦去见黄帝了。

| 해설 | 이 단락은 두강이 돌아와서 이 소식을 모두에게 알리고, 잠시 고민하다가 황제에게 이 사실을 알리러 가기까지의 내용이다. 또 다시 황제의 화를 입을 수도 있는 일임을 논의한 내용은 간단히 '황제의 책망이 무서웠지만 그래도 알렸다(有人提议上报皇上，但是又怕被责怪，杜康虽然害怕被责怪，可是后来还是对黄帝说了)'라고 요약할 수 있다.

| 요약 | 后来他带了一些回去，并把他的经历告诉了大家。有人提议上报皇上，但是又怕被责怪，杜康虽然害怕被责怪，可是后来还是对黄帝说了。

> 黄帝听完杜康的汇报，又品尝了他带来的水，便立刻召来各位大臣商议此事。大臣一致认为是粮食的元气化成的。因此，黄帝命杜康继续观察这种水是否有毒。在确定这种水可以饮用后，黄帝又命大臣们给这种水起个名字，有位大臣把它命名为"酒"。于是，"酒"便诞生了。后来，人们为了纪念杜康，便尊称他为"酿酒始祖"，他的名字也成为了美酒的代称。

| 해설 | 마지막 단락은 앞의 내용으로 인해 '술'이 만들어진 유래에 대해 정리하고 있다. 대신들이 의견을 나누는 부분은 생략이 가능하며 '술'이라는 말이 반드시 언급이 되어야 한다.

| 요약 | 黄帝知道后让他继续观察，确定有没有毒。最后，确定可以饮用后，黄帝又命大臣给这种水起了个名字，叫"酒"。于是，就便诞生了。后来，杜康也成了美酒的代称。

제 1 회

书写

모범 답안

杜康与酒

　　相传黄帝让杜康负责粮食生产工作。因为一连几年粮食大丰收，所以他把粮食堆放在了山洞里。可让他出乎意料的是，后来这些粮食都发霉了，所以最后他由一名大臣，变成了一名粮食保管员。虽然他很难过，但是他下决心一定要做好。

　　有一天，他发现几棵枯死的大树，所以他就想出了把粮食放进枯树里的办法。但是两年后的一天，他发现枯树的周围有很多病死的动物。但是走近一看，他们并没有死，只是在睡大觉而已，这让他疑惑不解。经过一番仔细观察之后，才知道原来是枯树里面渗出的水的缘故。他尝了一下这种水，感觉微辣，但是很好喝，于是就多喝了几口，没想到却晕倒了，醒来时天已黑了。

　　后来他带了一些回去，并把他的经历告诉了大家。有人提议上报皇上，但是又怕被责怪，杜康虽然害怕被责怪，可是后来还是对黄帝说了。黄帝知道后让他继续观察，确定有没有毒。

最后，确定可以饮用后，黄帝又命大臣给这种水起了个名字，叫"酒"。于是，就便诞生了。后来，杜康也成了美酒的代称。

新汉语水平考试

실전 모의고사 해설
제2회

第 一 部 分

1

在中国民间汉族历来就有生日吃寿面（长寿面）的习俗，据说这一习俗早在汉代就已出现。长寿面的主料是高筋粉可搭配各种调料使用。人们借长长的面条儿来祈愿长寿，同时也表达了对未来生活的美好期盼。

A 长寿面很宽
B 除夕时要吃长寿面
C 长寿面寓意富贵
D 吃长寿面的习俗始于汉代

중국 한족 민간에는 예전부터 생일에 장수면을 먹는 풍습이 있다. 이러한 풍습은 일찍이 한대에서 나타났다고 한다. 장수면의 주요 재료는 강력분에 여러 조미료를 첨가해서 사용한다. 사람들은 긴 면을 빌어 장수를 기원하고 동시에 앞으로의 생활에 대한 아름다운 기대를 나타냈다.

A 장수면은 넓다
B 섣달 그믐날 밤에는 장수면을 먹어야 한다
C 장수면은 부귀를 의미한다
D 장수면을 먹는 풍습은 한대부터 시작됐다

단어 历来 lìlái 내내, 여태껏 | 高筋粉 gāojīnfěn 강력분 | 搭配 dāpèi 조합하다 | 调料 tiáoliào 조미료, 양념 | 祈愿 qíyuàn 바라다 | 期盼 qīpàn 기대하다, 바라다 ‖ 除夕 chúxī 섣달 그믐날 밤 | 寓意 yùyì 함축된 의미

해설 첫 부분에서의 '据说这一习俗早在汉代就已出现(이러한 풍습은 일찍이 한대에서 나타났다고 한다)'이라는 문장을 들었다면 정답이 D임을 알 수 있다.

2

蝴蝶兰是热带兰中的珍品，素有兰中皇后的美誉。它全部盛开时，仿佛一群蝴蝶在翩翩起舞。那种飘逸的姿态会令人产生一种如诗如画，似梦似幻的感觉。

A 蝴蝶兰颜色淡雅
B 蝴蝶兰香气迷人
C 蝴蝶兰花姿优美
D 蝴蝶兰会跳舞

호접란은 열대 난초 중의 진품으로, 난초 중의 황후라는 명성이 있다. 이것이 활짝 피었을 때는 마치 한 무리의 나비 떼가 나풀나풀 춤을 추는 것 같다. 이런 우아한 자태는 일종의 시와 그림 같은, 꿈이나 환상 같은 느낌을 들게 한다.

A 호접란의 색은 수수하다
B 호접란의 향은 매혹적이다
C 호접란의 자태는 우아하다
D 호접란은 춤을 출 줄 안다

단어 蝴蝶兰 húdiélán 호접란 | 美誉 měiyù 명성, 명예 | 翩翩起舞 piānpiān qǐwǔ 나풀나풀 춤추다 | 飘逸 piāoyì 품위 있다, 우아하다 ‖ 淡雅 dànyǎ (색깔이나 무늬가) 수수하고 고상하다

해설 지문의 '飘逸'는 '품위 있다, 우아하다'라는 뜻이다. 보기에서는 이 단어가 그대로 나오지 않지만 의미상으로 C의 '优美(우아하다)'와 상통하기 때문에 정답은 C이다.

3

　　每个人对幸福的理解不尽相同，对幸福的认识也就很难有统一的标准。幸福度的高低完全取决于你自己的心态。只要你能保持一份好心情，并用乐观积极的心态对待每一件事，幸福就会像影子一样跟随着你，与你一路同行。

A 健康是幸福的基础
B 幸福感与心态有关
C 压力大的人幸福感低
D 幸福有明确定义

　　사람들마다 행복에 대한 견해는 모두 다르다. 행복에 대한 인식에도 통일된 기준이 있기는 어렵다. 행복한 정도의 높고 낮음은 온전히 당신 스스로의 심리 상태에 달려있다. 당신이 좋은 기분을 유지하고 낙관적이고 긍정적인 심리상태로 모든 일을 마주한다면, 행복은 그림자처럼 당신을 따라다니며 당신과 동행할 것이다.

A 건강은 행복의 기초이다
B 행복감은 심리 상태와 관련 있다
C 스트레스가 큰 사람은 행복감도 낮다
D 행복은 명확한 정의가 있다

제 2 회
听力

단어 不尽 bújìn 튀 모두 ~한 것은 아니다 | 同行 tóngxíng 통 동행하다 ‖ 基础 jīchǔ 명 기초, 기반

해설 본문의 두 번째 문장에서 '幸福度的高低完全取决于你自己的心态(행복한 정도의 높고 낮음은 온전히 당신 스스로의 심리 상태에 달려있다)'라고 했으므로 이번 문제의 중심 내용은 '행복과 심리 상태'임을 알 수 있다. 이 두 가지 내용을 모두 충족하는 것은 B이다.

4

　　身上的鳞片，不但可以保护它们，还可以帮助它们爬行。蛇在曲线向前爬行时，弯曲部位的蛇鳞片会翘起来，帮助它们抓住路面，推动身体前行。所以，蛇没有脚，照样可以走路。

A 鳞片能帮助蛇保暖
B 鳞片可辅助蛇爬行
C 蛇的药用价值极高
D 蛇的脚从没全退化

　　몸의 비늘은 그것들을 보호할 뿐만 아니라 그것들이 기어 다닐 수 있도록 돕는다. 뱀이 곡선으로 앞을 향해 기어갈 때, 휘어지는 부분의 비늘이 들려서 그것들이 바닥을 움켜잡아 몸을 밀면서 앞으로 가는 것을 도와준다. 그래서 뱀은 다리가 없어도 여전히 길을 갈 수 있다.

A 비늘은 뱀이 보온하는 것을 돕는다
B 비늘은 뱀이 기는 것을 돕는다
C 뱀의 의약적 가치는 매우 높다
D 뱀의 발은 완전히 퇴화한 적이 없다

단어 鳞片 línpiàn 명 비늘 | 弯曲 wānqū 형 꼬불꼬불하다, 구불구불하다 | 翘 qiào 통 (한쪽 끝이 위로) 들리다, 치켜들다 ‖ 保暖 bǎonuǎn 통 보온하다 | 辅助 fǔzhù 통 거들어 주다, 돕다 | 退化 tuìhuà 통 퇴화하다

해설 듣기 1부분에서는 정답이 본문의 주제일 때가 상당히 많으며 특히 첫 번째 문장에서 정답이 노출된다. 지문의 첫 번째 문장을 보면 '身上的鳞片，不但可以保护它们，还可以帮助它们爬行(몸의 비늘은 그것들을 보호할 뿐만 아니라 그것들이 기어 다닐 수 있도록 돕는다)'이라고 했기 때문에 정답은 B라는 것을 알 수 있다.

5

　　西红柿以后不一定叫做"红柿"了，还也可能是黑色的。科学家最近培育出一种独特的西红柿。它拥有黑色的外皮和紫红色的枝叶。<u>虽然这种西红柿卖相不那么吸引人，但却富含抗氧化剂，是一种营养极为丰富的食品</u>。

　　토마토는 이제 꼭 '빨간색'이라고만 불리지 않을 것이고, 검은색이 될 수도 있다. 과학자가 최근 독특한 토마토를 재배했는데, 이것은 검은색의 겉껍질과 자홍색의 가지와 잎을 가지고 있다. 비록 이 토마토의 겉모습은 그렇게 매력적이지 않지만 항산화 물질을 많이 포함하고 있어 영양이 매우 풍부한 식품이다.

A 黑西红柿产量低
B 黑西红柿对人体有益
C 黑西红柿易保存
D 黑西红柿的枝叶是黑色的

A 검은 토마토의 생산량은 낮다
B 검은 토마토는 인체에 이롭다
C 검은 토마토는 보관이 용이하다
D 검은 토마토의 가지와 잎은 검은색이다

단어 培育 péiyù 동 재배하다, 기르다 | 富含 fùhán 동 대량으로 함유하다 | 抗氧化剂 kàngyǎnghuàjì 명 항산화 물질

해설 본문에서 '虽然这种西红柿卖相不那么吸引人，但却富含抗氧化剂，是一种营养极为丰富的食品(비록 이 토마토의 겉모습은 그렇게 매력적이지 않지만 항산화 물질을 많이 포함하고 있어 영양이 매우 풍부한 식품이다)'이라고 했으므로 정답은 B이다.

6

　　从长远来说，有责任感的人远胜过有能力的人。如果一个人没有责任感，即便身处重要位置，他也会觉得有些事情与自己无关，找种种借口逃避。而有责任感的人，则会主动、尽全力履行自己的职责，甚至会做得更多。

　　멀리 보고 말하자면, 책임감 있는 사람이 능력 있는 사람을 이긴다. 만약 책임감이 없는 사람이라면, 설령 중요한 위치에 있더라도 그는 어떤 일들이 자신과 무관하다고 여기고 핑곗거리를 찾아 도피하려고 할 것이다. 하지만 책임감 있는 사람은 주동적으로 최선을 다해 자신의 직책을 이행하고, 심지어 더 많은 것을 해낼 것이다.

A 责任感很重要
B 逃避不能解决问题
C 要有长远眼光
D 有责任感的人脾气大

A 책임감은 매우 중요하다
B 도피로 문제를 해결할 수 없다
C 장기적인 안목이 있어야 한다
D 책임감 있는 사람들은 화가 많다

단어 胜过 shèngguò 동 ~보다 낫다, ~을 능가하다 | 借口 jièkǒu 명 구실, 핑계 | 逃避 táobì 동 도피하다 | 履行 lǚxíng 동 이행하다 ‖ 眼光 yǎnguāng 명 통찰력, 안목

해설 첫 번째 문장에서 '从长远来说，有责任感的人远胜过有能力的人(멀리 보고 말하자면, 책임감 있는 사람이 능력 있는 사람을 이긴다)'이라고 했기 때문에 본문은 책임감과 관련된 내용임을 알 수 있으므로 정답은 A이다.

7

　　火把节是彝族、白族等少数民族的传统节日，有着深厚的文化内涵，蜚声海内外，被称为"东方的狂欢节"。这些民族举行火把节的时间不同，但大多是在农历六月二十四这天。主要活动有：斗牛、赛马、摔跤和歌舞表演等。

A 火把节禁止赛马
B 火把节近些年才流行起来
C 火把节是彝族独有的节日
D 火把节多在农历六月举行

횃불축제는 이족, 백족 등 소수민족의 전통 명절로서 깊은 문화적 의미가 있으며, 국내외에서 명성이 자자하여 '아시아의 카니발'이라고 불린다. 이 민족들이 횃불축제를 거행하는 시간은 다르지만 대부분이 음력 6월 24일이다. 주요 행사로는 투우, 경마, 씨름, 그리고 춤, 노래 공연 등이 있다.

A 횃불축제에는 경마를 금지한다
B 횃불축제는 최근에서야 유행하기 시작했다
C 횃불축제는 이족 특유의 명절이다
D 횃불축제는 대부분 음력 6월에 거행한다

단어 内涵 nèihán 명 내포, (담겨있는) 의미 | 蜚声 fēishēng 동 이름을 떨치다 | 斗牛 dòuniú 명 소싸움, 투우 | 赛马 sàimǎ 명 경마 경기 | 摔跤 shuāijiāo 명 레슬링, 씨름 | 禁止 jìnzhǐ 동 금지하다

해설 듣기 1부분에서는 보기에 숫자가 나왔을 때 특히 주의해야 한다. '大多是在农历六月二十四这天(대부분이 음력 6월 24일이다)'이라고 했기 때문에 정답이 D라는 것을 알 수 있다.

8

　　"三思而后行"作为一句儒家经典，意思是说：做事情之前，应先考虑其可行性以及这样做会产生的结果和影响。它告诫人们要慎重思考，以免因一时冲动或考虑不周，而做出令自己后悔的事。

A 应多征求别人意见
B 要敢于承认错误
C 做决定时要谨慎
D 不可避免自己的决定

'三思而后行'은 유교 경전의 한 구절로, '일을 하기 전에 먼저 실현 가능성과 이렇게 함으로써 나타날 수 있는 결과와 영향을 고려해야 한다'는 뜻이다. 이 말은 사람들에게 신중히 생각하여 일시적인 충동이나 깊이 생각하지 못해 스스로 후회할 일을 만들지 않도록 훈계하는 것이다.

A 다른 사람의 의견을 많이 구해야 한다
B 잘못을 인정할 줄 알아야 한다
C 결정을 하는 데 있어 신중히 해야 한다
D 자신의 결정을 피하면 안 된다

단어 三思而后行 sān sī ér hòu xíng 성 (일을 할 때) 마땅히 심사숙고한 후에 행동한다 | 告诫 gàojiè 동 훈계하다, 타이르다 | 慎重 shènzhòng 형 신중하다 | 以免 yǐmiǎn 접 ~하지 않도록, ~않기 위해 | 征求 zhēngqiú 동 (서면이나 구두로) 탐방하여 구하다 | 谨慎 jǐnshèn 형 (언행이) 신중하다

해설 첫 부분에 언급된 '三思而后行' 자체가 '세 번 생각한 후에 행동하다'라는 의미, 즉 결정에 있어서 신중히 해야 한다는 의미이다. 이 의미를 직접적으로 알지 못했다고 하더라도 뒤에서 설명을 해주기 때문에 끝까지 들어야 한다. '它告诫人们要慎重思考，以免因一时冲动或考虑不周，而做出令自己后悔的事(이 말은 사람들에게 신중히 생각하여 일시적인 충동이나 깊이 생각하지 못해 스스로 후회할 일을 만들지 말아야 한다고 말한다)'를 통해 정답이 C라는 것을 알 수 있다.

9

　　研究表明，运动或劳动时听音乐，能减轻人的疲劳感。而且如果跟着音乐的节拍运动或劳动，人的耐力或代谢速率都会有所提高。很多音乐就是为劳动而创作的，比如：劳动号子。

A 听音乐会分散精力
B 听音乐能减轻运动时的疲劳
C 每天应进行适量运动
D 随音乐运动会降低耐力

연구 결과, 운동이나 노동을 할 때 음악을 들으면 피로감을 줄일 수 있다고 한다. 또한 만약 음악의 박자에 맞춰 운동이나 노동을 하면 사람의 인내력이나 신진대사 속도가 향상될 수 있다. 많은 음악이 노동을 위해 창작된 것으로 예를 들면, 劳动号子(노동 선창)가 있다.

A 음악을 들으면 정신력이 분산된다
B 음악을 들으면 운동할 때의 피로를 줄일 수 있다
C 매일 적당량의 운동을 해야 한다
D 음악에 따라 운동하면 지구력이 떨어진다

단어 疲劳感 píláogǎn 피로감 | 节拍 jiépāi 몡 리듬, 박자 | 耐力 nàilì 몡 지구력, 인내력 | 速率 sùlǜ 몡 속도 | 号子 hàozi 몡 영치기, 메기는 소리, 선창 ‖ 分散 fēnsàn 통 분산시키다

해설 '运动或劳动时听音乐，能减轻人的疲劳感(운동이나 노동을 할 때 음악을 들으면 피로감을 줄일 수 있다)'이라는 첫 문장을 통해 정답이 B라는 것을 알 수 있다. 보통 첫 문장에 정답이 나올 경우가 많으므로 첫 문장에서부터 답을 찾는 연습을 해야 한다.

10

　　化石燃料终将枯竭。尽管没有人能够准确预测出枯竭的时间，但这一天迟早会到来。从火山到波浪再到藻类，科学家正在竭力寻找替代能源，以满足化石燃料枯竭之后，全球巨大的能源需求。

A 科学家已找到替代能源
B 化石燃料污染大气
C 全球能源需求逐年下降
D 化石燃料面临枯竭

화석연료는 결국 고갈될 것이다. 비록 아무도 언제 고갈될지 정확하게 예측할 수 없지만 그 날은 조만간 올 것이다. 화산에서 파도로, 다시 조류로, 과학자들은 화학연료가 고갈된 후 전 세계의 막대한 에너지 수요를 충족시키기 위해 최선을 다해 대체에너지를 찾고 있다.

A 과학자는 이미 대체에너지를 찾아냈다
B 화석연료는 대기를 오염시킨다
C 전 세계의 에너지 수요는 해마다 감소한다
D 화석연료는 고갈에 직면해있다

단어 枯竭 kūjié 통 고갈되다 | 迟早 chízǎo 뮈 조만간, 머지않아 | 竭力 jiélì 있는 힘을 다하다, 전력을 기울이다 | 替代 tìdài 통 대신하다, 대체하다 | 污染 wūrǎn 통 오염시키다 | 逐年 zhúnián 뮈 해마다 | 面临 miànlín 통 (문제나 상황에) 직면하다, 앞에 놓이다

해설 첫 번째 문장에서 '化石燃料终将枯竭(화석연료는 결국 고갈될 것이다)'라는 표현을 통해 정답이 D라는 것을 쉽게 알 수 있다.

11

极限运动是对一些难度较高，且挑战性较大之组合运动项目的统称，例如：滑板、极限单车、攀岩、雪板、空中冲浪等等。除了崇尚竞技体育、超越自我生理极限的精神外，它更强调参与，娱乐和勇敢的精神，追求在跨越心理障碍后，所获得的愉悦感和成就感。

A 极限运动对身体素质要求不高
B 极限运动追求超越自我
C 极限运动处于起步阶段
D 极限运动不存在危险

극한 스포츠는 난이도가 비교적 높고 도전성이 큰 종합운동 항목의 총칭으로 예를 들면, 스케이트보드, 사이클 묘기, 암벽 등반, 스노보드, 스카이서핑 등이다. 경기 스포츠를 드높이고 자신의 체력 한계를 뛰어넘는 정신 외에도, 이것은 참가와 오락, 용감한 정신을 더욱 강조하며, 심리적 장애를 뛰어넘은 후에 얻는 즐거움과 성취감을 추구한다.

A 극한 스포츠는 신체 자질에 대한 요구가 높지 않다
B 극한 스포츠는 자신을 뛰어넘는 것을 추구한다
C 극한 스포츠는 걸음마 단계에 속한다
D 극한 스포츠는 위험이 없다

단어 极限运动 jíxiàn yùndòng 몡 극한 스포츠 | 滑板 huábǎn 몡 스케이트보드 | 极限单车 jíxiàn dānchē 몡 싸이클 묘기 | 攀岩 pānyán 몡 암벽 등반 | 雪板 xuěbǎn 몡 스노보드 | 空中冲浪 kōngzhōng chōnglàng 몡 스카이서핑 | 竞技体育 jìngjì tǐyù 몡 경기 스포츠 | 跨越 kuàyuè 동 (지역이나 시기의 한계를) 뛰어넘다 | 障碍 zhàng'ài 몡 장애물 | 愉悦 yúyuè 몡 기쁘다, 즐겁다 ‖ 起步 qǐbù 동 발걸음을 떼다, (어떤 일을) 시작하다

해설 본문에서는 극한 스포츠에 대해 '除了崇尚竞技体育、超越自我生理极限的精神外，它更强调参与，娱乐和勇敢的精神(경기 스포츠를 드높이고 자신의 체력 한계를 뛰어넘는 정신 외에도, 참가와 오락, 용감한 정신을 더욱 강조한다)'이라고 했으므로 극한 스포츠가 자신을 초월하는 것에 목적이 있다는 것을 알 수 있다. 정답은 B이다.

12

人与人在心态上的小差异，很可能造成生活上的巨大差异。小差异就是心态的好坏，大差异就是事情的成败。一个人的心态，特别是关键时刻的心态，是积极还是消极，直接关系着事业的成功与失败。

A 心态影响成败
B 输赢并不重要
C 要重视与他人的差异
D 细节决定胜负

사람과 사람의 심리 상태에서의 작은 차이는 생활에서의 큰 차이를 초래할 가능성이 크다. 작은 차이는 심리 상태의 좋고 나쁨이고, 큰 차이는 일의 성공과 실패이다. 한 사람의 심리 상태, 특히 결정적일 때의 심리 상태가 적극적인지 소극적인지는 사업의 성공과 실패에 직접 연결된다.

A 심리 상태는 성공과 실패에 영향을 준다
B 지고 이기는 것은 중요하지 않다
C 타인과의 차이를 중시해야 한다
D 세부사항이 승패를 결정한다

단어 关键时刻 guānjiàn shíkè 결정적인 순간 | 消极 xiāojí 톙 소극적이다, 부정적이다 ‖ 细节 xìjié 몡 세부사항, 세부묘사 | 胜负 shèngfù 몡 승패

해설 사람과 사람 사이의 심리 상태에 대해서 '小差异就是心态的好坏，大差异就是事情的成败(작은 차이는 심리 상태의 좋고 나쁨이고 큰 차이는 일의 성공과 실패이다)'라고 했기 때문에 심리 상태가 성공과 실패에 영향을 준다는 것을 알 수 있다. 그러므로 정답은 A이다.

13

　　上午11点至下午2点是植物的午睡时间。这时，植物叶子的气孔关闭，光合作用明显减弱。午睡其实是植物在长期进化过程中形成的一种抗干旱的本领。它们这样做可以减少水分流失，以便在恶劣条件下生存。

A 植物靠根茎吸取养分
B 植物在湿热环境下更喜午睡
C 植物午睡可减少水分流失
D 植物午睡可加速光合作用

오전 11시에서 오후 2시는 식물의 낮잠 시간이다. 이때, 식물 잎의 기공이 닫히고 광합성 작용도 현저하게 줄어든다. 낮잠은 사실 식물이 장기간 진화하는 과정에서 형성되는 일종의 가뭄에 저항하기 위한 본능이다. 식물들은 이렇게 함으로써 수분의 유실을 줄일 수 있어 열악한 조건 속에서도 생존할 수 있다.

A 식물은 뿌리줄기로 영양분을 흡수한다
B 식물은 습하고 무더운 환경 속에서 낮잠 자는 것을 더 좋아한다
C 식물이 낮잠을 자면 수분의 유실을 줄일 수 있다
D 식물이 낮잠을 자면 광합성 작용을 가속시킨다

단어 午睡 wǔshuì 명 낮잠 | 气孔 qìkǒng 명 기공, 숨구멍 | 光合作用 guānghé zuòyòng 명 광합성 작용 | 抗 kàng 동 저항하다, 대항하다 | 干旱 gānhàn 형 가물다, 건조하다 | 以便 yǐbiàn 접 ~(하기에 편리)하도록, ~하기 위하여 | 恶劣条件 èliè tiáojiàn 명 악조건 ‖ 根茎 gēnjīng 명 뿌리줄기 | 养分 yǎngfèn 명 (영)양분, 자양분

해설 첫 번째 문장의 '上午11点至下午2点是植物的午睡时间(오전 11시에서 오후 2시는 식물의 낮잠 시간이다)'을 통해 주제가 식물의 낮잠 시간이라는 것을 알 수 있다. 또한 '它们这样做可以减少水分流失，以便在恶劣条件下生存(식물들은 이렇게 함으로써 수분의 유실을 줄일 수 있어 열악한 조건 속에서도 생존할 수 있다)'을 보면 정답이 C라는 것을 알 수 있다.

14

　　八大处公园位于北京市西郊西山风景区南麓，是一座历史悠久、盛名远播、风水宜人的山地佛教寺庙园林。这里山势不高不低，冬季山暖风和，夏季凉爽宜人。因此成为了人们登山健身的首选之地。

A 八大处山势较高
B 八大处是健身的理想场所
C 八大处是座寺庙
D 八大处冬季不开放

빠다추 공원은 베이징시 서쪽 교외의 서산 관광지의 남쪽 기슭에 있다. 역사가 유구하고 명성이 자자하며 풍수가 좋은 산속 불교 사찰의 원림이다. 이곳의 산세는 높지도 않고 낮지도 않으며, 겨울에는 따스하고 여름에는 알맞게 시원하다. 그래서 사람들이 등산으로 체력을 단련하기에 으뜸으로 치는 곳이 되었다.

A 빠다추의 산세는 높은 편이다
B 빠다추는 체력을 단련하기에 이상적인 장소이다
C 빠다추는 사찰이다
D 빠다추는 겨울에는 개방하지 않는다

단어 南麓 nánlù 남쪽 기슭 | 盛名 shèngmíng 명 높은 명성, 드높은 명망 | 远播 yuǎnbō 동 멀리 전파하다 | 宜人 yírén 동 (사람의) 마음에 들다, 요구에 적합하다 | 山势 shānshì 산세 | 凉爽 liángshuǎng 형 시원하고 상쾌하다 | 首选 shǒuxuǎn 형 으뜸으로 치다

해설 본문의 주제인 빠다추 공원은 '因此成为了人们登山健身的首选之地(그래서 사람들이 등산으로 체력을 단련하기에 으뜸으로 치는 곳이 되었다)'라고 했기 때문에 체력을 단련하기에 이상적인 장소라는 것을 알 수 있다. 정답은 B이다.

15

只有偏执狂才能成功，说的正是专注精神，多数人很难经受住诱惑。于是，今天选择这个，明天选择那个。结果到头来什么都没做成，白白浪费了时间和精力。所以，如果你找到了值得做的事情，就专注地做下去吧。

A 成功需要专注
B 做决定时要慎重
C 要多听听别人的意见
D 不要急于求成

편집광만이 성공한다는 말은 바로 정신을 집중한다는 말인데, 대다수가 유혹을 뿌리치지 못한다. 그래서 오늘은 이것을 선택하고, 내일은 저것을 선택한다. 결국에는 처음으로 돌아와 아무것도 완성하지 못하고 시간과 정신, 체력만 낭비한다. 따라서 만약 가치 있는 일을 찾았다면 집중해서 해 나가는 것이 좋다.

A 성공은 집중을 요한다
B 결정할 때에는 신중해야 한다
C 다른 사람의 의견을 많이 들어야 한다
D 서둘러서 일을 끝내려고 하면 안 된다

단어 偏执狂 piānzhíkuáng 몡 편집광(한 가지에만 열중하는 사람) | 诱惑 yòuhuò 동 유혹하다 | 白白 báibái 뮈 공연히, 헛되이 | 专注 zhuānzhù 동 집중하다, 전념하다 ‖ 急于求成 jíyú qiúchéng 셩 객관적인 조건을 무시하고, 서둘러 목적을 달성하려 하다

해설 첫 번째 문장에서 '只有偏执狂才能成功, 说的正是专注精神(편집광만이 성공한다는 말은 바로 정신을 집중한다는 말이다)'이라는 말은 '成功需要专注(성공은 집중을 요한다)'라고 요약할 수 있다. 그러므로 정답은 A이다.

第 二 部 分

16-20

女：商业摄影的范围很广，对于你个人而言，更偏爱哪种呈现方式？
男：应该是人像摄影吧。因为除了用光构图之外要关注的东西很多，要与被摄者沟通、捕捉表情神态，还要考虑人物和环境的融合等很多元素。当然，16这样拍出一张好片，带来的满足感也更大。
女：通过摄影作品向观众传达你的认知，是你的追求吗？
男：虽然我为每幅照片都写了相应的故事，但我并不希望引导人们按照一种定式来欣赏我的作品。每个人对这些照片和故事，都有他们自己独一无二的解读。我不会告诉他们我的本意是什么，我所能做的就是用零散的信息创造一个宽广的想象空间。至于怎么想，那是观众的自由。
女：你喜欢用数码还是胶片？
男：摄影人比较讲究效率，17用胶片会降低效率，影响交流。胶片拍完就这一张，而且还特别小，要用放大镜看，数码就不一样了，拍完后放在电脑上一看，哪里有不足就可以马上改进。
女：因为你的成功，很多人在风格手法上也在向你靠近、效仿你。对此，你怎么看？
男：18我觉得挺好的，一个人做得好，有人向他学习，并且在学习中慢慢找到自己的风格，这是一件好事。
女：你能分享一下自己的成功秘诀吗？
男：对我来说技术方面其实是相对简单的，关键是观念。不是说用特别好的相机就能拍出特别好的照片来，19创意才是最重要的。所以，我以它为重点，从拍照到后期的修图都亲力亲为。另外，要打造属于自己的风格。这种风格没办法定义，做自己喜欢的就好。20当然，要成为真正的摄影师，精力不能只放在拍摄上面，还要研究很多东西。比如：音乐、色彩、绘画等。研究喜欢的东西越多，知识也就越丰富，对你拍摄的帮助就会越大。

여: 상업 촬영의 범위는 매우 넓은데, 당신 개인적 입장에서 말한다면 어떤 방식을 더 좋아합니까?
남: 당연히 인물 촬영입니다. 빛으로 구도를 잡는 것 말고도 주의해야 하는 것들이 많아요. 촬영 모델과 소통도 해야 하고, 표정과 분위기도 잡아야 하고, 인물과 배경의 어울림 등 많은 요소를 고려해야 해요. 물론, 16이렇게 해서 좋은 사진을 찍으면 따라오는 만족감도 더 크지요.
여: 촬영 작품을 통해 관중들에게 당신의 생각을 전달하는 것이 당신이 추구하는 것인가요?
남: 비록 제가 사진마다 연관된 이야기를 적긴 하지만 저는 사람들이 고정된 관념으로 제 작품을 감상하는 것을 원하지 않아요. 사람마다 이 사진들과 이야기에 대해 그들 자신의 독자적인 이해를 하고 있죠. 저는 그들에게 제 본래의 뜻을 알려주지 않을 거예요. 제가 할 수 있는 일은 흩어져 있는 정보들로 하나의 넓은 상상공간을 창조하는 것입니다. 어떻게 생각하느냐는 관중들의 자유인 것이죠.
여: 당신은 디지털과 필름 중 무엇을 사용하는 걸 좋아합니까?
남: 촬영하는 사람들은 효율을 중요시하는데, 17필름을 사용하면 효율이 떨어지고 소통에 영향을 줍니다. 필름으로 찍으면 그 한 장 밖에 없고 그것도 너무 작아서 확대경으로 봐야 합니다. 하지만 디지털은 다릅니다. 찍고 나서 컴퓨터로 한번 보고 어디가 부족하면 바로 개선이 가능합니다.
여: 당신의 성공으로 인해 많은 사람이 당신의 작품 스타일과 가까워지고 모방하고 있는데, 이에 대해서는 어떻게 보시나요?
남: 18저는 좋다고 생각합니다. 한 사람이 잘해서 누군가가 그것을 배우고, 동시에 배우는 과정에서 천천히 자신의 스타일을 찾으면 이것은 좋은 일이지요.
여: 자신의 성공 비결을 좀 나눌 수 있을까요?
남: 제게 있어 기술 부분은 사실 상대적으로 간단하고, 중요한 것은 관념이에요. 훌륭한 카메라에서 훌륭한 사진이 찍혀 나오는 것이 아닙니다. 19창의적인 것이 가장 중요하지요. 그래서 저는 그것에 중점을 두고 사진을 찍는 것에서부터 후반 수정까지 직접 공을 들입니다. 그 외에도 자신만의 스타일을 만들어야 합니다. 이런 스타일은 정의를 내릴 수 없지만 자신이 좋아하는 것을 하면 됩니다. 20물론 진정한 사진작가가 되려면 촬영에만 신경을 써서는 안 되며, 많은 것을 연구해야 합니다. 예를 들어 음악이나 색채, 그림 등이 있습니다. 좋아하는 것을

많이 연구할수록 지식도 더욱 풍부해지고 자신의 촬영에도 더 큰 도움이 되겠지요.

제2회 听力

단어 商业摄影 shāngyè shèyǐng 상업 촬영 | 偏爱 piān'ài 통 편애하다 | 人像 rénxiàng (인체 또는 용모를 묘사한) 인물화, 인물 조각 | 捕捉 bǔzhuō 통 잡다, 체포하다 | 融合 rónghé 통 융합하다 | 元素 yuánsù 명 요소 | 认知 rènzhī 명 인지, 이해 | 追求 zhuīqiú 통 추구하다, 탐구하다 | 定式 dìngshì 명 (장기간 형성된) 고정 방식, 전형 | 欣赏 xīnshǎng 통 감상하다 | 独一无二 dúyī wú'èr 성 유일하다, 하나밖에 없다 | 解读 jiědú 통 이해하다, 체득하다 | 零散 língsǎn 형 분산되어 있다 | 数码 shùmǎ 명 디지털 | 胶片 jiāopiàn 명 (촬영용) 필름 | 效率 xiàolǜ 명 (작업 등의) 능률 | 放大镜 fàngdàjìng 확대경, 돋보기 | 改进 gǎijìn 통 개선하다, 개량하다 | 秘诀 mìjué 명 비결 | 属于 shǔyú 통 ~에 속하다

16
男的为什么偏爱人像摄影?
A 获得满足感大
B 市场需求很大
C 对专业要求不高
D 能开阔眼界

남자는 왜 인물 촬영을 더 좋아하는가?
A 얻는 만족감이 크다
B 시장 수요가 크다
C 전문적인 요구가 높지 않다
D 식견을 넓힐 수 있다

단어 开阔 kāikuò 통 넓히다

해설 첫 번째 남자의 대답에서 마지막 부분을 보면 '这样拍出一张好片，带来的满足感也更大(이렇게 해서 좋은 사진을 찍으면 따라오는 만족감도 더 크다)'라고 했기 때문에 정답은 A이다.

Tip 인터뷰 청취인 듣기 2부분에서 첫 번째 문제의 정답은 주로 대답하는 사람의 첫 번째 대답에서 나온다는 것을 명심하자.

17
男的认为胶片有什么缺点?
A 不便携带
B 不宜存放
C 效率较低
D 清晰度低

남자는 필름이 어떤 단점이 있다고 생각하는가?
A 휴대하기 힘들다
B 보관하기 힘들다
C 효율성이 떨어진다
D 해상도가 낮다

단어 携带 xiédài 통 휴대하다 | 存放 cúnfàng 통 맡기다, 보관해 두다

해설 남자의 세 번째 대답에서 '用胶片会降低效率，影响交流(필름을 사용하면 효율이 떨어지고 소통에 영향을 준다)'라고 했다. 다시 말해 필름은 디지털 카메라에 비해 효율성이 떨어진다는 것을 알 수 있으므로 C가 정답이다.

18
对于别人效仿自己，男的怎么看?
A 损害了他的权益
B 无所谓
C 有积极影响
D 感到惭愧

다른 사람이 자신을 모방하는 것에 대해 남자는 어떻게 보는가?
A 그의 권익을 침범했다
B 상관없다
C 긍정적인 영향이 있다
D 창피하다

단어 损害 sǔnhài 통 (사업·건강·이익·명예 등에) 손실을 입다, 손상시키다 | 权益 quányì 명 권익 | 惭愧 cánkuì 형 창피하다, 부끄럽다

> 해설 '因为你的成功，很多人在风格手法上也在向你靠近、效仿你，对此，你怎么看?(당신의 성공으로 인해 많은 사람이 당신의 작품 스타일과 가까워지고 모방하고자 하는데, 이에 대해서는 어떻게 보세요?)'이라는 네 번째 물음에 '我觉得挺好的(좋다고 생각한다)'라고 했으므로 정답은 C이다.

19

男的认为成为优秀摄影师的关键是什么?   남자는 우수한 사진작가가 되기 위해 무엇이 중요하다고 생각하는가?

A 有创意   A 창의력이 있다
B 敢于尝试   B 용감하게 시도한다
C 善于倾听   C 경청을 잘한다
D 有效力   D 효력이 있다

> 단어 敢于 gǎnyú 통 (~할) 용기가 있다, 용감하게 ~하다 | 尝试 chángshì 통 시도해 보다, 테스트해 보다 | 倾听 qīngtīng 통 귀를 기울여 듣다, 경청하다

> 해설 '你能分享一下自己的成功秘诀吗?(자신의 성공 비결을 좀 나눌 수 있을까요?)'라고 묻는 여자의 마지막 질문에 '创意才是最重要的(창의적인 것이 가장 중요하다)'라고 했기 때문에 정답은 A이다.

20

关于男的，下列哪项正确?   남자에 관하여 다음 중 옳은 것은?

A 很看重研究   A 연구를 중시한다
B 急于求成   B 눈앞의 성공과 이익에 급급하다
C 不在乎别人的看法   C 다른 사람들의 견해에 신경 쓰지 않는다
D 做事执着   D 일을 하는 데 있어 융통성이 없다

> 단어 急于求成 jíyú qiúchéng 성 객관적인 조건을 무시하고, 서둘러 목적을 달성하려 하다 | 不在乎 búzàihu 통 마음에 두지 않다 | 执着 zhízhuó 형 고집스럽다, 융통성이 없다

> 해설 남자의 마지막 대답에서 '当然，要成为真正的摄影师，精力不能只放在拍摄上面(물론 진정한 사진작가가 되려면 촬영에만 신경을 써서는 안 되며, 많은 것을 연구해야 한다)'이라고 했으므로 정답은 A이다.

21-25

女：您的谈话中常常提到临摹，您是不是认为临摹非常重要？
男：²¹临摹是绘画的基础。有了基础，笔墨才有灵性，才有情调和韵味。所以说学画必须从临摹开始。有了扎实的基础，才能在绘画上有所发展。
女：画作是为了表现画家心境而创作的，您的画作想要表达一种什么样的心境呢？
男：²⁵画家的任何一幅画儿都是有感而发。可能是一首诗，也有可能是一处风景或是一段乐曲。每幅画儿所表达的感情都不同，所以画面构图、章法及笔墨情趣都不同。
女：您创作的灵感从哪里来？
男：艺术家的感情是丰富的，思维是游离、跳跃的。一句话、一件事、一本书都可能打动他们。但是这种有感而发创作的，都是一些小作品。一幅大的、好的作品，不仅需要情感的撞击，而且需要长时间的酝酿、构图和布局。
女：国画与西方绘画有什么不同？
男：²²西方绘画讲究直观、写实，而国画讲究写神、写意。写神——是画家对事物的感悟。每一幅画儿都会带给你不同的感觉。观赏一幅画儿，你会觉得很美，心情舒畅。但又无法用准确的语言表达出来。它给你的触动，给你的感悟，只能意会不能言传。这就是国画的生命力所在，也是国画传神的真谛。
女：您的画风与您的性格有什么关系吗？
男：²³每一笔都与性格有关，很微妙。单拿一根线来讲，性格直爽、豪放、豁达的人画出来的线，与含蓄的人画出来的线不一样，画面也不同。含蓄的人画的画儿曲径通幽，画面也含蓄。而我性格豪爽，画出的画儿也是痛快淋漓。总之，画作都有性格的表现。正如古人所讲的，画如其人。
女：您画山水画除了勤练技法，其他方面还下了什么工夫？
男：不管你画多大的画儿，到了多一笔不行，少一笔更不行这种境界，才是真好。去俗气、求骨气、气节高、废笔就少。²⁴画外的东西很重要，所以要修身养性。心境高了，画境自然就高了。
女：接下来，您有什么创作计划？
男：我想到四川看看巴山蜀水，创作一幅大画儿。我想身临其境去寻找那种灵感和感动，画出气势磅礴的作品。

여: 당신의 말씀 중 종종 본뜬다는 말을 언급했는데, 모사가 매우 중요하다고 생각하시나요?
남: ²¹모사는 회화의 기본입니다. 기본이 있어야 글귀가 트이고 정서와 분위기가 생깁니다. 그래서 그림을 배우려면 본뜨기부터 시작하라고 말합니다. 탄탄한 기초가 있어야만 회화에서 발전할 수 있습니다.
여: 회화 작품은 화가의 마음을 표현하기 위해 창작하는 것인데, 당신의 작품은 어떤 심경을 표현한 건가요?
남: ²⁵화가의 모든 작품은 영감을 얻어 표현한 것입니다. 시가 될 수도 있고 풍경이나 노래 한 소절이 될 수도 있습니다. 그림마다 표현하는 느낌은 다 다릅니다. 그래서 화면의 구도, 장법, 문장의 정취도 다 다른 거죠.
여: 당신의 창작 영감은 어디에서 오나요?
남: 예술가의 감정은 매우 풍부해서 생각이 동떨어지고 톡톡 튑니다. 말 한 마디나 사건 하나, 책 한 권도 모두 그들을 감동시킬 수 있습니다. 하지만 이렇게 영감을 받아 창작한 것은 모두 소규모 작품입니다. 대규모의 좋은 작품은 감정의 충돌뿐만 아니라 장시간의 구상과 구도 잡기, 배치가 필요합니다.
여: 중국화와 서양화의 차이는 무엇인가요?
남: ²²서양화는 직관적이고 사실적인 것을 중요하게 여기지만, 중국화는 정신과 의미를 중요하게 여깁니다. 정신은 화가의 사물에 대한 깨달음입니다. 그림마다 다른 느낌을 줍니다. 그림 하나를 감상할 때 아름다움과 마음이 편안해지는 것을 느낄 수 있어요. 하지만 정확한 언어로 표현해낼 수 없죠. 그것이 당신에게 주는 감동과 깨달음은 마음으로만 이해할 수 있고 말로는 전할 수 없습니다. 중국화의 생명력이 바로 여기에 있으며 중국화의 참뜻입니다.
여: 당신의 화풍은 당신의 성격과 어떤 관계가 있나요?
남: ²³모든 획이 성격과 관계가 있지요. 매우 미묘하게요. 단 하나의 선만 가지고 말한다면, 성격이 직선적이고, 호탕하고, 활달한 사람이 그려낸 선은 쉽게 드러내지 않는 사람이 그린 것과는 다르며, 그림도 다릅니다. 쉽게 드러내지 않는 사람이 그린 그림은 깊고 그윽하며, 그림도 함축적입니다. 하지만 제 성격은 호탕하고 솔직해서 그려낸 그림도 거침이 없고 힘차지요. 아무튼 그림 작품에는 모두 성격이 나타납니다. 옛말에 그랬듯이, 그림은 그 사람과 같습니다.
여: 당신이 산수화를 그릴 때 꾸준히 기법을 연습하는 것 말고 또 어떤 것에 노력을 기울이나요?

남: 당신이 얼마나 큰 그림을 그리든, 한 획이 많아도 안 되고 한 획이 적어도 안 되는 경지가 되어야 정말 좋은 거예요. 속됨을 없애고 웅건한 필치를 추구하며 절조가 높으면, 불필요한 획도 없어집니다. ²⁴그리는 것 이외의 것도 매우 중요해서 신심을 닦고 교양을 쌓아야 합니다. 마음이 고귀해지면 그림의 경지도 자연스럽게 높아집니다.
여: 이어서 어떤 창작계획을 가지고 있으신가요?
남: 저는 쓰촨에 가서 파촉을 보고 하나의 큰 그림을 만들고 싶습니다. 직접 가서 그런 영감과 감동을 찾은 후에 기세가 드높은 작품을 그려내고 싶어요.

단어 临摹 línmó 동 (글씨나 그림 따위를) 모사하다, 본뜨다 | 笔墨 bǐmò 명 시문, 서화 | 情调 qíngdiào 명 정서, 기분 | 韵味 yùnwèi 명 함축된 의미, 운치 | 扎实 zhāshi 형 견실하다, 견고하다 | 章法 zhāngfǎ 명 장법, (서화나 전각의) 구도 | 游离 yóulí 동 유리되다, 동떨어지다 | 跳跃 tiàoyuè 동 뛰어오르다, 도약하다 | 打动 dǎdòng 동 감동시키다, 마음을 움직이다 | 撞击 zhuàngjī 동 세게 부딪치다, 충돌하다 | 酝酿 yùnniàng 동 (생각 등을) 가다듬다, 쌓아가다 | 直观 zhíguān 형 직관의, 감각 기관으로 직접 느끼는 | 舒畅 shūchàng 형 상쾌하다, 시원하다 | 触动 chùdòng 동 (감정 변화·추억 등을) 불러일으키다, 건드리다 | 意会 yìhuì 동 마음으로 깨닫다 | 言传 yánchuán 동 말로 전하다, 표현하다 | 真谛 zhēndì 명 진리, 정확한 도리, 참뜻 | 单 dān 부 단지, 다만 | 直爽 zhíshuǎng 형 솔직하다, 거리낌 없다 | 豪放 háofàng 형 호방하다, 호탕하다 | 豁达 huòdá 형 도량이 넓다, 확 트이다 | 含蓄 hánxù 동 (사상이나 감정 따위를) 쉽게 드러내지 않다, 함축적이다 | 曲径通幽 qūjìng tōngyōu 성 구불구불한 오솔길이 풍광이 아름다운 곳으로 나 있다 | 痛快淋漓 tòngkuài línlí 성 대단히 통쾌하다, (글·말 등의 의론이) 조금도 거침이 없다 | 勤练 qínliàn 부지런히 익히다, 꾸준히 훈련하다 | 技法 jìfǎ 명 기법, 기교와 방법 | 俗气 súqi 형 속되다, 조잡하고 상스럽다 | 骨气 gǔqì 명 (서예에서의) 웅장한 필세 | 修身养性 xiūshēn yǎngxìng 성 신심을 닦고 교양을 쌓다 | 巴山蜀水 Bāshān Shǔshuǐ 고유 파촉(巴蜀), 즉 쓰촨(四川)·충칭(重庆) 일대의 산수 | 身临其境 shēnlín qíjìng 성 어떤 장소에 직접 가(서 체험하)다, 어떤 입장에 서다 | 气势磅礴 qìshì pángbó 성 기세가 드높다

 21

男的怎样看待临摹?

A 是绘画的基础
B 应临摹著名大师的作品
C 可以激发灵感
D 限制画家的创新意识

남자는 모사를 어떻게 보는가?

A 회화의 기본이다
B 유명한 대가의 작품을 본떠야 한다
C 영감을 불러일으킬 수 있다
D 화가의 창의력을 제한한다

해설 남자의 첫 번째 대답에서 '临摹是绘画的基础(모사는 회화의 기본이다)'라고 했으므로 정답은 A이다.

Tip 인터뷰에서 정답은 첫 번째 문장 혹은 마지막 문장에서 빈도 있게 정답이 출제되는 편이다.

22

男的认为国画有什么特点?

A 笔墨凝练
B 讲究写意
C 构图工整
D 色彩明快淡雅

남자는 중국화가 어떤 특징이 있다고 여기는가?

A 그림이 간결하다
B 의미를 중요시한다
C 구성이 잘 짜여 있다
D 색채가 명쾌하고 단아하다

단어 凝练 níngliàn 형 (문장 따위가) 간결하다 | 工整 gōngzhěng 형 (대구가) 잘 짜여 있다, 짜임새가 있다

해설 서양화와 중국화의 차이를 물어보는 여자의 세 번째 질문에, 남자는 '西方绘画讲究直观、写实, 而国画讲究写神、写意(서양화는 직관적이고 사실적인 것을 중요하게 여기는데, 중국화는 정신과 의미를 중요하게 여긴다)'라고 했으므로 정답은 B이다.

23

男的觉得画风会受什么影响?

A 画家性格
B 别人评价
C 流行趋势
D 客户需求

남자는 화풍이 무엇에 영향을 받는다고 생각하는가?

A 화가의 성격
B 타인의 평가
C 유행의 추세
D 고객의 요구

해설 여자가 네 번째 질문에서 '您的画风与您的性格有什么关系吗?(당신의 화풍은 당신의 성격과 어떤 관계가 있나요?)'라고 물어봤고 남자 또한 '每一笔都与性格有关(모든 획이 성격과 관계가 있다)'이라고 했으므로 주제가 그림과 성격이라는 것을 알 수 있다. 그러므로 정답은 A이다.

24

要提高画技, 应该怎么做?

A 修身养性
B 仔细观察生活
C 向其他画家请教
D 多亲近自然

그림 기법을 향상하기 위해서 어떻게 해야 하는가?

A 심신을 닦고 교양을 쌓아야 한다
B 생활을 세심하게 관찰해야 한다
C 다른 화가들에게 가르침을 청해야 한다
D 자연을 가까이한다

단어 请教 qǐngjiào 동 가르침을 청하다

해설 '您画山水画除了勤练技法, 其他方面还下了什么工夫?(당신이 산수화를 그릴 때 꾸준히 기법을 연습하는 것 말고 또 어떤 것에 노력을 해야 하나요?)'라고 묻는 여자의 다섯 번째 질문에 대한 답으로 남자가 '所以要修身养性(신심을 닦고 교양을 쌓아야 한다)'라고 했으므로 정답은 A이다.

25

关于男的, 下列哪项正确?

A 要举办画展
B 要创作曲或舞的诗词
C 喜欢含蓄的画风
D 认为绘画要有感而发

남자에 관하여 다음 중 옳은 것은?

A 전시회를 열려고 한다
B 시를 짓는 것과 작곡을 같이 한다
C 함축적인 그림 스타일을 좋아한다
D 회화는 영감을 얻어 나온다고 여긴다

해설 옳은 것을 고르는 문제는 전반적인 내용 파악이 이루어져야 한다. 두 번째 남자의 대답에서 남자가 '画家的任何一幅画儿都是有感而发(화가의 모든 작품은 영감을 얻어 표현한다)'라고 했으므로 정답은 D이다.

26-30

女：你是什么时候想成为家具设计师和制造商的?
男：³⁰很小的时候。那时，我经常照着家具的样子，做一些小东西。11岁的时候，我就去拜访家具制造商。他们的工作给我留下了深刻的印象。长大后，我开始规划我的未来，渴望有一个自己的生产车间。
女：你是如何构思你的家具作品的?
男：²⁶我大部分的工作都是受客户委托的，根据客户的需要进行创作。这是激发我创意灵感的源泉。另外，如何让家具更契合人的内心感受，也是我所考虑的内容。
女：整个创作过程，哪个环节最让你兴奋?
男：整个创作过程都很精彩，从客户、手工业者到供应商，从研究设计开发、制作、展示到运行等。每个阶段都有不同的需求和品质要求。这是多方面因素相结合的产物。²⁷要说最让我兴奋的，应该是设计和工艺吧。因为，这是会持续增值的部分。
女：你如何选择家具材料呢?
男：我一般会选择普通树木来做家具。比如：水曲柳、榉木、冬青树和桑树等，当然也包括一些巨大的橡木。另外，²⁸我会根据客户的需要，家具的类型综合考虑。比如弯曲的大红豆杉，就是制作床的天然材料。
女：原木放多久后，才可以用于制作家具呢?
男：首先，要将原木摆放几天，等木材中的水分蒸发到与周围的水汽平衡为止。这样可以实现，木材与清新空气之间的循环。²⁹然后，我们会通过人工烘干的方式让它进一步干燥。以确保木材性能的稳定。同时，通过控制窑内湿度和温度，达到去除异味儿的效果。几周后，原木就成为绿色、干燥的可用之材了。
女：木材短缺的问题，你怎么看?
男：这涉及到可持续发展的问题。可持续发展要求我们提高设计水平、改进材料种类，这也意味着要采用更有效的制作方法。否则，这个问题不会得到根本解决。

여: 당신은 언제 가구 디자이너와 제작자가 되고 싶었나요?
남: ³⁰어렸을 때부터입니다. 그때 저는 자주 가구의 모양을 본떠 작은 물건을 만들었어요. 11살에는 가구 제작상을 방문했죠. 그들의 작업은 제게 깊은 인상을 남겼어요. 커서 제 미래를 계획하기 시작했는데, 저만의 생산 라인을 가졌으면 하고 바랐었어요.
여: 당신은 어떻게 가구 작품을 구상하나요?
남: ²⁶제 대부분의 작업은 고객의 의뢰를 받은 것으로 고객의 요구에 맞춰 작업을 진행합니다. 이것이 제 창의적 영감의 원천이에요. 그 밖에, 어떻게 가구를 사람의 심리에 부합하게 하는가 또한 제가 고려하는 내용이죠.
여: 전체 창작 과정 중 어떤 부분이 가장 당신을 흥분시키나요?
남: 고객과 수공업자에서부터 공급업자까지, 디자인 개발 연구, 제작, 전시부터 운송 등 전체 창작 과정 모두 근사해요. 단계별로 수요와 품질의 요구가 서로 다릅니다. 이것은 여러 분야에서의 요소들이 결합한 산물이죠. ²⁷저를 가장 흥분시키는 부분을 말하면, 디자인과 공예입니다. 왜냐하면 이 부분은 지속적으로 가치를 올릴 수 있는 부분이니까요.
여: 당신은 어떻게 가구 재료를 고르시나요?
남: 저는 일반적으로 보통의 목재로 가구를 만듭니다. 예를 들어 들메나무, 귀목, 상록수, 뽕나무 같은 것들이 있죠. 물론 큼직한 참나무도 포함합니다. 이외에도 ²⁸저는 고객의 요구를 토대로 가구의 유형을 종합적으로 고려합니다. 예를 들어 휘어져 있는 큰 주목은 침대를 만드는 천연재료이지요.
여: 원목은 얼마나 오래 방치한 후 가구 제작에 사용이 가능한가요?
남: 우선 원목을 며칠동안 그대로 두고 목재 중의 수분이 주변의 수증기와 균형을 이룰 때까지 증발하기를 기다립니다. 이렇게 하면 목재와 신선한 공기 사이의 순환이 가능하게 되죠. ²⁹그 다음 우리는 인공 건조 방식으로 이것을 더 건조시킵니다. 이것은 목재 성능의 안정을 보장하기 위해서입니다. 동시에 가마 안의 습기와 온도를 통제함으로써 안 좋은 냄새를 없애는 효과도 가지죠. 몇 주 후에는 원목이 초록색으로 건조되어 사용 가능한 재료가 됩니다.
여: 목재가 부족한 문제에 관해서는 어떻게 보시나요?
남: 이것은 지속적인 개발 문제와 관계가 있습니다. 지속적 개발은 우리의 디자인 수준을 향상시키고 재료의 종류를 개선시키는데, 이것은 더 효과적인 제작 방법을 채택해야 한다는 의미입니다. 그렇지 않으면 이 문제는 근본적인 해결을 얻을 수가 없습니다.

단어 渴望 kěwàng 동 갈망하다 | 生产车间 shēngchǎn chējiān 명 생산 라인 | 委托 wěituō 동 위탁하다, 의뢰하다 | 源泉 yuánquán 명 원천 | 契合 qìhé 동 부합하다 | 环节 huánjié 명 환절, 고리마디 | 供应商 gōngyìngshāng 명 공급업 | 增值 zēngzhí 동 값이(가치가) 오르다 | 水曲柳 shuǐqūliǔ 명 들메나무 | 榉木 jǔmù 명 귀목 | 冬青树 dōngqīngshù 명 상록수 | 桑树 sāngshù 명 뽕나무 | 橡木 xiàngmù 명 참나무, 오크 재목 | 红豆杉 hóngdòushān 명 주목 | 蒸发 zhēngfā 동 증발하다 | 水汽 shuǐqì 명 수증기 | 为止 wéizhǐ 동 ~를 끝으로 하다 | 清新 qīngxīn 동 신선하다, 맑고 산뜻하다 | 烘干 hōnggān 동 (불이나 전열 기구에) 말리다, 건조시키다 | 窑 yáo 명 (기와와 도기를 굽는) 가마, 요 | 涉及 shèjí 동 관련되다, 미치다, 언급하다

26

男的根据什么来构思家具作品?

A 材料价格
B 房间格局
C 木材品质
D 客户需求

남자는 무엇에 근거하여 가구 작품을 구상하는가?

A 목재의 가격
B 방의 구조
C 목재의 질
D 고객의 요구

해설 두 번째 남자의 대답에서 '我大部分的工作都是受客户委托的，根据客户的需要进行创作(대부분의 작업은 고객의 의뢰를 받은 것으로 고객의 요구에 맞춰 작업을 진행한다)'라고 했으므로, 남자가 가구를 만드는 첫 단계는 고객의 요구에 따라 작품을 구상하는 것임을 알 수 있다. 그러므로 정답은 D이다.

27

在制作过程中, 男的更看重哪个环节?

A 制作
B 选材
C 展示
D 设计

제작 과정 중 남자는 어느 부분을 더 중시하는가?

A 제작
B 재료 선택
C 전시
D 디자인

해설 남자의 세 번째 대답에서 '要说最让我兴奋的，应该是设计和工艺吧(나를 가장 흥분시키는 부분을 말하면, 디자인과 공예이다)'라고 한 것으로 보아 D의 设计(디자인)를 중시한다는 것을 알 수 있다. 그러므로 정답은 D이다.

28

选择家具材料应考虑什么?

A 木材使用年限
B 木材硬度
C 家具类型
D 房屋装修风格

가구 재료를 고르는 데 고려하는 것은 무엇인가?

A 목재 사용의 기간
B 목재의 경도
C 가구의 유형
D 방의 인테리어 스타일

단어 硬度 yìngdù 명 경도, 굳기 | 装修 zhuāngxiū 명 인테리어

해설 '你如何选择家具材料呢?(당신은 어떻게 가구 재료를 고르나요?)'라는 여자의 네 번째 질문에 남자는 '我会根据客户的需要，家具的类型综合考虑(고객의 요구를 토대로 가구의 유형을 종합적으로 고려한다)'라고 했으므로 정답은 C이다.

29 为什么要人工烘干原木? | 왜 인공으로 건조시킨 원목이 필요한가?

A 使木材表面的粗糙度降低
B 增加木材香味
C 确保木材性能稳定
D 防止虫蛀

A 목재 표면의 거친 정도를 낮추기 위해서
B 목재에 향을 더하기 위해서
C 목재 성능의 안정을 보장하기 위해서
D 벌레 먹는 것을 방지하기 위해

단어 粗糙 cūcāo 형 (질감이) 거칠다, 까칠까칠하다 | 虫蛀 chóngzhù 동 벌레 먹다

해설 남자는 다섯 번째 대답에서 처음에는 원목을 자연 건조한다고 언급했다. '然后，我们会通过人工烘干的方式让它进一步干燥。以确保木材性能的稳定(그 다음 우리는 인공 건조 방식으로 이것을 더욱 건조시킨다. 이는 목재 성능의 안정을 보장하기 위해서이다)'이라고 했으므로 정답은 C이다.

30 关于男的, 下列哪项正确? | 남자에 관하여 다음 중 옳은 것은?

A 喜欢用稀有木材
B 从小就对家具制造感兴趣
C 不善于与别人打交道
D 种过树

A 희귀 목재를 사용하는 것을 좋아한다
B 어릴 때부터 가구 제작에 관심이 있었다
C 다른 사람과 잘 소통하지 못한다
D 나무를 심은 적이 있다

단어 打交道 dǎjiāodao 동 (사람끼리) 왕래하다, 교제하다

해설 옳은 것을 고르는 문제는 전반적인 이해가 필요하나 정답이 나오지 않은 문단에서 나올 가능성이 농후하다. 본문과 같은 경우, 첫 번째 문답에서 답이 나오지 않았기 때문에 가장 마지막 문제로 나올 가능성이 크다. 첫 번째 문답에서 '你是什么时候想成为家具设计师和制造商的? (당신은 언제 가구 디자이너와 제작상이 되고 싶었나요?)'라고 여자가 묻자 남자는 '很小的时候(어렸을 때부터이다)'라고 했으므로 정답은 B이다.

第 三 部 分

제 2 회
听力

31-33

³¹世界上没有独立长高长大的红杉，它们必定是一大片连在一起生长的。根紧密相连，一株接着一株。除非飓风强到足以将整块儿地掀起，否则没有任何自然力量可以撼动它们。红杉的浅根正是它们长得如此高大的奥秘所在。³²根浮于地表，便于它们快速地吸收大量的水分，从而迅速地成长壮大。同时，这样也节省了扎深根所需的能量。使红杉可以积累更多的能量向上生长。红杉给了我们一个很好的启示：成功不能只靠自己，也需要依靠他人。³³如果你还不够强大，不妨伸出你学习的根，与成功者紧密连接，吸取他们的经验，让自己迅速成长。最终，你会像红杉林那样，创造出不可动摇的伟业。

³¹세상에 독립적으로 자라는 세쿼이아는 없으며, 반드시 한 무더기로 연결되어 함께 자란다. 뿌리는 긴밀하게 한 그루 한 그루 연결되어 있다. 허리케인이 땅 전체를 들어 올릴 만큼 강하지 않는 이상 어떠한 자연적인 힘도 그것들을 뒤흔들 수 없다. 세쿼이아의 얕은 뿌리는 바로 그것들이 이처럼 높게 자라는 비밀이다. ³²뿌리가 땅 위에 떠 있어 그것이 대량의 수분을 빠르게 흡수할 수 있으므로 빠른 속도로 장대하게 성장하는 것이다. 또한, 이렇게 하면 깊숙이 뿌리를 내리는 에너지를 절약할 수 있어 세쿼이아는 더 많은 에너지를 모아 위를 향해 자랄 수 있다. 세쿼이아는 우리에게 아주 좋은 메시지를 준다. 성공은 자신에게만 의존하면 안 되고 다른 사람에게도 의존해야 한다는 것이다. ³³만약 당신이 충분히 강하지 못하다면 학습의 뿌리를 내밀어 성공한 사람과 긴밀히 연결해 그들의 경험을 흡수하고, 자신이 빠르게 성장하게 하는 것도 무방하다. 결국, 세쿼이아처럼 흔들림 없는 위대한 업적을 창조할 수 있을 것이다.

단어 红杉 hóngshān 몡 세쿼이아 | 必定 bìdìng 囝 반드시, 의심할바 없이 | 紧密相连 jǐnmì xiānglián 긴밀하게 연결돼 있다 | 株 zhū 囘 포기, 그루 | 飓风 jùfēng 몡 허리케인 | 掀起 xiānqǐ 통 열다, 들어올리다 | 撼动 hàndòng 통 요동하다, 진동하다 | 奥秘 àomì 몡 비밀, 수수께끼 | 启示 qǐshì 계시 | 不妨 bùfáng 囝 (~하는 것도) 무방하다 | 伸出 shēnchū 통 밖으로 내뻗다, 펼치다 | 动摇 dòngyáo 통 동요하다

31

关于红杉，下列哪项正确?

A 不畏严寒
B 多长在悬崖边
C 枝叶紧密相连
D 成片生长

세쿼이아에 관하여 다음 중 옳은 것은?

A 추위를 두려워하지 않는다
B 주로 낭떠러지에서 자란다
C 가지와 잎이 긴밀히 연결되어 있다
D 덩어리로 성장한다

단어 不畏 búwèi 통 두려워하지 않다 | 严寒 yánhán 몡 추위가 심하다 | 悬崖 xuányá 몡 낭떠러지, 벼랑

해설 듣기 3부분에서는 보통 순서대로 정답이 나오므로 첫 번째 정답을 맞추기 위해선 첫 번째 문장에 집중해야 한다. 첫번째 문장에서 '世界上没有独立长高长大的红杉，它们必定是一大片连在一起生长的(세상에 독립적으로 자라는 세쿼이아는 없으며, 반드시 한 무더기로 연결되어 함께 자란다)'라고 했기 때문에 D가 정답이다.

32

浅根对红杉来说，有什么作用?

A 利于呼吸
B 便于迁移
C 利于接收光照
D 便于吸收水分

얕은 뿌리는 세쿼이아에 어떤 작용을 하는가?

A 호흡하는 데 좋다
B 이동하는 데 좋다
C 빛을 받아들이는 데 좋다
D 수분을 흡수하는 데 좋다

단어 迁移 qiānyí 통 이전하다, 옮겨 가다

해설 제2회 • 85

해설 '浅根'은 '얕은 뿌리'라는 뜻으로 본문에서 '根浮于地表, 便于它们快速地吸收大量的水分, 从而迅速地成长壮大(뿌리가 땅 위에 떠 있어 그것이 대량의 수분을 빠르게 흡수할 수 있으므로 빠른 속도로 장대하게 성장하는 것이다)'라고 하여 땅 위에 드러나 있는 뿌리에 대한 설명이다. 정답은 D이다.

33 这段话，想告诉我们什么? | 이 글은 우리에게 무엇을 말하고 싶어하는가?

A 要勇于面对困难 | A 어려움에 용감히 맞서야 한다
B 要学会因地制宜 | B 상황에 맞게 적절한 대책을 세울 줄 알아야 한다
C 不要相信别人 | C 다른 사람을 믿지 말아야 한다
D 成功要学会"借力" | D 성공에 있어 '힘을 빌리는' 법을 배워야 한다

단어 因地制宜 yīndì zhìyí 성 각 지역의 구체적인 실정에 맞게 적절한 대책을 세우다

해설 주제는 보통 뒷부분에서 많이 나오므로 마지막까지 주의해야 한다. '如果你还不够强大, 不妨伸出你学习的根, 与成功者紧密连接。吸取他们的经验, 让自己迅速成长(만약 당신이 충분히 강하지 못하다면 학습의 뿌리를 내밀어 성공한 사람과 긴밀하게 연결해 그들의 경험을 흡수하고, 자신이 빠르게 성장하게 하는 것도 무방하다)'이라고 했기 때문에 정답은 D이다.

34-37

经济学中有一个最基本的常识，如果一种商品加量50%却不加价，它相当于降了33%的价。对此，经济学家曾做过一项实验：³⁴他将同一种饮料，一半儿加量50%出售，而另一半降价33%出售。结果前者的销量明显好于后者，这是为什么呢？原来只因为前者的数字比较大。很多消费者认为50明显比33多，所以肯定是前者划算，但其实这根本就是一回事，经济学家将此称为增数盲点。³⁷这个盲点几乎人人都有，他不但说明³⁵人们盲目地相信数字越大优惠越多，还暗示了一个常被人们忽视了的问题，人们不喜欢计算，大部分人嫌麻烦，不愿意去计算，结果被表面数字误导。其实，³⁶小至买东西，大至人生大事，我们都应该谨慎一些，学会计算，这样才能让我们获益更多。

경제학에서 제일 기본적인 상식 하나가 있는데, 만약 어떤 상품의 양이 50% 늘어났는데도 가격이 오르지 않았다면, 이것은 가격이 33% 떨어진 것이다. 이에 관해 경제학자가 실험을 한 적이 있다. ³⁴같은 종류의 음료수를 절반은 양을 50% 더해서 팔고 절반은 가격을 33% 내려서 팔았다. 결과는 전자의 판매량이 명확히 후자보다 좋았다. 이것은 왜 그런 것일까? 단지 전자의 숫자가 비교적 컸기 때문이다. 많은 소비자들이 50이 33보다 많으므로 전자가 더 수지가 맞는다고 생각한 것이다. 사실 이것은 애당초 같은 말로서 경제학자들은 이것을 수치의 맹점이라고 부른다. ³⁷이 맹점은 거의 모든 사람이 가지고 있으며, ³⁵사람들이 숫자가 클수록 혜택이 더 많을 것이라고 맹목적으로 믿고 있음을 설명하고 있을 뿐 아니라, 사람들이 자주 간과해버리는 문제를 암시한다. 사람들은 계산하기 싫어하고, 대부분은 번거로움을 싫어하며, 따져보는 것을 원하지 않는다. 이는 결국 표면적인 숫자에 오도되는 것이다. 사실 ³⁶작게는 물건 구매에서 크게는 인생의 중대사에 우리는 모두 신중해야 하고, 계산할 줄 알아야 한다. 그래야 우리가 더 많은 이익을 얻을 수 있다.

단어 常识 chángshí 명 상식, 일반 지식 | 出售 chūshòu 동 팔다, 판매하다, 매각하다 | 划算 huásuàn 동 계산하다, 따지다 | 增数盲点 zēngshù mángdiǎn 수치의 맹점 | 盲目地 mángmùde 맹목적으로 | 优惠 yōuhuì 형 특혜의, 우대의 | 嫌 xián 동 싫어하다, 의심(하다) | 误导 wùdǎo 동 오도하다, 잘못 이끌다 | 谨慎 jǐnshèn 형 신중하다, 조심스럽다 | 获益 huòyì 동 이득을 얻다

34

关于那项实验, 可以知道什么? | 이 실험에 관하여 알 수 있는 것은 무엇인가?

A 加量饮料卖得好
B 具有广告效应
C 结果与预期不符
D 消费者喜欢讨价还价

A 양을 늘린 음료수가 잘 팔린다
B 광고 효과가 있다
C 결과가 예상과 다르다
D 소비자는 값을 흥정하는 것을 좋아한다

단어 不符 bùfú 통 부합하지 않다 | 讨价还价 tǎojià huánjià 성 값을 흥정하다

해설 질문에서 '실험'에 대해 물어보기 때문에 그 실험이 어떤 실험인지를 알아야 한다. '他将同一种饮料,一半儿加量50%出售, 而另一半降价33%出售。结果前者的销量明显好于后者(같은 종류의 음료수를 절반은 양을 50% 더해서 팔고 절반은 가격을 33% 내려서 팔았다. 결과는 전자의 판매량이 명확히 후자보다 좋았다)'라는 내용에서 실험 결과, 양을 늘린 것이 더욱 잘 팔렸다는 것을 알 수 있다. 정답은 A이다.

35

根据这段话, 人们盲目相信什么? | 이 글을 바탕으로 사람들은 맹목적으로 무엇을 믿는가?

A 数字越大越优惠
B 名牌产品更可信
C 一分价钱一分货
D 促销商品更划算

A 숫자가 클수록 할인을 받는다
B 명품은 더 믿을 만하다
C 싼 게 비지떡이다(돈을 낸 만큼만 얻을 수 있다)
D 상품을 판촉하는 것이 더 수지맞다

해설 본문에서 '增数盲点(수치의 맹점)'라는 경제학 용어를 설명하면서 '人们盲目的相信数字越大优惠越多(사람들은 숫자가 클수록 혜택이 더 많을 것이라고 맹목적으로 믿는다)'라고 했으므로 정답은 A이다.

36

这段话主要想告诉我们什么? | 이 글이 우리에게 말하고자 하는 것은 무엇인가?

A 要学会计算
B 要懂得投资
C 要节约
D 做事要有条理

A 계산할 줄 알아야 한다
B 투자를 이해해야 한다
C 절약해야 한다
D 일 처리에 체계가 있어야 한다

단어 投资 tóuzī 통 투자하다

해설 주제를 찾는 문제로 뒷부분에서 확인할 수 있다. '小至买东西, 大至人生大事, 我们都应该谨慎一些, 学会计算(작게는 물건 구매에서 크게는 인생의 중대사에 우리는 모두 신중해야 하고, 계산할 줄 알아야 한다)'이라고 했으므로 정답은 A이다.

37

根据这段话, 下列哪项正确? | 이 글을 바탕으로 다음 중 옳은 것은?

A 饮料利润高
B 要懂得知足常乐
C 增数盲点很普遍
D 购物不要货比三家

A 음료수는 이윤이 높다
B 만족할 줄 알아야 한다
C 수치의 맹점은 매우 보편적이다
D 물건을 살 때는 비교할 필요가 없다

단어 利润 lìrùn 명 이윤 | 知足常乐 zhīzú chánglè 만족함을 알면 항상 즐겁다 | 货比三家 huòbǐ sānjiā 서로 비교하다

해설 '增数盲点'이라는 경제학 용어를 설명하면서 '这个盲点几乎人人都有(이 맹점은 거의 모든 사람이 가지고 있다)'라고 하였으므로 정답은 C이다. '人人'은 '사람마다'라는 의미를 갖고 있다는 것을 알아두자.

38-40

在中国广袤的沙漠上，生活着这样一种植物——梭梭。它们是中国荒漠区最重要的植被类型。被誉为"沙漠卫士"。作为灌木植物，梭梭的外形并不出众，一般只有三四米高。可是，它们却能在恶劣的沙漠环境中生存下来，给沙漠带来生机和活力，成为沙漠独特的景观，³⁹也成为了沙漠中最优良的防风固沙植被。当然，梭梭的成功并非侥幸。它们的秘诀就在于，无与伦比的生长速度。³⁸研究发现，梭梭的种子是世界上发芽最快的种子。只要有雨水，它们的种子便能在短短的两三个小时之内萌发出新的生命。这么快的成长速度，不能不令人吃惊。面对恶劣的自然环境，它们从来不观望，不犹豫。其实，细想一下，我们追求成功又何尝不应当如此呢？人的一生中没有机遇会为我们停留，如果缺乏当机立断的决心，那就只能坐看它溜走。所以，⁴⁰要想成功，我们就要及时抓住机遇，不断进取，不停拼搏。

중국의 광활한 사막에 향부자라는 식물이 살고 있다. 이것은 중국 황무지 지역에서 가장 중요한 식생의 종류로 '사막의 보디가드'라고 불린다. 관목 식물로써 향부자의 외형은 그다지 특별하지 않으며 보통 키는 3~4미터에 지나지 않는다. 하지만 이것들은 열악한 사막 환경 속에서도 생존할 수 있어 사막에 생기와 활력을 가져다주며, 사막의 독특한 풍경이 되었고 ³⁹또한 사막에서 가장 우수한 방풍 방사 식물이 되었다. 물론 향부자의 성공이 결코 요행은 아니다. 그것의 비결은 바로 탁월한 성장 속도에 있다. ³⁸연구 결과 향부자의 씨앗은 세상에서 가장 빨리 싹이 트는 씨앗이다. 빗물만 있으면 씨앗은 단 두세 시간 안에 새로운 생명을 발아하기 시작한다. 이렇게 빠른 성장 속도에 놀라지 않을 수 없다. 열악한 자연환경에 맞서 살피지 않고, 망설이지도 않는다. 사실 잘 생각해보면 우리가 성공을 추구함에 있어서 이렇게 하지 않은 적이 있었는가? 사람의 일생 중에 우리를 위해 기다려주는 기회란 없다. 만약 제때 결정을 내리는 결단력이 부족하다면, 그저 앉아서 그것이 지나가는 것을 볼 수밖에 없다. 따라서 ⁴⁰성공하고 싶다면 우리는 제때 기회를 잡고 끊임없이 진취하며 멈추지 말고 맞서 싸워야 한다.

단어 广袤 guǎngmào 廖 광활하다, 넓다 | 梭梭 suōsuō 향부자(방사식물 중 하나) | 荒漠 huāngmò 廖 황무지 | 植被 zhíbèi 廖 식생 | 卫士 wèishì 廖 경비원, 보디가드 | 灌木 guànmù 廖 관목 | 出众 chūzhòng 廖 출중하다, 뛰어나다 | 固沙 gùshā 廖 방사하다, 모래 유실을 방지하다 | 侥幸 jiǎoxìng 廖 요행 | 无与伦比 wúyǔ lúnbǐ 廖 비교가 안 된다 | 萌发 méngfā 廖 싹이 트다 | 观望 guānwàng 廖 둘러보다, 살펴보다 | 犹豫 yóuyù 廖 머뭇거리다, 망설이다 | 细想 xìxiǎng 廖 자세히 생각하다, 숙고하다 | 何尝 hécháng 廖 언제 ~한 적이 있었느냐, 결코 ~가 아니다 | 应当 yīngdāng 廖 반드시 ~ 해야 한다, ~하는 것이 마땅하다 | 停留 tíngliú 廖 (잠시) 머물다, 체류하다 | 当机立断 dāngjī lìduàn 廖 시기를 놓치지 않고 즉각 판단을 내리다, 제때에 결단을 내리다 | 溜走 liūzǒu 廖 몰래 달아나다, 슬그머니 사라지다 | 拼搏 pīnbó 廖 끝까지 싸우다

38

梭梭能在恶劣环境下生存的原因是什么？

A 依附地表植被
B 需水量很少
C 发芽速度快
D 根系很发达

향부자가 열악한 환경에서 생존할 수 있는 원인은 무엇인가?

A 지면에 붙어서 자란다
B 필요한 수분이 적다
C 싹이 트는 속도가 빠르다
D 뿌리가 발달되어 있다

단어 依附 yīfù 廖 부착하다

해설 '它们的秘诀就在于，无与伦比的生长速度(그것의 비결은 바로 탁월한 성장 속도에 있다)'라고 하여 향부자가 사막에서도 생존할 수 있는 이유를 언급했고, '研究发现，梭梭的种子是世界上发芽最快的种子(연구 결과 향부자의 씨앗은 세상에서 가장 빨리 싹이 트는 씨앗이다)'처럼 구체적인 연구 결과에 의해 싹이 자라는 속도가 빠른 것이 비결이라는 것을 알 수 있다. 정답은 C이다.

39

关于梭梭，可以知道什么？	향부자에 관하여 알 수 있는 것은?
A 叶面宽	A 잎이 넓다
B 可防风固沙	B 방풍 방사가 가능하다
C 高度可达15米	C 높이가 15미터에 달한다
D 多长在潮湿地带	D 대부분 습한 지대에서 자란다

단어 潮湿 cháoshī 형 습하다, 축축하다, 눅눅하다

해설 옳은 것을 고르는 문제는 순서에 따라 출제되지 않을 수도 있다. '也成为了沙漠中最优良的防风固沙植被(사막에서 가장 좋은 방풍 방사 식물이 되었다)'라고 하여 향부자가 바람도 막고 모래도 막는 데에 아주 탁월한 식물임을 알 수 있다. 정답은 B이다.

40

这段话，主要想告诉我们什么？	이 글이 우리에게 말하고자 하는 것은 무엇인가?
A 要有长期计划	A 장기적인 계획이 필요하다
B 要及时抓住机遇	B 제때 기회를 잡아야 한다
C 要承担责任	C 책임을 져야 한다
D 要乐观面对人生	D 긍정적으로 인생에 맞서야 한다

단어 承担 chéngdān 동 맡다, 책임지다

해설 주제를 찾는 문제는 앞서 말했던 예시에 근거하여 마지막에 언급될 확률이 높다. 마지막 문장인 '要想成功，我们就要及时抓住机遇，不断进取，不停拼搏(성공하고 싶다면 우리는 제때 기회를 잡고 끊임없이 진취하며 멈추지 말고 맞서 싸워야 한다)'라고 했으므로 정답은 B이다.

41-43

⁴¹对称，能给人以整齐、沉静和稳重的美感。但也因此缺少了灵动，显得变化少，不自由。⁴²事实上，自然界中没有完全对称的物质。仔细观察叶子的细微结构，你会发现叶子左右两边叶脉的数量、分布以及叶缘锯齿的数目都是不同的。人也一样，绝大多数人的面部和四肢也不完全对称。59%的人右半脸比较大，而75%的人右侧上肢较左侧的长。另外，人两手的掌纹脉络也是不同的。可以说，自然界的不对称是绝对的，而对称则是相对的。⁴³这是由细胞内原生质的不对称性引起的。研究发现，不对称原生质的新陈代谢比左右结构相同的化学物至少要快三倍。由此可见，不对称性对生命的进化有着十分重要的意义。

⁴¹대칭은 사람에게 가지런함과 안정감 그리고 진중한 미감을 느끼게 한다. 하지만 그렇기 때문에 민첩성이 부족하고 변화가 적으며 자유로워 보이지 않는다. ⁴²사실 자연계에서 완전히 대칭이 되는 물질은 없다. 잎의 미세한 구조를 관찰해보면 잎의 좌우 양쪽의 잎맥의 수, 분포와 잎 둘레의 톱니의 수가 다 다름을 알 수 있다. 사람도 마찬가지로 대다수 사람의 얼굴과 사지도 완전히 대칭이 되지 않는다. 59%의 사람들은 오른쪽 얼굴이 비교적 더 크고, 75%의 사람들은 오른쪽 팔이 왼쪽보다 길다. 또한 사람의 양손 손금의 모양도 다 다르다. 자연계의 비대칭은 절대적이라고 할 수 있고, 대칭은 상대적이라고 할 수 있다. ⁴³이것은 세포 내 원형질의 비대칭에서 기인한다. 연구 결과 비대칭 원형질의 신진대사는 좌우 구조가 같은 화학물질보다 적어도 3배는 빠른 것으로 알려졌다. 이로써 비대칭이 생명의 진화에 매우 중요한 의미를 지니고 있음을 알 수 있다.

단어 对称 duìchèn 阌 대칭 | 整齐 zhěngqí 阌 고르다, 가지런하다 | 沉静 chénjìng 阌 고요하다, 안정되다 | 稳重 wěnzhòng 阌 신중하다, 분별력이 있다 | 灵动 língdòng 阌 민첩하다, 날쌔다 | 细微 xìwēi 阌 미세하다 | 结构 jiégòu 阌 구성, 짜임새 | 叶脉 yèmài 阌 잎맥, 엽맥 | 分布 fēnbù 통 분포하다 | 叶缘 yèyuán 阌 잎둘레 | 锯齿 jùchǐ 阌 톱니 | 掌纹 zhǎngwén 阌 손금 | 脉络 màiluò 阌 맥락 | 原生质 yuánshēngzhì 阌 원형질 | 新陈代谢 xīnchén dàixiè 阌 신진대사

41

对称给人的感觉是什么?

A 改变
B 自由
C 灵敏
D 整齐

대칭은 사람에게 어떤 느낌을 주는가?

A 변화가 있다
B 자유롭다
C 재빠르다
D 가지런하다

단어 灵敏 língmǐn 阌 영민하다, 재빠르다

해설 첫 번째 문장에서 '对称, 能给人以整齐、沉静和稳重的美感(대칭은 사람에게 가지런함과 안정감 그리고 진중한 미감을 느끼게 한다)'이라고 했기 때문에 정답은 D이다. 첫 번째 문장이기에 놓치기 쉬우나 보기의 단어가 그대로 들리는 쉬운 문제이다.

42

说话人举叶脉和掌纹的例子是为了说明什么?

A 对称才会产生美
B 自然界不存在完全对称
C 不对称有偶然性
D 对称是一种正常现象

말하는 사람은 무엇을 설명하기 위해 잎맥과 손금을 예로 들었는가?

A 대칭이어야 아름다움이 만들어진다
B 자연계에 완전한 대칭이 없다
C 비대칭은 우연성을 띠고 있다
D 대칭은 정상적인 현상이다

단어 偶然性 ǒuránxìng 阌 우연성

'事实上，自然界中没有完全对称的物质(사실 자연계에서 완전히 대칭이 되는 물질은 없다)'라고 한 문장 다음에 잎맥과 얼굴, 손금 등의 예를 들었기 때문에 주제 문장이 B라는 것을 알 수 있다.

43

出现不对称现象的原因是什么?	비대칭 현상이 나타나는 원인은 무엇인가?
A 生物进化速度不一	A 생물 진화의 속도가 다르다
B 细胞内原生质不对称	B 세포 내 원형질이 비대칭이다
C 外力作用	C 외력의 작용
D 细胞变异	D 세포의 변이

단어 变异 biànyì 명 변이

 '自然界的不对称是绝对的，而对称则是相对的(자연계의 비대칭은 절대적이며, 대칭은 상대적이다)'라는 문장을 통해 비대칭은 필연적인 것임을 알 수 있다. 이 원인에 대해서 '这是由细胞内原生质的不对称性引起的(이것은 세포 내 원형질의 비대칭에서 기인한다)'라고 했으므로 정답은 B이다.

 44-47

⁴⁴足球，作为最具影响力的体育运动之一，深受人们的喜爱。复杂多变的战术组合，娴熟高超的个人技术，总能让人兴奋不已。特别是互罚点球，决定胜负的紧张场面，更是令人难忘。其实，罚点球里面还有不少科学道理呢。在理论上，点球是扑不到的。据测试和分析，⁴⁵球从罚球点踢出到越过球门线所需的时间，仅为0.2至0.4秒。而守门员从看准球来的方向到做出扑球动作，最少也要0.4秒。所以，他们根本不能等到看清球来的方向再做出反应。⁴⁶只能在罚球运动员提脚时，向着预感的方向扑过去。这样才有扑到点球的希望。知道了这一点，你就会明白，为什么常常看到点球飞进球门的这边，而守门员却扑向另一边的情况了。他们并非看错了方向，只是实际来球的方向和他们预想的不一致罢了。那为什么还会有一定比例的点球被扑到了呢？这些偶然中也包含着某些必然因素。例如，罚球的运动员经过长时间的激烈对抗后，体力消耗已达到极点。此外，胜败在此一脚，⁴⁷球员难免会承受巨大的压力，发挥失常也有可能。再加上，不少运动员罚点球时，都会采用让球贴着地面滚进球门的踢法，很容易被老练的守门员抓住规律。所以，点球被扑到的几率也就提高了。

⁴⁴축구는 가장 영향을 지닌 스포츠 중 하나로 사람들의 많은 사랑을 받고 있다. 복잡하고 다양한 전술의 조합, 숙련된 고도의 개인 기술은 사람을 흥분하게 만든다. 특히 양측이 페널티킥으로 승패를 결정짓는 긴장된 장면은 더욱 잊을 수 없다. 사실, 페널티킥 안에는 적지 않은 과학적 원리가 있다. 이론상, 페널티킥은 막아내기 어렵다. 실험과 분석에 따르면, ⁴⁵공이 페널티킥을 하는 곳에서 골대를 넘어가는 시간은 0.2에서 0.4초밖에 걸리지 않는다. 하지만 골키퍼가 공이 오는 방향을 보고 몸을 날리는 동작을 하기까지는 적어도 0.4초가 걸린다. 그래서 그들은 아예 공이 오는 방향을 정확하게 파악하여 반응할 수가 없다. ⁴⁶그저 페널티킥을 차는 선수가 발을 올릴 때 예감에 따른 방향으로 돌진할 수밖에 없는 것이다. 이렇게 해야만 공을 막을 수 있는 희망이 생긴다. 이것을 이해했다면, 공이 골대에 날아간 방향이 이쪽인데 골키퍼가 다른 방향으로 몸을 날리는 상황을 왜 종종 보게 되는지 이해하게 될 것이다. 결코 그들이 방향을 잘못 본 것이 아니라 실제로 공이 오는 방향과 그들이 예상한 방향이 달랐을 뿐이다. 그렇다면 왜 일정한 확률로 공이 세이빙 될 수 있는 것일까? 이런 우연 속에서도 어떤 필연적인 요소가 있다. 예를 들어, 페널티킥을 하는 선수는 장시간의 격렬한 대치 후 체력소모가 이미 절정에 달했을 것이다. 또한 승패는 이 한 번의 발차기에 달려있다. ⁴⁷선수는 커다란 부담감을 떠안을 수밖에 없고 실수를 할 가능성도 있다.

게다가 적지 않은 선수들이 페널티킥을 할 때 공을 지면 위로 굴려 골대에 넣는 발차기 방법을 사용하는데, 이는 노련한 골키퍼들에게는 잡기 쉬운 방법이므로 공이 세이빙되는 확률도 높아진다.

단어 娴熟 xiánshú 형 익숙하다, 능숙하다 | 罚点球 fádiǎnqiú 명 페널티킥 | 扑 pū 동 돌진하다, (몸을) 던지다 | 测试 cèshì 동 실험하다, 테스트하다 | 守门员 shǒuményuán 명 골키퍼 | 罚球 fáqiú 동 (축구에서) 페널티킥을 차다 | 预感 yùgǎn 명 예감 | 罢了 bàle 조 단지 ~일 따름이다 | 对抗 duìkàng 동 저항하다 | 消耗 xiāohào 동 소모하다 | 失常 shīcháng 형 비정상(적)이다, 정상인 상태가 아니다 | 几率 jīlǜ 명 확률

44

关于足球运动, 可以知道什么?

A 广受欢迎
B 足球里面没有科学道理
C 源于欧洲
D 球的冲击力大

축구에 관하여 알 수 있는 것은?

A 크게 환영을 받는다
B 축구에는 과학적 원리가 없다
C 유럽에서 기원했다
D 공의 충격이 크다

해설 첫 번째 문장인 '足球, 作为最具影响力的体育运动之一, 深受人们的喜爱(축구는 가장 영향력을 지닌 운동 중 하나로 사람들의 많은 사랑을 받고 있다)'로 보아 정답은 A이다.

45

为什么从理论上来讲, 点球是扑不到的?

A 无规律可循
B 球的冲击力大
C 守门员的反应时间不够
D 罚球点离球门远

왜 이론상으로 페널티킥을 막을 수 없는가?

A 따를 만한 규칙이 없다
B 공의 충격이 크다
C 골키퍼의 반응 시간이 부족하다
D 페널티킥을 차는 곳이 골대에서 멀다

단어 循 xún 동 따르다, 준수하다

해설 '球从罚球点踢出到越过球门线所需的时间, 仅为0.2-0.4秒。而守门员从看准球来的方向到做出扑球动作, 最少也要0.4秒(공이 페널티킥을 하는 곳에서 골대를 통과하는 시간은 0.2에서 0.4초밖에 걸리지 않는다. 하지만 골키퍼가 공이 오는 방향을 보고 그쪽으로 몸을 날리는 동작을 하기에는 적어도 0.4초가 걸린다)'라는 문장으로 보아 골키퍼가 공을 보고 반응하기에는 시간이 부족하다는 것을 알 수 있다. 그러므로 정답은 C이다.

46

守门员根据什么来确定扑球方向?

A 罚球运动员的表情
B 球的行进路线
C 风向
D 预感

골키퍼는 무엇을 근거로 공을 막는 방향을 정하는가?

A 페널티킥을 차는 선수의 표정
B 공의 진행 노선
C 풍향
D 예감

해설 본문 중 과학적 원리에 따라 골키퍼들이 공을 보고 막을 수는 없다고 했다. 그리고 '只能在罚球运动员提脚时, 向着预感的方向扑过去(그저 페널티킥을 차는 선수가 발을 올릴 때 예감에 따른 방향으로 돌진할 수밖에 없는 것이다)'라고 했으므로 골키퍼가 공을 막는 방향을 정할 때에는 예감이 중요하다는 것을 알 수 있다. 정답은 D이다.

47 关于罚点球的运动员，下列哪项正确？ | 페널티킥을 하는 축구선수에 대해 다음 중 옳은 것은?

A 有可能发挥失常
B 与队友合作密切
C 熟知守门员扑球规律
D 在球队中技术最棒

A 실수를 할 수도 있다
B 동료들과 긴밀하게 협력한다
C 골키퍼의 공 막는 규칙을 잘 안다
D 팀에서 기술이 제일 좋다

단어 发挥 fāhuī 동 발휘하다 | 熟知 shúzhī 동 익히 알다, 분명하게 알다

해설 페널티킥을 하는 선수에 대해서는 뒷부분에 언급되어 있다. 특히 '球员难免会承受巨大的压力，发挥失常也有可能(선수는 커다란 부담감을 떠안을 수밖에 없고 실수를 할 가능성도 있다)'이라고 했으므로 실수를 할 수도 있다는 것을 알 수 있다. 고로 정답은 A이다.

48-50

拔河，是一项简单的体育运动。⁵⁰比赛时，人数相同的两方，各执绳子的一端，同时用力向自己一方拉绳。哪方能将对方拉过中间的界限，哪方就获胜。一开始，双方都会相持一段时间，但是时间长了，便会有一方坚持不下去，并最终输掉比赛。从表面上看，拔河是力量的对抗。但⁴⁸从本质上讲，则是意志与信念的较量。一般来说，双方人数相同，力量不会相差太大，可以说是势均力敌。所以，在这种情况下，力量的重要性就退居其次。⁴⁸关键是看大家是否齐心协力。是否能坚持到最后一秒钟。其实不只是拔河，人生也是如此。谁能坚持到最后，谁就能赢得最后的胜利。从这个意义上来说，坚持就是胜利。但是，⁴⁹坚持就是胜利是有相对性的。因为，只有坚持了正确的事情，坚持才会和胜利画上等号。否则，就会是另一种结果。

줄다리기는 간단한 스포츠 종목이다. ⁵⁰경기 시, 인원수가 같은 쌍방이 각자 줄의 한쪽을 잡고 동시에 힘껏 자신의 방향으로 밧줄을 잡아당긴다. 상대방을 중간의 경계로 당길 수 있는 쪽이 승리한다. 처음에는 양쪽 모두 얼마간 버틸 수 있지만, 시간이 흐르면 한쪽이 견디지 못하고 결국 시합에서 지게 된다. 표면상 줄다리기는 힘의 대항이다. 하지만 ⁴⁸본질적으로 보면 의지와 신념의 경쟁이다. 일반적으로 양쪽의 인원수가 같기 때문에 힘에서 큰 차이가 없으므로 힘이 비등하다고 할 수 있다. 그래서 이런 경우에 힘의 중요성은 그다음으로 밀려난다. ⁴⁸관건은 사람들이 한마음 한뜻으로 함께 노력하는가, 마지막 일 초까지 견딜 수 있는가이다. 사실 줄다리기뿐만 아니라 인생도 이러하다. 마지막까지 견딜 수 있는 사람이 마지막의 승리를 쟁취할 수 있다. 이런 의미에서 보면 끝까지 견지하는 것이 승리하는 것이다. 하지만 ⁴⁹견지하는 것이 곧 승리한다는 것은 상대적이다. 왜냐하면, 올바른 것을 견지해야만 견지하는 것이 승리와 같다고 할 수 있기 때문이다. 만약 그렇지 않으면 또 다른 결과를 가지고 올 것이다.

단어 拔河 báhé 명 줄다리기 | 绳子 shéngzi 명 (노)끈, 새끼, 밧줄 | 用力 yònglì 동 힘을 내다, 힘을 쓰다 | 拉绳 lāshéng 동 밧줄을 당기다 | 相持 xiāngchí 동 서로 버티다, 서로 고집하다 | 较量 jiàoliàng 동 (실력·기량을) 겨루다, 경쟁하다 | 势均力敌 shìjūn lìdí 성 세력이 엇비슷하다 | 退居 tuìjū 동 물러나다, 밀려나다 | 齐心协力 qíxīn xiélì 성 한마음 한뜻으로 함께 노력하다 | 画上 huàshàng 그리다, 찍다 | 等号 děnghào 명 등호

48 拔河获胜的关键是什么? | 줄다리기에서 승리하는 관건은 무엇인가?

A 顽强的意志与合作精神
B 比赛技巧
C 队友的竞争
D 整齐划一的动作

A 완강한 의지와 협동 정신
B 시합의 기술
C 팀원들의 경쟁
D 정확히 일치하는 동작

단어 顽强 wánqiáng 형 완강하다, 억세다 | 技巧 jìqiǎo 명 기교, 테크닉 | 整齐划一 zhěngqí huàyī 금을 그은 듯 가지런하다

해설 앞서 줄다리기가 여러 명이 함께 하는 운동임을 밝혔고 '从本质上讲，则是意志与信念的较量(본질적으로 보면 의지와 신념의 경쟁이다)'이라는 문장과 '关键是看大家是否齐心协力。是否能坚持到最后一秒钟(관건은 사람들이 한마음 한뜻으로 함께 노력하는가, 마지막 일 초까지 견딜 수 있는가이다)'이라는 문장을 통해 의지 또한 중요한 요인임을 밝혔다. 정답은 A이다.

49 为什么说"坚持就是胜利"是有相对性的? | 왜 '견지하는 것이 곧 승리하는 것'이 상대적인가?

A 客观条件多变
B 只适用于体育运动
C 只有坚持对的才能胜利
D 多数与事实不符

A 객관적인 조건은 변화가 많다
B 스포츠에만 부합한다
C 옳은 것을 견지해야 승리할 수 있다
D 대부분 사실과 부합하지 않는다

해설 마지막 부분에서 '因为，只有坚持了正确的事情，坚持才会和胜利画上等号(왜냐하면, 올바른 것을 견지하는 것이 승리와 같다고 할 수 있기 때문이다)'라고 이유를 설명하고 있다. 그러므로 정답은 C이다.

50 根据这段话，下列哪项正确? | 이 글을 바탕으로 다음 중 옳은 것은?

A 成功有时要靠运气
B 拔河结果与绳子长短有关
C 要有自己的想法
D 拔河双方人数相同

A 성공은 가끔 운에 맡겨야 한다
B 줄다리기의 결과는 줄의 길이와 상관있다
C 자기 생각이 있어야 한다
D 줄다리기는 쌍방의 인원수가 같다

해설 초반에 '比赛时，人数相同的两方，各执绳子的一端，同时用力向自己一方拉绳(경기 시 인원수가 같은 쌍방이 각자 줄의 한 쪽을 잡고 동시에 힘껏 자신의 방향으로 밧줄을 잡아당긴다)'이라고 언급했으므로 정답은 D이다.

二 阅读

第 一 部 分

51
A 岸边的华灯倒映在湖中，比如无数银蛇在游动。
B 《皇帝内径》是中国现存最早的一部医学经典著作。
C 今年风调雨顺，庄稼一定会有个好收成。
D 人的心就像一个容器，装的快乐多了，烦恼自然就少了。

A 물가의 화려한 등불이 호수에 거꾸로 비치는데, (마치) 헤아릴 수 없이 많은 은빛 뱀이 이리저리 옮겨 다니는 (것 같다).
B 《황제내경》은 중국에 현존하는 최초의 의학 고전 저서이다.
C 올해 비와 바람이 알맞아서 작물은 분명히 수확이 좋을 것이다.
D 사람의 마음은 그릇과 같아서 즐거움을 많이 담으면 번뇌는 자연히 적어진다.

단어 岸边 ànbiān 명 물가 | 倒映 dàoyìng 동 거꾸로 비치다 | 游动 yóudòng 동 이리저리 옮겨 다니다 | 风调雨顺 fēngtiáo yǔshùn 성 바람과 비가 알맞다 | 庄稼 zhuāngjia 명 작물 | 收成 shōucheng 명 수확 | 容器 róngqì 명 그릇, 용기

해설 A의 '比如'는 '예를 들어'라는 의미로 문장 안에서는 잘 어울리지 않는다. '比如' 대신 '犹如(마치 ~와 같다)'라는 단어를 사용하여 호수에 거꾸로 비치는 등불이 '마치 수많은 은빛 뱀이 움직이는 것 같다'라고 쓰면 더욱 적절하다.

52
A 长江江豚是国家二级保护动物，被誉为"水中大熊猫"的称号。
B 世上本没有路，走的人多了，便变成了路。
C 一到夏天就会有很多人来什刹海消夏避暑。
D 经朋友引荐，我终于见到了这位在学术上卓有成就的老前辈。

A 장강의 상괭이는 국가 2급 보호 동물로 '물속의 판다'라고 (불린다).
B 세상에는 본래 길이 없었다. 걸어가는 사람이 많아지면서 곧 길이 되었다.
C 여름이 되기만 하면 많은 사람이 스차하이에 와서 여름을 보내며 피서를 즐긴다.
D 친구의 추천으로 나는 드디어 이 학술적 업적이 훌륭한 대선배를 만났다.

단어 江豚 jiāngtún 명 상괭이, 쇠물돼지 | 称号 chēnghào 명 칭호, 호칭 | 消夏 xiāoxià 동 여름을 보내다 | 避暑 bìshǔ 동 피서하다, 더위 먹는 것을 피하다 | 引荐 yǐnjiàn 동 추천하다 | 老前辈 lǎoqiánbèi 명 대선배

해설 A의 '被誉为'는 '~라고 불리다'라는 의미이며, 뒤에 보통 지칭되는 이름이 나온다. '被誉为'를 쓸 때는 '…的称号(~의 칭호)'를 붙일 필요가 없기 때문에 '被誉为"水中大熊猫"'라고 쓰는 것이 더욱 적절하다.

53

A 50%的受访者表示，低价是他们选择网购的首要原因。
B 秦淮河是南京古老文明的摇篮，在历史上极负盛名。
C 能源的短缺极大地限制了这座城市的经济发展。
D 热带雨林树木繁杂且品种繁茂，是地球上过半数动植物的栖居场所。

A 50%의 응답자가 저렴한 가격이 그들이 인터넷 쇼핑을 선택하는 첫 번째 이유라고 밝혔다.
B 친화이강은 난징의 오랜 문명의 요람으로, 역사적으로 명성이 드높다.
C 에너지의 부족은 이 도시의 경제 발전을 크게 제한했다.
D 열대우림 나무는 번잡하고 품종이 무성하여 (열대우림은) 지구 상의 과반수 동식물이 서식하는 장소이다.

단어 摇篮 yáolán 요람 | 盛名 shèngmíng 훌륭한 명성 | 短缺 duǎnquē 모자라다 | 热带雨林 rèdài yǔlín 열대우림 | 繁杂 fánzá 번잡하다 | 繁茂 fánmào 무성하다, 우거지다 | 栖居 qījū 거주하다

해설 두 문장이 하나로 이어진 문장일 경우, 뒷절의 주어가 앞절의 주어와 같다면 뒷절의 주어를 생략할 수 있다. D의 문장은 주어가 '热带雨林树木(열대우림 나무)'이기 때문에 뒷절 또한 주어 자리에 '热带雨林树木'를 넣었을 때 문맥이 자연스러워야 한다. 하지만 열대우림 나무가 지구 상의 과반수 동식물이 거주하는 장소는 아니기 때문에 D의 문장은 바르지 못하다. 동사 '是' 앞에 주어를 따로 넣어 '热带雨林树木繁杂且品种繁茂，热带雨林是地球上过半数动植物的栖居场所'라고 쓰는 것이 적절하다.

54

A 公园里到处可以听到悦耳的乌鸦和盛开的鲜花。
B 今年世界无线电日的主题是"珍惜频谱资源，保护电磁环境"。
C 单电相机因时尚的外形和出色的画质，正逐渐成为专业相机市场的新宠。
D 每个人都有缺点，但不是每个人都能做到客观、公正地评价自己

A 공원 곳곳에서 듣기 좋은 까마귀 소리를 들을 수 있고 활짝 핀 꽃을 (볼 수 있다).
B 올해 세계 무선 전신의 날의 주제는 '주파수 자원을 아끼고 전자 환경을 보호하자'이다.
C DSLR 카메라는 유행하는 외형과 좋은 화질 때문에 점점 더 카메라 시장의 인기 품목이 되고 있다.
D 모든 사람마다 결점이 있지만 모든 사람이 객관적이고 공평하게 자신을 평가할 수 있는 것은 아니다.

단어 悦耳 yuè'ěr 듣기 좋다 | 乌鸦 wūyā 까마귀 | 盛开 shèngkāi 활짝 피다 | 无线电 wúxiàndiàn 전파, 무선 전신 | 频谱 pínpǔ 주파수 | 电磁 diàncí 전자 | 新宠 xīnchǒng 새로 나타난 인기 항목

해설 A는 술어와 목적어의 호응 문제이다. '悦耳的乌鸦(듣기 좋은 까마귀 소리)'는 술어인 '听到(듣다)'와 호응하지만 '盛开的鲜花(활짝 핀 꽃)'는 '听到'가 아닌 '看到'와 호응한다. 그러므로 '公园里到处可以听到悦耳的乌鸦和看到盛开的鲜花'라고 쓰는 것이 더욱 적절하다.

55

A 对于公司人才闲置的现象，王经理至今还没有拿出一个有效的解决方案。
B 幼儿园里的奇幻魔术表演遭到了许多小朋友的掌声。
C 这种新型抗癌药能有效降低结肠癌的复发率。
D 海浪拍打着礁石，激起了洁白晶莹的水花。

A 회사 인재를 방치하는 현상에 대해서 왕 사장은 지금까지도 효과적인 해결책을 내놓지 못하고 있다.
B 유치원의 신기한 마술 공연은 많은 어린이의 박수를 (받았다).
C 이 신형 항암제는 결장암의 재발률을 확실히 낮출 수 있다.
D 파도가 암초에 부딪쳐 새하얗고 투명한 물보라를 일으켰다.

단어 闲置 xiánzhì 방치하다 | 奇幻 qíhuàn 기이하고 환상적이다 | 魔术 móshù 마술 | 遭到 zāodào 당하다, 겪다 | 抗癌 kàng'ái 암을 예방·치료하다 | 拍打 pāida 툭툭 치다 | 礁石 jiāoshí 암초 | 激起 jīqǐ 일다, 솟구치다 | 晶莹 jīngyíng 빛나고 투명하다

해설 B의 '遭到'는 '당하다, 겪다'라는 의미의 동사로, 주로 나쁜 상황과 마주쳤을 때 사용이 된다. 하지만 문장 B의 목적어는 '许多小朋友的掌声(많은 어린이의 박수)'라는 좋은 의미이기 때문에 '遭到'보다는 '赢得(얻다)'를 사용해야 한다.

56

A 她说话总是慢条斯理，做事也不慌不忙的。
B 有位哲学家曾说："三样东西有助于缓解生活的辛劳：希望、睡眠和笑。"
C 紫罗兰除了具有观赏性，还有清热解毒和美白祛斑的功效。
D 要实现梦想，宁可下一百次决心，也要付诸一次行动。

A 그녀는 말할 때 늘 침착하고 일을 할 때에도 당황하지 않는다.
B 어느 철학가가 일찍이 '희망, 수면, 웃음, 이 세 가지가 생활의 고됨을 완화하는 데 도움이 된다.'고 말했다.
C 스톡은 관상성을 갖춘 것 외에도 해열·해독과 반점의 미백 효능이 있다.
D 꿈을 이루려면 백 번 마음을 먹는 것(보다) 한 번 행동으로 옮기는 게 (낫다).

단어 慢条斯理 màntiáo sīlǐ 침착하다 | 不慌不忙 bùhuāng bùmáng 당황하지 않다 | 哲学家 zhéxuéjiā 철학가 | 辛劳 xīnláo 고생스럽다 | 紫罗兰 zǐluólán 스톡(식물 이름) | 清热 qīngrè 몸 안의 열을 내리다 | 解毒 jiědú 해독하다 | 决心 juéxīn 결심하다 | 付诸 fùzhū 내맡기다

해설 D의 '宁可'는 '차라리 ~할지언정'이라는 의미로 '也不'와 호응하여 '宁可…, 也不…' 즉 '~할지언정 ~하지는 않겠다'라는 의미로 쓰인다. D의 '宁可'와 '也要'를 그대로 해석하면 '꿈을 이루려면 백 번 마음을 먹을지언정 한 번 행동으로 옮겨야 한다'라는 의미로 해석되기 때문에 부적절하다. 이 때에는 '宁可' 대신 '与其', '也要' 대신 '不如'를 써서 '要实现梦想，与其下一百次决心，不如付诸一次行动(꿈을 이루려면 백 번 마음을 먹는 것보다 한 번 행동으로 옮기는 게 낫다)'로 바꾸는 것이 좋다.

57

A 岩画在中国南北方均有分布，其内容多为狩猎、战争等为主。
B 学习的最终目的是学会思考并具有独立的判断能力。
C 今年5月至8月，海淀博物馆展出了来自颐和园的60多件家具。
D 生活绝不可能一帆风顺，遇到挫折或处于低谷时，自信和乐观尤为重要。

A 암벽화는 중국 남북부에 고루 분포되어 있으며, 그 내용은 사냥, 전쟁 등(이 위주이다).
B 공부의 최종 목표는 사고하는 것을 배우고 독립적인 판단 능력을 갖추는 것이다.
C 올해 5월부터 8월까지 하이뎬 박물관에서는 이화원에서 온 60여 가지의 가구를 전시했다.
D 생활은 결코 순조롭게 진행되지 않으며, 좌절을 겪거나 슬럼프에 빠졌을 때 자신감과 낙관성이 특히 중요하다.

단어 岩画 yánhuà 암벽화 | 分布 fēnbù 분포하다 | 狩猎 shòuliè 사냥하다 | 一帆风顺 yìfān fēngshùn 일이 순조롭게 진행된다 | 挫折 cuòzhé 좌절 | 低谷 dīgǔ 밑바닥, 골짜기 | 尤为 yóuwéi 특히

해설 '以…为主'는 '~를 위주로 하다'라는 의미이다. 하지만 A에서는 '为…为主'로 쓰였기 때문에 적절하지 않다. 따라서 '岩画在中国南北方均有分布，其内容多以狩猎、战争等为主'로 바꾸는 것이 좋다.

58

A 光年是指光在真空中沿直线传播一年的距离，它是长度单位，一般用来衡量天体间的距离。
B 为了保护文化遗址的考虑，余杭良渚文化遗址的大部分区域仍处于未发掘状态。
C 人们都说"猫是老鼠的天敌"，但有些养尊处优的猫早已把抓老鼠的本领忘得一干二净了。
D 松岙镇充分发挥地理和生态优势，全力打造"海洋科技新城"和"休闲度假名镇"。

A 광년이란 빛이 진공 속에서 직선을 따라 1년 동안 나아가는 거리를 가리키며, 그것은 길이의 단위로 일반적으로 천체 간의 거리를 측정할 때 사용한다.
B 문화유적을 보호하기 위해 위항량주 문화유적의 대부분 구역은 여전히 미발굴 상태에 있다.
C 사람들은 모두 '고양이는 쥐의 천적이다'라고 말하지만 편안한 환경에서 살아온 고양이들은 이미 쥐 잡는 능력을 말끔히 잊어버렸다.
D 쏭아오 지역은 지리와 생태의 이점을 충분히 발휘하여 '해양 과학 기술 신도시'와 '휴양도시' 형성에 힘을 쏟고 있다.

단어 沿 yán 깨 ~을 따라 | 传播 chuánbō 동 전파하다 | 衡量 héngliáng 동 재다, 측정하다 | 遗址 yízhǐ 명 유적 | 区域 qūyù 명 구역 | 发掘 fājué 동 발굴하다 | 天敌 tiāndí 명 천적 | 养尊处优 yǎngzūn chǔyōu 성 높은 지위에 있으며 부유한 생활을 누리다 | 一干二净 yìgān èrjìng 성 깨끗이

해설 '为了'는 '~하기 위하여'라는 의미로 뒤에 술어 혹은 술목구조를 가지고 온다. B에서 '为了' 뒤에 '保护文化遗址的考虑'가 오게 되면 술목구조가 아니라 하나의 명사구조가 오기 때문에 문법상 적절하지 않다. 그래서 '的考虑'를 빼고 '为了保护文化遗址(문화 유적을 보호하기 위해)'라고 쓰는 것이 적절하다.

59

A 梅花象征着中华民族不屈不挠、坚强乐观的品格，因此，咏梅也成为了中国诗歌的传统题材。
B 每当回忆起和他朝夕相处的日子，他那和蔼可亲的模样总会浮现在我的眼前。
C 鲜柠檬维生素含量极高，能防止和增长皮肤色素沉着，是天然的美容佳品。
D 幽默的语言不仅能缓和尴尬的场面、消除人们的拘谨和不安，还能调解小小的矛盾。

A 매화는 중화민족의 불굴의 의지와 굳건하고 낙천적인 품성을 상징한다. 그래서 매화를 시로 읊는 것 또한 중국 시가의 전통적인 소재가 되었다.
B 그와 함께했던 날들이 생각날 때마다 그의 상냥했던 모습이 항상 내 눈앞에 떠오른다.
C 신선한 레몬은 비타민 함량이 매우 높아 피부의 색소 침착을 방지하고 (감소시키는) 천연 미용 상품이다.
D 유머러스한 말은 난감한 상황을 완화하고 사람들의 거북함과 불안함을 없애주며 소소한 모순을 중재할 수도 있다.

단어 象征 xiàngzhēng 동 상징하다 | 不屈不挠 bùqū bùnáo 성 굴복하지 않다 | 咏梅 yǒngméi 매화를 시로 읊다 | 朝夕相处 zhāoxī xiāngchǔ 성 늘 함께 지내다 | 和蔼可亲 hé'ǎi kěqīn 성 상냥하고 친절하다 | 浮现 fúxiàn 동 뇌리에 떠오르다, 드러나다 | 柠檬 níngméng 명 레몬 | 维生素 wéishēngsù 명 비타민 | 沉着 chénzhuó 동 (색소 따위가) 침착하다 | 佳品 jiāpǐn 명 우량품, 고급품 | 拘谨 jūjǐn 동 거북하다

해설 술어가 '和'로 연결되어 나열될 때에는 목적어와의 호응 관계가 적절한지 주의해야 한다. C에서 '防止(방지하다)'와 '增长(증가하다)'이 술어이며, '皮肤色素沉着(피부 색소 침착)'가 목적어이지만 해석상 적절하지 않다. '增长'을 '减少(감소시키다)'로 고쳐 '能防止和减少皮肤色素沉着(피부 색소 침착을 방지하고 감소시키다)'라고 하는 것이 옳다.

60

A 吃过饭后，血液会集中供向消化系统，从而导致流向大脑的血流量减少，大脑兴奋性比较降低很多，因此饭后人常常会犯困。
B 到了黄果树瀑布而不进水帘洞，就不算真正领略了黄果树瀑布的雄奇和壮观。
C 一项关于百岁老人的研究发现，亲密的朋友关系与和谐的家庭氛围是人长寿的秘诀。
D 《牛郎织女》、《孟姜女》、《梁山伯与祝英台》与《白蛇传》被称为中国四大民间传说。

A 식사 후에는 혈액이 소화계통으로 집중되어 이에 따라 대뇌로 흘러가는 혈류량이 적어져서 대뇌의 흥분성이 (많이) 낮아진다. 그래서 식사 후에 자주 졸릴 수 있다.
B 황귀슈 폭포에 가서 수벽동굴에 들어가 보지 않으면 황귀슈 폭포의 웅대하고 기이한 장관을 느끼지 못한 셈이다.
C 100세 노인에 관한 연구에서 친밀한 친구 관계와 화목한 가정환경이 장수의 비결이라는 것을 발견했다.
D 〈견우와 직녀〉, 〈맹강녀〉, 〈양산박과 축영대〉 그리고 〈백사전〉은 중국의 4대 민간 전설로 불린다.

제 2 회
阅读

단어 血液 xuèyè 명 혈액 | 犯困 fànkùn 동 졸리다 | 领略 lǐnglüè 동 느끼다, 터득하다 | 雄奇 xióngqí 형 웅대하고 기이하다 | 和谐 héxié 형 조화롭다 | 氛围 fēnwéi 명 분위기 | 秘诀 mìjué 명 비결

해설 때에 따라 '很多'는 술어 뒤에서 '많이'라는 의미를 지닌 보어가 된다. 이렇게 '很多'가 보어로 쓰일 때에는 술어 앞에 '很', '非常', '比较' 등의 정도부사가 올 수 없다. A 문장에서 '大脑兴奋性比较降低很多'는 '比较'와 보어인 '很多'가 같이 쓰였기 때문에 적절하지 못한 문장이 된다. 올바른 문장이 되기 위해서는 둘 중 하나를 빼야 하는데 문맥상 '比较'를 생략하는 것이 좋다.

第 二 部 分

61-70

61

　　路的重要性不但在于其功能意义，还在于它的____意义。老路____的是一种古老的生活方式，____着某种古老的价值观。走在老路上，你____会停下脚步，慢慢回味与思考过往。

A	审查	发言	包围	常常
B	审判	象征	围绕	不止
C	审理	预兆	包括	不免
D	审美	代表	包含	不禁

길의 중요성은 그 기능의 의의가 있을 뿐 아니라 그것의 심미적인 의의도 있다. 오래된 길이 나타내는 것은 하나의 오래된 생활 방식이며 일종의 오래된 가치관을 포함하고 있다. 오래된 길을 걸으면 당신은 자신도 모르게 발걸음을 멈추고 천천히 지난날을 돌이키며 생각할 것이다.

A 심사하다 / 편지를 보내다 / 포위하다 / 자주
B 심판하다 / 상징하다 / 돌다 / ~에 그치지 않다
C 심리하다 / 조짐을 보이다 / 포함하다 / 피할 수 없다
D 심미적이다 / 나타내다 / 포함하다 / 자신도 모르게

단어 审查 shěnchá 동 심사하다 | 审判 shěnpàn 동 심판하다 | 审理 shěnlǐ 동 심리하다 | 审美 shěnměi 동 심미적이다 | 象征 xiàngzhēng 동 상징하다 | 预兆 yùzhào 동 조짐을 보이다 | 包围 bāowéi 동 포위하다 | 围绕 wéirào 동 돌다 | 包括 bāokuò 동 포함하다 | 包含 bāohán 동 포함하다 | 不止 bùzhǐ 동 ~에 그치지 않다 | 不免 bùmiǎn 부 면할 수 없다 | 不禁 bùjīn 부 자기도 모르게

해설 첫 번째 빈칸에서 '不但…, 还…(~일 뿐만 아니라 ~도)' 구문을 통해 '기능적인 면과 또 다른 면이 있다는 것을 알 수 있고, 뒷부분에서 설명하는 것이 오래된 길이 나타내는 가치관과 생활방식에 대한 것이므로 첫 번째 빈칸은 '审美(심미적이다)'라는 것을 알 수 있다.
두 번째 빈칸에서 '오래된 길이 곧 생활 방식과 가치관'이라고 했으므로 가장 적절한 것은 '代表(나타내다)'이다.
세 번째 빈칸에서 '가치관'과 같이 추상적인 개념을 포함할 때에는 '包括'가 아니라 '包含'을 써야 한다.
네 번째 빈칸에서는 빈칸 뒤의 '会(~할 것이다)'와 가장 적절하게 상응할 수 있는 것은 '不禁'이다. 따라서 '자신도 모르게 ~하게 될 것이다'라고 해석할 수 있다. 그러므로 정답은 D이다.

62

　　口技是古老的民间表演艺术，也是中国文化艺术的____遗产。口技表演者多隐藏在布幔或屏风后边，用嘴____出各种声音，如火车声、鸟鸣声等，使听者产生____的感觉。

A	珍贵	仿造	恰到好处
B	稀有	效仿	莫名其妙
C	宝贵	模仿	身临其境
D	贵重	模拟	喜闻乐见

성대모사는 오래된 민간 공연 예술이자 중국 문화 예술의 귀중한 유산이다. 성대모사 배우는 천막 혹은 병풍 뒤에 숨어서 입으로 기차 소리, 새 소리 등 각종 소리를 모방하여 듣는 사람으로 하여금 그곳에 직접 가있는 듯한 느낌을 받게 한다.

A 진귀하다 / 모조하다 / 꼭 들어맞다
B 희소하다 / 모방하다 / 대단히 오묘하다
C 귀중하다 / 모방하다 / 어떤 장소에 직접 가다
D 귀중하다 / 모의하다 / 기쁜 마음으로 듣고 보다

단어 口技 kǒujì 명 성대모사 | 遗产 yíchǎn 명 유산 | 隐藏 yǐncáng 동 숨기다 ‖ 稀有 xīyǒu 형 희소하다 | 仿造 fǎngzào 동 모조하다 | 效仿 xiàofǎng 동 흉내 내다, 모방하다 | 模仿 mófǎng 동 모방하다 | 模拟 mónǐ 동 모의하다 | 恰到好处 qiàdào hǎochù 성 꼭 들어맞다 | 莫名其妙 mòmíng qímiào 성 대단히 오묘하다 | 身临其境 shēnlín qíjìng 어떤 장소에 직접 가다 | 喜闻乐见 xǐwén lèjiàn 성 기쁜 마음으로 듣고 보다

해설 첫 번째 빈칸에는 모두 '귀중하다'라는 의미의 보기가 나와 있지만 '贵重'은 보통 구체적인 사물 목적어가 쓰이기 때문에 '遗产(유산)'이라는 목적어와 어울리지 않는다. 그러므로 A, B, C가 가능하다.
두 번째 빈칸은 기차 소리, 새 소리 등의 소리를 따라하는 것이기 때문에 B와 C가 가능하다.
마지막으로 이러한 성대모사 소리로 인하여 받는 느낌을 말하고 있기 때문에 '어떤 장소에 직접 가다'라는 의미의 '身临其境'이 적절하다. 그러므로 정답은 C이다.

제 2 회 阅读

63
一____研究指出，幸福感很大程度上是由大脑中的一种基因——血清素决定的。由于每个人体内的这种基因____都不同，人们对生活的满意程度也不同，因此科学家把这种基因____做"幸福感基因"。

A 项　结构　称
B 行　状态　喊
C 列　形状　诵
D 份　比例　念

한 항목의 연구에서 행복감은 대개 대뇌 중의 한 유전자인 혈청소가 결정하는 것이라고 밝혔다. 사람마다 인체 내의 이 유전자의 구조가 모두 다르기 때문에 사람들이 생활에 만족하는 정도도 다르다. 이로 인하여 과학자들은 이러한 유전자를 '행복 유전자'라고 부른다.

A 항목 / 구조 / 부르다
B 줄 / 상태 / 외치다
C 열 / 형상 / 읽다
D 부 / 비례 / 읽다

단어 血清素 xuèqīngsù 명 혈청소, 헤모시아닌 | 基因 jīyīn 명 유전자 ‖ 形状 xíngzhuàng 명 형상 | 比例 bǐlì 명 비례 | 喊 hǎn 동 외치다 | 诵 sòng 읽다

해설 첫 번째 빈칸은 양사 문제이다. '研究(연구)'를 꾸며주는 양사는 A의 项이다.
두 번째 빈칸에서 '유전자의 ___ 가 다르다'라고 했을 땐 의미상 '结构(구조)'가 가장 적절하다.
세 번째 빈칸에서는 명칭에 대해서 명시되어 있기 때문에 '称(~라고 부르다)'이 가장 적절하므로 정답은 A이다.

64
纪录片是一种以真实生活为____素材，以真人真事为表现对象，并用真实来____人们思考的电影或电视艺术，它的____是展现真实。因此，纪录片对再现历史与人类文化生活有着重要的意义。

A 写作　开发　根源
B 创作　引发　本质
C 创立　引导　核心
D 塑造　启发　标志

다큐멘터리는 실제 생활을 창작 소재로 삼아 실제 인물과 사실을 대상으로 하여, 진실로써 사람들의 사고를 일으키는 영화 혹은 TV 예술이며, 그것의 본질은 진실을 드러내는 것이다. 이로 인해 다큐멘터리가 역사와 인류 문화생활을 재현하는 데에 중요한 의의가 있다.

A 글을 짓다 / 개발하다 / 근원
B 창작하다 / 일으키다 / 본질
C 창립하다 / 인도하다 / 핵심
D 묘사하다 / 일깨우다 / 상징

단어 纪录片 jìlùpiàn 명 다큐멘터리 ‖ 塑造 sùzào 동 묘사하다 | 引导 yǐndǎo 동 인도하다 | 启发 qǐfā 동 일깨우다 | 根源 gēnyuán 명 근원, 뿌리 | 核心 héxīn 명 핵심 | 标志 biāozhì 명 상징

해설 첫 번째 빈칸을 해석할 때 '以…为…' 구문은 '~를 ~로 삼다'라는 의미이기 때문에 '다큐멘터리는 실제 생활을 ___ 소재로 삼는다'라고 해석되어 의미상 '创作(창작)'가 적절하다.
두 번째 빈칸에서 목적어는 '人们思考(사람들의 사고)'이기 때문에 이 목적어와 호응할 수 있는 것은 B의 '引发'와 D의 '启发'이다.
마지막 빈칸은 빈칸이 주어이고 술어가 '是', 목적어가 '展现真实(진실을 드러내는 것)'이기 때문에 적당한 주어는 B의 '本质(본질)' 또는 C의 '核心(핵심)'이 적절하다. 그러므로 정답은 B이다.

65

啤酒盖儿最初的锯齿数并不____，后来，设计者为了能快速打开瓶盖儿，不断对锯齿设计进行了____。其主要____有两个：一是密封性，二是咬合度。也就是说瓶盖儿既要____与瓶口的接触面积，增加摩擦力，又要方便开瓶，而21个锯齿正是这两个要求的最佳折中。

A 固定　修改　依据　保证
B 稳定　修复　收据　保留
C 坚固　改良　证据　证实
D 坚定　改正　数据　保障

맥주 뚜껑의 최초 톱니바퀴 수는 고정되지 않았었다. 후에 설계자가 병마개를 신속하게 열기 위해 톱니 디자인을 부단히 개선한 것이다. 그 주요 근거로는 두 가지가 있다. 첫 번째는 밀봉성이고 두 번째는 맞물림이다. 다시 말해 병 입구와 접촉 면적을 확보하여 마찰력을 증가시켜야 하며 편리하게 병을 열 수 있어야 했다. 21개의 톱니가 바로 두 요구 사항의 가장 좋은 절충이었다.

A 고정하다 / 고치다, 개선하다 / 근거 / 보증하다, 확보하다
B 안정되다 / 수리하여 복원하다 / 영수증 / 보존하다
C 견고하다 / 개선하다 / 증거 / 실증하다
D 확고히 하다 / 개정하다 / 데이터 / 보장하다

단어 锯齿 jùchǐ 몡 톱니 | 咬合 yǎohé 통 꽉 물다, 맞물리다 | 摩擦力 mócālì 몡 마찰력 | 折中 zhézhōng 몡 절충 ‖ 固定 gùdìng 통 고정하다 | 稳定 wěndìng 톙 안정되다 | 坚固 jiāngù 톙 견고하다 | 坚定 jiāndìng 톙 확고히 하다 | 修复 xiūfù 통 수리하여 복원하다 | 改良 gǎiliáng 통 개선하다 | 依据 yījù 통 의거하다, 근거하다 | 收据 shōujù 몡 영수증 | 证据 zhèngjù 몡 증거 | 数据 shùjù 몡 데이터 | 保证 bǎozhèng 통 보증하다 | 保留 bǎoliú 통 보존하다 | 证实 zhèngshí 통 실증하다 | 保障 bǎozhàng 통 보장하다

해설 첫 번째 빈칸의 주어는 '锯齿数(톱니바퀴 수)'이다. 그렇기 때문에 '숫자'라는 주어와 호응할 수 있는 술어로는 A의 '固定'밖에 없다.
두 번째 빈칸에서 '进行…修改' 혹은 '进行…改良'이라고 하면 '개선하다'라는 의미이기 때문에 A 또는 C가 적절하다.
세 번째 빈칸은 '证据'로 착각할 수 있으나 '证据'는 명확한 증거를 나타내기 때문에 '근거'라는 의미의 '依据'만 가능하다.
마지막 빈칸에서 '瓶盖儿既要____与瓶口的接触面积，增加摩擦力'에서 '병 입구와의 접촉 면적'이라는 목적어와 상응할 수 있는 술어를 찾아야 한다. '保证'은 '보증하다'라는 의미 말고도 '확보하다'라는 뜻도 있으므로 정답은 A이다.

66

强迫症是以反复持久的强迫观念或强迫动作为主要____的病症。有这种症状的病人明知自己的某种想法或做法不必要，但却无法____而反复地想或做。这种明知不____，但又无法摆脱的状态往往使病人感到非常____。

A 目标　操纵　切实　苦涩
B 体现　支配　适宜　悲哀
C 象征　限制　恰当　艰苦
D 表现　控制　合理　痛苦

강박 신경증은 반복적으로 오래 유지되는 강박 관념 혹은 강박 동작이 주로 나타나는 질병이다. 이런 증상이 있는 환자는 자신의 어떤 생각이나 행동이 불필요하다는 것을 명확히 알고 있지만 제어할 방법이 없어서 반복적으로 생각하고 행동한다. 이것이 명백히 비합리적이라는 것을 알지만, 또한 벗어날 수 없는 상황이 환자들을 종종 매우 고통스럽게 한다.

A 목표 / 제어하다 / 실용적이다 / 괴롭다
B 구현하다 / 지배하다 / 적합하다 / 슬프고 애통하다
C 상징하다 / 제한하다 / 알맞다 / 가난하고 고생스럽다
D 나타나다 / 제어하다 / 합리적이다 / 고통스럽다

단어 强迫症 qiǎngpòzhèng 명 강박 신경증 | 持久 chíjiǔ 형 오래 유지되다 | 强迫 qiǎngpò 강박 | 症状 zhèngzhuàng 명 증상 | 摆脱 bǎituō 동 벗어나다 ‖ 象征 xiàngzhēng 동 상징하다 | 操纵 cāozòng 동 제어하다 | 支配 zhīpèi 동 안배하다 | 限制 xiànzhì 동 제한하다 | 控制 kòngzhì 동 억제하다 | 切实 qièshí 형 실용적이다 | 适宜 shìyí 동 적합하다 | 恰当 qiàdàng 형 알맞다 | 苦涩 kǔsè 형 괴롭다 | 悲哀 bēi'āi 형 슬프고 애통하다 | 艰苦 jiānkǔ 형 가난하고 고생스럽다 | 痛苦 tòngkǔ 형 고통스럽다

해설 첫 번째 빈칸에서 '강박관념 혹은 강박 동작이 ___하는 질병'이라고 했기 때문에 '나타나다'라는 의미의 동사가 들어와야 하므로 들어갈 수 있는 동사는 D뿐이다.
두 번째 빈칸은 '无法___'이기 때문에 '~할 방법이 없다'라고 해석을 해야 한다. '제어하다'라는 의미로는 '操纵'과 '控制'가 있으나 '操纵'은 보통 기계나 기기를 제어할 때 쓰이므로 D의 '控制'만이 가능하다.
세 번째 빈칸은 앞의 행동이 '不___(~하지 않다)'라는 의미이기 때문에 '알맞다', '합리적이다'라는 의미의 '恰当'이나 '合理'가 적절하다.
마지막 빈칸은 의미상 '痛苦(고통스럽다)'가 적절하다. A의 '苦涩'가 정답이 되지 않는 이유는 고통보다는 '씁쓸하다'라는 뉘앙스를 갖기 때문이다. 그러므로 정답은 D이다.

67

"驴友"一词源自网络，是对户外运动或自助旅行爱好者的称呼，____指经常参加一般性探险、爬山等活动的爱好者。因为"驴"和"旅"____，且驴子能驮重物，____，所以，这一称呼也让旅游爱好者感到很____。

A	大致	类似	任劳任怨	自满
B	格外	相似	任重道远	欣慰
C	极其	相同	苦尽甘来	骄傲
D	尤其	谐音	吃苦耐劳	自豪

인터넷에서 생긴 '驴友(여행 친구)'라는 단어는 야외 활동 혹은 자유 여행 애호가들에 대한 칭호이며, 특히 보편적인 탐험이나 등산 등의 활동에 참여하는 애호가를 가리킨다. '驴(나귀)'와 '旅(여행)'의 음이 비슷하고, 또한 나귀는 무거운 물건을 실을 수 있으며 고통과 어려움을 참고 견디므로 이 칭호는 여행 애호가들에게 자부심을 느끼게 한다.

A 대체로 / 유사하다 / 열심히 일하며 불평하지 않다 / 자만하다
B 각별히 / 닮다 / 책임이 무겁다 / 기쁘고 안심이 되다
C 아주 / 서로 같다 / 고생 끝에 낙이 온다 / 오만하다
D 특히 / 음이 비슷하다 / 고통과 어려움을 참고 견디다 / 스스로 긍지를 느끼다

단어 驴友 lǘyǒu 명 함께 배낭 여행하는 친구 | 源自 yuánzì ~에서 발원하다 | 探险 tànxiǎn 동 탐험하다 | 驮 tuó 동 싣다 ‖ 大致 dàzhì 부 대체로 | 格外 géwài 부 각별히 | 极其 jíqí 부 아주 | 类似 lèisì 동 유사하다 | 相似 xiāngsì 동 닮다 | 相同 xiāngtóng 형 서로 같다 | 谐音 xiéyīn 동 독음이 같거나 비슷하다 | 任劳任怨 rènláo rènyuàn 성 열심히 일하면서도 불평하지 않다 | 任重道远 rènzhòng dàoyuǎn 성 책임이 무겁다 | 苦尽甘来 kǔjìn gānlái 성 고진감래 | 吃苦耐劳 chīkǔ nàiláo 동 고통과 어려움을 참고 견디다 | 自满 zìmǎn 형 자만하다 | 欣慰 xīnwèi 형 기쁘고 안심이 되다 | 骄傲 jiāo'ào 형 오만하다 | 自豪 zìháo 형 스스로 긍지를 느끼다

해설 첫 번째 빈칸 앞에는 '户外运动或自助旅行爱好者(야외 활동 혹은 자유 여행 애호가)'라고 되어 있는데 그중에서 탐험이나 등산 등의 애호가를 칭하므로 D의 '尤其(특히)'가 적절하다.
두 번째 빈칸에서 '驴友'라는 칭호에 대해서 "驴"와 '旅'가 ___ 하다고 했다. 이 두 단어는 음이 비슷하기 때문에 '谐音'만이 가능하다.
세 번째 빈 칸과 네 번째 빈칸에는 한꺼번에 풀어야 하는데 네 번째 빈칸을 먼저 파악할 수 있다. 앞에서 '驴子能驮重物(나귀는 무거운 물건을 실을 수 있다)'하기 때문에 '___를 느낄 수 있다'고 했기 때문에 동사, 명사형이 모두 가능한 '自豪(긍지)'가 가능하다.
마지막으로 세 번째 빈 칸에서는 '나귀는 무거운 물건을 실을 수 있고 ___ 하기 때문에 긍지를 느낀다'라고 했기 때문에 고생하는 느낌의 '吃苦耐劳(고통과 어려움을 참고 견디다)'가 적절하여 정답은 D이다.

68

荣宝斋木版水印是根据画稿笔迹的粗细长短、曲直方圆、刚柔枯润___分版___勾摹，再刻成若干板块，___原作叠印的。它是一种纯手工的印刷工艺，追求传统书画的笔墨和神采，是雕版印刷技术中的一项___技艺。

A	实行	对比	归还	卓越
B	履行	参考	恢复	高级
C	运行	参照	重现	高超
D	进行	对照	还原	顶尖

룽바오자이의 목판 수성 인쇄는 밑그림 필적의 굵기와 길이, 굽음과 곧음, 사각형과 원형, 단단함과 부드러움, 마르고 습함에 근거하여 인쇄판을 나누어 대조하고 본뜨기를 진행하여 다시 나무판에 새겨서 원작을 복원하여 오버프린트 하는 것이다. 그것은 일종의 수공 인쇄 공예로 전통 서화 문장과 풍채를 추구하는 조판 인쇄 기술 가운데 최고의 기예이다.

A 실행하다 / 대비하다 / 돌려주다 / 탁월하다
B 이행하다 / 참고하다 / 회복하다 / 고급이다
C 운행하다 / 참조하다 / 다시 나타나다 / 출중하다
D 진행하다 / 대조하다 / 복원하다 / 최고의

단어 水印 shuǐyìn 몡 수성 안료만을 이용하는 중국 전통의 목각화 인쇄 | 画稿 huàgǎo 몡 밑그림 | 笔迹 bǐjì 몡 필적 | 曲直 qūzhí 몡 곡직 | 方圆 fāngyuán 몡 사각형과 원형 | 板块 bǎnkuài 몡 플레이트, 영역 | 叠印 diéyìn 몡 오버프린트 | 神采 shéncǎi 몡 기색, 안색, 풍채 | 雕版 diāobǎn 동 조판하다 ‖ 履行 lǚxíng 동 이행하다 | 对比 duìbǐ 동 대비하다 | 参照 cānzhào 동 참조하다 | 对照 duìzhào 동 대조하다 | 归还 guīhuán 동 돌려주다 | 重现 chóngxiàn 동 다시 나타나다 | 还原 huányuán 동 복원하다 | 卓越 zhuóyuè 혱 탁월하다 | 高超 gāochāo 혱 출중하다 | 顶尖 dǐngjiān 최고의, 최상의, 꼭대기

해설 첫 번째 빈칸과 두 번째 빈칸은 술어, 목적어 구조로 한꺼번에 살펴볼 수 있는데, 여기서 '대조해보다'라는 의미의 '进行…对比' 혹은 '进行…对照'가 모두 가능하다. 그래서 첫 번째 빈칸은 오로지 '进行'만이 가능하고 두 번째 빈칸은 '对比', '对照'가 모두 가능하다.
세 번째 빈칸에서 '原作(원작)'와 호응할 수 있는 것은 '还原(복원하다)' 뿐이다.
네 번째 빈칸은 '技艺'를 꾸며주는 말로 의미상 '卓越(탁월하다)' 혹은 '顶尖(최고의)'이라는 단어가 적절하므로 정답은 D이다.

69

《最强大脑》是中国首档科学励志类电视节目，也是少见的专注于___脑科学知识和脑力竞技的节目。该节目每集都有不同的___，邀请了众多领域的高手前来挑战。在这里，全国各地的天才们轮番上阵，纷纷晒出看家___，展现出了超越想象的___技能。

A	普及	题目	特长	神圣
B	推广	题材	本事	惊讶
C	宣传	焦点	本能	惊奇
D	传播	主题	本领	神奇

≪최강두뇌≫는 중국의 으뜸가는 과학 장려 TV 프로그램이며, 두뇌 과학 지식과 사고력 겨루기를 집중 조명하여 방송하는 보기 드문 프로그램이다. 이 프로그램은 회마다 다른 주제가 있으며, 여러 분야의 고수를 초청하여 도전한다. 여기에서 전국 각지의 천재들이 차례로 출전하여 자신의 재능을 겨루며 상상을 초월하는 신기한 기술을 선보인다.

A 보급하다 / 제목 / 특기 / 신성하다
B 보급하다 / 제재 / 능력 / 놀라다
C 선전하다 / 초점 / 본능 / 놀라며 의아해하다
D 중계방송하다 / 주제 / 재능 / 신기하다

단어 档 dàng 양 등급 | 励志 lìzhì 동 격려하다, 분발하다 | 竞技 jìngjì 몡 기예를 겨루다 | 领域 lǐngyù 몡 영역 | 看家本领 kānjiā běnlǐng 몡 자기만의 재능 | 超越 chāoyuè 동 초월하다, 넘다 ‖ 普及 pǔjí 동 보급하다 | 焦点 jiāodiǎn 몡 초점 | 特长 tècháng 몡 특기 | 神圣 shénshèng 혱 신성하다 | 惊讶 jīngyà 혱 놀랍다, 의아하다 | 惊奇 jīngqí 혱 놀라며 의아해하다 | 神奇 shénqí 혱 신기하다

해설 《最强大脑》는 TV 프로그램이므로 첫 번째 빈칸에 방송과 관련된 D의 '传播'가 적절하다.
두 번째 빈칸은 문맥상 '主题(주제)'가 가장 적절하다.
세 번째 빈칸은 '看家'와 빈칸이 하나의 복합명사를 이룸으로써, '看家本领'은 '자기만의 재능'이라는 의미이기 때문에 고정적인 단어로 외워두면 된다.
마지막 빈칸에서는 빈칸 앞에 '超越想象(상상을 초월하다)'이라는 표현이 나왔으므로 D의 '神奇(신기하다)'가 적절하다. 그러므로 정답은 D이다.

70

"买椟还珠"原指那些没有眼光、____的人买来珠宝，却只留下漂亮的盒子。现在这个成语____有了新解："椟"可被视为包装，"珠"则可被视为产品。很多时候人们对一件商品的心动就是从包装开始的，因为许多人都有这种____，精致且富于美感的包装往往____着里面的东西拥有更高的品质。

A 舍本逐末　似乎　错觉　意味
B 莫名其妙　何必　知觉　提示
C 知足常乐　或许　幻觉　示意
D 理直气壮　反而　觉悟　抒发

'매독환주'란 안목이 없고 주요한 것과 부수적인 것을 구분하지 못하는 사람이 진주를 샀으나 예쁜 보석함만 남겼다는 것을 가리킨다. 지금은 이 성어에 새로운 뜻이 생긴 듯하다. '椟(상자)'는 포장으로, '珠(진주)'는 상품으로 볼 수 있다. 많은 경우에 사람들의 상품에 대한 감동은 포장에서 시작된다. 왜냐하면, 많은 사람이 정교하고 아름다운 포장 안에 들어있는 물건이 더욱 좋은 품질을 가지고 있음을 의미한다고 착각하고 있기 때문이다.

A 주요한 것과 부수적인 것을 구분하지 못하다 / 마치 ~인 듯하다 / 착각 / 의미하다
B 매우 오묘하다 / 구태여 ~할 필요가 있는가 / 지각 / 알려주다
C 만족함을 알면 항상 즐겁다 / 아마 / 환각 / 의사를 나타내다
D 이유가 충분하여 하는 말이 당당하다 / 오히려 / 깨닫다 / 토로하다

단어 买椟还珠 mǎidú huánzhū 셩 진주 상자는 사고 진주는 되돌려 주다, 안목이 없어 취사선택을 잘못하다 | 珠宝 zhūbǎo 몡 진주와 보석 | 精致 jīngzhì 혱 정교하고 치밀하다, 섬세하다 ‖ 舍本逐末 shěběn zhúmò 셩 근본이 되는 것을 버리고 세세한 것을 쫓다, 경중이 뒤바뀌고 주요한 것과 부수적인 것을 구분하지 못하다 | 莫名其妙 mòmíng qímiào 셩 대단히 오묘하다 | 知足常乐 zhīzú chánglè 셩 만족함을 알면 항상 즐겁다 | 理直气壮 lǐzhí qìzhuàng 셩 이유가 충분하여 하는 말이 당당하다 | 错觉 cuòjué 몡 착각 | 觉悟 juéwù 됭 깨닫다 | 意味 yìwèi 됭 의미하다 | 提示 tíshì 됭 알려주다 | 示意 shìyì 됭 의사를 나타내다 | 抒发 shūfā 됭 나타내다, 토로하다

해설 '买椟还珠'라는 의미 자체는 '진주 상자는 사고 진주는 되돌려 준다, 본말이 전도되다'라는 의미이다. 이것은 보기 A '舍本逐末'의 의미와 같기 때문에 첫 번째 빈칸은 A만 가능하다.
두 번째 빈칸에서는 '买椟还珠'의 본 뜻과는 달리 현재는 새로운 의미가 생겼다는 것을 표현하기 위해 '새로운 뜻이 생긴 듯 하다'라고 해석이 되어야 하기 때문에 '似乎'가 적절하다.
세 번째 빈칸은 앞에서 사람들이 상품에 대해 마음이 움직이는 것이 포장으로부터 시작된다고 했고, 이것은 사람들의 착각이므로 '错觉'가 들어가야 한다.
마지막으로 보기 좋은 포장이 안의 내용물이 좋다는 것을 '의미한다'라는 표현이 들어가야 하므로 이 중 가장 적절한 것으로는 '意味(의미하다)'가 적절하다. 그러므로 정답은 A이다.

第 三 部 分

71-75

　　乔家大院位于山西省祁县乔家堡村，始建于清代乾隆年间，是清代著名的金融家乔致庸的宅第。(71)___A___，分6个大院，20个小院，共313间房屋。其三面临街，不与周围民居相连，是全封闭的城堡式建筑。大院外围是10米多高的封闭式砖墙，气势雄伟，威严高大。

　　大院的大门坐西朝东，大门以里是一条石铺的通道，直通祠堂。北面有三个大院，门外侧有栓马柱和上马石，供车轿使用。乔家大院所有院落都是正偏结构，正房主人居住，偏房则是客房、佣人房及灶房。在建筑风格上，(72)___D___，正房都有房檐，而偏房较为低矮，且为方砖铺顶的平房，无房檐。各院房顶有通道相连，便于夜间巡逻护院。这种建筑结构既显示了建筑上的层次感，(73)___E___。

　　俯瞰乔家大院，其整体呈"囍"字形，斗拱飞檐，建筑考究，彩饰金绘，工艺精湛，(74)___B___。因此，这座大院也被专家学者誉为"北方民居建筑史上一颗璀璨的明珠"。

　　"皇家有故宫，民宅看乔家"。(75)___C___，吸引着无数的游客前来观光。

A 大院占地一万多平方米
B 集中体现了中国清代北方民居的独特风格
C 如今的乔家大院已成为中外闻名的民俗游览胜地
D 正房个和偏房又有所不同
E 又表现了当时社会伦理上的尊卑有序

교가대원은 산시성 치현 교가보촌에 위치하고 청대 건륭 시기에 건립되었으며, 청대 유명한 금융가인 교치용의 저택이다. (71) A 대원은 1만여 평방미터를 점하고, 6개의 큰 뜰과 20개의 작은 뜰로 나누어졌으며 총 313개의 방이 있다. 세 면이 길과 접하여 주위 민가와 접해있지 않은 폐쇄적인 성보식 건축이다. 대원 주위가 10여 미터 높이의 폐쇄적인 벽돌담이며 기세가 웅장하고 위엄 있다.

대원의 대문은 서쪽에서 동쪽을 향하고, 대문 안쪽으로 돌이 깔린 길은 바로 사당으로 통한다. 북쪽에는 세 개의 큰 뜰이 있는데 문 바깥쪽에는 말을 묶어두는 기둥과 노둣돌이 있고 차와 가마가 있다. 교가대원의 모든 정원은 정편구조인데, 정방은 주인이 살고, 편방은 손님방, 하인들의 방, 부엌이다. 건축 양식상 (72) D 정방과 편방은 조금 다르다. 정방에는 모두 처마가 있지만 편방은 비교적 낮고 사각형의 벽돌로 이루어진 단층이라 처마가 없다. 각 정원의 지붕은 통로로 연결되어 있어서 밤에 정원을 순찰하고 보호하는 데에 편리하다. 이러한 건축구조는 건축상의 차등감을 보여주고 (73) E 또 당시 사회 윤리상의 존비 질서를 나타낸다.

교가대원을 굽어보면 그 전체 모습이 '囍(희)'자의 형태를 띠고 있다. 두공과 처들린 처마에 건축이 정교하고 채색 장식이 금빛이며, 공예가 뛰어나 (74) B 중국 청대 북방민족의 독특한 풍격을 집중적으로 구현했다. 이런 까닭에 이 교가대원은 전문학자들에게 '북방민가 건축사의 빛나는 보배'라고 불린다.

'황가에는 고궁이 있고 민가에는 교가대원이 있다.' (75) C 오늘날의 교가대원은 이미 국내외로 유명한 관광명소가 되어 무수한 관광객들의 발길을 이끌고 있다.

A 대원은 1만여 평방미터를 점한다
B 중국 청대 북방민족의 독특한 풍격을 집중적으로 구현했다
C 오늘날의 교가대원은 이미 국내외로 유명한 관광명소가 되었다
D 정방과 편방은 조금 다르다
E 또 당시 사회 윤리상의 존비 질서를 나타낸다

단어 　金融家 jīnróngjiā 몡 금융가 | 宅第 zháidì 몡 저택 | 相连 xiānglián 동 접하다 | 城堡 chéngbǎo 몡 성보, 요새 | 封闭 fēngbì 몡 폐쇄 | 砖墙 zhuānqiáng 몡 벽돌담 | 气势雄伟 qìshì xióngwěi 기세가 웅장하고 크다 | 威严 wēiyán 몡 위엄 | 铺 pū 동 깔다 | 祠堂 cítáng 몡 사당 | 院落 yuànluò 몡 뜰 | 灶房 zàofáng 몡 부엌 | 房檐 fángyán 몡 처마 | 巡逻 xúnluó 동 순찰하다 | 层次 céngcì 몡 순서, 차등 | 俯瞰 fǔkàn 동 굽어보다 | 精湛 jīngzhàn 동 뛰어나다 | 璀璨 cuǐcàn 형 옥의 광채가 번쩍번쩍 빛나는 모양 | 明珠 míngzhū 몡 명주, 보배

71

| A 大院占地一万多平方米 | A 대원은 1만여 평방미터를 점한다 |

단어 占地 zhàndì 동 토지를 점용하다

해설 빈칸은 문장의 도입부이기 때문에 바로 앞에 있는 문장, 그리고 뒷문장의 해석에 유의해야 한다. 앞에는 '是清代著名的金融家乔致庸的宅第(청대 유명한 금융가인 교치용의 저택이다)'라고 하여 전반적인 소개를 하고 있고 뒤에는 '分6个大院，20个小院，共313间房屋(6개의 큰 뜰과 20개의 작은 뜰로 나누어졌으며 총 313개의 방이 있다)'라고 하여 교가대원 내부 구조에 대해 세세하게 소개를 하고 있다. 그렇기 때문에, 교가대원의 면적을 언급한 A가 가장 적절하다.

72

| D 正房个和偏房又有所不同 | D 정방과 편방은 조금 다르다 |

단어 有所不同 yǒusuǒ bùtóng 다소 다른 점이 있다

해설 빈칸 앞부분에는 정방과 편방에 대한 언급이 없다. 하지만 빈칸 뒤에서 '正房都有房檐，而偏房较为低矮，且为方砖铺顶的平房，无房檐(정방에는 모두 처마가 있지만 편방은 비교적 낮고 사각형의 벽돌로 이루어진 단층이라 처마가 없다)'라고 했으므로 빈칸 자리에서 처음으로 정방과 편방에 대한 언급이 시작된다는 것을 알 수 있다. 그러므로 정답은 D이다.

73

| E 又表现了当时社会伦理上的尊卑有序 | E 또 당시 사회 윤리상의 존비 질서를 나타낸다 |

단어 伦理 lúnlǐ 명 윤리 | 尊卑 zūnbēi 형 존귀하고 비천하다 | 有序 yǒuxù 형 차례가 있다, 일정한 규칙과 질서가 있다

해설 앞에서 '这种建筑结构既显示了建筑上的层次感(이러한 건축구조는 건축상의 차등감을 보여주기도 하고)'라고 언급했다. 여기서 말하는 '层次感(차등감)'은 E의 '社会伦理上的尊卑有序(사회 윤리상의 존비 질서)'와 상응하므로 정답은 E이다.

74

| B 集中体现了中国清代北方民居的独特风格 | B 중국 청대 북방민족의 독특한 풍격을 집중적으로 구현했다 |

해설 '其整体呈"囍"字形，斗拱飞檐，建筑考究，彩饰金绘，工艺精湛 (그 전체 모습이 '囍(희)' 자의 형태를 띠고 있다. 두공과 처들린 처마에 건축이 정교하고 채색 장식이 금빛이며, 공예가 뛰어나서)'라고 언급한 부분은 B의 '中国清代北方民居的独特风格(중국 청대 북방민족의 독특한 풍격)'이기도 하므로 정답은 B이다.

75

| C 如今的乔家大院已成为中外闻名的民俗游览胜地 | C 오늘날의 교가대원은 이미 국내외로 유명한 관광명소가 되었다 |

해설 뒤의 '吸引着无数的游客前来观光(무수한 관광객들의 발길을 이끌고 있다)'라는 표현을 보면 빈칸에는 교가대원이 유명한 관광명소라는 전제 조건이 필요하다. 그러므로 정답은 C이다.

76-80

琥珀是世界上最轻的宝石，一直深受人们的喜爱。那么，琥珀到底是怎样形成的呢？

琥珀的形成离不开松脂。亿万年前，在原始森林里生长着一些像白松、红杉这样的植物。(76)___A___，这就是松脂。这种松脂的黏性很强，有时黏稠的松脂从树上滴落下来，刚好会落在一些昆虫的身上，于是这些昆虫就被封入了松脂中，无法脱身。(77)___D___，松脂渐渐变硬，最后形成了琥珀。琥珀之所以珍贵，(78)___C___，内部还经常可见气泡及古老的昆虫或植物碎屑。

琥珀十分稀少，而且每一个琥珀都是独一无二的。它的形成至少需要200万年，那么为什么经过那么长时间，琥珀还能完好地保存至今呢？这不得不追溯到远古时期。当时的地壳运动导致了陆地逐渐下沉，(79)___E___，原始森林被淹没，一些松脂连同被封入其中的昆虫被卷入海水之中，沉积在泥沙里。又是千万年过去了，经过一系列复杂的化学变化，那些松脂逐渐变成了透明的琥珀，而被封入其中的昆虫因为有松脂的保护，(80)___B___，所以完好地保存了下来。

A 它们的树干能够分泌出黄色的黏液
B 没有被细菌分解以致腐烂
C 是因为它们保留了当初松脂流动时产生的纹路
D 随着时间的推移
E 海水逐渐上升

호박은 세계에서 가장 가벼운 보석으로 줄곧 사람들의 사랑을 받아왔다. 그렇다면 호박은 도대체 어떻게 만들어질까?

호박의 형성에 송진이 없어서는 안 된다. 억만년 전 원시림 안에는 백송, 세쿼이아와 같은 식물이 자라고 있었다. (76) A 그것의 줄기에서는 노란 점액을 분비할 수 있었고, 이것이 바로 송진이다. 이 송진의 점성은 매우 강해서 가끔 끈적끈적한 송진이 나무에서 떨어질 때, 공교롭게도 곤충의 몸에 떨어지기도 하는데, 그러면 이 곤충들은 송진 안에 갇혀 벗어나지 못한다. (77) D 시간의 흐름에 따라 송진은 점점 굳어져 결국엔 호박이 형성된다. 호박이 진귀한 이유는 (78) C 송진이 유동할 때 만들어진 결을 보존하고 있어 내부의 기포 및 오랜된 곤충 혹은 식물 부스러기를 볼 수 있기 때문이다.

호박은 매우 희소하며, 게다가 모든 호박은 같은 것이 없다. 호박이 형성되기까지 최소 200만 년이 필요하다. 그렇다면 그렇게 긴 시간을 거치는데도 왜 호박은 지금까지 완전하게 보존되는 것일까? 이것은 상고 시기까지 거슬러 올라가야 한다. 당시의 지각운동으로 육지가 점차 가라앉고 (79) E 바닷물이 점차 상승하게 되어 원시림이 파묻히고, 송진과 더불어 그 안에 갇힌 곤충도 바닷물 속으로 휩쓸려 들어가 진흙과 모래 안에 침적되었다. 다시 천만 년이 흘러 일련의 복잡한 화학 변화를 거쳐 송진은 점차 투명한 호박으로 변했고, 그 안에 갇혀 있던 곤충은 송진의 보호로 인해 (80) B 세균 분해로 인해 부패하지 않고 완전하게 보존되어 왔다.

A 그것의 줄기에서는 노란 점액을 분비할 수 있다
B 세균 분해로 인해 부패하지 않았다
C 송진이 유동할 때 만들어진 결을 보존하고 있기 때문이다
D 시간의 흐름에 따라
E 바닷물이 점차 상승한다

단어 琥珀 hǔpò 명 호박(보석의 일종) | 黏稠 niánchóu 형 끈적끈적하다 | 脱身 tuōshēn 동 벗어나다 | 碎屑 suìxiè 명 부스러기 | 独一无二 dúyī wú'èr 성 유일하다, 같은 것이 없다 | 追溯到 zhuīsùdào 거슬러 올라가다 | 地壳运动 dìqiào yùndòng 명 지각운동 | 陆地 lùdì 명 육지 | 下沉 xiàchén 동 가라앉다 | 淹没 yānmò 동 파묻히다 | 连同 liántóng 접 ~과 함께 | 卷入 juǎnrù 동 말려들다 | 沉积 chénjī 침적하다

| 76 | A 它们的树干能够分泌出黄色的黏液 | A 그것의 줄기에서는 노란 점액을 분비할 수 있다 |

단어 分泌 fēnmì 통 분비하다 | 黏液 niányè 명 점액

해설 빈칸 앞 부분에는 '在原始森林里生长着一些像白松、红杉这样的植物(억만년 전 원시림 안에는 백송, 세쿼이아와 같은 식물이 자라고 있다)'라는 표현이 있고, 여기서 말하는 식물은 A의 '它们'이다. 또한 A에 나온 '黏液(점액)'는 빈칸 뒤에 있는 송진과도 상응하므로 정답은 A이다.

| 77 | D 随着时间的推移 | D 시간의 흐름에 따라 |

단어 推移 tuīyí 통 변화하다

해설 빈칸 뒤의 '松脂渐渐变硬(송진이 점점 딱딱하게 변한다)'에서 '渐渐(점점)'이라는 표현이 들어가므로 빈칸에는 D가 가장 적절하다

| 78 | C 是因为它们保留了当初松脂流动时产生的纹路 | C 송진이 유동할 때 만들어진 결을 보존하고 있기 때문이다 |

단어 纹路 wénlù 명 결

해설 '之所以…是因为…' 구문은 '~인 이유는 ~때문이다'라는 뜻이다. 빈칸 앞에 '之所以'가 있으므로 정답은 '是因为'가 들어있는 C이다.

| 79 | E 海水逐渐上升 | E 바닷물이 점차 상승한다 |

해설 빈칸 뒤의 '原始森林被淹没，一些松脂连同被封入其中的昆虫被卷入海水之中，沉积在泥沙里(원시림이 파묻히고, 송진과 더불어 그 안에 갇힌 곤충도 바닷물 안에 말려들어가 진흙과 모래 안에 침적하게 되었다)'에서 '海水(바닷물)'에 대한 언급이 있으므로 정답은 E이다.

| 80 | B 没有被细菌分解以致腐烂 | B 세균 분해로 인해 부패하지 않았다 |

단어 细菌 xìjūn 명 세균 | 分解 fēnjiě 통 분해하다, 분열하다 | 腐烂 fǔlàn 통 부패하다

해설 뒤에 '所以完好地保存了下来(그래서 완전하게 보존될 수 있다)'라는 내용이 나오므로 빈칸에는 보존이 될 수 있는 이유에 대해 설명해야 한다. 그러므로 정답은 B이다.

第 四 部 分

81-84

　　在一个小村庄里，有一棵历经80多年风吹雨打，至今仍枝繁叶茂的榆树。这棵榆树的树干周长有4米，枝干伸展开来可达20米，因极具传奇色彩而为当地居民津津乐道。81说它具有传奇色彩，倒不是因为它的树龄长，而是因为在周围的榆树大批死亡后，这棵树却奇迹般地活了下来。

　　1930年，一种榆树病横扫了小村庄的榆树区，榆树几乎死光，仅剩下这棵饱受铁圈儿束缚之苦的榆树。人们以为它肯定也活不长了，可随着时间的推移，它不但没有死，反而一年比一年茂盛，历经80多年，更加郁郁葱葱了。是什么原因让这棵榆树免受病毒的侵袭而存活下来呢？这引起了植物学家的关注。82经过长时间的研究，植物学家得出结论：这棵榆树是从锈蚀的铁圈儿中吸收了大量的铁元素，才幸免于难的。

　　原来，这片榆树林的主人为了方便拴牛，便在这棵榆树上箍了个铁圈儿，把牛拴在这个铁圈儿上。牛常常绕着榆树一圈儿一圈儿地踱步，天长日久，榆树皮便蹭出了一道凹痕。随着榆树长大变粗，铁圈儿慢慢地长进了树身里，成了树的一部分。

　　锈迹斑斑的铁圈儿嵌进榆树的身体里，给榆树的生长造成了巨大的伤害，83但想不到的是，铁圈儿后来竟成了它的大救星，为它补充了急需的养分，使它能够抵挡榆树病毒的侵害，得以健康成长。84其实，生活中的每一个挫折就像这锈迹斑斑的铁圈儿一样，虽然会让人痛苦，但却是我们成长中必不可少的养分。正是有了这种养分，我们才会变得更刚强、坚毅，更加充满生机和活力。

어느 작은 마을에 80여 년의 비바람을 견디며 지금까지 잎이 무성한 느릅나무 한 그루가 있다. 이 느릅나무의 기둥 둘레는 4미터이고 가지는 20미터까지 뻗어있다. 기이한 색채 때문에 지역 사람들의 입에 자주 오르내렸는데, 81이야기하길, 그것이 기이한 색채를 가지고 있는 것은 나무의 연령이 높아서가 아니라 주위의 느릅나무가 대거 죽은 후에 이 나무는 기적적으로 살아남았기 때문이라고 한다.

1930년에 느릅나무 병이 이 작은 마을의 느릅나무 구역을 휩쓸어 느릅나무는 거의 다 죽고 쇠줄에 매여 고통받아온 이 느릅나무만이 겨우 남게 되었다. 사람들은 그 나무가 분명히 살아남지 못할 거라고 생각했지만 시간이 지남에 따라 나무는 죽지 않았을 뿐만 아니라 오히려 해마다 무성해져서 80여 년을 지내오면서 더욱 울창해졌다. 어떤 원인 때문에 이 느릅나무가 바이러스의 습격을 피해 살아남을 수 있었을까? 이것은 식물학자들의 관심을 끌었다. 82긴 시간의 연구 끝에 식물학자들은 결론을 얻었다. 이 느릅나무는 녹슨 쇠줄에서 다량의 철 원소를 흡수하여 다행히 재난에서 벗어날 수 있었다.

원래는 이 느릅나무의 주인이 소를 편리하게 묶어두기 위해 이 나무 위에 쇠줄을 두르고, 소를 이 쇠줄에 묶어 두었던 것이다. 소는 종종 느릅나무를 빙빙 돌며 한 바퀴 한 바퀴 천천히 걸었고, 시간이 오래 지나자 느릅나무 껍질이 쓸려 움푹 파였다. 느릅나무가 자라서 굵어짐에 따라 쇠줄은 점점 더 나무 안쪽으로 파고들어 나무의 일부분이 되었다.

녹이 슨 쇠줄이 느릅나무 안쪽으로 끼어 들어가면서 나무의 성장에 큰 상처를 입혔다. 83하지만 생각지도 못하게 쇠줄이 후에 나무의 큰 구세주가 되어 급히 나무에 필요한 양분을 보충해주었고, 나무는 느릅나무 바이러스의 침범에 저항하여 건강하게 자랄 수 있었다. 84사실 생활 중의 모든 좌절도 녹이 슨 쇠줄과 같다. 비록 좌절이 사람을 고통스럽게 할지라도 우리의 성장 중에 반드시 필요한 양분이다. 바로 이런 양분이 있어야만 우리는 더욱 강해지고 의연하며 활기가 넘칠 것이다.

단어 历经 lìjīng 동 여러 번 경험하다 | 风吹雨打 fēngchuī yǔdǎ 성 비바람을 맞다 | 枝繁叶茂 zhīfán yèmào 성 가지와 잎이 무성하다 | 榆树 yúshù 명 느릅나무 | 周长 zhōucháng 명 둘레 | 伸展开 shēnzhǎnkāi 뻗다 | 津津乐道 jīnjīn lèdào 성 흥미진진하게 이야기하다 | 横扫 héngsǎo 동 쓸어버리다, 소탕하다 | 饱受 bǎoshòu 실컷 겪다 | 束缚 shùfù 동 구속되다, 속박되다 | 推移 tuīyí 동 변화하다 | 茂盛 màoshèng 형 우거지다, 번창하다 | 郁郁葱葱 yùyù cōngcōng 형 울창하다 | 侵袭 qīnxí 동 습격하다 | 锈蚀 xiùshí 동 녹이 나서 부식되다 | 幸免于难 xìngmiǎn yúnàn 다행히 재난에서 벗어나다 | 箍 gū 동 테를 씌우다, 동여매다 | 踱步 duóbù 동 천천히 걷다 | 蹭 cèng 동 비비다, 쓸리다 | 凹痕 āohén 명 움푹 패인 곳 | 急需 jíxū 동 급히 필요로 하다 | 抵挡 dǐdǎng 동 저항하다 | 侵害 qīnhài 동 침해하다 | 挫折 cuòzhé 명 좌절 | 必不可少 bìbùkěshǎo 성 절대적으로 필요하다 | 坚毅 jiānyì 형 의연하다 | 生机 shēngjī 명 활력, 생기

81

为什么说那棵榆树具有传奇色彩?

A 形状奇特
B 枝繁叶茂
C 树龄长
D 独自存活下来

왜 느릅나무가 기이한 색채를 가지고 있다고 말하는가?

A 형상이 특이하다
B 가지와 잎이 무성하다
C 나무의 나이가 많다
D 독자적으로 생존해왔다

단어 枝繁叶茂 zhīfán yèmào 가지와 잎이 무성하다

해설 질문에 나온 '传奇色彩(기이한 색채)'가 무엇이냐는 의미는 다시 말하여 어느 면이 기이하고 신기한지를 묻고 있는 것이다. 만약 이 의미를 몰랐더라도 첫 단락에서 그대로 언급되기 때문에 쉽게 찾을 수 있다. '因为在周围的榆树大批死亡后，这棵树却奇迹般地活了下来(주위의 느릅나무가 대거 죽은 후에 이 나무가 기적적으로 살아남았기 때문이라고 한다)'를 보면 정답이 D라는 것을 알 수 있다.

82

植物学家研究后发现，那棵榆树:

A 叶子中含有多种微量元素
B 从铁圈儿中吸收了养分
C 分泌的树脂可杀菌
D 周围的泥土养分高

식물학자가 연구 후에 느릅나무가 어떠하다는 것을 발견했는가?

A 잎에 여러 가지의 미량원소가 함유되어 있다
B 쇠줄에서 양분을 흡수했다
C 분비한 수지가 살균할 수 있다
D 주변의 흙에 양분이 많다

단어 分泌 fēnmì 동 분비하다

해설 두 번째 단락의 마지막 부분을 보면 느릅나무가 혼자 생존한 것에 대한 과학자들의 연구 결론을 이야기하고 있다. '这棵榆树是从绣蚀的铁圈儿中吸收了大量的铁元素，才幸免于难的(이 느릅나무는 녹슨 쇠줄에서 많은 철 원소를 흡수하여 다행히 재난에서 벗어날 수 있었다)'를 보면 정답이 B라는 것을 알 수 있다.

83

根据上文，下列哪项正确?

A 那棵榆树因祸得福
B 榆树病不会传染
C 那棵榆树即将枯萎
D 榆树种植很困难

본문에 근거하여 다음 중 옳은 것은?

A 그 느릅나무는 재앙 때문에 복을 얻었다
B 느릅나무의 병은 전염되지 않는다
C 그 느릅나무는 곧 시들 것이다
D 느릅나무는 재배가 어렵다

단어 祸 huò 명 재앙, 재난 | 枯萎 kūwěi 동 시들다 | 种植 zhòngzhí 동 재배하다

해설 마지막 단락의 첫부분에서 '但想不到的是，铁圈儿后来竟成了它的大救星，为它补充了急需的养分(하지만 생각지도 못한 것은 쇠줄이 후에 나무의 큰 구세주가 되어 급히 나무에 필요한 양분을 보충해주었다)'이라고 했다. 느릅나무에 상처를 준 쇠줄이 결국은 생존의 원동력이 되었기 때문에 이를 보아 알 수 있는 것은 A의 내용과 같다.

84 上文主要想告诉我们什么? | 본문에서 우리에게 말하고자 하는 것은 무엇인가?

A 要学会未雨绸缪
B 逃避不是解决问题的办法
C 挫折使人更坚强
D 优胜劣汰是自然界的规律

A 미리 준비하는 것을 배워야 한다
B 도피는 문제를 해결하는 방법이 아니다
C 좌절이 사람을 강하게 만든다
D 우승열패는 자연계의 법칙이다

 단어 未雨绸缪 wèiyǔ chóumóu 젱 비가 오기 전에 미리 창문을 수리한다, 사전에 미리 준비한다 | 优胜劣汰 yōushèng liètài 젱 우승열패하다, 나은 자는 이기고 못한 자는 패한다, 강한 자는 번성하고 약한 자는 소멸한다

 해설 주제를 찾는 문제는 글의 맨 마지막 단락의 끝 부분을 잘 읽어보면 답을 쉽게 찾을 수 있다. 이 글의 마무리 부분에선 인생을 쇠줄과 비교하면서 '虽然会让人痛苦，但却是我们成长中必不可少的养分(비록 좌절이 사람을 고통스럽게 할지라도 우리의 성장 중에 반드시 필요한 양분이 된다)'이라고 했기 때문에 결국은 '좌절이 사람을 강하게 만든다'는 C가 정답이다.

85-88

宓子贱是孔子的得意门生，被孔子赞为君子。他曾被鲁国国君派去管理一个叫单父的地方，在任一年多，他把单父治理得井井有条。但他却曾经宁愿把成熟的麦子留给敌人，也不让单父的百姓收割。这到底是怎么回事呢？

原来，当时强大的齐国经常对其他国家发动战争，而鲁国的单父正好与齐国接壤。有一年初夏，城外传来消息说，齐国军队将路过单父。城中的百姓闻讯后对宓子贱说："我们郊外大约还有几千亩成熟的麦子没收割，如今齐国军队要来，恐怕很多人都来不及收割自己的麦子。<u>85请您下令让我们一起出城去抢收麦子，这样粮食就不会被齐国夺走了。</u>"

宓子贱闻言并未表态，百姓又多次恳求，他还是没有同意。很快，齐国的军队便到了单父城下。<u>86齐军本想入城抢夺粮食，但看见郊外大片成熟的麦子后，他们便打消了这一念头，收割完麦子便扬长而去了，单父城内也因此免去一场浩劫</u>。百姓这才恍然大悟：幸亏宓子贱下令闭城，否则要是城内百姓都出城收割麦子，无人守城，齐军必然长驱直入，到那时，恐怕失去的就不只是城外的麦子了。

后来这件事传到了鲁国公子季平子的耳中，他责问宓子贱说："百姓多次请求收麦你都不听，他们辛辛苦苦种的粮食遭到抢劫，岂不是很难过？难道你就是这样爱护百姓的？"

宓子贱说："假如当时大家一哄而上去收割麦子，其中一定会有许多不劳而获者，甚至会有一些人以后就不去种地而整天盼望敌国军队来犯

복자천은 공자의 애제자로 공자에게 군자라고 칭찬을 받았다. 그는 일찍이 노나라 국왕에 의해 '단부'라는 지역에 관리로 파견을 나간 적이 있었다. 일 년 정도 있으면서 그는 단부를 질서 정연하게 통치했다. 하지만 그는 익은 밀을 적에게 남겨줄지언정 단부의 백성들에게는 수확하게 하지 않았다. 도대체 어떻게 된 일일까?

원래, 당시 강대했던 제나라는 늘 다른 국가들에 전쟁을 일으켰다. 그리고 노나라의 단부는 마침 제나라와 국경을 접하고 있었다. 어느 해 초여름에 성 밖에서 소식이 전해지길, 제나라 군대가 장차 단부를 거쳐 갈 것이라고 했다. 성내의 백성들은 이 소식을 듣고 복자천에게 말하길 '외곽 지역에 대략 몇천 묘의 익은 벼를 아직 수확하지 않았습니다. 지금 제나라 군대가 오면 아마도 많은 사람이 미처 자신의 밀을 수확하지 못할 것입니다. 85우리가 다 같이 성을 나가 밀을 수확하도록 명령을 내리시면 양식을 제나라에 빼앗기지 않을 것입니다.'

복자천은 이야기를 듣고 태도를 표명하지 않았고 백성들이 몇 번이나 간청을 했지만 그는 여전히 동의하지 않았다. 곧 제나라의 군대가 단부의 성 아래까지 왔다. 제나라 군대는 86성 안에 들어가 양식을 빼앗을 생각이었지만 외곽 지역에 넓게 잘 익은 밀을 본 후 그들은 그 생각을 버리고 밀을 다 수확한 후 으스대며 가버렸고, 단부 성내 또한 대참사를 피하게 되었다. 백성들은 비로소 크게 깨달았다. 다행히 복자천이 성문을 닫으라는 명령을 내렸고, 그렇지 않았다면 성내의 백성들은 모두 밀을 수확하러 나갔을 것이며, 성을 지키는 이가 아무도 없으므로 제나라 군대가 분명 쳐들어 왔을 것이다. 그렇게 되었을 때 아마도 잃어버리는 것은 성 밖의 밀

境了。长此以往，鲁国必然会走向衰落。单父失去的麦子只是鲁国所有粮食的九牛一毛，不会使鲁国遭受多大损失。但[87]如果这种侥幸获利的心理被保留下来，势必会影响几代人。"季平子听后感慨不已，深深地佩服宓子贱的深谋远虑。

뿐이 아니었을 것이다.
　후에 이 일이 노나라의 공자인 계평자의 귀에 들어가게 되었고 그가 복자천을 책문하여 말했다. "백성들이 몇 번이나 밀을 수확해야 한다고 청했는데 듣지 않았다. 그들이 힘들게 심은 양식이 강탈당했는데 어찌 슬프지 아니하겠는가? 설마 당신은 이런 식으로 백성을 소중히 여기는가?"
　복자천이 말했다. "만약 모두가 떼를 지어 밀을 수확하러 나갔다면 그 중 분명히 일은 하지 않고 얻는 자가 있을 것입니다. 심지어 어떤 사람은 농사를 지으러 나가지 않고 온종일 적국의 군대가 침범해 오기를 바랄 것입니다. 이런 식으로 나아가면, 노나라는 분명히 쇠약해질 것입니다. 단부가 잃어버린 밀은 노나라 모든 양식의 극히 일부분이라 노나라에 큰 손실을 초래하지는 않을 것입니다. 하지만 [87]만약 이렇게 요행으로 이익을 얻으려는 심리가 남아있게 된다면 기필코 몇 세대의 사람들에게 영향을 줄 것입니다." 계평자는 듣고 난 후 매우 감격했고 복자천의 깊은 생각에 크게 감탄했다.

제 2 회
阅读

단어 得意门生 déyìménshēng 마음에 꼭 드는 제자 | 井井有条 jǐngjǐng yǒutiáo 형 질서 정연하다 | 宁愿 nìngyuàn 차라리 ~할지언정 | 收割 shōugē 동 거두다, 수확하다 | 发动 fādòng 동 일으키다, 발발시키다 | 接壤 jiērǎng 경계를 접하다 | 路过 lùguò 동 거치다 | 闻讯 wénxùn 동 소식을 듣다 | 下令 xiàlìng 동 명령을 하달하다 | 抢收 qiǎngshōu 서둘러 수확하다 | 夺走 duózǒu 빼앗다 | 恳求 kěnqiú 동 간청하다 | 打消 dǎxiāo 동 없애다, 단념하다 | 浩劫 hàojié 동 대참사 | 恍然大悟 huǎngrán dàwù 형 문득 크게 깨닫다 | 幸亏 xìngkuī 부 다행히 | 长驱直入 chángqū zhírù 형 거침없이 쳐들어가다 | 责问 zéwèn 동 책문하다, 문책하다 | 抢劫 qiǎngjié 동 강탈하다, 빼앗다 | 岂不是 qǐbúshì 동 어찌 ~이 아니겠는가? | 一哄而上 yíhòng érshàng 형 와아 소리를 지르며 움직이다 | 不劳而获 bùláo érhuò 스스로 일하지 않고 남의 성과를 점유하다 | 盼望 pànwàng 동 간절히 바라다 | 衰落 shuāiluò 동 쇠락하다, 시들다 | 九牛一毛 jiǔniú yìmáo 형 구우일모, 많은 가운데 극히 적은 부분 | 侥幸 jiǎoxìng 요행 | 势必 shìbì 부 반드시, 꼭 | 感慨不已 gǎnkǎi bùyǐ 매우 감격하다 | 深谋远虑 shēnmóu yuǎnlǜ 형 주도면밀하게 계획하고 원대하게 생각하다

85
百姓在得知齐军要来的消息后，有什么反应？

백성들은 제나라 군대가 오려고 한다는 소식을 들은 후에 어떤 반응을 했는가?

A 纷纷情愿入伍
B 想出城抢收麦子
C 准备投奔别的城市
D 希望尽快关闭城门

A 잇달아 입대를 원했다
B 성 밖으로 나가 밀을 수확하고 싶어 했다
C 다른 도시에 몸을 의탁할 준비를 했다
D 빨리 성문을 닫기를 희망했다

단어 情愿 qíngyuàn 동 간절히 원하다 | 投奔 tóubèn 동 몸을 의탁하다

해설 문제의 지문은 이야기 유형으로, 특히 질문에 부합하는 부분을 빨리 찾아 독해를 하는 것이 도움이 된다. 제나라 군대가 쳐들어 오려고 한다는 소식을 들은 백성들은 '请您下令让我们一起出城去抢收麦子(우리에게 성을 나가 밀을 수확하도록 명령을 내리시면)'라고 했기 때문에 정답은 B이다. 이야기 유형 지문은 첫 번째 문제가 반드시 첫 번째 단락에서 나오는 것은 아니라는 점을 알아야 한다.

86

根据第3段，下列哪项正确？

A 齐军未进城抢粮
B 单父遭到了洗劫
C 齐军后来驻扎在城外
D 守城的士兵逃走了

세 번째 단락에 근거하여 다음 중 옳은 것은?

A 제나라 군대가 성에 들어가 식량을 약탈하지 않았다
B 단부는 몽땅 약탈당했다
C 제나라 군대는 후에 성 밖에 주둔했다
D 성을 지키는 병사가 도주했다

 洗劫 xǐjié 동 몽땅 약탈하다 ｜ 驻扎 zhùzhā 동 주둔하다

해설 세 번째 단락의 전반적인 내용을 이해하는 문제이다. 제나라는 본디 식량을 약탈할 생각으로 단부에 왔으나 외곽 지역에 심어진 많은 밀을 보고 밀만 수확해서 돌아갔다. 그렇기 때문에 정답이 A라는 것을 알 수 있다. 그 다음 말인 '单父城内也因此免去一场浩劫(단부 성내 또한 대참사를 면하게 되었다)'를 보면 알 수 있다.

87

宓子贱拒绝百姓请求的根本原因是：

A 援军未到
B 怕城内粮食遭抢
C 敌人实力太强
D 避免侥幸获利心理生根

복자천이 백성들의 요구를 거절한 근본적인 원인은 무엇인가?

A 지원군이 아직 도착하지 않아서
B 성내의 양식을 약탈당할까 두려워서
C 적의 실력이 너무 강해서
D 요행으로 이익을 얻으려는 심리가 자라는 것을 막기 위하여

 生根 shēnggēn 동 뿌리를 내리다, 확고한 기초를 마련하다

해설 복자천이 밀을 수확하지 않도록 한 이유에 대해서 묻는 문제이므로 '宓子贱说(복자천이 말하길)' 부분을 주의 깊게 보면 정답을 알 수 있다. '如果这种侥幸获利的心理被保留下来，势必会影响几代人(만약 이렇게 요행으로 이익을 얻으려는 심리가 남아있게 된다면 기필코 몇 대의 사람들에게 영향을 줄 것이다)'으로 보아 정답은 D임을 알 수 있다.

88

关于宓子贱，可以知道什么？

A 很有远见
B 得不到国君赏识
C 非常惧怕齐国
D 不爱惜百姓

복자천에 관하여 알 수 있는 것은 무엇인가요?

A 선견지명이 있다
B 국왕에게 높이 평가받지 못했다
C 제나라를 매우 무서워한다
D 백성을 아끼지 않는다

단어 远见 yuǎnjiàn 명 통찰력, 멀리 내다보는 식견 ｜ 赏识 shǎngshí 동 (어떤 사람의 재능을) 귀히 여기다, 높이 평가하다 ｜ 惧怕 jùpà 동 겁내다

해설 '远见'은 통찰력 혹은 멀리까지 내다보는 식견을 의미한다. 그렇기 때문에 '很有远见'은 '매우 통찰력 있다'는 의미로 선견지명이 있다는 뜻이다. 많은 백성들이 한 치 앞만 내다보고 밀을 수확해야 한다고 요청했지만 복자천은 제나라의 상황과 백성들의 심리까지 두루 고려하여 밀을 수확하지 않도록 했다. 이 모든 것은 복자천의 선견지명에 의한 것으로 정답은 A가 된다.

89-92

别以为植物把根深埋地下，只是为了吸收养分和水分。其实，它们在干好本职工作的同时，还搞一些"社交活动"。地下有许多细菌都想跟它们"交朋友"，但并不是所有的细菌都会成为它们的朋友。⁸⁹对于那些对自己没有帮助的细菌，它们往往会紧闭大门，拒之于千里之外；而对那些有利于自己发展的细菌朋友，它们不但会敞开大门，热情拥抱，甚至还会主动"巴结"呢。

如豆科植物就会主动巴结对自己生长有益的根瘤菌。根瘤菌是生长在豆科植物根部的像瘤子一样的菌块。⁹⁰它能吸收并固定大气中的氮，为植物提供肥料。但豆科植物周围的细菌千千万万，它们是如何巴结到根瘤菌的呢？科学家通过实验发现，根瘤菌中含有一种名为"Nod因子"的信号分子，只要遇到这种分子，豆科植物就会马上主动巴结，与其结为"盟友"。

另外，不同种类的植物相遇时，它们相互间的竞争往往会非常激烈。就是说当植物发现"邻居"与自己不属于同一遗传体系时，便会投入更多精力，与邻居争夺地下资源，发展壮大自己。这个现象虽然不怎么新奇，但其中潜藏的问题还是引起了科学家的好奇：植物靠什么来分辨亲疏关系？它们的辨认方式和动物的认亲方式一样吗？

⁹²动物一般是通过气味来辨别对方身份的，有的动物还会把声音当做判断亲属关系的标识。那植物是采用什么方法来辨别亲疏关系呢？有科学家认为，⁹¹植物周围的土壤中很可能含有这个植物家族特有的蛋白质或化学信号，它们能被同类植物的根系感知。也就是说，植物可能有一套感知同种类蛋白质或化学信号的体系，如果它的根与其他植物的根系紧密地靠在一起，它就会分辨出对方是否是同类。当然，植物的这种认亲方式还需要进一步的研究证明。

식물이 단지 양분과 수분을 흡수하기 위해서 뿌리를 땅속 깊이 묻는다고 생각하지 말아야 한다. 사실 식물들은 본연의 업무를 잘 수행함과 동시에 '사교 활동'도 하고 있다. 땅속의 많은 세균은 모두 식물과 '좋은 친구'가 되고 싶어 한다. 하지만 모든 세균이 다 식물의 친구가 될 수 있는 것은 아니다. ⁸⁹자신에게 도움이 되지 않는 세균에 대해서는 종종 대문을 단단히 걸어 잠그고 단호히 거절한다. 하지만 자신의 발전에 도움이 되는 세균 친구에게는 대문을 활짝 열 뿐 아니라 친절히 포옹하고 심지어는 주동적으로 '아첨'을 하기도 한다.

예를 들어 콩과 식물은 자신의 생장에 유익한 뿌리혹박테리아에게 주동적으로 아첨한다. 뿌리혹박테리아는 콩과의 식물 뿌리 부분에 종양처럼 생장하는 세균 덩어리이다. ⁹⁰그것은 대기 중의 질소를 흡수하고 고정시켜 식물에 비료를 제공한다. 하지만 콩과 식물 주변의 세균은 매우 많은데 어떻게 뿌리혹박테리아에게 아첨하는 것일까? 과학자들이 실험을 통해 발견한 바로는 뿌리혹박테리아에 'Nod인자'라는 신호 분자가 함유되어 있어 이 분자와 마주치면 콩과 식물은 즉시 아첨을 하여 '동맹'을 맺는다.

그 외에 다른 종류의 식물들이 서로 마주쳤을 때 상호간의 경쟁이 종종 매우 격렬해지곤 한다. 다시 말해 식물은 '이웃'이 자신과 동일한 유전 체계에 속하지 않는다는 것을 발견할 때 많은 힘을 쏟게 되고 이웃과 지하자원을 쟁탈하며 자신의 규모를 크게 만든다. 이 현상은 그다지 신기하지는 않지만 이 가운데 감추어진 문제는 여전히 과학자들의 호기심을 끌어낸다. 식물은 무엇에 근거하여 가깝고 먼 관계를 분별하는 것일까? 그들의 식별 방식과 동물의 방식은 같은 것일까?

⁹²동물은 일반적으로 냄새로 상대방의 신분을 확인하며, 어떤 동물은 소리로 친척 관계를 판별하는 표지로 삼는다. 그렇다면 식물은 어떤 방식을 이용하여 가깝고 먼 관계를 구별하는 것일까? 어떤 과학자는 ⁹¹식물 주위의 토양 속에 아마도 이 식물 가족 특유의 단백질 혹은 화학적 신호가 함유되어 있어 같은 종류의 식물 뿌리에 의해 감지될 수 있다고 한다. 다시 말해 식물은 같은 종류의 단백질 혹은 화학 신호를 감지할 수 있는 체계가 있어 만약 그 뿌리가 다른 식물의 뿌리와 긴밀하게 연결되어 있으면 상대방이 동류인지 분별해낼 수 있다는 것이다. 당연히 식물의 이러한 감지 방식은 한 단계 더 나아간 연구로 증명할 필요가 있다.

단어 细菌 xìjūn 명 세균 | 紧闭 jǐnbì 동 꼭 닫다 | 敞开 chǎngkāi 동 활짝 열다 | 拥抱 yōngbào 동 포옹하다 | 巴结 bājie 동 아첨하다 | 根瘤菌 gēnliújūn 명 뿌리혹박테리아 | 瘤子 liúzi 명 종양 | 氮 dàn 명 질소 | 肥料 féiliào 명 비료 | 争夺 zhēngduó 동 쟁탈하다 | 壮大 zhuàngdà 동 강대해지다, 커지다 | 新奇 xīnqí 형 신기하다 | 潜藏 qiáncáng 동 감추다 | 紧密 jǐnmì 형 긴밀하다

89

根据第1段，植物的"社交活动"指的是什么？

A 吸引昆虫
B 结交有益菌
C 寻找同类
D 吸收养分

첫 번째 단락에 근거하여 식물의 '사교 활동'이 가리키는 것은 무엇인가?

A 곤충을 매료시킨다
B 유익균과 교제한다
C 같은 무리를 찾는다
D 양분을 흡수한다

> 해설: 첫 번째 단락에서 식물의 '사교 활동'에 대해 언급한 다음 '地下有许多细菌都想跟它们"交朋友"(땅속의 많은 세균은 모두 식물과 '좋은 친구'가 되고 싶어한다)'라고 했다. 세균들과 좋은 친구가 되어 사교 활동을 한다고 했고 '对于那些对自己没有帮助的细菌，它们往往会紧闭大门，拒之于千里之外(자신에게 도움이 되지 않는 세균에 대해서는 종종 대문을 단단히 걸어 잠그고 단호히 거절한다)'라고 했기 때문에 좋은 세균과 사교 활동을 한다는 것을 알 수 있다. 따라서 정답은 B이다.

90

关于根瘤菌，可以知道：

A 含有丰富的氧元素
B 可释放氧气
C 可为植物提供肥料
D 促进植物吸收水分

뿌리혹박테리아에 관하여 알 수 있는 것은 무엇인가?

A 풍부한 산소 원소가 함유되어 있다
B 산소를 방출할 수 있다
C 식물에 비료를 제공할 수 있다
D 식물의 수분 흡수를 촉진한다

> 단어: 氧气 yǎngqì 명 산소

> 해설: 뿌리혹박테리아가 처음 언급된 곳은 두 번째 단락이다. '它能吸收并固定大气中的氮，为植物提供肥料(그것은 대기 중의 질소를 흡수하고 고정시켜 식물에 비료를 제공한다)'라고 했기 때문에 정답은 C이다.

91

植物可能依靠什么来分辨亲疏关系？

A 土壤中的蛋白质或化学信号
B 花粉数目
C 根的形状
D 茎叶的颜色

식물은 무엇을 근거로 가깝고 먼 관계를 판별할 수 있는가?

A 토양 속의 단백질 혹은 화학신호
B 꽃가루 수
C 뿌리의 형태
D 줄기와 잎의 색깔

> 단어: 茎叶 jīngyè 명 경엽, 줄기와 잎

> 해설: 질문의 키워드는 '亲疏关系(친소관계)'이다. 이 키워드는 맨 마지막 단락에 나오며 '植物周围的土壤中很可能含有这个植物家族特有的蛋白质或化学信号，它们能被同类植物的根系感知(식물 주위의 토양 속에 아마도 이 식물 가족 특유의 단백질 혹은 화학적 신호가 함유되어 있어 같은 종류의 식물 뿌리에 의해 감지될 수 있다고 한다)'라고 했으므로 정답은 A이다.

92 根据上文，下列哪项正确？ 본문에 근거하여 다음 중 옳은 것은?

A 动物通常靠气味认亲 A 동물은 냄새를 통해 친척을 구별한다
B 植物之间鲜有竞争 B 식물 사이에는 경쟁이 드물다
C 动物没有社交活动 C 동물은 사교 활동이 없다
D 动植物的认亲方式一样 D 동식물의 친척 구별 방식은 같다

 맞는 항목을 고르는 문제는 전반적인 독해가 이루어져야 답을 찾을 수 있다. 마지막 단락 첫 번째 문장에서 '动物一般是通过气味来辨别对方身份的，有的动物还会把声音当做判断亲属关系的标识(동물은 일반적으로 냄새로 상대방의 신분을 확인하며, 어떤 동물은 소리로 친척 관계를 판별하는 표지로 삼는다)'라고 했으므로 정답은 A이다.

93-96

　　温泉是指从地下自然涌出的，温度高于当地年平均气温5℃或以上，而且含有对人体健康有益的微量元素的泉水。
　　温泉的形成一般有两种。[93]一种是由地壳内部的岩浆作用形成的。火山活动过的死火山地形区，其地下还有未冷却的岩浆，这些岩浆会不断释放出大量热能。由于此类热源的热量集中，因此，附近含水岩层里的水会受热成为高温水。[93]这类温泉多为硫酸盐泉。
　　另一种是由地表水渗透循环作用形成的。雨水渗透地表，深入到地壳深处形成地下水后，会因地热作用而成为热水。[94]地壳深处的热水多含有气体，温度升高使得水压增强，以致一有裂缝儿，泉水就会蹿涌而上。当热水上升到接近地表时，又会因压力不同而与下渗的冷水产生对流。如此循环往复，热水就会源源不断地往上涌，并最终流出地面，形成温泉。
　　大多数温泉都含有丰富的化学物质，对人体有一定的益处。例如，温泉中的碳酸钙就[95]对改善体质、恢复体力有相当大的作用；丰富的钙、钾、氡等元素，[95]对治疗心脑血管疾病、糖尿病、痛风、神经痛、关节炎等均有一定效果。常泡温泉，[95]不仅可以消除疲劳，还可以促进血液循环，加速人体的新陈代谢。
　　[96]泡温泉虽然对人体有益，但也有一些事项须注意。首先，泡温泉不要从水温太烫的池水开始，而要从水温较温和的池水开始浸泡，且每次浸泡超过10分钟后，要及时让胸部露出水面或离水歇息。此外，温泉的水温较高，浸泡后可能会出现出汗、口干、胸闷等不适感，这是血液循环过快的正常反应。此时，换凉水浸泡或走出水池休息一会儿，多喝点儿水，就可以缓解。

　　온천이란 땅속에서 자연히 솟아 나오는 것으로, 온도가 현지의 연평균 기온보다 5도 혹은 그 이상 높고, 또한 인체 건강에 유익한 미량원소를 함유한 샘물이다.
　　온천의 형성은 일반적으로 두 가지 종류가 있다. [93]하나는 지각 내부의 마그마 작용으로 형성된다. 화산 활동을 했었던 사화산 구역은 그 지하에 아직 냉각되지 않은 마그마가 있어 이 마그마가 끊임없이 대량의 열에너지를 뿜어내는 것이다. 이런 열에너지의 열량 집중으로 인해 근처에 물을 함유한 암석층 안의 물이 열을 받아 고온의 물이 된다. [93]이러한 온천은 대부분 황산염으로 이루어진 온천이다.
　　다른 하나는 지표수가 침투하여 순환 작용으로 인해 형성된다. 빗물이 지표에 침투하여 지각 깊은 곳에 들어가 지하수를 만든 후에 지열작용을 하여 더운물이 된다. [94]지각 깊은 곳의 따뜻한 물은 많은 기체를 함유하고 있고 온도가 높아지면서 수압이 증강되어 균열이 생기나 샘물이 위로 솟아오르는 것이다. 따뜻한 물이 지표 가까이 올라올 때 압력의 차이 때문에 아래에 스며든 차가운 물과 대류가 일어난다. 이렇게 되풀이하여 더운물은 연이어 끊이지 않고 위로 솟구치게 되며 마지막엔 지면으로 흘러 온천을 형성하는 것이다.
　　대다수의 온천은 풍부한 화학물질을 함유하고 있어 인체에 상당한 이로움이 있다. 예를 들어 온천의 탄산칼륨은 [95]체질을 개선하고 체력을 회복하는 데에 상당한 작용을 한다. 풍부한 칼슘, 칼륨, 라돈 등의 원소가 [95]심뇌혈관 질병, 당뇨병, 통풍, 신경통, 관절염 등을 치료하는 데에 모두 일정 효과를 가지고 있다. 온천욕을 자주 하면 [95]피로를 해소할 수 있을 뿐 아니라 혈액순환을 촉진하고 인체의 신진대사를 높일 수 있다.
　　[96]온천욕은 인체에 유익하지만 주의해야 할 사항도 있다. 우선, 온천욕을 할 때 수온이 너무 뜨거운 곳에서 시작하지 말고, 온도가 비교적 따뜻한 물에서부터 몸을 담

가야 한다. 또한 몸을 담근 후 10분이 지날 때마다 즉시 가슴을 수면 밖으로 드러내거나 물에서 나와 휴식해야 한다. 이 외에 온천의 수온이 높으면 몸을 담근 후 땀이 나고, 입이 마르며 가슴이 답답한 등의 불편함이 생길 수 있다. 이것은 혈액순환이 지나치게 빨라지는 정상적인 반응이다. 이때 차가운 물에 몸을 담그거나 물 밖에 나와 잠시 휴식을 취하며 물을 많이 마시면 완화될 수 있다.

단어 温泉 wēnquán 명 온천 | 涌出 yǒngchū 동 넘쳐 나오다 | 泉水 quánshuǐ 명 샘물 | 地壳 dìqiào 명 지각 | 岩浆 yánjiāng 명 마그마 | 冷却 lěngquè 동 냉각하다 | 热源 rèyuán 명 열원 | 硫酸盐 liúsuānyán 명 황산염 | 渗透 shèntòu 동 침투하다 | 循环 xúnhuán 동 순환하다 | 裂缝 lièfèng 명 틈이 갈라지다 | 蹿 cuān 동 뿜다, 쏟다 | 涌 yǒng 동 (액체·기체가) 위로 솟다 | 下渗 xiàshèn 동 (액체가) 지층에 스며들다 | 循环往复 xúnhuán wǎngfù 성 쉬지 않고 되풀이 하다 | 源源不断 yuányuán búduàn 연이어 끊어지지 않다 | 碳酸钙 tànsuāngài 명 탄산칼륨 | 钙 gài 명 칼슘 | 钾 jiǎ 명 칼륨 | 氡 dōng 명 라돈 | 糖尿病 tángniàobìng 명 당뇨병 | 关节炎 guānjiéyán 명 관절염 | 新陈代谢 xīnchén dàixiè 명 신진대사 | 浸泡 jìnpào 동 담그다 | 胸部 xiōngbù 명 가슴 | 露出 lùchū 동 드러내다 | 歇息 xiēxi 동 휴식하다

93 硫酸盐泉多是由于什么而形成的? 황산염 온천은 대부분 무엇으로 인해 형성되는가?

A 地表水循环   A 지표수의 순환
B 气候变暖   B 기후의 온난화
C 破坏性地震   C 파괴성 지진
D 岩浆作用   **D 마그마 작용**

해설 문제의 키워드는 '硫酸盐泉(황산염 온천)'이다. 두 번째 단락에서 마그마 작용에 의한 온천으로는 황산염 온천이 대부분이라고 언급했으므로 정답은 D이다.

94 根据第3段,地壳深处的热水为什么会上涌? 세 번째 단락에 근거하여 지각 깊은 곳의 뜨거운 물은 왜 위로 솟아오르는가?

A 空气对流   A 공기의 대류
B 地壳运动   B 지각운동
C 水压升高   **C 수압 상승**
D 雨水渗透   D 빗물 침투

해설 세 번째 단락에서 '地壳深处的热水多含有气体, 温度升高使得水压增强, 以致一有裂缝儿, 泉水就会蹿涌而上(지각 깊은 곳의 따뜻한 물은 많은 기체를 함유하고 있고 온도가 높아지면서 수압이 증강되어 균열이 생겨나 샘물이 위로 솟아오르는 것이다)'이라고 했으며 이런 현상이 반복되면 뜨거운 물이 솟구쳐 온천이 된다고 했다. 그러므로 정답은 C이다.

95 下列哪项不是泡温泉的好处? 다음 중 온천의 장점이 아닌 것은 무엇인가?

A 改善体质   A 체질을 개선하다
B 加速新陈代谢   B 신진대사를 높인다
C 缓解神经痛   C 신경통을 완화하다
D 促进骨骼发育   **D 골격 발육을 촉진한다**

해설 네 번째 단락은 온천의 장점에 대하여 이야기하고 있다. '改善体质(체질 개선)', '加速人体的新陈代谢(인체 신진 대사 가속)', '对治疗心脑血管疾病、糖尿病、痛风、神经痛(심장 혈관 질병, 당뇨병, 통풍, 신경통 치료)'은 나와있으나 골격 발육 내용은 나와있지 않으므로 정답은 D이다.

最后一段主要谈的是什么?	마지막 단락에서 말하고자 하는 것은 무엇인가?
A 温泉的分类	A 온천의 분류
B 泡温泉的注意事项	B 온천욕의 주의 사항
C 泡温泉的最佳季节	C 온천욕의 가장 좋은 계절
D 温泉的成因	D 온천의 형성 원인

해설 마지막 단락 제일 첫 번째 문장을 보면 '泡温泉虽然对人体有益, 但也有一些事项须注意(온천욕은 인체에 유익하지만 주의해야 할 사항도 있다)'라고 했으므로 마지막 단락의 주제는 온천욕의 주의 사항이라는 것을 알 수 있다. 정답은 B이다.

97-100

人们常说的鲸鱼，其实并非真正的鱼，而是一种鱼形的哺乳动物。5000万年前，现代鲸鱼的祖先离开陆地，进入了一望无际的大海中，其后又经过漫长的岁月，才演化成了现在的样子。

鲸鱼是温血动物，从冰天雪地的南北极到酷热难耐的赤道地带都可以看到它们的踪迹，¹⁰⁰无论是在什么样的环境下，它们的体温始终保持在36℃左右。和其他温血动物最大的不同在于，鲸鱼生活在水中，因此无法以聚集和筑巢等方式维持体温。另外，像北冰洋和南极周围海洋的水压挤出来，皮毛的保温功能会大大降低。于是，⁹⁷鲸鱼便逐步演化出了皮下脂肪，用这件特殊的"外衣"来维持自己的体温。

动物栖身的海水温度越低，其自身的脂肪也就越厚。曾有记录，鲸鱼脂肪的厚度可达50厘米，重量可达体重的一半儿。鲸鱼的这层脂肪除了可以帮助其维持体温外，还可以为它长途跋涉进行繁殖和觅食等活动提供重要的能量储备。另外，⁹⁸这层脂肪还可以帮助鲸鱼塑造流线型的身体，以减少在水中游动时所消耗的能量，提高游动速度。但是，这么厚的皮下脂肪还是不能完全阻挡体内热量的流失，鲸鱼还需要通过摄取大量的食物，来获得维持体温所需的能量。

此外，⁹⁹鲸鱼还会通过血管的收缩，有效地维持体温。当鲸鱼潜入深海中时，因为周围温度较低，鲸鱼体表的血管便会收缩，将血液集中送往腩部、心脏、肝、肾等内脏器官，维持身体

사람들이 자주 말하는 고래는 사실 진정한 물고기가 아니라 물고기 형태의 포유동물이다. 5,000만 년 전에 현대 고래의 조상이 육지를 떠나 광활한 바다에 들어간 후 긴 세월이 지나서야 비로소 현재의 모습으로 진화하게 되었다.

고래는 온혈동물로서 추운 남북극에서 무더운 적도 일대까지 모두 고래의 종적을 볼 수 있다. ¹⁰⁰어떤 환경에서라도 그것들의 체온은 늘 36도 안팎을 유지한다. 다른 온혈동물들과 가장 크게 다른 점은, 고래는 물에서 생활한다는 것이다. 그러므로 모이거나 집을 짓는 등의 방식으로는 체온을 유지할 수 없다. 그 외에 북극해나 남극 주변의 바다처럼 수압이 세지면 피부의 보온 기능이 크게 떨어진다. 그래서 ⁹⁷고래는 점차 피하지방이 진화하여 이 특수한 '외투'로 자신의 체온을 유지한다.

동물이 서식하는 바다의 온도가 낮을수록 몸의 지방도 두꺼워진다. 기록에 의하면 고래 지방의 두께는 50센티미터이고 중량이 체중의 절반에 달한다. 고래의 지방층은 체온 유지를 돕는 것 외에 먼 길을 떠나 번식을 하고 먹이를 찾는 등의 활동에도 중요한 에너지를 비축할 수 있도록 한다. 그 외에 ⁹⁸이 지방층은 고래가 유선형의 몸을 만들도록 도와주어 물속에서 이동할 때 소모하는 에너지를 감소시키고 유동 속도를 높인다. 하지만 이렇게 두꺼운 피하지방도 완전히 체내 열에너지의 유실을 막을 수는 없다. 그러므로 다량의 음식물 섭취를 통해 체온을 유지하는 데에 필요한 에너지를 얻어야 한다.

内部的体温；反之，当水温上升时，体表的血管便会扩张，加速散热。

이 외에 ⁹⁹고래는 혈관의 수축을 통해 체온을 효과적으로 유지한다. 고래가 깊은 바다로 들어갔을 때 주위 온도가 너무 낮기 때문에 고래의 체표 혈관이 수축되어 혈액을 남부, 심장, 간, 콩팥 등 내장기관에 집중적으로 보내 신체 내부의 체온을 유지한다. 반대로 수온이 높을 때에는 체표 혈관이 확장되어 빠르게 열을 발산한다.

단어 鲸鱼 jīngyú 명 고래 | 哺乳动物 bǔrǔ dòngwù 명 포유동물 | 祖先 zǔxiān 명 선조, 조상 | 陆地 lùdì 명 육지 | 一望无际 yíwàng wújì 성 대단히 광활하다 | 演化 yǎnhuà 동 발전 변화하다, 진화하다 | 温血动物 wēnxuè dòngwù 명 항온동물, 온혈동물 | 冰天雪地 bīngtiān xuědì 성 얼음과 눈으로 뒤덮여 있다, 지독히 춥다 | 酷热难耐 kùrè nánnài 무더위를 견디기 힘들다, 찌는 듯이 덥다 | 赤道 chìdào 명 적도 | 踪迹 zōngjì 명 종적 | 聚集 jùjí 동 합류하다 | 筑巢 zhùcháo 동 보금자리를 짓다 | 脂肪 zhīfáng 명 지방 | 栖身 qīshēn 동 머물다 | 长途跋涉 chángtú báshè 먼 길을 고생스럽게 가다 | 繁殖 fánzhí 동 번식하다 | 觅食 mìshí 동 먹이를 찾다 | 储备 chǔbèi 동 비축하다 | 消耗 xiāohào 동 소모하다 | 阻挡 zǔdǎng 동 저지하다 | 摄取 shèqǔ 동 흡수하다 | 收缩 shōusuō 동 수축하다 | 扩张 kuòzhāng 동 확장하다

97

第2段中，鲸鱼的"外衣"指的是：

A 身体上的寄生物
B 皮下脂肪
C 体表血管
D 表层皮肤

두 번째 단락에서 고래의 '외투'가 가리키는 것은 무엇인가?

A 몸의 기생물
B 피하지방
C 체표 혈관
D 피부 표피

해설 두 번째 단락 가장 마지막 문장에서 '鲸鱼便逐步演化出了皮下脂肪，用这件特殊的"外衣"来维持自己的体温(고래는 점차 피하지방이 진화하여 이 특수한 '외투'로 자신의 체온을 유지한다)'이라고 했으므로 고래의 외투는 피하지방임을 알 수 있다. 그러므로 정답은 B이다.

98

根据第3段，可以知道什么？

A 鲸鱼身体呈流线型
B 水温越低鲸鱼游动越快
C 鲸鱼体内热量散失极慢
D 鲸鱼不能长途跋涉

세 번째 단락에 근거하여 알 수 있는 것은 무엇인가?

A 고래 몸은 유선형이다
B 수온이 낮을수록 고래 유동 속도가 빨라진다
C 고래 체내의 열에너지가 느리게 산실 된다
D 고래는 먼 길을 가지 못한다

해설 세 번째 단락 중간에서 '这层脂肪还可以帮助鲸鱼塑造流线型的身体，以减少在水中游动时所消耗的能量，提高游动速度(고래의 지방층이 유선형의 몸을 만들도록 도와주어 물속에서 이동할 때 소모하는 에너지를 감소시키고 유동 속도를 높인다)'고 하였다. 답은 고래의 몸은 유선형을 띤다는 A를 고르면 된다. B의 내용은 물의 온도가 낮을수록 지방층이 두꺼워지고, 유선형 몸이 유동 속도를 빠르게 한다는 지문의 내용을 섞어 놓은 것으로 헷갈리지 않도록 주의해야 한다.

99

鲸鱼收缩血管是为了：

A 促进消化
B 保持平衡
C 加大氧气供应
D 维持体温

고래가 혈관을 수축하는 것은 무엇 때문인가?

A 소화 촉진
B 균형 유지
C 산소 제공 확대
D 체온 유지

해설 질문의 키워드는 '收缩血管'이다. 이 단어는 마지막 단락 첫 번째 문장에서 볼 수 있다. '鲸鱼还会通过血管的收缩, 有效地维持体温(고래는 혈관의 수축을 통해 체온을 효과적으로 유지한다)'이라는 것으로 보아 혈관 수축은 체온 유지를 위함임을 알 수 있다. 따라서 답은 D이다.

100

关于鲸鱼，下列哪项正确?	고래에 관하여 다음 중 옳은 것은?
A 体温稳定	A 체온이 안정적이다
B 多生活在热带地区	B 열대 지역에서 많이 생활한다
C 是最有智慧的鱼类	C 가장 지혜로운 어류이다
D 喜欢群居	D 무리 지어 사는 것을 좋아한다

해설 두 번째 단락에서 고래는 온혈동물이기 때문에 '无论是在什么样的环境下，它们的体温始终保持在36℃左右 (어떤 환경에서라도 그것들의 체온은 늘 36도를 유지한다)'라고 했으므로 체온이 늘 안정적이다. 따라서 정답은 A 이다.

(1) 아래 지문을 자세히 읽을 것. 제한시간은 10분이며 읽는 동안 베끼거나 기록할 수 없음.
(2) 10분 후 감독관이 읽기 자료를 수거하면 이 지문을 짧은 글로 요약할 것. 제한시간은 35분.
(3) 제목은 스스로 정할 것. 지문 내용만 요약하고 자신의 의견은 첨가하지 말 것.
(4) 글자수는 400자 내외로 할 것.
(5) 답안지에 직접 작성할 것.

　　作为当代著名的明星企业家，马云不可避免地成为众多青年创业者追捧的偶像。在一档电视节目中，两名大学生滔滔不绝地谈论着自己的创业项目，言语中洋溢着按捺不住的激情与自信。为了能获得偶像马云的认可，其中一个学生甚至宣称："给我投资1000万，明天就能分红，后天就能变成2000万！"
　　马云听后微微摇头，不仅没有对他们的创业蓝图予以鼓励，反而当头浇下一盆冷水："如果我是你们，我现在不会去创业，而是去找一个公司踏踏实实地工作5年。"全场惊愕，两名年轻人虽然始终面带微笑，但看得出他们心里很不服气。
　　随后，马云道出了自己一段鲜为人知的往事。上世纪80年代，风华正茂的马云一心想要做出一番宏图伟业。但当时，大学生就业由学校统一分配，临毕业时，马云得知自己被分到了杭州的一所学校当英语老师。当老师显然与他的创业理想有很大差距。他感到很迷茫，于是到校园里散心。
　　这时，校长突然走过来和他打招呼。原来，马云是学校的风云人物，校长很关心他今后的发展，便亲切地和他交谈起来。马云直言不讳地说："我希望能够自己创业，当一名教师我心有不甘。"校长没有多说什么，只是要马云许下一个承诺：去分配的学校教书，5年内不创业。马云当时并不明白校长为什么要他这么做，但出于对校长的尊重，他还是答应了。
　　那时候，老师一个月的工资只有92块钱。起初，马云勤恳工作，甘守清贫。但后来，接二连三的诱惑摆在了他的面前——有好几家公司都高薪邀请他加入，开出的工资是他在学校教书所赚的几十倍。但马云思量再三，还是决定坚守承诺。就这样，他在学校里教了5年书。虽然失去了很多高薪机会，但他却得到了一样受用终身的东西：懂得了什么叫做浮躁，什么叫做沉稳。这样一个简单的道理似乎人人都懂，但要真切而深刻地领悟它，却需要在达到一种境界之后。

　　带着一种沉稳、踏实的心态，马云开始了自己的创业历程，期间也经历了很多的挫折和磨难。在众人纷纷动摇的时候，马云却仍然信心十足，他相信自己的判断，也更明白坚韧的力量有多大。在阿里巴巴网站创立之初，有人嘲讽马云："如果阿里巴巴能够成功，无疑是把一艘万吨巨轮从喜马拉雅山脚下抬到珠穆拉玛峰峰顶。"但马云却做到了，一如他当初在学校坚守了5年，马云终于一步一个脚印地创造出了阿里巴巴的神话，敲开了财富之门。

　　"不想当将军的士兵不是好士兵，但是当不好士兵的人，也永远无法成为一位伟大的将军。"马云的成功恰恰印证了他的这句话。

처음에 마윈은 근면 성실하게 일했고 가난함을 흔쾌히 감수했다. 하지만 이후에 연이은 유혹이 그를 찾아왔다. 몇몇 회사들이 고액의 임금으로 그에게 스카웃 제의를 했고, 제시하는 임금은 학교에서 선생님을 하며 버는 돈의 몇십 배나 되었다. 하지만 마윈은 여러 차례 고심한 끝에 약속을 지키기로 했다. 이렇게 그는 학교에서 5년 동안 가르쳤다. 비록 높은 보수의 기회를 놓치긴 했지만 그는 일생을 향유할 무언가를 얻게 되었다. 무엇을 경솔함이라 부르는지, 무엇을 진중함이라 부르는지를 알게 되었다. 이렇게 간단한 이치를 모두가 다 알고 있는 것 같지만, 그것을 진실되게 깊이 깨달으려면 어떤 경지에 오른 후에야 된다.

진중하고 착실한 마음가짐을 가지고 마윈은 자신의 창업 여정을 시작했다. 이때 많은 좌절과 고난을 겪게 되었다. 사람들이 잇달아 동요할 때에도 마윈은 변함없이 자신감이 충만했고 자신의 판단을 믿었으며 완강함의 위력이 얼마나 큰지를 알게 되었다. 알리바바 웹사이트 창립 초기에 어떤 사람이 마윈을 비웃으며 "만약 알리바바가 성공할 수 있다면 두말할 것 없이 만 톤의 선박을 히말라야 산기슭에서부터 에베레스트 산 정상까지 들고 갈 것이다."라고 했다. 하지만 마윈은 해냈고, 처음 학교에서 5년을 꿋꿋이 지킨 것과 같이 한 걸음 한 걸음 알리바바의 신화를 창조하며 재부의 문을 두드렸다.

"장군이 될 생각이 없는 병사는 좋은 병사가 아닙니다. 하지만 좋은 병사가 아닌 사람은 영원히 위대한 장군이 될 수 없습니다." 마윈의 성공은 바로 그의 말을 증명했다.

제 2 회
书写

단어 追捧 zhuīpěng 동 열렬하게 추종하다 | 偶像 ǒuxiàng 우상 | 滔滔不绝 tāotāo bùjué 성 끊임없이 말하다 | 按捺不住 ànnà búzhù 억누르지 못하다 | 宣称 xuānchēng 동 표명하다 | 分红 fēnhóng 동 이익을 분배하다 | 蓝图 lántú 청사진, 계획 | 予以 yǔyǐ 동 주다 | 踏踏实实 tāta shíshí 동 착실하다 | 惊愕 jīng'è 동 경악하다 | 鲜为人知 xiǎnwéi rénzhī 성 사람들에게 잘 알려지지 않다 | 风华正茂 fēnghuá zhèngmào 성 풍채가 출중하고 재능이 넘치다 | 宏图 hóngtú 명 원대한 계획 | 伟业 wěiyè 위대한 업적 | 迷茫 mímáng 형 묘망하다, 망망하다 | 散心 sànxīn 근심을 해소하다, 기분을 전환하다 | 直言不讳 zhíyán búhuì 거리낌 없이 솔직하게 말하다 | 不甘 bùgān 동 달가워하지 않다 | 勤恳工作 qínkěn gōngzuò 근면 성실하게 일하다 | 清贫 qīngpín 가난하다 | 接二连三 jiē'èr liánsān 몇 번 연이어서 | 浮躁 fúzào 형 경솔하다 | 沉稳 chénwěn 진중하다, 평온하다 | 领悟 lǐngwù 동 깨닫다 | 挫折 cuòzhé 좌절 | 磨难 mónàn 명 고난 | 动摇 dòngyáo 동 동요하다 | 坚韧 jiānrèn 동 완강하다 | 嘲讽 cháofěng 동 비꼬다 | 财富 cáifù 명 부, 자산

지문 분석 및 요약 요령

　　作为当代著名的明星企业家，马云不可避免地成为众多青年创业者追捧的偶像。在一档电视节目中，两名大学生滔滔不绝地谈论着自己的创业项目，言语中洋溢着按捺不住的激情与自信。为了能获得偶像马云的认可，其中一个学生甚至宣称："给我投资1000万，明天就能分红，后天就能变成2000万！"
　　马云听后微微摇头，不仅没有对他们的创业蓝图予以鼓励，反而当头浇下一盆冷水："如果我是你们，我现在不会去创业，而是去找一个公司踏踏实实地工作5年。"全场惊愕，两名年轻人虽然始终面带微笑，但看得出他们心里很不服气。

해설 두 번째 단락까지 모두 마윈에게 인정받고 싶은 대학생들과의 일화를 소개하고 있으므로 요약 시에는 한 문단으로 줄일 수 있다. 제시문에는 대학생의 자세한 창업 계획에 대해서 구체적으로 얘기했지만 요약할 때에는 '대학생이 창업 계획을 내놓았다' 정도로만 언급한다. 또한 '反而当头浇下一盆冷水："如果我是你们，我现在不会去创业，而是去找一个公司踏踏实实地工作5年(오히려 면전에 찬물을 끼얹었다. "만약 내가 당신들이라면, 나는 지금 창업을 하지 않고 회사에서 5년 동안 착실히 일할 것입니다.")'처럼 직접적인 대화체로 서술하는 것이 아니라 '하지만 마윈은 그들에게 찬물을 끼얹었다. 마윈은 만약 자신이라면 창업을 하지 않고 회사에 들어가 착실하게 5년 동안 일을 할 것이라고 했다.'라고 요약해주는 것이 좋다.

요약 当代著名的明星企业家马云成为了众多青年创业的偶像。在一档电视节目中，两名大学生为了得到他的认可，都说出了自己的创业蓝图。但是马云却给他们泼了一盆冷水，马云说如果是他自己的话，他不会去创业，而是找一个公司，踏踏实实地工作五年。两个大学生显然很不服气。

　　随后，马云道出了自己一段鲜为人知的往事。上世纪80年代，风华正茂的马云一心想要做出一番宏图伟业。但当时，大学生就业由学校统一分配，临毕业时，马云得知自己被分到了杭州的一所学校当英语老师。当老师显然与他的创业理想有很大差距。他感到很迷茫，于是到校园里散心。

해설 세 번째 단락부터는 본격적으로 이야기가 전개된다. 세 번째 단락의 중심 내용은 마윈이 자신의 지난날을 이야기했다는 것과 마음속에 큰 구상이 있었지만 어쩔 수 없이 영어 교사로 배치받은 사건이 있었다는 내용으로 추려볼 수 있다. 이 두 가지를 줄여서 쓰기 위하여 마윈의 심리상태에 대해 '영어 교사가 되는 것은 그의 이상과 차이가 컸다'고 쓸 수도 있다.

요약 后来马云说出了自己的一段鲜为人知的往事。马云在他上大学的时候就一心想创业。后来他被分到一所学校当英语老师，这与他的理想差距甚大！

　　这时，校长突然走过来和他打招呼。原来，马云是学校的风云人物，校长很关心他今后的发展，便亲切地和他交谈起来。马云直言不讳地说："我希望能够自己创业，当一名教师我心有不甘。"校长没有多说什么，只是要马云许下一个承诺：去分配的学校教书，5年内不创业。马云当时并不明白校长为什么要他这么做，但出于对校长的尊重，他还是答应了。

해설 네 번째 단락에서 단락이 바뀌었지만 내용은 세 번째 단락과 이어지고 있다. 세 번째 단락에서는 교정에서 근심을 해소했다고 마무리 지은 후에 네 번째 단락의 시작에서는 교정에서 산책을 하다가 총장을 만났다는 말로 자연스럽게 전환된다. 그래서 이 부분을 '교정에서 산책할 때 우연히 총장을 만났다'라고 바꾸어 이야기를 전환하고, 총장과 어떤 약속을 했는지 언급해주면 좋은 요약이 된다.

요약 在一次校园散步中，偶然遇到了校长。因为他也是学校的风云人物，所以校长很关心他的发展，校长了解了他此时的心态后，让他许下一个承诺:去学校工作，五年内不要创业。

> 　　那时候，老师一个月的工资只有92块钱。起初，马云勤恳工作，甘守清贫。但后来，接二连三的诱惑摆在了他的面前——有好几家公司都高薪邀请他加入，开出的工资是他在学校教书所赚的几十倍。但马云思量再三，还是决定坚守承诺。就这样，他在学校里教了5年书。虽然失去了很多高薪机会，但他却得到了一样受用终身的东西：懂得了什么叫做浮躁，什么叫做沉稳。这样一个简单的道理似乎人人都懂，但要真切而深刻地领悟它，却需要在达到一种境界之后。

해설 다섯 번째 단락의 핵심 내용은 선생님의 월급이 그리 많지 않지만 총장과의 약속을 지켜 5년간 교사로 착실히 근무했다는 내용이다. 5년간 선생님을 하면서 어떤 것을 느꼈는지 자세하게 언급되지만 요약할 때에는 생략해도 좋다.

요약 那时老师的工资非常的低，而且有很多公司都愿意高薪聘请他，但是他一直坚守了那个承诺。

> 　　带着一种沉稳、踏实的心态，马云开始了自己的创业历程，期间也经历了很多的挫折和磨难。在众人纷纷动摇的时候，马云却仍然信心十足，他相信自己的判断，也更明白坚韧的力量有多大。在阿里巴巴网站创立之初，有人嘲讽马云："如果阿里巴巴能够成功，无疑是把一艘万吨巨轮从喜马拉雅山脚下抬到珠穆拉玛峰峰顶。"但马云却做到了，一如他当初在学校坚守了5年，马云终于一步一个脚印地创造出了阿里巴巴的神话，敲开了财富之门。

해설 여섯 번째 단락에서는 총장과의 약속을 지켜 5년 동안 교사로 근무한 마윈이 남다른 마음가짐을 가지고 사업을 시작했다는 이야기로, 비록 주변에서 비웃었지만 이를 이겨내고 알리바바의 신화를 만들어냈다는 이야기를 주로 다루고 있다. 요약을 할 때에는 주변인들이 마윈을 보고 했던 자세한 말은 생략하는 것이 좋다. 이로써 마무리가 되었기 때문에 명언을 예로 든 마지막 문단은 요약하는 것에 불필요한 부가적인 요소가 되므로 마지막 문단의 내용 또한 생략하도록 한다.

요약 五年之后，带着沉稳踏实的心态，马云开始了创业。创业之初，他遇到了很多困难和挫折，在众人纷纷动摇的时候，马云却一直坚持，就像五年前，一直坚持在学校工作那样，最后通过努力。马云终于一步一个脚印地创造了阿里巴巴诸多神话。

모범 답안

　　　　　　成功贵在坚持

　　当代著名的明星企业家马云成为了众多青年创业者的偶像。在一档电视节目中，两名大学生为了得到他的认可，都说出了自己的创业蓝图。但是马云却给他们泼了一盆冷水，马云说如果是他自己的话，他不会去创业，而是找一个公司，踏踏实实地工作五年。两个大学生显然很不服气。

　　后来马云说出了自己的一段鲜为人知的往事。马云在他上大学的时候就一心想创业。后来他被分到一所学校当英语老师，这与他的理想差距甚大！在一次校园散步中，偶然遇到了校长。因为他也是学校的风云人物，所以校长很关心他的发展，校长了解了他此时的心态后，让他许下一个承诺：去学校工作，五年内不要创业。那时老师的工资非常的低，而且有很多公司都愿意高薪聘请他，但是他一直坚守着那个承诺。

　　五年之后，带着沉稳踏实的心态，马云开始了创业。创业之初，他遇到了很多困难和挫折，在众人纷纷动摇的时候，马云却一直坚持，就像五年前，一直坚持在学校工作那样。最后通过努力，马云终于一步一个脚印地创造了阿里巴巴诸多神话。

新汉语水平考试

실전 모의고사 해설
제3회

第一部分

🎯 1-15

1

　　老友粉是广西南宁代表小吃之一。与柳州的螺蛳粉、桂林的桂林米粉，并称为广西的"三大米粉"。老友粉口味独特，它将酸、辣、咸、香几种味道，巧妙地结合在一起，夏天吃了开胃，冬天吃了驱寒。

A 老友粉口感偏甜
B 老友粉有十几种原料
C 老友粉做法简单
D 老友粉是南宁特色小吃

라오여우펀은 광시 난닝의 대표 간식 중 하나이다. 리우저우의 뤄쓰펀과 꾸이린의 꾸이린 국수와 함께 광시의 '3대 국수'라고 불린다. 라오여우펀의 맛은 독특한데, 시고 맵고 짜고 향기로운 몇 가지 종류의 맛이 기묘하게 어우러진다. 여름에 먹으면 식욕을 돋우고 겨울에 먹으면 추위를 쫓는다.

A 라오여우펀은 단맛에 치중되어 있다
B 라오여우펀에는 열 몇 가지의 원료가 있다
C 라오여우펀은 만드는 방법이 간단하다
D 라오여우펀은 난닝의 특색 있는 간식이다

단어 米粉 mǐfěn 몡 국수 | 巧妙 qiǎomiào 몡 기묘하다 | 结合 jiéhé 몡 결합하다 | 开胃 kāiwèi 통 식욕을 돋우다 | 驱寒 qūhán 통 추위를 쫓다 ‖ 口感 kǒugǎn 몡 입맛 | 偏 piān 통 치우치다

해설 6급 듣기 1부분은 첫 번째 문장을 제대로 듣는 것이 관건이다. 이 문제 또한 첫 번째 문장에서 '老友粉是广西南宁代表小吃之一(라오여우펀은 광시 난닝의 대표 간식 중 하나이다)'라고 했기 때문에 정답은 D이다.

2

　　风雨草，因能预报风雨而得名。每当风雨来临时，它便迅速开花，任凭风吹雨打，依然亭亭玉立。而且风雨过后，它的花开得越发鲜艳，好像只有经过风雨的洗礼，才能显露其本色。

A 风雨草适合室内种植
B 风雨草雨后迅速凋谢
C 风雨草下雨时会开花
D 风雨草很耐旱

풍우초는 비바람을 예보할 수 있어서 얻은 이름이다. 비바람이 다가올 때마다 풍우초는 재빠르게 꽃을 피우고는 비바람이 불어도 여전히 꼿꼿하게 서 있다. 게다가 비바람이 지나간 후에 피우는 꽃은 한층 더 화려해서 마치 비바람의 시련을 겪어야만 그 본모습을 드러낼 수 있는 것 같다.

A 풍우초는 실내 재배가 적절하다
B 풍우초는 비가 내린 후에 빨리 시든다
C 풍우초는 비가 내릴 때 꽃을 피운다
D 풍우초는 가뭄에 잘 견딘다

단어 预报 yùbào 통 예보하다 | 得名 démíng 통 이름을 얻다 | 来临 láilín 통 다가오다 | 任凭 rènpíng 젭 ~일지라도, ~하더라도 | 亭亭玉立 tíngtíng yùlì 젱 꽃이나 나무가 우뚝 솟아있다 | 越发 yuèfā 튀 더욱, 한층 | 鲜艳 xiānyàn 혱 화려하다 | 洗礼 xǐlǐ 몡 시련, 세례 | 显露 xiǎnlù 통 드러내다 ‖ 种植 zhòngzhí 통 재배하다 | 凋谢 diāoxiè 통 시들다 | 耐旱 nàihàn 통 가뭄에 견디다

해설 본문은 풍우초에 대한 문제이므로, 보기의 风雨草만 보고도 바람, 비와 관련된 풀이라는 생각을 해두면 좋다. '每当风雨来临时，它便迅速开花(비바람이 다가올 때마다 풍우초는 재빠르게 꽃을 피운다)'라고 했기 때문에 정답은 C이며, '每当…时'은 '~할 때마다'라는 의미임을 알아두면 좋다.

3

有位著名的作家曾经说过，书是人类进步的阶梯。书可以让你感到浑身充满力量，激励你不断前进、不断成长。从书中，你可以发现自己的缺点。从而不断改正，调整前进的方向。

한 유명한 작가가 책은 인류 진보의 디딤돌이라고 일찍이 말한 적이 있다. 책은 당신이 온몸에 충만한 힘을 느끼게 하고, 당신이 부단히 앞으로 나아가고 성장할 수 있도록 격려한다. 책에서 당신은 자신의 부족한 점을 발견할 수 있을 것이다. 그리하여 부단히 시정하여 앞으로 나아가는 방향을 조정하게 한다.

A 要敢于承认错误
B 读书让人进步
C 要选择合适的书读
D 书有好坏之分

A 용감하게 잘못을 인정해야 한다
B 독서는 사람을 진보시킨다
C 적절한 독서를 선택해야 한다
D 책에는 좋고 나쁨의 구분이 있다

단어 阶梯 jiētī 명 디딤돌 | 激励 jīlì 동 격려하다

해설 첫 번째 문장에서 '有位著名的作家曾经说过，书是人类进步的阶梯(한 유명한 작가가 책은 인류 진보의 디딤돌이라고 일찍이 말한 적이 있다)'의 '阶梯(디딤돌)'라는 의미를 안다면 쉽게 B를 고를 수 있으나 의미를 모른다면 마지막 문장에 집중해야 한다. '从而不断改正，调整前进的方向(그리하여 부단히 시정하여 앞으로 나아가는 방향을 조정하게 한다)'이라고 했기 때문에 정답은 B라는 것을 알 수 있다.

4

有位天文学家，每天晚上都会观察夜空。一天，他边走边看天上的星星。没有注意到脚下，不小心掉进了一口井里。救起他的人说："你用心观察天上，却没认真留意地上。要先做好普通的事，才能做高深的事情啊。"

어떤 천문학자는 매일 밤마다 밤 하늘을 관찰했다. 하루는 걸으면서 하늘의 별을 보았다. 발 밑을 주의하지 않아 잘못하여 우물 안으로 떨어졌다. 그를 구한 사람이 말하길, "당신은 온 정신을 쏟아 하늘을 관찰했지만 땅에는 신경 쓰지 못했군요. 먼저 보통의 일을 잘해야만 심오한 일도 할 수 있답니다."라고 했다.

A 助人为快乐之本
B 不要依赖别人
C 要善于钻研
D 要先把小事做好

A 남을 돕는 것은 즐거움을 위한 근본이다
B 다른 사람에게 의존하지 말아야 한다
C 몰두를 잘해야 한다
D 먼저 작은 일을 잘해야 한다

단어 掉进 diàojìn 빠지다 | 留意 liúyì 동 주의를 기울이다 | 高深 gāoshēn 형 수준이 높다, 깊이가 있다 ‖ 依赖 yīlài 동 의존하다, 기대다 | 钻研 zuānyán 동 깊이 연구하다, 몰두하다

해설 이야기 유형의 문제는 맨 마지막 문장에 숨겨진 뜻을 파악해야 한다. 마지막 문장에서 '要先做好普通的事，才能做高深的事情啊(먼저 보통의 일을 잘 해야만 심오한 일도 할 수 있다)'라고 했으므로 그만큼 작은 일을 잘하는 것이 중요하다는 것을 알 수 있다. 정답은 D이다.

5

　　成语背水一战中"背"的意思是背向，"水"指江、河、湖、海。"背水"即指背后是水，没有退路。<u>这个成语指在不利的情况下，跟敌人进行决战</u>。比喻面临绝境，为求得出路而做最后一次努力。

A 背水一战是兵家大忌
B 背水一战形容两败俱伤
C 背水一战常指身处绝境
D 背水一战中"背"指对面

성어 '背水一战' 중 '背'의 뜻은 '등지다'라는 뜻이고, '水'가 가리키는 것은 강, 하천, 호수, 바다이다. '背水'는 즉, 물을 등져 물러설 자리가 없다는 것이다. <u>이 성어는 불리한 상황에서 적과 결전을 치르는 것을 가리킨다</u>. 궁지에 몰렸을 때 출로를 찾기 위해 마지막 한 번의 노력을 비유한다.

A '背水一战'은 전술가의 기피사항이다
B '背水一战'은 쌍방이 모두 피해를 보는 것을 형용한다
C '背水一战'은 곤경에 처한 것을 가리킨다
D '背水一战'의 '背'는 맞은편을 가리킨다

단어 背水一战 bèishuǐ yízhàn 図 배수진으로 결전을 치르다 | 退路 tuìlù 図 퇴로, 물러설 자리 | 敌人 dírén 図 적 | 决战 juézhàn 図 결전 | 绝境 juéjìng 図 절경, 궁지 ‖ 兵家 bīngjiā 図 군사 전문가, 병법가, 전술가 | 大忌 dàjì 図 큰 금기, 기피사항 | 两败俱伤 liǎngbài jùshāng 図 싸운 쌍방이 모두 피해를 보다

해설 '背水一战'은 '배수진을 치고 결전을 치르다'라는 의미로, 이 성어의 뜻을 알고 있다면 문제를 풀기 쉽다. 하지만 성어 문제가 나왔을 때 그 성어를 모른다고 해도 뒤이어 자세한 뜻을 설명해주기 때문에 당황할 필요가 없다. '这个成语指在不利的情况下，跟敌人进行决战(이 성어는 불리한 상황에서 적과 결전을 치르는 것을 가리킨다)'이라고 했기 때문에 정답은 C이다.

6

　　学知识不一定长本事。但是，想要长本事，就必须学知识。不要把改变命运的希望寄托在某个偶然的巧合上。<u>只有丰厚的积淀才能让你迸发出强劲的力量</u>。

A 运气更重要
B 要选择学习知识
C 知识不能改变命运
D 要注重积累

지식을 배우는 것이 재능을 키우는 것은 아니다. 하지만 재능을 키우고 싶다면 반드시 지식을 배워야 한다. 운명을 바꾼다는 희망을 어떤 우연한 일치에 맡겨서는 안 된다. <u>풍부하게 누적이 되어야만 비로소 강력한 힘을 발휘하도록 할 수 있다</u>.

A 운이 더 중요하다
B 지식을 배우는 것을 선택해야 한다
C 지식은 운명을 바꿀 수 없다
D 누적을 중시해야 한다

단어 本事 běnshì 図 능력, 재능 | 寄托 jìtuō 图 기탁하다, 맡기다 | 巧合 qiǎohé 图 우연히 일치하다 | 积淀 jīdiàn 图 누적되다 | 迸发 bèngfā 图 솟아나다 | 强劲 qiángjìng 图 세다 ‖ 积累 jīlěi 图 축적, 누적

해설 첫 번째 문장에서 지식에 대해서 이야기를 하고 있으나 이 부분에 상응하는 보기가 없기 때문에 마지막 문장에 주의해야 한다. '只有丰厚的积淀才能让你迸发出强劲的力量(풍부하게 누적이 되어야만 비로소 강력한 힘을 발휘하도록 할 수 있다)'이라고 했기 때문에 정답은 D이다.

제 3 회
听力

7

有位名人曾经说过：让人沮丧的往往并不是事实，而是比较。总是和别人比较，会让你变得牢骚满腹。其实，与其羡慕别人，不如好好儿珍惜自己现在所拥有的。

A 不要满足于现状
B 要注意自己的言行
C 发牢骚有助于减压
D 要珍惜已拥有的

어떤 유명인이 일찍이 말한 적이 있다. "사람을 실망하게 하는 것은 때때로 사실이 아니라 비교이다." 늘 다른 사람과 비교하는 것은 당신을 불평불만이 가득하도록 만든다. 사실 다른 사람을 부러워하는 것은 자신이 현재 가지고 있는 것을 소중히 여기는 것만 못하다.

A 현재 상태에 만족하면 안 된다
B 자신의 언행에 주의해야 한다
C 불평하는 것은 스트레스를 줄이는 데에 도움이 된다
D 이미 가진 것을 소중히 여겨야 한다.

단어 沮丧 jǔsàng 동 낙담하게 하다, 실망케 하다 | 牢骚满腹 láosāo mǎnfù 마음 가득 불평불만이다 ∥ 现状 xiànzhuàng 명 현상, 현황 | 发牢骚 fā láosāo 동 불평하다 | 减压 jiǎnyā 동 스트레스를 줄이다

해설 마지막 문장 '其实，与其羡慕别人，不如好好儿珍惜自己现在所拥有的'는 '사실 다른 사람을 부러워하는 것은 자신이 현재 가지고 있는 것을 소중히 여기는 것만 못하다'라는 의미이므로 정답이 D라는 것을 알 수 있다. 마지막 문장을 해석할 때 주의해야 할 것은 'A不如B'가 'A는 B만 못하다'라는 의미이기 때문에 '不如' 뒤의 부분이 더욱 중요한 부분임을 알아야 한다.

8

鲨鱼最怕橙黄色，它们一见到这种颜色，就会掉头逃走。因此，人们根据鲨鱼的这一特点，把救生圈、救生衣的颜色设计为橙黄色。此外，橙黄色特别鲜艳。发生意外的时候，能使救生队较快地发现目标，及时进行抢救。

A 鲨鱼视力非常好
B 鲨鱼害怕橙黄色
C 救生衣的材质特别
D 鲨鱼易攻击衣着鲜艳的人

상어는 주황색을 가장 무서워해서 이런 색을 보기만 하면 바로 방향을 바꾸어 도망갈 것이다. 그래서 사람들은 상어의 이런 특징에 근거하여 구명튜브와 구명조끼의 색깔을 주황색으로 디자인했다. 이 외에도 주황색은 매우 화려하다. 돌발 상황이 발생했을 때 구조대가 비교적 빨리 표적을 발견해서 즉시 구조할 수 있도록 한다.

A 상어는 시력이 매우 좋다
B 상어는 주황색을 무서워한다
C 구명조끼의 재질은 특별하다
D 상어는 화려한 옷을 입은 사람을 쉽게 공격한다

단어 鲨鱼 shāyú 명 상어 | 掉头 diàotóu 동 방향을 되돌리다 | 逃走 táozǒu 동 도주하다, 도망가다 | 救生圈 jiùshēngquān 구명튜브 | 救生衣 jiùshēngyī 구명조끼 | 鲜艳 xiānyàn 형 화려하다 | 抢救 qiǎngjiù 동 구조하다

해설 첫 번째 문장의 '鲨鱼最怕橙黄色，它们一见到这种颜色，就会掉头逃走(상어는 주황색을 가장 무서워해서 이런 색을 보기만 하면 바로 방향을 바꾸어 도망갈 것이다)'라는 것을 보아 '상어는 주황색을 무서워한다'라는 B가 정답이다.

9

五指山市是海南岛海拔最高的城市。周围群山环抱，森林茂密。因为该地区气候独特，既不受寒潮侵袭，也不易受台风影响。所以，生物种类繁多。山清水秀、四季如春，有天然别墅之称。

A 台风频繁登陆五指山地区
B 五指山市地势低洼
C 五指山市常年低温
D 五指山地区生物种类繁多

우즈산시는 하이난다오에서 해발이 가장 높은 도시이다. 주위가 산으로 겹겹이 둘러싸여 있고 산림이 우거졌다. 이 지역의 기후가 독특하기 때문에 한파의 습격을 받지 않을 뿐만 아니라 태풍의 영향도 쉽게 받지 않아서 생물 종류가 매우 다양하다. 산수가 아름답고 사계절 내내 봄과 같아 '자연 별장'이라는 별칭이 있다.

A 태풍이 자주 우즈산 구역에 상륙한다
B 우즈산시는 지세가 낮다
C 우즈산시는 일 년 내내 저온이다
D 우즈산 구역은 생물 종류가 매우 다양하다

단어 海拔 hǎibá 해발 | 群山环抱 qúnshān huánbào 산이 겹겹으로 둘러싸여 있다 | 茂密 màomì 빽빽이 우거지다 | 寒潮 háncháo 한파 | 侵袭 qīnxí 침입하여 습격하다 | 山清水秀 shānqīng shuǐxiù 산수가 아름답다 | 别墅 biéshù 별장 ‖ 登陆 dēnglù 상륙하다 | 地势 dìshì 지세, 땅의 형세 | 低洼 dīwā 움푹 패이다, 낮다 | 常年 chángnián 일년 내내

해설 이 문제는 보기의 내용이 직접적으로 언급되어 있지 않기 때문에 오답을 제거하며 풀어야 한다. 처음 등장하는 '五指山市是海南岛海拔最高的城市(우즈산시는 하이난다오에서 해발이 가장 높은 도시이다)'라는 문장에서 B가 오답임을 알 수 있다. 또한 '因为该地区气候独特，既不受寒潮侵袭，也不易受台风影响(그 지역의 기후가 독특하기 때문에 한파의 습격을 받지 않을 뿐만 아니라 태풍의 영향도 쉽게 받지 않는다)'라는 문장을 통해 A, C가 정답이 아님을 알 수 있다. 그러므로 정답은 D이며, 생물의 종류가 다양하다는 것은 직접 언급되어 있다.

10

俗话说，十月萝卜，小人参。这句话形象地说明了，秋天吃萝卜对人体有补益作用。萝卜中含有促进新陈代谢的成分，可以解油腻、促消化。而且它还是清热降火的好帮手。特别适宜在干燥的秋季食用。

A 萝卜价格很高
B 秋季吃萝卜益处多
C 萝卜是种中药
D 萝卜在秋季很罕见

속담에서 말하길 '10월의 무는 작은 인삼이다' 라고 했다. 이 말은 가을에 무를 먹는 것이 인체에 이로운 작용을 한다는 것을 생생하게 잘 설명한다. 무에는 신진대사를 촉진하는 성분이 함유되어 있어 느끼함을 없애며 소화를 촉진한다. 게다가 체온을 내리는 훌륭한 조수이다. 특히 건조한 가을에 먹는 것이 좋다.

A 무는 가격이 높다
B 가을에 무를 먹으면 이로운 점이 많다
C 무는 약재의 일종이다.
D 무는 가을에 보기 드물다

단어 俗话 súhuà 속담 | 萝卜 luóbo 무 | 人参 rénshēn 인삼 | 补益 bǔyì 이롭게 하다 | 新陈代谢 xīnchén dàixiè 신진대사 | 解 jiě 없애다, 제거하다 | 油腻 yóunì 느끼하다 | 清热降火 qīngrè jiànghuǒ 체온을 내리다 | 适宜 shìyí 적합하다, 좋다 ‖ 罕见 hǎnjiàn 보기 드물다

해설 무의 이로운 점은 신진대사를 촉진하고, 소화를 촉진시키며 체온을 내리는 것이다. 또한 자세한 사항을 듣지 못했어도 '秋天吃萝卜对人体有补益作用(가을에 무를 먹는 것이 인체에 이로운 작용을 한다)'을 들으면 답이 B임을 알 수 있다.

11

汽车的前挡风玻璃是一种夹层玻璃。这种玻璃透光率高，可以让司机清楚地看到车外的情况。另外，夹层玻璃还能令照进车里的光线更加柔和，从而有效地缓解司机的视觉疲劳，增强驾驶的安全性。

A 疲劳驾驶易发生事故
B 夹层玻璃透光率低
C 夹层玻璃抗压性比较好
D 夹层玻璃可缓解视觉疲劳

자동차의 바람막이용 앞유리는 이중유리이다. 이런 유리는 투과율이 높고 운전자가 차 밖의 상황을 분명하게 볼 수 있게 해준다. 그 밖에 이중유리는 차 안으로 들어오는 빛을 더욱 부드럽게 해주어 효과적으로 운전자의 시각적 피로를 완화하고 운전 시 안전성을 높여준다.

A 졸음운전은 사고를 쉽게 일으킬 수 있다
B 이중유리는 투과율이 낮다
C 이중유리는 항압성이 비교적 좋다
D 이중유리는 시각적 피로를 낮출 수 있다

단어 挡风玻璃 dǎngfēng bōli 뗑 바람막이용 유리 | 夹层玻璃 jiācéng bōli 뗑 이중유리 | 透光率 tòuguānglǜ 뗑 투과율 | 照进 zhàojìn 들이 비치다 | 柔和 róuhé 혱 부드럽다 | 缓解 huǎnjiě 동 완화시키다, 누그러지다 | 驾驶 jiàshǐ 동 운전하다

해설 마지막 문장에서 '从而有效地缓解司机的视觉疲劳，增强驾驶的安全性(그리하여 효과적으로 운전자의 시각적 피로를 완화하고 운전 시 안전성을 높여준다)'라고 했으므로 정답은 D이다. 특히 '缓解…疲劳(피로를 완화시키다)'라는 표현을 익혀두면 좋다.

12

很多家长认为，只要让孩子掌握一种乐器或一种技能，就等于开发了他们的智力。实际上，真正的智力开发是开阔孩子的视野。鼓励孩子多接触自然、多探索和思考，让他们在这一过程中学习知识，锻炼能力。

A 学乐器可提高智商
B 多接触自然有助于开发智力
C 孩子应掌握一种乐器
D 家长应尊重孩子的选择

많은 가장이 아이에게 악기나 기술을 터득하게 하면 그들의 지능을 개발한 것과 같다고 여긴다. 사실상 진정한 지능 개발은 아이의 시야를 넓히는 것이다. 아이가 자연을 많이 접하고 많이 탐색하고 사고하도록 격려하여 그들이 이 과정에서 지식을 학습하고 능력을 단련하도록 한다.

A 악기를 배우면 지능지수를 높일 수 있다
B 자연을 많이 접하면 지능 개발에 도움이 된다
C 아이는 반드시 하나의 악기를 통달해야 한다
D 가장은 반드시 아이의 선택을 존중해야 한다

단어 开阔 kāikuò 동 넓히다 | 视野 shìyě 뗑 시야 | 接触 jiēchù 동 접촉하다 | 探索 tànsuǒ 동 탐색하다 ‖ 智商 zhìshāng 뗑 지능지수

해설 첫 번째 문장에서 악기, 기술과 지능 개발에 대한 이야기가 나오므로 C로 혼동하기 쉽지만 뒤이어 '鼓励孩子多接触自然、多探索和思考，让他们在这一过程中学习知识，锻炼能力(아이가 자연을 많이 접하고 많이 탐색하고 사고하도록 격려하여 그들이 이 과정에서 지식을 학습하고 능력을 단련하도록 한다)'라는 내용이 나오므로 지문에서 주로 이야기하는 것은 '자연'이라는 것을 알 수 있다. 정답은 B이다.

13

研究表明，当人们情绪波动大时，常常不容易对外界刺激做出反应。也就是说，当一个人情绪非常激动时，别人说什么，他都听不进去。只有等他心情平静下来之后，他才可能冷静地思考别人说过的话。

A 情绪波动大不利于冷静思考
B 天气变化会影响人的情绪
C 负面情绪危害大
D 人很难控制情绪

연구에서 밝혀지길, 사람들의 감정 기복이 클 때 종종 외부 자극에 반응하기 쉽지 않다고 한다. 다시 말해 한 사람의 감정이 격해져 있을 때는 다른 사람이 뭐라고 말하든 듣지 못한다는 것이다. 그의 마음이 진정된 후에야 그는 비로소 다른 사람이 한 말을 침착하게 생각할 것이다.

A 감정 기복이 크면 침착한 사고에 이롭지 못하다
B 날씨 변화가 사람의 감정에 영향을 줄 수 있다
C 부정적인 감정은 해로움이 크다
D 사람은 감정을 억제하기 매우 힘들다

단어 波动 bōdòng 명 파동, 기복 | 刺激 cìjī 명 자극 | 冷静 lěngjìng 형 침착하다 ‖ 负面 fùmiàn 명 부정적인 면

해설 첫 번째 문장에서 '当人们情绪波动大时，常常不容易对外界刺激做出反应(사람들의 감정 기복이 클 때 종종 외부 자극에 반응을 하기 쉽지 않다고 한다)'이라고 했다. A의 내용이 직접적으로 언급된 것은 아니지만 내용 면에서 보았을 때 A가 가장 적절하다.

14

梅里雪山位于云南省迪庆藏族自治州境内，是云南著名的旅游胜地。每年的10月到次年的5月，这里天气晴朗，能见度高。人们常能看到高耸的主峰。于是，这段时间也是观赏梅里雪山的最佳时间。

A 梅里雪山环境恶劣
B 10月适宜观赏梅里雪山
C 梅里雪山主峰海拔低
D 梅里雪山植被稀少

매리설산은 윈난성 티베트족 자치주의 경계 내에 위치한 윈난성의 유명한 관광지이다. 매년 10월부터 이듬해 5월까지 이곳의 날씨는 쾌청하고 가시도가 높아서 사람들은 높이 솟은 최고봉을 종종 볼 수 있다. 그러므로 이 시기가 매리설산을 감상하는 가장 좋은 시간이기도 하다.

A 매리설산은 환경이 열악하다
B 10월이 매리설산을 감상하기에 적절하다
C 매리설산 최고봉은 해발이 낮다
D 매리설산은 식생이 드물다

단어 位于 wèiyú 동 ~에 위치하다 | 境内 jìngnèi 명 경내, 국내 | 旅游胜地 lǚyóu shèngdì 명 관광지 | 次年 cìnián 명 이듬해 | 晴朗 qínglǎng 형 쾌청하다 | 能见度 néngjiàndù 명 가시도 | 高耸 gāosǒng 동 높이 솟다 ‖ 恶劣 èliè 형 열악하다 | 植被 zhíbèi 명 식생

해설 두 번째 문장에서 '每年的10月到次年的5月，这里天气晴朗(매년 10월부터 이듬해 5월까지 이곳의 날씨는 쾌청하다)'이라고 하면서 마지막에 이 시기가 매리설산을 감상하는 가장 좋은 시간이라고 했으므로 10월에 감상하기에 적절하다는 B가 정답이다.

15

人们普遍认为，新飞机的设计更加先进，因此其安全性肯定也更高。其实，飞机安全性的高低，不在于机型的新旧和机龄的长短，而在于飞机的保养。只要保养得当，工作30年的飞机，照样能安全飞行。

A 飞机保养费用高
B 飞机型号越新越节能
C 飞机安全性取决于保养
D 老飞机安全令人担忧

사람들은 보통 신형 비행기의 디자인이 더욱 선진적이어서, 이에 따라 안전성도 분명히 더 높을 것으로 생각한다. 사실 비행기 안전성의 높고 낮음은 비행기의 기종이 신형인지 구형인지, 비행기 연식이 오래되었는지 짧은지에 있는 것이 아니라 비행기의 보수 관리에 있다. 보수 관리가 잘 되었으면 30년 동안 작동한 비행기도 여전히 안전하게 비행할 수 있다.

A 비행기의 보수 관리 비용이 비싸다
B 비행기 모델이 새것일수록 에너지를 절약할 수 있다
C 비행기 안정성은 보수 관리에 달려있다
D 오래된 비행기의 안전은 우려스럽다

제 3 회
听力

단어 先进 xiānjìn 형 선진의, 진보적인 | 在于 zàiyú 동 ~에 있다 | 保养 bǎoyǎng 동 수리하다, 정비하다, 보수하다 | 得当 dédàng 형 적당하다, 알맞다 | 照样 zhàoyàng 부 여전히, 변함없이 ‖ 型号 xínghào 명 모델, 사이즈 | 节能 jiénéng 동 에너지를 절약하다 | 取决于 qǔjuéyú ~에 달려있다 | 担忧 dānyōu 동 우려하다, 근심하다

해설 '其实(사실)'와 같은 단어에 주의해야 한다. '其实，飞机安全性的高低，不在于机型的新旧和机龄的长短，而在于飞机的保养(사실 비행기 안전성의 높고 낮음은 비행기의 기종이 신형인지 구형인지, 비행기 연식이 오래되었는지 짧은지에 있는 것이 아니라 비행기의 보수 관리에 있다)'이라고 했기 때문에 정답은 C이다.

第二部分

16-20

女：很多人做培训只做一个领域，而您涉猎这么多，并且都成功了，您是如何做到的？
男：其实并不是都成功的，也有失败的时候。我觉得我的成功在于，面对挑战时，懂得要怎么去克服它。¹⁶人生当中，需要有挑战来磨炼自己的毅力、精神，来面对以后的困难。在面对一件事情的时候，怎么样让自己做好，我觉得这需要热情、坚持。你的焦点、热情在哪里，那么结果就在哪里。
女：²⁰您的培训课气氛很有感染力，这是所有培训师都需要具有的能力吗？您被称为"心灵鬼才"，这是天生的？还是后天努力的？
男：其实在演讲或者培训现场，我个人并没有特意渲染什么。¹⁷而是用自己最大的热情和大家分享我的经历，而不是掌控整个现场。我觉得这是最好的气氛，不需要去刻意渲染。因为刻意去做某件事情，会让人觉得很虚假。至于如何成为心灵鬼才，我觉得兴趣很重要。如果一个人对人的内心活动感兴趣的话，我相信，这个人可以成为一个很棒的老师。当然，真正成为一位很棒的老师，还需要不断积累经验。我并不认为这是天生注定的。因为如果没有后天的努力，那么先天条件再好，也不能成功。
女：您觉得做好培训的先决条件是什么？
男：¹⁸我觉得最重要的还是兴趣。同时，还要有助人为乐的心态。有一句话，我觉得讲得很好。那就是：帮助别人，提升自己，共创辉煌。
女：在交流的过程中，我能感觉到，您的口才非常不错。能和我们谈谈，怎样才能拥有好口才吗？
男：¹⁹首先，是要做一个好的聆听者。第二，用自己的真心去和别人分享，而不是教导别人。第三，把受众当成朋友，这样就不会说废话或者语无伦次了。

여: 많은 사람이 한 가지 영역만 섭렵하는데 당신은 이렇게 많은 것을 접촉하면서 게다가 모두 성공했습니다. 당신은 어떻게 해낸 건가요?
남: 사실 결코 모두 성공한 것은 아니고 실패했던 때도 있었습니다. 저는 저의 성공이 도전과 대면했을 때 어떻게 극복해 나가야 할지 알았던 것에 있다고 생각합니다. ¹⁶인생에서는 도전을 통해 자신의 의지와 정신력을 단련하고, 이후의 어려움에 마주하는 것이 필요합니다. 어떤 일이 닥쳤을 때 어떻게 스스로 잘해낼 것인지에 대해 저는 열정과 노력이 필요하다고 생각합니다. 당신의 집중과 열정이 있는 곳에 결과가 있습니다.
여: ²⁰당신의 수업 분위기는 매우 호소력이 있는데, 이것은 모든 교육자가 갖추어야 할 능력입니까? 당신은 '심령귀재'라 불리는데 이것은 타고난 것입니까, 아니면 후천적으로 노력한 것입니까?
남: 사실 강연이나 교육 현장에서 저 혼자로는 특별히 과장할 것이 없습니다. ¹⁷모든 현장을 장악하기보단 오히려 저 자신의 최대한의 열정으로 모두와 저의 경험을 나누는 것입니다. 저는 이것이 가장 좋은 분위기이며 애써서 과장할 필요가 없다고 생각합니다. 왜냐하면, 애써 어떤 일을 하려고 하면 사람들에겐 위선으로 보일 수 있기 때문입니다. 어떻게 심령귀재가 되었는가에 대해선 흥미가 매우 중요하다고 생각합니다. 만약 한 사람이 사람의 심리 활동에 관심이 있다면, 이 사람은 매우 훌륭한 교사가 될 수 있을 거라고 믿습니다. 당연히 진정으로 훌륭한 교사가 되려면 부단히 경험을 쌓아야 합니다. 저는 이것이 선천적으로 정해진 게 결코 아니라고 생각합니다. 왜냐하면, 후천적인 노력이 없었다면 선천적 조건이 좋아도 성공할 수 없기 때문입니다.
여: 당신은 교육을 잘하는 것에 있어서의 선결 조건이 무엇이라고 생각합니까?
남: ¹⁸저는 가장 중요한 것은 흥미라고 생각합니다. 동시에 남을 즐겁게 돕는 마음가짐도 있어야 합니다. 좋은 말이 하나 있습니다. 바로 '다른 사람을 도우며 스스로 성장하고 함께 밝은 빛을 창조한다'입니다.
여: 교류의 과정에서 저는 당신의 언변이 매우 좋은 것을 느낄 수 있었습니다. 어떻게 하면 좋은 언변을 가질 수 있는지 우리에게 말씀해주실 수 있습니까?
남: ¹⁹먼저 경청하는 사람이 되어야 하고, 두 번째는 다른 사람을 가르치는 게 아니라 자신의 진심을 다른 사람과 함께 나눠야 합니다. 세 번째는 청중을 친구

로 여겨야 합니다. 이렇게 해야만 쓸데없는 말이나 두서없는 말을 하지 않게 됩니다.

제 3 회
听力

단어 领域 lǐngyù 명 분야, 영역 | 涉猎 shèliè 동 섭렵하다 | 克服 kèfú 동 극복하다 | 磨练 móliàn 동 단련하다 | 毅力 yìlì 명 완강한 의지 | 焦点 jiāodiǎn 명 초점 | 感染力 gǎnrǎnlì 명 감화력, 호소력 | 鬼才 guǐcái 명 귀재, 특별한 재능을 가진 사람 | 渲染 xuànrǎn 동 과장하다 | 分享 fēnxiǎng 동 함께 나누다 | 而不是 érbùshì ~라기보다 오히려 | 掌控 zhǎngkòng 동 조종하다 | 刻意 kèyì 부 힘껏, 애써서 | 虚假 xūjiǎ 형 거짓의, 가짜의, 위선의 | 至于 zhìyú 개 ~로 말하면 | 注定 zhùdìng 동 운명적으로 정해져 있다 | 先决条件 xiānjué tiáojiàn 선결조건, 먼저 해결해야 하는 조건 | 助人为乐 zhùrén wéilè 성 남을 돕는 것을 기쁘게 생각하다 | 辉煌 huīhuáng 형 휘황찬란하다, 눈부시다 | 聆听 língtīng 동 경청하다 | 废话 fèihuà 명 쓸데 없는 말 | 语无伦次 yǔwú lúncì 성 말에 조리가 없다

16 男的怎样看待挑战?   남자는 도전을 어떻게 생각하는가?

    A 是成功的绊脚石   A 성공의 장애물이다
    B 能磨炼自己   **B 자신을 단련할 수 있다**
    C 可以避免   C 피할 수 있다
    D 是把双刃剑   D 양날의 검이다

단어 绊脚石 bànjiǎoshí 명 걸림돌, 장애물 | 磨练 móliàn 동 연마하다, 갈고 닦다 | 双刃剑 shuāngrènjiàn 명 양날의 검, 유리한 점과 불리한 점의 양면성을 가진 것

해설 여자의 첫 질문에 대한 남자의 대답에서 도전에 대한 남자의 생각을 찾을 수 있다. '人生当中，需要有挑战来磨练自己的毅力、精神，来面对以后的困难(인생에서는 도전을 통해 자신의 의지와 정신력을 단련하고, 이후의 어려움에 마주하는 것이 필요하다)'이라고 말한 부분에서 모든 도전이 자신을 단련하기 위함임을 알 수 있으므로 정답은 B이다.

17 男的是如何控制培训课堂气氛的?   남자는 어떻게 교육 현장의 분위기를 장악하는가?

    A 多个听众互动   A 많은 청중과 상호작용을 한다
    B 邀请成功人士演讲   B 성공인사를 초청하여 강연한다
    C 热情地分享经历   **C 열정적으로 경험을 나눈다**
    D 多找共同话题   D 공통 주제를 많이 찾는다

단어 互动 hùdòng 동 상호작용을 하다

해설 남자의 두 번째 대답에서 '而是用自己最大的热情和大家分享我的经历，而不是掌控整个现场(모든 현장을 장악하기보단 오히려 저 자신의 최대한의 열정으로 모두와 저의 경험을 나누는 것이다)'라고 했으므로 정답은 C이다.

18 做好培训的先决条件是什么?   교육을 잘하는 것에 있어서의 선결 조건은 무엇인가?

    A 要感兴趣   **A 흥미가 있어야 한다**
    B 熟练掌握培训技能   B 훈련 기능을 숙련되게 익혀야 한다
    C 资金充足   C 자금이 충분해야 한다
    D 拥有优秀的团队   D 우수한 단체를 가지고 있어야 한다

해설 여자의 세 번째 질문과 18번 질문의 내용이 동일하다. 이에 대해 남자는 '我觉得最重要的还是兴趣(가장 중요한 것은 흥미라고 생각한다)'라고 했으므로 정답은 A이다.

19 要想拥有好口才，应该怎么做? | 좋은 언변을 가지려면 어떻게 해야 하는가?

A 善于倾听 | A 잘 경청한다
B 多和朋友聊天 | B 친구와 이야기를 많이 한다
C 与人辩论 | C 사람들과 토론한다
D 阅读相关书籍 | D 관련 서적을 읽는다

 倾听 qīngtīng 동 경청하다

해설 남자는 좋은 언변에 대해서 세 가지 방안을 제시하고 있다. 그 중 첫 번째로 언급된 '是要做一个好的聆听者(먼저 경청하는 사람이 되어야 한다)'를 보기에서 찾을 수 있다. 정답은 A이다.

20 关于男的，下列哪项正确? | 남자에 관해서 다음 중 옳은 것은?

A 专注于营销课程 | A 판매 교육과정에 집중한다
B 从未失败过 | B 여태껏 실패해본 적이 없다
C 喜欢教导别人 | C 다른 사람을 가르치길 좋아한다
D 培训课很有感染力 | D 수업이 호소력 있다

 营销 yíngxiāo 동 판매하다

해설 첫 번째 남자의 대답에서 '其实并不是都成功的，也有失败的时候(사실 결코 모두 성공한 것은 아니고 실패했던 때도 있었다)'라고 했으므로 B는 답이 아니다. '第二，用自己的真心去和别人分享，而不是教导别人(두 번째는 다른 사람을 가르치는 게 아니라 자신의 진심을 다른 사람과 함께 나눠야 한다)'이라고 했으므로 C도 답이 아니다. 여자의 두 번째 질문에서 '您的培训课气氛很有感染力(당신의 수업 분위기가 아주 호소력 있다)'라고 했으므로 답은 D이다.

21-25

女: 您的父亲是当代著名画家及美术教育家，他对您的影响很深吧?
男: ²¹可以说没有我父亲，我是不会画画儿的。每次我画画儿时，他总会时不时走过来，指出我哪里画得不行。然后，亲自画给我看。父亲对我的另一个影响，就是他收藏了很多画册。尤其是山水画，画面呈现出来的那种咫尺天涯的感觉，特别开阔，特别有气势。我当时就想，我要是画画儿，就得画山水。我后来学习山水画儿，就是受父亲这些画册的影响。
女: 您师承多位山水画家，他们对您有什么影响?
男: ²²我觉得这几位老先生，对我影响最大的就是他们对事业兢兢业业的精神。我认为，要画好画儿，青年画家必备的品质就是要敬业。

여: 당신의 아버지는 당대 유명한 화가이자 미술 교육가이셨는데, 아버지의 영향이 컸습니까?
남: ²¹아버지가 계시지 않았다면 저는 그림을 그리지 않았을 거라고 말할 수 있습니다. 매번 제가 그림을 그릴 때, 아버지께는 늘 오셔서 잘못 그린 곳을 지적해주셨습니다. 그리고 나서 직접 그려 제게 보여주셨습니다. 아버지께서 제게 준 또 다른 영향은 바로 그가 소장했던 많은 화첩입니다. 특히 산수화는 화면상으로 나타나는 가까우면서도 먼 듯한 느낌이 마음을 탁 트이게 하고 매우 기세가 있습니다. 저는 그때 제가 만약 그림을 그린다면 산수화를 그려야겠다고 생각했습니다. 제가 후에 산수화를 배우게 된 것은 바로 아버지의 그 화첩에 영향을 받은 것입니다.
여: 당신은 여러 산수화가에게 전수를 받았는데 그들이 당신에게 어떤 영향을 주었습니까?

我觉得我喜欢画画儿以及我艺术风格的养成，都是受家庭和老师们的影响。
女：您对绘画的执着，让我们敬佩。那么，您对今后的艺术道路有什么规划呢？
男：我没什么特别具体的规划。不过，我画画儿这么多年，23到现在我一直有一个观点，那就是——活着就得创新。要有新的想法，无论多大岁数，在艺术上都要有追求。应该试着变一种风格，与前半辈子画得不太一样。所以，我现在画画儿对自己有两个要求：一是，往大感觉上画；二是，往简单上画。
女：您曾出版过《写意山水画技法》一书，能和我们谈谈这本书的主要内容吗？
男：这是好多年前的一本书。书的内容主要是介绍我自己怎么画山、水、石和树的。
女：画山水画离不开写生，您如今已经七十五岁高龄了，还在坚持写生吗？
男：25写生应该贯穿山水画家的一生。我特别注重写生。24清静自然是山水画的特点，真正的老师就是大自然。但是，不能画得跟自然景物一模一样。画家得思考自己看完以后的感受，然后再画出来。这才叫中国画的写生。我建议大家，无论是不是要写生，都要多出去走走。尤其到大山里，空气清新，四顾茫茫。只有自己一个人独行，那种感觉和心情会激发出很多的创作灵感。

제 3 회
听力

남: 22이 원로 선생님들이 제게 미친 가장 큰 영향은 바로 일에 있어서 근면 성실한 정신이라고 생각합니다. 그림을 잘 그리려면 청년작가가 반드시 갖추어야 할 성품이 자신의 일에 최선을 다하는 것이라 생각합니다. 제가 그림 그리는 것을 좋아하고 저의 예술적 성향을 키우게 된 것은 모두 집안과 선생님의 영향을 받은 것이라고 생각합니다.
여: 당신의 그림에 대한 고집이 사람들을 감탄하게 하는데요. 그렇다면 이후 당신의 예술 여정에 어떠한 계획이 있나요?
남: 저는 특별히 구체적인 계획은 없지만 그림을 이렇게 오래 그리면서 23지금까지 한 가지 생각은 늘 가지고 있었습니다. 바로 살아있는 동안은 창조한다는 것입니다. 새로운 생각이 있다면 나이가 얼마이든 예술적으로 추구할 수 있습니다. 이전 반평생의 그림과는 같지 않게 작품을 바꾸는 것도 시도해 보아야 합니다. 그렇기 때문에 현재 그림을 그리며 저 자신에게 두 가지의 요구사항이 있습니다. 한 가지는 느낌으로 그림을 그리는 것이고 두 번째는 간단하게 그리는 것입니다.
여: 당신은 일찍이 〈사의 산수화 기법〉이라는 책을 출간한 적이 있는데, 우리에게 이 책의 주요 내용을 소개해주실 수 있나요?
남: 이것은 여러 해 전의 책입니다. 책의 주요 내용은 제가 어떻게 산과 물, 바위, 나무를 그리는지를 소개하는 것이죠.
여: 산수화는 사생과 뗄 수 없는데 당신은 지금 이미 75세의 고령이 되었습니다. 아직도 열심히 사생하시나요?
남: 25사생은 산수화가의 일생에 일관되게 이루어져야 합니다. 저는 특히 사생을 중시합니다. 24청정한 자연이 산수화의 특징이고, 진정한 선생님은 바로 대자연인 것이지요. 하지만 자연 경물과 완전히 똑같이 그려서는 안 됩니다. 화가는 자신이 본 이후의 소감을 생각하고 그다음에 그려야 합니다. 이것이야말로 중국화의 사생입니다. 저는 모두에게 사생을 하든 안 하든 많이 나가서 좀 걸어봐야 한다고 건의합니다. 특히 큰 산은 공기가 맑고 사방이 아득합니다. 오롯이 혼자 걷는 그 느낌과 마음이 많은 창작의 영감을 불러일으킬 것입니다.

단어 时不时 shíbùshí 띾 언제나, 늘 | 收藏 shōucáng 통 소장하다 | 呈现 chéngxiàn 통 나타나다 | 咫尺天涯 zhǐchǐ tiānyá 성 매우 가까이에 있으면서도 하늘 끝에 있는 것 같다 | 开阔 kāikuò 형 탁 트이다 | 气势 qìshì 명 기세 | 师承 shīchéng 통 물려받다, 전수받다 | 兢兢业业 jīngjīng yèyè 성 신중하고 조심스럽게 맡은 일을 부지런히고 성실하게 하다 | 敬业 jìngyè 통 자신의 일에 최선을 다 하다 | 执着 zhízhuó 형 고집스럽다, 끈기 있다, 집착하다 | 敬佩 jìngpèi 통 감탄하다, 탄복하다 | 规划 guīhuà 명 계획, 기획 | 试着 shìzhe xiēyì 한번 시험 삼아 해보다 | 写意 정교함을 추구하지 않고 간단한 선으로 표현하는 중국 전통 화법 중 하나 | 贯穿 guànchuān 통 일관되다 | 一模一样 yìmú yíyàng 성 모양새가 완전히 같다 | 四顾 sìgù 통 사방을 둘러보다 | 茫茫 mángmáng 형 아득하다 | 激发 jīfā 통 불러 일으키다

21

男的学画画儿是受谁的影响?

A 同学
B 教练
C 母亲
D 父亲

남자가 그림을 배우는 데 누구의 영향을 받았는가?

A 동창
B 코치
C 어머니
D 아버지

> 해설 첫 번째 질문의 '您的父亲是当代著名画家及美术教育家，他对您的影响很深吧?(당신의 아버지는 당대 유명한 화가이자 미술 교육가이셨는데, 아버지의 영향이 컸습니까?)'에 대해 남자가 '可以说没有我父亲，我是不会画画儿的(아버지가 계시지 않았다면 저는 그림을 그리지 않았을 거라고 말할 수 있다)'라고 대답했으므로 정답은 D이다.

22

从几位山水画家身上，男的学到了什么?

A 敬业精神
B 专注精神
C 谦虚的态度
D 诚实的品质

몇몇 산수화가에게서 남자는 무엇을 배웠는가?

A 자신의 일에 최선을 다하는 정신
B 정신 집중
C 겸손한 태도
D 성실한 성품

> 해설 두 번째 질문에서 남자는 '我觉得这几位老先生，对我影响最大的就是对事业兢兢业业的精神(이 원로 선생님들이 나에게 미친 가장 큰 영향은 바로 일에 있어서 근면 성실한 정신이라고 생각한다)'이라고 했으므로 '자신의 일에 최선을 다하는 정신'인 A가 답이다.

23

在画画儿上，男的一直以来的观点是什么?

A 风格独特
B 勤学苦练
C 追求创新
D 心态平和

그림을 그리는 데 있어서 남자는 줄곧 어떤 생각을 갖고 있었는가?

A 풍격이 독특한 것
B 부지런히 공부하고 힘써 연마하는 것
C 창조를 추구하는 것
D 마음가짐이 평온한 것

> 단어 勤学苦练 qínxué kǔliàn 阌 부지런히 공부하고 애써 연마하다

> 해설 남자의 세 번째 대답에서 '要有新的想法，无论多大岁数，在艺术上都要有追求(새로운 생각이 있다면 나이가 얼마이든 예술적으로 추구할 수 있다)'라고 했고 또 앞부분에 '创新(창조)'이라는 말이 언급되었으므로 창조를 추구한다는 것을 알 수 있다. 정답은 C이다.

24

男的认为，山水画的特点是什么?

A 生动逼真
B 气势宏伟
C 想象力丰富
D 亲近清净自然

남자는 산수화의 특징이 무엇이라고 생각하는가?

A 생동감이 넘친다
B 기세가 굉장하다
C 상상력이 풍부하다
D 청정한 자연과 가깝다

> 단어 逼真 bīzhēn 혱 진짜와 같다, 진실에 거의 가깝다 | 气势宏伟 qìshì hóngwěi 기세가 굉장하다 | 清净 qīngjìng 혱 청정하다

해설 남자는 마지막 대답에서 '清静自然是山水画的特点, 真正的老师就是大自然(청정한 자연이 산수화의 특징이고 진정한 선생님은 바로 대자연이다)'이라고 했으므로 산수화에는 자연이 매우 중요하다는 것을 알 수 있다. 정답은 D이다.

25

关于男的, 可以知道什么? / 남자에 관해서 알 수 있는 것은 무엇인가?

A 重视写生 / A 사생을 중시한다
B 对未来有详细规划 / B 미래에 대해 자세한 계획이 있다
C 是科学家 / C 과학자이다
D 喜欢写作 / D 작문을 좋아한다

해설 여자의 마지막 질문에서 '画山水画离不开写生, 您如今已经七十五岁高龄了, 还在坚持写生吗?(산수화는 사생과 뗄 수 없는데 당신은 지금 이미 75세의 고령이 되었습니다. 아직도 열심히 사생하시나요?)'라고 묻자 남자는 '写生应该贯穿山水画家的一生。我特别注重写生(사생은 산수화가의 일생에 일관되게 이루어져야 한다. 특히 사생을 중시한다)'이라고 했으므로 사생을 매우 중시한다는 것이 직접 언급되어 있다. 정답은 A이다.

26-30

女: 您是如何与建筑设计结缘的?
男: 上大学时, 我念的是建筑系。不过毕业后, 我一直从事教师职业。直到有一次, ²⁶参加了一个美术馆的设计方案竞赛, 并最后胜出, 才算是真正走上了建筑设计这条道路。
女: 您既从事建筑设计, 又从事绘画和写作。您是如何协调三者关系的?
男: 对我而言, 写作、绘画和设计师是创作的不同部分。我大学毕业后, 一边教书一边设计。这让我有机会系统地整理我的建筑观。起初, 我总找不到自己的定位。所以, 我在学校做了大量关于建筑哲学的讲座和写作。想借此找到自己在建筑上的发展方向和表达方式。而²⁷画画儿是一种开放自由的思考方式。有时, 我在思考一个设计方案时, 也会让助手试着画一些实验方案。我觉得这样开始一项工作很有启发性, 很有趣也很轻松。
女: ²⁸您认为建筑的本质是什么?
男: 我认为建筑应该在基地上自然生长, 跟基地不可分割, 共同构成人们体验的场所。²⁸我在自己的第一本书里, 就曾描述过这一看法。
女: 大家都说, 您是一位能让光线跳舞的建筑师。您认为在建筑中, 光线起到怎样的作用?

여: 당신은 어떻게 건축설계와 인연을 맺게 되었나요?
남: 대학에 다닐 때 저는 건축과를 다녔습니다. 하지만 졸업 후 저는 줄곧 교사 업종에 종사했죠. 그러다 한 번은 ²⁶미술관의 설계 방안 대회에 참가해서 마지막에 이기게 되었습니다. 비로소 진정으로 건축 설계의 길을 걷게 된 셈입니다.
여: 당신은 건축설계에 종사하기도 하고 그림을 그리고 또 글을 짓는 일에 종사하기도 합니다. 당신은 어떻게 이 세 가지의 관계를 조화롭게 합니까?
남: 저로 말하자면, 작문과 그림, 설계사는 서로 다른 부분을 창조해냅니다. 저는 대학교를 졸업한 후 학생을 가르치면서 설계를 했습니다. 이것이 저에게는 체계적으로 저의 건축관을 정리하는 기회가 되었습니다. 처음에 저는 늘 저의 자리를 찾지 못했어요. 그래서 저는 학교에서 건축 철학과 작문에 대한 강좌를 많이 하게 되었죠. 이런 것들을 통해 저 자신의 건축에서의 발전 방향과 표현 방법을 찾고 싶었어요. 그리고 ²⁷그림 그리는 것은 일종의 개방적이고 자유로운 사고방식입니다. 어떤 때에는 제가 설계 방안을 생각하고 있을 때 조수에게도 시험 삼아 시안을 그려보게 합니다. 저는 이렇게 일을 시작하는 것이 매우 영감이 생기고, 흥미로우며, 부담을 덜 갖게 되는 것이라고 생각합니다.
여: ²⁸당신은 건축의 본질이 무엇이라고 생각합니까?
남: 저는 건축이 반드시 근거지에 자연적으로 생겨나는 것이며, 근거지와 떨어뜨려 놓을 수 없고, 사람들

男: 在我看来，光线对空间的意义，好比声音对音乐的意义。一段音乐要先有音符、旋律，然后由声音赋予它生命。建筑也是这样。每一个建筑，在建设它之前，我都先形成空间概念。近景和远景的融合，以及建筑和周围环境、风景的融合。然后，²⁹用光线赋予建筑生命。否则，一切都没有意义。
女: ³⁰很多人觉得您的建筑风格比较反传统，说您是不按常规出牌的建筑师。对此，您怎么看？
男: 建筑是一个展现创造力的行业。作为建筑师，完全没必要按常规出牌。否则，便无法体现出他作为一门艺术的真正特质。
女: 身为一位成功的建筑大师，您对建筑系的学生们有什么建议？
男: 很简单，³⁰就是必须有梦想，同时也要保持个性。

이 함께 체험하는 장이라고 생각합니다. ²⁸제 첫 번째 책에서 일찍이 이러한 생각을 서술한 적이 있습니다.
여: 모두가 당신이 빛을 춤추게 하는 건축가라고 말합니다. 당신은 건축에서 빛이 어떠한 작용을 한다고 생각하나요?
남: 제가 보기에 공간에서의 빛의 의미는 마치 음악에서의 목소리의 의미와 같습니다. 음악은 먼저 음표와 선율이 있는 다음에 소리로 그것에 생명을 부여합니다. 건축도 이와 같습니다. 건축마다 그것을 건설하기 전에 저는 공간 개념을 먼저 형성합니다. 근경과 원경을 어우러지게 하고, 건물과 주변 환경, 풍경을 융합시킵니다. 그러고 나서 ²⁹빛으로 건물에 생명을 부여합니다. 그렇지 않으면 모든 것의 의미가 없어져요.
여: ³⁰많은 사람이 당신의 건물양식을 비교적 반전통적이라고 생각해서 당신을 관례에 따르지 않는 것을 보여주는 건축가라고 말합니다. 이것에 대하여 당신은 어떻게 생각하나요?
남: 건축은 창조력을 드러내는 업종입니다. 건축가로서 관례에 맞춰서 무언가를 보여줄 필요는 전혀 없습니다. 그렇지 않으면 바로 예술로서의 진정한 특징을 나타낼 방법이 없어지게 됩니다.
여: 성공한 건축 대가로서 당신은 건축과 학생들에게 어떤 건의를 해주고 싶은가요?
남: 아주 간단합니다. ³⁰반드시 꿈이 있어야 하고 동시에 개성을 지켜나가야 한다는 것입니다.

단어 结缘 jiéyuán 동 인연을 맺다 | 竞赛 jìngsài 명 시합, 경쟁 | 协调 xiétiáo 동 어울리다, 조화롭다 | 系统 xìtǒng 형 체계적이다 | 起初 qǐchū 명 처음 | 定位 dìngwèi 명 확정된 위치 | 哲学 zhéxué 명 철학 | 不可分割 bùkě fēngē 동 나누거나 가를 수 없다 | 描述 miáoshù 동 묘사하다 | 好比 hǎobǐ 동 마치 ~와 같다 | 音符 yīnfú 명 음표 | 旋律 xuánlǜ 명 선율, 멜로디 | 融合 rónghé 동 융합하다 | 赋予 fùyǔ 동 부여하다 | 常规 chángguī 명 관례 | 出牌 chūpái 동 패를 내보이다 | 特质 tèzhì 명 특질

26

男的真正与建筑结缘是什么时候？

A 童年时
B 参观美术展后
C 大学毕业时
D 赢得设计比赛后

남자가 진정으로 건축과 인연을 맺게 된 것은 언제인가?

A 어렸을 때
B 미술관을 참관한 후
C 대학을 졸업했을 때
D 설계 대회에서 이긴 후에

해설 '您是如何与建筑设计结缘的?(당신은 어떻게 건축설계와 인연을 맺게 되었나요?)'라는 여자의 첫 질문에 남자는 '参加了一个美术馆的设计方案竞赛，并最后胜出。才算是真正走上了建筑设计这条道路(미술관의 설계 방안 대회에 참가해서 마지막에 승리했다. 비로소 진정으로 건축설계의 길을 걷게 된 셈이다)'라고 구체적인 때를 언급했다. 그러므로 '설계 대회에서 이긴 후'인 D가 정답이다.

27

男的怎样看待绘画?
남자는 어떻게 그림을 대하는가?

A 能修身养性
B 能提高鉴赏力
C 是一种思考方式
D 是一项基本功

A 심신을 닦고 교양을 쌓을 수 있다
B 감상력을 높일 수 있다
C 일종의 사고방식이다
D 하나의 기본기이다

 단어 修身养性 xiūshēn yǎngxìng 성 심신을 닦고 교양을 쌓다 | 鉴赏力 jiànshǎnglì 감상력 | 基本功 jīběngōng 명 기본기

 해설 질문은 '绘画(그림)'에 대해서 묻고 있으므로 그 외에 들리는 부분과 혼동하지 말아야 한다. 두 번째 남자의 대답에서 '画画儿是一种开放自由的思考方式(그림 그리는 것은 일종의 개방적이고 자유로운 사고방식이다)'라고 했다. 정답은 C이다.

28

男的曾在自己的第一本书中, 谈到了什么?
남자는 일찍이 자신의 첫 번째 책에서 무엇을 언급했는가?

A 建筑的本质
B 中西方建筑对比
C 建筑风格的演变
D 写作技巧

A 건축의 본질
B 중국과 서양 건축의 대비
C 건축 양식의 변천
D 작문 기술

 단어 演变 yǎnbiàn 동 변화 발전하다 | 技巧 jìqiǎo 명 기교, 테크닉

 해설 보통 듣기 2부분의 질문은 질문자의 질문과 유사하지만, 세 번째 여자의 질문에서는 '您认为建筑的本质是什么? (당신은 건축의 본질이 무엇이라고 생각합니까?)'라고 물어보아 답을 먼저 언급했다. 이에 남자는 '我在自己的第一本书里, 就曾描述过这一看法(제 첫 번째 책에서 일찍이 이러한 생각을 묘사한 적이 있다)'라고 하여 질문의 내용을 거꾸로 언급하고 있으므로 정답은 A이다.

29

男的认为, 光线对建筑有什么作用?
남자는 빛이 건물에 어떤 작용을 한다고 생각하는가?

A 扩大建筑视野
B 使建筑更美丽
C 赋予建筑生命
D 突出建筑色彩

A 건물의 시야를 넓힌다
B 건물을 더욱 아름답게 한다
C 건물에 생명을 부여한다
D 건물의 색채가 두드러진다

단어 视野 shìyě 명 시야

 해설 여자의 네 번째 질문에서 '您认为在建筑中, 光线起到怎样的作用? (당신은 건축에서 빛이 어떠한 작용을 한다고 생각하나요?)'이라고 묻자 남자는 '赋予建筑生命(건물에 생명을 부여한다)'이라고 직접 언급했으므로 정답은 C이다.

30 根据对话，下列哪项正确? | 대화에 근거하여 다음 중 옳은 것은?

A 建筑师要懂古典音乐
B 男的的理想是当教师
C 男的崇尚大自然
D 建筑师要有个性

A 건축가는 고전음악을 이해해야 한다
B 남자의 꿈은 교사가 되는 것이다
C 남자는 대자연을 숭배한다
D 건축가는 개성이 있어야 한다

 崇尚 chóngshàng 숭상하다, 받들다

 다섯 번째 여자의 질문에서 '很多人觉得您的建筑风格比较反传统，说您是不按常规出牌的建筑师(많은 사람이 당신의 건물양식을 비교적 반전통적이라고 생각해서 당신을 관례에 따르지 않는 것을 보여주는 건축가라고 말한다)'라고 했기 때문에 이 남자가 매우 개성 있는 건축가라는 것을 알 수 있다. 또한 마지막 질문과 답변 '就是必须有梦想，同时也要保持个性(반드시 꿈이 있어야 하고 동시에 개성을 지켜나가야 한다)'에서 남자는 건축학도들에게 꿈과 개성을 지니라고 당부하고 있으므로 정답은 D이다.

第 三 部 分

大自然中除了太阳、树的年轮和夜晚的星辰外，风也是我们辨别方向的好帮手，³¹但前提是你必须熟悉当地的盛行风向。以沙漠地区为例，风是塑造沙漠地表形态的重要因素。³²在单风向地区，沙丘和沙垄的迎风面坡度较小，背风面坡度较大。中国西北地区由于盛行西北风，沙丘的走向一般为西北至东南。沙丘西北面坡比较缓，砂质较硬；东南面坡比较陡，砂质松软。另外，³³在西北风的作用下，该地区的植物，如红柳、酥油草等通常都向东南方向倾斜。	대자연 중 태양, 나무 나이테 그리고 밤 동안의 별 외에 바람 또한 우리가 방향을 판별하는데 훌륭한 도우미이다. ³¹하지만 전제 조건은 당신이 반드시 그곳에 자주 발생하는 풍향에 익숙해야 한다는 것이다. 사막 지역을 예로 들면, 바람은 사막의 지표면 형태를 만드는 중요한 요소이다. ³²한쪽으로만 바람이 부는 곳의 사구와 모래 구덩이는 바람을 맞받는 면의 경사도가 비교적 작고, 바람을 등진 면의 경사도가 비교적 크다. 중국 서북 지역은 서북풍이 자주 발생하여 사구의 흐름이 일반적으로 서북에서 동남으로 되어 있다. 사구 서북면의 경사는 비교적 완만하고 모래의 질이 비교적 딱딱하다. 반면에 동남면의 경사도는 비교적 가파르고 모래의 질이 보드랍다. 이 외에 ³³서북풍의 작용으로 이 지역의 고리버들, 소유초 등의 식물은 통상적으로 모두 동남 방향으로 기울어져 있다.

단어 年轮 niánlún 명 나이테 | 星辰 xīngchén 명 별 | 辨别 biànbié 동 판별하다 | 前提 qiántí 명 전제 조건 | 盛行 shèngxíng 동 성행하다 | 沙漠 shāmò 명 사막 | 塑造 sùzào 동 빚어서 만들다, 형상화하다 | 沙丘 shāqiū 명 사구, 모래언덕 | 垄 lǒng 명 고랑 | 迎风 yíngfēng 동 바람을 맞받다 | 坡度 pōdù 명 경사도 | 陡 dǒu 형 가파르다 | 倾斜 qīngxié 형 기울다, 경사지다

31

通过风来判断方向的前提是什么？	바람을 통하여 방향을 판단하는 것의 전제 조건은 무엇인가？
A 熟悉当地盛行风向 B 能见度高 C 知道水源的分布情况 D 植物覆盖面积广	A 그곳에 자주 발생하는 풍향에 익숙해야 한다 B 가시도가 높아야 한다 C 물의 분포 상황을 알아야 한다 D 식물이 뒤덮인 면적이 넓어야 한다

단어 覆盖 fùgài 동 뒤덮다

해설 본문에서는 첫 부분에 태양, 나이테 등을 예로 들어 바람을 판별할 수 있다고 언급했다. 또한 '但前提是你必须熟悉当地的盛行风向(하지만 전제 조건은 당신이 반드시 그곳의 자주 발생하는 풍향에 익숙해야 한다는 것이다)'라고 했으므로 정답은 A이다.

32

单风向地区处于迎风面的沙丘有什么特征？	한쪽으로만 바람이 부는 지역에서 바람을 맞받는 면의 사구는 어떠한 특징이 있는가？
A 沙子颜色深 B 沙质软 C 坡度较小 D 沙层较厚	A 모래 색깔이 짙다 B 모래질이 부드럽다 C 경사도가 비교적 작다 D 모래층이 비교적 두껍다

| 해설 | 듣기 3부분은 보통 순서대로 답이 언급되는 경우가 많다. 중간 부분에 '在单风向地区，沙丘和沙垄的迎风面坡度较小，背风面坡度较大(한쪽으로만 바람이 부는 곳은 사구와 모래 구덩이가 바람을 맞받는 면의 경사도가 비교적 작고, 바람을 등진 면의 경사도가 비교적 크다)'라고 했으므로 답은 C이다. |

33 关于中国西北地区的植物，下列哪项正确? | 중국 서북 지역의 식물에 관하여 다음 중 옳은 것은?

A 枝干粗壮 | A 가지와 줄기가 굵고 건실하다
B 不耐寒 | B 추위에 강하지 않다
C 多朝东南倾斜 | C 동남쪽으로 많이 기울어져 있다
D 种类单一 | D 종류가 단일하다

| 단어 | 枝干粗壮 zhīgàn cūzhuàng 가지와 줄기가 굵고 건실하다 | 耐寒 nàihán 阌 추위에 강하다 |

| 해설 | 가장 마지막 문장에서 '在西北风的作用下，该地区的植物，如红柳、酥油草等通常都向东南方向倾斜(이 외에 서북풍의 작용으로 이 지역의 고리버들, 소유초 등의 식물은 통상적으로 모두 동남 방향으로 기울어져 있다)'라고 했기 때문에 정답은 C이다. |

34-37

目前，越来越多的职场人士，把上夜班当成一种正常的生活方式。 ³⁴他们长期熬夜，再利用周末或节假日集中补觉。这种像骆驼一样，吃喝一次熬几天的作息方式，被称为骆驼式睡眠。有些人是主动奉行长昼长夜的睡眠方式。 ³⁵沉溺于丰富多彩、繁华热闹的夜生活，无法自拔。有些人却是不得不熬夜；或是因为工作强度大，必须熬夜加班完成任务；或是因为职业的关系，要处理一些紧急事件，如：警察、医生等。 ³⁶专家指出，骆驼式睡眠其实是对心理疲劳的安慰，它并不能达到补觉的目的。因为，在骆驼式睡眠阶段，大脑神经元的活动与清醒时的基本相同。骆驼式的睡眠并不能真正补偿优质的深睡眠。相反， ³⁷它会打乱人体生物钟，造成睡眠节律紊乱。

현재 점점 더 많은 직장인이 야근을 일종의 정상적인 생활방식이라고 여기고 있다. ³⁴그들은 장기간의 철야로 주말이나 공휴일을 이용해 집중적으로 잠을 보충한다. 낙타처럼 한 번 먹고 마시면 며칠을 견디는 일하고 휴식하는 방식을 낙타식 수면이라 부른다. 어떤 사람은 긴 낮과 긴 밤의 수면방식을 주동적으로 실천한다. ³⁵다채롭고 변화하며 시끌벅적한 밤 생활에 빠지면 스스로 빠져나올 방법이 없다. 또 어떤 사람은 어쩔 수 없이 밤을 새기도 한다. 일의 강도가 세서 반드시 밤을 새워서 추가 근무로 임무를 완성해야 하거나, 경찰이나 의사 등 직업의 관계로 긴급한 일을 처리해야 하기도 한다. ³⁶전문가들은 낙타식 수면이 사실 심리적 피로에 대한 위안일 뿐, 결코 잠을 보충하는 목적에는 도달할 수 없다고 말한다. 왜냐하면, 낙타식 수면 단계에서의 대뇌 신경세포의 활동이 깨어있을 때와 기본적으로 같기 때문이다. 낙타식 수면은 결코 진정으로 양질의 깊은 수면을 보충할 수 없다. 오히려 ³⁷그것은 생체시계를 엉망으로 만들고 수면 리듬을 무질서하게 만든다.

| 단어 | 夜班 yèbān 阌 야근 | 熬夜 áoyè 阌 밤새다 | 骆驼 luòtuo 阌 낙타 | 作息 zuòxī 阌 일하고 휴식하다 | 奉行 fèngxíng 阌 명령을 받들어 수행한다 | 沉溺 chénnì 阌 빠지다, 탐닉하다 | 丰富多彩 fēngfù duōcǎi 풍부하고 다채롭다 | 繁华 fánhuá 阌 번화하다 | 自拔 zìbá 阌 스스로 빠져나가다 | 神经元 shénjīngyuán 阌 신경세포 | 清醒 qīngxǐng 阌 정신이 들다, 맑다 | 补偿 bǔcháng 阌 보충하다 | 优质 yōuzhì 질이 우수하다 | 打乱 dǎluàn 阌 엉망으로 만들다 | 生物钟 shēngwùzhōng 阌 생체시계 | 节律 jiélǜ 阌 리듬과 법칙 | 紊乱 wěnluàn 阌 무질서하다 |

34

骆驼式睡眠人群的特点是什么?

A 缺乏锻炼
B 饮食不规律
C 收入高
D 工作日经常熬夜

낙타식 수면을 하는 사람들의 특징은 무엇인가?

A 단련이 부족하다
B 식습관이 규칙적이지 않다
C 수입이 많다
D 일하는 날 자주 밤을 새운다

제 3 회
听力

 첫 부분을 보면 '他们长期熬夜，再利用周末或节假日集中补觉。这种像骆驼一样，吃喝一次熬几天的作息方式，被称为骆驼式睡眠(그들은 장기간의 철야로 주말이나 공휴일을 이용해 집중적으로 잠을 보충한다. 낙타처럼 한 번 먹고 마시면 며칠을 견디는 일하고 휴식하는 방식을 낙타식 수면이라 부른다)'이라고 언급되어 있다. 다시 말해 밤샘으로 잠을 자지 못해 보충 잠을 자는 것이 낙타식 수면이므로 정답은 D이다.

35

人们选择骆驼式睡眠的原因，下列哪项没提到?

A 要处理紧急事件
B 工作强度大
C 沉迷夜生活
D 为获得更多学习时间

아래 항목 중에 사람들이 낙타식 수면을 선택하는 원인이 아닌 것은 무엇인가?

A 긴급한 일을 처리하려고
B 일의 강도가 세서
C 야간 활동에 깊이 빠져서
D 더욱 많은 학습시간을 얻기 위해서

단어 沉迷 chénmí 통 깊이 빠지다

해설 낙타식 수면을 선택하는 원인이 아닌 것으로, '有些人却是不得不熬夜；或是因为工作强度大，必须熬夜加班完成任务；或是因为职业的关系，要处理一些紧急事件，如：警察、医生等(일의 강도가 세서 반드시 밤을 새서 추가 근무로 임무를 완성해야 하거나, 경찰이나 의사 등 직업의 관계로 긴급한 일을 처리해야 하기도 한다)'이라고 하여 A와 B는 정답이 아니며, 이것이 결국 야간 활동에 깊이 빠진 것이므로 C도 정답이 아니다. 낙타식 수면의 원인이 아닌 것은 D뿐이다.

36

专家怎么看骆驼式睡眠?

A 效果因人而异
B 科学性有待研究
C 值得推广
D 只能缓解心理疲劳

전문가는 낙타식 수면을 어떻게 생각하는가?

A 효과가 사람마다 다르다
B 과학성을 연구할 필요가 있다
C 확산할 가치가 있다
D 심리적 피로를 완화할 뿐이다

단어 因人而异 yīnrén éryì 성 사람에 따라 달리 대책을 세우다, 사람마다 다르다

 전문가의 견해나 연구의 결과는 잘 들어 둘 필요가 있다. 전문가의 견해로, '骆驼式睡眠其实是对心里疲劳的安慰，它并不能达到补觉的目的(낙타식 수면은 사실 심리적 피로에 대한 위안일 뿐, 결코 잠을 보충하는 목적에는 도달할 수 없다고 말한다)'라고 했으므로 정답은 D이다.

37

骆驼式睡眠对人有什么影响?	낙타식 수면은 인체에 어떤 영향을 주는가?
A 扰乱生物钟 B 引起神经兴奋 C 影响大脑发育 D 导致许多疾病	A 생체시계를 엉망으로 만든다 B 신경에 흥분을 야기한다 C 대뇌 발육에 영향을 준다 D 많은 질병을 야기한다

해설 마지막 문장에서 '它会打乱人体生物钟，造成睡眠节律紊乱(그것은 생체시계를 엉망으로 만들고 수면 리듬을 무질서하게 만든다)'이라고 했기 때문에 정답은 A이다.

38-40

³⁸一直以来，人们都认为，酒量是练出来的。而一项最新的研究表明，人酒量的大小以及有无酒瘾绝非后天养成，而是由饮酒基因决定的。研究者发现，十五号染色体上部分基因与喝醉程度紧密相关。这组基因在经过复杂的变化后，会影响人对酒精的反应。但这种饮酒基因，究竟能起多大作用，还未能确定。³⁹或许将来，饮酒基因能为科学家研制戒酒药物提供新的思路，帮助人们戒酒。尽管酒量不能练出来，但喝酒之前多吃高脂肪食物，多喝水或酸奶，也能让人阵前不倒。⁴⁰这是因为饮酒前多吃，不仅有利于延缓肠胃对酒精的吸收，还能使大部分酒精与食物混合，降低单位体积消化物中的酒精浓度。这样，血液中的酒精含量虽已经让人微醺，但还不足以让人醉倒。

³⁸지금까지 사람들은 모두 주량이 연습해서 나온다고 생각했다. 그러나 최신 연구에서 사람의 주량의 정도 및 주벽의 유무는 절대로 후천적으로 양성되는 것이 아니라 음주 유전자가 결정하는 것이라고 표명했다. 연구자는 15번 염색체 윗부분의 유전자가 취한 정도와 밀접한 관련이 있음을 발견했다. 이 유전자 집단은 복잡한 변화를 거친 후 알코올 반응에 영향을 끼친다. 하지만 이러한 음주 유전자가 얼마나 큰 작용을 하는지는 아직 확정적이지 않다. ³⁹아마도 미래에 음주 유전자는 과학자들의 금주 약물 연구에 새로운 방향을 제시해 사람들이 금주하는 것을 도울 수 있을 것이다. 비록 주량이 연습해서 나오는 것이 아니라 해도 술을 마시기 전에는 고지방 음식을 많이 먹어야 하고, 물이나 요구르트를 많이 마셔야 쓰러지지 않을 수 있다. ⁴⁰음주 전에 많이 먹으면 소화기관의 알코올 흡수를 낮출 수 있을 뿐 아니라 대부분의 알코올이 음식물과 혼합되어 소화물 중 알코올 농도가 차지하는 부분을 낮출 수 있기 때문이다. 이렇게 하면 혈액의 알코올 함량이 이미 사람을 취하게 하더라도, 취하여 곯아떨어질 정도가 되지는 않는 것이다.

단어 酒瘾 jiǔyǐn 명 주벽, 습관적으로 술을 마시려는 버릇 | 绝非 juéfēi 동 절대 아니다 | 基因 jīyīn 명 유전자 | 染色体 rǎnsètǐ 명 염색체 | 酒精 jiǔjīng 명 알코올 | 脂肪 zhīfáng 명 지방 | 延缓 yánhuǎn 동 늦추다 | 肠胃 chángwèi 명 소화기관 | 混合 hùnhé 동 혼합하다 | 血液 xuèyè 명 혈액 | 微醺 wēixūn 동 약간 취하다 | 醉倒 zuìdǎo 동 취하여 곯아 떨어지다

38

最新研究推翻了什么说法?	그 연구는 어떤 의견을 번복했는가?
A 喝酒不利于身心健康 B 喝酒可以放松心情 C 酒量是后天练成的 D 喝酒有助于睡眠	A 술을 마시는 것은 심신 건강에 좋지 않다 B 술을 마시면 마음을 홀가분하게 할 수 있다 C 주량은 후천적으로 연습해서 생기는 것이다 D 술을 마시는 것은 수면에 도움을 준다

단어 推翻 tuīfān 동 뒤집다, 번복하다

150

해설 첫 번째 문장과 두 번째 문장을 보면 '一直以来，人们都认为，酒量是练出来的。而一项最新的研究表明，人酒量的大小以及有无酒瘾绝非后天养成。而是由饮酒基因决定的(지금까지 사람들은 모두 주량이 연습해서 나온다고 생각했다. 그러나 최신 연구에서 사람의 주량의 정도 및 주벽의 유무는 절대로 후천적으로 양성되는 것이 아니라 음주 유전자가 결정하는 것이라고 표명했다)'라고 했으므로 기존에 알고 있던 상식이 잘못된 것임을 말하고 있다. 정답은 C이다.

제 3 회
听力

39

破解饮酒基因，对未来有什么帮助？	음주 유전자를 파헤치는 것은 미래에 어떤 도움이 되는가?
A 检测人的酒精含量 B 研制新的戒酒药物 C 生产新型含酒精饮料 D 预防酒精中毒	A 사람의 알코올 함량을 측정한다 B 새로운 금주 약물을 연구 제작한다 C 술을 함유한 새 음료를 개발한다 D 알코올 중독을 예방한다

단어 破解 pòjiě 동 파헤치다 | 检测 jiǎncè 동 검사 측정하다

해설 본문 중간 부분에 '或许将来，饮酒基因能为科学家研制戒酒药物提供新的思路，帮助人们戒酒(아마도 미래에 음주 유전자는 과학자들의 금주 약물 연구에 새로운 방향을 제시해 사람들이 금주하는 것을 도울 수 있을 것이다)'라고 했으므로 정답은 B이다.

40

为什么饮酒前多吃，不容易醉倒？	왜 음주 전에 많이 먹으면 취하지 않는가?
A 食物让胃变大了 B 人吃饱后不愿意喝酒 C 食物分散了人对酒的注意力 D 食物能降低酒精浓度	A 음식물이 위를 크게 만들어서 B 사람은 배부르면 술을 마시고 싶어 하지 않아서 C 음식이 술의 주의력을 분산시켜서 D 음식이 알코올의 농도를 낮출 수 있어서

단어 酒精中毒 jiǔjīng zhòngdú 명 알코올 중독

해설 본문에서는 술을 마시기 전에 고지방 음식이나 요구르트를 많이 마시라고 권하고 있다. 그 이유로 '使大部分酒精与食物混合，降低单位体积消化物中的酒精浓度(알코올이 음식물과 혼합되어 소화물 중 알코올 농도가 차지하는 부분을 낮출 수 있기 때문이다)'라고 했으므로 정답은 D이다.

41-43

一项最新的研究表明，笑可以提高人的记忆力。研究者指出，当人们大笑时，他们会更容易记住一些事情。⁴¹因为压力是引起记忆力下降的重要原因，而笑恰恰能缓解压力。对此，研究者做了一个实验。他们把40名健康的成年人，平均分为两组，要求第一组观看一部时长二十分钟的有趣视频，而仅要求第二组静坐。随后，⁴²研究者提取了这两组人的唾液样本，来分析压力激素的含量，并对他们进行了记忆力测试。结果表明，相比于第二组，第一组人唾液中压力激素的含量要低得多，在记忆测试中的表现也更好。⁴³所以，不想健忘的话，就多笑笑吧。

최신 연구에 따르면, 웃음은 사람의 기억력을 높일 수 있다고 한다. 연구자는 사람이 크게 웃을 때 그들이 어떤 일을 기억하기가 더욱 쉽다고 밝혔다. ⁴¹왜냐하면 스트레스는 기억력을 낮추는 주요 원인이지만 웃음은 스트레스를 낮추기 때문이다. 이에 대해 연구자들은 한 가지 실험을 했다. 그들은 40명의 건강한 성인을 균등하게 두 조로 나누어, 1조에게는 20분 가량의 재미있는 동영상을 보게 했고, 2조는 조용히 앉아있기만을 요구했다. 뒤이어 ⁴²연구자는 두 조의 타액 견본을 추출하여 스트레스 호르몬의 함량을 분석하고 그들에게 기억력 테스트를 시행했다. 그 결과, 2조와 비교했을 때 1조의 타액 중 스트레스 호르몬의 함량이 더 낮았고 기억력 테스트도 더 좋게 나타났다. ⁴³따라서 잘 잊어버리고 싶지 않다면 많이 웃어야 한다.

단어 平均 píngjūn 휑 평균의, 균등한 | 视频 shìpín 뎽 동영상 | 静坐 jìngzuò 됭 조용히 앉아있다 | 提取 tíqǔ 됭 추출하다 | 唾液 tuòyè 뎽 타액 | 样本 yàngběn 뎽 견본 | 激素 jīsù 뎽 호르몬 | 测试 cèshì 됭 테스트하다 | 健忘 jiànwàng 휑 쉽게 잊어버리다

41

根据这段话，导致记忆力下降的重要原因是什么?

A 神经过度活跃
B 压力
C 不良情绪
D 失眠

이 글에 근거하여 기억력 하강을 야기하는 주요 원인이 무엇인가?

A 신경의 과도한 활동
B 스트레스
C 좋지 않은 정서
D 불면증

단어 活跃 huóyuè 휑 활동적이다 | 失眠 shīmián 뎽 불면증

해설 첫 번째 문장에서 웃음이 사람의 기억력을 높인다고 언급했다. 그 이유로 '因为压力是引起记忆力下降的重要原因，而笑恰恰能缓解压力(왜냐하면 스트레스는 기억력을 낮추는 주요 원인이지만 웃음은 스트레스를 낮추기 때문이다)'라고 했으므로 정답은 B이다.

42

研究者对被试者的什么进行了分析?

A 泪液
B 体温
C 唾液
D 血压

연구자는 피실험자의 무엇을 분석했나?

A 눈물
B 체온
C 타액
D 혈압

단어 泪液 lèiyè 뎽 눈물

해설 연구의 주제를 물어보는 문제로 '研究者提取了这两组人的唾液样本，来分析压力激素的含量，并对他们进行了记忆力测试(연구자는 두 조의 타액 견본을 추출하여 스트레스 호르몬의 함량을 분석하고 그들에게 기억력 테스트를 시행했다)'라고 했으므로 정답은 C이다.

43

根据这段话，下列哪项正确？ A 爱看喜剧的人更乐观 B 第二组被试者不爱笑 C 两组记忆测试结果一致 D 多笑能增强记忆力	이 글에 근거하여 다음 중 옳은 것은? A 희극을 즐겨 보는 사람은 더욱 낙관적이다 B 2조의 피실험자는 즐겨 웃지 않는다 C 두 조의 기억력 테스트는 결과가 일치한다 D 많이 웃으면 기억력이 증가할 수 있다

해설 가장 마지막 문장에 '不想健忘的话，就多笑笑吧(잘 잊어버리고 싶지 않다면 많이 웃어야 한다)'라고 했기 때문에 웃음과 기억력이 밀접한 관계가 있다는 것을 알 수 있다. 정답은 D이다.

44-47

有一种爬行动物，它能够根据周围环境来改变皮肤颜色。人们形象地称它为变色龙。⁴⁴变色龙之所以能变色，是因为它的真皮内有多种色素细胞。当它伸缩身体时，这些色素细胞就会发生变化，从而产生出不同颜色。有科学家曾仿照变色龙变色的原理，研制出一种服装面料。这种面料可以根据温度情况，变换色彩。如：⁴⁵在28度时，会呈红色；在33度时，又呈黄色。⁴⁶人在行走时，由于速度和方向的改变，身体各部位的体温会略有不同。因此这种面料就会随之变幻出彩虹般迷人的色彩。现在，变色材料的用途越来越广，例如：有一种茶杯，当茶水温度适宜时，茶杯表面就会浮现出一行文字，请您用茶。原来这种茶杯外面涂有感温变色材料。⁴⁷一旦水温到达适合饮茶的温度，它就会显现出鲜艳醒目的标语，来提示人们用茶。	어느 한 파충류는 주위 환경에 근거해 피부색을 바꿀 수 있다. 사람들은 그것을 형상하여 카멜레온이라고 부른다. ⁴⁴카멜레온이 색을 바꿀 수 있는 이유는 카멜레온의 진피 안에 여러 종류의 색소 세포가 있기 때문이다. 카멜레온이 몸을 늘이고 줄일 때 이 색소 세포가 변화를 일으켜 다른 색을 나타낼 수 있다. 어떤 과학자는 일찍이 카멜레온의 원리를 모방하여 의류 원단을 제작했다. 이 원단은 온도에 따라 색을 변환할 수 있다. 예를 들어 ⁴⁵28도에서는 빨간색이 나타나고, 33도에서는 노란색이 나타난다. ⁴⁶사람이 걸을 때 속도와 방향의 변화 때문에 신체 각 부위의 체온이 조금씩 달라지게 된다. 그래서 이런 종류의 옷감은 이에 따라 무지개처럼 사람을 매혹시키는 색채로 변하게 된다. 현재 변색 재료의 용도는 점점 더 많아지고 있다. 예를 들어, 어떤 찻잔은 찻물의 온도가 적절할 때 찻잔 표면에 '차를 드세요'라는 글자가 떠오른다. 이 찻잔의 겉면에 온도 감지 변색 재료가 칠해진 것이다. ⁴⁷일단 물의 온도가 차 마시기에 적당한 온도가 되면 선명하게 시선을 끄는 표어가 나타나 사람들이 차를 마시도록 알려주는 것이다.

단어 爬行动物 páxíng dòngwù 명 파충류 | 变色龙 biànsèlóng 명 카멜레온 | 色素 sèsù 명 색소 | 细胞 xìbāo 명 세포 | 伸缩 shēnsuō 통 늘였다 줄였다 하다 | 仿照 fǎngzhào 통 모방하다, 본뜨다 | 研制 yánzhì 통 연구 제작하다 | 面料 miànliào 옷감 | 适宜 shìyí 통 적절하다 | 浮现 fúxiàn 통 떠오르다 | 涂 tú 통 칠하다 | 显现 xiǎnxiàn 통 나타나다 | 鲜艳 xiānyàn 형 선명하다, 화려하다 | 醒目 xǐngmù 통 이목을 끌다 | 提示 tíshì 통 알려주다

44

变色龙变色跟什么有关？ A 饮食习惯 B 新陈代谢 C 天气 D 自身色素细胞	카멜레온의 변색은 무엇과 관련이 있는가? A 식습관 B 신진대사 C 날씨 D 자신의 색소 세포

단어 **新陈代谢** xīnchén dàixiè 명 신진대사

해설 본문의 초반부터 카멜레온에 대한 이야기를 하고 있다. '变色龙之所以能变色，是因为它的真皮内有多种色素细胞(카멜레온이 색을 바꿀 수 있는 이유는 카멜레온의 진피 안에 여러 종류의 색소 세포가 있기 때문이다)'라고 했기 때문에 정답이 D임을 알 수 있다.

45

那种服装面料在28度时，会呈现什么颜色?

A 橙色
B 紫色
C 黄色
D 红色

그러한 의류 원단이 28도가 되었을 때 어떠한 색을 나타내는가?

A 주황색
B 보라색
C 노란색
D 빨간색

단어 **橙色** chéngsè 명 주황색 | **紫色** zǐsè 명 보라색

해설 28도가 되었을 때 의류 원단의 색깔을 묻는 문제로, 이러한 유형의 문제는 한 가지 색깔만 말하지는 않기 때문에 집중하여 들어야 한다. '在28度时，会呈红色'에서 '呈'이란 '나타내다'라는 의미이므로 색깔과 함께 자주 쓰인다. 28도일 때에 빨간색을 나타낸다고 했으므로 정답은 D이다. '在33度时，又呈黄色(33도에서는 노란색을 나타낸다)'와 혼돈하지 않도록 주의한다.

46

人在行走时，衣服变幻出多种色彩的原因是什么?

A 体温改变了
B 光照角度不同
C 空气湿度不一
D 受力不均

사람이 걸을 때 옷이 여러 색깔로 바뀌는 원인은 무엇인가?

A 체온이 바뀌어서
B 빛이 비추는 각도가 달라서
C 공기의 습도가 같지 않아서
D 받는 힘이 균등하지 않아서

단어 **光照** guāngzhào 동 빛이 비추다 | **湿度** shīdù 명 습도

해설 위에서 말하는 원단은 카멜레온처럼 온도에 따라 색이 달라지는 원단이다. 또한 '人在行走时，由于速度和方向的改变，身体各部位的体温会略有不同(사람이 걸을 때 속도와 방향의 변화 때문에 신체 각 부위의 체온이 조금씩 달라진다)'이라고 했으므로 정답은 A이다.

47

茶杯表面涂感温材料，可以起到什么作用?

A 使茶杯更坚固
B 防止杯子烫手
C 提示温度适宜饮茶
D 减慢茶变凉的速度

찻잔 표면에 온도 감지 변색 재료를 칠하면 어떤 작용을 이끌어낼 수 있는가?

A 찻잔을 더 견고하게 한다
B 컵에 손이 데는 것을 방지한다
C 차 마시기에 적당한 온도를 알려준다
D 차가 차갑게 변하는 속도를 줄인다

단어 **坚固** jiāngù 견고하다 | **防止** fángzhǐ 동 방지하다 | **烫手** tàngshǒu 동 손을 데이다 | **减慢** jiǎnmàn 동 속도를 줄이다

해설 카멜레온의 원리를 이용하여 만들어낸 물품 중에 원단도 있었지만 마지막에서 온도에 따라 표면에 문구가 나타나는 컵에 대해서도 언급했다. 마지막 문장인 '一旦水温到达适合饮茶的温度，它就会显现出鲜艳醒目的标语，来提示人们用茶(일단 물의 온도가 차 마시기에 적당한 온도가 되면 선명하게 시선을 끄는 표어가 나타나 사람들이 차를 마시도록 알려주는 것이다)'라고 했으므로 정답은 C이다.

제 3 회
听力

48-50

人体所具有的生物能，可以通过多种形式转化成电能。比如，当一个人坐着或者站立时，会产生持续的重力能。如果采用特制的重力转换器，把重力能转化成电能，就可以存入蓄电池或者直接利用。⁴⁸有一位工程师曾将一种发电装置放在人流量较大的商场和火车站等处的地毯下，当行人从地毯上走过时，与地毯下踏板相连的摇杆儿就会被不停地压下，使发电装置的中心轴持续旋转，从而带动发电机发电。将人体热能收集起来，然后转化成电能，也是一条经济实用的发电途径。有一所大学设计了一个热量收集系统。这系统可以将学生和教师释放的热能，以及电灯和阳光所产生的热量等，统统聚集到一个中央设备中。⁴⁹据说该系统收集的热量，可以在寒冷的冬季，供学校的10座大楼取暖。⁵⁰科学家认为，人体生物能，无污染且收集转化并不复杂。既能现收现用，也能零存整取，如能被充分地利用起来，无疑会为人类做出极大的贡献。

인체가 가지고 있는 생물 에너지는 여러 형식을 통해 전기 에너지로 전환될 수 있다. 예를 들어 한 사람이 앉아 있거나 서 있을 때는 지속적인 중력 에너지가 생산된다. 만약 특수 제작한 중력 변환기를 사용하여 중력을 전기 에너지로 전환하면 축전지에 저장하거나 바로 이용할 수 있다. ⁴⁸한 엔지니어가 일찍이 발전 장비를 인구 유동량이 비교적 많은 상점과 지하철 등 장소의 카펫 아래에 놓아두고 행인들이 카펫 위를 지나갈 때 카펫 아래 발판과 연결된 레버가 끊임없이 눌리게 하여 이것이 발전 장비의 중심축을 계속 돌아가게 만듦으로써 발전기를 움직여서 전기를 생산했다. 인체의 열에너지를 모은 다음 전기 에너지로 바꾸는 것 또한 일종의 경제적이고 실용적인 발전 방법이다. 한 대학에서는 열에너지 수집 시스템을 설계했다. 이 시스템은 학생과 교수가 방출한 열에너지 및 전등과 태양이 만든 열에너지를 모두 하나의 중앙시설에 모은다. ⁴⁹이 시스템이 모은 열에너지는 추운 겨울에 학교의 10개의 건물에 난방을 공급할 수 있다. ⁵⁰과학자들은 인체 생물 에너지가 오염이 없고 수집하고 전환하는 것이 결코 복잡하지 않다고 생각한다. 바로 받아서 쓸 수 있기도 하고, 조금씩 모아서 한꺼번에 쓸 수도 있다. 충분히 이용할 수 있다면, 의심할 여지 없이 인류에게 막대한 공헌을 할 것이다.

단어 转化 zhuǎnhuà 통 바꾸다, 전환하다 | 特制 tèzhì 통 특수 제작하다 | 转换器 zhuǎnhuànqì 명 변환기 | 存入 cúnrù 통 집어넣다, 입력하다 | 蓄电池 xùdiànchí 명 축전지 | 装置 zhuāngzhì 명 장치 | 流量 liúliàng 명 유동량 | 地毯 dìtǎn 명 양탄자 | 踏板 tàbǎn 명 발판 | 相连 xiānglián 통 접하다 | 旋转 xuánzhuǎn 통 돌다, 회전하다 | 带动 dàidòng 통 움직이게 하다 | 途径 tújìng 명 경로, 방법 | 释放 shìfàng 통 방출하다 | 统统 tǒngtǒng 분 전부 | 聚集 jùjí 통 한데 모으다 | 零存整取 língcún zhěngqǔ 성 푼돈을 저축하여 목돈을 찾다 | 贡献 gòngxiàn 통 공헌하다

48 工程师为什么选择将发电装置放在商场和火车站？

A 人流量大
B 地方宽敞
C 噪音较大
D 便于宣传

엔지니어는 왜 발전 장비를 상점과 지하철에 놓았는가?

A 인구 유동량이 많아서
B 장소가 넓어서
C 소음이 비교적 커서
D 홍보하기에 편리해서

단어 宽敞 kuānchang 형 넓다 | 噪音 zàoyīn 명 소음

문제의 주체자가 '工程师(엔지니어)'이므로 工程师가 언급된 부분을 잘 들어야 한다. '有一位工程师曾将一种发电装置放在商场和火车站等，人流量较大的地毯下(한 엔지니어가 일찍이 발전 장비를 인구 유동량이 비교적 많은 상점과 지하철 등 장소의 카펫 아래에 놓아두었다)'라고 했기 때문에 엔지니어가 상점과 지하철에 발전 장비를 놓은 이유는 인구 유동량이 많아서라는 것을 알 수 있다. 정답은 A이다.

49

那所大学的热量收集系统，可以被用于哪方面？	그 대학의 열에너지 수집 시스템은 어느 방면에 사용되는가?
A 储备用电 B 照明 C 科学实验 D 大楼取暖	A 전기 비축 B 조명 C 과학 실험 D 건물 난방

储备 chǔbèi 동 비축하다

 본문에서는 인체의 열에너지를 전기 에너지로 바꾸는 것에 대한 예로 한 대학에서 설계한 열에너지 수집 시스템에 대해서 언급했다. '据说该系统收集的热量，可以在寒冷的冬季，供学校的10座大楼取暖(이 시스템이 모은 열에너지로 추운 겨울에 학교의 10개 건물에 난방을 공급할 수 있다고 한다)'이라고 했기 때문에 난방에 사용되었다는 것을 알 수 있어 정답은 D이다.

50

人体生物能，有什么特点？	인체 생물 에너지는 어떤 특징이 있는가?
A 不易收集 B 可循环利用 C 转化复杂 D 无污染	A 수집하기 쉽지 않다 B 순환 이용할 수 있다 C 전환이 복잡하다 D 오염이 없다

循环 xúnhuán 동 순환하다

 듣기 부분에서는 과학자의 견해나 실험 결과 등에 대해 언급할 때 반드시 주의해야 한다. '科学家认为，人体生物能，无污染且收集转化并不复杂(과학자들은 인체 생물 에너지가 오염이 없고 수집하고 전환하는 것이 결코 복잡하지 않다고 생각한다)'라고 했으므로 '오염이 없다'는 특징을 제기한 D가 정답이다.

二 阅读

第一部分

51-60

51
- A 大家可通过现场领取、短信预约两种方式来获取参观票。
- B 对工程施工认真负责，关系到工程质量的好坏。
- C 《中国大百科全书》是中国第一部权威性的大型综合性百科全书。
- D 台风将至，所有渔船都回到港口避风了。

- A 현장에서 발급받거나 문자로 예약하거나 이 두 가지 방법으로 티켓을 얻을 수 있다.
- B 건축 시공에 대해 착실하게 책임을 지는 것은 공사의 (질과 연관이 있다).
- C ≪중국대백과사전≫은 중국에서 가장 권위가 있는 대형 종합성 백과사전이다
- D 태풍이 곧 다가와 모든 어선이 다 항구로 돌아와서 바람을 피했다.

단어 领取 lǐngqǔ 图 수령하다 | 获取 huòqǔ 图 얻다 | 负责 fùzé 图 책임지다 | 权威性 quánwēixìng 图 권위성 | 避风 bì fēng 图 바람을 피하다

해설 B의 뒷절을 보았을 때 술어는 '관련되다'라는 의미의 '关系'이고 목적어는 '好坏(좋고 나쁨)'이다. 의미상으로 보았을 때 '건축 시공에 대해 착실하게 책임을 지는 것은 공사의 질과 연관이 있다'가 더욱 적절하다. 그러므로 목적어는 '好坏'가 아니라 '质量'이어야 한다. 그러므로 '好坏'를 없애고 '对工程施工认真负责，关系到工程质量'이라고 쓰는 것이 옳다.

52
- A 这篇文章的作者出自莫言之手。
- B 由高原低氧环境引起的人体低氧性疾病，统称为"高原病"。
- C 随着经济全球化进程不断加快，国际人口流动变得越来越频繁。
- D 虽然实验没有成功，但大家都知道他已经尽了最大努力。

- A 이 글은 모옌의 손에서 나왔다.
- B 고원의 저산소 환경에서 생기는 인체 저산소성 질병은 '고원병'이라 통칭한다.
- C 경제 국제화 진전의 끊임없는 가속으로, 국제 인구의 유동은 가면 갈수록 빈번해졌다.
- D 비록 실험은 성공하지 못했지만, 모두 그가 될 수 있는 한 제일 큰 노력을 했다는 것을 안다.

단어 低氧 dīyǎng 图 저산소의, 산소가 부족한 | 环境 huánjìng 图 환경 | 引起 yǐnqǐ 图 불러 일으키다 | 随着 suízhe ~에 따라 | 进程 jìnchéng 图 진행 과정 | 频繁 pínfán 图 빈번하다

해설 A의 '莫言之手'는 '모옌의 손'이라는 뜻이다. A를 직역해보면 '이 글의 작가는 모옌 손에서 나왔다'라고 해석이 되는데, 원활한 해석을 위해서는 '이 글은 모옌의 손에서 나왔다'라고 하는 것이 옳다. 따라서 '的作者'를 빼고 '这篇文章出自莫言之手'라고 써야 한다.

53
- A 近年来，海交会已成为海峡两岸经贸合作和文化交流的重要平台。
- B 比目鱼小的时候眼睛是长在两边的，长大后眼睛才长到了同一侧。
- C 那个精彩的瞬间恰巧被一位摄影师捕捉到了动人的画面。
- D 读书会教于人的不仅是知识，还有精神的陶冶与心灵的净化。

- A 최근 해교회(海交会)는 이미 해협 양안의 경제·무역 협력과 문화 교류의 중요한 공간이 되었다.
- B 비목어가 새끼일 때는 눈이 양쪽에 나 있고, 다 자란 후에야 눈이 한쪽으로 자라있다.
- C 그 멋진 순간은 사진작가에 의해 포착되었다.
- D 책 읽는 것은 사람의 지식뿐만 아니라 정신 수양과 마음의 정화도 가르친다.

단어 海峡 hǎixiá 몡 해협 | 经贸 jīngmào 몡 경제와 무역의 합칭 | 瞬间 shùnjiān 몡 눈 깜짝하는 사이 | 恰好 qiàhǎo 뷔 마침 | 捕捉 bǔzhuō 동 잡다, 붙잡다 | 陶冶 táoyě 동 갈고닦다, 수양하다 | 净化 jìnghuà 동 정화하다

해설 C는 '被'자문 형태이다. '被'자문은 목적어를 문장 맨 앞에 주어로 만들어 '~에게 당하다'라는 의미가 있고, 목적어가 앞으로 도치된 형식이기 때문에 별도의 목적어를 갖지 않는다. 해석을 해보면 '그 멋진 순간은 한 촬영사에 의해 포착되었다'라고 해석이 되어야 하며 마지막에 술어 뒤에 붙은 '动人的画面'은 없어야 한다. 또한 '被'자문의 주어와 '被' 뒤의 명사는 모호한 단어, 특히 수량사는 쓸 수 없기에 '一位摄影师'에서 '一位'라는 표현도 없어야 한다.

54

A 不但他爱下围棋，而且对围棋的发展史也颇有研究。
B 在向别人推销商品之前，你必须先学会如何把自己推销出去。
C 驾车途中如遇恶劣天气，应减速慢行或寻找安全地带停车等候。
D 如果平时不学好本领，那么机会到来时，你只能眼睁睁地看着它溜走。

A (그는) 바둑 두는 것을 좋아할 뿐만 아니라, 바둑의 발전사에도 연구한 바가 많다.
B 다른 사람한테 물건을 마케팅하기 전에 너는 일단 자신을 어떻게 마케팅할지부터 배워라.
C 운전 중에 만약 나쁜 날씨를 만났다면, 속도를 줄여 서행하거나 안전한 곳에 멈춰서 기다려야 한다.
D 만약 평소에 기량을 잘 익혀두지 않는다면, 기회가 왔을 때 당신은 그저 뜬 눈으로 그것이 사라지는 것을 보고 있을 수밖에 없다.

단어 下围棋 xià wéiqí 바둑을 두다 | 颇有 pōyǒu 동 흔히 있다. 적지 않다 | 推销 tuīxiāo 동 마케팅 하다 | 途中 túzhōng 몡 (길을 가는) 도중 | 恶劣 èliè 혱 아주 나쁘다, 열악하다 | 寻找 xúnzhǎo 동 찾다, 구하다 | 本领 běnlǐng 몡 기량, 재능 | 眼睁睁 yǎnzhēngzhēng 혱 눈을 뻔히 뜨고 | 溜走 liūzǒu 동 슬그머니 사라지다

해설 A의 '不但'은 접속사이기 때문에 주어 뒤에 위치해야 한다. 따라서 '不但他…'는 옳지 않은 표현이며 '他不但爱下围棋，而且对围棋的发展史也颇有研究'라고 해야 한다.

55

A 与电影相比，动画的特点在于它是否受到实物的限制。
B 她的歌声高亢粗犷，又富有情韵，展现了她深厚的歌唱功底。
C 白墙、黑瓦、青石板路是典型的明清时期江南村落样式。
D 据气象部门监测，这次沙尘暴瞬间风力达到了11级，地面能见度为零。

A 영화와 비교하면, 동화의 특징은 그것이 실물의 제한을 (받는다는 것이다).
B 그녀의 노랫소리는 우렁차고 거침이 없으며, 정취가 풍부하여 그녀의 깊은 기본 가창력이 드러난다.
C 흰 벽, 검은 토기, 청색 석판길은 전형적인 명청 시기 강남 촌락의 스타일이다.
D 기상청 검사에 의하면, 이번 모래폭풍의 순간 풍력은 11급에 달해서 지면 가시거리가 0이다.

단어 与…相比 yǔ…xiāngbǐ ~와 비교해서 | 是否 shìfǒu ~인지 아닌지 | 限制 xiànzhì 몡 제한 | 粗犷 cūguǎng 혱 호방하다, 괄괄하다 | 情韵 qíngyùn 몡 정취 | 展现 zhǎnxiàn 동 드러내다 | 深厚 shēnhòu 혱 두텁다 | 功底 gōngdǐ 몡 기초, 기본 | 石板 shíbǎn 몡 석판, 돌판 | 典型 diǎnxíng 몡 전형적인 | 监测 jiāncè 동 검사하다 | 沙尘暴 shāchénbào 몡 모래폭풍, 황사 현상 | 能见度 néngjiàndù 몡 가시거리

해설 A를 보았을 때 의미적으로 '동화의 특징은 ~이다'라고 끝나야 옳으며 '제한을 받는지 받지 않는지' 자체는 특징이 될 수 없다. 따라서 올바른 문장을 만들기 위해 '是否'를 삭제하고 '与电影相比，动画的特点在于它是受到了实物的限制(영화와 비교하면, 동화의 특징은 실물의 제한을 받는다는 것이다)'로 바꾸어야 한다.

제3회
阅读

56
- A 赞美是人际交往中最好的润滑剂。
- B 新龙县位于四川甘孜州腹地，地处雅砻江流域，是有名的旅游胜地。
- C 演出期间，请各位观众将手机调至静音状态。
- D 陈老师一旦退休了，但他无时无刻不在牵挂着那些学生们。

- A 칭찬은 인간관계에서 가장 좋은 윤활제이다.
- B 신룽현은 쓰촨 간쯔주 중심 지역에 있고 야룽강 유역에 자리하고 있는 유명한 관광명소이다.
- C 공연시간 동안 모든 관중은 휴대전화를 음소거 상태로 해주십시오.
- D (비록) 천 선생님은 퇴직했지만, 그는 언제나 그 학생들을 걱정하고 있다.

단어 赞美 zànměi 동 찬양하다 | 润滑剂 rùnhuájì 명 윤활제 | 腹地 fùdì 명 중심 지역 | 地处 dìchǔ 동 ~에 자리하다 | 旅游胜地 lǚyóu shèngdì 관광명소 | 演出 yǎnchū 명 공연 | 静音 jìngyīn 음소거 | 状态 zhuàngtài 명 상태 | 一旦 yídàn 부 일단 ~한다면 | 退休 tuìxiū 동 퇴직하다 | 无时无刻 wúshí wúkè 성 시도 때도 없이 | 牵挂 qiānguà 동 걱정하다, 근심하다

해설 D는 두 문장이 이어지고 있는 구조이지만 의미가 어색하다. '천 선생님은 일단 퇴직했지만, 언제나 학생들을 걱정하고 있다'라는 의미에서 '一旦(일단)'을 삭제하고 맨 앞에 '비록'이라는 의미의 '虽然'을 넣어야 한다. '虽然陈老师退休了，但他无时无刻牵挂着那些学生们'이 옳은 표현이다.

57
- A 按照方向和速度变化的突然性强，羽毛球运动员要具有较高的身体素质。
- B 如果一篇作品的主旨有问题，那么即使文字再优美，也算不上是好文章。
- C 一阵雷雨过后，天空中出现了一道美丽的彩虹。
- D 离家20年后，他终于又回到了魂牵梦萦的故乡。

- A 방향과 속도 변화의 돌발성이 강한 것에 (근거하여) 배드민턴 선수는 꽤 높은 신체적 소질을 가지고 있어야 한다.
- B 만약 한 작품의 중심 요지에 문제가 있다면, 문자가 아무리 아름다워도 좋은 글이 될 수 없다.
- C 한 차례 뇌우가 지나간 후, 하늘에 한 줄의 아름다운 무지개가 나타났다.
- D 집을 떠난 지 20년 후, 그는 드디어 꿈에 그리던 고향에 돌아왔다.

단어 按照 ànzhào 개 ~에 따라 | 素质 sùshì 명 소양, 자질 | 主旨 zhǔzhǐ 명 요지, 취지 | 即使 jíshǐ 접 설령 ~하더라도 | 一阵 yízhèn 명 한바탕 | 彩虹 cǎihóng 명 무지개 | 魂牵梦萦 húnqiān mèngyíng 성 오매불망 그리워하다, 사무치게 그리워하다

해설 A의 '按照'는 '~에 따라'라는 의미로 어떤 근거에 따라 그대로 실행할 때 쓰인다. 하지만 본문에서는 '방향과 속도 변화의 돌연성이 강함에 따라'라고 해석이 되며, 이는 뒷절의 전제 또는 기초가 된다 이럴 때에는 '按照'가 아니라 '根据'를 쓰는 것이 옳다. 그래서 '根据方向和速度变化的突然性强，羽毛球运动员要具有较高的身体素质'가 맞다.

58
- A 年画是一种古老的民间艺术，把人们的风俗和信仰反映了，寄托着他们对未来的美好祝愿。
- B 和乙醇汽油相比，这种新配方的醚类清洁汽油点燃速度更快、燃烧效率更高。
- C 某些植物，如江西井冈山地区的"灯笼树"，之所以会发出冷光，是因为其体内含有大量的磷。
- D 自明代以来，天心阁就被视为长沙古城的标志，有"潇湘古阁，秦汉名城"的美誉。

- A 세화는 일종의 오래된 민간예술로 사람들의 풍습과 신앙을 반영하고 그들의 미래에 대한 아름다운 축복을 기원하는 것이다.
- B 에탄올 휘발유와 비교하면, 이런 새로운 배합 방식의 에테르 청결 휘발유는 점화 속도가 더 빠르고 연소 효율도 더 높다.
- C 장시 징펑산의 '초롱나무'와 같은 식물이 빛이 나는 이유는 체내에 대량의 인을 함유하고 있기 때문이다.
- D 명대 이후로 천심각은 창샤 고성의 상징으로 여겨졌는데, '소상의 고대 누각이자 진한의 유서 깊은 성벽'이라고 한다.

단어 年画 niánhuà 몡 세화(설날 때 실내에 붙이는 즐거움과 상서로움을 나타내는 그림) | 信仰 xìnyǎng 몡 신앙 | 寄托 jìtuō 동 의탁하다 | 祝愿 zhùyuàn 동 축원하다, 기원하다 | 乙醇汽油 yǐchún qìyóu 에타올 휘발유 | 配方 pèifāng 몡 화학 제품이나 금속 제품 등의 배합 방법 | 醚类清洁汽油 mílèi qīngjié qìyóu 에테르 청결휘발유 | 点燃 diǎnrán 동 점화하다 | 燃烧 ránshāo 동 연소하다 | 灯笼树 dēnglongshù 초롱나무 | 冷光 lěngguāng 몡 냉광 | 磷 lín 몡 인(원자 번호 15) | 标志 biāozhì 몡 상징 | 美誉 měiyù 몡 명성, 명예

해설 A는 '把'자문 구조로, '把'자문은 목적어를 도치시켜 강조하는 구문이다. 하지만 심리 활동 동사나 인지동사는 '把'자문을 쓸 수 없다. 다시 말해 '把人们的风俗和信仰反映了'는 쓸 수 없는 표현이며, '反映了人们的风俗和信仰(사람들의 풍습과 신앙을 반영했다)'이라고 해야 한다.

59

A 历史作为一门学料，其最终目的是记录人类社会的发展历程，总结规律，为后人提供更多的经验。
B 企鹅是因为其皮下厚厚的脂肪层可以有效防止体温的散失，之所以能在寒冷的南极生存下去。
C "一叶知秋"这个成语指的是通过细微的迹象，就可以看出整个形势的发展趋向与结果。
D 青少年若要更好地适应互联时代，不仅要掌握一定的计算机技术，还要学会辨别网上的各种信息，提高自制力。

A 역사를 하나의 과목으로 삼는 최종 목적은 인류사회의 발전 과정을 기록하고 규칙을 총정리 하며 후손에게 더 많은 경험을 제공하려는 것이다.
B 펭귄이 추운 남극에서 생존해 나갈 수 있는 (이유는) 피하에 두꺼운 지방층이 체온 손실을 효과적으로 방지하기 (때문이다).
C '一叶知秋'라는 이 성어가 가리키는 뜻은 미세한 조짐을 통해 전체 상황의 발전 추세와 결과를 알 수 있다는 것이다.
D 청소년이 만약 인터넷 사회에 더 잘 적응하길 원한다면 어느 정도의 컴퓨터 기술을 익혀야 할 뿐만 아니라 인터넷상의 여러 가지 정보를 분별할 줄 알고 자제력을 향상해야 한다.

단어 目的 mùdì 몡 목적 | 历程 lìchéng 몡 역정, 과정 | 企鹅 qǐ'é 몡 펭귄 | 脂肪层 zhīfángcéng 몡 지방층 | 防止 fángzhǐ 동 방지하다 | 散失 sànshī 동 흩어져 없어지다 | 一叶知秋 yíyè zhīqiū 셍 사소한 변화를 보고 장래의 발전되어 가는 추세를 통찰하다 | 细微 xìwēi 형 미세하다 | 迹象 jìxiàng 몡 흔적, 조짐 | 形势 xíngshì 몡 정세, 상황 | 趋向 qūxiàng 몡 추세 | 掌握 zhǎngwò 동 정통하다 | 辨别 biànbié 동 판별하다, 구별하다

해설 B의 '之所以…是因为…'는 '~인 이유는 ~때문이다'라는 뜻이다. B문장이 어색한 이유는 원인과 결과를 나타내는 앞절과 뒷절의 순서가 바뀌었기 때문이다. 다시 말해 '企鹅之所以能在寒冷的南极生存下去, 是因为其皮下厚厚的脂肪层可以有效防止体温的散失'로 바꾸면 된다.

60

A 研究表明，在开车或坐车时听音乐有助于缓解旅途疲劳，使驾驶者、乘坐者感到轻松愉快。
B 半干旱山区或高原冰川区的地形十分陡峭，泥沙、石块儿等堆积物较多，且植被稀疏，是泥石流的多发地带。
C 小品常常一般通过简单的情节和场景创造出一种情境，给观众带来艺术的享受，哲理性的思考。
D 北京野生动物园是动物保护、野生动物驯养、繁殖及科普教育为一体的大型自然生态公园。

A 연구 결과, 운전할 때나 차에 탑승했을 때 음악을 들으면 여정의 피로함을 완화해주어 운전자와 탑승자가 편안하고 즐겁다고 느끼도록 한다.
B 반건조성 산간지역이나 고원 빙하지역의 지형은 매우 가팔라서 진흙과 모래, 돌 같은 퇴적물이 많은 편이며 식물이 드물어 진흙과 모래와 돌 등이 섞인 물사태가 많이 발생하는 곳이다.
C 단막극은 일반적으로 간단한 줄거리나 장면을 통해 일종의 상황이 만들어지는데, 관객들에게 예술적 향유와 철학적인 사고를 가져다 준다.
D 베이징 야생동물원은 동물을 보호하고 야생동물을 기르며 길들이고 번식과 과학 보급교육을 통합하는 대형 자연생태 공원이다.

제 3 회

阅读

단어 缓解 huǎnjiě 통 완화시키다 | 疲劳 píláo 형 피로하다 | 驾驶 jiàshǐ 통 운전하다 | 半干旱 bàngānhàn 반건조성의, 스텝(steppe)의 | 冰川 bīngchuān 명 빙하 | 陡峭 dǒuqiào 형 가파르다 | 泥沙 níshā 명 진흙과 모래 | 堆积物 duījīwù 명 퇴적물 | 稀疏 xīshū 형 드물다 | 泥石流 níshíliú 명 진흙과 모래와 돌 등이 섞인 물사태 | 多发 duōfā 형 다발적이다 | 地带 dìdài 명 지역, 지대 | 小品 xiǎopǐn 명 단막극, 촌극, 토막극 | 驯养 xùnyǎng 통 (야생동물을) 기르며 길들이다 | 繁殖 fánzhí 통 번식하다

해설 C의 '常常'은 '자주, 종종'이라는 의미의 빈도부사로, 동작의 빈도를 나타낼 때 쓰인다. 다시 말해 C의 술어인 '创造'는 동작이 아니기 때문에 '常常'이라는 부사를 쓸 수 없다. 그래서 '常常'을 빼고 '小品一般通过简单的情节和场景创造出一种情境，给观众带来艺术的享受个哲理性的思考'가 올바른 표현이다.

第二部分

61-70

61

前置消费者是指那些早在产品____问世之前，就积极____产品的生存，促进产品的改进和问世的消费者。他们与品牌的关系____，是产品口碑宣传的最佳代言人。

A 正宗　投机　周密
B 正当　投入　亲切
C 正规　参谋　亲密
D 正式　参与　密切

프리슈머는 상품이 정식으로 출시되기 전에 적극적으로 상품의 생존에 참여하여, 상품의 개선과 출시를 촉진하는 소비자를 가리킨다. 그들은 브랜드와 관계가 밀접해서 상품의 평판과 홍보에 있어서 가장 좋은 대변인이다.

A 정통 / 투기하다 / 치밀하다
B 정당 / 몰입하다 / 친절하다
C 정규 / 조언하다 / 친밀하다
D 정식 / 참여하다 / 밀접하다

단어 前置消费者 qiánzhì xiāofèizhě 프리슈머(상품이 정식 판매되기 전에 미리 사용해보는 소비자를 가리킴) | 问世 wènshì 동 세상에 나오다, 출시되다 | 促进 cùjìn 동 촉진시키다 | 口碑 kǒubēi 명 평, 평판 | 宣传 xuānchuán 동 (대중을 향하여) 선전하다, 홍보하다 ‖ 正宗 zhèngzōng 형 정통의 | 投机 tóujī 동 투기하다 | 周密 zhōumì 형 치밀하다

해설 첫 번째 빈칸 뒤의 '问世'는 '세상에 나오다, 출시되다'라는 의미의 동사이다. '~하게 출시되다'라는 의미로 가장 적절한 표현은 '정식으로 출시되다'이기 때문에 '正式'가 적절하다.
두 번째 빈칸에서는 '상품의 생존에 적극적으로 ~하다'라는 이 문장의 주어는 프리슈머이며, 의미를 보았을 때 프리슈머가 상품이 생존하도록 '참여'하거나 '조언'한다는 의미가 맞기 때문에 '参谋'와 '参与'가 적절하다.
마지막으로 세 번째 빈칸에서 주어인 '关系(관계)'와 의미상 상응할 수 있는 것은 '密切'뿐이다. 그러므로 정답은 D이다.

62

歇后语是中国人在生活____中创造的一种独具风格的语言形式。它短小，风趣，却蕴含着极深的文化____。可以说几乎每一则歇后语的背后都有一个____的故事或传说。

A 实践　内涵　生动
B 行动　内在　出色
C 体会　精华　好奇
D 教训　底蕴　惊奇

헐후어는 중국 사람들이 생활 실천 속에서 만들어낸 일종의 독특한 풍격의 언어형식이다. 이것은 짧고 재미있으며 깊은 문화 내용을 내포하고 있다. 거의 모든 헐후어의 배경에는 생동감 있는 이야기나 전설이 있다고 할 수 있다.

A 실천 / 내용 / 생동감 있다
B 행동 / 내재 / 뛰어나다
C 체험 / 정화 / 호기심이 있다
D 교훈 / 식견 / 놀라며 의아해하다

단어 歇后语 xiēhòuyǔ 명 헐후어 | 风趣 fēngqù 형 유머러스하다 | 蕴含 yùnhán 포함하다, 내포하다 ‖ 实践 shíjiàn 명 실천 | 教训 jiàoxùn 명 교훈 | 内涵 nèihán 명 내용, (담겨있는) 의미 | 底蕴 dǐyùn 명 식견, 내부 상황 | 惊奇 jīngqí 놀라며 의아해하다

해설 첫 번째 빈칸은 헐후어가 중국 사람들이 생활 속에서 '사용하고 이행하며' 만든 독특한 언어 형식이라는 의미가 나와야 한다. 이때 '이행하다, 실천하다, 실행하다'라는 의미의 '实践'이 적절하다.
두 번째 제시어에서 '문화'와 호응하여 문화의 '내용' 혹은 문화에 내재된 '식견'이라는 의미를 줄 수 있는 단어는 '内涵'과 '底蕴'이다.
마지막으로 '故事(이야기)', '传说(전설)'를 수식할 만한 표현으로는 '生动'을 제외하고는 없기 때문에 정답은 A이다.

63

　　身体长时间保持一种____会导致肌肉静脉血管的血液淤积。这时，____个懒腰，便可使全身大部分肌肉舒张或收缩，让淤滞的血液流回心脏，从而____血液循环，减缓疲劳。

A 姿势 / 伸 / 改善
B 形势 / 歇 / 改进
C 神态 / 蹲 / 改动
D 形态 / 扶 / 改革

신체가 장시간 동안 한 가지 <u>자세</u>를 유지한다면 근육의 정맥혈관의 혈액이 응결될 수 있다. 이때, 기지개를 <u>펴면</u> 전신의 근육 대부분이 이완되거나 수축되서 울체한 혈액이 심장으로 흘러들어가고 이로써 혈액순환을 <u>개선하여</u> 피로를 줄일 수 있다.

A 자세 / 펴다 / 개선하다
B 형세 / 쉬다 / 개량하다
C 태도 / 웅크리다 / 변동하다
D 형태 / 지탱하다 / 개혁하다

단어 保持 bǎochí 통 유지하다 | 静脉 jìngmài 명 정맥 | 血管 xuèguǎn 명 혈관 | 淤积 yūjī 통 응결되다 | 懒腰 lǎnyāo 명 기지개 | 收缩 shōusuō 통 수축하다 | 淤滞 yūzhì 통 울체하다 | 心脏 xīnzàng 명 심장 | 循环 xúnhuán 통 순환하다 | 减缓 jiǎnhuǎn 통 (정도가) 가벼워지다 ‖ 姿势 zīshì 명 자세 | 歇 xiē 휴식하다 | 改革 gǎigé 통 개혁하다

해설 첫 번째 빈칸에서 신체가 유지할 수 있는 것 중에 가장 적절한 단어는 '姿势(자세)'이다.
두 번째 빈칸에서 '懒腰(기지개)'와 상응할 수 있는 단어는 '伸'뿐이다.
세 번째 빈칸에서 '血液循环(혈액순환)'을 목적어로 취할 수 있는 동사는 '改善'뿐이므로 정답은 A이다.

64

　　《书香北京》是北京电视台推出的一____文化栏目。该节目定位于"品味读书人生，感受知识力量"。它以书为____，邀请多位名人来____他们"读书改变人生"的亲身经历，从最真实的角度展现阅读的____与价值。

A 档 / 载体 / 分享 / 意义
B 套 / 核心 / 分析 / 意图
C 批 / 重心 / 探讨 / 定义
D 列 / 工具 / 交流 / 内涵

≪슈샹 베이징≫은 베이징 방송국에서 내놓은 한 <u>가지</u>의 문화 항목이다. 이 프로는 '책 읽는 인생을 음미하고 지식의 힘을 느끼자'라는 취지에 있다. 이것은 책을 <u>매개체</u>로 삼아 여러 명사들을 초청해 그들의 '독서가 인생을 바꾼다'라는 자신의 경험을 <u>나누고</u>, 가장 진실한 시각에서 책 읽기의 <u>의미</u>와 가치를 드러내는 것이다.

A 건, 가지 / 매개체 / 나누다 / 의미
B 세트 / 핵심 / 분석하다 / 의도
C 무리 / 중심 / 탐구하다 / 정의
D 열 / 공구 / 교류하다 / 내함

단어 推出 tuīchū 통 (신상품 또는 신기술을) 내놓다 | 栏目 lánmù 명 항목 | 邀请 yāoqǐng 통 초청하다 | 亲身 qīnshēn 형 자신의 | 价值 jiàzhí 명 가치 ‖ 载体 zàitǐ 명 매개체 | 核心 héxīn 명 핵심 | 探讨 tàntǎo 통 탐구하다

해설 첫 번째 빈칸에서 '항목'이라는 뜻의 '栏目'를 셀 수 있는 양사는 '档'뿐이다.
두 번째 빈칸에서 '以A为B' 구문이 나왔는데 이는 'A를 B로 삼다'라는 뜻이다. 다시 말해 '它以书为___'는 '그것은 책을 ~로 삼는다'라고 해석이 되어야 하며 앞부분에서 책으로 인생을 음미한다는 내용이 나왔으므로 '운반체, 매개체'라는 '载体'가 적절하다.
세 번째 단락에서 누구를 초청했을 때에는 경험을 함께 나누는 행위를 하므로 '함께 나누다'라는 의미의 '分享'이 적절하다.
'책 읽기의 ___와 가치를 나타내게 하다'라고 해석이 되는 네 번째 빈칸에서는 '의미'라는 뜻의 '意义'가 가장 적절하다. 그러므로 정답은 A이다.

65

配音与有声电影一同产生。一般在两种____下电影才需要配音：一种是拍摄时，因演员不能使用电影所需语言或嗓音不够有魅力而无法同期____；另一种是从不同语言的国家或地区____的电影，须配上本土语言，以弥补语言不通造成的理解____。

더빙과 유성영화는 함께 만들어졌다. 일반적으로 두 가지 상황에서 영화는 더빙이 필요하다. 하나는 영상을 찍을 때 배우가 영화에서 필요한 언어를 구사할 수 없거나 목소리가 어울리지 않아서 같은 기간에 녹음할 수 없을 경우이다. 다른 하나는 다른 언어의 국가나 지역으로부터 수입한 영화로 본토의 언어를 입혀야 하는 경우에 언어가 통하지 않아 생기는 이해의 장애를 보완하기 위해서이다.

A 状况　合成　招收　屏障
B 形势　直播　采购　界限
C 情况　录音　进口　障碍
D 情景　录取　引用　隔阂

A 상황 / 합하다 / 모집하다 / 장벽
B 형세 / 생중계하다 / 구매하다 / 경계
C 상황 / 녹음하다 / 수입하다 / 장애
D 장면 / 녹취하다 / 인용하다 / 간격

단어 配音 pèiyīn 동 더빙하다 | 有声电影 yǒushēng diànyǐng 유성영화 | 拍摄 pāishè 동 촬영하다, (사진을) 찍다 | 嗓音 sǎngyīn 명 목소리, 목청 | 魅力 mèilì 명 매력 | 本土 běntǔ 명 고향 | 弥补 míbǔ 동 메우다, 보충하다 ‖ 招收 zhāoshōu 동 모집하다 | 障碍 zhàng'ài 명 장애물, 방해물 | 隔阂 géhé 명 틈, 간격

해설 첫 번째 빈칸에서 더빙과 유성영화가 두 가지 '상황' 하에 필요하다는 표현이 나와야 한다. 이때 '状况'은 쓸 수 없고 '情况'이 가능한 이유는 '状况'은 이미 기정사실에 대한 상황을 나타내고 '情况'은 현재 즉각적으로 처한 상황을 이르는 표현이기 때문이다.
두 번째 빈칸에서는 영화에 언어를 '녹음'한다는 내용이 나와야 하므로 '录音'말고는 나올 수 있는 것이 없다.
세 번째 빈칸에서 '从不同语言的国家或地区(다른 언어의 국가나 지역으로부터)' 뒤에 쓰일 수 있는 동사는 '引用(인용하다)'을 제외한 나머지 단어가 모두 올 수 있다.
마지막 빈칸에서 '언어가 통하지 않아 생기는 이해의 ____를 보완하기 위해서이다'라고 해석이 되므로 '障碍(장애)'만이 쓰일 수 있다. 그러므로 정답은 C이다.

66

六安瓜片是中国十大名茶之一，它叶质____，气味清新，回味甘美。明代科学家徐光启就曾____其为"茶之极品"。六安瓜片因生长____长，积蓄的____比较多，因而在所有绿茶当中营养价值最高。

육안과편은 중국 10대 명차 중 하나로, 이 잎의 질은 부드러우며 연하고, 향은 맑고 산뜻하며, 뒷맛이 달콤하다. 명대의 과학자 서광계는 일찍이 이것을 '차 중의 극상품'이라고 평가했다. 육안과편은 성장 주기가 길기 때문에 저장된 영양분이 비교적 많은 편인데, 그래서 모든 녹차 중에서 영양가가 가장 높다.

A 柔软　评价　周期　养分
B 柔和　评论　期限　品质
C 光滑　赞赏　阶段　元素
D 细腻　赞扬　日程　精华

A 부드럽고 연한 / 평가하다 / 주기 / 영양분
B 보드라운 / 평론하다 / 기한 / 품질
C 매끄러운 / 찬상하다 / 단계 / 원소
D 부드럽고 매끄러운 / 찬양하다 / 일정 / 정화

단어 六安瓜片 lù'ānguāpiàn 명 육안과편 | 清新 qīngxīn 형 맑고 산뜻하다 | 回味 huíwèi 명 뒷맛 | 甘美 gānměi 형 달콤하다 | 极品 jípǐn 명 극상품, 최상품 | 积蓄 jīxù 동 저축하다 ‖ 光滑 guānghuá 형 매끌매끌하다 | 细腻 xìnì 형 부드럽고 매끄럽다, 섬세하다 | 赞赏 zànshǎng 동 찬상하다, 칭찬하며 높이 평가하다

	제 3 회
	阅读

해설 첫 번째 빈칸의 주어인 '叶质(잎의 질)'와 호응할 수 있는 단어는 '柔软'와 '细腻'뿐이다. '柔和'는 주로 색채나 목소리, 햇빛 등 손으로 잡을 수 없는 것이 부드러울 때 쓰이며 '光滑'는 물체의 표면이 반들반들할 때 쓰이므로 본문에서 쓰일 수 없다.
두 번째 빈칸에서 '서광계라는 사람이 이 차를 '차 중의 극상품'이라고 ____했다'라는 표현이 나와야 하므로 '평론하다'라는 의미의 '评论'을 빼곤 모두 올 수 있다.
세 번째 빈칸에서 '성장'이라는 명사와 함께 쓰여 복합명사로 쓰일 수 있는 것은 '周期(주기)'뿐이며 '성장 주기'라고 해석 할 수 있다.
마지막으로 '积蓄的___比较多'는 '저장된 ___가 비교적 많다'라고 해석되기 때문에 들어갈 수 있는 단어는 '养分(영양분)'뿐이다. 그러므로 정답은 A이다.

67

《齐民要术》是南北朝时期的重要农学____。该书总结了6世纪前中国黄淮____农业和畜牧业的生产经验，提出了农业生产要____考虑各项生产因素、抓好各个环节等思想，是____当时物质生产及社会生活的重要史料。

A 典籍　地势　混合　调查
B 著作　地区　综合　研究
C 文献　区域　组合　考察
D 书籍　陆地　合并　钻研

≪제민요술≫은 남북조 시대의 중요한 농학 저서이다. 이 책은 6세기 전 중국 황화이 지역 농업과 목축업의 생산 경험을 총정리하고, 농업 생산에 필요한 각 생산 요인을 종합적으로 고려하고, 매 환절을 잘 파악해야 함을 제기했다. 당시의 물질생산과 사회생활을 연구한 중요한 역사 사료이다.

A 고서 / 지세 / 혼합 / 조사하다
B 저서 / 지역 / 종합 / 연구하다
C 문헌 / 구역 / 조합 / 고찰하다
D 서적 / 육지 / 합병 / 파고들다

단어 畜牧 xùmù 图 축산하다, 목축하다 | 考虑 kǎolǜ 图 고려하다 | 抓 zhuā 图 꽉 쥐다 | 环节 huánjié 圆 환절, 일환 | 史料 shǐliào 圆 역사 자료 ∥ 典籍 diǎnjí 圆 고서 | 混合 hùnhé 圆 혼합 | 钻研 zuānyán 图 깊이 연구하다

해설 첫 번째에서 《제민요술》은 책 이름이므로 '典籍' 혹은 '著作'가 적절하다.
두 번째 빈칸 앞의 '黄淮'는 '황허'와 '화이허' 구역의 줄임말이다. 그러므로 '黄淮'는 지역의 이름이기에 들어가기 적절한 단어로는 '地区' 또는 '区域'가 있다.
세 번째 제시어에서 '农业生产要____考虑各项生产因素'로 나왔다는 것은 해석이 '농업 생산에 필요한 각 생산 요인을 ___ 고려하다'로 해석이 되기 때문에 '종합'이라는 뜻의 '综合'만이 적절하다.
마지막으로 네 번째 빈칸에서 '당시의 물질생산과 사회생활을 ___한 역사 자료이다'라고 해석이 되기 때문에 '研究' 또는 '考察' 등이 적절하다. 이 모든 것을 종합하여 보면 B가 정답이라는 것을 알 수 있다.

68

电子鞭炮是一种可代替传统鞭炮的电子产品，这种鞭炮不仅能____出普通鞭炮的响声，而且还能发出闪光，几乎可以____。另外，电子鞭炮无污染，也不会引发安全____，还能重复使用，大大减少了人们的经济____。

A 伪造　滥竽充数　事件　代价
B 拟定　鱼目混珠　事项　开支
C 模仿　以次充好　事迹　经费
D 模拟　以假乱真　事故　支出

전자 폭죽은 일종의 전통 폭죽을 대체할 수 있는 전자제품이다. 이런 폭죽은 일반 폭죽 소리를 모방할 수 있을 뿐만 아니라 빛도 낼 수 있어서 진짜처럼 할 수 있다. 또한 전자 폭죽은 오염이 없고 안전사고도 일어나지 않으며, 반복 사용도 가능해서 사람들의 경제적 지출을 크게 줄일 수 있다.

A 위조하다 / 머릿수만 채우다 / 사건 / 대가
B 입안하다 / 가짜를 진짜로 속이다 / 사항 / 지출
C 모방하다 / 나쁜 물건을 좋다고 속이다 / 사적 / 경비
D 모방하다 / 가짜를 진짜인 것처럼 하다 / 사고 / 지출

해설 제3회 • 165

단어 鞭炮 biānpào 폭죽의 총칭 | 响声 xiǎngshēng 소리 | 闪光 shǎnguāng 섬광 | 污染 wūrǎn 오염시키다 || 伪造 wěizào 위조하다 | 滥竽充数 lànyú chōngshù 머릿수만 채우다, 능력 없는 사람이 능력 있는 척하다 | 鱼目混珠 yúmù hùnzhū 가짜를 진짜로 속이다 | 以次充好 yǐcì chōnghǎo 나쁜 물건을 좋다고 속이다 | 以假乱真 yǐjiǎ luànzhēn 가짜를 진짜인 것처럼 하다 | 事迹 shìjì 사적

해설 첫 번째 빈칸에서 '전자 폭죽이 일반 폭죽 소리를 ___한다'고 했으므로 '모방하다'라는 의미의 '模仿'이나 '模拟'가 적절하다.

두 번째 빈칸에서 '전자 폭죽이 일반 폭죽과 비슷하다'라는 의미가 나와야 한다. '以假乱真'은 '가짜를 진짜인 것처럼 속여, 사람들이 진위를 구별하기 힘들게 하다'라는 의미로 다시 말해 '진짜 같다'라는 의미가 되어 답이 될 수 있다.

세 번째 빈칸에서 '安全'과 함께 하나의 복합명사가 될 수 있는 것은 '事迹'를 빼고 모두가 적절하다.

네 번째 빈칸에서 '사람들의 경제적 ___를 크게 줄일 수 있다'는 '代价'를 제외하고 모두 가능하다. 그러므로 정답은 D이다.

69

"百年陈酒十里香"是说陈放多年的酒味道更香浓甘爽。这是因为让酒散发芳香___的功臣是乙酸乙酯，而乙酸乙酯在新酒中的含量___，所以新___的酒才会味苦、生涩。只有经过几个月___几年自然窖藏的酒，才会散发出浓郁的酒香。

A 滋味	举足轻重	制造	以免
B 风味	无微不至	铸造	以致
C 口味	无穷无尽	酝酿	乃至
D 气味	微乎其微	酿造	甚至

'백 년 묵힌 술 향은 십 리까지 간다'라는 말은 오랫동안 묵혀둔 술의 향이 더 진하고 달며 시원하다는 뜻이다. 이것은 술의 향기로운 냄새를 퍼지게 하는 공신이 초산에틸이기 때문이며, 갓 담근 술의 초산에틸 함량은 매우 미미해서 새로 빚은 술은 맛이 쓰고 떫다. 몇 개월 심지어 몇 년 동안의 자연 저장된 술이야말로 그윽한 술 향이 나는 것이다.

A 좋은 맛 / 상당한 영향력이 있다 / 제조하다 / ~하지 않도록

B 맛, 풍미 / 세심하다 / 주조하다 / ~을 초래하다

C 맛, 풍미 / 무궁무진하다 / 술을 빚다 / 더 나아가

D 냄새 / 매우 미미하다 / 양조하다 / 심지어

단어 陈放 chénfàng 진열하다, 배치하다 | 香浓甘爽 xiāngnóng gānshuǎng 향이 진하고 달고 시원하다 | 散发 sànfā 퍼지다, 발산하다 | 芳香 fāngxiāng 향기 | 功臣 gōngchén 공신 | 乙酸乙酯 yǐsuān yǐzhǐ 초산에틸 | 生涩 shēngsè 떫다 | 窖藏 jiàocáng (저장용 토굴에) 저장하다 | 浓郁 nóngyù 짙다, 농후하다 || 举足轻重 jǔzú qīngzhòng 대단히 중요한 위치에 있어 일거수일투족이 전체에 중대한 영향을 끼치다, 상당한 영향력이 있다 | 无微不至 wúwēi búzhì 사소한 데까지 신경을 쓰다, 세심하다 | 无穷无尽 wúqióng wújìn 무궁무진하다 | 微乎其微 wēihū qíwēi 매우 적다, 미미하다 | 铸造 zhùzào 주조하다 | 酝酿 yùnniàng 술을 빚다

해설 첫 번째 빈칸 앞에 '芳香(향, 향기)'이 있기 때문에 뒤이어 나와야 할 표현은 '气味(냄새)'뿐이다.

두 번째 빈칸에서 향기를 내는 원인이 초산에틸이며, 갓 담근 술에는 이 함량이 ___하여 맛이 쓰고 떫다고 했다. 이 말은 초산에틸이 풍부하지 않다는 의미이기 때문에 '微乎其微(매우 미미하다)'가 들어가야 한다.

세 번째 빈칸에서 술을 만드는 행위는 '酝酿' 또는 '酿造'가 가능하다.

마지막으로 빈칸 앞에는 '몇 개월', 빈칸 뒤에는 '몇 년 동안'이라고 하여 점층 관계를 나타냄을 알 수 있다. 그러므로 '乃至'과 '甚至'가 모두 가능하므로 정답은 D이다.

70

唐卡是富有藏族文化特色的一个画种，其内容____，无所不包，____一部社会史。它一般以亚麻布作为底布，所用颜料以____矿物和植物为主，且经过了科学的配比，再加上西藏气候____，所以即使经过数百年之久，唐卡依然色泽____，就像新绘制的一般。

A	深刻	如同	原始	枯燥	华丽
B	丰盛	假如	陈旧	干旱	丰满
C	巨大	譬如	天生	炎热	鲜明
D	广泛	犹如	天然	干燥	鲜艳

탕카는 장족 문화 특색을 풍부하게 지니고 있는 그림의 한 종류이다. 내용이 광범위하여 포함하지 않는 것이 없으므로 한 편의 사회사 같다. 이것은 일반적으로 아마포로 밑부분을 만들고, 사용하는 안료는 천연 광물과 식물을 주로 삼는다. 또한 과학적인 배율과 티베트의 건조한 기후가 더해져서 수백 년이 지나도 탕카는 여전히 색깔과 광택이 화려하여 마치 새로 만든 것 같다.

A 깊다 / ~와 같다 / 원시의 / 무미건조하다 / 화려하다
B 풍성하다 / 만약 / 오래된 / 가뭄 / 풍만하다
C 거대하다 / 만약 / 천성의 / 무덥다 / 선명하다
D 광범위하다 / ~와 같다 / 천연의 / 건조하다 / 화려하다

단어 唐卡 tángkǎ 명 탕카, 두루마리 그림 | 富有 fùyǒu 동 충분히 가지다 | 画种 huàzhǒng 그림의 종류 | 无所不包 wúsuǒ bùbāo 성 포함하지 않는 것이 없다 | 亚麻布 yàmábù 아마포 | 颜料 yánliào 명 안료 | 矿物 kuàngwù 명 광물 | 配比 pèibǐ 명 배분율, 조합율 | 色泽 sèzé 명 색깔과 광택 | 绘制 huìzhì 동 (도면·도표 따위를) 제작하다 ‖ 广泛 guǎngfàn 형 광범위하다 | 譬如 pìrú 접 만약 | 陈旧 chénjiù 형 오래되다 | 枯燥 kūzào 형 무미건조하다

해설 첫 번째 문장의 '其内容____, 无所不包'를 해석하면 '내용이 ____해서 포함하지 않는 것이 없다'이기 때문에 빈칸의 의미는 '广泛(광범위하다)'이다.
앞부분의 내용을 이어서 두 번째 빈칸에서 '포함하지 않는 것이 없어 한 편의 사회사 같다'라는 표현으로 쓰여야 하기 때문에 '如同'과 '犹如'가 적절하다.
세 번째 빈칸에서 '矿物(광물)'라는 단어와 함께 쓰여 하나의 복합명사를 이룰 수 있는 것은 '天然'뿐이며, '天然矿物'는 '천연 광물'이라는 뜻이다.
네 번째 빈칸에서 주어가 '气候(기후)'이기 때문에 '枯燥(무미건조하다)'라는 단어 외에 모두 사용이 가능하다.
다섯 번째 빈칸에서 '色泽(광택)'라는 주어와 쓰일 수 있는 단어는 '丰满(풍만하다)'을 제외하고 모두 가능하다. 따라서 정답은 D이다.

第 三 部 分

71-75

　　柠檬是一种营养丰富的水果，在美容和保健方面都有很大的作用。很多人会问，柠檬怎么吃才好？(71)___A___。

　　柠檬水中含有极为丰富的维生素C，经常喝柠檬水可以快速、有效地补充维生素C。不仅如此，柠檬水还具有抗菌、协助骨胶原生成等功效，(72)___C___。感冒的时候，如果能喝上500到1000毫升的柠檬水，你就会明显觉得鼻涕少了，(73)___D___；如果是感冒初期，那么喝柠檬水会使你很快痊愈。

　　除了以上功效外，柠檬水还能开胃消食。夏天喝，还能起到解暑的效果。另外，用温开水泡柠檬，再加少许盐一同喝下去，还可以起到化痰的作用。这对咳嗽痰多、轻微结核病的患者来讲，非常有帮助。

　　但值得注意的是，(74)___B___，柠檬也不例外。现在，有很多女性为了美容，每天喝大量的柠檬水，结果却伤了胃，实在得不偿失。因此，喝柠檬水一定要适量，每天不宜超过1000毫升。此外，(75)___E___，胃酸过多者和胃溃疡患者最好不要饮用柠檬水。

A 答案是泡水饮用
B 再好的东西摄入时也应有节制
C 可以增强体质
D 感冒症状减轻了
E 由于柠檬的pH值非常低

레몬은 영양이 풍부한 과일로 미용과 건강 방면에 큰 작용을 한다. 많은 사람이 레몬을 어떻게 먹어야 좋은지 묻는다. (71) A 답은 물에 담가서 마시는 것이다.

레몬수에는 매우 풍부한 비타민C가 함유되어 있어 자주 레몬수를 마시면 빠르고 효과 있게 비타민C를 보충할 수 있다. 이뿐만 아니라, 레몬수는 항균과 뼈의 콜라겐 생성을 돕는 등의 효능을 가지고 있어 (72) C 체력을 강화시킬 수 있다. 감기에 걸렸을 때, 만약 500~1,000밀리미터의 레몬수를 마시게 되면 콧물이 눈에 띄게 줄고 (73) D 감기 증상이 완화되는 것을 느낄 것이다. 만약 감기 초기라면, 레몬수를 마시면 빠르게 회복할 것이다.

이상의 효능 외에도, 레몬수는 식욕을 돋우고 소화를 돕는다. 여름철에 마시면 더위를 식히는 효과도 있다. 또한 끓는 물에 레몬을 담그고 소량의 소금을 넣어서 마시면 가래를 삭이는 작용도 한다. 이것은 기침과 가래가 많거나 심하지 않은 결핵 환자에게 매우 도움이 된다.

하지만 주의해야 할 점은 (74) B 아무리 좋은 것이라도 섭취할 때에는 절제해야 하며 레몬도 예외는 아니다. 요즘 많은 여성이 미용을 위해 매일 다량의 레몬수를 마셔서 결국 위를 상하게 하여 실로 얻는 것보다 잃는 것이 많다. 그러므로 레몬수는 반드시 적당량을 마셔야 하고 매일 1,000밀리리터를 초과하지 않는 것이 좋다. 이외에도 (75) E 레몬의 pH가 매우 낮기 때문에 위산 과다인 사람과 위궤양 환자는 레몬수를 마시지 않는 것이 좋다.

A 답은 물에 담가서 마시는 것이다
B 아무리 좋은 것이라도 섭취할 때에는 절제해야 한다
C 체력을 강화시킬 수 있다
D 감기 증상이 완화됐다
E 레몬의 pH가 매우 낮기 때문이다

단어 柠檬 níngméng 명 레몬 | 营养 yíngyǎng 명 영양 | 保健 bǎojiàn 건강에 좋다 | 补充 bǔchōng 통 보충하다, 추가하다 | 不仅如此 bùjǐn rúcǐ 이러할 뿐만 아니라 | 抗菌 kàngjūn 명 항균 | 协助 xiézhù 협조하다 | 骨胶原 gǔjiāoyuán 뼈의 콜라겐 | 痊愈 quányù 통 병이 낫다, 치유되다 | 功效 gōngxiào 명 효능, 효과 | 开胃 kāiwèi 통 식욕을 돋우다 | 消食 xiāoshí 통 소화를 돕다, 촉진하다 | 解暑 jiěshǔ 더위를 해소하다 | 化痰 huàtán 가래를 삭이다 | 咳嗽 késou 통 기침하다 | 轻微 qīngwēi 명 약하다, 경미하다 | 结核 jiéhé 명 결핵 | 值得 zhídé 통 ~할 만하다, ~할 만한 가치가 있다 | 得不偿失 débù chángshī 성 얻는 것보다 잃는 것이 더 많다 | 适量 shìliàng 형 적당량이다 | 胃溃疡 wèikuìyáng 명 위궤양

제 3 회
阅读

71 A 答案是泡水饮用 | A 답은 물에 담가서 마시는 것이다

해설 빈칸 앞에서 '柠檬怎么吃才好?(레몬은 어떻게 먹어야 좋을까?)'라고 질문을 했기 때문에 이것에 대한 답이 나와야 한다. 따라서 답은 A이다.

72 C 可以增强体质 | C 체력을 강화시킬 수 있다

해설 앞의 내용을 살펴보면 '柠檬水还具有抗菌、协助骨胶原生成等功效(레몬수는 항균과 뼈의 콜라겐 생성을 돕는 등의 효능을 가지고 있어서)'라고 나와있고 뒷부분에선 구체적인 효능에 대해 나와있으므로 빈칸에 들어갈 수 있는 말은 C이다.

73 D 感冒症状减轻了 | D 감기 증상이 완화됐다

해설 빈칸 뒤에 '如果是感冒初期(만약 감기 초기라면)'라는 표현이 있고, 빈칸 앞에는 감기에 대한 언급이 없기 때문에 빈칸 자리에 감기가 언급되어야 한다. 그러므로 정답은 D이다.

74 B 再好的东西摄入时也应有节制 | B 아무리 좋은 것이라도 섭취할 때에는 절제해야 한다

단어 摄入 shèrù 명 섭입, 섭취 | 节制 jiézhì 동 절제하다

해설 빈칸 뒤의 내용으로는 많은 여성이 너무 많은 양의 레몬수를 마셔서 위가 상하게 된 사례가 나와 있고, 마지막 단락이 주의사항에 대한 단락이기 때문에 빈칸에서 너무 과도하게 섭취하면 안 된다는 내용이 나와야 한다. 그러므로 '再好的东西摄入时也应有节制(아무리 좋은 것이라도 섭취할 때에는 절제해야 한다)'라는 B가 들어가야 한다.

75 E 由于柠檬的pH值非常低 | E 레몬의 pH가 매우 낮기 때문이다

해설 빈칸 뒤에 '胃酸过多者和胃溃疡患者最好不要饮用柠檬水(위산 과다인 사람과 위궤양 환자는 레몬수를 마시지 않는 것이 좋다)'라는 표현 앞에서 전제 조건이 되는 E가 적절하다.

76-80

清徐位于山西省中部，其境内已发掘出4处古文化遗址，(76)___C___。在历经数千年的演进后，清徐至少有6种具有鲜明特色的文化。

其一为尧文化。据记载，(77)___A___，清徐尧城就是早期的帝都，后来也成为了人们祭祀尧帝和海内外炎黄子孙寻根祭祖的圣地。

其二为醋文化。作为"中国醋都"，清徐醋史源远流长，其生产的老陈醋被誉为"华夏第一醋"。

其三为葡萄文化。清徐是中国四大葡萄产地之一，(78)___D___。其葡萄栽培历史可上溯到2000年前。

其四为贯中文化。文学巨匠罗贯中在清徐的清源镇出生，他的著作《三国演义》脍炙人口，闻名中外。作品中关公的忠义与诚信深深地影响了清徐人，(79)___E___，清徐才有了辉煌的晋商文化。

其五为晋商文化。明清时期，地处交通要冲的清徐逐渐发展成为商业重镇，并成为了晋商活动的中心区域，晋商的足迹也从此遍及全国。

其六为民间文化。清徐的民间文艺源于秦汉，发展于唐宋，兴盛于明清，(80)___B___，这种集民间口头文学、美术、音乐、舞蹈、杂技、戏曲和手工艺为一体的综合艺术精品，被誉为"无言戏剧""空中舞蹈"和"流动杂技"。

A 尧帝最早在清徐建都
B 正因为秉持着这种诚信的理念
C 文明历史可以追溯到新石器时代
D 素有"葡萄之乡"的美誉
E 特别是徐沟背铁棍艺术

칭쉬는 산시성의 중부에 있으며 이미 성내의 네 곳에서 고대유적을 발굴하였고, (76) C 문명의 역사는 신석기 시대로 거슬러 올라간다. 수천 년의 진화 발전을 겪은 후, 칭쉬는 최소 여섯 가지의 특색있는 문화를 가지게 되었다.

첫 번째는 요 문화이다. 기록에 따르면, (77) A 요 임금은 최초로 칭쉬에 수도를 세웠는데, 칭쉬 요성이 바로 초기 황제의 도성으로 후에도 사람들이 요 임금과 국내외 중화민족의 혈통을 찾아 조상님께 제사를 지내는 성지가 되었다.

두 번째는 식초 문화이다. '중국 식초의 도시'로서 칭쉬의 식초사는 유구한데, 그 중 생산되는 묵은 식초는 '중국 제일의 식초'라고 불린다.

세 번째는 포도 문화이다. 칭쉬는 중국 사대 포도 생산지 중 한 곳으로 (78) D 본디 '포도의 고향'이라는 명성을 가지고 있다. 포도의 재배 역사는 2,000년 전으로 올라간다.

네 번째는 관중 문화이다. 문학 거장 나관중은 칭쉬의 청원진에서 태어났는데, 그의 저작 ≪삼국연의≫는 많은 사람 사이에서 널리 회자됐고, 전 세계적으로 유명하다. 작품 중 관공의 충성과 성실함은 칭쉬 사람들에게 깊은 영향을 주었고, (79) E 특히 '서구배철곤' 민간 예술은 칭쉬에 비로소 휘황찬란한 산서상인 문화를 있게 했다.

다섯 번째는 산서상인 문화이다. 명청시대에 지역의 교통 요충지였던 칭쉬는 점차 상업의 요지로 발전하여 산서상인 활동의 중심지가 되었고 산서상인의 족적도 전국에 확산되었다.

여섯 번째는 민간 문화이다. 칭쉬의 민간 문예는 진한대에 시작되었고 당 송대에 발전했으며 명 청대에 흥했는데, (80) B 바로 이런 성실한 이념이 주도했기 때문이다. 이런 민간의 구전문학과 미술, 음악, 춤 곡예, 희곡, 수공예가 합쳐진 종합예술의 명품은 '무언극', '공중 춤', '이동곡예'로 불렸다.

A 요 임금은 최초로 칭쉬에 수도를 세웠다
B 바로 이런 성실함의 이념이 주도했다
C 문명의 역사는 신석기 시대로 거슬러 올라간다
D 본디 '포도의 고향'이라는 명성을 가지고 있다
E 특히 '서구배철곤' 민간 예술이다

단어 发掘 fājué 동 발굴하다, 캐내다 | 遗址 yízhǐ 명 유적 | 记载 jìzǎi 명 기록 | 寻根祭祖 xúngēn jìzǔ 혈통을 찾아 조상께 제사를 지내다 | 源远流长 yuányuǎn liúcháng 성 역사가 유구하다 | 栽培 zāipéi 동 심어 가꾸다, 재배하다 | 上溯 shàngsù 동 연대를 거슬러 올라가다 | 巨匠 jùjiàng 거장 | 脍炙人口 kuàizhì rénkǒu 성 사람들 사이에 널리 회자되다 | 闻名中外 wénmíng zhōngwài 세계적으로 유명하다 | 辉煌 huīhuáng 휑 휘황찬란하다 | 晋商 jìnshāng 산서상인 | 要冲 yàochōng 명 요충(지) | 足迹 zújì 족적, 발자취 | 遍及 biànjí 동 두루 미치다, 골고루 퍼지다 | 兴盛 xīngshèng 휑 흥성하다

| 76 | C 文明历史可以追溯到新石器时代 | C 문명의 역사는 신석기 시대로 거슬러 올라간다 |

단어 追溯 zhuīsù 동 거슬러 올라가다

해설 빈칸 앞에서 '其境内已发掘出4处古文化遗址(국내에서 이미 4곳에서 고대유적을 발굴했다)'는 표현이 나왔다. 그리고 뒷부분에서 수천 년의 진화를 겪었다고 했기 때문에 답으로 C 文明历史可以追溯到新石器时代 (문명의 역사가 신석기 시대까지 거슬러 올라간다)가 들어가야 한다.

| 77 | A 尧帝最早在清徐建都 | A 요 임금은 최초로 칭쉬에 수도를 세웠다 |

해설 빈칸 앞에 요나라에 대한 언급이 나왔기 때문에 A '尧帝最早在清徐建都(요 임금은 최초로 칭쉬에 수도를 세웠다)'가 나와야 한다.

| 78 | D 素有"葡萄之乡"的美誉 | D 본디 '포도의 고향'이라는 명성을 가지고 있다 |

단어 素有 sùyǒu 동 원래부터 있다

해설 빈칸 앞에서 '清徐是中国四大葡萄产地之一 (칭쉬는 중국 사대 포도 생산지 중 한 곳인데)'라고 하여 처음으로 포도가 언급되었다. 그러므로 D '素有"葡萄之乡"的美誉 ('포도의 고향'이라는 명성을 가지고 있다)'가 들어가는 것이 옳다.

| 79 | E 特别是徐沟背铁棍艺术 | E 특히 '서구배철곤' 민간 예술이다 |

단어 铁棍 tiěgùn 명 쇠몽둥이

해설 빈칸 뒤에서 '비로소'라는 의미의 才를 이용하여 '清徐才有了辉煌的晋商文化(칭쉬에 비로소 눈부신 산서 상인 문화를 있게 했다)'가 나왔다는 것은 특정한 무언가가 상인 문화를 만들었다는 내용이 나온다는 의미이다. E 特别是徐沟背铁棍艺术를 빈칸에 넣어 한꺼번에 해석하면 '특히 '서구배철곤' 민간 예술이 칭쉬에 눈부신 산서 상인 문화를 있게 했다.'라고 해석될 수 있다.

| 80 | B 正因为秉持着这种诚信的理念 | B 바로 이런 성실함의 이념이 주도했다 |

단어 秉持 bǐngchí 동 주도하다, 주관하다

해설 빈칸 뒤에서 '这种集民间口头文学、美术、音乐、舞蹈、杂技、戏曲和手工艺为一体的综合艺术精品(민간 구전문학, 미술, 음악, 춤, 잡기, 희곡, 수공예품 등을 모으는 것이 하나의 우수한 종합예술이 되었다)'라는 표현이 나오고 빈칸은 이 해석을 앞에서 꾸며주는 부사절이 된다. 그리고 여러 예술품을 모으는 것은 아주 성실한 일이기도 하다. 그러므로 빈칸에 B '正因为秉持着这种诚信的理念(바로 이런 성실함의 이념이 주도했다)'가 들어가야 한다.

第 四 部 分

81-84

⁸¹大众媒体对我们赋予事物的意义有着重要影响。它们不仅影响着我们对身边事件的看法，也影响着我们对全球重大事件的思考，并逐步塑造着我们的世界观和价值观。它们告知我们该相信谁，该害怕谁；什么能给我们安全感，又是什么在威胁着我们；什么是生命中最重要的，什么是次要的；我们该羡慕谁，又该鄙视谁。它们影响着我们对死刑、囚犯、社会工作者、贫穷和福利等社会问题的看法。它们暗示我们在什么情况下暴力是必要的，并且是值得称颂的；以及什么时候暴力是非法的，是该被谴责的。

⁸²虽然大众媒体宣传的观点并非完全错误，但它们带给我们的影响大多是单方面的，甚至是有误导性的。各种形式的媒体在生活中无处不在，我们常常被动地接受它们施加给我们的影响。无论我们的观点是保守的还是开放的，是带有宗教色彩的还是无神论的，我们都要警惕大众媒体对我们的持续影响。我们应该博览群书、积极思考，在亲身体验中形成属于自己的价值观念体系。

当然，只知道大众媒体的宣传具有片面性是远远不够的，⁸³,⁸⁴我们还应该学会理性地看待它们，不能总是被媒体牵着鼻子走。我们要看透它们的本质，以防止它们利用我们最薄弱的地方，将一些观念渗入到我们的思想中。

⁸¹대중매체는 우리가 사물의 의미를 부여함에 있어 큰 영향을 준다. 이것들은 우리의 주변 사건에 대한 견해에 영향을 미칠 뿐만 아니라, 지구 전체의 중대한 사건에 대한 사고에도 영향을 주며, 동시에 조금씩 우리의 세계관과 가치관을 만든다. 이것들은 누구를 믿어야 하고 누구를 두려워해야 하는지, 무엇이 우리에게 안도감을 주고 또 무엇이 우리를 위협하는지, 무엇이 생명 중 가장 중요하고 무엇이 다음인지, 누구를 부러워해야 하고 또 누구를 멸시해야 하는지를 알려준다. 이것들은 우리가 사형과 죄수, 사회복지사, 빈곤과 복리 등의 사회문제에 대한 견해에 영향을 주고 또한 어떠한 상황에서 폭력이 필요하고 칭송받아 마땅하며, 언제 폭력이 불법이고 질책을 받아야 하는지를 암시한다.

⁸²비록 대중매체가 선전하는 관점이 결코 모두 틀린 것만은 아니지만, 이것이 우리에게 가져다주는 영향은 대부분 일방적이고, 심지어 오해성이 있다. 여러 형식의 매체는 생활 곳곳에 있으며, 우리는 종종 수동적으로 그들이 주는 영향을 받아들인다. 관점이 보수적이든 개방적이든, 종교적 성향이 있던 무신론이든, 우리는 대중매체가 가하는 지속적인 영향에 경계심을 가져야 한다. 많은 책을 두루 읽고 적극적으로 사고하며 직접 경험하면서 자신의 가치관념 체계를 형성해야 한다.

물론, 대중매체의 홍보에 단편성이 있다는 것만 알아서는 턱없이 부족하다. ⁸³,⁸⁴우리는 이성적으로 그것들을 보는 법을 배워야 하고, 언제까지나 매체에 끌려다녀서는 안 된다. 또한 그것들의 본질을 간과하여 그것들이 우리의 제일 취약한 부분을 이용해서 몇몇 관념을 우리의 사상 속에 침투시키려는 것을 막아야 한다.

단어 大众媒体 dàzhòng méitǐ 매스미디어, 대중매체 | 赋予 fùyǔ 图 부여하다 | 逐步 zhúbù 児 한 걸음 한 걸음, 점차 | 塑造 sùzào 图 빚어서 만들다, 조소하다 | 威胁 wēixié 图 위협하다 | 羡慕 xiànmù 图 부러워하다 | 鄙视 bǐshì 图 경멸하다 | 囚犯 qiúfàn 图 죄수 | 称颂 chēngsòng 图 칭송하다 | 谴责 qiǎnzé 图 비난하다 | 误导 wùdǎo 图 오도하다 | 无处不在 wúchù búzài 어디에나 있다 | 施加 shījiā (압력이나 영향 등을) 주다, 가하다 | 警惕 jǐngtì 图 경계심을 갖다, 경계하다 | 博览 bólǎn 图 폭넓게 보다, 두루 다독하다 | 片面性 piànmiànxìng 图 단편성, 편견 | 牵着鼻子走 qiānzhe bízi zǒu 코가 꿰이다, 끌려다니다 | 看透 kàntòu 图 꿰뚫어 보다, 알아보다 | 渗入 shènrù 图 스며들다, 배다

81

第1段主要谈的是什么?

A 当今社会热点问题
B 大众媒体的影响
C 世界观的形成
D 大众媒体的产生

첫 번째 단락에서 주로 무엇을 말했는가?

A 오늘날 사회의 핫이슈
B 대중매체의 영향
C 세계관의 형성
D 대중매체의 발생

단어 热点 rèdiǎn 图 핫이슈, 관심거리

> **해설** 첫 번째 단락의 주제를 찾는 문제로 첫 번째 단락의 제일 처음 문장을 보면 답을 쉽게 찾을 수 있다. '大众媒体对我们赋予事物的意义有着重要影响(대중매체는 우리가 사물의 의미를 부여함에 있어 큰 영향을 준다)'이라고 했으므로 정답은 B이다.

82 作者对大众媒体持何种态度? / 작가는 대중매체에 대해 어떤 태도를 고수하는가?

A 批判
B 认可
C 中立
D 推崇

A 비판
B 인정
C 중립
D 찬양

> **단어** 推崇 tuīchóng 통 찬양하다

> **해설** 두 번째 단락의 첫 번째 문장을 보았을 때 '虽然大众媒体宣传的观点并非完全错误，但它们带给我们的影响大多是单方面的，甚至是有误导性的(비록 대중매체가 선전하는 관점이 결코 모두 틀린 것만은 아니지만, 이것이 우리에게 가져다주는 영향은 대부분 일방적이고, 심지어 오해성이 있다)'라고 했으므로 현재 대중매체에 대한 작가의 태도는 다소 비판적이라는 것을 알 수 있다. 정답은 A이다.

83 根据上文，面对大众媒体，我们应该: / 위 내용을 근거로 대중매체에 직면해서 우리는 어떻게 해야 하는가?

A 关注影响力大的
B 置之不理
C 学会独立思考
D 参与互动

A 영향력이 큰 것에 관심을 가져야 한다
B 내버려두고 상관하지 말아야 한다
C 독립적인 생각을 할 줄 알아야 한다
D 참가하여 상호작용을 해야 한다

> **단어** 置之不理 zhìzhī bùlǐ 성 내버려 두고 거들떠보지 않다 | 互动 hùdòng 통 상호작용을 하다

> **해설** 마지막 단락에서 '我们还应该学会理性地看待它们，不能总是被媒体牵着鼻子走(우리는 이성적으로 보는 법을 배워야 하고, 언제까지나 매체에 끌려다녀서는 안 된다)'라고 했다. 이는 다시 말해 대중매체의 관점을 곧이곧대로 따르는 것이 아니라 독립적인 사고를 해야 한다는 의미이므로 정답은 C이다.

84 最适合做上文标题的是: / 위 문장의 주제로 가장 적절한 것은?

A 大众媒体的新挑战
B 理性看待大众媒体
C 新闻工作者的义务
D 宣传的力量

A 대중매체의 새로운 도전
B 이성적으로 대중매체 보기
C 뉴스 작업자의 의무
D 홍보의 힘

> **해설** 위의 본문에서는 대중매체가 우리에게 주는 영향과 우리가 어떻게 대처를 해야 할지에 대하여 제시하고 있다. 특히 대중매체에 끌려다니는 것이 아니라 독립적으로 사고해야 하고 이성적인 태도를 취해야 한다고 했기 때문에 주제로 가장 적절한 것은 B이다.

85-88

悲剧的发生通常会让人觉得难受。但奇怪的是，随着时间的推移，当初的悲剧往往会成为后来的笑料。最近，研究者做了一项有关飓风玩笑的研究。他们选取了100名参与者来评价有关飓风的玩笑，例如"餐厅的房顶被吹掀，天降免费面包人人有份"等。85参与者需要对这些玩笑在"无礼度"和"幽默度"两个方面进行评分。

结果显示，在飓风登陆后的头两周，这些玩笑的无礼度得分非常高，而幽默度得分非常低。86但随着时间的流逝，玩笑的无礼度得分逐渐下降，幽默度评分越来越高。时间冲淡了灾难带来的负面情绪，人们开始能接受拿它来开玩笑。当然，玩笑也有保质期。三个月后，其好笑程度便已衰退到和飓风刚登陆时相差无几。由此可见，时间可以把悲剧变成喜剧，但它在达到一个"最佳笑点"后，就逐渐变得索然无味了。

研究者认为，这种时间效应不仅可以预测玩笑何时好笑，还可以分析出它为什么好笑。研究者用"良性冲突理论"来解释这种幽默：当一个刺激在生理或者心理上给人造成一定的威胁，但同时又是良性时，幽默就产生了。根据这个理论，幽默需要有恰到好处的威胁感或紧张度。威胁太大，事情就不是良性的；威胁太小，又会平淡无聊。而时间恰好可以冲淡威胁感，创造一种威胁与安全的绝妙平衡。

然而，时间并不是影响幽默的唯一因素。87相关研究证实，空间距离、社会关系及事件本身是事实还是虚构都会影响幽默程度。和时间一样，这些因素只有在合适的范围内，才能提升幽默程度，反之则会降低。

88幽默在生活中必不可少。了解某个场景何时以及为何有趣并不只对那些笑星有帮助，对普通人而言，提升幽默感可以让我们更从容地应对人生的坎坷，这也是生活幸福的诀窍。

비극의 발생은 일반적으로 사람을 괴롭게 한다. 하지만 이상한 것은 시간의 흐름에 따라 당시의 비극은 종종 이후의 웃음거리가 된다. 최근 연구자가 허리케인에 관한 우스갯소리를 연구했다. 그들은 100명의 참가자를 뽑아서 허리케인에 관한 우스갯소리를 평가하게 했다, 예를 들어 "식당의 지붕이 바람에 날아가고, 하늘에서는 무료로 빵이 내려와 사람마다 각자 몫이 있네" 등이 그렇다. 85참가자들은 이런 우스갯소리에 대해 '무례한 정도'와 '유머러스한 정도'의 두 방면에서 평가해야 한다.

그 결과, 허리케인이 상륙한 후의 처음 두 주에는 이런 우스갯소리의 무례한 정도가 매우 높게 나왔고, 유머러스한 정도는 매우 낮게 나왔다. 86하지만 시간의 흐름에 따라 우스갯소리의 무례한 정도는 점차 낮아지고, 유머러스한 정도는 점점 높아졌다. 시간은 재난이 가져온 부정적 정서를 감소시켜 사람들이 그것을 농담으로 받아들이기 시작했다. 당연히 우스갯소리도 유통기간이 있다. 3개월 후, 웃긴 정도는 허리케인이 막 상륙했을 때와 별 차이가 없었다. 이것으로 시간이 비극을 희극으로 바뀌게 하지만 이것이 '최고의 웃음 포인트'에 도달한 후에는 점차 단조롭고 무미건조해진다는 것을 알 수 있다.

연구자는 이런 시간의 효과가 농담이 언제 재미있는지 예측할 수 있을 뿐 아니라, 왜 재미있는지 분석해낼 수 있다고 여긴다. 연구자는 '양성 충돌 이론'을 사용하여 이런 유머를 설명했다. 어떤 자극이 생리적으로나 심리상으로 사람에게 어느 정도의 위협을 주었을 때, 동시에 이것이 양성일 때 유머는 만들어진다. 이런 이론을 근거로 하면 유머는 딱 적당한 위협감과 긴장감이 필요하다. 위협이 너무 크면 사건은 양성이 아니게 되고, 위협이 너무 작아도 단조롭고 재미없는 것이 된다. 그러나 시기가 마침 좋으면 위협감을 약화시킬 것이고, 일종의 위협과 안전의 절묘한 균형을 창조할 수 있다.

그렇지만 결코 시간이 유머에 영향을 주는 유일한 요인은 아니다. 87관련 연구에서 공간 거리와 사회관계, 사건 자체가 사실인지 허구인지도 유머 정도에 영향을 준다고 증명되었다. 시간과 같이 이런 요인은 알맞은 범위 안에 있어야 유머 정도를 올릴 수 있고 아니면 도리어 낮아진다.

88유머는 생활에서 없어서는 안 되는 것이다. 어떤 장면에서 언제, 그리고 왜 재미있는지를 이해하는 것은 코미디언에게만 도움이 되는 것이 아니다. 보통 사람들에게도 유머감각을 높이는 것은 순탄치 않은 인생에 더 의연하게 대처하도록 하며, 이것 역시 행복한 생활의 비결인 것이다.

단어 推移 tuīyí 통 추이, 변화 | 笑料 xiàoliào 명 웃음거리 | 飓风 jùfēng 명 허리케인 | 房顶 fángdǐng 명 지붕, 옥상 | 吹掀 chuīxiān 불어 젖히다 | 幽默 yōumò 형 유머러스하다 | 登陆 dēnglù 통 상륙하다 | 流逝 liúshì 통 흐르는 물처럼 지나가다 | 冲淡 chōngdàn 통 약화시키다, 감소시키다 | 保质期 bǎozhìqī 명 품질 보증 기간 | 相差 xiāngchà 통 서로 차이가 나다, 서로 다르다 | 无几 wújǐ 형 얼마 되지 않다, 많지 않다 | 索然无味 suǒrán wúwèi 뎡 단조롭고 무미건조하다 | 刺激 cìjī 통 자극하다 | 平淡 píngdàn 형 보통이다, 평범하다 | 绝妙 juémiào 형 절묘하다 | 平衡 pínghéng 형 균형이 맞다 | 反之 fǎnzhī 접 이와 반대로, 반대로 말하면 | 笑星 xiàoxīng 명 희극 스타, 인기 희극 배우 | 从容 cóngróng 형 침착하다, 여유 있다 | 坎坷 kǎnkě 형 울퉁불퉁하다, 인생이 순탄치 못하다 | 诀窍 juéqiào 명 비결

제 3 회
阅读

85

关于那个研究，下列哪项正确?

A 有两个评价指标
B 参与者人数不定
C 评分并无太大变化
D 是关于免费午餐的

이 연구에 관하여 다음 중 옳은 것은?

A 두 개의 평가 지표가 있다
B 참가자는 인원수가 정해져 있지 않다
C 평점은 그렇게 큰 변화가 있지 않다
D 무료 점심에 관한 것이다

해설 허리케인에 관한 농담에 대해 연구하는 내용은 첫 문단에서 언급되었다. 첫 문단의 마지막 부분인 '参与者需要对这些玩笑在"无礼度"和"幽默度"两个方面进行评分(참가자들은 이런 우스갯소리에 대해 '무례한 정도'나 '유머러스한 정도'의 두 방면에서 평가해야 한다)'이라고 했기 때문에 이 연구의 평가 기준은 두 가지라고 볼 수 있으므로 정답은 A이다.

86

"良性冲突理论" 说明:

A 威胁越大幽默程度越高
B 时间能冲淡刺激所造成的威胁
C 喜剧的发生需要冲突
D 人的心理素质普遍很差

'양성 충돌 이론'이 설명하는 것은?

A 위협이 클수록 유머의 정도도 더 높다
B 시간은 자극이 초래하는 위협을 감소시킬 수 있다
C 희극의 발생은 충돌이 필요하다
D 사람의 심리적 소양은 보편적으로 매우 낮다

해설 첫 문단에서 연구자가 한 농담이 결국 '양성 충돌 이론'을 설명하기 위함이었다. 두 번째 단락의 '但随着时间的流逝，玩笑的无力度得分逐渐下降，幽默度评分越来越高。时间冲淡了灾难带来的负面情绪，人们开始能接受拿它来开玩笑(하지만 시간의 흐름에 따라 우스갯소리의 무례한 정도는 점차 낮아지고, 유머러스한 정도는 점점 높아졌다. 시간은 재난이 가져온 부정적 정서를 감소시켜 사람들이 그것을 농담으로 받아들이기 시작했다)'로 보아 자극이 만들어낸 위협을 시간이 약화시킬 수 있다는 B가 정답이다.

87

下列哪项不是影响幽默的因素?

A 事件真实度
B 社会关系
C 人格魅力
D 空间距离

다음 중 유머의 요인에 영향을 주는 것이 아닌 것은?

A 사건의 진실성
B 사회관계
C 인격 매력
D 공간 거리

해설 네 번째 단락에서 '相关研究证实，空间距离、社会关系及事件本身是事实还是虚构都会影响幽默程度(관련 연구에서 공간 거리와 사회관계, 사건 자체가 사실인지 허구인지도 유머 정도에 영향을 준다고 증명되었다)'라고 한 부분에서 언급되지 않은 것은 인격 매력뿐이므로 정답은 C이다.

88

根据上文，可以知道：

A 悲剧一定能够变成喜剧
B 玩笑只能保鲜两周
C 幽默感是天生的
D 生活需要幽默

위 내용을 근거로 다음 중 알 수 있는 것은?

A 비극은 반드시 희극으로 변할 수 있다
B 농담의 유통기간은 2주이다
C 유머 감각은 천성적인 것이다
D 생활은 유머가 필요하다

해설 가장 마지막 단락의 첫 번째 문장에서 '幽默在生活中必不可少(유머는 생활에서 없어서는 안 된다)'라고 했으므로 정답은 D이다.

89-92

刺绣, 古代称为针绣, 是用针和线把设计好的图案绣在纺织品上的一种艺术。刺绣是中国古老的手工技艺之一, 已经有几千年的历史了。

在原始社会, 人们会通过纹身、纹面来装饰自己。自从有了麻布、毛纺织品、丝织品做成的衣服后, 人们就开始在衣服上绣上图腾等各种图案作为装饰。据《尚书》记载, 早在4000多年前, 当时的章服制度就规定"衣画而裳绣"。

现存最早的刺绣是湖南长沙楚墓出土的两件战国时期的绣品。这两件绣品针脚整齐, 配色清雅, 图案中的龙游凤舞、猛虎瑞兽自然生动, 活泼有力, 充分展现了当时的刺绣水平。

[89]到了汉代, 绣品图案多以波状的云纹、翱翔的凤鸟、奔驰的神兽等为主题。其技法以锁绣为主, 构图紧密, 针法整齐, 线条极为流畅。

唐代刺绣的内容除佛像人物外, 山水花鸟、亭台楼阁也日渐兴起。唐代刺绣运用了大量的色线, 因此绣品颜色艳丽、构图活泼。[90]至于采用金银线盘绕图案的轮廓, 以加强实物立体感的做法, 更视为唐代刺绣的一项创举。

宋代是中国手工刺绣发展的高峰时期, 无论绣品质量还是刺绣技法均属空前。由于当时朝廷的奖励和提倡, 宋代优秀的绣工层出不穷, 刺绣针法也比以前更富有变化。另外, [91]宋代刺绣还结合了书画艺术, 常以名人作品为题材, 追求书画的趣致和境界。

清代时, 民间先后出现了许多"地方绣", 其中苏、蜀、粤、湘4个地方的刺绣销路最广, 最负盛名, 因此被誉为中国"四大名绣"。[92]由于刺绣的保存难度较大, 所以古代刺绣的收藏价值极高。保存至今的清代刺绣大多已出现掉色、变色, 甚至腐烂的现象。甘肃的民间藏品《福禄寿》, 是目前保存较好的一件名家绣品。这件绣

자수는 고대에 침수라고 불렸는데, 이것은 바늘과 실을 이용해 디자인된 도안을 직물 위에 수놓는 예술의 일종이다. 자수는 중국의 오래된 수공 기술 중 하나로 이미 수천 년의 역사를 가지고 있다.

원시사회에서 사람들은 문신과 얼굴 문신으로 자신을 장식했다. 삼베, 모직물, 견직물로 만들어진 옷이 생긴 후 사람들은 옷 위에 토템 등의 각종 도안을 수놓아 장식으로 만들었다. 《상서》 기록에 따르면, 4,000여 년 전 당시의 복장제도를 보면 '옷에 그림을 그리고, 치마에 수를 놓는 것'으로 규정되어 있다.

현존하는 최초의 자수는 후난 창샤의 초나라 묘에서 출토된 전국시대의 자수품 두 벌이다. 이 두 벌의 자수품은 바느질 땀이 가지런하고 배색이 청아하며 도안에 있는 용과 춤추는 봉황, 맹호짐승이 자연스럽고 생동감이 있으며 활력이 넘쳐서 당시의 자수 수준을 여실히 보여주고 있다.

[89]한대에 이르러 자수 도안은 대부분 물결치는 듯한 구름 모양, 자유로이 비상하는 봉황, 질주하는 짐승 등을 주제로 삼았다. 쇄수기법을 중심으로 구도가 촘촘하고 바느질이 깔끔하며 실선이 막힘이 없다.

당대 자수의 내용은 불상 인물 외에 산, 물, 꽃, 새, 정자, 누각으로도 점점 발전했다. 당대 자수는 대량의 색실을 사용해서 자수품의 색이 아름답고 구도가 생동감이 있다. [90]금, 은색 실로 도안의 테두리를 둘러싼 것은 실물의 입체감을 강조하는 방법으로 당대 자수의 최초 시도였다.

송대는 중국 수공 자수 발전의 절정기였으며 자수의 질이나 자수의 기법 모두 전에 볼 수 없던 것이었다. 당시 조정의 장려와 제창으로 인해 송대에 우수한 수공들이 끊임없이 나타났고, 자수의 침술도 이전보다 더 풍부하게 변화했다. 또한 [91]송대 자수는 서화 예술과 결합하여 유명인사의 작품을 소재로 서화의 재미와 경지를 추구했다.

品颜色鲜艳、绣工精细、人物栩栩如生。因为此类绣品在市面上非常少见，所以具有极高的收藏价值。

청대에는 민간에서 잇따라 많은 '지방 자수'가 나타났으며, 그 중 장쑤성, 쓰촨성, 광둥성, 후난성 이 4개 지역의 자수 판로가 가장 넓고 가장 유명했기에 중국 '사대명수'라고 불렸다. 92자수를 보존함에 있어 어려움이 크므로 고대 자수의 소장가치는 매우 높다. 현재까지 보존되어 있는 청대 자수는 대부분 색이 바랬거나 변색하였고, 심지어 부식되는 현상까지 나타났다. 간쑤성의 민간 소장품인 《복록수》는 현재 보관이 비교적 잘 되어 있는 명가의 자수품이다. 이 자수는 색이 화려하고 수가 매우 정교하며 인물은 생동감이 넘친다. 이런 종류의 자수는 시장에서 매우 보기 드물기 때문에 아주 높은 소장가치가 있다.

단어 刺绣 cìxiù 명 자수 | 纺织品 fǎngzhīpǐn 명 방직(제)품, 직물 | 纹身 wénshēn 명 문신 | 纹面 wénmiàn 명 얼굴 문신 | 麻布 mábù 명 삼베, 아마포 | 丝织品 sīzhīpǐn 명 견직물 | 图腾 túténg 명 토템 | 装饰 zhuāngshì 명 장식 | 针脚 zhēnjiǎo 명 바느질 자리 | 整齐 zhěngqí 형 정연하다, 단정하다 | 配色 pèisè 동 배색하다, 색깔을 배합하다 | 清雅 qīngyǎ 형 청아하다 | 波状 bōzhuàng 명 파상(물결의 모양) | 云纹 yúnwén 구름 무늬 | 翱翔 áoxiáng 동 빙빙 돌며 날다, 선회하다 | 奔驰 bēnchí 동 질주하다 | 锁绣 suǒxiù 쇄수기법(수놓는 기법이 이사슬을 연결시킨 것처럼 하는 기법) | 流畅 liúchàng 형 유창하다, 막힘이 없다 | 亭台楼阁 tíngtái lóugé (공원·정원 등에 건조된) 정자·누대·누각 등 | 日渐兴起 rìjiàn xīngqǐ 나날이 발전하다 | 盘绕 pánrào 동 휘감다, 둘러싸다 | 轮廓 lúnkuò 명 윤곽 | 创举 chuàngjǔ 전례 없는 최초의 사업, 최초의 시도 | 空前 kōngqián 공전의, 전례 없는 | 奖励 jiǎnglì 동 장려하다, 표창하다 | 提倡 tíchàng 동 제창하다 | 层出不穷 céngchū bùqióng 끊임없이 나타나다 | 盛名 shèngmíng 훌륭한 명성, 높은 명성 | 腐烂 fǔlàn 동 부패하다, 부식하다 | 藏品 cángpǐn 소장품, 보관 물품 | 栩栩如生 xǔxǔ rúshēng 형 생동감이 넘친다

89

汉代刺绣多以什么为主题?

A 山水
B 人物
C 鸟兽
D 亭台楼阁

한대 자수는 대부분 무엇을 주제로 삼았는가?

A 산수
B 인물
C 새와 짐승
D 정자와 누각

해설 질문에서 한대의 자수에 대해서만 물어보았기 때문에 한대가 처음 언급되는 네 번째 단락을 보아야 한다. '到了汉代，绣品图案多以波状的云纹、翱翔的凤鸟、奔驰的神兽等为主题(한대에 이르러, 자수 도안은 대부분 물결치는 듯한 구름 모양, 자유로이 비상하는 봉황, 질주하는 짐승 등을 주제로 삼았다)'라고 했으므로 정답은 C이다.

90

唐代刺绣有什么特点?

A 绣法以锁绣为主
B 用金银线勾勒轮廓
C 颜色淡雅
D 图案单调

당대 자수에는 어떤 특징이 있는가?

A 자수 방법은 쇄수기법을 중심으로 했다
B 금, 은색실로 테두리를 그린다
C 색상이 수수하고 고상하다
D 디자인이 단조롭다

단어 勾勒 gōulè 동 (윤곽을) 그리다 | 单调 dāndiào 형 단조롭다

해설 당대에 대해 언급이 된 다섯 번째 단락을 보면 '至于采用金银线盘绕图案的轮廓，以加强实物立体感的做法，更视为唐代刺绣的一项创举(금, 은색 실로 도안의 테두리를 둘러싼 것은 실물의 입체감을 강조하는 방법으로 당대 자수의 최초의 시도였다)'라고 했기 때문에 정답은 B이다.

91

关于宋代刺绣，可以知道什么？	송대 자수에 관해 알 수 있는 것은 무엇인가？
A 分为4个绣种 B 发展缓慢 C 运销海外 D 与书画艺术相结合	A 4가지 종류의 자수가 있다 B 발전이 느리다 C 해외로 팔려나갔다 D 서화 예술과 결합했다

 运销 yùnxiāo 동 운송 판매하다

 송대 자수에 대해 언급한 여섯 번째 단락의 마지막 부분을 보면 '宋代刺绣还结合了书画艺术，常以名人作品为题材，追求书画的趣致和境界(송대 자수는 서화 예술과 결합하여 유명인사의 작품을 소재로 서화의 재미와 경지를 추구했다)'라고 했기 때문에 송대의 자수가 서화 예술과 결합했음을 알 수 있다. 정답은 D이다.

92

根据上文，下列哪项正确？	위 내용을 근거로 다음 중 옳은 것은？
A 战国时的刺绣水平最高 B 清代地方绣呈衰退趋势 C 《福禄寿》已开始掉色 D 刺绣的保存难度大	A 전국 시기의 자수 수준은 매우 높았다 B 청대 지방 자수는 추락세를 보였다 C ≪복록수≫는 색이 바래지기 시작했다 D 자수의 보존에 어려움이 많다

마지막 단락을 보면 '由于刺绣的保存难度较大，所以古代刺绣的收藏价值极高(자수를 보존함에 있어 어려움이 컸기에 고대 자수의 소장가치는 매우 높다)'라고 했기 때문에 보관에 어려움이 많았다고 언급한 D가 정답이다.

 93-96

⁹⁶北京四合院作为老北京人世代居住的主要场所，驰名中外。⁹³北京四合院之所以有名，首先在于它历史悠久。元朝正式建都北京后，朝廷便大规模建设都城，元世祖忽必烈将土地分给京城的官吏们营建住宅，北京传统的住宅——四合院便由此形成。⁹⁶自此，四合院和北京的宫殿、衙署、街区、坊巷和胡同一起，成为了这个城市的标志。明清以来，北京四合院虽历经沧桑，但基本形式被保留了下来，并且不断完善，逐渐形成了我们今天所见到的四合院形式。

北京四合院之所以有名，还在于它结构独特，在中国传统住宅建筑中具有典型性和代表性。南方许多地区也有四合院，但南方四合院四面的房屋多为楼房，而且庭院的4个拐角处相接，东、西、南、北四面房屋并不独立存在。⁹⁴庭院之小，犹如一口"井"，所以南方人将庭院称为"天井"。这种住宅通风、采光均欠理想，只

⁹⁶베이징 사합원은 예로부터 베이징 사람들이 거주하던 주요한 장소로 국내외로 명성을 떨치고 있다. ⁹³베이징 사합원이 유명한 이유는 먼저 이것의 역사가 유구하다는 것에 있다. 원대 때 정식으로 베이징을 수도로 정한 후, 조정에서 대규모로 도성을 건설하면서 원 세조 쿠빌라이가 토지를 수도의 관료들에게 분배하고 주택을 짓게 하여 베이징의 전통적인 주택인 사합원이 형성된 것이다. ⁹⁶이후 사합원과 베이징의 궁전, 관청, 거리, 골목과 후통 등이 모두 이 도시의 상징이 되었다. 명청 이래로 베이징 사합원은 비록 온갖 풍파를 겪었지만, 기본 형태는 보존되어 오면서 지속적으로 보완되어 점차 우리가 오늘날 볼 수 있는 사합원의 형태가 되었다.

베이징 사합원이 유명한 이유는 그 구성이 또한 독특하다는 점에 있으며 중국 전통주택 건축 가운데 전형성과 대표성을 지닌다. 남쪽의 여러 지역에도 사합원이 있지만, 남쪽의 사합원은 사면의 건물이 대부분 층집인 데다가 정원의 네 모퉁이가 이어져서 동서남북 사면의

适合南方的气候条件。而北方的四合院，四面房屋各自独立，彼此之间游廊连接，院落宽绰。四合院是封闭式住宅，对外只是一个街门，但因其四面房屋各自独立，关起门来可自成天地，具有很强的私密性，因此非常适合整个家庭居住。

⁹⁵另外，四合院的装修、雕饰和彩绘等也处处体现着老北京的民俗民风和传统文化，表现了人们对幸福、美好、富贵和吉祥的追求。比如蝙蝠、"寿"字组成的图案，寓意"福寿双全"；花瓶内插月季花的图案寓意"四季平安"；而嵌于门楣和门柱上的吉辞祥语，以及悬挂在室内的书画佳作，更是让整个建筑充满了浓郁的文化气息。这也是它之所以有名的原因之一。

건물이 독립적으로 떨어져 있지 않다. ⁹⁴작은 정원은 마치 하나의 '우물'과 같아서 남쪽 사람들은 정원을 '천정'이라고도 불렀다. 이런 주택은 통풍과 채광이 모두 이상적이지는 않으며 남쪽의 기후 조건에만 적합하다. 그러나 북쪽의 사합원은 사면의 건물이 각각 독립되어 복도로 연결되어 있으며 정원이 넓다. 사합원은 폐쇄식 주택으로 바깥의 큰길로 나 있는 문이 하나 있지만 그 네 면의 건물이 각자 독립되어 있어서 문을 닫으면 그 자체로 하나의 세상이 되어서 개인적 성향이 매우 강하며, 그렇기 때문에 한 가족이 살기에 매우 적합하다.

⁹⁵그 외에 사합원의 장식과 조각 장식, 그림 등도 옛날 베이징의 민속과 민풍 그리고 전통문화를 곳곳에서 구현하여 행복과 아름다움, 부귀, 길상에 대한 사람들의 추구를 보여준다. 예를 들어 박쥐와 '수(寿)'자로 만들어진 도안은 '행복과 장수를 함께 갖추다(福寿双全)'라는 뜻이고, 꽃병에 월계화를 꽂는 그림은 '사계절 내내 평안하다(四季平安)'라는 뜻이며, 문미나 기둥에 끼워 넣는 좋은 글귀 및 실내에 걸어두는 서화 작품들은 건물 전체에 짙은 문화적 기풍을 가득하게 한다. 이것 또한 사합원이 유명한 이유 중의 하나이다.

제 3 회

阅读

단어 驰名中外 chímíng zhōngwài 중국 내외에서 명성을 떨치다 | 悠久 yōujiǔ ⑱ 유구하다 | 规模 guīmó ⑲ 규모 | 营建 yíngjiàn ⑧ 세우다, 건설하다 | 衙署 yáshǔ 관아, 관청 | 坊巷 fāngxiàng 골목, 거리 | 沧桑 cāngsāng ⑲ 세상의 온갖 풍파 | 独特 dútè ⑱ 독특하다 | 房屋 fángwū 가옥, 건물 | 楼房 lóufáng ⑲ (이층 이상의) 다층 건물, 층집 | 拐角 guǎijiǎo ⑲ 모퉁이, 구석 | 相接 xiāngjiē ⑧ 접하다, 연결되다 | 犹如 yóurú ⑧ 마치 ~와 같다 | 欠 qiàn ⑧ 모자라다, 부족하다 | 游廊 yóuláng ⑲ 긴 복도, 회랑 | 连接 liánjiē ⑧ 이어지다 | 院落 yuànluò ⑲ 뜰, 정원 | 宽绰 kuānchuo ⑱ 넓다, 여유가 있다 | 封闭 fēngbì ⑧ 밀봉하다, 봉쇄하다 | 街门 jiēmén 거리쪽으로 난 문, 큰길로 나있는 문 | 雕饰 diāoshì ⑧ 조각 장식하다 | 富贵 fùguì ⑧ 부귀하다 | 蝙蝠 biānfú ⑲ 박쥐 | 福寿双全 fúshòu shuāngquán 행복과 장수를 함께 누리다 | 插 chā ⑧ 끼우다, 꽂다 | 月季花 yuèjìhuā ⑲ 월계화 | 四季平安 sìjì píng'ān 늘 잘 지냄을 비유적으로 이르는 말 | 嵌 qiàn ⑧ 끼워 넣다 | 门楣 ménméi ⑲ 문미(문틀 위에 가로로 대는 나무) | 门柱 ménzhù ⑲ 문의 기둥 | 悬挂 xuánguà ⑧ 걸다, 매달다 | 浓郁 nóngyù ⑧ (색채·기분·감정 등이) 농후하다, 짙다

93

第1段主要讲的是什么?

A 北京四合院的历史
B 北京人的居住环境
C 胡同的形成过程
D 北京四合院的布局

첫 번째 단락에서 주요하게 말하는 것은 무엇인가?

A 베이징 사합원의 역사
B 베이징 사람들의 거주 환경
C 후통의 형성 과정
D 베이징 사합원의 구조

단어 布局 bùjú ⑲ 구도, 짜임새, 구조

해설 이번 문제는 첫 번째 단락의 주제를 찾는 문제로 단락의 주제는 보통 처음에 언급된다. 초반에 '北京四合院之所以有名，首先在于它历史悠久(베이징 사합원이 유명한 이유는 먼저 이것의 역사가 유구하다는 것에 있다)'라고 했으므로 첫 번째 단락의 주제가 역사임을 알 수 있다. 그러므로 정답은 A이다.

94 为什么南方人将庭院称为"天井"？ / 왜 남쪽 사람들은 정원을 '천정'이라고 불렀는가?

A 庭院像井一样小 / 정원이 우물처럼 작아서
B 庭院的采光不好 / 정원의 채광이 안 좋아서
C 南方四合院是封闭的 / 남쪽의 사합원은 폐쇄적이어서
D 每个庭院里都有井 / 정원마다 우물이 있어서

 두 번째 단락에서 '庭院之小，犹如一口"井"，所以南方人将庭院称为"天井"(작은 정원은 마치 하나의 '우물'과 같아서 남쪽 사람들은 정원을 '천정'이라고도 불렀다)'이라고 했으므로 정답은 A이다.

95 北京四合院的装饰、装修表现了： / 베이징 사합원의 장식과 인테리어가 표현하는 것은?

A 建造者的爱好 / 건설자들의 취미
B 人们对美好事物的追求 / 사람들의 아름다운 것에 대한 추구
C 主人的生活水平 / 주인의 생활 수준
D 城市的发展史 / 도시의 발전 역사

해설 마지막 단락에서 '另外，四合院的装修、雕饰和彩绘等也处处体现着老北京的民俗民风和传统文化，表现了人们对幸福、美好、富贵和吉祥的追求(그 외에 사합원의 장식과 조각 장식, 그림 등도 옛날 베이징의 민속과 민풍 그리고 전통문화를 곳곳에서 구현하여 행복과 아름다움, 부귀, 길상에 대한 사람들의 추구를 보여준다)'라고 했으므로 정답은 B가 된다.

96 关于北京四合院，下列哪项正确？ / 베이징 사합원에 관해 다음 중 옳은 것은?

A 通风不好 / 통풍이 잘 안 된다
B 四面房屋在拐角处相连 / 사면 건물의 모퉁이가 이어져 있다
C 是北京的标志之一 / 베이징의 상징 중 하나이다
D 始建于明代 / 명대에 건축되기 시작했다

해설 첫 문장에서 '北京四合院作为老北京人世代居住的主要场所，驰名中外(베이징 사합원은 예로부터 베이징 사람들이 거주하던 주요한 장소로 국내외로 명성을 떨치고 있다)'라고 했고 '自此，四合院和北京的宫殿、衙署、街区、坊巷和胡同一起，成为了这个城市的标志(이후 사합원과 베징의 궁전, 관청, 거리, 골목과 후통 등이 모두 이 도시의 상징이 되었다)'라고 언급했기 때문에 정답은 C라는 것을 알 수 있다.

 97-100

人们常说"生命在于运动"。运动能塑造我们强壮的身体，提高我们抵抗疾病的能力。然而，运动也是有限度的，过度运动对人体非但无益反而有害。

⁹⁷有时，在剧烈运动后，我们常会感觉身体反应变迟钝了，而且脑子也出现了短暂的"跟不上"的现象。这是因为高强度运动会消耗人体大

사람들은 종종 '생명은 운동에 달려있다'라고 말한다. 운동은 우리의 신체를 건장하게 만들어주고 질병에 대항하는 능력을 향상시켜준다. 하지만 운동에도 한계가 있으며 과도한 운동은 이로운 것이 없을 뿐만 아니라 도리어 해가 된다.

⁹⁷가끔 격렬한 운동 후에 우리는 신체반응이 둔해지고 두뇌도 잠시 '뒤처지는' 현상을 느낄 수 있다. 이것은 고

量的能量，为了保证机体有足够的能量维持正常运转，人体的"保护性抑制"机制便开始发挥作用。这时我们会感到极度疲劳、浑身无力、大脑反应变慢。⁹⁸如果我们长期进行高强度的运动，保护性抑制的敏感性就会降低，从而会导致大脑机能受损。大脑机能一旦受损就会出现注意力不集中、失眠、健忘等症状，长此以往，人的健康就会受到极大伤害。科学研究证明，长期高强度运动使大脑皮层活动减弱，降低脑组织兴奋性。

⁹⁹那么，怎样衡量自己的运动是否适量呢？这主要看心率。一般来讲，运动时的心率在自身最大心率的65%~85%之间就属于适量运动。¹⁰⁰但由于每个人的年龄、性别、体力状况、健康水平不同，适量运动时的心率也会有差别。通常，老人和孩子可以做一些心率变化较小的轻量运动。如老年人可以多进行手部的单项锻炼，以增强身体的协调性；小孩子则可多做一些机械运动，如摆放积木等等，这类运动虽然看似简单，但其实能大大促进孩子的大脑发育，提高他们的手眼协调能力。

另外，检验运动量是否合适还可以参照运动后人体的反应，如运动后的排汗量和轻松程度等。运动时还要有较强的时间观念，一般而言，每次有氧运动的时间应控制在30~60分钟时间。

제 3 회
阅读

강도 운동으로 인해 인체의 대량의 에너지가 소비되었기 때문인데, 신체 기관이 충분한 에너지를 가지고 정상적으로 기능하기 위해서 인체의 '보호성 억제' 시스템이 작용하기 시작한다. 이때 우리는 극도로 피로하고, 온몸에 힘이 없으며, 대뇌의 반응이 느려지는 것을 느끼게 된다. ⁹⁸만약 우리가 긴 시간 동안 고강도의 운동을 하면 보호성 억제의 민감성이 떨어져서 대뇌의 기능에 손상이 올 수 있다. 대뇌의 기능이 일단 손상되면 주의력이 떨어지고 불면증, 건망증 등의 증세가 나타나고, 오래 지속되면 사람의 건강에도 큰 해를 입게 된다. 과학연구 결과, 긴 시간의 고강도 운동은 대뇌 피질의 활동을 약하게 하여 뇌 조직의 흥분성을 낮춘다.

⁹⁹그럼, 어떻게 자신의 운동이 적당량인지 판단할 수 있을까? 이것은 심장 박동 수를 보는 것이 중요하다. 일반적으로, 운동할 때의 심장 박동 수는 자신의 최대 심장 박동 수의 65%~85% 사이가 적당한 운동량에 속한다. ¹⁰⁰하지만 사람마다 연령과 성별, 체력 상황, 건강 수준이 다르기 때문에 적당한 운동을 할 때도 심장 박동 수에 차이가 있다. 일반적으로, 노인과 아이들은 심장 박동수의 변화가 비교적 작은 가벼운 운동을 하면 된다. 예를 들어 노인들은 신체의 통제력을 증진시키기 위해 손 부분에 대한 단일 훈련을 많이 할 수 있고, 아이들은 블록 쌓기 등의 기계운동을 많이 하면 된다. 이런 운동은 간단해 보이지만 사실 아이들의 대뇌 발달을 크게 촉진시키고, 그들의 손과 눈의 통제능력을 향상시킨다.

또한, 운동량이 적당한지 검증하려면 운동 후 인체의 반응을 참고할 수 있다. 예를 들어 운동 후 흘리는 땀의 양과 부담을 느끼는 정도 등이다. 운동할 때는 엄격한 시간 관념 또한 있어야 하며 일반적으로 매번 유산소 운동의 시간은 30~60분 정도로 제한해야 한다.

단어 塑造 sùzào 통 조소하다, 빚어서 만들다 | 抵抗 dǐkàng 통 저항하다 | 过度 guòdù 형 과도하다, 지나치다 | 非但 fēidàn 접 비단 ~뿐만 아니라 | 无益 wúyì 통 무익하다, 쓸모 없다 | 反而 fǎn'ér 부 도리어, 반대로, 오히려 | 剧烈 jùliè 형 극렬하다, 격렬하다 | 迟钝 chídùn 형 둔하다, 굼뜨다 | 短暂 duǎnzàn 형 (시간이) 짧다 | 机体 jītǐ 명 생물체, 유기체 | 运转 yùnzhuǎn 통 (기계를) 운전하다 | 抑制 yìzhì 통 억제하다 | 机制 jīzhì 명 (기계의) 메커니즘(mechanism), 체제, 시스템 | 浑身 húnshēn 명 전신, 온몸 | 受损 shòusǔn 통 손실을 입다, 손해를 보다 | 长此以往 chángcǐ yǐwǎng 성 (주로 좋지 않은 상황에 쓰여) 이런 식으로 나아가다, 계속 이 상태로 나아가다 | 大脑皮层 dànǎo pícéng 명 대뇌 피질 | 心率 xīnlǜ 명 심장 박동 수 | 单项 dānxiàng 명 한 종목, 단일 종목 | 协调 xiétiáo 형 어울리다, 조화롭다 | 机械 jīxiè 명 기계, 기계 장치 | 摆放 bǎifàng 통 배열하다, 나열하다 | 积木 jīmù 명 장난감 블록 | 排汗 páihàn 땀을 흘리다

97

第2段中的"跟不上"指的是什么？

A 感觉麻木
B 反应变慢
C 思想落后
D 发育迟缓

두 번째 단락에서의 '跟不上'은 무엇을 뜻하는가？

A 감각이 마비된다
B 반응이 느려진다
C 사상이 뒤처진다
D 발육이 늦어진다

단어 麻木 mámù 형 마비되다, 저리다 | 发育 fāyù 통 성장하다, 자라다

> **해설** '有时，在剧烈运动后，我们常会感觉身体反应变迟钝了，而且脑子也出现了短暂的"跟不上"的现象(가끔, 격렬한 운동 후에 우리는 신체반응이 둔해지고 두뇌도 잠시 '뒤처지는' 현상을 느낄 수 있다)'에서 이때의 '뒤쳐진다'는 의미는 반응이 느려짐을 뜻한다. 그러므로 정답은 B이다.

98

过度运动可能会带来什么危害? | 과도한 운동은 어떤 손상을 가져올 수 있는가?

A 衰老速度加快
B 免疫力降低
C 大脑机能受损
D 视力下降

A 노화 속도가 빨라진다
B 면역력이 떨어진다
C 대뇌 기능이 손상된다
D 시력이 나빠진다

> **단어** 食欲 shíyù 명 식욕, 밥맛

> **해설** 두 번째 단락에서 '如果我们长期进行高强度的运动，保护性抑制的敏感性就会降低，从而会导致大脑机能受损。大脑机能(만약 우리가 긴 시간 동안 고강도의 운동을 하면 보호성 억제의 민감성이 떨어져서 대뇌의 기능에 손상이 올 수 있다)'이라고 했으므로, 운동을 과도하게 하면 대뇌의 손상을 가져온다는 것을 알 수 있으므로 정답은 C이다.

99

衡量运动是否适量的主要标准时什么? | 운동이 적당한 양인지 측정하는 중요한 기준은 무엇인가?

A 食欲
B 睡眠质量
C 心率
D 运动协调性

A 식욕
B 수면의 질
C 심장 박동 수
D 운동의 통제력

> **해설** 세 번째 단락에서 '那么，怎样衡量自己的运动是否适量呢？这主要看心率(그럼, 어떻게 자신의 운동이 적당량인지 판단할 수 있을까? 이것은 심장 박동 수를 보는 것이 중요하다)'라고 했으므로 정답이 C라는 것을 알 수 있다. 그 외에도 심장 박동 수가 자신의 최대 심장 박동 수의 65%~85% 사이가 적당량에 속한다고 언급이 되었다.

100

根据上文，下列哪项正确? | 위 내용을 근거로 다음 중 옳은 것은?

A 运动时间越短越好
B 运动量因人而异
C 运动后应立即补充能量
D 老年人应多进行机械运动

A 운동 시간은 짧을수록 좋다
B 운동량은 사람마다 다르다
C 운동 후 곧바로 에너지를 보충해야 한다
D 노인은 기계운동을 많이 해야 한다

> **단어** 补充 bǔchōng 동 보충하다, 추가하다

> **해설** 본문에서는 사람마다 연령과 성별, 체력 상황에 따라 적당한 운동량이 다르다고 언급하면서 노인일 경우와 아이일 경우 등의 예를 들었다. 다시 말해 사람마다, 혹은 그 사람이 처한 상황에 따라 운동량이 달라야 한다는 것을 의미한다. 그러므로 정답은 B이다.

三 书写

(1) 아래 지문을 자세히 읽을 것. 제한시간은 10분이며 읽는 동안 베끼거나 기록할 수 없음.
(2) 10분 후 감독관이 읽기 자료를 수거하면 이 지문을 짧은 글로 요약할 것. 제한시간은 35분.
(3) 제목은 스스로 정할 것. 지문 내용만 요약하고 자신의 의견은 첨가하지 말 것.
(4) 글자수는 400자 내외로 할 것.
(5) 답안지에 직접 작성할 것.

101

　　我的一个朋友在一所大学里当宿舍管理员，在一次聊天儿中，她给我讲了一件很有意思的事情。
　　她负责管理男生宿舍楼。这栋楼每个宿舍住4个学生，每个学生都有一把宿舍钥匙。楼里的男生很爱睡懒觉，总是拖到快上课了，才匆匆忙忙地起床刷牙洗脸，然后直奔教室。因为早上走得匆忙，很多学生往往下课时间回来开门时，才发现钥匙忘在宿舍里，于是只能等其他同学回来开门。多数情况下，同一个宿舍里总有一两个人带着钥匙，但也有那么几次，4个人全忘了带钥匙，所以就都被挡在宿舍外了。无奈之下，他们只能去找宿舍管理员，也就是我的朋友借宿舍钥匙。
　　朋友保管着整栋楼所有宿舍的备份钥匙，因为有这层保障，所以学生忘带钥匙的情况越来越多。朋友为了改变这一现状，便定了个规矩：每个宿舍每学期来找她借钥匙的次数不得超过三次，凡超过三次者，自己想办法把锁弄开，然后再自己掏钱买把新锁换上。
　　学期快结束的时候，朋友把所有宿舍借钥匙的情况做了一次统计。她发现了一个有趣的现象：5楼几个连在一起的宿舍——501到506，居然一次都没向她借钥匙！一次都没借过钥匙的宿舍不是没有，可同一层连着的6个宿舍都没借的情况却从未有过，这引起了朋友的兴趣。
　　为了解开心里的疑团，朋友特地去其中一个宿舍了解情况，终于知道了他们的"秘密"。原来，这6个宿舍共同制定了一个方案，每个宿舍都另外配了一把钥匙存放到下一个宿舍中。也就是说，如果把这6个宿舍和对应的6把钥匙按顺序编上号，那么，钥匙一就被存放到宿舍二，钥匙二被存放到宿舍三，依此类推，最后一把钥匙就被存放到了宿舍一。这样一来，6个宿舍的24个人中，只要有一个人带了钥匙，那么所有人都不会被挡在宿舍门外。因为只要有一把钥匙，就能先打开一个宿舍，然后取得第二把钥匙再打开第二道门，这样下去，就可以打开所有的门。

听到这里，我忍不住想：假设每个学生忘记带钥匙的几率是50%（实际上应该小于这个数字），那么会不会出现24个学生同时不带钥匙的情况呢？从理论上来讲的是可能的。于是我根据概率论计算了一下，最后的结果令我大吃一惊：24个学生都不带钥匙的几率是千万分之一，近乎于零！我不禁佩服起这群聪明的小伙子来，他们彼此信任、互相合作，让问题迎刃而解。

面对困难时，亲如果我们各自为战，那就如何同一盘散沙，常会自乱阵脚，困难也更加难以克服；而如果我们并肩作战、共同面对问题，困难往往会变得不堪一击，因为这时候我们每个人手里都多了一把"钥匙"，一把能打开所有门的钥匙。

매기면, 열쇠 1은 두 번째 방에 보관하고, 열쇠 2는 세 번째 방에 보관하는 식으로 마지막 열쇠는 첫 번째 방에 보관하는 것이다. 이렇게 해서 6개 방에 있는 24명 중 한 명만 열쇠를 챙긴다면 모두가 문밖에 서 있는 일은 없을 것이다. 왜냐하면, 하나의 열쇠만 있어도 그 하나의 방을 먼저 열 수 있을 것이고, 그다음 다른 열쇠로 다른 방을 열 수 있게 되어 결국에는 모든 문을 열 수 있게 된다.

이 말을 들은 후, 나는 만약 각 학생이 열쇠를 잊어버리는 확률을 50%로 가정한다면(사실 이 숫자보다 더 적어야 한다), 24명의 학생이 동시에 열쇠를 챙기지 않은 경우도 일어나지 않을까? 라는 생각이 들었다. 이론상으로 봤을 때는 가능하다. 그래서 나는 확률적으로 계산을 해보았고 마지막에 나온 결과에 놀랐다. 24명의 학생이 모두 열쇠를 챙기지 않을 확률은 천 분의 일, 거의 0인 것이다! 나는 이 똑똑한 청년들한테 감탄하지 않을 수 없었다. 이렇게나 서로 믿고 서로 협력해서 문제를 쉽게 해결할 수 있다니 말이다.

어려움 앞에서 만약 우리가 각각 맞서 싸우면 흩어진 모래알처럼 지리멸렬하게 되어 어려움은 더 극복하기 힘들어지지만, 만약 서로 어깨를 맞대고 함께 문제에 맞서 싸우면 어려움은 종종 아주 약하게 변한다. 왜냐하면 이때 우리 각자의 손에 모든 문을 열 수 있는 '열쇠'가 하나 더 생기기 때문이다.

단어

管理员 guǎnlǐyuán 명 관리인 | 聊天 liáotiān 동 잡담을 하다 | 钥匙 yàoshi 명 열쇠 | 懒觉 lǎnjiào 늦잠 | 拖 tuō 동 (시간을) 끌다, 지연하다 | 匆匆忙忙 cōngcong mángmáng 형 매우 바쁘다 | 直奔 zhíbèn 동 곧장 달려가다 | 于是 yúshì 접 그래서 | 挡 dǎng 동 막다 | 无奈之下 wúnài zhīxià 어쩔 수 없이 | 备份 bèifèn 명 예비(분) | 保障 bǎozhàng 동 보장하다 | 规矩 guīju 명 표준, 규칙 | 凡 fán 부 무릇 | 掏钱 tāoqián 돈을 꺼내다 | 统计 tǒngjì 명 통계 | 现象 xiànxiàng 명 현상 | 从未 cóngwèi 지금까지 ~한 적이 없다 | 制定 zhìdìng 동 제정하다 | 对应 duìyìng 동 대응하다 | 编号 biānhào 동 번호를 매기다 | 忍不住 rěnbúzhù 견딜 수 없다, 참을 수 없다 | 理论 lǐlùn 명 이론 | 根据 gēnjù 개 ~에 의거하여, 근거하여 | 大吃一惊 dàchī yìjīng 몹시 놀라다 | 佩服 pèifú 감탄하다 | 彼此 bǐcǐ 쌍방, 서로 | 迎刃而解 yíngrèn érjiě 성 핵심적인 문제만 해결하면 다른 것들은 잇따라 풀린다 | 各自为战 gèzì wéizhàn 제각기 독립적으로 작전함, 각개전투 | 克服 kèfú 동 극복하다 | 并肩 bìngjiān 어깨를 나란히 하다 | 作战 zuòzhàn 동 전투하다 | 不堪一击 bùkān yìjī 성 (약해서) 한 번의 공격이나 충격에도 견딜 수 없다

지문 분석 및 요약 요령

제 3 회

书写

> 我的一个朋友在一所大学里当宿舍管理员，在一次聊天儿中，她给我讲了一件很有意思的事情。

해설 첫 번째 단락은 어떻게 이런 일을 알게 되었는지를 알려주므로 이 문장은 언급해주는 것이 좋다.

요약 我有一个在大学当宿舍管理员的朋友，她给我讲了一件很有趣的事。

> 她负责管理男生宿舍楼。这栋楼每个宿舍住4个学生，每个学生都有一把宿舍钥匙。楼里的男生很爱睡懒觉，总是拖到快上课了，才匆匆忙忙地起床刷牙洗脸，然后直奔教室。因为早上走得匆忙，很多学生往往下课时间回来开门时，才发现钥匙忘在宿舍里，于是只能等其他同学回来开门。多数情况下，同一个宿舍里总有一两个人带着钥匙，但也有那么几次，4个人全忘了带钥匙，所以就都被挡在宿舍外了。无奈之下，他们只能去找宿舍管理员，也就是我的朋友借宿舍钥匙。
>
> 朋友保管着整栋楼所有宿舍的备份钥匙，因为有这层保障，所以学生忘带钥匙的情况越来越多。朋友为了改变这一现状，便定了个规矩：每个宿舍每学期来找她借钥匙的次数不得超过三次，凡超过三次者，自己想办法把锁弄开，然后再自己掏钱买把新锁换上。
>
> 学期快结束的时候，朋友把所有宿舍借钥匙的情况做了一次统计。她发现了一个有趣的现象：5楼几个连在一起的宿舍—501到506，居然一次都没向她借钥匙！一次都没借过钥匙的宿舍不是没有，可同一层连着的6个宿舍都没借过的情况却从未有过，这引起了朋友的兴趣。

해설 이 단락은 나의 친구가 남자 기숙사 사감을 하면서 있었던 일을 풀은 내용이다. 늦잠 자는 것을 좋아하는 남학생들이 급하게 수업 들으러 가면서 열쇠를 챙기는 것을 잊어버리자 친구가 규칙을 만들었고, 열쇠를 빌리러 오는 횟수는 줄었지만 학기가 끝날 무렵, 한 층 전체가 한 학기 동안 한 번도 빌린 적이 없다는 것을 발견하면서 친구의 흥미를 불러일으켰다. 이것이 이 긴 문장의 중심 내용이므로 한 단락으로 서술하면 된다. 여기서 501호~506호 방은 열쇠를 한 번도 빌린 적이 없다는 말은 반드시 언급하는 게 좋다.

요약 她负责管理男生宿舍，每个宿舍四名学生，每个人都有一把钥匙。但是男孩子总是爱睡懒觉，所以每天早上都是匆匆忙忙地离开宿舍。可是下课回来才发现，因为早上太匆忙，所以忘带了钥匙，只好等其他的同学回来。但有的时候，也有四个人都忘记带钥匙的情况。这时就去我朋友那借钥匙。因为她那里有整栋楼的备份钥匙。也是因为这个原因，借钥匙的情况越来越多。后来我的朋友便定了一个新规定：一个学期，每个宿舍不能超过三次。可是学期结束后，她发现501至506居然一次也没向她借钥匙。

> 为了解开心理的疑团，朋友特地去其中一个宿舍了解情况，终于知道了他们的"秘密"。原来，这6个宿舍共同制定了一个方案，每个宿舍都另外配了一把钥匙存放到下一个宿舍中。也就是说，如果把这6个宿舍和对应的6把钥匙按顺序编上号，那么，钥匙一就被存放到宿舍二，钥匙二被存放到宿舍三，依此类推，最后一把钥匙就被存放到了宿舍一。这样一来，6个宿舍的24个人中，只要有一个人带了钥匙，那么所有人都不会被挡在宿舍门外。因为只要有一把钥匙，就能喜爱打开一个宿舍，然后取得第二把钥匙再打开第二道门，这样下去，就可以打开所有的门。
>
> 听到这里，我忍不住想：假设每个学生忘记带钥匙的几率是50%（实际上应该小于这个数字），那么会不会出现24个学生同时不带钥匙的情况呢？从理论上来讲的是可能的。于是我根据概率论计算了一下，最后的结果令我大吃一惊：24个学生都不带钥匙的几率是千万分之一，近乎于零！我不禁佩服起这群聪明的小伙子来，他们彼此信任、互相合作，让问题迎刃而解。

해설 위의 상황이 흥미로웠던 친구는 이 일이 궁금하여 알아보았고, 이 여섯 개 방의 열쇠를 하나씩 복사하여 각각 옆 방에 보관해 놓았다는 것을 알게 되었다. 이때 본문에서는 자세히 설명하기 위해 '如果把这6个宿舍和对应的6把钥匙按顺序编上号，那么，钥匙一就被存放到宿舍二，钥匙二被存放到宿舍三，依此类推，最后一把钥匙就被存放到了宿舍一.'라고 길게 서술했지만 이 문장을 간단히 줄이면 된다. "나"에 대한 내용은 이야기를 듣고 학생들의 아이디어에 감탄하는 부분을 언급하면 된다.

요약 为了解开心里的谜团，她便去了解情况。六个宿舍制定了一个方案，就是把宿舍的钥匙放到下个宿舍里。这样一来，只要是六个宿舍当中有一名带钥匙的话，那么其余的宿舍的门都会被打开。后来我算了一下，都不带的钥匙的几率几乎为零。因为他们彼此信任，互相合作，才会让问题迎刃而解。

> 面对困难时，如果我们各自为战，那就如何同一盘散沙，常会自乱阵脚，困难也更加难以克服；而如果我们并肩作战、共同面对问题，困难往往会变得不堪一击，因为这时候我们每个人手里都多了一把"钥匙"，一把能打开所有门的钥匙。

해설 마지막 단락은 간단하게 요약하면 된다. 비유는 생략이 가능하지만 모든 문을 열 수 있는 열쇠가 있다는 말은 들어가야 한다. 여기서 '并肩作战', '不堪一击' 같은 사자성어의 의미를 알아야 내용을 제대로 파악할 수 있다.

요약 面对困难时，如果我们并肩作战，那么我们的手里就会多一把钥匙。

✅ 모범 답안

						众	志	成	城										
		我	有	一	个	在	大	学	当	宿	舍	管	理	员	的	朋	友	，	她
给	我	讲	了	一	件	很	有	趣	的	事	。								
		她	负	责	管	理	男	生	宿	舍	，	每	个	宿	舍	四	名	学	生，
每	个	人	都	有	一	把	钥	匙	。	但	是	男	孩	子	总	是	爱	睡	懒
觉	，	所	以	每	天	早	上	都	是	匆	匆	忙	忙	地	离	开	宿	舍	。
可	是	下	课	回	来	才	发	现	，	因	为	早	上	太	匆	忙	，	所	以
忘	带	了	钥	匙	，	只	好	等	其	他	的	同	学	回	来	。	但	有	的
时	候	，	也	有	四	个	人	都	忘	记	带	钥	匙	的	情	况	。	这	时
就	去	我	朋	友	那	借	钥	匙	。	因	为	她	那	里	有	整	栋	楼	的

备份钥匙。也是因为这个原因，借钥匙的情况越来越多。后来我的朋友便定了一个新规定：一个学期，每个宿舍不能超过三次。

可是学期结束后，她发现501至506居然一次也没有向她借过钥匙。为了解开心里的谜团，她便去了解情况。六个宿舍制定了一个方案，就是把宿舍的钥匙放到下个宿舍里。这样一来，只要是六个宿舍当中有一名带钥匙的话，那么其余宿舍的门都会被打开。后来我算了一下，都不带的钥匙的几率几乎为零。因为他们彼此信任，互相合作，才会让问题迎刃而解。

面对困难时，如果我们并肩作战，那么我们的手里就会多一把钥匙。

新汉语水平考试

실전 모의고사 해설

제4회

一 听力

第一部分

1

砖塔胡同位于北京西四牌楼附近。它的名字源于该胡同中的一座青砖古塔。砖塔胡同是北京历史最悠久的胡同之一，被人们称为"北京胡同儿的根"。

A 古塔已不存在
B 砖塔胡同地面铺满青砖
C 砖塔胡同历史悠久
D 砖塔胡同急需维护

벽돌탑 후통은 베이징의 시스파이러우(西四牌楼) 부근에 위치한다. 그것의 이름은 이 후통의 어느 푸른색 벽돌 고탑에서 유래됐다. 벽돌탑 후통은 베이징 역사상 가장 유구한 후통 중 하나로, '베이징 후통의 뿌리'라고 불린다.

A 고탑은 이미 존재하지 않는다
B 벽돌탑 후통의 바닥은 푸른색 벽돌로 뒤덮여 있다
C 벽돌탑 후통의 역사가 유구하다
D 벽돌탑 후통은 보호가 시급하다

단어 砖塔 zhuāntǎ 벽돌탑 | 附近 fùjìn 명 부근 | 源于 yuányú 동 ~에서 발원하다, ~에서 근원하다 | 悠久 yōujiǔ 형 유구하다 ‖ 急需 jíxū 동 급히 필요로 하다 | 维护 wéihù 동 유지하고 보호하다, 지키다

해설 '砖塔胡同北京历史最悠久的胡同之一(벽돌탑 후통은 베이징 역사상 가장 유구한 골목 중 하나이다)'라는 표현이나 '北京胡同儿的根(베이징 후통의 뿌리)'이라는 표현을 통해 역사적으로 아주 오래되었음을 알 수 있다. 그러므로 정답은 C이다.

2

一个在厄运面前不绝望的人，注定是一个永远不会被生活打垮的人。事实上，人生的许多失败并不是败给了强大的对手，也不是败给了恶劣的环境，而是败给了悲观的自己。

A 要多吸取教训
B 恶劣的环境能锻炼人
C 困难面前要学会变通
D 悲观的人容易被生活打垮

역경 앞에서 절망하지 않는 사람은 영원히 생활로 인해 무너지지 않을 사람이다. 사실, 인생의 수많은 실패는 강한 상대에게 지는 것이 아니고, 열악한 환경에 지는 것도 아닌 비관적인 자신에게 지는 것이다.

A 교훈을 많이 받아들여야 한다
B 열악한 환경은 사람을 단련시킨다
C 어려움 앞에서는 임기응변을 배워야 한다
D 비관적인 사람은 생활에 무너지기 쉽다

단어 厄运 èyùn 명 액운, 역경 | 绝望 juéwàng 동 절망하다 | 注定 zhùdìng 동 운명으로 정해져 있다 | 打垮 dǎkuǎ 동 쳐부수다, 때려부수다 | 恶劣 èliè 형 열악하다 | 悲观 bēiguān 형 비관적이다 ‖ 锻炼 duànliàn 동 단련하다 | 变通 biàntōng 동 임기응변하다

해설 1부분 듣기는 대부분 첫 번째 문장에서 정답이 나온다. 첫 번째 문장을 살펴보면 '一个在厄运面前不绝望的人，注定是一个永远不会被生活打垮的人(역경 앞에서 절망하지 않는 사람은 영원히 생활로 인해 무너지지 않을 사람이다)'이라고 했다. 다시 말해 비관적인 사람이 생활에 무너지기 쉽다는 의미이기 때문에 정답은 D이다.

제 4 회

听力

3

说到家电辐射，我们通常会想到电脑、微波炉，而往往会忽视体积较小的电吹风。<u>其实，它才是辐射大王。</u>因电吹风辐射源离头部较近，很容易使人头晕乏力，所以使用时，应尽量远离头部，也不要连续长时间使用。

A 电吹风辐射大
B 微波炉不宜长时间使用
C 辐射是可以屏蔽的
D 家店越大辐射也越大

가전제품의 방사를 말하자면, 우리는 주로 컴퓨터나 전자레인지를 생각하는 반면, 크기가 작은 드라이어에 관해서는 경시하게 된다. <u>사실, 이것이야말로 방사의 왕이다.</u> 드라이어의 방사원이 머리에 가까이 있기 때문에 사람들로 하여금 쉽게 어지럽고 기력이 없게 한다. 따라서 사용할 때 머리에서 최대한 떨어뜨려야 하며 또한 연속해서 장시간 사용해서도 안 된다.

A <u>드라이어의 방사가 크다</u>
B 전자레인지는 장시간 사용하면 안 된다
C 방사는 막을 수 있는 것이다
D 가전제품의 크기가 크면 방사도 크다

단어 辐射 fúshè 명 방사 | 微波炉 wēibōlú 명 전자레인지 | 忽视 hūshì 동 소홀히 하다 | 电吹风 diànchuīfēng 명 전기 드라이어 | 头晕 tóuyūn 동 현기증이 나다, 머리가 어지럽다 | 乏力 fálì 동 기력이 없다 | 连续 liánxù 동 연속하다, 계속하다 ‖ 屏蔽 píngbì 동 차단하다, 둘러막다

해설 듣기를 할 때 '其实(사실)'라는 단어에 주의해야 한다. 본문의 앞부분을 들어보면 '说到家电辐射，我们通常会想到电脑、微波炉，而往往会忽视体积较小的电吹风。其实，它才是辐射大王(가전제품의 방사를 말하자면, 우리는 주로 컴퓨터나 전자레인지를 생각하는 반면, 크기가 작은 드라이어에 관해서는 경시하게 된다. 사실, 이것이야말로 방사의 왕이다)'이라고 했기 때문에 드라이어의 방사량이 크다는 것을 알 수 있다. 정답은 A이다.

4

一位女演员上台领奖时，不小心被自己的长裙绊倒了。面对直播镜头，她笑着说："为了实现梦想，这一路我走得非常艰辛，有时甚至还会摔跤。"她的话赢得了全场热烈的掌声。<u>同时，也巧妙地化解了意外摔倒的尴尬。</u>

A 女演员感到很惭愧
B 女演员致辞时说错话了
C 女演员伤害了自尊心
D 女演员成功化解了尴尬

여배우가 무대 위에서 상을 받을 때, 부주의하여 자신의 치마에 걸려 넘어졌다. 생중계 카메라를 보며 그녀는 웃으면서 "꿈을 이루기 위해 저는 매우 힘들게 이 길을 걸어왔습니다. 어떤 때는 넘어지기도 했습니다."라고 말했다. 그녀의 말은 장내 사람들의 열렬한 박수를 받았다. <u>동시에 뜻하지 않게 넘어져서 생긴 난처함을 절묘하게 없앴다.</u>

A 여배우는 창피함을 느꼈다
B 여배우는 인사말을 할 때 말실수를 했다
C 여배우는 자존심에 상처받았다
D <u>여배우는 난처함을 성공적으로 없앴다</u>

단어 领奖 lǐngjiǎng 동 상을 타다 | 长裙 chángqún 명 긴치마, 롱 스커트 | 绊倒 bàndǎo 동 걸려 자빠지다, 실족하여 넘어지다 | 直播 zhíbō 동 생중계하다, 직접 중계하다 | 镜头 jìngtóu 명 (사진기의) 렌즈 | 艰辛 jiānxīn 명 고생 | 摔跤 shuāijiāo 동 넘어지다 | 热烈 rèliè 형 열렬하다 | 化解 huàjiě 동 없애다 | 尴尬 gāngà 형 난처하다, 어색하다 ‖ 惭愧 cánkuì 형 부끄럽다, 창피하다 | 致辞 zhìcí 동 인사말을 하다, 축사를 하다 | 自尊心 zìzūnxīn 명 자존심

해설 이야기 유형의 내용은 처음부터 끝까지의 이해가 필요하며 정답은 가장 마지막에 나오는 경우가 많다. 여배우가 자신이 실수로 넘어진 것을 비유 삼아 힘든 인생 여정에서 때로는 넘어지기도 했다는 말로 절묘하게 넘어갔다. 가장 마지막 문장에서 '同时，也巧妙地化解了意外摔倒的尴尬(동시에 뜻하지 않게 넘어져서 생긴 난처함을 절묘하게 없앴다)'라고 했으므로 정답이 D라는 것을 알 수 있다.

5

格桑花是一种生长在高原地区的花朵。它看似弱不禁风，实则生命力顽强。风愈狂，它身愈挺；雨愈大，它叶愈翠。在藏语中，格桑是幸福的意思。寄托了藏族人对幸福、吉祥等美好生活的追求。

A 格桑花代表财富
B 格桑花长在沙漠中
C 格桑花花期短
D 格桑花生命力顽强

코스모스는 고원 지역에서 자라는 꽃이다. 보기에는 너무 약해서 바람에도 쓰러질 것 같지만, 사실 생명력이 매우 강하다. 바람이 거세게 불수록 곧아지고 비가 세차게 내릴수록 잎은 푸르고 싱싱해진다. 티베트 말로 코스모스는 행복을 뜻하는데, 티베트인들의 행복, 행운 등 아름다운 생활에 대한 추구를 담았다.

A 코스모스는 재산을 뜻한다
B 코스모스는 사막에서 자란다
C 코스모스는 개화기가 짧다
D 코스모스는 생명력이 강하다

단어 格桑花 gésānghuā 코스모스 | 弱不禁风 ruòbù jīnfēng 혱 몸이 너무 약해서 바람에도 쓰러질 것 같다 | 顽强 wánqiáng 혱 완강하다, 억세다 | 翠 cuì 혱 비취색의, 청록색의 | 寄托 jìtuō 동 맡기다, 걸다 | 吉祥 jíxiáng 혱 운수가 좋다, 행운이다 ‖ 花期 huāqī 명 개화기, 꽃 피는 시기

해설 본문에서 '它看似弱不禁风，实则生命力顽强(보기에는 너무 약해서 바람에도 쓰러질 것 같지만, 사실 생명력이 매우 강하다)'이라고 했기 때문에 정답은 D이다.

6

夏天喜欢吃冰激凌的人，要警惕冰激凌头痛症。当人快速进食冷冻食品时，头部的肌肉和血管就会收缩，因而就会引起头痛。头痛发作时，可用手进行局部按摩，这样可以缓解收缩，减轻疼痛。

A 按摩有利于手部血液循环
B 吃冷冻食品可减轻肌肉痛
C 吃冰激凌可能会引发头痛
D 冰激凌吃多了对肠胃不好

여름에 아이스크림을 즐겨 먹는 사람들은 아이스크림 두통을 조심해야 한다. 사람이 빠른 속도로 차가운 음식을 먹게 되면 머리의 근육과 혈관이 수축하여 두통을 일으킬 수 있다. 두통이 왔을 때 손으로 부분 안마를 해주면 수축을 완화시키고 통증을 줄여준다.

A 안마는 손의 혈액순환에 도움이 된다
B 냉동식품을 먹으면 근육통을 줄일 수 있다
C 아이스크림을 먹으면 두통을 야기할 수 있다
D 아이스크림을 많이 먹으면 장과 위에 안 좋다

단어 警惕 jǐngtì 동 경계하다, 경계심을 갖다 | 收缩 shōusuō 동 수축하다 | 缓解 huǎnjiě 동 완화되다, 풀다 ‖ 循环 xúnhuán 동 순환하다 | 肌肉痛 jīròutòng 명 근육통

해설 첫 번째 문장에서 '夏天喜欢吃冰激凌的人，要警惕冰激凌头痛症(여름에 아이스크림을 즐겨 먹는 사람들은 아이스크림 두통을 조심해야 한다)'이라고 했기 때문에 이 문제의 핵심은 아이스크림과 두통이라는 것을 알 수 있다. 그러므로 정답은 C이다.

7

高压锅特有的密封圈能在加热时，牢牢地锁住锅内的蒸汽，使锅内的压力增大。这样锅内的温度便能提高到108度左右。所以用高压锅做饭不但省时省力，还能节约燃料。

A 高压锅做饭快
B 密封圈并未密封
C 高压锅耗能大
D 高压锅易爆炸

압력솥 특유의 패킹용 고무는 열을 가할 때, 솥 안의 증기를 꼭꼭 가두어 냄비 안의 압력을 올릴 수 있다. 이렇게 하면 냄비 안의 온도가 108도 정도까지 올라갈 수 있어서 압력솥으로 밥을 지으면 시간과 힘을 아낄 수 있을 뿐만 아니라 연료도 절약할 수 있다.

A 압력솥으로 밥을 하면 빠르다
B 패킹용 고무는 밀봉되어 있지 않다
C 압력솥은 소비하는 에너지가 많다
D 압력솥은 폭발하기가 쉽다

단어 高压锅 gāoyāguō 명 압력솥, 압력 냄비 | 密封圈 mìfēngquān 명 패킹용 고무 | 牢牢 láoláo 형 견고하다, 확실하다 | 蒸汽 zhēngqì 명 수증기 | 省 shěng 동 아끼다, 절약하다 | 燃料 ránliào 명 연료 ‖ 耗能 hàonéng 동 에너지를 소비하다 | 爆炸 bàozhà 동 폭발하다

해설 '密封圈(패킹용 고무)'라는 표현을 별도로 외울 필요는 없으며 어려운 단어가 나올지라도 침착하게 끝까지 들으면 겹치는 내용을 찾을 수 있다. 마지막 문장에서 '用高压锅做饭不但省时省力，还能节约燃料(압력솥으로 밥을 지으면 시간과 힘을 아낄 수 있을 뿐만 아니라 연료도 절약할 수 있다)'라고 했기 때문에 정답이 A라는 것을 알 수 있다.

8

在现代跑步比赛中，凡超过200米的项目，运动员都会沿着逆时针方向跑。这是因为人的左腿是支撑腿，沿着逆时针方向跑，重心便会落在左腿上。这样有利于保护运动员的心脏，保证他们能正常发挥。

A 跑步时要注意保护膝盖
B 转弯时要慢跑
C 逆时针跑可保护心脏
D 左腿跑步时重心不稳

현대 달리기경기 중 200미터를 넘는 종목은 운동선수들이 모두 시계 반대 방향으로 달린다. 이것은 사람의 왼쪽 다리가 지탱하는 다리이므로 시계 반대 방향으로 달리면 중심이 왼쪽 다리에 실리게 되기 때문이다. 이렇게 하면 운동선수들의 심장을 보호하기에 좋고 그들이 정상적으로 실력을 발휘할 수 있게 보장한다.

A 달릴 때 무릎 보호에 주의해야 한다
B 꺾어질 때 천천히 달려야 한다
C 시계 반대 방향으로 달리면 심장을 보호할 수 있다
D 왼쪽 다리는 달릴 때 중심이 불안정하다

단어 沿着 yánzhe 개 (일정한 노선을) 따라서 | 逆时针 nìshízhēn 형 역시계 반향의, 반시계 반향의 | 支撑 zhīchēng 동 버티다 | 发挥 fāhuī 동 발휘하다 ‖ 膝盖 xīgài 명 무릎 | 转弯 zhuǎnwān 동 모퉁이를 돌다 | 稳 wěn 형 안정되다, 움직이지 않다, 고정되다

해설 '逆时针方向'은 '시계 반대 방향'이라는 의미로, 시계 반대 방향을 '따라'라고 쓸 때는 술어로 '沿着'를 쓴다. 본문의 마지막 부분에서 운동선수들이 시계 반대방향으로 도는 이유가 '这样有利于保护运动员的心脏，保证他们能正常发挥(이렇게 하면 운동선수들의 심장을 보호하기에 좋고, 그들이 정상적으로 실력을 발휘할 수 있게 보장한다)'라고 했기 때문에 정답은 C이다.

9

两个性格都很强势的人也许可以一起合作。但观念上的摩擦很难避免，一旦争执起来很容易伤和气。<u>反之，性格互补的两个人往往会相处得比较融洽，合作起来也会比较顺利。</u>

A 要学会与人沟通
B 合作时要讲信用
C 性格互补有利于合作
D 强势的人不受欢迎

성격이 강한 두 사람이 같이 일을 할 수는 있다. 하지만 관념상에서의 마찰은 피하기 힘든데, 일단 논쟁이 시작되면 감정이 상하기 쉽다. <u>반대로 성격이 서로 보완되는 두 명은 종종 조화롭게 지낼 수 있어서 함께 일하기에 비교적 순조롭다.</u>

A 사람과 소통할 줄 알아야 한다
B 일을 같이 할 때는 신용을 지켜야 한다
C 성격이 서로 보완되면 함께 일하기에 좋다
D 강한 사람은 환영 받지 못한다

단어 强势 qiángshì 명 강세 | 摩擦 mócā 명 마찰, 충돌 | 避免 bìmiǎn 동 피하다, 방지하다 | 一旦 yídàn 부 일단 ~한다면 | 争执 zhēngzhí 동 서로 자기의 의견을 고집하다 | 伤和气 shāng héqi 동 감정을 상하게 하다 | 互补 hùbǔ 동 서로 보충하고 보완하다 | 相处 xiāngchǔ 동 함께 살다, 지내다 | 融洽 róngqià 형 조화롭다, 융화하다 ‖ 沟通 gōutōng 동 교류하다, 소통하다 | 讲信用 jiǎng xìnyòng 신용을 중시하다

해설 듣기에서는 '但是', '但'과 같은 역접 접속사에 주의해야 한다. 본문에서 '两个性格都很强势的人也许可以一起合作(성격이 강한 두 사람이 같이 일을 할 수는 있다)'라는 표현 뒤에 '但'이 나오기 때문에 앞부분이 아니라 뒷부분이 중요하다는 것을 알 수 있다. 또한 본문 마지막에서 '反之，性格互补的两个人往往会相处的比较融洽，合作起来也会比较顺利(반대로 성격이 서로 보완되는 두 명은 종종 조화롭게 지낼 수 있어서 함께 일하기에 비교적 순조롭다)'라고 했기 때문에 정답은 C이다.

10

蜂蜜是一种营养丰富的天然滋养食品，也是人们日常生活中接触最多的保健品之一。<u>它不仅可以美容养颜，让肌肤变得细腻白皙，还可以预防神经衰弱，帮助人们保持身体健康。</u>

A 神经衰弱者不宜喝蜂蜜
B 蜂蜜是减肥药品
C 蜂蜜可健脾开胃
D 蜂蜜对人体有益

꿀은 영양이 풍부한 천연 자양 식품이며 사람들이 일상생활에서 제일 많이 접하는 보양식 중 하나이다. <u>이것은 미용에 좋아 피부를 매끄럽고 희고 깨끗하게 해줄 뿐 아니라 신경쇠약도 예방할 수 있어 사람들이 건강을 유지하게 도와준다.</u>

A 신경쇠약자는 꿀을 마시면 안 된다
B 꿀은 다이어트 약품이다
C 꿀은 비장을 강하게 하고 식욕을 돋운다
D 꿀은 인체에 이롭다

단어 滋养 zīyǎng 동 자양하다 | 接触 jiēchù 동 접촉하다 | 养颜 yǎngyán 동 얼굴을 보호하다 | 细腻 xìnì 형 부드럽고 매끄럽다 | 白皙 báixī 형 희고 깨끗하다 ‖ 开胃 kāiwèi 동 식욕을 돋우다

해설 꿀의 효능에 관하여 '它不仅可以美容养颜，让肌肤变得细腻白皙，还可以预防神经衰弱，帮助人们保持身体健康(이것은 미용에 좋아 피부를 매끄럽고 희고 깨끗하게 만들어줄 뿐 아니라 신경쇠약도 예방할 수 있어 사람들이 건강을 유지하게 도와준다)'이라고 했기 때문에 미용뿐 아니라 건강에도 좋다는 것을 알 수 있다. 그러므로 정답은 D이다.

11

人们常说，下雪不冷，化雪冷。这是因为水汽在凝结成雪花的过程中会释放热量，所以下雪时人们并不会感觉太冷。而雪融化时，需要从空气中吸收热量，这样会导致气温下降，因此，人们才会有寒冷的感觉。

A 雪化时会释放热量
B 降雪有助作物生长
C 雪化时更冷
D 雪后空气清新

사람들은 종종 눈이 내릴 때는 안 춥고 눈이 녹을 때 춥다고들 한다. 이것은 수증기가 눈꽃으로 응결되는 과정에서 열량을 방출하기 때문에 눈이 내릴 때 사람들은 추위를 느끼지 못하는 것이다. 하지만 눈이 녹을 때 공기 중에서 열량을 흡수해야하므로 기온이 떨어져서 사람들이 춥다고 느낄 수 있는 것이다.

A 눈이 녹을 때 열량을 방출한다
B 눈이 내릴 때 직물의 성장을 돕는다
C 눈이 녹을 때 더 춥다
D 눈이 내린 후 공기가 맑다

단어 凝结 níngjié 동 응결하다 | 释放 shìfàng 동 방출하다 | 融化 rónghuà 동 융해되다 | 寒冷 hánlěng 형 춥고 차다

해설 첫 문장에서 이미 '人们常说，下雪不冷，化雪冷(사람들은 종종 눈이 내릴 때는 안 춥고, 눈이 녹을 때 춥다고들 한다)'이라고 했기 때문에 정답은 C이다. 첫 문장을 듣지 못했어도 마지막 문장에 눈이 녹을 때 주변의 열을 흡수해 기온이 떨어지기 때문이라고 설명하고 있다.

12

《茉莉花》是一首广为传唱的中国民歌，主要流传于江浙一带。这首歌反映了青年男女之间纯真的爱情，旋律优美动听，曾被用在外国歌剧《图兰朵》中，为该歌剧增添了一抹东方的音乐色彩。

A 《茉莉花》深受大众喜爱
B 《茉莉花》借鉴了西方音乐
C 《茉莉花》演唱难度很大
D 《茉莉花》由一对情侣所创

≪재스민≫은 널리 불리는 중국민요이며, 주로 장쑤와 저장 일대에 많이 알려졌다. 이 노래는 청춘남녀 간의 순수한 사랑을 반영했으며, 선율이 매우 아름답고 듣기에 좋아 일찍이 외국 오페라 ≪투란도트≫에서 사용하여 이 오페라에 동방의 음악적 색채를 더했다.

A ≪재스민≫은 대중의 큰 사랑을 받는다
B ≪재스민≫은 서방음악을 참고했다
C ≪재스민≫은 공연의 난이도가 높다
D ≪재스민≫은 한 커플이 만든 것이다

단어 广为 guǎngwéi 부 널리, 폭넓게 | 传唱 chuánchàng 동 (노래 등이) 유전되어 불리어지다 | 反映 fǎnyìng 동 반영하다 | 纯真 chúnzhēn 형 순수하다 | 旋律 xuánlǜ 명 선율, 멜로디 | 动听 dòngtīng 형 듣기 좋다, 들을 만하다 ‖ 借鉴 jièjiàn 동 참고로 하다 | 情侣 qínglǚ 명 연인

해설 ≪재스민≫이라는 중국민요가 중국뿐 아니라 외국 오페라에서도 쓰였기 때문에 매우 많은 사랑을 받았다는 것을 알 수 있다. 그러므로 정답은 A이다.

13

家训——是家族成员必须遵守的道德标准。在中国历史上，家训对个人的修身、齐家有着极其重要的作用。古人非常重视家训，至今，我们所熟知的家训有：颜氏家训、朱子家训、曾国藩家训等等。

A 家训在现代已经不被重视
B 家训限制个人发展
C 家训是家族的道德标准
D 家训有法律效力

가훈은 가족 구성원이 반드시 지켜야 하는 도덕 기준이다. 중국 역사상 가훈은 개인의 수양과 제가에 매우 중요한 작용을 해왔다. 선조들은 가훈을 매우 중시했으며, 오늘날 우리가 잘 알고 있는 가훈에는 안씨 가훈, 주자 가훈, 증국번 가훈 등이 있다.

A 가훈은 현대에 이미 중시하지 않게 되었다
B 가훈은 개인의 발전을 제한한다
C 가훈은 가족의 도덕 기준이다
D 가훈은 법적 효력이 있다

단어 | 家训 jiāxùn 명 가훈 | 遵守 zūnshǒu 동 준수하다, 지키다 | 修身 xiūshēn 동 수양하다 | 熟知 shúzhī 동 익히 알다 ‖ 效力 xiàolì 명 효력, 효과

해설 | 첫 번째 문장에서 '家训——是家族成员必须遵守的道德标准(가훈은 가족 구성원이 반드시 지켜야 하는 도덕 기준이다)'이라고 했기 때문에 정답은 C라는 것을 알 수 있다. '道德标准(도덕 기준)'이라는 키워드가 겹쳐서 쉽게 정답을 찾을 수 있는 문제이다.

14

健走是一种介于散步和竞走之间的运动方式。它通过大步向前、快速行走，来提高肢体的平衡性。而且，健走不受年龄、性别、体力等方面的限制。属于低投入、高产出的有氧健身运动。

큰 보폭으로 걷는 것은 일종의 산책과 경보 사이에 있는 운동 방식이다. 이것은 큰 보폭으로 앞을 향해 빠르게 걷는 것으로서 이를 통해 사지의 균형성을 높인다. 또한 나이, 성별, 체력 등의 방면에서 제한을 받지 않는다. 투자금이 적고, 창출이 높은 유산소 건강 운동이다.

A 青少年不宜健走
B 健走属于极限运动
C 健走体力消耗大
D 健走能提高身体平衡性

A 청소년이 큰 보폭으로 걷는 것은 좋지 않다
B 큰 보폭으로 걷는 것은 극한운동에 속한다
C 큰 보폭으로 걷는 것은 체력 소모가 크다
D 큰 보폭으로 걷는 것은 신체의 균형성을 높인다

단어 | 介于 jièyú 동 ~의 사이에 있다 | 散步 sànbù 동 산책하다 | 竞走 jìngzǒu 명 경보 | 肢体 zhītǐ 명 사지 | 平衡 pínghéng 명 균형이 맞다 | 限制 xiànzhì 명 제한 | 产出 chǎnchū 동 산출하다, 생산해 내다 | 消耗 xiāohào 명 소모

해설 | '健走'에 대해서 본문에서는 '它通过大步向前、快速行走，来提高肢体的平衡性(이것은 큰 보폭으로 앞을 향해 빠르게 걷는 것으로서 이를 통해 사지의 균형성을 높인다)'이라고 했다. '平衡性(균형성)'이라는 키워드가 겹쳤기 때문에 정답은 D이다.

15

明清时期的红木家具，在中国家具史上的地位举足轻重，尤其是明式家具。设计者大多都是文化造诣较高文人雅士，受这些人的影响，明式家具气质典雅，艺术风格极具独特。

명청 시대의 홍목가구는 중국 가구 역사에서 지위적으로 매우 중요하며, 특히 명나라식 가구가 그렇다. 설계자는 대부분 문화에 비교적 조예가 깊은 문인과 선비였고, 이런 사람들의 영향을 받아 명나라식 가구는 기품이 우아하고, 예술 풍격이 매우 독특했다.

A 明式家具风格独特
B 明式家具闻名海外
C 明式家具注重细节
D 明式家具价值连城

A 명나라식 가구는 풍격이 독특했다
B 명나라식 가구는 세계적으로 유명했다
C 명나라식 가구는 세세한 부분을 중시했다
D 명나라식 가구는 가치가 매우 높았다

단어 | 红木 hóngmù 명 홍목 | 举足轻重 jǔzú qīngzhòng 성 대단히 중요한 위치에 있어 행동이 전체에 중대한 영향을 끼치다 | 造诣 zàoyì 명 조예, 성취 | 文人雅士 wénrén yǎshì 문인과 선비 | 气质 qìzhì 명 기질, 품격, 자질 | 典雅 diǎnyǎ 형 우아하다 | 独特 dútè 형 독특하다 ‖ 闻名 wénmíng 형 유명하다 | 价值连城 jiàzhí liánchéng 성 물품이 매우 진귀(귀중)하다

해설 | 명나라식 가구에 대해서 가장 마지막 문장에서 '艺术风格极具独特(예술 풍격이 매우 독특하다)'라고 했기 때문에 정답은 A이다.

第 二 部 分

16-20

女：您是省电视台的一名老记者了，拿过不少奖项，很多报道也被人津津乐道。不过，有消息说，您明年就会离开电视镜头，这是真的吗？

男：对，我会离开电视镜头而转向幕后。把更多地机会让给年轻人，让给比我更有创造力的人来做。

女：您所说的转向幕后，是指做什么工作？

男：我还会继续与记者这个行当打交道。但是，不会再去现场做新闻报道了。[16]我会做新人培训和节目监制的工作。最近，我已经开始这方面的工作了。

女：您宝贵的采访经验，肯定会为新人带来很多启发，让他们少走弯路。能给我们讲讲，您是如何培训新记者的吗？

男：[17]我个人认为记者的工作开始于前期的资料准备。而不是等你到了现场，拿起了话筒，才代表了工作的开始。记者应该善于研究分析资料，并以此为据，写出采访提纲。[17]只有这样，才能保证采访的顺利展开。

女：但很多时候，提前拿到的资料非常有限，这怎么办？

男：你说的这种情况，是新记者所面临的最大挑战。[18]应变能力应该是衡量一个记者是否能够独立外出采访的重要指标。在充分做好前期准备的前提下，要学会应变，根据当时的情境，适当地改变自己的采访思路。采访提纲应该是一条粗略的线，而不是精确的图表。

女：您觉得新记者最容易犯什么错？

男：[19]新记者刚刚上岗时，往往会在一些细节问题上浪费大量的时间。采访对象快走了，还没问到关键问题上，这是缺乏引导力的表现。我并不是说细节问题不重要，细节往往能揭露事件的真相。但一个事件有很多细节，[20]记者如何在短短的一两分钟内，抓住最关键的那个，就需要有足够的洞察力。其实，如果前期工作做得好，你肯定会感觉出哪个问题才是关键问题。只要尽量把这个关键问题，放在第一个或者第二个提问中间出来就行了。

제 4 회

听力

여: 당신은 성 방송국에서 오랫동안 있었던 기자로서, 적지 않은 상을 받았고 많은 보도로 사람들의 입에 자주 오르내렸습니다. 그런데 소식에 의하면 당신이 내년에 방송 화면을 떠날 거라고 하던데, 이것이 사실입니까?

남: 네, 저는 방송 화면을 떠나 화면의 뒤로 갈 것입니다. 젊은이들에게 더 많은 기회를 주고, 저보다 더 창의력이 있는 사람이 하도록 양보하려고요.

여: 당신이 말한 화면의 뒤로 간다는 말은 어떤 일을 가리키는 건가요?

남: 저는 계속 기자라는 업종과 왕래할 것입니다. 하지만 더 이상 현장에 가서 뉴스를 보도하지는 않을 것입니다. [16]저는 신입을 배양하고 프로그램을 감독하는 일을 할 것입니다. 최근 저는 이미 이 방면의 일을 시작했습니다.

여: 당신의 소중한 취재 경험은 신입에게 많은 깨우침을 가져다주고, 그들의 시행착오를 줄여 줄 것입니다. 저희에게 당신이 어떻게 신입기자를 배양할지 이야기해주실 수 있으신가요?

남: [17]제 개인적인 생각으로 기자라는 직업은 사전 자료 준비에서 시작합니다. 현장에 가서 마이크를 드는 것이 작업의 시작이라는 것을 나타내는 것이 아닙니다. 기자는 자료를 연구하고 분석하는 일을 잘해야 하고, 이것을 근거로 취재 개요를 만들 줄 알아야 합니다. [17]이렇게 해야만 취재의 순조로운 진행을 보장할 수 있지요.

여: 하지만 많은 경우, 사전에 자료를 얻는다는 것은 매우 제한되어 있는데, 이럴 땐 어떻게 하나요?

남: 당신이 말하는 그런 상황은 신입기자가 당면하는 최대의 과제입니다. [18]임기응변은 기자가 독립적으로 나가 인터뷰를 할 수 있는지를 평가하는 중요한 지표입니다. 충분히 사전 준비를 할 수 있다는 전제 하에 임기응변을 배워야 합니다. 당시의 상황을 근거로 적당히 자신의 취재 구상을 고쳐나가야 합니다. 취재 개요는 하나의 대략적인 선이지 정확한 도표가 아닙니다.

여: 당신은 신입기자가 가장 쉽게 범하는 실수가 무엇이라고 생각합니까?

남: [19]신입기자가 막 일을 시작할 때, 종종 세부적인 문제에 많은 시간을 소비합니다. 취재 대상이 곧 떠나야 하는데, 그때까지도 제일 중요한 문제를 물어보지 못합니다. 이것은 유도력이 결여된 것입니다. 저는 결코 세부적인 문제가 중요치 않다고 말하는 것이 아닙니다. 세부사항이 종종 사건의 진상을 들

추어낼 수 있지요. 하지만 하나의 사건에는 많은 세부사항이 있습니다. [20]기자가 짧은 일이 분 안에 어떻게 가장 중요한 것을 잡아내는가는 충분한 통찰력이 필요합니다. 사실, 만약 사전 작업을 잘했다면 어떤 문제가 가장 중요한 문제인지 알 수 있을 겁니다. 되도록 이 중요한 문제를 제일 처음 혹은 두 번째 질문으로 물어보면 됩니다.

단어 奖项 jiǎngxiàng 몡 상 | 津津乐道 jīnjīn lèdào 몡 흥미진진하게 이야기하다 | 幕后 mùhòu 몡 배후, 막의 뒤 | 创造力 chuàngzàolì 몡 창조력 | 行当 hángdang 몡 직종, 직업, 업종, 생업 | 打交道 dǎjiāodao 동 왕래하다, 교제하다 | 监制 jiānzhì 동 상품의 제조를 감독하다, 감제하다 | 启发 qǐfā 동 깨우침 | 走弯路 zǒuwānlù 동 (길을) 돌아서 가다, 길을 잘못 들어 돌다 | 分析 fēnxī 동 분석하다 | 采访 cǎifǎng 동 인터뷰하다, 취재하다 | 提纲 tígāng 몡 개요, 요강 | 展开 zhǎnkāi 동 (활동을) 전개하다, 벌이다 | 挑战 tiǎozhàn 동 도전 | 衡量 héngliáng 동 비교하다, 재다, 평가하다 | 前提 qiántí 몡 전제 조건 | 粗略 cūlüè 형 대략적인, 대충 | 上岗 shànggǎng 동 제 위치에서 임무를 수행하다 | 缺乏 quēfá 동 결핍되다 | 引导 yǐndǎo 동 인도하다, 이끌다 | 揭露 jiēlù 동 폭로하다, 들추어 내다 | 洞察力 dòngchálì 몡 통찰력

16

下列哪项是男的现在的工作内容? 　　다음 중 남자의 현재 작업 내용은?

A 节目策划　　　　　　　　　A 프로그램 기획
B 视频剪辑　　　　　　　　　B 영상 편집
C 培训新人　　　　　　　　　**C 신입 배양**
D 播音主持　　　　　　　　　D 방송 사회자

단어 策划 cèhuà 몡 계획, 기획 | 剪辑 jiǎnjí 몡 편집 | 播音 bōyīn 동 방송하다 | 主持 zhǔchí 동 주재하다, 사회를 보다

해설 남자의 두 번째 대답에서 남자는 '我会做新人培训和节目监制的工作。最近，我已经开始这方面的工作了(나는 신입을 배양하고 프로그램을 감독하는 일을 할 것이다. 최근 이미 이 방면의 일을 시작했다)'라고 했다. 신입을 배양하는 일이 비단 미래에 계획했던 일일 뿐만 아니라 지금도 하고 있다는 의미이다. 그러므로 남자가 지금 하고 있는 것은 C라는 것을 알 수 있다.

17

男的觉得要想采访顺利，应该怎么做?　　남자는 취재를 순조롭게 하려면 어떻게 해야 한다고 생각하는가?

A 请教资深记者　　　　　　　A 경력이 많은 기자에게 가르침을 청해야 한다
B 仔细检查采访设备　　　　　B 취재 장비를 세심하게 점검해야 한다
C 先熟悉采访现场　　　　　　C 먼저 취재 현장에 익숙해야 한다
D 准备好采访资料　　　　　　**D 취재 자료를 잘 준비해야 한다**

단어 资深 zīshēn 형 경력이 오랜, 베테랑의 | 熟悉 shúxī 형 잘 알다, 익숙하다

해설 남자의 세 번째 대답 앞부분에서 '我个人认为记者的工作开始于前期的资料准备(기자라는 직업은 사전의 자료 준비로 시작된다고 생각한다)'라고 언급을 했으며 마지막 부분에서 '只有这样，才能保证采访的顺利开展(이렇게 해야만 취재의 순조로운 진행을 보장할 수 있다)'이라고 했다. 다시 말해 자료준비는 인터뷰를 순조롭게 만든다는 의미이므로 정답은 D이다.

18

男的认为，记者独立采访的前提是什么？ | 남자가 생각하기에 기자가 독립적으로 취재할 때의 전제 조건은 무엇인가？

A 具备应变能力
B 胆量大
C 口才好
D 能快速记录

A 임기응변 능력이 있어야 한다
B 배짱이 커야 한다
C 말을 잘해야 한다
D 빠르게 기록할 줄 알아야 한다

 胆量 dǎnliàng 명 용기, 배짱 | 口才 kǒucái 명 말재간, 말솜씨

해설 남자의 네 번째 대답에서 '应变能力应该是衡量一个记者是否能够独立外出采访的重要指标(임기응변은 기자가 독립적으로 나가 인터뷰를 할 수 있는지를 평가하는 중요한 지표이다)'라고 했으므로 정답은 A이다.

19

新记者存在哪方面的不足？ | 신입기자는 어느 방면에서 부족한가？

A 采访时间越短越好
B 容易忽视细节
C 缺乏引导力
D 工作态度消极

A 취재 시간은 짧을수록 좋다
B 세부사항을 소홀히 한다
C 유도력이 부족하다
D 일하는 태도가 소극적이다

 남자의 다섯 번째 대답에서는 신입기자에 대해서 언급하고 있다. '新记者刚刚上岗时，往往会在一些细节问题上浪费大量的时间。采访对象都快走了，还没问到关键问题上，这是缺乏引导力的表现(신입기자가 막 일을 시작할 때, 종종 세부적인 문제에 많은 시간을 소비한다. 취재 대상이 곧 떠나야 하는데, 그때까지도 제일 중요한 문제를 물어보지 못한다. 이것은 유도력이 결여된 것이다)'이라고 했기 때문에 문제는 유도력이라는 것을 알 수 있다. 그래서 정답은 C이다.

20

根据对话，可以知道什么？ | 이 대화에서 알 수 있는 것은？

A 采访时细节问题十分重要
B 采访后要及时整理材料
C 采访要抓住关键问题
D 采访提纲越细越好

A 취재할 때 세세한 문제는 매우 중요하다
B 취재한 후 제때 자료를 정리해야 한다
C 취재할 때 중요한 문제를 잡아내야 한다
D 취재 개요는 자세할수록 좋다

해설 남자의 마지막 대답에서 '记者如何在短短的一两分钟内，抓住最关键的那个，就需要有足够的洞察力(기자가 짧은 일이 분 안에 어떻게 가장 중요한 그것을 잡아내는가는 충분한 통찰력이 필요하다)'라고 말했다. 다시 말해 기자는 인터뷰에서 중요한 문제를 잡아내는 것이 관건임을 나타내므로 정답은 C이다.

21-25

女：各位观众朋友，大家好！今天我们非常荣幸地邀请到了我们的老朋友，《三联生活周刊》的主编——朱伟先生，做客直播间。朱先生，您好！

男：主持人好！大家好！

女：<u>25很多朋友看到您写的节气、古典音乐等，也慢慢爱上了中国的传统文化。</u>这是不是您做这些的初衷？知道大家有这样的改变之后，您是不是也觉得挺欣慰的？

男：我想这也不全是我的功劳。现在，越来越多的人开始觉得中国的传统文化中还是有很多有意思的东西。他们开始去试着了解它，节气只是一个特别小的窗口而已。中国的传统文化太博大精深了！

女：您说得对！另外，很多朋友也想听听您自己对《三联生活周刊》的看法。有人说，它算是小众杂志。您怎么看？

男：<u>21我们的杂志在这一类型的杂志里发行量最大，不能说是小众。22只不过书中有些东西，读者会觉得理解起来有些吃力而已。比如，我们的一些文章比较长，看起来就会比较累。</u>

女：有没有想过，针对这些读者的反映，对杂志做出一定的调整呢？

男：我有一个看法不一定对，这个可以讨论。我认为，不同的媒体在扮演不同的角色。就像我们的杂志扮演的角色和别的杂志也不一样。<u>23《三联生活周刊》已经形成了一种类型，并吸引了一批读者，这批读者是它的拥护者。</u>另外，正因为现在只是传播越来越方便，信息越来越简洁，我们更需要提高门槛。至于你说的调整，我们可能会在我们的新媒体上面来解决。新媒体受众才不同，它可能会稍微通俗一些。

女：您从95年进入《三联生活周刊》到现在已经有近二十个年头了。您一路走来，最大的感触是什么？

男：<u>24很辛苦，但也很有成就感。</u>一本杂志一周出一期，然后要让它的质量不断地提高、读者不断增多，是一件很不容易的事情。而且，读者本身也在成长，他们对杂志的要求会越来越高。所以，就必须得不断地提高自己。但是当看到自己做的杂志在不断成长和壮大，还是很有成就感的。

여: 시청자 여러분, 안녕하세요? 오늘 매우 영광스럽게 우리의 오랜 친구를 초대했습니다. 《싼롄 생활주간》의 편집장이신 주웨이 선생님을 생방송 자리에 모셨습니다. 주 선생님, 안녕하세요?

남: 사회자님, 안녕하세요? 여러분 안녕하세요?

여: <u>25많은 분이 선생님이 쓰신 절기, 고전음악 등을 보고 차츰 중국의 전통문화도 사랑하게 되었는데요.</u> 이것이 선생님께서 처음에 의도하신 것이 아니었나요? 많은 분이 이렇게 바뀐 것을 아시고 매우 기쁘고 안심되셨겠어요?

남: 저는 이 모든 게 전부 제 공로는 아니라고 생각합니다. 현재, 점점 더 많은 사람이 중국의 전통문화에 재미있는 것들이 많다고 생각하고 있습니다. 그들이 그것을 이해하려 하기 시작했고, 절기는 그저 아주 작은 창이었을 뿐이에요. 중국의 전통문화는 매우 방대하고 심오하지요!

여: 옳은 말씀이십니다! 그 외에도 많은 사람이 《싼롄 생활주간》에 대한 선생님 자신의 생각을 듣고 싶어합니다. 어떤 사람들은 그저 소수파의 잡지라고 이야기하는데, 어떻게 보시나요?

남: <u>21저희 잡지가 이런 유형의 잡지 중에서는 발행량이 제일 많은데, 소수파라고는 말할 수 없죠. 22그저 책 안의 몇 가지는 독자가 이해하기에 좀 힘들 뿐이에요. 예를 들어, 우리의 문장은 비교적 길어서 보기에 좀 힘들어요.</u>

여: 그럼 이런 독자들의 반응에 대해서 잡지에 어느 정도 조정을 하는 것은 생각 안 해보셨나요?

남: 제가 생각하는 것이 맞을지는 모르겠지만, 이것에 관해 토론을 할 수는 있을 것 같아요. 제 생각에는 다른 매체는 서로 다른 역할이 있다고 봅니다. 저희 잡지가 맡은 역할이 다른 잡지와 다른 것처럼요. <u>23《싼롄 생활주간》은 이미 하나의 유형으로 형성되어서 대량의 독자들을 끌어들였는데, 이 독자들이 그것의 옹호자이지요.</u> 또한 요즘은 전파가 점점 편리해지고 정보는 더욱 간결해지고 있기 때문에 우리는 문턱을 더 높여야 합니다. 당신이 말한 조정에 관해서 저희의 새 매체에서 해결을 할 수 있을 것 같아요. 새 매체는 시청자가 다른데, 좀 통속적이라고 할 수 있어요.

여: 당신은 95년에 《싼롄 생활주간》에 들어와서부터 지금까지 이미 20년이 되었습니다. 이 길을 걸어오면서 제일 크게 느낀 것은 무엇이 있을까요?

남: <u>24매우 힘들었습니다만 성취감도 컸죠.</u> 잡지가 일주일에 한 호씩 나오고 잡지의 질을 끊임없이 높이면서 독자도 계속 증가해야 하는 것은 쉽지 않은 일이에요. 또한 독자들도 성장하고 있어서 잡지에 대한 요구도 점점 더 높아지죠. 그래서 자신을 끊

제 4 회 听力

임없이 향상해야 해요. 하지만 자신이 만든 잡지가 끊임없이 성장하고 강대해지고 있는 것을 보면, 역시나 성취감이 매우 크죠.

단어 荣幸 róngxìng 형 매우 영광스럽다 | 做客 zuòkè 동 손님이 되다, 친지를 방문하다 | 直播 zhíbō 동 생중계하다 | 初衷 chūzhōng 명 최초의 지향과 소망 | 欣慰 xīnwèi 형 기쁘고 안심이 되다 | 功劳 gōngláo 명 공로 | 博大精深 bódà jīngshēn 셍 사상이나 학식이 넓고 심오하다 | 小众 xiǎozhòng 명 소수파 | 吃力 chīlì 형 힘들다 | 而已 éryǐ 조 ~뿐이다 | 针对 zhēnduì 동 겨누다 | 拥护者 yōnghùzhě 명 옹호자 | 简洁 jiǎnjié 형 (언행·문장 등이) 깔끔하다 | 门槛 ménkǎn 명 문턱 | 感触 gǎnchù 명 (어떤 사물에 대하여 촉발된) 감동, 느낌 | 壮大 zhuàngdà 형 강대해지다

21

男的认为《三联生活周刊》不是小众杂志的原因是什么?

A 文化所占比重大
B 读者水平不低
C 发行量大
D 创刊时间最长

남자가 생각하기에 《싼롄 생활주간》이 소수파 잡지가 아니라고 하는 원인은 무엇인가?

A 문화가 차지하는 비중이 커서
B 독자의 수준이 낮지 않아서
C 발행량이 많아서
D 창간 시간이 제일 길어서

단어 创刊 chuàngkān 동 (간행물을) 창간하다

해설 세 번째 문답에서 여자는 '有人说，它算是小众杂志。您怎么看?(어떤 사람들은 그저 소수파의 잡지라고 이야기하는데, 어떻게 보시나요?)'이라고 묻자 남자가 '我们的杂志在这一类型的杂志里发行量最大，不能说是小众 (우리 잡지가 이런 유형의 잡지 중에서는 발행량이 제일 많은데, 소수파라고는 말할 수 없다)'이라고 했기 때문에 발행량 때문임을 알 수 있어 정답은 C이다.

22

关于《三联生活周刊》，下列哪项正确?

A 质量不如从前
B 每个月出版一期
C 是一本时尚杂志
D 有些文章较难懂

《싼롄 생활주간》에 대해서 다음 중 옳은 것은?

A 질이 예전 같지 않다
B 매월 한 호를 낸다
C 패션잡지이다
D 일부 문장은 이해하기 힘들다

해설 《싼롄 생활주간》이라는 잡지에 대해서 맞는 것을 고르는 문제이므로 전반적인 내용 파악이 되어야 한다. 남자의 세 번째 대답에서 '我们的一些文章比较长，看起来就会比较累(우리의 문장은 비교적 길어서 보기에 좀 힘들다)'라고 했으며, 이것은 다시 말해 '难懂(이해하기 힘들다)'이라는 것이므로 정답은 D이다.

23

男的为什么不想对杂志做出调整?

A 已形成固定类型
B 读者数量在不断增加
C 调整的成本过高
D 没到有适当的时机

남자는 왜 잡지에 대한 조정을 하기 싫어하는가?

A 이미 고정적인 유형이 형성되어서
B 독자 수가 지속적으로 증가해서
C 조정하는 비용이 너무 비싸서
D 적당한 시기가 안 돼서

해설 잡지에 대해 조정을 생각해보지 않았냐는 여자의 질문에 남자는 '《三联生活周刊》已经形成了一种类型，并吸引了一批读者，这批读者是它的拥护者(《싼롄 생활주간》은 이미 하나의 유형으로 형성되어서 대량의 독자들을 끌어들였는데, 이 독자들이 그것의 옹호자이다)'라고 했다. 이미 고정적인 유형이 되었기 때문이므로 정답은 A이다.

24 对于做杂志，男的最大的感触是什么？ | 잡지를 만드는 것에 있어 남자가 제일 크게 느낀 점은 무엇인가?

A 杂志让知识传播更迅速
B 知识面拓宽了
C 纸质杂志发展到了瓶颈期
D 很有成就感

A 잡지가 지식 전달을 더 빨리한다
B 지식면이 넓어졌다
C 종이 잡지는 슬럼프로 발전했다
D 성취감이 크다

 拓宽 tuòkuān 통 확장하다, 넓히다 | 瓶颈期 píngjǐngqī 슬럼프

해설 여자가 마지막 질문으로 '您从95年进入《三联生活周刊》到现在已经有近二十个年头了。您一路走来，最大的感触是什么?(당신은 95년에 〈삼련생활주간〉에 들어오면서부터 이미 20년이 되었어요. 이 길을 걸어 오면서 제일 크게 느낀 것은 무엇이 있어요?)'라고 묻자 남자는 '很辛苦, 但也很有成就感(매우 힘들었지만 성취감도 컸다)'이라고 했기 때문에 정답은 D이다.

25 根据对话，下列哪项正确？ | 대화를 근거로 다음 중 옳은 것은?

A 男的进修过古典音乐
B 很多人开始关注传统文化
C 新媒体概念由男的首次提出
D 杂志文章要短小

A 남자는 고전음악을 연수한 적이 있다
B 많은 사람이 전통문화에 관심을 가지기 시작했다
C 새 매체의 개념은 남자가 처음으로 내놓은 것이다
D 잡지 문장이 짧다

 进修 jìnxiū 통 연수하다

해설 맞는 것을 고르는 문제는 앞부분에서도 정답이 나올 가능성이 농후하다. 여자의 두 번째 질문에서 '很多朋友看到您写的节气、古典音乐等，也慢慢爱上了中国的传统文化(많은 분이 당신이 쓴 절기, 고전음악 등을 보고 차츰 중국의 전통문화도 사랑하게 되었다)'라고 했기 때문에 정답은 B이다.

 26-30

女：现在的年轻人都是伴随着网络成长起来的，很少有看纸质书的习惯。您是怎样看待网络阅读的呢？您觉得现在的年轻人应该怎么去阅读？

男：我觉得需要花更多的时间来读纸质书，²⁶网络的阅读是浅表性的，快餐式的阅读，收获不大。你如果真想在阅读中有所收获的话，恐怕还是读传统出版物好一些。因为读书最需要的是静下心来，一边阅读一边思考。

女：有调查表明，超过一半儿的人认为自己的阅读量非常小，您觉得这背后的原因是什么？

男：²⁷我觉得是人心态的功利化。进入商品社会后，一方面，人们发财致富的机会增多了，

여: 요즘 젊은이들은 인터넷을 벗 삼아 성장해서 종이 서적을 보는 습관은 많지 않습니다. 당신은 인터넷 독해(온라인 독해)를 어떻게 생각하십니까? 또 당신은 요즘 젊은이들이 어떻게 책을 읽어야 한다고 생각하십니까?

남: 저는 더 많은 시간을 들여 종이로 된 책을 읽어야 한다고 생각합니다. ²⁶인터넷 독해는 얕게 훑는 것이고 패스트푸드식 독해이기에 얻는 것이 많지는 않습니다. 만약 진짜 독해에서 뭔가를 얻고 싶다면, 전통 출판물을 읽는 것이 더 나아 보입니다. 왜냐하면 책 읽을 때 가장 필요한 것은 마음을 조용히 가다듬고 읽으면서 생각하는 것이기 때문이지요.

여: 조사 결과, 절반이 넘는 사람들이 자신의 독해량이

另一方面，生活压力也越来越大。于是，很多人为了有更多的时间工作、赚钱，就放弃了读书，心情也变得浮躁了，读不进去书了。

女：您觉得在现在这样一个社会环境中，我们需要什么样的阅读风气？

男：³⁰最重要的是克服浮躁，保持平静的心态，踏踏实实地阅读。要真正拿出时间来用心地读，要把阅读当做一种生活方式，而不是纯粹为了解决某一个问题，比如，为了完成一门学业或者为了考到一个文凭所做的那种阅读。

女：您觉得怎样才能树立一个良好的阅读风气呢？

男：²⁸我觉得还是得借助媒体的力量，我非常希望有影响的报纸、电视台，多开一些推荐阅读这样的栏目。我们在电视上，不是经常可以看到公益广告吗？为什么不能把读书栏目也办成一个公益节目？如果说，你把读书栏目做成一个公益节目在黄金时间播出，这样对推广阅读可能会有很大的好处。当然，现在很多媒体都有一些读书专栏，有些媒体还搞了一些图书的年度评选活动。搞得很好！我觉得很有影响，对读者也非常有意义。

女：那可以请您为大家推荐一些书吗？

男：我建议大家读三种书。一类是能启迪思想，促使你思考人生，思考社会的书；²⁹另外一类是，可以提高自身修养的文史哲类的读物；第三类是艺术类的，可以陶冶性情的读物。

여: 적다고 생각한다고 나왔는데, 당신은 이 배경의 원인은 무엇이라고 생각합니까?

남: ²⁷저는 이것이 사람의 심리 상태의 공리화라고 생각합니다. 상업사회에 들어서고 나서, 한편으로는 사람들이 돈을 벌어 부유해질 기회가 증가했고, 다른 방면으로는 생활 스트레스가 점점 더 커졌습니다. 그래서 많은 사람이 더 많은 시간을 일하고 돈을 벌기 위해 책 읽는 것을 포기합니다. 마음도 조급해져서 책이 안 읽히게 되고요.

여: 당신은 지금 이런 사회환경 속에서 우리에게 어떤 독해 분위기가 필요하다고 보십니까?

남: ³⁰제일 중요한 것은 조급함을 극복하고 편안한 마음을 유지하며 차근차근 책을 읽는 것입니다. 정말 짬을 내서 집중해서 읽고 독해를 하나의 생활방식으로 여겨야 하며 단순히 어떤 문제를 해결하기 위해서 읽으면 안 된다는 것입니다. 예를 들어, 학업을 완성하기 위해서나 증서를 받기 위해서 하는 그런 독해 말입니다.

여: 당신은 어떻게 해야만 좋은 독해 분위기가 형성될 수 있다고 생각합니까?

남: ²⁸제 생각엔 아무래도 미디어의 힘을 빌려야 합니다. 영향력 있는 신문이나 방송국 등이 독해를 추천하는 그런 프로그램을 더 많이 개설하기를 저는 매우 고대합니다. 우리는 텔레비전에서 공익광고를 자주 볼 수 있잖아요? 왜 책을 읽는 것도 공익 프로그램처럼 만들 수 없는 걸까요? 만약에 책을 읽는 것을 공익 프로그램으로 만들어서 황금시간대에 방송하면, 독해 확산에 더 큰 이점이 있을 것입니다. 당연히 요즘 여러 대중매체들이 모두 책 읽는 것에 대한 전문란을 가지고 있고 어떤 미디어는 독서의 연도 평가 활동도 하고 있어요. 매우 잘하고 있죠! 제 생각에는 매우 영향이 있고, 독자들에게도 큰 의미가 있다고 봅니다.

여: 그럼 모두에게 책을 좀 추천해줄 수 있나요?

남: 전 세 가지의 책을 읽으라고 추천하고 싶어요. 하나는 사상을 깨우칠 수 있는 것으로 인생과 사회에 관해 생각해보는 것을 도와주는 책이죠. ²⁹다른 하나는 자신의 수양을 더 높일 수 있는 문사철(문학, 역사, 철학) 방면의 책이에요. 세 번째는 예술 방면으로, 마음을 수양하는 독서물이라고 할 수 있어요.

제 4 회

听力

단어 伴随着 bànsuízhe ~에 맞추어 | 纸质书 zhǐzhìshū 종이책 | 浅表性 qiǎnbiǎoxìng 표면적인 | 快餐式 kuàicānshì 즉석식, 패스트푸드식 | 收获 shōuhuò 수확하다 | 恐怕 kǒngpà 아마 ~일 것이다 | 功利化 gōnglìhuà 공리화 | 发财 fācái 큰돈을 벌다 | 致富 zhìfù 부유해지다 | 风气 fēngqì (사회나 집단의) 풍조, 기풍 | 克服 kèfú 극복하다 | 浮躁 fúzào 경솔하다, 조급하다 | 踏踏实实 tātā shíshí 착실하다 | 纯粹 chúncuì 순전히, 전적으로 | 文凭 wénpíng 공문서 | 借助 jièzhù 도움을 받다, ~의 힘을 빌리다 | 推荐 tuījiàn 추천하다 | 栏目 lánmù 난, 항목, 칼럼 | 公益 gōngyì 공익 | 推广 tuīguǎng 널리 보급하다, 확대하다 | 专栏 zhuānlán (신문·잡지의) 특별란, 전문란 | 搞 gǎo 처리하다, 다루다 | 评选 píngxuǎn 평가하여 선발하다 | 启迪 qǐdí 깨우치다, 일깨우다 | 促使 cùshǐ ~하도록 재촉하다, 촉진하다 | 修养 xiūyǎng 수련하다, 수양하다 | 陶冶 táoyě 갈고닦다, 수양하다, 연마하다 | 性情 xìngqíng 생각, 마음

26 男的怎样看待网络阅读? | 남자는 인터넷 독해를 어떻게 생각하는가?

A 浪费时间
B 更高效
C 收获少
D 能培养青少年的阅读兴趣

A 시간을 낭비하는 것이다
B 더 효율적이다
C 수확이 적다
D 청소년의 독해 흥미를 기른다

 看待 kàndài 图 다루다, 취급하다 | 高效 gāoxiào 图 높은 능률의, 높은 효능의 | 培养 péiyǎng 图 배양하다, 양성하다

 남자는 첫 번째 대답에서 '网络的阅读是浅表性的，快餐式的阅读，收获不大(인터넷 독해는 얕게 훑는 것이고 패스트푸드식 독해이기에 얻는 것이 많지는 않다)'라고 했으며 그렇기 때문에 종이로 된 책을 읽어야 한다고 강조한다. 그러므로 정답은 C이다.

27 男的觉得现在的人阅读量小的原因是什么? | 남자는 요즘 사람들의 독해량이 적은 이유가 무엇이라고 생각하는가?

A 阅读方式不当
B 娱乐活动太多
C 太功利化
D 好书越来越贵

A 독해 방식이 맞지 않는다
B 예능 활동이 너무 많다
C 너무 공리화되어 있다
D 좋은 책은 점점 더 비싸진다

 不当 búdàng 图 적당하지 않다

해설 두 번째 문답에서 여자가 '有调查表明，超过一半儿的人认为自己的阅读量非常少，您觉得这背后的原因是什么?(조사 결과, 절반이 넘는 사람들이 자신의 독해량이 적다고 생각한다고 나왔는데, 당신은 이 배경의 원인은 무엇이라고 생각합니까?)'라고 물었을 때 남자는 '我觉得是人心态的功利化(나는 이것이 사람 심리 상태의 공리화라고 생각한다)'라고 했다. 이때 '공리화'라는 것은 공로와 이익만을 중시하고 추구하는 현상이며 남자는 공리화로 인해 독해량이 적다고 말했으므로 정답은 C이다.

28 男的认为怎样才能树立良好的阅读风气? | 남자는 어떻게 해야 좋은 책 읽기 분위기가 만들어진다고 생각하는가?

A 确保出版物质量
B 组织知识竞赛
C 借助媒体
D 强化学校教育

A 출판물의 질을 보장해야 한다
B 지식 관련 시합을 만들어야 한다
C 미디어를 이용해야 한다
D 학교 교육을 강화해야 한다

 树立 shùlì 图 세우다 | 竞赛 jìngsài 图 경쟁하다, 경기하다

 네 번째 문답에서 여자가 '您觉得怎样才能树立一个良好的阅读风气呢?(당신은 어떻게 해야만 좋은 독해 분위기가 형성될 수 있다고 생각합니까?)'라고 묻자 남자가 '我觉得还是得借助媒体的力量(아무래도 미디어의 힘을 빌려야 한다고 생각한다)'이라고 했기 때문에 정답은 C이다.

29	男的觉得，文史哲类图书怎么样?	남자는 문사철 종류의 책이 어떻다고 생각하는가?	제 4 회
	A 篇幅较长 B 能提高修养 C 可提高逻辑性 D 内容空洞	A 편폭이 긴 편이다 B 수양을 높일 수 있다 C 논리성을 향상할 수 있다 D 내용이 없다	听力

단어 篇幅 piānfu 몡 편폭 | 逻辑性 luójíxìng 몡 논리성 | 空洞 kōngdòng 혱 내용이 없다, 요지가 없다

해설 마지막 문단에서 남자는 세 가지 종류의 책을 추천한다. 그중에서 '另外一类是，可以提高自身修养的文史哲类的读物(다른 하나는 자신의 수양을 더 높일 수 있는 문사철(문학, 역사, 철학) 방면의 책이다)'라고 했기 때문에 문학, 역사, 철학류의 책은 수양에 도움이 된다는 것을 알 수 있다. 정답은 B이다.

30	根据对话下列哪项正确?	대화를 근거로 다음 중 옳은 것은?
	A 要少玩儿电子游戏 B 应加强对网络读物的管理 C 阅读应克服浮躁心态 D 要多参加社会活动	A 컴퓨터 게임은 적게 해야 한다 B 인터넷 읽을거리에 관한 관리를 강화해야 한다 C 독해로 조급한 심리 상태를 극복해야 한다 D 사회 활동에 많이 참여해야 한다

단어 管理 guǎnlǐ 동 관리하다

해설 남자가 사람들이 독서를 잘 하지 않는 이유로 공리화와 스트레스를 그 예로 들면서 심리 상태가 조급해진다고 언급했다. 그리고 '最重要的是克服浮躁，保持平静的心态(제일 중요한 것은 조급한 것을 극복하고 편안한 마음을 유지하며 차근차근 책을 읽는 것이다)'라고 했기 때문에 조급한 심리 상태를 극복하기 위한 방법으로 독서를 강조한 것으로 보인다. 그러므로 정답은 C이다.

第 三 部 分

31-33

³²有一家油坊在当地家喻户晓。虽然市场上的食用油品种繁多，不断出新，但似乎并没有对这家油坊造成多大的冲击，它的生意依旧红火。据油坊的老顾客介绍，³¹这家油坊生产的油色泽金黄、无杂质，烹饪时还不起泡沫和油烟。有一次，电视台去采访油坊老板。记者问："您的生意为什么这么好？有什么诀窍吗？"老板憨厚一笑，说："几十年来，我只想怎样能榨出更好的油，其他的事，我从不去做梦。"显而易见，油坊老板所说的正是一种专注精神。³³其实，很多人之所以成功，就是因为比别人多了一份专注。正所谓，多刨坑不如挖深井，如果你什么都想做，那结果可能会是一事无成。

³²한 기름집이 있는데 그 지역에서 모두가 알만큼 유명했다. 비록 시장의 식용유는 종류가 다양하고, 새로운 것이 계속해서 출시되었지만, 이 기름집에 큰 위협이 되지 않았고, 사업은 여전히 번창했다. 기름집의 오랜 고객의 소개에 따르면, ³¹이 기름집이 생산하는 기름은 색깔과 광택이 황금빛이고 찌꺼기 하나 없으며 요리할 때 거품이나 연기가 나지 않는다고 한다. 한번은 방송국에서 기름집 사장을 인터뷰했다. 기자가 "당신의 사업은 왜 이렇게나 잘 되는 걸까요? 어떤 비결이 있습니까?"라고 물었다. 사장이 웃으며 "몇십 년 동안 저는 어떻게 하면 더 좋은 기름을 짜낼 수 있을까만 생각했고, 다른 일들은 꿈에도 생각하지 않았습니다."라고 대답했다. 기름집 사장이 말하는 것이 바로 집중이라는 것을 명백히 알 수 있다. ³³사실 많은 사람이 성공하는 까닭은 바로 남들보다 더 집중하기 때문이다. 소위 구덩이를 여러 개 파는 것은 깊은 우물을 파는 것만 못하다. 만약 당신이 하고자 하는 것을 다 하려고 하면, 그 결과는 어쩌면 아무런 성취도 없는 것일 것이다.

단어 家喻户晓 jiāyù hùxiǎo 성 집집마다 다 알다, 잘 알려져 있다 | 出新 chūxīn 통 새로운 것을 만들다, 혁신하다 | 冲击 chōngjī 명 충격 | 依旧 yījiù 부 여전히 | 红火 hónghuo 형 (생계나 사업 따위가) 왕성하다, 번창하다 | 色泽 sèzé 명 색깔과 광택 | 杂质 zázhì 명 불순물, 이물 | 烹饪 pēngrèn 통 요리하다 | 泡沫 pàomò 명 거품 | 采访 cǎifǎng 통 인터뷰하다, 취재하다 | 诀窍 juéqiào 명 비결, 요령, 비법 | 憨厚 hānhòu 형 성실하고 우직하다 | 榨 zhà 통 (즙을) 짜다 | 显而易见 xiǎn'ér yìjiàn 성 명백히 알 수 있다, 두드러지다 | 专注 zhuānzhù 통 집중하다 | 所谓 suǒwèi 형 소위, 이른바 | 刨坑 páokēng 구덩이를 파다 | 挖 wā 통 파다, 파내다 | 一事无成 yíshì wúchéng 성 한 가지 일도 이루지 못하다, 아무런 성취도 없다

31

顾客觉得那家油坊的油怎么样？

A 品质好
B 味道香
C 物美价廉
D 品种少

고객은 그 기름집의 기름이 어떻다고 생각하는가?

A 품질이 좋다
B 향이 좋다
C 상품의 질이 좋고 가격도 저렴하다
D 종류가 적다

단어 物美价廉 wùměi jiàlián 성 상품의 질이 좋고 값도 저렴하다

해설 본문에서 '据油坊的老顾客介绍，这家油坊生产的油色泽金黄、无杂质，烹饪时还不起泡沫和油烟(기름집의 오랜 고객의 소개에 따르면, 이 기름집이 생산하는 기름은 색깔과 광택이 황금빛이고 찌꺼기 하나 없으며 요리할 때 거품이나 연기가 나지 않는다고 한다)'이라고 언급이 되었다. 다시 말해 질이 좋다는 의미이기 때문에 정답은 A이다.

32

根据这段话，下列哪项正确？	이 글을 근거로 다음 중 옳은 것은?
A 油坊很有名气	A 기름집은 유명하다
B 油坊规模缩小	B 기름집의 규모가 축소되었다
C 油坊老板很狡猾	C 기름집의 사장은 매우 교활하다
D 油坊产油量小	D 기름집의 생산량은 적다

단어 狡猾 jiǎohuá 〔형〕 교활하다, 간교하다

해설 문장 가장 처음에 '有一家油坊在当地家喻户晓(한 기름집이 있는데 그 지역에서 모두가 알만큼 유명했다)'라고 언급이 되었다. 특히 '家喻户晓'는 '집집마다 다 알다'라는 뜻의 사자성어로 그만큼 유명하다는 뜻이다. 따라서 정답은 A이다.

33

这段话主要想告诉我们什么？	이 글은 주로 우리에게 무엇을 말하고 싶어 하는가?
A 成功需要专注	A 성공은 집중이 필요하다
B 要有充满信心	B 자신감에 차있어야 한다
C 竞争推动发展	C 경쟁은 발전을 촉진한다
D 要实事求是	D 사실 그대로이어야 한다

단어 推动 tuīdòng 〔동〕 추진하다, 촉진하다 | 实事求是 shíshì qiúshì 〔정〕 실사구시, 사실에 토대로 하여 진리를 탐구하다

해설 주제를 물어보는 문제는 보통 문장 맨 마지막에 언급된다. 본문에 따르면 '其实，很多人之所以成功，就是因为比别人多了一份专注(사실 많은 사람이 성공하는 까닭은 바로 남들보다 더 집중하기 때문이다)'라고 했기 때문에 그만큼 집중이 성공에 중요한 요인이란 것을 알 수 있다. 따라서 정답은 A이다.

 34-37

宋朝时，有一次，黄河发大水，冲断了城外的一座浮桥，原本用于栓浮桥的八只铁牛也被大水冲走了。³⁴<u>洪水退后，浮桥可以重修，但是笨重的铁牛，却陷在河底。</u>怎样才能把它们捞起来呢？当人们议论纷纷时，一个叫怀丙的人说："让我来试试。铁牛是被水冲走的，我还叫水把它们送回来。"捞铁牛那天，怀丙先请熟悉水性的人潜到河底，摸清了八只铁牛的位置，³⁵<u>然后让人准备了两艘装满了泥沙的船</u>，划到铁牛沉没的地方。船停稳之后，他又叫人把两艘船并排栓得紧紧的，再用结实的木料做了个架子，搭在两艘船上。最后，他又让人带着绳索潜到河底，把绳索的一头牢牢地栓在铁牛上，另一头绑在两艘大船之间的架子上。准备工作做好了，怀丙请大家一起动手，把船上的泥沙都铲到黄河里去。船里的泥沙慢慢减少，船身开始慢慢向上浮，

송나라 때, 한번은 황허에 큰 홍수가 나서 성 밖의 배다리가 물에 휩쓸려가 배다리의 빗장 역할을 하던 쇠소 8개도 홍수에 쓸려갔다. ³⁴홍수가 물러간 후 배다리는 다시 수리할 수 있었으나 무거운 쇠소는 강바닥으로 가라앉았다. 어떻게 그것들을 건져내야 할까? 사람들의 의견이 분분할 때 화이빙이라는 사람이 "내가 시도해 보겠소. 쇠소는 물에 휩쓸려 간 것이니 물이 그것들을 다시 데려오게 하겠소."라고 말했다. 쇠소를 건져 올리는 그날, 화이빙은 일단 물에 익숙한 사람을 불러 물 밑으로 잠수해서 쇠소 8개의 위치를 파악하라고 한 후, ³⁵진흙이 가득 찬 배 두 척을 준비하여 쇠소가 가라앉은 곳으로 가게 했다. 배가 안정적으로 정착한 후, 그는 사람들에게 두 척의 배를 붙여 놓게 하고는 다시 튼튼한 목재로 받침대를 만들어 배 두 척 위에 걸쳤다. 마지막으로 그는 사람들에게 밧줄을 가지고 강 밑으로 잠수해 밧줄의 한쪽을 쇠소에 꽉 매게 하고 다른 한쪽을 두 배

拴着铁牛的绳索也越来越紧。³⁶就这样，靠着水的浮力，铁牛被一点儿、一点儿地从淤泥里拔了出来。等船上的泥沙铲光了，铁牛也离开了河底。但怀丙并不急着把铁牛捞上船，而是指挥大家把船划到岸边，再一起用力将铁牛拖上岸。按照这个办法，八只铁牛，很快就都被打捞起来了。

사이의 받침대에 묶게 했다. 준비 작업이 끝난 후 화이빙은 사람들에게 다 같이 움직여 배 위의 진흙을 퍼서 황허에 부어버리라고 했다. 배 안의 진흙이 점점 줄어들면서 배는 천천히 위로 뜨기 시작했으며 쇠소를 묶고 있는 노끈도 점점 팽팽해졌다. ³⁶이렇게 물의 부력을 이용해 쇠소는 조금씩 조금씩 바다 밑 진흙에서 빠져 나오게 되었다. 배 위의 진흙과 모래를 다 퍼내자 쇠소도 강 바닥을 떨어져 나오게 되었다. 하지만 화이빙은 쇠소를 급히 건져 올리려 하지 않고, 사람들이 배를 물가로 젓게 하여 다시 모두 힘을 내 쇠소를 물가로 들어 올렸다. 이런 방법으로 쇠소 8개는 빠르게 건져 올려졌다.

단어 冲断 chōngduàn 물에 씻겨가다, 물에 휩쓸려가다 | 浮桥 fúqiáo 몡 배다리, 선교, 부교 | 栓 shuān 몡 개폐기, 여닫이 | 铁牛 tiěniú 쇠소, 쇠로 주조한 소 | 洪水 hóngshuǐ 몡 홍수, 물사태 | 重修 chóngxiū 통 재건하다 | 笨重 bènzhòng 혱 둔중하다, 육중하다 | 陷 xiàn 통 빠지다 | 捞 lāo 통 건지다, 끌어올리다 | 议论纷纷 yìlùn fēnfēn 젱 의견이 분분하다 | 潜 qián 통 잠수하다 | 摸清 mōqīng 통 분명하게 파악하다, 분명히 찾아내다 | 划 huà 통 긋다, 가르다 | 沉没 chénmò 통 침몰하다, 가라앉다 | 停稳 tíngwěn 통 완전히 멈추다 | 结实 jiēshi 혱 견고하다, 튼튼하다 | 绳索 shéngsuǒ 몡 밧줄 | 牢牢 láoláo 혱 단단하다, 확실하다 | 绑 bǎng 통 (끈·줄 따위로) 동이다, 감다 | 铲 chǎn 통 깎다, 파다 | 上浮 shàngfú 통 수면으로 떠오르다, 부상하다 | 浮力 fúlì 몡 부력 | 淤泥 yūní 몡 진흙 | 拔 bá 통 뽑다 | 打捞 dǎlāo 통 (물 속에서) 건져 내다

34

关于铁牛，可以知道什么？
A 起装饰作用
B 被偷走了
C 是空心的
D 很笨重

쇠소에 관해 알 수 있는 것은?
A 장식 효과가 있다
B 도둑맞았다
C 속이 비었다
D 매우 무겁다

단어 装饰 zhuāngshì 통 장식하다 | 偷走 tōuzǒu 훔쳐 달아나다 | 空心 kōngxīn 혱 속이 빈

해설 황허에 홍수가 나서 쇠소들이 쓸려갔다는 이야기가 초반의 흐름이다. 본문에서 '洪水退后，浮桥可以重修，但是笨重的铁牛，却陷在河底(홍수가 물러간 후 배다리는 다시 수리할 수 있었으나 무거운 쇠소는 강바닥으로 빠져버렸다)'라고 했기 때문에 쇠소가 무겁다는 것을 알 수 있다. 정답은 D이다.

35

怀丙命人在船上装满了什么？
A 粗绳
B 石头
C 金属
D 泥沙

화이빙은 배에 무엇을 가득 담았는가?
A 동아줄
B 돌
C 금속
D 진흙

단어 粗绳 cūshéng 몡 동아줄

해설 '怀丙先请熟悉水性的人潜到河底，摸清了八只铁牛的位置，然后让人准备了两艘装满了泥沙的船，划到铁牛沉没的地方(화이빙은 일단 물을 잘 아는 사람을 불러 물 밑으로 잠수해서 쇠소 8개의 위치를 파악하라고 한 후, 두 척의 진흙이 가득 찬 배를 준비하여 쇠소가 가라앉은 곳으로 가게 했다)'이라는 내용으로 보아 정답은 D이다.

36

怀丙是利用了什么将铁牛打捞了上来的?	화이빙은 무엇을 이용하여 쇠소를 건져 올렸는가?
A 空气阻力	A 공기의 저항
B 地球引力	B 지구 인력
C 水的浮力	C 물의 부력
D 风力	D 풍력

단어 阻力 zǔlì 명 저항

해설 '就这样，靠着水的浮力，铁牛被一点儿、一点儿地从淤泥里拔了出来(이렇게 물의 부력을 이용해 쇠소는 조금씩 조금씩 바다 밑 진흙에서 빠져 나오게 되었다)'라는 부분을 통해 화이빙이 진흙을 배에 싣고 간 이유가 물의 부력을 이용하기 위함이었음을 알 수 있다. 정답은 C이다.

37

根据这段话，下列哪项正确?	이 글을 근거로 다음 중 옳은 것은?
A 怀丙很有智慧	A 화이빙은 매우 지혜롭다
B 黄河很少发大水	B 황허는 홍수가 적다
C 浮桥修建难度大	C 배다리는 수리하는 것이 어렵다
D 打捞用了三艘船	D 건지는 데 배 3척을 사용했다

해설 본문에서는 '智慧(지혜롭다)'라는 표현이 따로 나온 것은 아니다. 하지만 황허에 8개의 쇠소가 빠졌을 때 물의 부력을 이용해서 건져 올린 사실 자체가 화이빙이 지혜롭다는 것을 입증해주고 있다. 따라서 정답은 A이다.

 38-40

储蓄卡、信用卡的卡面上，都有一个长长的磁条，这种卡被称为磁卡。银行发行的这种磁卡，相当于记账簿。可用来存储客户身份、交易记录等信息。³⁸但这种磁卡的存储容量较小，而且易受到磁场因素的干扰。为此，科技人员又研究出一种新型的智能卡。³⁹这种卡内嵌有芯片，存储容量大且不受任何电磁干扰，是磁卡等便携式信息介质所无法比拟的。另外，智能卡的内芯装有微电脑的超记忆集成电路，可作为识别装置。⁴⁰当信号从外部输入后，这种超记忆集成电路可以辨别出使用者是不是卡的真正主人。这就好像为卡装了一把电子锁，较好地保护了卡内所存储的信息，避免了钱款被冒领的危险。

체크카드, 신용카드의 카드 면에는 모두 기다란 자기띠가 있는데, 이런 카드를 자기카드라고 한다. 은행이 발행한 이런 자기카드는 장부에 기록하는 것과 같으며 저축고객의 신분과 거래기록 등의 정보를 저장할 수 있다. ³⁸하지만 이런 자기카드의 저장 용량은 적은 편이며 또한 자기장 성분의 방해를 받기 쉽다. 이것을 위해서 과학기술 관계자는 새로운 형태의 스마트카드를 연구해냈다. ³⁹이 카드의 내장에는 마이크로칩이 있어 저장용량이 크고 어떤 전자의 방해도 받지 않아서 자기카드 등의 휴대용 정보 매개물과는 비교할 수 없다. 그외에 스마트카드의 내장칩에는 마이크로컴퓨터의 초기억 집적회로가 장착되어 있어 식별장치 역할을 할 수 있다. ⁴⁰신호가 외부에서 입력된 후에 이런 초기억 집적회로는 사용자가 카드의 진짜 주인인지 아닌지를 식별해낼 수 있다. 이것은 카드에 전자자물쇠를 채운 것과 같아 카드 안에 저장되어 있는 정보를 좀 더 잘 보호하여 돈이 불법으로 빠져나갈 위험을 피할 수 있다.

단어 磁条 cítiáo 자기띠, 마그네틱 띠 | 磁卡 cíkǎ 명 자기카드 | 账簿 zhàngbù 명 장부, 금전 출납부 | 交易 jiāoyì 동 매매하다, 거래하다 | 因素 yīnsù 명 요소, 성분 | 干扰 gānrǎo 명 방해 | 智能 zhìnéng 명 지능 | 内嵌 nèiqiàn 내장 | 芯片 xīnpiàn 명 집회회로, 칩, 마이크로칩 | 便携式 biànxiéshì 휴대용의, 휴대에 간편한 | 介质 jièzhì 명 매개체, 매개물 | 比拟 bǐnǐ 동 비교하다 | 微电脑 wēidiànnǎo 명 마이크로컴퓨터 | 集成电路 jíchéng diànlù 집적회로 | 识别 shíbié 동 식별하다, 가려내다 | 装置 zhuāngzhì 동 설치하다, 장치하다 | 输入 shūrù 동 입력하다 | 辨别 biànbié 동 구별하다 | 电子锁 diànzǐsuǒ 전자자물쇠 | 保护 bǎohù 동 보호하다 | 避免 bìmiǎn 동 피하다, 모면하다 | 钱款 qiánkuǎn 명 금액 | 冒领 màolǐng 동 남의 이름을 사칭하여 받아가다

38

关于磁卡，可以知道什么?

A 安全性高
B 存储量小
C 体积大
D 不能储存账户信息

자기카드에 대해 알 수 있는 것은?

A 안전성이 높다
B 저장량이 적다
C 부피가 크다
D 계좌 정보를 저장할 수 없다

단어 储存 chǔcún 동 (돈·물건 등을) 모아 두다, 저축하여 두다 | 账户 zhànghù 명 계좌

해설 고객의 신분과 교역내용을 저장할 수 있는 자기카드에 대해 본문에서는 '但这种磁卡的存储容量较小，而且易受到磁场因素的干扰(하지만 이런 자기카드의 저장용량은 적은 편이며 또한 자기장 성분의 방해를 받기 쉽다)'라고 언급했고 정답은 B이다. 但(하지만)이 들리면 정답 확률이 높으니 집중해야 한다.

39

下列哪项是智能卡的优点?

A 不受电磁干扰
B 使用寿命长
C 装有电子锁
D 需要电池

다음 중 스마트카드의 장점은 무엇인가?

A 전자의 방해를 받지 않는다
B 사용 수명이 길다
C 전자자물쇠가 있다
D 건전지가 필요하다

단어 寿命 shòumìng 명 수명

해설 저장량이 작고 자기장의 방해를 쉽게 받는 자기카드의 단점을 보완하기 위해 연구한 스마트카드의 특징은 '这种卡内嵌有芯片，存储容量大且不受任何电磁干扰(이 카드의 내장에는 마이크로칩이 있어 저장용량이 크고 어떤 전자의 방해도 받지 않는다)'이다. 정답은 A이다.

40

智能卡的超记忆集成电路有什么作用?

A 保护芯片
B 鉴别使用者身份
C 加密个人信息
D 识别电子信号

스마트카드 안의 초기억 집적회로는 어떤 작용을 하는가?

A 마이크로칩을 보호한다
B 사용자의 신분을 식별한다
C 개인정보를 암호화한다
D 전자 신호를 식별한다

단어 加密 jiāmì 동 (컴퓨터·전화·통장 등에) 암호를 설정하다 | 鉴别 jiànbié 동 식별하다

해설 글 후반부에서 '当信号从外部输入后，这种超记忆集成电路可以辨别出使用者是不是卡的真正主人(신호가 외부에서 입력된 후에 이런 초기억 집적회로는 사용자가 카드의 진짜 주인인지 아닌지를 식별해낼 수 있다)'라고 했으며 이런 과정을 통해서 정보를 더 잘 지킬 수 있다고 언급했다. 따라서 정답은 B이다.

41-43

제 4 회
听力

一位画家，为了迅速提高画技，每天都画大量的画。⁴¹但他的作品，却始终得不到大家的认可。为此，他很苦恼。一天，他在山林中散步，看见一位守林人挑着两桶水从远处走来。走近一看，他发现桶里装的水不太多。按理说，从那么远的地方挑水过来，应该多挑一些才对。于是，他好奇地问守林人其中的原因。守林人笑了笑说："水够用就好，如果因为装得太满而水洒了，或者因为我太累摔倒了，岂不是白挑了？一味贪多，只会适得其反。⁴²况且，一天去挑一次，不仅可以喝到新鲜的水，还可以锻炼身体呢。"画家猛然醒悟。⁴³凡事不能贪多，尽全力做好一件事才更重要。回到家后，他一改往日只求数量的做法，认真仔细地画好每一幅画。最终，他成为了国画界的一代大师。

한 화가가 그림 기술을 빠르게 향상하기 위해 매일 많은 양의 그림을 그렸다. ⁴¹하지만 그의 작품은 줄곧 사람들의 인정을 받지 못했으며, 이 때문에 그는 몹시 걱정했다. 하루는 그가 숲에서 산책할 때 삼림지기가 두 통의 물을 들고 먼 곳에서 걸어왔다. 가까이 가보니, 물통 안에 담긴 물이 그리 많지 않은 것을 발견했다. 이론상으론 그 먼 곳에서 물을 받아 오는데 더 많이 떠와야 하는 것이 맞지 않는가? 그래서 그는 호기심에 삼림지기에게 그 이유를 물었다. 삼림지기는 웃으면서 "물은 충분히 사용할 수만 있으면 되지요. 만약 물을 너무 가득 채워서 물을 쏟거나 제가 힘들어서 넘어지면 허투루 물을 뜬 것이잖아요? 무턱대고 많이 탐하면 도리어 안 한 것만 못하지요. ⁴²게다가, 하루에 한 번 가면 신선한 물을 마실 수 있을 뿐만 아니라 몸도 단련할 수 있어요."라고 말했다. 화가는 문득 깨달았다. ⁴³모든 일은 많이 탐내면 안 되고, 한 가지 일에 최선을 다하는 것이 더 중요하다는 것을 말이다. 집으로 돌아간 후 그는 지난날 수량만을 좇던 방법을 바꿔 그림마다 열심히 세심하게 그렸다. 결국에 그는 중국 그림계의 대가가 되었다.

단어 认可 rènkě 동 승낙하다, 인가하다 | 按理说 ànlǐshuō 원칙대로라면 | 挑水 tiāoshuǐ 동 (멜대로) 물을 지다 | 好奇 hàoqí 형 호기심을 갖다 | 洒 sǎ 동 뿌리다, 흘리다 | 摔倒 shuāidǎo 동 넘어지다 | 岂不是 qǐbúshì 동 어찌 ~이 아니겠는가? | 一味 yíwèi 부 단순히, 무턱대고 | 适得其反 shìdé qífǎn 성 결과가 바라는 것과 정반대가 되다 | 猛然醒悟 měngrán xǐngwù 문득 깨닫다 | 往日 wǎngrì 명 이전, 예전, 지난날 | 大师 dàshī 명 대사

41

画家为什么很苦恼?

A 竞争太激烈
B 遭到家人的议论
C 没有创作灵感
D 作品不被认可

화가는 왜 걱정하는가?

A 경쟁이 너무 치열해서
B 가족의 비평을 당해서
C 창작 영감이 없어서
D 작품을 인정받지 못해서

단어 遭到 zāodào 동 (불행이나 불리한 일을) 당하다, 겪다 | 灵感 línggǎn 명 영감

해설 초반에 나온 '但(하지만)'에 집중할 필요가 있다. 그 부분을 살펴보면 '但他的作品，却始终得不到大家的认可。为此，他很苦恼(하지만 그의 작품은 줄곧 사람들의 인정을 받지 못했으며, 이 때문에 그는 몹시 괴로워했다)'라고 했기에 화가가 걱정한 이유는 인정을 받지 못해서라는 것을 알 수 있다. 정답은 D이다.

42

守林人认为一天挑一次水有什么好处?

A 能尽快摸清地形
B 可缓解压力
C 能欣赏林中景色
D 可锻炼身体

삼림지기는 하루에 한 번씩 물 뜨러 가면 무엇이 좋다고 하는가?

A 지형을 빨리 파악할 수 있다
B 스트레스를 풀 수 있다
C 숲의 풍경을 감상할 수 있다
D 몸을 단련할 수 있다

단어 摸清 mōqīng 통 분명하게 파악하다 | 欣赏 xīnshǎng 통 감상하다, 마음에 들다

해설 화가가 삼림지기에게 물을 많이 떠오지 않는 이유에 대해서 물었고 삼림지기는 물을 충분히 사용할 수 있기만 하면 된다고 말했다. 더불어 '况且，一天去挑一次，不仅可以喝到新鲜的水，还可以锻炼身体呢(게다가, 하루에 한 번씩 가면 신선한 물을 마실 수 있을 뿐만 아니라 몸도 단련할 수 있다)'라고 했기 때문에 몸을 단련시키는 것 또한 목적임을 알 수 있다. 정답은 D이다.

43

这段话主要想告诉我们什么? | 이 글은 우리에게 무엇을 말하고 싶은 것인가?

A 要注重细节 | A 세세한 부분에 주의하라
B 做事要坚持到底 | B 일을 할 때 중도에 포기하지 마라
C 做事不能贪多 | C 일을 하는 데 있어 많은 것을 탐하지 마라
D 要有明确目标 | D 정확한 목표가 있어야 한다

단어 细节 xìjié 명 자세한 사정, 세부(사항)

해설 삼림지기와의 대화를 통해 화가는 배운 바가 있었다. '凡事不能贪多，尽全力做好一件事才更重要(모든 일은 많이 탐내면 안 되고, 한 가지 일에 최선을 다하는 것이 더 중요하다는 것을 말이다)'라고 느꼈으며 또한 이 점이 우리에게 시사하는 바이다. 정답은 C이다.

44-47

我的家乡盛产核桃，每年秋末冬初，都会有成群的乌鸦飞到这里，捡拾那些果农遗留下来的核桃。核桃的外壳坚硬。乌鸦怎么吃到里面的仁儿呢? 经过留心观察，我终于发现了乌鸦的聪明之处。44它们先叼起核桃飞到高高的树枝上，然后再将核桃摔下去。核桃落到坚硬的物体表面，壳儿就会撞破。于是，乌鸦就能吃到美味的核桃仁儿了。可是45核桃从高处掉落摔破壳儿的概率很低，于是，乌鸦又找到了一种更有效的方法。46它们把核桃扔到附近的公路上，利用过往的车辆碾碎核桃。等车辆过去后，它们就会迅速叼起核桃仁儿，享用美食。乌鸦借力的故事，对我们的人生有很大的启示。现实生活中，47每个人都渴望成功，然而个人的能力是有限的，要想在事业上做出一番成就，就应该学会借力，充分利用各种有利条件，提高自身成功的几率。只要我们敢借，会借，善借，就一定能借出一片新天地。

내 고향에서는 호두가 많이 나며, 매년 늦가을이나 초겨울에 까마귀 무리들이 이곳에 와 과수 재배자가 남기고 간 호두를 주워 먹는다. 호두의 겉껍질은 단단한데, 까마귀는 어떻게 안에 있는 알맹이를 먹을까? 주의 깊게 관찰한 후 나는 드디어 까마귀의 총명함을 발견했다. 44그들은 일단 호두를 입에 물고 높은 나뭇가지까지 날아가서 호두를 떨어뜨린다. 호두가 단단한 물체 위에 떨어지면 껍질이 깨져 구멍이 뚫린다. 그렇게 해서 까마귀는 맛있는 호두 알을 먹을 수 있다. 하지만 45호두가 높은 곳에서 떨어져 겉껍질이 깨지는 확률은 매우 낮았다. 그래서 까마귀는 더 효과적인 방법을 찾아냈다. 46그들은 호두를 주변의 도로에 던지고 왕래하는 차를 이용해 빻아 깨뜨린다. 차가 지나가길 기다린 후 그들은 신속하게 호두 알맹이를 입에 물어 맛있는 음식을 즐긴다. 까마귀가 힘을 빌리는 이야기는 우리 인생에 큰 깨달음을 준다. 현실의 삶에서 47사람들은 다 성공을 갈망하지만 개인의 능력은 한계가 있다. 사업에서 성과를 내고 싶다면, 힘을 빌리는 것을 배워야 하며 각종 우세한 조건을 충분히 이용해 자신의 성공 확률을 높여야 한다. 우리가 빌릴 용기가 있고, 빌릴 수 있고, 빌리는 것에 능숙하다면, 분명 신세계를 빌려낼 수 있을 것이다.

단어 盛产 shèngchǎn 동 많이 나다, 많이 생산하다 | 核桃 hétao 명 호두 | 成群 chéngqún 동 무리를 이루다, 떼를 짓다 | 乌鸦 wūyā 명 까마귀 | 捡拾 jiǎnshí 동 줍다 | 遗留 yíliú 동 남겨 놓다 | 外壳 wàiké 명 겉껍데기 | 坚硬 jiānyìng 형 단단하다 | 仁儿 rénr 명 알맹이 | 叼 diāo 동 입에 물다 | 撞破 zhuàngpò 부딪쳐 구멍이 뚫리다 | 概率 gàilǜ 명 확률, 개연율, 공산 | 碾碎 niǎnsuì 동 빻아서(찧어서) 부수다 | 享用 xiǎngyòng 동 즐기다, 맛보다 | 渴望 kěwàng 동 갈망하다, 간절히 바라다

제 4 회
听力

44 乌鸦一开始是怎么吃到核桃仁儿的? 　　까마귀는 처음에 어떻게 호두를 먹었는가?

A 从树上扔核桃　　　　　　A 나무에서 호두를 던졌다
B 拣壳儿薄的　　　　　　　B 껍질이 얇은 것을 선택했다
C 挑人吃剩的　　　　　　　C 사람이 먹다 남은 것을 먹었다
D 偷吃人们剥好的　　　　　D 사람이 까놓은 것을 훔쳤다

단어 拣 jiǎn 동 고르다, 선택하다 | 剥 bāo 동 벗기다, 까다

해설 까마귀가 호두를 먹는 방법은 '它们先叼起核桃飞到高高的树枝上，然后再将核桃摔下去。核桃落到坚硬的物体表面，壳儿就会撞破。于是，乌鸦就能吃到美味的核桃仁儿了(그들은 일단 호두를 입에 물고 높은 나뭇가지까지 날아가서 호두를 떨어뜨린다. 호두가 단단한 물체 위에 떨어지면 껍질이 깨져 구멍이 뚫린다. 그렇게 해서 까마귀는 맛있는 호두 알을 먹을 수 있다)'라고 언급된 부분을 통해 A가 정답임을 알 수 있다.

45 为什么乌鸦后来换了一种方法? 　　왜 까마귀는 나중에 방법을 바꿨는가?

A 为保存体力　　　　　　　A 체력을 비축하기 위해서
B 壳儿被撞破的概率低　　　B 껍질이 부딪쳐서 깨지는 확률이 낮아서
C 为储存更多核桃　　　　　C 더 많은 호두를 모으기 위해
D 想迁徙到别处去　　　　　D 다른 곳으로 옮겨가기 위해서

해설 처음의 방법은 '核桃从高处掉落摔破壳儿的概率很低(호두가 높은 곳에서 떨어져 겉껍질이 깨지는 확률은 매우 낮았다)'였으므로 까마귀들은 호두의 겉껍질을 더 쉽게 깨뜨릴 방법을 찾았다. 그러므로 정답은 B이다.

46 乌鸦将核桃扔到公路上的目的是什么? 　　까마귀가 호두를 도로에 던지는 목적은 무엇인가?

A 提醒同伴注意安全　　　　A 동족에게 안전에 주의하라고 상기시키기 위해
B 捉弄路人　　　　　　　　B 지나가는 사람들에게 장난치려고
C 吸引猎物　　　　　　　　C 사냥감을 유인하기 위해
D 利用车辆碾碎核桃　　　　D 차량으로 호두를 빻아 부수기 위해

 捉弄 zhuōnòng 동 희롱하다

해설 '它们把核桃扔到附近的公路上，利用过往的车辆碾碎核桃(그들은 호두를 주변의 도로에 던지고 왕래하는 차를 이용해 빻아 깨뜨린다)'라는 구절을 통해 차의 힘을 이용해 호두를 부수기 위함임을 알 수 있다. 정답은 D이다.

47

这段话，主要想告诉我们什么？	이 글이 말하고자 하는 것은 무엇인가?
A 乌鸦非常有智慧	A 까마귀는 매우 지혜롭다
B 做事不能怕麻烦	B 일을 하는 데 있어 귀찮아하면 안 된다
C 要懂得举一反三	C 하나를 들으면 열을 알아야 한다
D 要学会借助外力	D 외부 힘을 빌릴 줄 알아야 한다

 举一反三 jǔyī fǎnsān 성 하나를 들으면 열을 알다

해설 '每个人都渴望成功，然而个人的能力是有限的。要想再事业上做出一番成就，就应该学会借力(사람들은 다 성공을 갈망하지만 개인의 능력은 한계가 있다. 사업에서 성과를 내고 싶다면, 힘을 빌리는 것을 배워야 한다)' 라고 했기 때문에 정답은 D이다.

 48-50

| 无论你是什么样的人，处于什么样的社会地位，或多或少都会有烦恼。有烦恼自然就会有不良情绪。如果这种情绪是暂时的，那么对健康的影响不会很大。但如果不良情绪过于强烈或持续的时间太长，就会对人体造成伤害。研究证实，48持续的不良情绪，特别是烦恼、忧郁、悲伤等，会造成人体免疫力下降，甚至诱发其他的精神疾病。49消除不良情绪的关键，是建立稳定而又良好的心态，用顽强的意志战胜不良情绪的干扰。50还要学会自我疏导，把不良情绪变为积极情绪。另外，情绪的产生离不开环境，避免强烈的环境刺激，也是很必要的。 | 당신이 어떤 사람이든, 어떤 사회적 위치에 있든, 많든 적든 고민이 있을 것이다. 고민이 있으면 자연히 안 좋은 정서가 생긴다. 만약 이런 마음이 일시적이라면, 건강에 대한 영향이 크지는 않을 것이다. 하지만 만약 안 좋은 마음이 강렬하거나 시간이 너무 길어지면 인체에 손상을 초래할 수 있다. 연구 결과, 48지속적으로 좋지 않은 정서, 특히 고뇌, 우울, 상심 등은 인체의 면역력을 떨어뜨리고, 심지어 다른 정신적 질병을 유발할 수 있다. 49안 좋은 정서를 없애는 관건은 안정적이고 좋은 심리 상태를 형성하는 것이다. 완강한 의지로 안 좋은 정서의 방해를 극복해야 한다. 50스스로 잘 조절하고 좋지 않은 감정을 긍정적인 정서로 바꾸는 법을 배워야 한다. 또한, 정서는 환경을 벗어날 수 없다. 강렬한 환경적 자극을 피하는 것도 반드시 필요하다. |

단어 烦恼 fánnǎo 동 걱정하다 | 情绪 qíngxù 명 정서, 감정 | 强烈 qiángliè 형 강렬하다 | 忧郁 yōuyù 형 우울하다 | 悲伤 bēishāng 형 마음이 아프다, 상심하다 | 免疫力 miǎnyìlì 명 면역력 | 诱发 yòufā 동 유발하다 | 顽强 wánqiáng 형 억세다 | 战胜 zhànshèng 동 극복하다, 이겨내다 | 干扰 gānrǎo 동 방해 | 疏导 shūdǎo 동 잘 통하게 하다 | 刺激 cìjī 동 자극하다

48

如果不良情绪持续时间过长会怎么样？	만약 안 좋은 정서의 지속 시간이 너무 길어지면 어떻게 되는가？
A 脾气越暴躁	A 성격이 급해진다
B 免疫力降低	B 면역력이 낮아진다
C 反应变迟钝	C 반응이 느려진다
D 加速衰老	D 빨리 노쇠해진다

단어 脾气 píqi 명 성격, 성질 | 暴躁 bàozào 형 급하다, 냉정하지 못하다 | 迟钝 chídùn 형 둔하다

해설 '研究证实，持续的不良情绪，特别是烦恼、忧郁、悲伤等，会造成人体免疫力下降，甚至诱发其他的精神疾病(연구 결과, 지속적으로 좋지 않은 정서, 특히 고뇌, 우울, 상심 등은 인체의 면역력을 떨어뜨리고, 심지어 다른 정신적 질병을 유발할 수 있다)'이라고 언급된 부분을 보아 안 좋은 정서가 길게 지속되면 면역력이 약해진 다는 것을 알 수 있다. 정답은 B이다.

49

消除不良情绪的关键是什么？	안 좋은 정서를 없애는 관건은 무엇인가?
A 要重视倾听	A 경청하는 것을 중요시해야 한다
B 多参加社交活动	B 사교 활동에 많이 참가해야 한다
C 具有良好的心态	C 좋은 심리 상태를 가지고 있어야 한다
D 营造和谐的家庭环境	D 화목한 가정환경을 조성해야 한다

단어 倾听 qīngtīng 통 귀를 기울여 듣다, 경청하다 | 营造 yíngzào 통 만들다, 조성하다 | 和谐 héxié 형 잘 어울리다, 조화롭다

해설 '消除不良情绪的关键，是建立稳定而又良好的心态(안 좋은 정서를 없애는 관건은 안정적이고 좋은 심리 상태를 형성하는 것이다)'라고 했기 때문에 좋은 심리 상태를 취해야 안 좋은 정서를 없앨 수 있다는 것을 알게 되었다. 정답은 C이다.

50

根据这段话，可以知道什么？	이 글을 근거로 알 수 있는 것은?
A 消极情绪无法转化	A 소극적인 정서는 변하지 않는다
B 要学会疏导情绪	B 감정을 잘 조절할 수 있어야 한다
C 待人要宽容	C 사람에게 너그러워야 한다
D 环境对情绪的影响很小	D 환경은 정서에 영향이 적다

단어 宽容 kuānróng 형 너그럽다, 포용력이 있다

해설 좋지 않은 정서를 지속적으로 갖게 되면 여러 질병을 유발할 수 있기에 굳센 의지로 이를 다스려야 한다고 이야기 하고 있다. '学会自我疏导，把不良情绪变为积极情绪(스스로 잘 조절하고 좋지 않은 감정을 긍정적인 정서로 바꾸는 법을 배워야 한다)'라고 했기 때문에 정답은 B이다.

二 阅读

第一部分

51

A 四月的春城，赏花的人如潮水一般，处处洋溢着欢笑声。 B 甲队相比，乙队的表现就稍微逊色些。 C 宋代是继唐代之后中国文学史上又一个创作的繁荣期。 D 运动员在参加夏季马拉松比赛时，应及时补充水分，注意防暑降温。	A 4월의 쿤밍은 꽃을 감상하는 사람들이 마치 밀물과 썰물 같고, 곳곳에 웃음소리가 넘쳐난다. B 갑팀(과) 비교해 보았을 때 을팀의 태도는 조금 못하다. C 송대는 당대를 이은 이후 중국 문학 창작의 또 하나의 번영기가 되었다. D 운동선수가 하계 마라톤 대회에 참가할 때에 수분을 즉시 보충하여 더위를 막고 온도를 내리는 것에 주의해야 한다.

단어 春城 chūnchéng 명 봄날의 도시 모습, 쿤밍(昆明)의 별칭 | 潮水 cháoshuǐ 명 밀물과 썰물 | 洋溢 yángyì 동 충만하다 | 逊色 xùnsè 명 못하다, 뒤떨어지다 | 繁荣 fánróng 동 번영하다 | 马拉松 mǎlāsōng 명 마라톤 | 防暑降温 fángshǔ jiàngwēn 여름철 더위를 막기 위해 온도를 내리다

해설 相比는 '(서로) 비교하다'라는 의미이다. 그렇기 때문에 보통 단독으로 쓰이지 않고 '和…相比'의 구조로 쓰여 '~와 서로 비교한다'라는 의미로 쓰이기 때문에 B는 '和甲队相比'라고 하는 것이 옳다.

52

A 在双方经过近半年的谈判中，最终达成了合作意向。 B 傍晚时，很多人喜欢在这条街上闲逛。 C 这届全运会会徽和吉祥物设计的应征者大多是年轻人。 D 太阳笼罩着大地，小草在阳光的沐浴下吐出了嫩绿的细芽。	A 양 측이 반 년간의 협상(을 통해) 최종적으로 합작 의향에 도달했다. B 저녁 무렵에 많은 사람이 이 길을 돌아다니는 것을 좋아한다. C 이번 전국체전 휘장과 마스코트 디자인에 응모한 사람 대부분이 젊은이이다. D 태양이 대지를 뒤덮고, 작은 풀들은 내리쬐는 햇빛 아래 푸르스름한 작은 싹을 틔웠다.

단어 谈判 tánpàn 동 담판하다, 협상하다 | 达成 dáchéng 동 달성하다, 도달하다 | 意向 yìxiàng 명 의향, 의도 | 傍晚 bàngwǎn 명 저녁 무렵 | 闲逛 xiánguàng 동 한가로이 돌아다니다 | 届 jiè 양 회 | 会徽 huìhuī 명 회의 휘장, 단체나 집회의 마크 | 吉祥物 jíxiángwù 명 마스코트 | 应征 yìngzhēng 동 응모하다 | 笼罩 lǒngzhào 동 덮어 씌우다 | 沐浴 mùyù 동 햇빛과 비와 이슬을 흠뻑 받다, 푹 빠지다 | 吐出 tǔchū 뱉다 | 嫩绿 nènlǜ 형 파르스름하다

해설 '在…中'은 '~중에'라는 의미로 쓰이며 문장 성분 중에서 '부사어'에 해당한다. 다시 말해 '在…中'이 포함된 구 이외에는 주어와 술어가 모두 갖추어진 완전한 문장이 있어야 한다는 것이다. 하지만 A와 같은 경우 뒷절에 주어가 없으며, 의미상 앞절의 '双方'이 주어가 되어야 한다. 그래서 '在'와 '中'을 뺀 '双方经过近半年的谈判，最终达成了合作意向。'이 온전한 문장이 된다.

53

A 他的话给了我很大的启发。
B 这种花皮茄子不仅味道鲜美，而且价格便宜，因此很受欢迎。
C 《营造法式》是中国建筑学史上一部具有划时代意义的。
D 就在这时，机器忽然发生故障，工人不得不关掉电闸。

A 그의 말은 나에게 큰 깨달음을 주었다.
B 이런 가지는 맛이 좋을 뿐 아니라 가격도 저렴하여 많은 환영을 받는다.
C 《영조법식》은 중국 건축학사상 획기적인 의미를 가지고 있는 (저서)이다.
D 이때 기계가 갑자기 고장이 나서 직원은 어쩔 수 없이 스위치를 껐다.

제4회
阅读

단어 划时代 huà shídài 图 새로운 시대를 열다, 획기적이다 │ 故障 gùzhàng 图 고장, 결함 │ 电闸 diànzhá 图 스위치

해설 C의 주어는 '《营造法式》(영조법식)'이라는 책 이름이고 술어는 '是'이다. 하지만 목적어는 분명하게 나와 있지 않다. 그렇기 때문에 C는 목적어의 부재로 인해 잘못된 문장이 되는 것이다. 영조법식은 책 이름이므로 목적어로 '著作(저서)'를 써주어 '《营造法式》是中国建筑学史上一部具有划时代意义的著作.'라고 하는 것이 옳다.

54

A 《史记》与《资治通鉴》并称为中国古代史学"双璧"。
B 西单是北京最著名的商业区之一，日均客流量将近20万以上。
C 这部小说一经网上连载，就引起了巨大的轰动。
D 关于这个问题，不同学派有不同解释，而且针锋相对，各不相让。

A 《사기》와 《자치통감》은 중국 고대 사학의 '쌍벽'이라고 불린다.
B 시단은 베이징에서 제일 유명한 상업지역 중 하나이며, 하루 평균 손님 유동량이 20만에 근접한다.
C 이 소설은 인터넷에 연재되자마자 큰 반향을 일으켰다.
D 이 문제에 관하여 학파마다 다른 해석을 가지고 있으며, 게다가 날카롭게 맞서며 서로 양보하지 않는다.

단어 日均 rìjūn 图 하루 평균의 │ 将近 jiāngjìn 图 거의 ~에 근접하다 │ 一经 yìjīng 图 일단 ~하면, ~하자마자 │ 连载 liánzǎi 图 연재하다 │ 轰动 hōngdòng 图 뒤흔들다, 선풍(반향)을 일으키다 │ 针锋相对 zhēnfēng xiāngduì 图 바늘과 바늘 끝이 맞서다, 날카롭게 맞서다 │ 各不相让 gèbù xiāngràng 图 서로 양보하지 않다

해설 '将近'은 '거의 ~에 근접하다'라는 의미이다. 그렇기 때문에 '将近' 뒤에는 숫자가 나오는 경우가 많은데 B의 '将近20万以上'은 숫자가 나왔지만 옳은 문장이 아니다. 해석상 '20만 이상에 근접하다'보다는 '20만에 근접하다'가 적절하기 때문이다. 또한 문법적으로 보았을 때 '将近'은 '以上'과 호응하지 않기 때문에 '以上'을 빼고 B를 '将近20万'이라고 하는 것이 가장 적절하다.

55

A 景德镇瓷器造型优美、种类繁多，其中以"骨瓷"最为有名。
B 时间就像一张网，你撒在哪里，收获就在哪里。
C 孩子们正在为马上立刻到来的春节晚会准备节目。
D 渤海海峡位于辽东半岛与山东半岛之间，是渤海海运交通的唯一通道。

A 경덕진 자기는 형상이 아름답고 종류가 다양하며, 그 중 '본차이나'가 가장 유명하다.
B 시간은 마치 그물과 같아서 그물을 펼치는 곳에서 수확을 얻게 된다.
C 아이들은 곧 다가오는 춘절 연회를 위해 공연을 준비한다.
D 발해 해협은 랴오둥반도와 산둥반도 사이에 있고 발해 해운·교통의 유일한 통로이다.

단어 瓷器 cíqì 图 자기 │ 造型 zàoxíng 图 이미지, 형상 │ 最为 zuìwéi 图 가장 │ 撒 sǎ 图 펼치다, 흩뿌리다 │ 海峡 hǎixiá 图 해협

해설 C 문장에서 '马上'은 '곧, 바로'라는 의미의 부사이고 '立刻'는 '곧, 즉시'라는 의미의 부사이다. 한 문장에서 부사가 두 개 이상 나올 수는 있으나 같은 의미의 부사를 중첩해서 쓸 수는 없다. 그렇기 때문에 '马上'과 '立刻' 둘 중에서 하나를 빼면 온전한 문장이 될 수 있다.

56

A 截止到昨天，我们网站的注册用户已超过50万人。
B 世上没有白吃的苦，每吃一次苦，你就积攒了一些本钱<u>为未来的成功</u>。
C 羽绒是目前最好的天然保暖材料，其保暖性要比其他人造材料好很多。
D 有时候，我们并不是缺乏机遇，而是不懂得如何把握它。

A 어제까지 마감하여 우리 사이트의 등록자가 이미 50만을 넘겼다.
B 세상에 헛된 고생은 없으며 매번 고생할 때마다 당신은 (미래의 성공을 위한) 밑천을 모으고 있는 것이다.
C 오리털은 현재 가장 좋은 천연 보온 재료이며 그 보온성은 다른 인조 재료보다 훨씬 좋다.
D 어떤 때 우리는 결코 기회가 부족한 것이 아니라 어떻게 그것을 잡아야 할지를 모르는 것이다.

단어 截止 jiézhǐ 图 마감하다, 일단락 짓다 | 注册 zhùcè 图 등록하다 | 吃苦 chīkǔ 图 고생하다 | 积攒 jīzǎn 图 조금씩 모으다 | 本钱 běnqián 图 본전, 원금, 밑천 | 机遇 jīyù 图 기회, 찬스

해설 B의 '你就积攒了一些本钱为未来的成功.'에서 '积攒'은 '조금씩 모으다'라는 의미의 동사로 볼 수 있다. 하지만 뒷부분 '为未来的成功'에서 '为'는 '~를 위해'라는 의미의 개사로 위치상 동사 앞에 나와야 하며 해석적으로 보아도 '미래의 성공을 위한 밑천을 모으고 있는 것이다'라고 보는 것이 제일 적절하다. 그렇기 때문에 '你就为未来的成功积攒了一些本钱.'로 바꾸는 것이 좋다.

57

A 一个成年人在安静状态下心脏每分钟大约跳动70次。
B 小说的基本特征是通过一定的故事情节来塑造人物形象，反映社会生活。
C 火车渐渐远去，望着母亲越来越模糊的身影，热泪盈眶。
D 与人沟通时，学会倾听比一味诉说更重要。

A 성인은 안정된 상태에서 심장이 매분 대략 70번 뛴다.
B 소설의 기본 특징은 특정한 줄거리로 인물 이미지를 형상화하여 사회생활을 반영하는 것이다.
C 기차가 점점 멀어져갔고, (나는) 흐릿해져 가는 어머니의 그림자를 바라보며 눈물이 고였다.
D 사람들과 소통할 때에 경청하는 것을 배우는 것이 간곡하게 말하는 것보다 더욱 중요하다.

단어 跳动 tiàodòng 图 뛰다 | 特征 tèzhēng 图 특징 | 情节 qíngjié 图 플롯, 줄거리 | 塑造 sùzào 图 형상화하다, 묘사하다 | 热泪盈眶 rèlèi yíngkuàng 图 뜨거운 눈물이 눈에 그렁그렁하다, 매우 감격하다 | 倾听 qīngtīng 图 경청하다 | 诉说 sùshuō 图 간곡하게 말하다, 간절히 하소연하다

해설 C를 해석을 했을 때는 큰 문제가 없지만 문장구조를 살펴보면 문법적 오류가 있다. '火车渐渐远去'는 문장 맨 앞에 위치하여 문장 전체를 수식해주는 부사어, '望着'가 술어, '母亲越来越模糊的身影'이 목적어이다. 하지만 주어가 생략되었기 때문에 올바른 문장이라고 볼 수 없다. 주어인 '我'를 넣어 '火车渐渐远去，我望着母亲越来越模糊的身影，热泪盈眶.'가 적절하다.

58

A 玩笑可以活跃气氛，增进彼此的感情，但是开玩笑也要讲分寸，不能涉及他人的隐私，否则就会在无意中伤害到他人。
B 很多人习惯用自己的生日、身份证号或电话号码做密码，但这类密码太过简单，很难被破解。
C 《日出》这部戏剧作品历经70多年，被无数次搬上舞台，至今仍具有很强的感染力。
D 要想使人成长得更快，就要给他活动的自由，而不是将他束缚在一个小小的"鱼缸"里。

A 농담은 분위기를 활기차게 하고 양쪽의 관계를 증진시킬 수 있지만 농담을 할 때는 정도를 지켜야 하며 타인의 사생활을 언급하면 안 된다. 그렇지 않으면 무의식중에 타인을 다치게 할 수 있다.
B 많은 사람이 습관적으로 자신의 생일, 신분증 번호 혹은 전화번호를 비밀번호로 하지만 이런 종류의 비밀번호는 너무 간단하여 풀기 (쉽다).
C ≪일출≫이라는 희극 작품은 70여 년을 거쳐 무수히 무대에 오르게 되었고 오늘날까지도 큰 감화력을 가지고 있다.
D 사람을 더욱 빠르게 성장시키고 싶다면 그를 작은 '어항' 안에 가두기보다는 그에게 활동의 자유를 주어야 한다.

단어 活跃 huóyuè 图 활기를 띠게 하다 | 分寸 fēncun 图 분별, 분수 | 涉及 shèjí 图 관련되다, 언급하다, 연루되다 | 隐私 yǐnsī 图 사생활, 프라이버시 | 破解 pòjiě 图 해결하다, 풀다, 파헤치다 | 而不是 érbùshì ~라기보다 오히려 | 束缚 shùfù 图 구속하다, 속박하다 | 鱼缸 yúgāng 图 어항

해설 B를 해석하면 '很多人习惯用自己的生日、身份证号或电话号码做密码，但这类密码太过简单(많은 사람이 습관적으로 자신의 생일, 신분증 번호 혹은 전화번호를 비밀번호로 하지만 이런 종류의 비밀번호는 너무 간단하다)'이라고 했기 때문에 뒤에는 그러한 비밀번호는 '풀기 쉽다'는 내용이 나와야 한다. 하지만 그 뒷부분에는 '很难被破解(매우 풀기 어렵다)'라고 했기 때문에 의미상 모순이 된다. 따라서 뒷부분을 '很容易被破解(매우 풀기 쉽다)'라고 해야 한다.

59

A 过去一些病症被认为一种不治之症，这样的患者促进了医学发展，这也是一个事实。
B 受中西伯利亚较强冷空气的影响，未来三天，中东部大部分地区将迎来大风降温和雨雪天气。
C 时光的流逝不能抹去我对故乡浓浓的思念，相反，随着年龄的增长，我对故乡的思念愈发强烈。
D 6月22日，与"迪士尼乐园"的"环球影城"并列为世界三大娱乐品牌之一的"环球嘉年华"，在石景山北京国际雕塑公园盛装开幕。

A 과거의 어떤 질병은 불치병이라고 여겨졌고, (이런) 환자가 의학 발전을 촉진시켰다는 것 또한 하나의 사실이다.
B 중앙 시베리아의 강한 한파의 영향으로 앞으로 3일간 중동부 대부분 지역이 바람이 세게 불고 기온이 떨어지며 눈, 비가 내리는 날씨를 맞게 될 것이다.
C 시간의 흐름도 고향에 대한 깊은 그리움을 지워버릴 수 없었고 도리어 나이를 먹어감에 따라 고향에 대한 그리움이 한층 더 강해졌다.
D 6월 22일 '디즈니랜드'의 '유니버설시티'와 세계 3대 엔터테인먼트 브랜드 중 하나인 '세계 카니발'이 스징산 베이징 국제 조소 공원에서 성대하게 막을 연다.

단어 病症 bìngzhèng 图 질병 | 不治之症 búzhì zhīzhèng 图 불치병 | 流逝 liúshì 图 유수와 같다, 흐르는 물처럼 지나가다 | 抹去 mǒqù 图 지워버리다 | 愈发 yùfā 图 한층 더 | 雕塑 diāosù 图 조소품

해설 A의 앞부분에서 '过去一些病症被认为一种不治之症'이라고 하여 '病症(질병)'을 수식하는 관형어로 '一些'가 나왔다. 하지만 뒤에 '患者(환자)'를 꾸며주는 수식어로는 '这样'이 나왔기 때문에 어색하다. 그래서 '这样'을 '这些'로 바꾸어 '过去一些病症被认为一种不治之症，这些的患者促进了医学发展，这也是一个事实。'로 만들어 주는 것이 적절하다.

60

A 凡事若不问青红皂白，就把自己的愤怒发泄到他人身上，很可能就对方造成伤害。
B 随着天文学研究的深入，彗星不再被看做是不祥的征兆，但它在一般人眼中依旧很神秘。
C 由于长时间注视闪烁的电脑屏幕以及保持一种操作姿势，是导致上班族视觉疲劳的主要原因。
D 素有"庐山第一景"之称的石门涧，是庐山的西大门。这里一年四季泉水叮咚，鸟语花香，云蒸雾绕。

A 만약 모든 일의 옳고 그름을 묻지 않고 바로 자신의 분노를 다른 사람에게 표출한다면, (상대방에게) 쉽게 해를 입히게 될 것이다.
B 천문학 연구가 깊어짐에 따라 혜성은 더는 불길한 징조로 여겨지지 않겠지만 일반인의 눈에는 여전히 신비롭다.
C 장시간 빛이 나는 컴퓨터 화면을 바라보는 것과 한 가지 작업 자세를 유지하는 것은 직장인들의 시각 피로를 야기하는 주된 원인이다.
D '루산 제일의 경치'라는 칭호를 가지고 있는 스먼계곡은 루산의 서대문이다. 이곳은 1년 사계절 내내 샘물이 솟구치고 새가 지저귀고 꽃향기가 가득하며 안개가 감싸고 있다.

단어 不问青红皂白 búwèn qīnghóng zàobái 셩 일의 시비곡직을 묻지 않다 | 愤怒 fènnù 형 분노하다 | 发泄 fāxiè 동 털어놓다 | 彗星 huìxīng 명 혜성 | 征兆 zhēngzhào 명 징조 | 神秘 shénmì 형 신비하다 | 注视 zhùshì 동 주목하다, 주시하다 | 闪烁 shǎnshuò 동 깜빡깜빡하다 | 操作 cāozuò 동 조작하다, 일하다, 노동하다 | 涧 jiàn 명 계곡 | 泉水 quánshuǐ 명 샘물 | 鸟语花香 niǎoyǔ huāxiāng 셩 새가 지저귀고 꽃이 향기롭다

해설 '很可能就对方造成伤害'에서 원활한 해석이 되려면 '상대방에게 쉽게 해를 입히게 될 것이다'라고 해석이 되어야 하는데 '~에게'라고 해석이 되는 '给'가 빠졌다. 따라서 A의 뒷부분을 '很可能就给对方造成伤害'이라고 써주는 것이 적절하다. 또한 '给…造成伤害(~에게 해를 입히다)'라는 구문을 외워두면 좋다.

第 二 部 分

제 4 회
阅读

61-70

61

　　钟鼓楼是北京南北轴线上的一组____建筑，也是古都北京的标志性建筑之一。____元、明、清三代都城的报时中心，"暮鼓晨钟"使全城有序可循。在钟鼓楼的建制史上，这座钟鼓楼的____是最大的。

A 年代　充当　造型
B 历代　当做　模型
C 古代　作为　规模
D 朝代　以为　模式

　　종루와 고루(종고루)는 베이징의 남과 북의 중심에 있는 고대 건물로 베이징의 대표적 건축물 중 하나이다. 원, 명, 청 3대 수도의 시간을 알렸던 곳으로서 '저녁에 울리는 북과 새벽에 치는 종'은 온 성을 시간에 따라 돌아가도록 했다. 종고루의 제도 역사상, 이 종고루의 규모가 제일 크다.

A 연대 / 담당하다 / 형상
B 역대 / ~로 여기다 / 모형
C 고대 / ~로 여기다, ~로서 / 규모
D 연대 / ~로 여기다 / 모식

단어 钟鼓楼 zhōnggǔlóu 명 종루와 고루 | 轴线 zhóuxiàn 명 중심선 | 都城 dūchéng 명 수도 | 暮鼓晨钟 mùgǔ chénzhōng 명 저녁에 울리는 북과 새벽에 치는 종 ‖ 历代 lìdài 명 역대 | 朝代 cháodài 명 왕조의 연대, 조대 | 充当 chōngdāng 통 맡다, 담당하다 | 造型 zàoxíng 명 이미지, 형상 | 模型 móxíng 명 모형 | 模式 móshì 명 모식, 패턴, 모델

해설 첫 번째 빈칸에서 주어는 '钟鼓楼'이고 술어는 是이며 목적어는 '____建筑'이다. 그러므로 첫 번째 빈칸과 '建筑'는 한꺼번에 해석해야 하는데 이때 가장 잘 어울리는 것은 '古代(고대)'이다.
두 번째 빈칸의 보기에는 '~로 여기다'라는 표현이 세 가지가 나왔지만 그 중 C의 '作为'는 '~로 여기다'라는 표현 외에도 '~로서'라는 뜻이 있으며 문맥상 '~로서'가 더욱 적절하기 때문에 '作为'가 와야 한다.
세 번째 빈칸에서는 술어인 '最大(가장 크다)'와 호응할 수 있는 것은 '规模(규모)'뿐이기 때문에 정답은 C이다.

62

　　苦难没有统一的衡量准则。同一件事，如果你认为它是无法逾越的难关，那你就会____；如果你认为它只是道坎儿，那你迟早会____过去；如果你认为它是绊脚石，搬开它，你面前就会出现一条____的大道。

A 再接再厉　踏　广阔
B 望而却步　跨　宽阔
C 争先恐后　蹦　开阔
D 小心翼翼　踩　辽阔

　　고난에는 통일된 측정 기준이 없다. 같은 일에 있어서 만약 당신이 넘을 수 없는 난관이라고 생각한다면 당신은 뒷걸음질 칠 것이며, 단지 하나의 고비일 뿐이라고 생각한다면 당신은 머지않아 뛰어넘을 것이고, 만약 당신이 그것을 장애물이라고 생각해서 그것을 옮긴다면 당신의 눈앞엔 넓은 대로가 나타날 것이다.

A 더욱더 힘쓰다 / 밟다 / 광활하다
B 뒷걸음질 치다 / 뛰어넘다 / 넓다
C 앞을 다투다 / 뛰어 오르다 / 넓다
D 조심하고 신중하다 / 밟다 / 넓다

단어 逾越 yúyuè 통 뛰어넘다 | 迟早 chízǎo 부 조만간, 머지않아 | 绊脚石 bànjiǎoshí 명 장애물 ‖ 再接再厉 zàijiē zàilì 성 수탉이 서로 싸울 때 쪼기 전에 항상 부리를 다듬다, 더욱더 힘쓰다 | 望而却步 wàng'ér quèbù 성 뒷걸음질 치다 | 争先恐后 zhēngxiān kǒnghòu 성 뒤질세라 앞을 다투다 | 小心翼翼 xiǎoxīn yìyì 성 엄숙하고 경건하다, 조심하고 신중하여 추호도 소홀함이 없다 | 踏 tà 통 밟다 | 跨 kuà 통 뛰어넘다 | 蹦 bèng 통 튀어 오르다 | 踩 cǎi 통 밟다 | 广阔 guǎngkuò 형 광활하다 | 宽阔 kuānkuò 형 넓다 | 开阔 kāikuò 형 넓다, 탁 트이다 | 辽阔 liáokuò 형 아득히 멀고 광활하다

> **해설** 첫 번째 빈칸은 성어 문제로, 빈칸 앞의 내용이 '无法逾越的难关(넘을 수 없는 난관)'이기 때문에 의미상 가장 적절한 것은 '望而却步(뒷걸음질 치다)'가 적절하다.
> 두 번째 빈칸에서 '如果你认为它只是道坎儿(단지 하나의 고비일 뿐이라고 생각한다면)'이라는 표현이 나왔기 때문에 '跨(뛰어넘다)'가 제일 적절하다.
> 마지막 빈칸에서의 보기가 모두 '광활하다, 넓다'라는 의미인데 네 가지 모두 다 빈칸에 적절하기 때문에 정답은 B이다.

63

多肉植物又称多浆植物，是指外形＿＿＿肥厚多汁的一类植物。它们靠茎、叶或根内贮藏的水分来＿＿＿生命，可以长期生活在＿＿＿的环境中。常见的多肉植物有仙人掌、芦荟等。

다육식물은 다장식물이라고도 불리며 외형이 보기에 두툼하고 즙이 많은 식물을 가리킨다. 그것들은 줄기와 이파리 혹은 뿌리 내에 저장한 수분으로 생명을 유지하여 메마른 환경에서도 장기간 살 수 있다. 자주 볼 수 있는 다육식물로는 선인장, 알로에 등이 있다.

A 反映　延续　湿润
B 暴露　保持　干燥
C 体现　捍卫　潮湿
D 显得　维持　干旱

A 반영하다 / 계속하다 / 축축하다
B 폭로하다 / 유지하다 / 건조하다
C 구현하다 / 지키다 / 습하다
D ~인 것처럼 보이다 / 유지하다 / 가물다

> **단어** 肥厚 féihòu 톙 토실토실하다, 두툼하다 ǀ 茎 jīng 명 식물의 줄기 ǀ 贮藏 zhùcáng 동 저장하다 ǁ 反映 fǎnyìng 동 반영하다 ǀ 暴露 bàolù 동 폭로하다 ǀ 延续 yánxù 동 계속하다 ǀ 捍卫 hànwèi 동 지키다 ǀ 湿润 shīrùn 동 축축하다 ǀ 潮湿 cháoshī 동 습하다 ǀ 干旱 gānhàn 동 가물다, 건조하다

> **해설** 첫 번째 빈칸에서는 다육식물의 외형에 대해서 이야기하고 있다. 주어인 '外形(외형)'이 '肥厚(두툼하다)'라고 했기 때문에 '显得(드러나다, ~인 것처럼 보이다)'가 적절하다.
> 두 번째 빈칸에서 목적어인 '生命(생명)'과 호응하는 술어로는 '유지하다'라는 의미의 D의 '维持'가 적절하다. B의 '保持'가 들어갈 수 없는 이유는 '保持'는 원래 있던 좋은 상태를 유지해 나갈 때 쓰는 것이기 때문이다.
> 마지막 빈칸 앞부분에는 '줄기와 이파리, 뿌리 내에 저장한 수분으로 생명을 유지한다'라고 했기 때문에 다육식물이 자라는 환경이 건조한 곳임을 알 수 있다. 그렇기 때문에 '干燥(건조하다)'와 '干旱(가물다)'이 모두 가능하다.
> 이 모든 것을 종합하여 볼 때 정답은 D이다.

64

炎炎夏日里，不仅身体易中暑，连心理也会中暑。心理中暑指的是人在炎热的天气里脾气＿＿＿、难以平静的心理状态。医学研究＿＿＿，当气温超过35℃、日照时间超过12个小时、空气湿度高于80%时，心理中暑的概率会＿＿＿上升。此时人很容易情绪失控，与他人发生＿＿＿或争执。

무더운 여름에는 몸이 쉽게 더위를 먹을 수 있을 뿐 아니라 심지어 마음조차도 더위를 먹을 수 있다. 심리적으로 더위를 먹는다는 것은 사람이 무더운 날씨에 성격이 조급해지며 안정되기 어려운 심리상태를 가리킨다. 의학 연구에서 표명하길 기온이 35도를 넘고 일조시간이 12시간을 넘으며 공기의 습도가 80%를 웃돌 때 심리적으로 더위를 먹을 확률이 급격히 상승한다고 한다. 이때 사람은 마음을 쉽게 추스르지 못하고 다른 사람과 마찰이 발생하거나 혹은 언쟁을 할 수 있다.

A 暴躁　表明　急剧　摩擦
B 疯狂　指示　猛烈　纠纷
C 愤怒　显示　敏捷　冲突
D 凶恶　证实　急切　矛盾

A 급하다 / 표명하다 / 급격하다 / 마찰
B 미치다 / 가리키다 / 맹렬하다 / 다툼
C 분노하다 / 현시하다 / 민첩하다 / 충돌
D 흉악하다 / 증명하다 / 절박하다 / 갈등

제 4 회
阅读

단어 中暑 zhòngshǔ 통 더위 먹다 | 炎热 yánrè 형 무덥다 | 脾气 píqì 명 성격 | 概率 gàilǜ 명 확률 | 情绪失控 qíngxù shīkòng 마음을 추스르지 못한다 | 争执 zhēngzhí 통 서로 자기의 의견을 고집하다, 논쟁하다 ‖ 暴躁 bàozào 형 (성질이) 급하다 | 疯狂 fēngkuáng 형 미치다 | 愤怒 fènnù 형 분노하다 | 凶恶 xiōng'è 형 흉악하다 | 指示 zhǐshì 통 가리키다 | 显示 xiǎnshì 통 현시하다, 과시하다 | 证实 zhèngshí 통 실증하다, 증명하다 | 急剧 jíjù 급격하게 | 猛烈 měngliè 형 맹렬하다 | 敏捷 mǐnjié 형 민첩하다 | 急切 jíqiè 절박하다 | 摩擦 mócā 마찰 | 纠纷 jiūfēn 명 다툼 | 冲突 chōngtū 명 충돌

해설 첫 번째 빈칸의 주어인 '脾气(성질)'라는 단어와 호응할 수 있는 것은 '暴躁(급하다)'이다. 이 두 단어가 함께 쓰여 '脾气暴躁'라고 쓰면 '성격이 조급하다'라는 의미가 된다.
두 번째 빈칸에서는 주어가 '研究(연구)'이기 때문에 '나타내다, 증명하다'라는 뜻의 '表明', '显示', '证实'이 가능하다. B의 '指示'가 정답이 되지 않는 이유는 '指示'는 직접 사물을 가리킬 때 쓰이기 때문이다.
세 번째 빈칸에서 빈칸은 '上升(상승하다)'을 꾸며주는 역할을 해야 하는데 '急剧上升'이라고 쓰면 '급격하게 상승하다'라는 의미라는 것을 알아두도록 하자.
마지막 빈칸은 '或(혹은)'에 두 명사가 묶인 표현으로 주어진 보기의 단어가 모두 명사의 의미가 있으므로 종합적으로 보면 A가 정답이다.

65

位于四川的卧龙国家自然保护区，南、西、北三面环山，地形呈＿＿＿状。冬季时，南下的寒流被山体＿＿＿，使保护区免受寒流的侵袭。夏季时，东南季风从东部进入，又为保护区带来＿＿＿的雨水。所以，这里冬无＿＿＿，夏无酷暑，一年四季温差不大，气候条件非常＿＿＿。

A 包围	阻止	充实	冷酷	优异
B 关闭	阻挠	丰满	凄凉	杰出
C 封闭	阻挡	充沛	严寒	优越
D 闭塞	阻拦	富裕	荒凉	突出

쓰촨에 위치한 워룽 국가자연보호구역은 남쪽, 서쪽, 북쪽의 삼면이 산으로 둘러싸여 있고 지형이 봉쇄된 형태를 띤다. 겨울철에 남하하는 한류가 <u>산에 가로막혀</u> 보호구역은 한류의 습격을 피하게 된다. 여름철에는 남동 계절풍이 동쪽에서부터 들어와 보호구역에 많은 빗물을 가지고 온다. 따라서 겨울에는 <u>심한 추위</u>가 없고 여름엔 심한 더위가 없다. 일 년 사계절의 온도 차이가 크지 않아 기후 조건이 매우 <u>우월하다</u>.

A 포위하다 / 저지하다 / 충족시키다 / 냉혹하다 / 우수하다
B 닫다 / 가로막다 / 풍만하다 / 처량하다 / 걸출하다
C 봉쇄하다 / 저지하다 / 넘쳐 흐르다 / 추위가 심하다 / 우월하다
D 막히다 / 저지하다 / 부유하다 / 황량하다 / 돋보이다

단어 环山 huánshān 통 산으로 둘러싸여 있다 | 侵袭 qīnxí 통 침입하여 습격하다 ‖ 包围 bāowéi 통 포위하다 | 封闭 fēngbì 통 봉쇄하다, 밀봉하다 | 闭塞 bìsè 통 막히다 | 阻止 zǔzhǐ 통 저지하다 | 阻挠 zǔnáo 통 가로막다 | 阻挡 zǔdǎng 통 저지하다 | 阻拦 zǔlán 통 저지하다 | 充实 chōngshí 통 충족시키다 | 充沛 chōngpèi 형 넘쳐 흐르다 | 富裕 fùyù 형 부유하다 | 冷酷 lěngkù 형 냉혹하다 | 凄凉 qīliáng 형 처량하다 | 严寒 yánhán 형 추위가 심하다 | 荒凉 huāngliáng 형 황량하다 | 优异 yōuyì 형 특히 우수하다 | 杰出 jiéchū 형 걸출하다 | 优越 yōuyuè 형 우월하다 | 突出 tūchū 형 돋보이다

해설 첫 번째 빈칸에서 주어는 '地形(지형)'이고 술어는 '呈(나타나다)'이기 때문에 적절한 단어는 '包围 (포위하다)' 또는 '封闭(봉쇄하다)'가 가능하다.
두 번째 빈칸에서 의미상 '한류가 산에 가로막혀'라고 해석이 되는데 모든 보기가 '저지하다, 가로막다'이기 때문에 주의해야 한다. '阻止'는 보통 '막아서 멈추게 할 때' 쓰이기 때문에 부적절하고, '阻挠'는 곧 일어날 일을 막을 때 쓰이며, '阻拦'은 '막아서 방해하다'라는 뉘앙스가 있기 때문에 답이 될 수 없다. 하지만 '阻挡'은 길이나 시선 등을 막을 때 쓰이므로 정답으로 적절하다.
세 번째 빈칸에서 '雨水(빗물)'를 꾸며줄 수 있는 '많은'이라는 의미로는 C의 '充沛'밖에 쓰일 수 없다.
네 번째 빈칸이 포함된 전체 문장을 살펴볼 때 '这里冬无＿＿＿, 夏无酷暑'은 '겨울에는 ＿＿＿가 없고, 여름엔 심한 더위가 없다'이기 때문에 빈칸에는 '추위가 심하다'라는 의미의 '严寒'이 적절하다.
마지막으로 전체적인 내용을 볼 때 기후의 우수성에 대해서 논하고 있으므로 '우월하다'는 의미의 '优越'까지 넣으면 정답이 C라는 것을 알 수 있다.

66

　　对孩子来说，最____的伤害是打击他的自信；最大的帮助莫过于____他信任与赞美。所以，不论你的孩子现在____得多么差，你都要鼓励他，帮助他____自信。有了父母的肯定和自信，孩子一定会步入成功的殿堂。

A 悲惨　赠送　实现　创立
B 严厉　赋予　兑现　确立
C 残忍　授予　涌现　设立
D 残酷　给予　表现　建立

　　아이에게 가장 참혹한 상처는 그의 자신감을 공격하는 것이고, 가장 큰 도움은 그에게 신뢰와 칭찬을 주는 것보다 좋은 것이 없다. 따라서 당신의 아이가 현재 얼마나 부족해 보이는지를 막론하고 당신은 그를 격려해야 하고 자신감을 형성할 수 있도록 도와야 한다. 부모의 확신과 자신감이 생기게 되면 아이는 분명히 성공의 전당으로 들어갈 것이다.

A 비참하다 / 증정하다 / 실현하다 / 창립하다
B 호되다 / 부여하다 / 약속을 실행하다 / 확립하다
C 잔인하다 / 수여하다 / 한꺼번에 나타나다 / 설립하다
D 참혹하다 / 주다 / 나타내다 / 형성하다

단어 打击 dǎjī 동 타격을 주다 | 莫过于 mòguòyú ~보다 더한 것은 없다 | 殿堂 diàntáng 명 전당 ‖ 悲惨 bēicǎn 형 비참하다 | 严厉 yánlì 호되다 | 残忍 cánrěn 형 잔인하다 | 残酷 cánkù 형 참혹하다 | 赠送 zèngsòng 동 증정하다 | 赋予 fùyǔ 동 부여하다 | 授予 shòuyǔ 동 수여하다 | 给予 jǐyǔ 동 주다 | 兑现 duìxiàn 동 약속을 실행하다 | 涌现 yǒngxiàn 동 한꺼번에 나타나다 | 确立 quèlì 동 확립하다

해설 첫 번째 빈칸의 해석을 살펴보면 '아이에게 ___한 상처는 그의 자신감을 공격하는 것이다'이기 때문에 빈칸은 '伤害'를 수식하는 단어여야 하는데 이때는 '残忍(잔인하다)'과 '残酷(참혹하다)'가 모두 가능하다.
두 번째 빈칸은 술어 자리로 목적어인 '信任(신뢰)'과 '赞美(칭찬)'에 모두 호응해야 한다. 이 두 목적어를 자연스럽게 받을 수 있는 술어는 '给予(주다)'뿐이다.
세 번째 빈칸은 '得' 앞에 있으므로 술어 자리라는 것을 알 수 있다. '表现'과 같은 경우는 '태도'라는 뜻도 있고 '나타내다'라는 뜻도 있으며, 특히 '表现得…'로 쓰일 때는 '~처럼 보이다'라는 의미도 있어서 '表现得多么差(얼마나 부족해 보이는지)'라고 해석하면 된다.
마지막으로 '자신감을 형성하다'라고 할 땐 술어로 '建立自信'밖에 쓰이지 않기 때문에 정답은 D이다.

67

　　《镜花缘》是一部____了幻想、历史、游记等元素的长篇小说。这部小说的语言滑稽____，作者将中国古代虚幻国度的____与荒诞离奇的故事情节结合在一起，为读者____了一个神秘而浪漫的奇幻世界。

A 集合　开心　学说　展示
B 融合　风趣　传说　呈现
C 混合　夸张　传记　体现
D 合成　幽默　寓言　显示

　　≪경화연≫은 환상, 역사, 여행기 등의 요소가 혼합된 장편소설이다. 이 소설의 언어는 익살스럽고 유머러스하며, 작가가 중국 고대 허구 국가의 전설과 황당하고 기이한 이야기 줄거리를 결합시켜 독자들에게 신비하고 낭만적인 기이한 세계를 나타냈다.

A 모으다 / 기쁘다 / 학설 / 드러내다
B 융합하다 / 유머러스하다 / 전설 / 나타나다
C 혼합하다 / 과장하다 / 전기 / 구현하다
D 합성하다 / 유머러스하다 / 우언 / 뚜렷하게 나타나다

단어 滑稽 huájī 형 익살스럽다 | 虚幻 xūhuàn 형 비현실적인, 가공의 | 荒诞离奇 huāngdàn líqí 황당하고 기괴하다 | 奇幻 qíhuàn 형 기이하고 환상적이다 ‖ 集合 jíhé 모으다 | 融合 rónghé 동 융합하다 | 混合 hùnhé 동 혼합하다 | 合成 héchéng 동 합성하다 | 开心 kāixīn 형 기쁘다 | 风趣 fēngqù 형 유머러스하다 | 夸张 kuāzhāng 동 과장하다 | 学说 xuéshuō 명 학설 | 传说 chuánshuō 명 전설 | 传记 zhuànjì 명 전기 | 寓言 yùyán 명 우언 | 展示 zhǎnshì 동 드러내다, 전시하다 | 呈现 chéngxiàn 동 나타나다 | 体现 tǐxiàn 동 구현하다 | 显示 xiǎnshì 동 뚜렷하게 나타나다

해설 첫 번째 빈칸에서 '환상, 역사, 여행기 등의 요소'를 '모두 가지고 있는, 하나로 모인'이라는 의미가 되어야 하기 때문에 '集合(모으다)' 또는 '融合(융합하다)'가 적절하다. '混合'가 될 수 없는 이유는 '한데 섞다'라는 뉘앙스를 갖고 있기 때문이다.
두 번째 빈칸 앞의 '滑稽'는 '익살스럽다'라는 의미로, '유머러스하다'라는 의미의 '风趣'나 '幽默'가 모두 올 수 있다.
세 번째 빈칸은 두 명사가 '与'로 엮여 있는 구조로 세 번째 빈칸과 함께 엮인 명사가 '荒诞离奇的故事(기이한 이야기)'라는 것을 알 수 있다. 다시 말해 '___와 기이한 이야기 줄거리가 결합되다'라고 했기 때문에 의미상 '传说(전설)'가 가장 적절하다.
마지막으로, 네 번째 빈칸의 목적어인 '世界'와 호응할 수 있는 술어는 '展示(드러내다)'와 '呈现(나타내다)'이기 때문에 전체적으로 B가 정답이 될 수 있다.

제 4 회
阅读

68

坚强的____有很多种。面对打击，宁折不弯是一种坚强，但以柔克刚有何尝不是呢？生活中，勇敢不屈的人____可敬，但能够用柔韧的智慧去化解____、克服困难，更是一种____的境界。

A	模式	不如	毛病	可贵
B	样式	但是	尴尬	高尚
C	形式	固然	矛盾	难得
D	格式	宁可	痛苦	崇高

강인함의 형식은 매우 다양하다. 공격에 직면하여 굽히지 않는 것이 일종의 강인함이지만, 부드러움으로 강함을 이기는 것 또한 언제 강인함이 아니었던 적이 있었는가? 생활 중에 용감하고 굴하지 않는 사람은 물론 존경할 만하지만 유연하면서도 강인한 지혜로 갈등을 없애고 어려움을 극복할 수 있는 것은 더욱 얻기 어려운 경지이다.

A 모델 / ~만 못하다 / 결함 / 귀중하다
B 양식 / 그러나 / 난감하다 / 고상하다
C 형식 / 물론 ~하지만 / 갈등 / 얻기 어렵다
D 격식 / 차라리 ~할지언정 / 고통스럽다 / 숭고하다

단어 打击 dǎjī 동 타격을 주다, 공격하다 | 宁折不弯 nìngzhé bùwān 성 꺾일망정 구부러지지 않다, 강직하여 굽히지 않다 | 以柔克刚 yǐróu kègāng 성 부드러움으로 강함을 이기다 | 何尝 hécháng 부 언제 ~한 적이 있었는가? | 不屈 bùqū 동 굴하지 않다 | 柔韧 róurèn 형 유연하면서도 강인하다 ‖ 模式 móshì 명 모식, 모델 | 不如 bùrú 동 ~만 못하다 | 固然 gùrán 접 물론 ~하지만 | 宁可 nìngkě 부 차라리 ~할지언정 | 毛病 máobìng 명 고장, 결함 | 尴尬 gāngà 형 입장이 곤란하다, 난감하다 | 痛苦 tòngkǔ 형 고통스럽다 | 高尚 gāoshàng 형 고상하다 | 难得 nándé 형 얻기 어렵다 | 崇高 chónggāo 형 숭고하다

해설 첫 번째 빈칸에서 '강인함의 ___은 많다'라고 쓰여야 하기 때문에 '形式(형식)'가 제일 적절하다.
두 번째 빈칸은 접속사 자리로 '固然A, 但是B(물론 A하지만 B하다)'라는 고정격식을 알고 있다면 쉽게 '固然'을 선택할 수 있을 것이다.
세 번째 빈칸은 술어인 '化解(없애다)'와 호응할 수 있는 목적어 문제로 명사성으로 가능한 것은 毛病과 矛盾이지만 의미상 '化解矛盾(갈등을 없애다)'이 가장 적절하다.
마지막으로 '难得'란 '얻기 어렵다' 혹은 '드물다'라는 의미인데 '难得的境界'라고 하면 '얻기 어려운 경지, 올라가기 힘든 경지'라는 의미가 되므로 정답은 C이다.

69

残茶主要指泡过，但因种种原因不能再次饮用的茶叶。____这些茶叶，人们常常是一丢了之。但其实残茶有很多____：如可以擦洗____的锅碗，清洁木、竹桌椅等。另外，残茶____干后还可以当枕芯用，具有去火的功效。

A 按照　用途　浑浊　煮
B 依照　效益　黝黑　蒸
C 至于　应用　粗糙　炒
D 对于　妙用　油腻　晒

잔차(残茶)란 우려낸 적이 있지만 여러 가지 원인으로 다시 음용할 수 없는 찻잎을 주로 가리킨다. 이러한 찻잎<u>에 대하여</u> 사람들은 자주 그것을 버리곤 한다. 하지만 사실 잔차는 많은 <u>효험</u>이 있다. 예를 들어 <u>기름진</u> 솥과 그릇을 닦을 수 있고 나무나 대나무로 된 탁자와 의자 등을 청결하게 할 수 있다. 그 외에도 잔차는 <u>햇볕을 쬐어 말린</u> 후 베갯속으로 사용할 수도 있고 몸의 화기를 없애는 효능도 가지고 있다.

A ~에 따라 / 용도 / 혼탁하다 / 삶다
B ~에 의해 / 효과와 수익 / 검다 / 찌다
C ~로 말하자면 / 응용하다 / 거칠다 / 볶다
D ~에 대해 / 효험 / 기름지다 / 햇볕을 쬐다

단어 擦洗 cāxǐ 동 깨끗이 닦다 │ 枕芯 zhěnxīn 명 베갯속 ‖ 依照 yīzhào 개 ~에 의해, ~에 따라 │ 用途 yòngtú 명 용도 │ 妙用 miàoyòng 명 신통한 효험 │ 浑浊 húnzhuó 형 혼탁하다 │ 粗糙 cūcāo 형 거칠다 │ 油腻 yóunì 형 기름지다 ‖ 晒 shài 동 햇볕을 쬐다

해설 첫 번째 빈칸에서는 의미상 '~로 말하자면'이라는 뜻의 '至于'와 '~에 대해'라는 의미의 '对于'가 가능하다. 그러나 '对于'만 정답이 되는 이유는 '对于'는 앞문장과 뒷문장의 주제가 같을 때 쓰이고, '至于'는 앞 문장과 뒤 문장의 주제가 다를 때 쓰이기 때문이다. 빈칸 앞에 '茶叶(찻잎)'가 나왔고 빈칸 뒤에서 '这些茶叶'라고 바로 받아 언급했으므로 여기서는 '对于'만이 가능하다.
두 번째 빈칸에서 뒤에서 잔차의 쓰임에 대해 논하고 있기 때문에 '用途(용도)' 또는 '妙用(효험)'이 적절하다.
세 번째 빈칸에서 '擦洗____的锅碗(____한 솥과 그릇을 닦다)'이라고 했기 때문에 설거지에 관한 이야기이므로 '油腻(기름지다)'가 들어가야 한다.
마지막으로, 네 번째 빈칸은 '____干'이라고 되어있는데 '晒干'이라 하면 '햇볕을 쬐어 말리다'라는 의미이기 때문에 '晒'가 들어가 정답은 D이다.

70

中国画大多画在易碎的宣纸上或易皱的绢类物品上。想要完好地____一幅国画，装裱____。装裱是中国特有的一种____并美化书画及碑帖的技术。它主要通过托裱画心、____画幅的长宽、美化和修复作品内容，来达到突出书画色彩、形象的____。

A 收集　微不足道　守护　调节　目标
B 收藏　不可或缺　保护　调整　目的
C 蕴藏　难能可贵　保障　协调　结局
D 集中　举足轻重　维护　调剂　结论

중국화는 대부분 쉽게 파손되는 화선지나 쉽게 구겨지는 비단류에 그려진다. 온전하게 중국화를 <u>소장하려면</u> 표구는 <u>반드시 해야 한다</u>. 표구는 서화 및 비첩을 <u>보호하고</u> 아름답게 꾸미는 중국 특유의 기술이다. 그것은 주로 그림의 중심부를 표구하여 그림의 폭과 길이를 <u>조정하고</u> 작품 내용을 꾸미고 복원하여 그림의 색채와 형상을 두드러지게 하는 <u>목적</u>에 도달하는 것이다.

A 수집하다 / 하찮아서 말할 가치가 없다 / 지키다 / 조절하다 / 목표
B 소장하다 / 없어서는 안 된다 / 보호하다 / 조정하다 / 목적
C 잠재하다 / 쉽지 않은 일을 해내어 대견스럽다 / 보장하다 / 어울리다 / 결말
D 집중하다 / 매우 영향력이 있다 / 유지하고 보호하다 / 조제하다 / 결론

단어 碎 suì 동 부서지다, 박살내다 | 皱 zhòu 동 구기다 | 装裱 zhuāngbiǎo 동 표구하다(그림의 뒷면이나 테두리에 종이 또는 천을 발라서 꾸미는 일) | 修复 xiūfù 동 복원하다 ‖ 收藏 shōucáng 동 소장하다 | 蕴藏 yùncáng 동 잠재하다 | 微不足道 wēibù zúdào 성 하찮아서 말할 가치가 없다 | 不可或缺 bùkě huòquē 성 없어서는 안 된다, 반드시 있어야 한다 | 难能可贵 nánnéng kěguì 성 쉽지 않은 일을 해내어 대견스럽다 | 举足轻重 jǔzú qīngzhòng 성 대단히 중요한 위치에 있어서 일거수일투족이 전체에 중요한 영향을 끼치다 | 守护 shǒuhù 동 지키다 | 调节 tiáojié 동 조절하다 | 调整 tiáozhěng 동 조정하다 | 协调 xiétiáo 형 어울리다 | 调剂 tiáojì 동 조제하다 | 结局 jiéjú 명 결말

해설 첫 번째 빈칸 앞에서는 중국화에 대한 소개가 이루어져 있다. 쉽게 파손되고 구겨지는 곳에 그리므로 '完好地___'이라고 했을 때 가장 적절한 것은 '收藏(소장하다)'이다.

두 번째 빈칸 이후로는 표구의 중요성에 대해서 이야기하고 있으므로 두 번째 빈칸엔 '매우 중요하다'라는 의미가 들어가야 한다. 이때 가장 적절한 것은 '不可或缺(없어서는 안 된다, 반드시 필요하다)'이다. 자칫 사전적 의미로 '举足轻重(매우 영향력이 있다)'과 헷갈릴 수 있으나 '举足轻重'은 어떤 사람이 매우 중요한 위치에서 영향력이 있을 때 쓰이는 표현이다.

세 번째 빈칸의 보기는 모두 '보호하다'라는 의미가 들어갔는데 본문의 내용과 함께 보았을 때 그림을 보호하는 것이므로 '保护(보호하다)'가 가장 적절하다.

네 번째 빈칸에서는 '长宽(폭과 길이)을 조정한다'라는 의미가 나와야 하는데 보기에 있는 네 가지 표현 모두와 호응할 수 있다.

마지막으로 '达到…目的(목적에 도달하다)'라는 표현에 근거하여 '目的'가 들어가면 정답은 B가 된다.

제 4 회
阅读

第三部分

71-75

　　狮子被视为狰狞之兽，人们根据它凶猛的性格，设计出了狮子雕塑，(71)____B____。中国古代陵墓和重要建筑物的大门两旁都有狮子雕塑，它们守护着主人并显示着主人的威势。

　　不同时期的狮子雕塑具有不同的风格。唐代的石雕狮子体形高大、造型夸张，让人望而生畏。比起唐代，宋代石狮的造型更具写实性，大小接近狮子的原型，但整体形象却不如唐代石狮那么威武有力。明清时期，(72)____D____，在宫殿、园林和寺庙里，石狮子、铜狮子、铁狮子比比皆是，它们的造型也比过去复杂得多，比如戴上铃铛等配饰。

　　从历史的发展来看，(73)____E____。唐代的建筑规模宏大，气魄雄伟，壮丽而不纤巧。唐代的石狮子也体现了这种风格。宋代的建筑逐步向秀丽的方向迈进，总体气势不如前代，(74)____C____。清代尤其到了清末，建筑和其他艺术上都表现出一种追求繁琐绮丽的风气，工艺品上堆砌玉石珍宝，建筑装修上镶嵌珐琅玉石，(75)____A____，所以这时期的狮子雕塑被加上了各种配饰，甚至连神态都发生了很大变化。

A 艺术之高低仿佛与金银财宝的多少成了正比
B 并赋予它特殊的使命——护卫
C 这一特点在石狮身上得以展现
D 建筑中留存下来的狮子雕塑更多
E 狮子雕塑的风格与各朝代的建筑风格相符合

　사자는 흉악한 짐승으로 여겨졌으며, 사람들은 사자의 용맹한 성격에 근거하여 사자 조형물을 만들어내 (71) B 그것에 '호위'라는 특수한 사명을 부여했다. 중국 고대 왕릉과 중요한 건축물 대문 양쪽에 사자 조형물이 있는데, 그것들은 주인을 보호하고 주인의 위세를 나타낸다.

　사자 조형물은 시대마다 다른 풍격을 가지고 있다. 당대 돌사자 조형물은 체형이 크고 형상이 과장되어 보는 것만으로도 사람에게 두려움을 줬다. 당대와 비교하여 송대의 돌사자는 사실성이 있어 크기가 사자 원형과 비슷하다. 하지만 전체 형상이 당대의 돌사자만큼 그렇게 위세가 넘치거나 힘이 있지는 않다. 명청 시기는 (72) D 건물에 남아있는 사자 조형물이 더욱 많다. 궁전과 정원, 사찰 안에 돌사자, 동사자, 철사자가 매우 많았다. 그것들의 모양 또한 과거보다 복잡해져 예를 들면 방울 등의 액세서리를 달기도 했다.

　역사의 발전으로 보자면 (73) E 사자 조형물의 풍격은 각 시대의 건물 풍격과 서로 부합한다. 당대 건축은 규모가 웅장하고 기세가 웅대했으며 아름답지만 섬세하거나 정교하지는 않았다. 당대의 돌사자에도 이러한 풍격이 나타난다. 송대의 건축물은 점차 수려한 방향으로 나아갔고 전체적인 기세는 전 시대만 못했다. (74) C 이 특징은 돌사자에서 드러난다. 청대에는 특히 청대 말에 이르러 건축과 기타 예술에서 모두 잡다하면서 아름다운 풍조를 추구하여 공예품에 옥석 보화를 쌓았고 건축 장식에는 파란 옥을 끼워 넣어서 (75) A 예술의 높고 낮음이 마치 금은보화가 얼마나 있는지와 정비례를 이루는 것 같다. 그래서 이 시기의 사자 조형물에는 각종 액세서리가 더해졌고, 심지어 표정과 태도 또한 큰 변화가 생겼다.

A 예술의 높고 낮음이 마치 금은보화가 얼마나 있는지와 정비례를 이루는 것 같다
B 그것에 '호위'라는 특수한 사명을 부여했다
C 이 특징은 돌사자에서 드러난다
D 건물에 남아있는 사자 조형물이 더욱 많다
E 사자 조형물의 풍격은 각 시대의 건물 풍격과 서로 부합한다

단어 狰狞 zhēngníng 형 흉악하다 | 兽 shòu 명 짐승 | 凶猛 xiōngměng 형 용맹하다 | 雕塑 diāosù 명 조소품 | 陵墓 língmù 명 왕릉 | 守护 shǒuhù 동 지키다, 수호하다 | 威势 wēishì 명 위세 | 望而生畏 wàng'ér shēngwèi 성 보기만 해도 두려워하다 | 威武 wēiwǔ 형 힘이 세다 | 比比皆是 bǐbǐ jiēshì 성 무척 많다 | 铃铛 língdang 명 방울 | 配饰 pèishì 명 액세서리 | 宏大 hóngdà 형 웅장하다 | 气魄 qìpò 명 기세 | 雄伟 xióngwěi 형 웅대하다 | 壮丽 zhuànglì 형 웅장하고 아름답다 | 纤巧 xiānqiǎo 형 섬세하고 정교하다 | 迈进 màijìn 동 돌진하다 | 繁琐 fánsuǒ 형 잡다하다 | 绮丽 qǐlì 형 산뜻하고 아름답다 | 堆砌 duīqì 동 쌓다 | 镶嵌 xiāngqiàn 동 끼워 넣다

제 4 회
阅读

71 B 并赋予它特殊的使命——护卫   B 그것에 '호위'라는 특수한 사명을 부여했다

단어 赋予 fùyǔ 图 부여하다 | 护卫 hùwèi 图 호위하다

해설 빈칸 뒤의 문장을 보면 '中国古代陵墓和重要建筑物的大门两旁都有狮子雕塑，它们守护着主人并显示着主人的威势(중국 고대 왕릉과 중요한 건축물 대문 양쪽에 사자 조형물이 있는데, 그것들은 주인을 보호하고 주인의 위세를 나타낸다)'라는 내용이 나온다. 다시 말해 사자 조형물이 중국의 건축물 앞에서 '호위'를 했다는 것을 알 수 있다. 그러므로 정답은 B이다.

72 D 建筑中留存下来的狮子雕塑更多   D 건물에 남아있는 사자 조형물이 더욱 많다

해설 빈칸 뒤의 내용을 보면 '在宫殿、园林和寺庙里，石狮子、铜狮子、铁狮子比比皆是(궁전과 정원, 사찰 안에 돌사자, 동사자, 철사자가 매우 많았다)'라고 했다. 이러한 내용은 다시 말해 D의 내용처럼 건물 안에 조형물이 많다는 것에 대한 부가 설명이므로 정답은 D이다.

73 E 狮子雕塑的风格与各朝代的建筑风格相符合   E 사자 조형물의 풍격은 각 시대의 건물 풍격과 서로 부합한다

해설 세 번째 단락의 전반적인 내용은 당대, 송대, 청대 등 시대마다 다른 사자 조형물의 형태에 대해서 이야기했다. 그렇기 때문에 빈칸에는 '狮子雕塑的风格与各朝代的建筑风格相符合(사자 조형물의 풍격은 각 시대의 건물 풍격과 서로 부합한다)'라는 전제 조건이 나와야 하므로 정답은 E이다.

74 C 这一特点在石狮身上得以展现   C 이 특징은 돌사자에서 드러난다

단어 得以 déyǐ 图 ~되다, ~할 수 있다

해설 빈칸의 앞자리를 해석해보면 송대의 사자상에 대하여 이야기를 하며 '总体气势不如前代(전체적인 기세가 전 시대만 못하다)'라고 되어있다. 그리고 빈칸 뒤를 보면 청나라에 대한 전개가 시작되기 때문에 빈칸 자리는 송대의 사자상에 대한 내용임이 분명하다. 앞에 나온 '体气势不如前代'를 C의 '这一特点'이 이어받아 말하고 있기 때문에 정답은 C이다.

75 A 艺术之高低仿佛与金银财宝的多少成了正比   A 예술의 높고 낮음이 마치 금은보화가 얼마나 있는지와 정비례를 이루는 것 같다

단어 仿佛 fǎngfú 图 마치 ~인 것 같다, 비슷하다 | 金银财宝 jīnyín cáibǎo 금은보화

해설 빈칸의 앞부분을 살펴보면 청대에는 아름다움의 풍조를 추구하여 공예품에 옥석 보화를 쌓았다는 이야기가 나온다. 또한 빈칸 뒤에는 '所以这时期的狮子雕塑被加上了各种配饰(그래서 이 시기의 사자 조형물에는 각종 액세서리가 더해졌다)'라는 이야기가 나왔기 때문에 문맥상 A가 가장 적절하다.

해설 제4회 • 229

76-80

位于河南省原阳县的玲珑塔，是一座仿木结构的楼阁式砖塔。该塔建于公元1105年，塔高约47.25米。一般来说，(76)___E___，但这座塔却有12层，为偶数。这是为什么呢？原来，这里自古便是黄河水泛滥的地区，塔的最底层已被泥沙埋于地下，所以地面上只能看到12层。

玲珑塔的结构科学严谨，虽历经900多年的历史风烟，经受过10多次的地震，(77)___C___。玲珑塔还是一座富有民族建筑特色的塔，其造型美观，是宋代寺院建筑中的佳作。登上此塔便可东见浩瀚云海，西览万顷碧绿，南望黄河波涛，北眺太行峰峦，(78)___A___。

最令人惊奇的是，这座古塔竟然明显地向东北方向倾斜，好像随时都会倒塌似的。据说，玲珑塔处于风口地带，为了抵御东北风，在建造该塔时，当时的能工巧匠故意让塔身往东北方向倾斜。后来，随着黄河水的浸泡，(79)___D___。

这座玲珑塔是目前世界上发现的最古老的斜塔。据悉，该塔还有继续向东北方向倾斜的趋势，有关部门正在想办法减缓其倾斜的速度，(80)___B___。

A 将各色美景尽收眼底
B 以留住这已存在了近千年的别致景观
C 但它至今仍巍然屹立
D 塔身倾斜的角度就更大了
E 中国古塔的层数多为奇数

허난성 위안양현에 위치한 영롱탑은 목제 구조의 정자식 전탑이다. 이 탑은 서기 1105년에 세워졌고 높이는 약 47.25미터이다. 일반적으로 (76) E 중국 고탑의 층수는 홀수로 많이 이루어져 있으나 이 탑은 12층으로 짝수이다. 이것은 무엇 때문일까? 원래 이곳은 옛날부터 황허 물이 범람하는 구역이어서 탑의 가장 낮은 층이 진흙과 모래에 의해 땅속에 묻혀 지상에서는 12층 밖에 볼 수 없다.

영롱탑의 구조는 과학적이고 치밀하여 900여 년의 역사를 거치며 10여 차례의 지진을 겪었는데 (77) C 하지만 그것은 지금까지도 여전히 우뚝 솟아있다. 영롱탑은 또한 민족 건축물의 특색을 가지고 있는 탑이며, 그 아름다운 조형미는 송대 사찰 건물 중의 우수한 작품이다. 이 탑에 오르면 동쪽으로 끝없이 펼쳐진 운해를 볼 수 있고, 서쪽으로는 만경창파를 볼 수 있으며, 남쪽을 바라보면 황허의 물결이 있고, 북쪽을 보면 타이항산이 있어 (78) A 각양각색의 경치가 한눈에 다 보인다.

더욱 놀라운 것은 이 탑이 놀랍게도 동북 방향 쪽으로 확연히 기울어져 마치 언제든지 무너질 것만 같다는 것이다. 들리는 바에 의하면 영롱탑은 바람이 통하는 지대에 위치하여 동북풍을 막기 위해 이 탑을 세울 때 당시의 공예가가 고의로 탑을 동북 방향으로 기울게 만든 것이라고 한다. 후에 황허 물에 잠김에 따라 (79) D 탑의 기울어진 각도가 더욱 커졌다.

이 영롱탑은 현재 세계에서 발견된 가장 오래된 사탑이다. 이 탑은 계속해서 동북 방향으로 기울어지고 있는 추세이며, 관련 부서에서는 (80) B 천 년 가까이 존재한 이 독특한 경관을 보존하기 위해서 기울어지는 속도를 늦추는 방법을 강구하고 있다고 한다.

A 각양각색의 경치가 한눈에 다 보인다
B 천 년 가까이 존재한 이 독특한 경관을 보존하기 위해서
C 하지만 그것은 지금까지도 여전히 우뚝 솟아있다
D 탑의 기울어진 각도가 더욱 커졌다
E 중국 고탑의 층수는 홀수로 많이 이루어져 있다

단어 偶数 ǒushù 명 짝수 | 泛滥 fànlàn 동 범람하다 | 埋 mái 동 덮다, 매장하다, 파묻다 | 严谨 yánjǐn 형 엄격하다, 엄밀하다, 치밀하다 | 佳作 jiāzuò 명 우수한 작품 | 浩瀚 hàohàn 형 무수히 많다 | 碧绿 bìlǜ 형 청록색의, 짙푸르다 | 波涛 bōtāo 명 파도 | 峰峦 fēngluán 명 산등성이와 산봉우리 | 倒塌 dǎotā 동 무너지다 | 抵御 dǐyù 동 막아내다 | 能工巧匠 nénggōng qiǎojiàng 명 솜씨가 좋은 공예가, 숙련공 | 浸泡 jìnpào 동 (오랜 시간 동안 물에) 잠그다, 담그다 | 据悉 jùxī 동 아는 바에 의하면 ~라고 한다

76
E 中国古塔的层数多为奇数　　E 중국 고탑의 층수는 홀수로 많이 이루어져 있다

단어 奇数 jīshù 명 홀수

해설 빈칸 앞에는 영롱탑에 대한 전반적인 소개가 되어 있고 특히 바로 앞에는 높이에 대해서 이야기를 했다. 그리고 빈칸 뒤에는 '但这座塔却有12层，为偶数(하지만 이 탑은 12층으로 짝수이다)'라고 되어 있기 때문에 빈칸에는 일반적인 탑들은 홀수라는 내용이 나와야 적절하다. 그러므로 정답은 E이다.

77
C 但它至今仍巍然屹立　　C 하지만 그것은 지금까지도 여전히 우뚝 솟아 있다

단어 巍然屹立 wēirán yìlì 우뚝 솟다

해설 빈칸 앞에는 '经受过10多次的地震(10여 차례의 지진을 겪었다)'는 표현이 나왔고 C의 '巍然屹立'는 '우뚝 솟다'라는 의미이다. '10여 차례의 지진을 겪었어도 여전히 우뚝 솟아있다'라는 의미가 자연스럽기 때문에 정답은 C이다.

78
A 将各色美景尽收眼底　　A 각양각색의 경치가 한눈에 다 보인다

단어 尽收眼底 jìnshōu yǎndǐ 정 한눈에 다 보이다

해설 빈칸 앞의 내용을 보면 영롱탑을 중심으로 동서남북의 풍경에 대해서 이야기하고 있으므로 A의 '将各色美景尽收眼底(각양각색의 경치가 한눈에 다 보인다)'가 정답이다.

79
D 塔身倾斜的角度就更大了　　D 탑의 기울어진 각도가 더욱 커졌다

단어 倾斜 qīngxié 동 기울다

해설 빈칸이 속한 세 번째 단락의 첫 번째 문장을 해석해보면 '最令人惊奇的是，这座古塔竟然明显地向东北方向倾斜，好像随时都会倒塌似的(더욱 놀라운 것은 이 탑이 뜻밖에도 뚜렷하게 동북 방향 쪽으로 기울어져 마치 언제든지 무너질 것만 같다)'라고 되어 있다. 그렇기 때문에 세 번째 단락은 영롱탑의 기울기와 관련이 있다는 것을 알 수 있다. 따라서 '기울어짐, 각도'라는 단어가 들어있는 D가 정답이다.

80
B 以留住这已存在了近千年的别致景观　　B 천 년 가까이 존재한 이 독특한 경관을 보존하기 위해서

단어 别致 biézhi 형 색다르다

해설 빈칸 앞부분을 보면 '有关部门正在想办法减缓其倾斜的速度(관련 부서에서는 기울어지는 속도를 늦추는 방법을 강구하고 있다)'라고 되어 있으며, B의 '以留住这已存在了近千年的别致景观(천 년 가까이 존재한 이 독특한 경관을 보존하기 위해서)'은 앞부분 내용에 대한 목적으로 자연스럽게 연결된다.

第 四 部 分

81-84

　　雾凇是雾冻结在树枝或电线上形成的白色或乳白色不透明的冰晶。81雾凇的形成需要两个条件：一是气温要低，二是水汽要充足。吉林市就因其特殊的自然条件和人为因素形成了中国四大自然奇观之一——吉林雾凇。

　　吉林市冬季气温一般在零下20到25℃。每到冬季，尽管松花湖湖面一抹如镜、冰冻如铁，但冰层下面几十米深处仍能保持4℃的水温。原来，从吉林市溯流而上15公里就是著名的丰满水电站。水电站大坝将江水拦腰截断，形成了巨大的人工湖泊——松花湖。82湖水通过水电站发电机组后，温度有所升高，湖水载着巨大的热能顺流而下，于是便产生了大量的雾气。这就为雾凇的产生提供了两个必要而又相互矛盾的条件——足够的低温和充分的水汽。蒸腾的水汽在遇到冰冷的树枝、电线等物体后，便冻结起来形成了雾凇。

　　83除观赏外，雾凇还有很多实际用处。首先，雾凇是空气的天然清洁工。人们在观赏玉树般的雾凇时，都会感到空气格外清新，这是因为83雾凇可吸附空气中悬浮的各种尘埃和粒子，从而净化空气。其次，83雾凇还是天然的"消音器"。由于84雾凇具有厚度大、结构疏松、空隙度高的特点，所以它对音波的反射率很低，能吸收和容纳大量音波，因此，在雾凇密集的树林里人们会感到特别幽静。

　　무송은 안개가 나뭇가지 혹은 전선에 얼어서 만들어진 흰색 혹은 유백색의 불투명한 얼음 결정이다. 81무송의 형성에는 두 가지 조건이 필요하다. 첫 번째로는 기온이 낮아야 하고 두 번째로는 수증기가 충분해야 한다. 지린시는 이 특수한 자연조건과 인위적 요인으로 인해 중국 4대 기이한 대자연의 경관 중 하나인 지린 무송이 형성되었다.

　　지린시의 겨울철 기온은 일반적으로 영하 20도에서 25도이다. 매번 겨울이 되면 송화호의 수면은 문지르면 거울과 같고, 강철처럼 얼어버린다. 하지만 얼음층 아래 몇십 미터 깊은 곳에서는 영상 4도의 수온을 유지할 수 있다. 원래 지린시에서부터 물 흐름을 따라 15미터 거슬러 올라가면 유명한 펑만수력발전소가 있다. 수력발전소 댐은 강의 허리를 절단하여 큰 인공호수인 송화호를 만들었다. 82호수는 수력발전소의 발전 기조를 거친 후에 온도가 다소 올라가 거대한 열에너지를 싣고 물 흐름에 따라 아래로 흘러 큰 안개를 만들게 된다. 이것이 바로 무송의 발생을 위해 적당한 저온과 충분한 수증기라는 두 개의 필수이면서 또 상호 모순된 조건을 제공하는 것이다. 김이 오르는 수증기가 차가운 나뭇가지, 전선 등의 물체와 만나면 바로 얼기 시작하여 무송을 만들어낸다.

　　83감상하는 것 외에도 무송은 또한 실제적인 용도를 가지고 있다. 우선, 무송은 공기의 천연 환경미화원이다. 사람들은 옥수 같은 무송을 감상할 때 공기가 유달리 신선하다는 것을 느낄 수 있다. 이것은 83무송이 공기 중에 떠다니는 각종 먼지와 소립자를 흡착하여 공기를 정화하기 때문이다. 그다음으로 83무송은 천연 '소음기'이기도 하다. 84무송은 두께가 두껍고 구조가 헐거우며 틈새도가 높은 특징이 있어서 무송의 음파에 대한 반사율이 낮고 많은 음파를 흡수하고 포용할 수 있다. 그리하여 무송이 밀집한 숲 속에서는 사람들이 특별히 한적하다고 느낄 수 있다.

단어　冻结 dòngjié 동 얼다, 동결하다 | 奇观 qíguān 명 기이한 풍경 | 溯流而上 sùliú érshàng 물 흐름을 거슬러 올라가다 | 大坝 dàbà 명 댐 | 拦腰 lányāo 동 허리를 겨냥하다, 중간에서 저지하다 | 截断 jiéduàn 동 절단하다, 막다 | 顺流而下 shùnliú érxià 물이 흘러가는 대로 따라 내려가다 | 蒸腾 zhēngténg 동 김이 오르다 | 清洁工 qīngjiégōng 명 환경미화원 | 清新 qīngxīn 형 신선하다 | 吸附 xīfù 동 흡착하다 | 悬浮 xuánfú 동 뜨다, 떠다니다 | 尘埃 chén'āi 명 먼지 | 粒子 lìzǐ 명 소립자, 알갱이 | 疏松 shūsōng 형 푸석푸석하다 | 空隙 kòngxì 명 틈, 틈새 | 反射率 fǎnshèlǜ 명 반사율 | 容纳 róngnà 동 수용하다, 포용하다 | 密集 mìjí 형 밀집하다 | 幽静 yōujìng 형 한적하다

81	雾凇的形成需要下列哪个条件?	무송의 형성에는 어떤 조건이 필요한가?	**제 4 회**
	A 水汽充足 B 天气晴朗 C 树枝茂密 D 风势强劲	A 수증기가 충분해야 한다 B 날씨가 쾌청해야 한다 C 나뭇가지가 무성해야 한다 D 바람의 세기가 강해야 한다	**阅读**

단어 茂密 màomì 휑 빽빽이 무성하다

해설 첫 번째 단락에서 '雾凇的形成需要两个条件(무송의 형성에는 두 가지 조건이 필요하다)'이라고 말한 후 바로 '一是气温要低，二是水汽要充足(첫 번째로는 기온이 낮아야 하고 두 번째로는 수증기가 충분해야 한다)'라고 했기 때문에 정답은 A이다.

---

82 湖水通过发电站后，有什么变化? / 호수가 발전소를 거친 후에 어떤 변화가 있는가?

A 水温升高 / A 물의 온도가 높아진다
B 其中的水生植物减少 / B 그 중의 수생식물이 감소한다
C 流速减慢 / C 유속이 느려진다
D 水质变好 / D 수질이 좋아진다

해설 문제의 키워드는 '发电站(발전소)'이며, 두 번째 단락 중간에 나와 있다. '湖水通过水电站发电机组后，温度有所升高(호수는 수력발전소의 발전 기조를 거친 후에 온도가 다소 올라간다)'라고 했기 때문에 정답은 A이다. 또한 물의 온도가 높아져 이루어진 안개가 무송을 만들 수 있다는 내용도 파악하면 좋다.

---

83 下列哪项不是雾凇的作用? / 다음 중 무송의 작용이 아닌 것은 무엇인가?

A 欣赏的作用 / A 감상의 작용
B 降低噪音 / B 소음을 낮추는 작용
C 保护电线 / C 전선을 보호하는 작용
D 净化空气 / D 공기를 정화하는 작용

해설 이번 문제는 옳지 않은 것을 고르는 것으로 전체적인 독해가 필요하다. 마지막 단락 첫 번째 문장에서 '除了观赏外，雾凇还有很多实际用处(감상하는 것 외에도 무송은 또한 실제적인 용도를 가지고 있다)'라고 했기 때문에 A는 정답이 아니다. 또한 '雾凇还是天然的"消音器"(무송은 또한 천연적인 '소음기'이다)'라고 했기 때문에 B도 정답이 아니다. 마지막으로, '这是因为雾凇可吸附空气中悬浮的各种尘埃和粒子，从而净化空气(이것은 무송이 공기 중에 떠다니는 각종 먼지와 소립자를 흡착하여 공기를 정화하기 때문이다)'라고 했기 때문에 D도 정답이 아니며, 언급되지 않은 C가 정답이다.

---

84 关于雾凇，可以知道什么? / 무송에 관련하여 알 수 있는 것은?

A 可漂浮于空中 / A 공기 중에 떠다닐 수 있다
B 在下雪天出现 / B 눈 내리는 날 나타난다
C 呈透明状 / C 투명한 형태를 나타낸다
D 结构疏松 / D 구조가 헐겁다

단어 漂浮 piāofú 툉 뜨다, 이리저리 떠다니다

해설 옳은 것을 고르는 문제이다. 마지막 단락에서 '结构疏松、空隙度高(구조가 헐거우며, 틈새도가 높다)'라고 했기 때문에 정답은 D이다.

85-88

有这样一种鱼，85它的眼睛很大，呈椭圆形，中间被一层膜分开，看起来就像4只眼睛，它就是"四眼鱼"。因为拥有4只眼睛，所以它觅起食来就有了得天独厚的条件。

四眼鱼的4只眼睛都可以视物，一般，上面那对眼睛用来看空中的东西，下面那对则用来看水中的东西。按理说，四眼鱼拥有这种优势，应该比其他鱼类活得更轻松自在。但出人意料的是，四眼鱼的数量却在一天天减少。这是什么原因呢？科学家最初也86不得其解，毕竟四眼鱼的眼睛多，对捕捉食物更有利，而且水中食物丰富，不存在食物匮乏的问题。后来，经过几年的细致观察，科学家最终查明了原因，四眼鱼的数量之所以不断减少，恰恰与它的4只眼睛有关。

因为拥有4只眼睛，四眼鱼就用下面那对眼睛捕捉食物，用上面那对眼睛望天看风景，但它却忽略了来自周围的危险。87一边吃着美味的食物，一边欣赏风景的四眼鱼，极易成为水中其他鱼类的攻击对象。那些凶猛的鱼类会乘其不备时，将它吞掉。结果，刚才还悠闲快活的四眼鱼，眨眼间就成了其他鱼类的腹中之物，这不能不说是一种悲哀。

生活中，我们也常遇到这种情况，明明占据优势，却因得意忘形，最后把优势变成了劣势。所以，拥有优势的时候，也要警惕其可能带来的危险。88只有合理利用自身优势，才能使自己立于不败之地。

이러한 생선이 있다. 85이것의 눈은 크고 타원형을 띠며 중간에 한 층의 막으로 분리되어 있어 보기에 마치 눈이 네 개인 것 같다. 이것은 바로 '사안어'이다. 왜냐하면 4개의 눈을 가지고 있기 때문에 사안어는 먹이를 구할 때 더 우월한 조건을 가진다.

사안어의 네 개의 눈은 모두 사물을 볼 수 있다. 일반적으로 위의 두 눈은 공중의 사물을 볼 때 쓰고 아래의 두 눈은 수중의 사물을 볼 때 쓴다. 원칙대로라면 사안어는 이러한 우월성을 갖고 있으므로 당연히 다른 어종보다 자유롭고, 편하게 살 것이다. 하지만 예상외로 사안어의 수량은 날마다 줄어들고 있다. 이것은 무엇 때문일까? 86과학자는 처음에는 이해하지 못했다. 분명 사안어의 눈은 많고 먹이를 잡기에도 유리하다. 게다가 수중에는 먹이가 풍부하여 먹이가 부족한 문제가 존재하지 않는다. 후에 몇 년간의 세밀한 관찰을 거쳐 과학자는 마침내 원인을 밝혀냈다. 사안어의 수량이 계속 줄어드는 이유는 바로 그것의 4개의 눈과 관련이 있다.

4개의 눈을 가지고 있기 때문에 사안어는 아래의 눈으로 먹이를 잡고 위의 눈으로는 하늘을 보고 풍경을 본다. 하지만 주위에서 오는 위험은 오히려 소홀히 한다. 87맛있는 먹이를 먹으며 풍경을 바라보는 사안어는 수중에 있는 다른 어종의 공격 대상이 되기 쉽다. 일부 사나운 어종은 그들이 준비되지 않은 틈을 타 그것을 삼켜버린다. 결국에는 방금까지 한가롭고 즐거웠던 사안어가 눈 깜짝할 사이에 다른 물고기의 뱃속 생물이 되어 버리는 것이다. 이것은 비애라고 말하지 않을 수 없다.

생활 속에서 우리 또한 자주 이런 상황에 맞닥뜨리며 분명 우위를 점하고 있지만 자만하여 최후엔 우세가 열세로 바뀐다. 따라서 우위에 있을 때에도 야기될 수 있는 위험을 경계해야 한다. 88자신의 우세를 합리적으로 이용해야만 스스로 실패하지 않는 자리에 설 수 있다.

단어 椭圆形 tuǒyuánxíng 명 타원형 | 觅食 mìshí 동 먹이를 찾다, 먹이를 구하다 | 得天独厚 détiān dúhòu 성 우월한 자연 조건을 갖고 있다, 특별히 좋은 조건을 갖추다 | 按理 ànlǐ 부 인정과 도리에 따르면 | 出人意料 chūrén yìliào 성 예상 밖이다 | 匮乏 kuìfá 형 부족하다 | 细致 xìzhì 형 정교하다, 꼼꼼하다 | 恰恰 qiàqià 부 바로 | 忽略 hūlüè 동 소홀히 하다 | 攻击 gōngjī 동 공격하다 | 凶猛 xiōngměng 형 용맹하다 | 吞掉 tūndiào 동 집어 삼키다 | 悠闲 yōuxián 형 한가하다 | 悲哀 bēi'āi 형 비애 | 占据 zhànjù 동 점거하다, 점유하다 | 得意忘形 déyì wàngxíng 성 뜻을 이루자 기쁜 나머지 자신을 잊다, 조그만 성공에 자신의 처지를 잊다 | 劣势 lièshì 명 열세 | 警惕 jǐngtì 동 경계하다 | 自身优势 zìshēn yōushì 자신의 우세

85

关于四眼鱼的眼睛，可以知道什么？

A 只能看到移动的物体
B 有一对眼睛睁不开
C 呈椭圆形
D 长在鱼身的一侧

사안어의 눈에 대하여 알 수 있는 것은 무엇인가?

A 이동하는 물체만 볼 수 있다
B 한 쌍의 눈을 뜰 수 없다
C 타원형을 띤다
D 몸뚱이의 한쪽에서 자란다

단어 呈 chéng 동 나타내다

해설 첫 번째 단락 첫 번째 문장에서 사안어에 대한 묘사가 나온다. '它的眼睛很大，呈椭圆形(이것의 눈은 크고 타원형을 띤다)'이라고 했기 때문에 정답은 C가 된다.

86

第2段中的画线词语"不得其解"是什么意思?

A 找不到重点
B 不明白原因
C 极力反对
D 意见不统一

두 번째 단락에 밑줄 그은 '不得其解'는 어떤 의미인가?

A 중점을 찾을 수 없다
B 원인을 알 수 없다
C 극구 반대하다
D 의견이 통일되지 않는다

해설 '不得其解'는 '이해가 되지 않는다'는 의미이다. 본문에서 '这是什么原因呢? 科学家最初也不得其解 (이것은 무엇 때문일까? 과학자는 처음에는 이해하지 못했다)'라고 했기 때문에 의미상 '원인을 알 수 없다'는 B가 정답이다. 나아가 비슷한 표현으로 '百思不得其解 bǎisī bùdé qíjiě'는 '도무지 이해가 되지 않는다'라고 쓰는 표현도 알아두도록 한다.

87

四眼鱼为什么容易受到攻击?

A 肉质鲜美
B 游速慢
C 身体笨重
D 对周围环境不警惕

사안어는 왜 쉽게 공격을 받는가?

A 육질이 좋아서
B 헤엄 속도가 느려서
C 몸뚱이가 육중해서
D 주변 환경에 경계하지 않아서

단어 笨重 bènzhòng 형 둔중하다, 육중하다

해설 세 번째 단락의 '一边吃着美味的食物，一边欣赏风景的四眼鱼，极易成为水中其他鱼类的攻击对象(맛있는 먹이를 먹으며 풍경을 바라보는 사안어는 수중에 있는 다른 어종의 공격 대상이 되기 쉽다)'라고 했기 때문에 정답은 D가 된다.

88

上文主要想告诉我们什么?

A 世上没有十全十美的事物
B 要看到他人的长处
C 要正确利用自身优势
D 要学会劳逸结合

본문에서 주로 이야기하는 것은 무엇인가?

A 세계에 완벽한 음식은 없다
B 타인의 장점을 보아야 한다
C 자신의 우세함을 정확히 이용해야 한다
D 노동과 휴식의 적당한 안배를 배워야 한다

단어 十全十美 shíquán shíměi 성 모든 방면에 완전무결하여 나무랄 데가 없다 | 劳逸结合 láoyì jiéhé 성 노동과 휴식의 적당한 안배

해설 본문의 주제를 물어보는 것으로 맨 마지막 단락의 마무리 부분을 주의 깊게 읽으면 알 수 있다. '只有合理利用自身优势，才能使自己立于不败之地(자신의 우세를 합리적으로 이용해야만 스스로 실패하지 않는 자리에 설 수 있다)'라고 했기 때문에, 사안어를 예로 들어 C와 같은 내용을 강조하는 글임을 알 수 있다.

제 4 회
阅读

89-92

雨是从云层中落下来的水滴。雨滴有大有小：瓢泼大雨的雨滴直径一般有三四毫米，最大可达7毫米，而毛毛细雨的雨滴直径则在0.5毫米以下。

为了测量雨滴的大小，人们设计了许多方法，比如雷达观测法、光学雨量计法、摄影法、面粉球法和色斑法等。雷达观测法和光学雨量计法可实时、大面积地测量雨滴直径及分布等情况，一般用于观测天然降雨。[89]摄影法是把拍摄出的下落中的雨滴相片，放在显微镜下测量雨滴直径的方法，非常适用于在实验室内观测模拟降雨。面粉球法是将雨滴收集在盛有面粉的容器中，让雨滴与面粉接触，形成一个个小小的湿面球，然后将其烘干后称重，测出每个雨滴的直径。色斑法是通过雨滴在不同材料上所形成的色斑大小，来推测相应雨滴直径的，也是应用非常广泛的一种测量方法。也许有人会问，有必要测量雨滴的大小吗？答案是肯定的。

下大雨时，雨滴击溅可能会破坏土壤环境结构，造成土壤表层空隙减少或者堵塞，形成土壤板结。而且，[90]雨滴过大还可能会打伤幼苗。如果我们掌握了降雨量以及雨滴大小的数据，就可以采取防范措施。减轻即将到来的大雨对土壤和农作物的损害。此外，[91]下大雨时，不少电视频道也会开始"下雨"，影像变得模糊不清，连移动电话也会出现杂音。这些都是由雨滴对电磁波的散射衰减作用造成的，雨滴大小不同，造成的散射衰减程度也不同，所以测量雨滴的大小就成了解决此类通讯难题的前提条件。

비는 구름층에서 떨어진 물방울이다. 빗방울은 큰 것도 있고 작은 것도 있다. 억수같이 퍼붓는 비의 빗방울은 직경이 일반적으로 3~4mm이고 가장 큰 것은 7mm에 달한다. 하지만 가랑비의 빗방울은 직경이 0.5mm이하이다.

물방울의 크기를 측량하기 위해 사람들은 여러 가지 방법을 구상했다. 예를 들어 레이더 관측법, 광학 강수량 계산법, 촬영법, 밀가루공법, 색소 반점법 등이다. 레이더 관측법과 광학 강수량 계산법은 넓은 면적에서 빗방울의 직경 및 분포 등의 상황을 즉시 측량할 수 있으며, 일반적으로 자연적인 강우를 관측한다. [89]촬영법이란 떨어지는 빗방울을 촬영한 사진을 현미경에 놓고 직경을 측량하는 방법으로 실험실 안에서 모의 강우 실험을 관측하기에 매우 적합하다. 밀가루공법은 빗방울을 밀가루가 가득 담긴 용기에 수집하여 빗방울과 밀가루를 접촉시켜서 하나하나 작은 밀가루 공을 만드는 것이다. 그런 다음에 말린 후 무게를 재어 빗방울의 직경을 측량하는 것이다. 색소 반점법은 빗방울이 다른 재료 위에 형성한 색소 반점의 크기를 통해 상응하는 빗방울의 직경을 추측하는 것으로 매우 광범위하게 응용되는 측량 방법이다. 어쩌면 누군가 물을 것이다. 빗방울의 크기를 측량할 필요가 있는가? 답은 반드시 그래야 한다는 것이다.

비가 많이 내릴 때 빗방울이 튀면 토양 환경 구조를 파괴할 수 있고 토양 표면의 틈을 줄이거나 막아 토양을 딱딱하게 만들 수 있다. 게다가 [90]빗방울이 너무 크면 새싹을 상하게 할 수 있다. 만약 우리가 강우량 및 빗방울 크기의 데이터를 알고 있다면 예방책을 마련할 수 있고, 앞으로 닥칠 큰 비로 인한 토양과 농작물의 손해를 줄일 수 있다. 이 외에 [91]큰비가 내릴 때 적지 않은 텔레비전 채널에서도 '비가 내리기' 시작하여 영상이 흐릿해지고, 심지어 휴대전화에도 잡음이 생길 수 있다. 이러한 것은 모두 빗방울이 전자파의 난반사에 대해 약해지는 작용으로 형성된 것이다. 빗방울의 크기가 다르면 난반사에 약해지는 정도도 다르다. 그러므로 빗방울의 크기를 측량하는 것은 이러한 통신 문제를 해결하는 전제 조건이다.

단어 水滴 shuǐdī 명 물방울 | 瓢泼大雨 piáopō dàyǔ 명 억수같이 퍼붓는 비 | 直径 zhíjìng 명 직경 | 细雨 xìyǔ 명 가랑비 | 测量 cèliáng 동 측량하다 | 雷达 léidá 명 레이더 | 观测 guāncè 동 관측하다 | 摄影 shèyǐng 동 사진을 찍다, 영화를 촬영하다 | 模拟 mónǐ 명 모의실험 | 烘干 hōnggān 동 말리다 | 称重 chēngzhòng 무게를 달다 | 色斑 sèbān 명 색소 반점 | 推测 tuīcè 동 추측하다 | 溅 jiàn 동 (액체가) 튀다 | 空隙 kòngxì 명 틈 | 堵塞 dǔsè 동 막다 | 板结 bǎnjié 명 굳어지다 | 幼苗 yòumiáo 명 새싹 | 数据 shùjù 명 데이터 | 防范 fángfàn 동 방비하다 | 电磁波 diàncíbō 명 전자파 | 散射 sǎnshè 명 난반사 | 衰减 shuāijiǎn 동 약해지다 | 前提条件 qiántí tiáojiàn 전제 조건

89

根据上文，哪种方法最适用于在实验室内观测模拟降雨?	본문에 근거하여 어떤 방법이 실험실의 모의 강우 실험에 가장 잘 적용되는가?
A 摄影法 B 面粉球法 C 光学雨量计法 D 色斑法	A 촬영법 B 밀가루공법 C 광학 강수량 계산법 D 색소 반점법

> **해설** '实验室内观测模拟降雨(실험실 안의 모의 강우 실험)'가 언급된 단락을 찾아야 한다. 두 번째 단락에서 '非常适用于在实验室内观测模拟降雨(실험실 안에서 모의 강우 실험을 관측하는 것에 많이 적용된다)'라는 표현이 나오는데 이 문장은 '摄影法(촬영법)'를 설명할 때 나온 문장이기 때문에 정답은 A이다.

90

雨滴过大可能会有什么影响?	빗방울이 너무 크면 어떤 영향을 미칠 수 있는가?
A 造成土壤沙化 B 使营养物质流失 C 打伤幼苗 D 加剧土壤酸化	A 토양 사막화를 조성한다 B 영양소를 유실시킨다 C 새싹을 상하게 한다 D 토양의 산성화를 심해지게 한다

> **단어** 加剧 jiājù 동 격화되다, 심해지다

> **해설** 빗방울의 크기에 대해 묻는 문제이다. 세 번째 단락을 보면 '雨滴过大还可能会打伤幼苗(빗방울이 너무 크면 새싹을 상하게 할 수 있다)'라고 했기 때문에 정답은 C이다.

91

为什么下大雨时电视的影像会变得模糊不清?	왜 큰비가 내릴 때 텔레비전의 영상이 흐릿하게 변하는가?
A 电视机电压不稳 B 受雷电的影响 C 雨滴会干扰电磁波 D 雨滴损坏了电视机电路	A 텔레비전 전압이 안정되지 않아서 B 천둥과 번개의 영향을 받아서 C 빗방울이 전자파를 방해할 수 있어서 D 빗방울이 텔레비전의 전로를 손상시켜서

> **단어** 电压 diànyā 명 전압

> **해설** 마지막 단락의 마무리 부분을 보면 비와 텔레비전의 관계에 대해서 언급이 된다. '这些都是由雨滴对电磁波的散射衰减作用造成(이러한 것은 모두 빗방울이 전자파의 난반사에 대해 약해지는 작용으로 형성된 것이다)'이라고 했기 때문에 '빗방울이 전자파를 방해할 수 있어서'라고 한 C가 정답이다.

92	上文主要讲的是：	본문에서 중점적으로 말하는 것은 무엇인가?
	A 人工降雨的原理	A 인공 강우의 원리
	B 雨滴形成的原因	B 빗방울 형성의 원인
	C 雨水对农作物的重要性	C 농작물에 대한 빗물의 중요성
	D 测量雨滴的方法及意义	D 빗방울을 측정하는 방법 및 의의

해설 본문에서는 빗방울의 크기를 측정하는 방법과 그 이유, 그리고 그로 인해 어떤 영향이 생기는지에 대해서 언급하고 있으므로 정답은 D이다.

93-96

你听说过浅层地温能吗？它是一种低于25℃的热能，一般蕴藏在地表以下200米范围内的岩土体、地下水和地表水中。93浅层地温能的来源以太阳辐射为主，还有一小部分来自地心热量。

我们的地球可以称得上是一个巨大的热库，它的热能资源储量极为丰富，约为地球上全部煤炭所蕴含能量的1.7亿倍。就浅层地温能来说，它的储量几乎是全球能源消耗总量的45万倍，极具经济价值。

94浅层地温能是一种清洁无污染的能源，我们只需消耗少量的电能对其进行开发，便可提取出大量的热能。并且开发过程中不会产生二氧化碳等废气，94也不会影响地下水的水质，水量也不会发生任何变化，对环境影响极小。与传统能源相比，94浅层地温能无处不在，人们可以就近开采，就地取热为建筑物供暖，极大地节省了运输和存放的成本。

可见，浅层地温能具有众多优点。95那么，我们该如何开采这种比人类体温还要低很多的能源呢？科技人员认为，使用热泵是一种比较好的方式。热泵和水泵的工作原理相似，水泵是利用管道将水从低位抽到高位的机械，而热泵传输的不是水而是热能。一般情况下，我们居住的室内环境和地层土壤温度之间有一定的温差。冬季时，我们可以利用热泵把地下的热能抽出来，给室内供暖；夏季时，再利用热泵把室内的热能取回来，排放到地下储存起来。这种自然和人工相结合的补给方式，实现了地温能量的动态平衡，使浅层地温得以循环利用。

随着地球能源的大量消耗，能源危机日渐凸显，开发利用新能源将是必然趋势。96作为一种重要的新能源，浅层地温能将会受到越来越多国家的重视。

당신은 천부층 지열에너지라는 것을 들어본 적이 있는가? 그것은 25도를 밑도는 에너지이며 일반적으로 지표 아래 200미터 범위 내의 지반과 지하수, 지표수 중에 매장되어 있다. 93천부층 지열에너지는 태양 복사를 위주로 기원하였으며, 일부분은 지구 중심의 열에너지에서 온 것이다.

우리의 지구는 거대한 열 창고라고 부를 수 있는데, 지구의 열에너지 자원 매장량은 매우 풍부하여 대략 지구 전체의 석탄이 포함하고 있는 에너지의 1.7억 배이다. 천부층 지열에너지로 말하자면, 그 매장량이 지구의 에너지 소비량 전체의 45만 배이며 경제적 가치가 매우 높다.

94천부층 지열에너지는 일종의 청정 무공해 에너지원이며 우리는 단지 그것을 개발하는 데 소량의 전기 에너지만을 소비하면 많은 양의 열에너지를 추출할 수 있다. 게다가 개발 과정 중에 이산화탄소 등의 폐기가스가 발생하지 않고 94지하수의 수질에도 영향을 주지 않으며 물의 양에도 어떠한 변화가 발생하지 않아 환경에 대한 영향이 매우 적다. 전통적인 에너지원과 비교했을 때 94천부층 지열에너지는 어느 곳에나 있고, 사람들은 가까운 곳에서 채굴할 수 있으며, 현장에서 열을 얻어 건축물에 난방을 공급할 수 있으므로 운송과 보관의 자본금을 크게 절약할 수 있다.

이처럼 천부층 지열에너지가 매우 많은 장점이 있다는 것을 알 수 있다. 95그렇다면 우리는 어떻게 사람의 체온보다 더 낮은 에너지를 채굴할 수 있을까? 과학 기술자들은 열펌프를 이용하는 것이 비교적 좋은 방법이라고 생각한다. 열펌프는 양수기의 작동 원리와 비슷하다. 양수기는 파이프라인을 이용하여 물을 낮은 곳에서 높은 곳으로 뽑아 끌어올리는 기계이지만 열펌프는 운송하는 것이 물이 아니라 열에너지이다. 일반적으로 우리가 거주하는 실내환경과 지층 토양의 온도 사이에는 어느 정도의 온도 차이가 있다. 겨울철에는 열펌프를 이

제 4 회
阅读

용하여 지하의 열에너지를 뽑아내어 실내에 난방을 공급할 수 있다. 여름철에는 열펌프를 이용하여 실내의 열에너지를 빼내어 지하에 방류하고 저장할 수 있다. 이렇게 자연과 인공이 서로 결합하여 보충하는 방식으로 지온 에너지의 움직임에 균형을 실현하여 천부층 지열을 순환 이용할 수 있다.

지구 에너지가 대량으로 소비됨에 따라 에너지 위기가 점차 주목받아 새로운 에너지를 개발하고 이용하는 것이 장차 필연적인 추세가 될 것이다. [96]중요한 신 에너지로서 천부층 지열에너지는 점점 더 많은 국가의 중시를 받게 될 것이다.

단어 蕴藏 yùncáng 툉 잠재하다, 매장하다, 간직하다 | 岩土 yántǔ 뗑 지반 | 来源 láiyuán 툉 기원하다, 유래하다 | 称得上 chēngdeshàng 툉 ~라고 불릴 자격이 있다 | 储量 chǔliàng 뗑 매장량 | 煤炭 méitàn 뗑 석탄 | 蕴含 yùnhán 포함하다 | 消耗 xiāohào 툉 소모하다 | 提取 tíqǔ 툉 추출하다, 뽑아내다 | 二氧化碳 èryǎnghuàtàn 뗑 이산화탄소 | 废气 fèiqì 뗑 폐기가스 | 开采 kāicǎi 툉 채굴하다 | 供暖 gōngnuǎn 툉 난방하다 | 热泵 rèbèng 뗑 열펌프 | 排放 páifàng 툉 배출하다, 방류하다 | 循环 xúnhuán 툉 순환하다 | 凸显 tūxiǎn 툉 분명하게 드러나다 | 趋势 qūshì 뗑 추세

93

关于浅层地温能的来源，可以知道：

A 小部分来自煤炭燃烧
B 地心热量占绝大部分
C 与地质运动有关
D 主要来自太阳辐射

천부층 지열에너지의 기원에 관하여 알 수 있는 것은?

A 일부분이 석탄 연소에서 왔다
B 지구 중심의 열에너지가 절대적인 부분을 차지한다
C 지질 운동과 관련이 있다
D 주로 태양 복사에서 왔다

해설 첫 번째 단락에서 '浅层地温能的来源以太阳辐射为主，还有一小部分来自地心热量(천부층 지열에너지는 태양 복사를 위주로 기원하였으며, 일부분은 지구 중심의 열에너지에서 온 것이다)'이라고 했기 때문에 정답은 D이다. '以…为主(~를 위주로 하다)'라는 구문을 이해해야 제대로 해석할 수 있다.

94

下列哪一项不属于浅层地温能的优点?

A 清洁环保
B 开发过程中耗电低
C 覆盖范围广
D 改善水质

다음 중 천부층 지열에너지의 장점에 속하지 않는 것은?

A 환경을 보호한다
B 개발 과정 중에 전기 소모가 적다
C 분포 면적의 범위가 넓다
D 수질을 개선한다

단어 覆盖 fùgài 툉 덮다

해설 천부층 지열에너지의 장점을 말하고 있는 단락은 세 번째 단락으로 세 번째 단락 앞부분의 문장에서 '浅层地温能是一种清洁无污染的能源(천부층 지열에너지는 일종의 무공해 에너지원이다)'이라고 했기 때문에 A는 이미 언급되었다. 또한 바로 뒤이어 '我们只需消耗少量的电能对其进行开发，便可提取出大量的热能(우리는 단지 그것을 개발하는 데 소량의 전기 에너지만을 소비하면 많은 양의 열에너지를 추출할 수 있다)'이라고 했기 때문에 B 또한 언급되었다. 마지막으로, '浅层地温能无处不在(천부층 지열에너지는 어디에나 있다)'라고 했기 때문에 C까지 언급되어, 장점에 속하지 않은 것은 D이다.

95

第4段主要谈的是什么?

A 浅层地温能的开采
B 水源的工作原理
C 使用热泵的注意事项
D 冬季取暖的方法

네 번째 단락에서 주로 이야기하는 것은 무엇인가?

A 천부층 지열 에너지의 채굴
B 수원의 작업 원리
C 열펌프 사용의 주의사항
D 겨울철 난방 방법

 해설 네 번째 단락의 주제를 묻는 문제로 어떠한 문제를 제기하고 있는지에 대해서 집중할 필요가 있다. '那么, 我们该如何开采这种比人体温还要低很多的能源呢?(우리는 어떻게 사람의 체온보다 더 낮은 에너지를 채굴할 수 있을까?)'라고 했기 때문에 '채굴'이 중요한 키워드가 될 것이다. 그러므로 정답은 A이다.

96

根据上文,下列哪项正确?

A 利用浅层地温能会造成能源危机
B 浅层地温能开发潜力大
C 浅层地温能循环利用率低
D 地球热能资源储量贫乏

본문에 근거하여 다음 중 옳은 것은?

A 천부층 지열에너지를 이용하면 에너지 위기를 조성할 수 있다
B 천부층 지열에너지는 개발 잠재력이 크다
C 천부층 지열에너지의 순환 이동률이 낮다
D 천부층 지열에너지의 매장량이 부족하다

 해설 마지막 단락 마지막 문장에서 '作为一种重要的新能源,浅层地温能将会受到越来越多国家的重视(중요한 신에너지로서 천부층 지열에너지는 점점 더 많은 국가의 중시를 받게 될 것이다)'라고 했기 때문에 정답은 B이다.

97-100

　　鸽子认路的本领大得惊人,不论是白天还是黑夜,不论是疾风还是骤雨,甚至在千里之外,它们都能找到回家的路。那么鸽子是怎样记住飞行路线的呢?

　　为了解开这个谜题,科学家们做了一个实验。他们挑选了20只受过训练的鸽子,把其中10只脚上系上铜棒,另外10只脚上系上磁棒,然后把它们同时运送到遥远的地方,并在阴雨天放飞。结果,系铜棒的鸽子在两天内有8只回家,而系磁棒的鸽子却迷失了方向,4天后仅有一只鸽子精疲力尽地回到家。由此可见,磁棒产生的磁场会影响鸽子对地球磁场的判断,⁹⁷这说明鸽子平时飞行主要依靠的是地磁导航。

　　鸽子为什么能利用地磁导航呢?⁹⁸一位生物学家在鸽子眼窝背后的脑外侧发现了一个一平方毫米大小的磁性组织,这种磁性组织含铁丰富,是鸽子的生物指南针。有了它,鸽子才能在远途飞行时,利用地球磁场确定方向。

　　비둘기의 길을 찾는 능력은 사람을 매우 놀라게 하는데 낮이든 밤이든, 돌풍이든 소나기이든 막론하고, 심지어는 천 리 밖에서도 비둘기는 집으로 돌아오는 길을 찾을 수 있다. 그렇다면 비둘기는 어떻게 비행 노선을 기억하는 것일까?

　　이 수수께끼를 풀기 위하여 과학자들은 실험을 했다. 그들은 훈련을 받은 20마리의 비둘기를 골라 그중 10마리의 다리에 구리 막대기를 묶고 나머지 10마리의 다리에는 막대자석을 묶었다. 그러고 나서 그것들을 동시에 먼 곳으로 운송하고 흐리고 비가 내리는 날에 날려보냈다. 그 결과, 구리 막대기를 묶은 비둘기는 이틀 내에 8마리가 돌아왔고, 막대자석을 묶은 비둘기는 방향을 잃어 4일 후에 겨우 한 마리만이 기진맥진하여 집으로 돌아왔다. 이로써 막대자석이 만들어낸 자기장이 지구 자기장에 대한 비둘기의 판단에 영향을 줄 수 있다는 것을 알 수 있으며, ⁹⁷이것은 비둘기가 평소에 비행할 때 의지하는 것이 지구 자기장의 유도라는 것을 설명한다.

尽管如此，⁹⁹关于鸽子认路的原理仍然是众说纷纭，除了地磁因素，做其他推测的也大有人在。有人认为，鸽子可以根据太阳、月亮或星星的位置来判定方向。白天，只要有一线阳光，鸽子就可以把太阳当做罗盘，利用自身生物钟来判断太阳移动的方向。到了晚上，它可以利用天上的星星、月亮来导航。可是问题来了，如果遇到阴雨天怎么办？于是又有人说，鸽子可以通过气味认路。还有人说，鸽子可以听到数千里以外的地音频，并以此来确定飞行方向。

目前，我们对鸽子认路本领的研究还不是十分全面，要想真正认识鸽子导航的生物学机制，还需要更多的实验。

비둘기는 왜 지구 자기장의 유도를 이용할 수 있는 것일까? ⁹⁸한 생물학자가 비둘기 안과 뒤의 뇌 바깥쪽에서 1평방 밀리미터 크기의 자성 조직을 발견했는데, 이 자성 조직은 철을 풍부하게 함유하고 있어 비둘기의 생물 나침반이다. 그것이 있어서 비둘기가 원거리 비행을 할 때 지구의 자기장을 이용하여 방향을 결정할 수 있는 것이다.

비록 이렇다 할지라도 ⁹⁹비둘기가 길을 찾는 원리는 여전히 의견이 분분하다. 자기장 요소 외에도 다른 추측을 하는 이들도 많다. 어떤 사람은 비둘기가 태양, 달, 혹은 별의 위치에 근거하여 방향을 판단한다고 생각한다. 낮에 한 줄기 태양만 있으면 비둘기는 태양을 나침반으로 삼아 자신의 생체 시계를 이용해서 태양이 이동하는 방향을 판단할 수 있다. 저녁이 되면 하늘의 별과 달을 이용하여 비행한다. 하지만 문제는 만약 흐리고 비가 내리는 날은 어떻게 할까? 그래서 또 어떤 사람은 비둘기는 냄새를 통해 길을 알 수 있다고 말하며, 또 어떤 사람은 비둘기가 수천 리 밖의 주파수를 들을 수 있고, 이것으로 비행 방향을 정한다고 말한다.

현재 비둘기의 길을 찾는 능력에 대한 연구는 매우 전면적인 것이 아니어서 비둘기 비행의 생물학적인 메커니즘을 진정으로 알려면 더욱 많은 실험이 필요하다.

단어 鸽子 gēzi 몡 비둘기 | 本领 běnlǐng 몡 능력, 재능 | 疾风 jífēng 몡 질풍, 센바람 | 骤雨 zhòuyǔ 몡 소나기 | 解开 jiěkāi 동 열다, 답을 풀다 | 挑选 tiāoxuǎn 동 고르다, 선발하다 | 磁棒 cíbàng 몡 막대자석 | 遥远 yáoyuǎn 혱 멀다, 요원하다 | 迷失 míshī 동 (방향, 길 등을) 잃다 | 精疲力尽 jīngpí lìjìn 기진맥진하다 | 磁场 cíchǎng 몡 자기장 | 导航 dǎoháng 동 항해나 항공을 유도하다, 인도하다 | 指南针 zhǐnánzhēn 몡 나침반 | 众说纷纭 zhòngshuō fēnyún 셍 여러 사람들의 의론이 분분하다 | 大有人在 dàyǒu rénzài 셍 그와 같은 사람은 많이 있다 | 罗盘 luópán 몡 나침반 | 气味 qìwèi 몡 냄새 | 音频 yīnpín 몡 주파수 | 机制 jīzhì 몡 메커니즘, 자연 현상의 물리 화학적 규칙

根据第2段的实验，下列哪项正确？　　　두 번째 단락의 실험에 근거하여 다음 중 옳은 것은？

A 地球磁场很不稳定　　　　　　　　　　A 지구 자기장은 매우 불안정하다
B 阴雨天鸽子难辨方向　　　　　　　　　B 비 오는 날에 비둘기는 방향을 찾기 힘들다
C 鸽子飞行主要靠地磁导航　　　　　　　C 비둘기는 주로 지구 자기장에 근거하여 비행을 한다
D 铜棒影响鸽子的飞行速度　　　　　　　D 구리 막대기는 비둘기의 비행속도에 영향을 준다

해설 두 번째 단락의 주제는 비둘기에 대한 실험과 그 결과이다. 실험 내용에 대해서는 해석이 어려울 수 있으나 맨 마지막 문장에서 실험 결과가 나왔기 때문에 마지막 문장을 읽으면 답을 쉽게 알 수 있다. '这说明鸽子平时飞行主要依靠的是地磁导航(이것은 비둘기가 평소에 비행할 때 의지하는 것이 지구 자기장의 유도라는 것을 설명한다)'이라고 했기 때문에 정답은 C라는 것을 알 수 있다.

98

根据第3段，鸽子的"生物指南针"指的是：

A 眼窝
B 神经末梢
C 体内的金属元素
D 脑外侧的磁性组织

세 번째 단락에서 비둘기의 '생물 나침반'이 가리키는 것은 무엇인가?

A 안와
B 말초신경
C 체내의 금속 원소
D 뇌 바깥쪽의 자성 조직

단어 神经末梢 shénjīng mòshāo 몡 말초신경

해설 세 번째 단락에서 '在鸽子眼窝背后的脑外侧发现了一个一平方毫米大小的磁性组织(비둘기 안와 뒤의 뇌 바깥쪽에서 1평방 밀리미터 크기의 자성 조직을 발견했다)'라고 언급한 후에 뒤이어 이 자성 조직에 철 성분이 풍부하여 생물 나침반이 된다고 했으므로 정답은 D이다.

99

第4段的画线词语"众所纷纭"，说明：

A 鸽子有许多本领
B 影响实验结果的因素很多
C 对鸽子认路原理的说法很多
D 人们的推测都没有依据

네 번째 단락에 밑줄 그은 단어 '众所纷纭'가 설명하는 것은 무엇인가?

A 비둘기는 많은 능력이 있다
B 실험 결과에 영향을 주는 요소는 많다
C 비둘기가 길을 아는 원리에 대한 견해가 많다
D 사람들의 추측이 모두 근거가 없다

해설 '众所纷纭'은 '여러 사람의 의론이 분분하다'라는 의미이다. '尽管如此，关于鸽子认路的原理仍然是众说纷纭(비록 이렇다 할지라도 비둘기가 길을 찾는 원리는 여전히 의견이 분분하다)'이라고 했으며, '除了地磁因素，做其他推测的也大有人在(자기장 요소 외에도 다른 추측을 하는 이들도 많다)'라고 했기 때문에 비둘기가 길을 아는 원리에 대해 추측이 많음을 의미한다. 정답은 C이다.

100

最适合做上文标题的是：

A 鸽子认路之谜
B 鸽子的送信原理
C 太阳对鸽子认路的影响
D 鸽子根据星星确定方向

본문의 제목으로 가장 적절한 것은 무엇인가?

A 비둘기가 길을 찾는 것의 수수께끼
B 비둘기의 송신 원리
C 태양이 비둘기가 길을 찾는 데 끼치는 영향
D 비둘기가 별에 따라 방향을 확정하다

해설 본문의 전체적인 내용은 비둘기의 길을 찾는 능력에 대해 이야기하고 있다. 그러므로 A가 적절하다.

三　书写

(1) 아래 지문을 자세히 읽을 것. 제한시간은 10분이며 읽는 동안 베끼거나 기록할 수 없음.
(2) 10분 후 감독관이 읽기 자료를 수거하면 이 지문을 짧은 글로 요약할 것. 제한시간은 35분.
(3) 제목은 스스로 정할 것. 지문 내용만 요약하고 자신의 의견은 첨가하지 말 것.
(4) 글자수는 400자 내외로 할 것.
(5) 답안지에 직접 작성할 것.

101

　　春秋时期，晋献公听信谣言，杀掉了之前立的太子。晋献公的另外一个儿子重耳感到了危险，于是便决定逃往别的诸侯国。

　　经过千辛万苦，重耳来到了楚国。楚国的国君楚成王认为重耳日后一定会有大作为，就以国君之礼来招待他，待他如上宾。重耳对楚成王也十分尊敬。两个人就这样成为了朋友。

　　一天，楚成王摆宴席招待重耳，两人饮酒聊天儿，气氛十分融洽。忽然，楚成王问重耳："假如有一天，你能回到晋国并当上国君，会怎么报答我呢？"重耳思考片刻后，说："大王您从来不缺什么稀世珍宝，楚国还盛产各种珍禽羽毛，物产丰富。晋国远比不上贵国的富有，没有什么奇珍异宝可以献给您啊。"

　　楚成王说："你也太谦虚了。"重耳接着说道："不过，要是托大王您的福，我能够回到晋国，并当上晋国的国君，那我一定努力跟贵国交好，让咱们两国的百姓都过上太平的日子。但是万一两国发生了战争，那么在两军相遇的时候，为了报答大王您，我一定会命令我的军队退避三舍。如果还得不到您的原谅，我再与您交战。"古时候行军，每30里叫一"舍"。退避三舍，也就是退让90里的意思。

　　后来，重耳果真回到了晋国，还成为了国君，也就是历史上赫赫有名的晋文公。晋国在晋文公的领导下，国力不断强盛，国土面积不断扩大。晋文公还努力训练军队，积极准备争霸中原。

　　公元前633年，楚成王率兵攻打宋国，宋国向晋国请求援助。晋文公于是联合其他诸侯国前去救援，迫使楚国军队北上。楚成王见形势对自己不利，便决定率军队赶紧撤离，并命令手下将军避免和晋国军队决战。但楚国的将军刚愎自用，不顾形势变化。仍率楚军杀向了晋军的驻扎地。

춘추전국 시기에 진헌공은 유언비어를 곧이곧대로 믿고 이전의 황태자를 죽여버렸다. 진헌공의 또 다른 아들인 중이는 위험을 느껴 다른 제후국으로 도망가기로 결정했다.

천신만고 끝에 중이는 초나라에 이르렀다. 초나라 국왕인 초성왕은 중이가 후에 반드시 큰 일을 하게 될 것이라 생각하여 국왕의 예로써 그를 대했고 귀빈으로 접대했다. 중이 또한 초성왕을 매우 존경하였고 두 사람은 이렇게 친구가 되었다.

하루는 초성왕이 연회를 열어 중이를 접대했다. 두 사람은 술을 마시며 이야기를 나누었고 분위기는 매우 화기애애했다. 갑자기 초성왕이 중이에게 "만약 어느 날 당신이 진나라로 돌아가 국왕이 된다면 어떻게 나에게 보답할 것인가요?"라고 물었다. 중이는 잠깐 생각한 후에 말했다. "당신은 여태껏 그 어떤 진귀한 금은보화도 부족한 적이 없었습니다. 또한 초나라는 각종 진귀한 새의 깃털도 많이 생산하고 생산품이 풍족합니다. 진나라는 초나라의 부유함에 비할 바가 못 되어 당신께 드릴 어떤 보물도 없습니다."

초성왕이 "당신은 지나치게 겸손하군요."라고 말하자 중이는 이어서 말했다. "하지만 만약 당신 덕분에 제가 진나라로 돌아가 진나라의 국왕이 될 수 있다면, 저는 반드시 노력하여 초나라와 친교를 맺어 우리 두 나라의 백성들이 태평한 나날을 보낼 수 있도록 하겠습니다. 하지만 만일 두 나라에 전쟁이 일어난다면 두 군대가 마주쳤을 때 대왕께 보답하기 위하여 반드시 저의 군대에게 세 개의 객사를 물러나도록 명령하겠습니다. 만약 그래도 당신의 양해를 받지 못한다면 다시 당신과 싸울 것입니다." 예전의 행군에서 30리마다 "객사(舍)"가 하나씩 있었다. 세 개의 객사를 물러난다(退避三舍)는 것은 90리를 물러나 양보한다는 뜻이다.

후에 중이는 정말로 진나라에 돌아가 국왕이 되었으며 역사상 명성이 높은 진문공이 되었다. 진나라는 진문공의 지도 하에 국력이 계속 강성해졌고 국토 면적도 계속해서 확장되었다. 진 문공은 또한 열심히 군대를 훈련하여 적극적으로 중원을 정벌할 준비를 하였다.

此时，晋文公命令自己的军队往后撤，不要与楚军交锋。晋军的将士们都感到很不理解，问他："仗还没打，怎么就让我们撤退呢？楚军虽然强大，但是为了保卫自己的国家，我们愿意拼死一战！"

晋文公说："当初我流亡到楚国，受到了楚成王的厚待，于是就向他承诺：如果两国交战，晋国情愿退避三舍。如今，我必须履行诺言！"于是，晋军向后一口气退了30里地。随后，他们楚军紧跟了过来，就又退了30里。谁知，楚军仍然穷追不舍，晋军就又退了30里。最后，他们总共退了90里，也就是三舍。

楚国的将军见晋军不断后退，以为对方害怕了，就命令军队继续追击。这时，晋军不再避让，而是集中兵力，奋勇作战，大破楚军，取得了这次战争的胜利。

后来，人们就用"退避三舍"来比喻主动避让他人，以避免冲突。

기원전 633년에 초성왕이 군사를 거느리고 송나라를 공격했다. 송나라는 진나라에 원조를 요청했다. 진문공은 다른 제후국과 연합하여 지원을 나가 초나라 군대가 북쪽으로 물러나도록 했다. 초성왕은 자신들의 형세가 불리해짐을 보고 군대를 통솔하여 서둘러 철수하기로 결정했고, 수하의 장군들에게 진나라 군대와의 전쟁을 피하라고 명령했다. 하지만 초나라의 장군은 고집을 피우며 형세의 변화를 고려하지 않고 초나라 군대를 거느리고 진나라 군대의 주둔지로 싸우러 갔다.

이때 진문공은 자신의 군대에게 철수하여 초나라 군대와 싸우지 말라고 명령했다. 진나라 군대의 병사들은 이해하지 못하고 그에게 물었다. "전투가 아직 일어나지도 않았는데 어째서 우리에게 철수하라고 하시는 건가요? 초나라 군대가 강대하긴 하지만 우리나라를 지키기 위해 우리는 목숨 걸고 싸울 것입니다!"

진문공은 말했다. "내가 초나라로 망명했던 당시 초성왕의 후한 대접을 받았다. 그래서 그에게 만약 두 나라가 전쟁을 하게 된다면 진나라가 90리를 물러나겠다고 약속했다. 지금 나는 반드시 약속을 이행해야 한다!" 그리하여 진나라 군대는 단숨에 30리를 후퇴했다. 뒤이어 초나라 군대가 뒤쫓아오자 또 30리를 후퇴했다. 뜻밖에 초나라 군대는 여전히 끝까지 뒤쫓아왔고 진나라 군대는 또 30리를 후퇴했다. 마지막에 모두 90리를 후퇴하게 되어 곧 세 개의 객사를 지나게 되었다.

초나라 장군은 진나라 군대가 계속 후퇴하는 것을 보고 진나라가 두려워한다고 생각하여 계속해서 추격하도록 명령했다. 이때 진나라 군대는 더는 물러나지 않고 병력을 집중하여 용감히 싸워 초나라 군대를 크게 격파하였고 이번 전쟁의 승리를 얻게 되었다.

후에 사람들은 자발적으로 양보하여 충돌을 피하는 것을 '退避三舍'로 비유했다.

단어 听信谣言 tīngxìn yáoyán 유언비어를 곧이곧대로 믿다 | 千辛万苦 qiānxīn wànkǔ 형 천신만고 | 上宾 shàngbīn 명 귀빈 | 融洽 róngqià 형 사이가 좋다, 조화롭다, 화목하다 | 稀世珍宝 xīshì zhēnbǎo 보기 드문 보물 | 献给 xiàngěi 동 바치다 | 托福 tuōfú 동 덕분에 ~하다 | 交好 jiāohǎo 친교를 맺다 | 退避三舍 tuìbì sānshè 남에게 양보하고 다투지 않다 | 交战 jiāozhàn 동 교전하다 | 退让 tuìràng 동 뒤로 물러나 길을 터주다, 양보하다 | 赫赫有名 hèhè yǒumíng 형 명성이 매우 높다 | 争霸 zhēngbà 동 패권을 다투다 | 迫使 pòshǐ 동 억지로 ~시키다, 강제로 ~하게 하다 | 撤离 chèlí 동 철수하다 | 刚愎自用 gāngbì zìyòng 동 고집을 피우고 남의 의견을 듣지 않다 | 后撤 hòuchè 동 철수하다 | 交锋 jiāofēng 동 교전하다 | 拼死一战 pīnsǐ yízhàn 목숨 걸고 싸우다 | 履行 lǚxíng 동 이행하다 | 穷追不舍 qióngzhuī bùshě 형 끝까지 쫓아가다

지문 분석 및 요약 요령

제 4 회

书写

> 春秋时期，晋献公听信谣言，杀掉了之前立的太子。晋献公的另外一个儿子重耳感到了危险，于是便决定逃往别的诸侯国。
> 经过千辛万苦，重耳来到了楚国。楚国的国君楚成王认为重耳日后一定会有大作为，就以国君之礼来招待他，待他如上宾。重耳对楚成王也十分尊敬。两个人就这样成为了朋友。

해설 두 번째 단락까지 비교적 짧은 내용이 이어져 있어 이 두 단락의 내용을 이어서 요약하면 좋다. 여기에서는 중이가 초나라로 도피하고 초성왕과 친구가 되었다는 내용을 중심 내용으로 삼고 있다. 그렇기 때문에 중이와 초성왕이 어떻게 친구가 되었는지의 과정을 생략하고 그들이 친구가 되었다는 사실만 언급해주면 된다.

요약 春秋时期晋献公听信谣言，杀掉了之前立的太子之后，另外的一个儿子重耳因为害怕而逃到了楚国。楚成王认为重耳日后一定会大有作为，所以对他的十分敬重，两个人后来成为了朋友。

> 一天，楚成王摆宴席招待重耳，两人饮酒聊天儿，气氛十分融洽。忽然，楚成王问重耳："假如有一天，你能回到晋国并当上国君，会怎么报答我呢？"重耳思考片刻后，说："大王您从来不缺什么稀世珍宝，楚国还盛产各种珍禽羽毛，物产丰富。晋国远比不上贵国的富有，没有什么奇珍异宝可以献给您啊。"
> 楚成王说："你也太谦虚了。"重耳接着说道："不过，要是托大王您的福，我能够回到晋国，并当上晋国的国君，那我一定努力跟贵国交好，让咱们两国的百姓都过上太平的日子。但是万一两国发生了战争，那么在两军相遇的时候，为了报答大王您，我一定会命令我的军队退避三舍。如果还得不到您的原谅，我再与您交战。"古时候行军，每30里叫一"舍"。退避三舍，也就是退让90里的意思。

해설 세 번째 단락과 네 번째 단락에서는 중이와 초나라 초성왕의 대화가 이어지는 부분이기 때문에 함께 요약해주면 좋다. 초성왕이 중이에게 진나라로 돌아가 왕이 되었을 때 어떻게 보답할 것이냐고 묻자 중이는 자신이 '退避三舍'하겠다고 이야기한다. 이때 '退避三舍'의 의미를 잘 파악해야 하는데 직역을 하면 '세 개의 객사를 물러나다'라는 뜻이다. 예전에는 30리마다 객사가 있었는데 세 개의 객사를 물러난다는 것은 90리를 양보한다는 의미이고, 나아가 '철수하다'라는 의미도 된다. 그리하여 중이의 군대가 초성왕의 군대와 싸우게 되었을 때 양보하여 철수하겠다는 의지를 나타낸 것을 요약하여 써야 한다.

요약 有一天两人饮酒聊天时，楚成王问重耳："如有一天，你能回到晋国并当上国君，你怎么报答我呢？"重耳说楚国非常的富有，晋国没有什么可以给他的。他说他如果真的回到了晋国，并且当上了国君，那一定，会让两个国家和平相处。如果有战争的话，他会令他的军队退避三舍。

> 后来，重耳果真回到了晋国，还成为了国君，也就是历史上赫赫有名的晋文公。晋国在晋文公的领导下，国力不断强盛，国土面积不断扩大。晋文公还努力训练军队，积极准备争霸中原。

해설 다섯 번째 단락의 핵심은 중이가 진나라에 돌아가서 왕이 되었으며 국력을 강화시켰다는 내용이다. 그렇기 때문에 본문에서 언급한 부분 중에서 중이가 역사적으로는 어떻게 평가되는지, 국력을 강화시키기 위해 어떤 노력을 했는지 등 자세한 부분은 생략하고 중심내용만 쓰는 것이 중요하다.

요약 后来重耳果真回到了晋国并成为了国军，晋国在他的统治下，国力不断地强大。

> 公元前633年，楚成王率兵攻打宋国，宋国向晋国请求援助。晋文公于是联合其他诸侯国前去救援，迫使楚国军队北上。楚成王见形势对自己不利，便决定率军队赶紧撤离，并命令手下将军避免和晋国军队决战。但楚国的将军刚愎自用，不顾形势变化。仍率楚军杀向了晋军的驻扎地。

해설 여섯 번째 단락의 주요 사건은 송나라로 인해 진나라와 초나라가 전쟁터에서 만나게 된 것이다. 그 둘이 이전에 한 약속 때문에 초성왕이 퇴각하라고 명했으나 초나라 장수가 이를 따르지 않았다는 것을 언급해야 한다. 이 부분을 요약하는 과정에서 자세한 전쟁 상황은 설명할 필요가 없다.

요약 后来楚成王攻打宋国，宋国向晋国求助。晋文公和其他的诸侯国去救援，楚国国君见形式不妙，赶紧撤退，并命令他的部下不要和晋军作战。但是他的部下却一意孤行，与晋军作战。

此时，晋文公命令自己的军队往后撤，不要与楚军交锋。晋军的将士们都感到很不理解，问他："仗还没打，怎么就让我们撤退呢？楚军虽然强大，但是为了保卫自己的国家，我们愿意拼死一战！"
晋文公说："当初我流亡到楚国，受到了楚成王的厚待，于是就向他承诺：如果两国交战，晋国情愿退避三舍。如今，我必须履行诺言！"于是，晋军向后一口气退了30里地。随后，他们楚军紧跟了过来，就又退了30里。谁知，楚军仍然穷追不舍，晋军就又退了30里。最后，他们总共退了90里，也就是三舍。

해설 위 두 단락은 중이, 즉 진문공과 진나라 군대의 대화이다. 진문공이 예전에 초성왕과의 약속을 지키기 위해 90리를 후퇴하라는 명령을 내린 것이다. 이때 '退避三舍'의 의미를 파악해야만 진문공의 의도를 제대로 파악할 수 있다.

요약 然而重耳果真命令他的部下向后退30里。但是楚军却紧追不舍，最后晋军连续退到了90里，也就是退避三舍。

楚国的将军见晋军不断后退，以为对方害怕了，就命令军队继续追击。这时，晋军不再避让，而是集中兵力，奋勇作战，大破楚军，取得了这次战争的胜利。
后来，人们就用"退避三舍"来比喻主动避让他人，以避免冲突。

해설 마지막 두 단락은 90리를 퇴각한 후에 더는 물러나지 않은 진나라 군대가 초나라와 싸워 승리하게 되는 이야기가 주를 이루고 있고 이러한 유래로 '退避三舍'라는 성어가 생겼다는 것을 언급해야 한다. 특히 '人们就用"退避三舍"来比喻主动避让他人(사람들은 자발적으로 양보하여 충돌을 피하는 것을 '退避三舍'로 비유했다)'라는 표현은 그대로 쓰면 더욱 좋다.

요약 谁知楚军却并不退却，晋军不再退让，而是集中兵力与楚军作战，最后取得了这次战争的胜利！
后来的人们就用退避三舍来比喻主动避让他人。

✅ 모범 답안

						退	避	三	舍						
	春	秋	时	期	晋	献	公	听	信	谣	言	，	杀	掉	了	之	前	立
的	太	子	之	后	，	另	外	的	一	个	儿	子	重	耳	因	为	害	怕	而
逃	到	了	楚	国	。	楚	成	王	认	为	重	耳	日	后	一	定	会	大	有

作为，所以对他的十分敬重，两个人后来成为了朋友。

　　有一天两人饮酒聊天时，楚成王问重耳："如有一天，你能回到晋国并当上国君，你怎么报答我呢？"重耳说楚国非常的富有，晋国没有什么可以给他的。他说他如果真的回到了晋国，并且当上国君，那一定的，会让两个国家和平相处。如果有战争的话，他会令他的军队退避三舍。后来重耳果真回到了晋国并成为了国君，晋国在他的统治下，国力不断地强大。后来楚成王攻打宋国，宋国向晋国求助。晋文公和其他的诸侯国去救援，楚国国君见形势不妙，赶紧撤退，并命令他的部下不要和晋军作战。但是他的部下却一意孤行，与晋军作战。然而重耳果真命令他的部下向后退30里。但是楚军却紧追不舍，最后晋军连续退到了90里，也就是退避三舍。

　　谁知楚军却并不退却，晋军不再退让，而是集中兵力与楚军作战，最后取得了这次战争的胜利！

　　后来人们就用退避三舍来比喻主动避让他人。

新汉语水平考试

실전 모의고사 해설

제5회

听力

第一部分

🎯 1-15

1

　　一般认为，火的发现使人类进入了文明时代。后来，为了能够持久照明，人们便把动物脂肪一类的东西涂在捆扎好的树皮或木片上，做成照明用的火把。<u>这就是蜡烛的起源</u>。

일반적으로 불의 발견이 인류를 문명시대에 진입하게 했다고 여겨진다. 후에 오랫동안 빛나게 하기 위해 사람들은 동물 지방류의 것을 단단히 묶은 나무 껍데기나 나무 조각에 칠하여 조명용의 횃불을 만들어냈다. <u>이것이 초의 기원이다</u>.

A 蜡烛是文明时代的标志
B 火最初只用于照明
C 蜡烛上有动物脂肪
D 蜡烛起源于火把

A 초는 문명시대의 상징이다
B 불은 최초에 조명으로만 사용되었다
C 초에는 동물 지방이 있다
D <u>초는 횃불에서 기원했다</u>

단어 持久 chíjiǔ 형 오래 유지되다 | 照明 zhàomíng 통 조명하다 | 脂肪 zhīfáng 명 지방 | 涂 tú 통 바르다, 칠하다 | 捆扎 kǔnzā 통 단단히 묶다 | 火把 huǒbǎ 명 횃불 | 蜡烛 làzhú 명 초 | 起源 qǐyuán 명 기원 ‖ 标志 biāozhì 명 상징, 표지

해설 '火把(횃불)'가 D에 언급이 되면서 횃불이 초의 기원이라고 했기 때문에 정답은 D이다. 火把를 듣지 못했더라도 마지막의 '这就是蜡烛的起源(이것이 초의 기원이다)'을 제대로 이해하면 답을 찾을 수 있다.

2

　　"一岁看大，三岁看老"的意思是：看一个人年幼时的样子，可以知道他成年后的模样。也就是说，通过一个人年幼时的行为品性，可以大概预测出他的将来。<u>所以，幼年教育对人的成长很关键</u>。

'한 살 때 성장했을 때의 모습을 보고, 세 살 때 늙어서의 모습을 본다'의 의미는 한 사람의 어릴 적 모습을 보면 그가 자란 후의 모습을 알 수 있다는 것이다. 다시 말해 한 사람의 어릴 적 행동과 성품을 통해 대략적으로 그의 장래를 예측할 수 있다는 것이다. <u>따라서 유년시절의 교육은 사람의 성장에 매우 중요하다</u>.

A 人的性格是天生的
B 环境对人有塑造作用
C 青春期是成长的关键期
D 幼儿教育很重要

A 사람의 성격은 천성적인 것이다
B 환경은 사람(성격 등)을 형성하는 작용을 한다
C 사춘기는 성장의 중요한 시기이다
D <u>유아 교육은 매우 중요하다</u>

단어 一岁看大，三岁看老 yīsuì kàndà, sānsuì kànlǎo 유아기의 모습에서 성장한 후의 모습을 볼 수 있다 | 品性 pǐnxìng 명 품성 | 预测 yùcè 통 예측하다 | 关键 guānjiàn 형 매우 중요한 ‖ 塑造 sùzào 통 빚어서 만들다, 조소하다 | 青春期 qīngchūnqī 명 사춘기 | 幼儿 yòu'ér 명 유아

해설 '一岁看大，三岁看老'는 우리말의 '세 살 버릇 여든 간다'는 의미와 유사한 속담이다. 마지막 문장까지 잘 들었다면 D를 고를 수 있다.

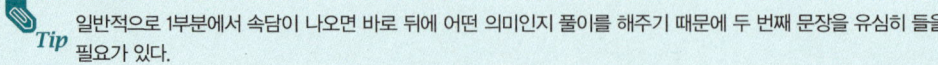

Tip 일반적으로 1부분에서 속담이 나오면 바로 뒤에 어떤 의미인지 풀이를 해주기 때문에 두 번째 문장을 유심히 들을 필요가 있다.

3

　　杆秤是秤的一种，也是中国最古老的衡量工具。它是利用杠杆原理来秤重量的。杆秤最大的特点是：便于携带。由于杆秤的制作工艺简单，<u>操作也不复杂</u>。所以至今仍有不少人在使用它。

A 杆秤称重不精确
B 杆秤容易折断
C 杆秤制作过程复杂
D 杆秤操作简便

　　대저울은 저울의 일종으로 중국에서 가장 오래된 측정 도구이다. 그것은 지렛대의 원리를 이용하여 무게를 재는 것이다. 대저울의 가장 큰 특징은 휴대가 편리하다는 것이다. 대저울의 제작 방법이 간단하기 때문에 <u>조작도 복잡하지 않다</u>. 그러므로 오늘날까지 여전히 적지 않은 사람들이 그것을 사용하고 있다.

A 대저울은 무게 측정이 정확하지 않다
B 대저울은 부러지기 쉽다
C 대저울은 제작 과정이 복잡하다
D 대저울은 조작이 간단하다

단어 杆秤 gǎnchèng 명 대저울 | 秤 chèng 명 저울 | 衡量 héngliáng 통 측정하다 | 杠杆原理 gànggǎn yuánlǐ 지렛대 원리 | 便于 biànyú 통 ~하기에 쉽다 | 携带 xiédài 통 휴대하다 | 操作 cāozuò 통 조작 ‖ 称重 chēngzhòng 통 무게를 달다 | 精确 jīngquè 통 정밀하고 확실하다 | 折断 zhéduàn 통 꺾다, 부러뜨리다

해설 '杆秤'은 '대저울'이라는 의미이다. 본문의 '操作也不复杂(조작도 복잡하지 않다)'에서 '不复杂'는 '简单'과 비슷한 의미이므로 정답은 D가 된다. 또한 본문을 듣기 전에 미리 보기를 읽어 A, B, C는 부정적 어기, D는 긍정적 어기라는 것을 파악하는 것도 중요하다.

4

　　一位顾客在餐厅吃饭时，发现菜里有一截儿铁丝。他十分生气地叫来餐厅经理质问他，这究竟是怎么回事。餐厅经理不慌不忙地说：<u>"先生，恭喜您抽中了本餐厅再来一份的大奖。"</u>

A 经理应变能力强
B 厨师被开除了
C 餐厅在发优惠券
D 顾客无理取闹

　　한 고객이 식당에서 음식을 먹을 때 음식 안에서 철사 하나를 발견했다. 그가 매우 화가 나서 식당 사장을 불러 도대체 어떻게 된 일이냐고 추궁했다. 식당 사장은 차분하게 말했다. <u>"축하 드립니다. 우리 식당의 일 인분 추가의 큰 상에 당첨되셨군요."</u>

A 사장이 임기응변 능력이 강하다
B 요리사가 해고되었다
C 음식점에서는 쿠폰을 나눠주고 있었다
D 고객은 아무 이유 없이 소란을 피웠다

단어 铁丝 tiěsī 명 철사 | 质问 zhìwèn 통 질문하다, 추궁하다 | 不慌不忙 bùhuāng bùmáng 성 차분하다 | 抽中 chōuzhòng 통 당첨되다 ‖ 应变能力 yìngbiàn nénglì 임기응변 능력 | 开除 kāichú 통 해고하다 | 优惠券 yōuhuìquàn 명 쿠폰 | 无理取闹 wúlǐ qǔnào 성 아무 이유 없이 소란을 피우다

해설 듣기 1부분에 이야기 유형이 나올 때에는 맨 마지막 부분이 관건이다. 음식에서 철사가 나온 것을 손님이 따지자 사장이 '우리 식당의 일 인분 추가의 큰 상에 당첨되셨군요'라고 말한 것은 진짜 상을 준다는 의미가 아니라 사장의 임기응변 능력이 표현된 것이다. 따라서 정답은 A이다.

5

蒲公英心态，是指像蒲公英一样，即使被吹到并不肥沃的土壤里，也能扎根开花的心态。在工作中，我们如果能用这种积极的心态来面对环境，就能真正做到傲立职场。

민들레 심리 상태라는 것은 마치 민들레처럼 설령 비옥하지 않은 토양에 날아왔더라도 뿌리를 내려 꽃을 피우는 심리 상태이다. 업무에서 우리가 만약 이러한 적극적인 심리상태로 환경을 대한다면 직장에서 진정으로 당당하게 설 수 있을 것이다.

A 环境对人的影响很大
B 要学会处理人际关系
C 职场中要保持积极心态
D 对人要热情

A 환경이 사람에게 주는 영향이 크다
B 인간관계를 처리하는 것을 배워야 한다
C 직장에서 적극적인 심리 상태를 유지해야 한다
D 사람들에게 친절해야 한다

단어 蒲公英 púgōngyīng 명 민들레 | 肥沃 féiwò 형 비옥하다 | 土壤 tǔrǎng 명 토양 | 扎根 zhāgēn 동 뿌리를 내리다 | 职场 zhíchǎng 명 직장

해설 '민들레 심리 상태'라는 새로운 용어에 대한 설명과 함께 직장에서도 이 상태를 적용해야 한다는 내용의 본문이다. 마지막 부분의 '在工作中，我们如果能用这种积极的心态面对环境，就能真正做到傲立职场(업무에서 우리가 만약 이러한 적극적인 심리 상태로 환경을 대한다면 직장에서 진정으로 당당하게 설 수 있다)'를 들으면 쉽게 C를 선택할 수 있다.

6

北宋词人晏殊素以诚实著称。14岁时，他奉皇帝之命与其他进士一同参加考试。结果晏殊发现考题是自己刚做过的，就如实向皇帝禀告，并请求更换试题。皇帝对他的诚实品质赞赏有加，便赐他同进士出身。

북송의 문인인 안수는 정직하기로 유명했는데, 14살에 황제의 명을 받들어 다른 진사와 함께 시험을 보았다. 마지막에 안수는 시험 문제가 자신이 방금 풀어보았던 문제인 것을 발견하고는 사실대로 황제에게 보고하여 문제를 바꾸어주기를 간청했다. 황제는 그의 정직한 품성을 더욱 칭찬하여, 진사와 같은 신분을 하사했다.

A 晏殊作弊了
B 晏殊的分数最高
C 晏殊受到了皇帝的赞赏
D 晏殊重做了一遍题

A 안수는 부정행위를 했다
B 안수의 점수가 제일 높다
C 안수는 황제의 칭찬을 받았다
D 안수는 문제를 다시 풀었다

단어 诚实 chéngshí 형 성실하다 | 著称 zhùchēng 동 유명하다 | 奉 fèng 동 받들다 | 一同 yìtóng 부 함께 | 如实 rúshí 부 사실대로 | 禀告 bǐnggào 동 보고하다 | 赞赏 zànshǎng 동 칭찬하다 ‖ 作弊 zuòbì 동 부정행위하다

해설 사람 이름인 '晏殊'를 제외하고 가장 많이 나온 사람은 '皇帝(황제)'이기 때문에 '皇帝'와 '晏殊'의 관계를 중점적으로 들을 필요가 있다. 마지막 부분에서 황제에게서 칭찬을 받았다는 것이 언급되었기 때문에 정답은 C이다.

7

国家动物博物馆是中国最大的动物类专业博物馆，由动物标本馆和标本展示馆组成。馆内的动物标本超过600万件，几乎囊获了中国版图上所有的动物种类。被称为静止的动物园。

국가 동물 박물관은 중국의 제일 큰 동물류 전문 박물관으로 동물 표본관과 표본 전시관으로 구성되어 있다. 관내의 동물 표본은 600만 개가 넘으며, 중국 지도상의 모든 동물 종류를 거의 포함하고 있어 '움직이지 않는 동물원'이라고 불린다.

A 该馆面积很大
B 该馆馆藏丰富
C 该馆有6万件标本
D 中国有很多珍稀动物

A 박물관의 면적이 크다
B 박물관에는 소장품이 풍부하다
C 박물관에는 6만 건의 표본이 있다
D 중국에는 많은 진귀한 동물이 있다

제 5 회 听力

단어 标本 biāoběn 몡 표본 | 超过 chāoguò 통 초과하다 | 囊获 nánghuò 포함하다 | 版图 bǎntú 몡 국가의 영역 | 静止 jìngzhǐ 통 멈추다, 정지하다 ‖ 馆藏 guǎncáng 몡 소장품 | 珍稀 zhēnxī 진귀하고 드물다

해설 B의 '馆藏'은 도서관, 박물관 등이 소장하고 있는 도서, 문물 등을 뜻한다. 내용 중 '馆内的动物标本超过600万件(국가 동물 박물관 안의 표본이 600만 건이 넘는다)'이라고 한 것은 다시 말해 '馆藏'이 풍부하다는 것을 의미하므로 정답은 B가 된다.

8

品牌一词，品在前，牌在后，这说明要先有产品，后有牌子。如果没有高质量的产品作为支撑，仅靠提供赞助和打广告做宣传手段，即便能打出很高的知名度，也只会是昙花一现，注定要被市场淘汰。

상표라는 말은 品(상품)이 앞에, 牌(이름)가 뒤에 있는데, 이것은 먼저 상품이 있어야 하고 후에 브랜드가 있어야 한다는 걸 설명한다. 만약 좋은 품질의 상품이 받쳐주지 못한다면 협찬 제공과 광고에 겨우 의지하여 홍보 수단으로 삼을 수밖에 없다. 설령 지명도를 높일 수 있다 해도 잠깐 나타났다가 사라질 것이며 시장에서 도태될 운명이 될 수 있다.

A 赞助可提升企业形象
B 赞助可增加销量
C 品牌产品不易被淘汰
D 产品质量对品牌至关重要

A 협찬은 기업 이미지를 높일 수 있다
B 협찬은 판매량을 증가시킬 수 있다
C 브랜드 상품은 도태되기 쉽지 않다
D 브랜드에서 상품의 질은 지극히 중요하다

단어 品牌 pǐnpái 몡 상표 | 牌子 páizi 몡 브랜드 | 支撑 zhīchēng 통 받치다 | 赞助 zànzhù 몡 도움, 협찬 | 昙花一现 tánhuā yíxiàn 셍 잠깐 나타났다가 사라진다 | 注定 zhùdìng 통 운명적으로 정해져 있다 | 淘汰 táotài 통 도태하다 ‖ 提升 tíshēng 통 높이다 | 销量 xiāoliàng 판매량

해설 '品牌'라는 단어는 물건, 상품을 뜻하는 '品'과 상표, 브랜드를 의미하는 '牌'가 합쳐진 단어이다. '品'이 앞에, '牌'가 뒤에 있다는 것은 그만큼 브랜드보다는 물건 자체가 중요하다는 의미가 되므로 정답은 D가 된다.

9

唐伯虎小时候天赋过人，常得到众人的夸奖，他因此很自满。有一次，他的老师让他去开窗户，他过去一推，才发现窗户是老师画的。面对如此逼真的画作，唐伯虎自愧不如，从此便全心学画，终成为著名画家。

탕보후는 어렸을 때 타고난 자질이 남달라 사람들의 칭찬을 자주 받았다. 그 때문에 그는 매우 자만해져 있었다. 한번은 그의 선생님이 그에게 창문을 열라고 했고, 그는 가서 창문을 밀려고 할 때에서야 창문은 선생님이 그린 것이었다는 것을 알아챘다. 이렇게 진짜 같은 그림 작품을 보며, 탕보후는 부끄러워졌다. 이때부터 전심을 다해 그림을 배웠고, 결국 유명한 화가가 되었다.

A 有天赋就能成才
B 不要过分讲究完美
C 唐伯虎后来学画很用功
D 唐白虎画的更逼真

A 타고난 자질이 있어야만 인재가 될 수 있다
B 지나치게 완벽함을 추구하지 말라
C 탕보후는 후에 열심히 그림을 배웠다
D 탕보후가 그린 것이 더욱 진짜 같다

단어 天赋 tiānfù 몡 타고난 재질 | 过人 guòrén 통 남을 능가하다 | 夸奖 kuājiǎng 통 칭찬하다 | 自满 zìmǎn 톙 자만하다 | 逼真 bīzhēn 톙 마치 진짜와 같다 | 自愧不如 zìkuì bùrú 셍 남보다 못한걸 부끄러워하다

해설 '마치 진짜와 같다'는 의미의 '逼真'이 들리긴 했지만 이것은 탕보후의 그림이 아니라 선생님의 그림이었기 때문에 D와 같은 오답은 피해야 한다. 마지막 부분에 '全心学画(전심으로 그림을 배우다)'라고 했는데 이것은 그림 배우는 것을 열심히 했다는 C와 상응한다.

10

近日，科学家研制出一台读梦机。它能够从人类大脑中提取梦里的情景。这项技术已被用来检测和绘制人类脑海中浮现的人脸图像。未来，类似的技术还可能运用到帮助人们重构记忆上来。

A 读梦机有助于恢复记忆
B 发明读梦机只是幻想
C 读梦机已投入使用很多年
D 读梦机可识别梦中人脸图像

최근 과학자가 꿈을 읽는 기계를 제작했다. 이 기계는 사람의 대뇌에서 꿈속의 광경을 추출할 수 있다. 이 기술은 머릿속에 떠오르는 사람의 얼굴 이미지를 검측하고 제도하는 데에 이미 사용됐다. 미래에 유사한 기술이 사람들의 기억을 재구성하는 것을 돕도록 운용될 수도 있을 것이다.

A 꿈을 읽는 기계는 기억을 회복하는 데에 도움을 준다
B 꿈을 읽는 기계를 발명하는 것은 단지 공상일 뿐이다
C 꿈을 읽는 기계는 이미 몇 년 동안 사용되었다
D 꿈을 읽는 기계는 꿈속의 사람의 얼굴 이미지를 식별할 수 있다

단어 研制 yánzhì 동 연구 제작했다 | 提取 tíqǔ 동 추출하다 | 检测 jiǎncè 동 검사·측정하다 | 绘制 huìzhì 동 제도하다, 제작한다 | 浮现 fúxiàn 동 표출하다 | 图像 túxiàng 명 이미지, 도상, 화면 | 重构 chónggòu 동 재구성하다 ‖ 恢复 huīfù 동 회복하다 | 幻想 huànxiǎng 명 몽상, 공상 | 识别 shíbié 동 식별하다

해설 본문에서는 꿈속의 인물 이미지를 '检测(검측)'하고 '绘制(제도)'한다고 했는데 이는 간단히 말해 인물 이미지를 식별한다는 것과 같은 의미이므로 정답은 D이다.

11

提起创业，绝大多人会想到奋斗、努力、创新等关键词。孰不知，创业者沟通能力的高低，在某种程度上也决定了其创业的成败。因为创业往往要依靠整个团队的力量，而不是个人的力量。

A 找准企业发展方向很关键
B 创业者需有良好的沟通力
C 创新力是创业成功的基础
D 个人能力决定创业成败

창업을 말하자면, 절대다수의 사람들은 분투, 노력, 창의 등의 키워드를 떠올릴 것이다. 창업가의 소통능력의 좋고 나쁨이 어느 정도에서는 창업가의 성패를 결정짓는다는 것도 누구나 알고 있다. 창업은 때때로 팀 전체의 역량이지 개인의 역량이 아니기 때문이다.

A 기업의 발전 방향을 찾는 것이 관건이다
B 창업자는 우수한 소통력이 필요하다
C 창의력은 창업 성공의 기초이다
D 개인 능력은 창업 성패를 결정짓는다

단어 提起 tíqǐ 동 말을 꺼내다 | 奋斗 fèndòu 명 분투 | 关键词 guānjiàncí 명 키워드 | 孰 shú 대 어느, 무엇, 누구 | 依靠 yīkào 동 의존하다

해설 소통능력의 좋고 나쁨이 창업가의 성패를 결정짓는다는 말은 그만큼 우수한 소통력이 필요하다는 의미이기 때문에 정답은 B이다.

12

夏天，自来水管外壁常出现"出汗"现象。这是因为，自来水管大都埋在地下，水温较低。空气中的水蒸气接触水管后，就会液化成小水滴，附在上面。如果管壁大量"出汗"，说明空气湿度较大。这正是，下雨的前兆。

여름에는 수도관 외벽에 자주 '땀이 나는' 현상(결로 현상)이 나타난다. 이것은 수도관의 대부분이 지하에 묻혀 있어서 물의 온도가 비교적 낮기 때문이다. 공기 중의 수증기가 수도관에 접촉한 후에 액화하면서 작은 물방울이 되어 표면에 붙게 되는 것이다. 만약 수도관이 대량으로 '땀을 낸다면' 공기의 습도가 비교적 크다는 것이다. 이것은 바로 비가 내릴 징조이다.

A 春天常有水管出汗现象
B 水管出汗表示某处有渗漏
C 水管内水温变化大
D 水管大量出汗是下雨的前兆

A 봄에는 자주 수도관에 결로 현상이 생긴다
B 수도관에 물이 맺히는 것은 어딘가 샌다는 것을 나타낸다
C 수도관 안의 수온 변화가 크다
D 수도관에 물이 많이 맺히는 것은 비가 내릴 징조이다

단어 出汗 chūhàn 동 땀나다 | 埋 mái 동 덮다, 묻다 | 水蒸气 shuǐzhēngqì 명 수증기 | 接触 jiēchù 동 접촉하다 | 液化 yèhuà 동 액화하다 | 水滴 shuǐdī 명 물방울 | 湿度 shīdù 명 습도 | 前兆 qiánzhào 명 징조, 조짐 ‖ 渗漏 shènlòu 동 누출되다, 새다

해설 '出汗'은 원래 '땀이 나다'라는 의미이지만 본문에서는 수도관 외벽에 물방울이 맺히는 현상을 땀에 비유하여 표현했다. 결로 현상이 심하다는 것은 공기의 습도가 높아 비가 내릴 징조라고 마지막에 언급되었기 때문에 정답은 D이다.

13

节能灯是利用气体放电原理工作的。刚开灯时，气体放电不显著，灯光较暗。经过一段时间的放电后，灯光会越来越亮。不过，现在节能灯以实现了快速启动，因此不会再出现，刚开灯时，灯光昏暗的现象了。

절전등은 기체 방전 원리를 이용하여 작동한다. 막 등을 켰을 때는 기체 방전이 명확하지 않아서 불빛이 어둡다. 어느 정도 방전을 한 후에 불빛이 점점 더 밝아진다. 하지만 현재의 절전등은 이미 빠른 작동이 실현되어 막 등을 켰을 때 불빛이 어두운 현상이 나타나지 않는다.

A 节能灯越用越暗
B 节能灯管不能随意丢弃
C 节能灯利用气体放电原理工作
D 节能灯尚未普及

A 절전등은 사용할수록 어두워진다
B 절전등의 관을 마음대로 버리면 안 된다
C 절전등은 기체 방전 원리를 이용하여 작동한다
D 절전등은 아직 보급되지 않았다

단어 节能灯 jiénéngdēng 명 절전등 | 放电 fàngdiàn 동 전기에너지를 방출하다 | 显著 xiǎnzhù 형 뚜렷하다, 두드러지다 | 启动 qǐdòng 동 작동을 시작하다 ‖ 随意 suíyì 형 마음대로 | 丢弃 diūqì 동 버리다 | 尚未 shàngwèi 부 아직 ~하지 않다 | 普及 pǔjí 동 보급되다

해설 첫 문장에서 '节能灯是利用气体放电原理工作的(절전등은 기체 방전 원리를 이용하여 작동한다)'라고 했기 때문에 이 부분이 그대로 나온 C가 정답이다.

14

座头鲸的耳朵，就是头上的两个小洞。它们的耳朵虽小，但却丝毫不影响听力。座头鲸的听觉非常敏锐，它们常常以唱歌的方式相互交谈。就算相隔几百里远，也能听到同伴的声音。

A 座头鲸游动速度快
B 座头鲸听觉敏锐
C 座头鲸喜欢群居
D 座头鲸歌声优美

흑고래의 귀는 바로 머리에 있는 두 개의 작은 구멍이다. 그것들의 귀는 비록 작지만 청력에 조금의 영향도 주지 않는다. 흑고래의 청각은 매우 예민하여 그것들은 자주 노래를 부르는 방식으로 서로 교류한다. 설사 몇백 미터를 떨어져 있더라도 같은 무리의 목소리를 들을 수 있다.

A 흑고래는 유동 속도가 빠르다
B 흑고래는 청각이 예민하다
C 흑고래는 무리 지어 사는 것을 좋아한다
D 흑고래는 노랫소리가 아름답다

단어 座头鲸 zuòtóujīng 명 흑고래 | 丝毫 sīháo 부 조금도 | 敏锐 mǐnruì 형 예민하다 | 相隔 xiānggé 동 서로 떨어져 있다 ‖ 游动 yóudòng 동 유동하다, 이리저리 옮겨 다니다 | 群居 qúnjū 동 무리 지어 살다

해설 도입 부분에서 '座头鲸的耳朵(흑고래의 귀)'에 대해 언급했기 때문에 귀 또는 청각이 주제가 됨을 파악해야 한다. 또한 '座头鲸的听觉非常敏锐(흑고래의 청각은 매우 예민하다)'라고 했기 때문에 B가 정답이다.

15

南瓜蔓儿可以预报天气。天气晴朗时，南瓜蔓梢是向上翘起的。如果蔓梢下垂，那是天气转为阴雨的征兆。如果在阴雨连绵的天气里，蔓梢由下垂转为上翘，那就表明，阴雨天即将结束，晴天马上就会到来。

A 南瓜是喜阴植物
B 天气变化会影响南瓜生长
C 南瓜蔓儿生长缓慢
D 南瓜蔓梢方向可预示天气变化

호박 덩굴은 날씨를 예보할 수 있다. 날씨가 쾌청할 때 호박 덩굴의 끝은 위로 휘어져 있다. 만약 덩굴의 끝이 아래로 드리워져 있다면 날씨가 바뀌어 장마가 올 징조이다. 만약 계속되는 장마 속에 덩굴 끝이 아래에서 위로 휘어진다면 그것은 비가 곧 그치고 맑은 날씨가 온다는 뜻이다.

A 호박은 그늘을 좋아하는 식물이다
B 날씨 변화가 호박의 성장에 영향을 줄 수 있다
C 호박 덩굴의 성장이 느리다
D 호박 덩굴 끝의 방향이 날씨 변화를 예보할 수 있다

단어 南瓜 nánguā 명 호박 | 蔓 màn 명 덩굴 | 晴朗 qínglǎng 형 쾌청하다 | 梢 shāo 명 나무 끝, 끝부분 | 翘 qiào 동 치켜들다, 휘다 | 下垂 xiàchuí 동 아래로 드리워지다 | 阴雨 yīnyǔ 명 장마 | 征兆 zhēngzhào 명 징조 | 连绵 liánmián 동 끊이지 않다 ‖ 缓慢 huǎnmàn 형 느리다 | 预示 yùshì 동 예시하다

해설 도입부에 '南瓜蔓儿可以预报天气(호박 덩굴은 날씨를 예보할 수 있다)'라고 했는데 '预报'는 '预示'와 비슷한 의미이기 때문에 정답은 D이다.

第 二 部 分

🎯 16-20

女：从金融高管到专业婚介人，行业跨度非常大。你为什么会选择这样的挑战？

男：[20]我从事过三个行业，分别是：遗传工程、投资行业和互联网服务业。分子遗传学对我而言，既有趣又有意义，但我没有动手做实验的天分。投资行业的市场需求虽大，但我对它缺乏热忱。[16]而创办相亲网站，令我感到自己的人生很有意义。我不太在乎创业的结果，只在乎生活的方式，是不是我所感兴趣的。

女：与传统婚介所相比，和互联网相结合的红娘，有什么优势？

男：借助广阔的网络平台，婚恋网站可以在短时间内，聚集众多有相亲需求的单身人士。这是对传统婚介所的超越，它为追求效率的都市人，能更好、更快地相亲提供了极大地方便。婚恋网站改变了人们通常认为的，网上只能进行浅层次的交流的看法。[17]它利用网络，高效、便捷地解决了人们最实际的婚姻需求。

女：在你看来，人们对网络相亲的接受度如何？

男：与家人和朋友的介绍相比，网络相亲越来越被单身人士所接受。相亲是一个提供给单身人士找到幸福的平台。不同的人需要不同的方式寻找幸福。[18]我希望单身的朋友能以积极的态度去面对相亲。这只是一种认识的方式，坦然面对即可。

女：你怎么看待婚姻的经营？

男：我认为，最理想的伴侣应该是在性格上没有太多冲突的两个人。这样比较容易维持婚姻的稳定。对于婚姻的经营，[19]我个人认为有八个字很重要：及时沟通、相互理解。婚姻不像恋爱，它需要更多的时间和责任去维护。任何一方有问题，都要及时说出来。只有两个人共同经营、相互理解，才能在生活的点滴中铸造美满，让婚姻走得更长远。

여: 금융 고위층에서 혼인 전문 상담사까지, 직종 간의 간격이 매우 큰데요, 당신은 왜 이러한 도전을 선택했나요?

남: [20]저는 세 가지 업종에 종사한 적이 있는데, 각각 유전자 공학, 투자 업종, 인터넷 서비스업입니다. 분자 유전학은 저에게 있어서 재미도 있었고 의미도 있었지만 저는 실험을 하는 소질은 없었습니다. 투자 업종은 시장의 수요는 컸지만 저는 그것에 대한 열정이 부족했어요. [16]그러나 맞선 사이트를 창설한 것은 제 인생이 아주 의미 있다는 것을 느끼게 해주었어요. 저는 창업의 결과를 신경 쓰지 않고 생활 방식이 흥미가 있는지를 신경 씁니다.

여: 전통 혼인 소개소와 비교해서 인터넷과 결부시킨 중매는 어떤 장점이 있습니까?

남: 넓은 인터넷 환경의 힘을 빌려 결혼·연애 사이트는 단기간에 맞선이 필요한 수많은 싱글들을 모을 수 있었습니다. 이것은 전통 혼인 소개소를 뛰어넘어 효율을 추구하는 도시인들을 위해 더 좋고, 더 빠른 맞선으로 최대한의 편리함을 제공하였습니다. 인터넷에서는 얕은 차원의 교류만을 할 수 있다는 사람들의 생각을 결혼·연애 사이트가 바꾸었습니다. [17]그것은 인터넷을 이용하여 높은 효율로 빠르게 가장 실제적인 혼인 수요를 해결했습니다.

여: 당신이 보았을 때, 사람들이 인터넷 맞선에 대해서 받아들이는 정도가 어떠하다고 생각합니까?

남: 가족과 친구가 소개해주는 것과 비교해보면, 인터넷 맞선은 싱글들에게 점점 더 받아들여지고 있습니다. 맞선은 싱글들에게 행복을 찾아주는 무대입니다. 사람마다 서로 다른 방식으로 행복을 찾는 것이 필요합니다. [18]저는 싱글인 친구들이 적극적인 태도로 맞선을 대하길 바랍니다. 이것은 일종의 알아가는 방식일 뿐이므로 편안하게 대하면 됩니다.

여: 당신은 결혼의 경영을 어떻게 보십니까?

남: 저는 가장 이상적인 배우자는 성격적으로 충돌이 많지 않은 두 사람일 것이라고 생각합니다. 이러면 비교적 쉽게 결혼의 안정을 유지할 수 있습니다. [19]결혼의 경영에 대해서 저 개인적으로는 '제때에 소통하고 서로 이해한다(及时沟通、相互理解)'라는 여덟 글자가 매우 중요하다고 생각합니다. 결혼은 연애와는 다릅니다. 더 많은 시간과 책임으로 지켜나가야 합니다. 어느 한쪽에 문제가 생기면 즉시 말해야 합니다. 두 사람이 함께 계획하고 서로 이해해야만 비로소 생활의 사소함 중에서 아름다움을 만들 수 있으며 결혼을 더욱 길고 멀게 가도록 할 수 있습니다.

단어 金融 jīnróng 몡 금융 | 婚介 hūnjiè 몡 혼인 소개, 혼인 상담 | 跨度 kuàdù 몡 간극 | 从事 cóngshì 동 종사하다 | 遗传工程 yíchuán gōngchéng 몡 유전자 공학 | 互联网 hùliánwǎng 몡 인터넷 | 动手 dòngshǒu 동 하다, 시작하다, 착수하다 | 天分 tiānfèn 몡 타고난 소질 | 热忱 rèchén 몡 열정 | 相亲 xiāngqīn 몡 맞선, 소개팅 | 红娘 hóngniáng 몡 중매쟁이 | 借助 jièzhù 동 도움을 빌다 | 广阔 guǎngkuò 형 넓다 | 聚集 jùjí 동 집중하다 | 超越 chāoyuè 동 초월하다 | 浅 qiǎn 형 얕다 | 便捷 biànjié 형 빠르다, 민첩하다 | 坦然 tǎnrán 형 태연하다 | 即可 jíkě 부 ~하면 바로 ~할 수 있다 | 伴侣 bànlǚ 몡 배우자 | 维持 wéichí 동 유지하다 | 稳定 wěndìng 형 안정 | 点滴 diǎndī 몡 사소한 것 | 铸造 zhùzào 동 주조하다

16

男的为什么转行创办相亲网站?

A 与专业相关
B 利润高
C 市场需求大
D 感觉更有意义

남자는 왜 맞선 사이트를 만드는 것으로 직업을 바꾸었는가?

A 전공과 관련이 있어서
B 이윤이 높아서
C 시장 수요가 커서
D 더 의미가 있다고 생각해서

단어 转行 zhuǎnháng 동 직업을 바꾸다

해설 남자의 첫 번째 대답 마지막 부분에서 '而创办相亲网站，令我感到自己的人生很有意义(그러나 맞선 사이트를 창설한 것은 내 인생이 아주 의미 있다는 것을 느끼게 해주었다)'라고 언급했기 대문에 정답은 D이다.

17

男的觉得，婚恋网站有什么优势?

A 可免费注册
B 便捷高效
C 不受地域限制
D 可信度高

남자는 결혼·연애 사이트가 어떤 우수성이 있다고 생각하는가?

A 무료로 등록할 수 있다
B 빠르고 효율이 높다
C 지역의 제한을 받지 않는다
D 신뢰도가 높다

단어 注册 zhùcè 동 등록하다 | 地域 dìyù 몡 지역 | 可信度 kěxìndù 몡 신뢰도

해설 남자의 두 번째 대답 마지막 부분에서 '它利用网络，高效、便捷地解决了人们最实际的婚姻需求(그것은 인터넷을 이용하여 높은 효율로 빠르게 가장 실제적인 혼인 수요를 해결했다)'라고 언급했다. 정답은 B이다.

18

男的建议单身人士怎么做?

A 积极面对相亲
B 参加户外活动
C 提高自身素养
D 扩大交友圈

남자는 싱글들이 어떻게 하기를 건의하는가?

A 적극적으로 맞선을 대해야 한다
B 야외행사에 참여해야 한다
C 자신의 소양을 높여야 한다
D 사교 범위를 넓혀야 한다

단어 户外活动 hùwài huódòng 몡 야외행사

해설 남자의 세 번째 대답을 보면 '我希望单身的朋友能以积极的态度去面对相亲(싱글인 친구들이 적극적인 태도로 맞선을 대하길 바란다)'이라고 말했다. 그러므로 적극적으로 맞선을 대해야 한다는 A가 정답이다.

제 5 회 听力

19 男的认为，婚姻中最重要的是什么?

A 经济基础
B 保留隐私空间
C 理解与沟通
D 统一的价值观

남자는 결혼에서 가장 중요한 것이 무엇이라고 생각하는가?

A 경제 기초
B 개인적 공간을 남겨두는 것
C 이해와 소통
D 같은 가치관

단어 隐私 yǐnsī 몡 개인의 사생활, 프라이버시

해설 남자의 마지막 대답을 들어보면 남자가 특히 강조하는 말이 있다. '我个人认为有八个字很重要：及时沟通、相互理解(결혼의 경영에 대해서 개인적으로는 '제때에 소통하고 서로 이해한다(及时沟通、相互理解)'라는 여덟 글자가 매우 중요하다고 생각한다)'라고 언급했는데 여기서 강조하는 것은 이해와 소통이므로 정답은 C이다.

20 关于男的，下列哪项正确?

A 看重创业结果
B 曾涉足投资领域
C 热衷实验
D 通过相亲结婚

남자에 관하여 다음 중 옳은 것은?

A 창업 결과를 중시한다
B 투자 영역에 발을 들여놓은 적이 있다
C 실험에 열중한다
D 맞선을 통해 결혼한다

단어 涉足 shèzú 동 발을 들여놓다 | 热衷 rèzhōng 동 열중하다

해설 맞는 것을 고르는 문제는 보통 전체적인 부분을 통틀어 나오는 편이다. 남자의 첫 번째 대답의 첫 마디에 '我从事过三个行业，分别是：遗传工程、投资行业和互联网服务业(세 가지 업종에 종사한 적이 있는데, 각각 유전자 공학, 투자 업종, 인터넷 서비스업이다)'라고 했기 때문에 정답은 B이다. 또한 '涉足…领域'는 '~영역에 발을 들여놓다'라는 의미이므로 기억해두면 좋다.

21-25

女: 高总，您认为对于创业者来说最重要的是什么?

男: ²¹对刚开始创业的人来说，需要一个非常务实的心态。如果没有这种务实心态，很多事情都只是空谈和妄想。我当年创业的时候，什么都做。既是老板，也是装卸工、业务员和出纳。我想创业者无论干什么、干哪个行业，这种状态都是一个前提。

女: ²⁵您当年离开小学教师的岗位自己创业，现在又在学校里面做创业导师，那您是如何看待现在的创业教育呢?

男: 应该说这两年创业教育的情况比前些年好多了。我们以前基本上是靠自己摸索，²²在摸索中感悟，在感悟中纠正，在纠正中实现企业的成长，就是所谓的摸着石头过河。这两

여: 고 사장님, 창업자 입장에서 말씀하신다면 가장 중요한 것은 무엇인가요?

남: ²¹창업을 막 시작한 사람에 대해 말하자면 매우 실무적인 태도가 필요합니다. 만약 이러한 실무적인 태도가 없다면 매우 많은 일이 단지 공론과 망상일 것입니다. 제가 창업했을 당시에는 설령 사장일지라도 하역부, 업무원, 출납원까지 무슨 일이든 다 했습니다. 제 생각에 창업자는 무엇을 하든, 어떤 직종이든 이러한 태도가 하나의 전제 조건이라고 생각합니다.

여: ²⁵당신은 당시 초등학교 선생님의 자리를 떠나 스스로 창업을 했는데 현재는 또 학교에서 창업 지도 교수를 하고 있습니다. 그럼 당신은 지금의 창업 교육을 어떻게 보십니까?

남: 이 두 해 사이에 창업교육 상황이 이전보다 좋아졌

年，创业教育发展很快。在一些大专院校当中，甚至在整个社会体系中，都已经有人提出并开始去做一些事情。这个太重要了！可以让很多创业青年少走一些弯路，让他们能够在创业的道路上走得更加顺畅。

女：那您认为创业教育的培养目标是什么？

男：我觉得整个创业教育最重要的目标就是培养企业家精神。

女：什么是企业家精神？您能否给我们定义一下？

男：企业家精神是企业文化的核心。我认为其中有三点是必不可少的，即洞察力、领导力和行动力。<u>²³企业家每天都要面对主客观环境的变化，所以他们必须具备能够一眼看到问题的根源、把握脉络和方向的能力</u>。企业越做越大，组织架构会越来越庞杂。在这种情况下，只有具备领导力的企业家，才能将企业的决策层层贯彻下去，使之成为整个企业的一致行动。而所有好的想法，都一定要通过有效的行动，才能达成。所以，行动力也是一个非常重要的环节。

女：最后，请您给那些想创业或正在创业的朋友们提一些建议吧。

男：²⁴创业一定要做自己感兴趣的方面，这是最基本的。然后就是刚开始讲到的心态问题。我发现很多年轻创业者，心智都很高，不愿意放低身段。事实上，所有伟大的事业都是从点滴开始积累的。

다고 당연히 말할 수 있어요. 이전에는 기본적으로 자기 스스로 모색했었죠. ²²찾는 중에 깨닫고, 깨달으면서 고쳤고, 고치면서 기업의 성장을 실현했습니다. 바로 소위 말하는 '돌다리도 두들겨 보고 건넌다'라는 것이죠. 2년간 창업교육의 발전은 아주 빨랐습니다. 대학교와 전문대학에서 심지어 모든 사회에서도 누군가 이 일을 제의하고 뭔가를 하기 시작했습니다. 이건 아주 중요해요! 창업을 하는 많은 청년이 길을 돌아가지 않고 창업의 길을 더욱 순조롭게 가도록 하는 것이죠.

여: 그렇다면 당신은 창업교육의 배양 목표가 무엇이라고 생각하나요?

남: 저는 모든 창업교육의 가장 중요한 목표가 기업가 정신을 기르는 것이라고 생각합니다.

여: 무엇이 기업가 정신인가요? 우리에게 정의해주실 수 있나요?

남: 기업가 정신은 기업 문화의 핵심입니다. 그중에는 없어선 안 될 세 가지가 있어요. 바로 통찰력, 지도력, 행동력입니다. ²³기업가는 주관적, 객관적 환경의 변화를 매일 대면해야 하기에 그들은 문제의 근본을 볼 수 있는 눈을 갖춰야 하고 맥락과 방향을 장악하는 능력을 갖춰야 해요. 기업이 커질수록 조직 구조는 점점 더 복잡해질 것입니다. 이런 상황에서 지도력을 갖춘 기업가만이 기업의 방침을 점차적으로 관철해 나갈 수 있으며, 이것으로 모든 기업의 일치된 행동을 이룰 수 있을 것입니다. 그리고 모든 훌륭한 아이디어는 반드시 효율적인 행동을 통해야만 달성할 수 있습니다. 그렇기 때문에 행동력 또한 매우 중요한 일환이지요.

여: 마지막으로 창업을 생각하거나 창업을 하고 있는 친구들에게 조언을 좀 해주세요.

남: ²⁴창업은 반드시 자신이 흥미 있는 분야라야 합니다. 이건 기본적인 거예요. 그다음이 바로 처음에 말했던 태도 문제에요. 저는 여러 젊은 창업자를 봐 왔는데, 사고력은 높지만 몸을 낮추고 싶어 하진 않았어요. 실제로 모든 위대한 사업들은 작은 것에서 시작되어 축적되는 것입니다.

단어 务实 wùshí 형 실무적인, 실용적인 | 空谈 kōngtán 동 공론하다, 하지는 않고 말만 하다 | 妄想 wàngxiǎng 동 망상하다 | 装卸 zhuāngxiè 동 하역하다 | 前提 qiántí 명 전제 조건 | 岗位 gǎngwèi 명 직장, 근무처, 자리 | 导师 dǎoshī 명 지도교수 | 摸索 mōsuǒ 동 모색하다 | 感悟 gǎnwù 동 깨닫다, 느끼다 | 纠正 jiūzhèng 동 교정하다, 고치다, 바로잡다 | 摸着石头过河 mōzhe shítou guòhé 돌을 더듬어가며 강을 건너다, 실천 중에 방법을 모색하고 경험을 찾다 | 必不可少 bìbù kěshǎo 형 없어선 안 되다 | 洞察力 dòngchálì 통찰력 | 根源 gēnyuán 명 근본 | 把握 bǎwò 동 장악하다, 파악하다 | 脉络 màiluò 명 맥락 | 庞杂 pángzá 형 번잡하다, 난잡하다 | 贯彻 guànchè 동 관철시키다 | 心智 xīnzhì 명 사고력, 지혜 | 点滴 diǎndī 사소한 것

21

对于刚开始创业的人来说，什么最重要？

A 良好的机遇
B 优秀的团队
C 充足的资金
D 务实的态度

창업을 막 시작하는 사람의 입장에서는 무엇이 가장 중요한가?

A 좋은 기회
B 우수한 단체
C 충분한 자금
D 실무적인 태도

제 5 회
听力

단어 机遇 jīyù 명 기회, 찬스

해설 남자가 첫 번째 대답 첫 마디에서 '对刚开始创业的人来说，需要有一个非常务实的心态(창업을 막 시작한 사람에 대해 말하자면 매우 실무적인 태도가 필요하다)'라고 언급했기 때문에 정답은 D이다.

22

"摸着石头过河"是什么意思？

A 急需别人的帮助
B 踏实走好每一步
C 在摸索中前进
D 困难很多

"돌다리도 두들겨 보고 건넌다(摸着石头过河)"는 무슨 뜻인가?

A 다른 사람의 도움이 급히 필요하다
B 착실히 걸어나간다
C 모색 중 전진한다
D 어려움이 많다

단어 踏实 tāshi 형 착실하다

해설 '摸着石头过河'의 사전적인 의미는 '돌다리도 두들겨 보고 건너다'이기 때문에 B로 오해할 수 있다. 하지만 본문에서 언급했듯이 '在摸索中感悟，在感悟中纠正，在纠正中实现企业的成长(찾는 중에 깨닫고, 깨달으면서 고치고, 고치면서 기업의 성장을 실현했다)'이라고 했기 때문에 정답은 C가 적절하다

23

面对主客观环境的变化，企业家要具备什么能力？

A 看清问题本质
B 协调各方矛盾
C 勇于尝试新事物
D 果断取舍

주관적, 객관적 환경의 변화에 대면하여 기업가는 어떤 능력을 갖춰야 하는가?

A 문제의 본질을 정확히 본다
B 각 방면의 갈등을 조화롭게 한다
C 새로운 것을 용감하게 시도한다
D 과감히 취사선택한다

단어 协调 xiétiáo 형 어울리다, 조화롭다 | 果断 guǒduàn 형 결단성 있다 | 取舍 qǔshě 동 취사선택하다

해설 남자의 네 번째 대답에서 '所以他们必须具备能够一眼看到问题的根源、把握脉络和方向的能力(그래서 그들은 문제의 근본을 볼 수 있는 눈을 갖춰야 하고 맥락과 방향을 장악하는 능력을 갖춰야 한다)'라고 언급했다. 근본을 볼 수 있는 눈을 갖춰야 한다는 것은 결국 본질을 정확히 파악해야 한다는 의미이므로 정답은 A이다.

24 男的对刚开始创业的人有什么建议? | 남자는 창업을 시작하는 사람들에게 어떤 조언을 했는가?

A 要结合自身爱好
B 多参加培训
C 选择新兴行业
D 做好规划

A 자신의 취미와 결합해야 한다
B 교육에 많이 참여해야 한다
C 새로운 직종을 선택해야 한다
D 계획을 잘해야 한다

 规划 guīhuà 명 계획

 남자의 마지막 대답에서 '创业一定要做自己感兴趣的方面(창업은 반드시 자신이 흥미 있는 분야라야 한다)'이라고 언급했다. 또한 A의 '结合'는 '결합하다'라는 의미이기 때문에 취미와 결합해야 한다는 A가 정답이다.

25 关于男的，可以知道什么? | 남자에 대해 무엇을 알 수 있는가?

A 热心公益事业
B 曾是小学教师
C 创办了一所学校
D 创业之路很顺畅

A 공익사업을 열심히 한다
B 초등학교 선생님이었다
C 학교를 창립했다
D 창업의 길이 매우 순조롭다

顺畅 shùnchàng 형 순조롭다

 여자의 두 번째 질문에서 '您当年离开小学教师的岗位自己创业(당신은 당시 초등학교 선생님의 자리를 떠나 스스로 창업을 했다)'라고 말했기 때문에 정답은 B이다. 보통 대답하는 사람 부분에서 정답 확률이 높으나 질문 또한 배제해서는 안 된다.

 26-30

女: 很多人觉得要找到一个优秀的人才很难，您怎样看待这件事?
男: 以前曾听人感叹过找人真难，项目马上就要上线了，最头疼的就是找不到合适的人才，尤其是好的销售总监。我听了之后，第一个反应就是 26他缺的不是人才，而是管理员工的策略。正因为管理策略的缺失才让现有员工不能人尽其才，从而加重了企业对人才的渴求。因此，经营者不应把管理策略的缺失转嫁为对人才的依赖。
女: 您觉得工作中最重要的是什么?
男: 27是态度，不论工作如何变都要不断学习、积极进取。工作需要的无非就是知识、技能和态度，我们走到今天学到的知识不到20%，技能也只占了30%而态度则占到了50%。如果我们能有一个积极进取的态度，把知识学以致用，再练就熟练的技能，

여: 많은 사람이 인재를 찾는 것이 어렵다고 여기는데 당신은 이 일에 대해 어떻게 생각하십니까?
남: 예전에 일찍이 누군가 사람을 찾는 것이 정말 어렵다며 탄식하는 것을 들은 적이 있습니다. 프로젝트가 곧 출시되려고 하는데 가장 골치 아픈 것이 바로 적합한 인재, 특히 좋은 판매 총감독을 찾을 수 없다는 것이었습니다. 제가 그것을 듣고 난 후의 첫 번째 반응은 26그가 부족한 것은 인재가 아니라 직원을 관리하는 전략이라는 것이었습니다. 바로 관리 전략의 결함 때문에 현재 있는 직원들이 재능을 충분히 발휘하지 못하고, 이에 따라 인재에 대한 기업의 갈구가 가중되는 것입니다. 그러므로 경영자는 관리 전략의 결함을 인재에 대한 의존으로 전가해서는 안 됩니다.
여: 당신은 일에서 가장 중요한 것이 무엇이라고 생각합니까?

那么离实现人生目标就不远了。
女：您是如何做到在繁忙的工作中一直保持创新力的呢？
男：^{28,30}一是要保持一定的阅读量，一周不读书，你就要落后了。我每周都要阅读大量的信息，如新闻评论等。²⁸二是要保持一定的交际圈，与朋友们多交流，个人的阅历毕竟有限，多与他人沟通，才能碰撞出火花，发现新的思路、观点和主意。
女：现在很多大学生都会提出很多疑问，如怎样规划职业路线，求职路上需要做哪些准备等。您能给他们一些建议吗？
男：有几件事情千万不能忘记！一是研究市场，在读书期间就要密切地关注社会上需要什么样的人才，思考自己怎样才能变成市场上的稀缺资源。二是制定计划，在大一的时候就写一份推销自己的简历，简历中所提到的自己就不应该是你毕业时的样子，而大学4年就是你打造自己的过程。三是重视学习，在不影响学业的前提下，²⁹积极寻找实习机会，不断积累经验，完善自己。这要比正式进入公司之后犯下许多错误再改正要好得多。

제 5 회

听力

남: ²⁷태도입니다. 일이 어떻게 변하든지 부단히 공부해야 하고 적극적이고 진취적이어야 합니다. 일에서 필요한 것은 단지 지식과 기능, 태도입니다. 우리가 지금까지 배운 지식은 20%가 되지 않고, 기능 또한 단지 30%를 차지하지만 태도는 오히려 50%를 차지합니다. 만약 우리가 적극적이고 진취적인 태도가 있고 지식을 실제로 활용하며 숙련된 기능을 연마한다면 인생의 목표를 실현하는 것은 그리 멀지 않습니다.

여: 당신은 어떻게 바쁜 와중에도 계속 창의력을 유지하십니까?

남: ^{28,30}첫 번째로는 일정한 독해량을 유지해야 합니다. 한 주라도 책을 읽지 않으면 뒤처지게 될 것입니다. 저는 매주 뉴스 평론과 같은 많은 정보를 읽습니다. ²⁸다음으로는 어느 정도 교제 범위를 유지하여 친구들과 많이 교류해야 합니다. 개인의 경험은 결국 한계가 있기에 타인과 많이 소통해야만 충돌하면서 번뜩이는 불꽃이 일어 새로운 생각과 관점, 주의를 발견하게 되는 것입니다.

여: 현재 많은 대학생이 많은 질문을 제기하고 있습니다. 예를 들어 '어떻게 직업 노선을 계획할 것인가', '구직 선상에서 어떤 준비가 필요한가' 등에 대해 말입니다. 당신은 그들에게 어떤 조언을 해주실 수 있나요?

남: 몇 가지 일을 절대 잊지 마세요! 첫 번째는 시장을 연구하는 것입니다. 반드시 학교에 다니는 동안에는 사회적으로 어떠한 인재가 필요한지 밀접하게 주시해야 하고, 자신이 어떻게 해야 시장의 희소 자원으로 바뀔 수 있는지를 생각해야 합니다. 두 번째는 계획을 세우는 것입니다. 대학교 1학년 때 자신을 알리는 이력서를 써보는데, 이력서에 언급한 자신이 졸업할 때의 모습이어서는 안 됩니다. 대학 4년은 바로 자신을 만들어가는 과정인 것입니다. 세 번째는 학습을 중시하는 것입니다. 학업에 영향을 주지 않는다는 전제하에 ²⁹적극적으로 인턴 기회를 찾아야 하고 부단히 경험을 쌓아서 자신을 완벽하게 해야 합니다. 이것은 정식으로 회사에 들어간 후에 많은 실수를 저지르면서 고치는 것보다 더욱 좋습니다.

단어 感叹 gǎntàn 동 탄식하다 | 上线 shàngxiàn 동 출범하다, 개통하다 | 总监 zǒngjiān 명 총감독 | 策略 cèlüè 명 책략, 전략 | 缺失 quēshī 명 결함 | 人尽其才 rénjìn qícái 생 사람마다 재능을 충분히 발휘하다 | 渴求 kěqiú 동 갈구하다 | 转嫁 zhuǎnjià 동 전가하다 | 依赖 yīlài 동 의존하다 | 积极进取 jījí jìnqǔ 적극적이고 진취적이다 | 无非 wúfēi 부 단지 | 占 zhàn 동 차지하다 | 学以致用 xuéyǐ zhìyòng 생 배운 것을 실제로 활용하다 | 练就 liànjiù 연마해 몸에 익히다 | 繁忙 fánmáng 형 일이 많고 바쁘다 | 碰撞 pèngzhuàng 동 충돌하다, 비위를 거스르다 | 规划 guīhuà 동 기획하다 | 稀缺 xīquē 형 희소하다 | 推销自己 tuīxiāo zìjǐ 자기를 알리다 | 简历 jiǎnlì 명 이력서 | 打造 dǎzào 동 만들다 | 实习 shíxí 동 실습하다, 인턴하다

26 男的认为为什么会出现找人难的现象? | 남자는 구인난 현상이 왜 생겼다고 생각하는가?

A 人才外流 A 인재가 국외로 유출되어서
B 应聘者要求多 B 지원자의 요구가 많아서
C 管理策略缺失 C 관리 전략에 결함이 있어서
D 招聘程序复杂 D 모집 순서가 복잡해서

단어 外流 wàiliú 동 국외로 유출되다

해설 남자가 위의 현상에 관하여 첫 번째 대답에서 '他缺的不是人才，而是管理员工的策略(그가 부족한 것은 인재가 아니라 직원을 관리하는 전략이라는 것이다)'이라고 했다. 관리가 잘 되고 있지 않기 때문에 직원들이 능력을 다 발휘하지 못하는 것이고 인재만 찾게 되는 실정을 비판하고 있다. 그렇기 때문에 관리 전략에 결함이 있다는 C가 정답이다.

27 男的觉得工作中最重要的是什么? | 남자는 일에서 가장 중요한 것이 무엇이라고 생각하는가?

A 团队精神 A 단체정신
B 技能 B 기능
C 态度 C 태도
D 学识 D 학식

해설 위 문제와 같은 여자의 두 번째 질문에 대해 남자는 첫 마디에 '是态度(태도이다)'라고 대답했으므로 정답은 C이다.

28 下列哪项是保持创新力的途径? | 다음 중 어느 것이 창의력을 유지하는 경로인가?

A 勤于动手 A 부지런히 시작한다
B 多与人交流 B 사람들과 많이 교류한다
C 培养艺术爱好 C 예술 취미를 기른다
D 亲近自然 D 자연을 가까이한다

단어 途径 tújìng 명 경로, 과정, 길 | 勤于 qínyú 동 ~에 부지런하다 | 动手 dòngshǒu 동 하다, 시작하다, 착수하다

해설 남자는 세 번째 대답에서 창의력을 유지하는 방법으로 두 가지를 언급했다. 첫 번째는 일정한 독해량을 유지해야 한다는 것(一是要保持一定的阅读量)이고 두 번째는 많은 사람과 소통하여 교제 범위를 넓히는 것(二是要保持一定的交际圈)이라고 했다. 그러므로 사람들과 많이 교류해야 한다는 B가 정답이다.

29 男的认为实习的好处是什么? | 남자는 인턴의 장점이 무엇이라고 생각합니까?

A 积累人脉 A 인맥을 쌓는다
B 完善自己 B 자신을 완벽하게 한다
C 培养吃苦精神 C 고난 정신을 기른다
D 巩固知识 D 지식을 견고하게 한다

단어 人脉 rénmài 명 인맥 | 巩固 gǒnggù 동 견고하게 하다, 튼튼히 다지다

> **해설** '实习'는 '실습'이라는 의미이지만 회사 생활에서는 '인턴'을 뜻하기도 한다. 남자의 마지막 대답에서 '积极寻找实习机会，不断积累经验，完善自己(적극적으로 인턴 기회를 찾아야 하고 부단히 경험을 쌓아서 자신을 완벽하게 해야 한다)'라고 언급이 되었다. 다시 말해 인턴을 통한 경험을 통해 자신을 완벽하게 한다는 B가 정답이다.

제 5 회
听力

30

根据这段对话，下列哪项正确?	대화에 근거하여 다음 중 옳은 것은?
A 男的喜欢阅读	A 남자는 독해를 좋아한다
B 求职不应只看重薪酬	B 구직할 때엔 급여만을 중시하면 안 된다
C 职业规划可有可无	C 직업 계획은 있어도 되고 없어도 된다
D 男的大一便开始实习	D 남자는 대학교 1학년 때부터 인턴을 시작했다

> **단어** 薪酬 xīnchóu 몡 봉급 | 可有可无 kěyǒu kěwú 성 있어도 되고 없어도 된다

> **해설** 남자의 세 번째 대답에서 남자가 창의력을 유지하는 첫 번째 방법으로 독해를 택했다. 또한 경제 평론과 같은 것을 많이 읽어 정보를 얻는다고 했기 때문에 정답은 A이다.

第 三 部 分

31-33

　　看电视的时候，偶尔会遇到电视信号中断的情况。³¹通常我们会以为是电视机坏了，或者信号线接触不良。其实，这还可能与天体运行有关。通讯卫星地面接收站，经常会出现短暂的无线电通信受到干扰，甚至工作中断的情况。这是卫星凌日现象造成的。³²卫星凌日是指，赤道上空的通讯卫星与太阳及地面卫星接收站，大致位于一条直线上的现象。当卫星凌日时，接收器不仅会收到卫星信号，还会接收到太阳发出的强电波。³³这种强电波会干扰卫星发出的信号。于是就会出现电视节目中断的现象了。

　　텔레비전을 볼 때 가끔 텔레비전 신호가 중단되는 상황을 겪게 된다. ³¹통상적으로 우리는 텔레비전이 고장 났거나 신호선 접촉이 불량하다고 생각한다. 사실 이것은 천체운동과 관련이 있을 수 있다. 통신위성 수신소에서는 잠깐 무선통신이 방해를 받아 심지어 작동이 중단되는 현상까지 자주 일어난다. 이것은 위성 경과 현상으로 인해 발생하는 것이다. ³²위성 경과란 적도 상공의 통신위성과 태양 및 위성 수신소가 대략 일직선 상에 위치하는 현상이다. 위성이 경과할 때 수신기는 위성의 신호를 받을 뿐만 아니라 태양이 방출하는 강한 전자파도 받게 된다. ³³이런 강한 전자파는 위성이 방출하는 신호를 방해할 수 있다. 이 때문에 텔레비전 프로그램이 중단되는 현상이 생길 수 있는 것이다.

단어 　中断 zhōngduàn 통 중단하다 | 通讯卫星 tōngxùn wèixīng 통신위성 | 短暂 duǎnzàn 형 (시간이) 짧다 | 无线电通信 wúxiàndiàn tōngxìn 무선통신 | 干扰 gānrǎo 통 방해 | 凌日 língrì 명 (천문용어) 경과, 자오선 통과 | 赤道 chìdào 명 적도 | 大致 dàzhì 분 대략 | 位于 wèiyú 통 ～에 위치하다 | 电波 diànbō 명 전자파

31

人们一般认为电视信号中断的原因是什么?

A 其他家用设备干扰
B 插头掉了
C 电视机出毛病了
D 保险丝烧断了

사람들은 일반적으로 텔레비전 신호가 중단되는 원인이 무엇이라고 생각하는가?

A 다른 가정용 설비가 방해해서
B 플러그가 빠져서
C 텔레비전이 고장 나서
D 퓨즈가 끊어져서

단어 　插头 chātóu 명 플러그 | 掉 diào 통 빠지다, 빠져 버리다 | 保险丝 bǎoxiǎnsī 명 퓨즈 | 烧 shāo 통 타다, 태우다, 파괴하다

해설 　앞부분의 '通常' 뒤를 유심히 들어야 한다 '通常我们会以为是电视机坏了，或者信号线接触不良(통상적으로 우리는 텔레비전이 고장 났거나 신호선 접촉이 불량하다고 생각한다)'이라고 했기 때문에 정답은 C이다.

32

关于卫星凌日的说法, 下列哪项正确?

A 卫星脱离正常轨道
B 接收器收不到信号
C 太阳被完全遮挡
D 卫星和太阳在一条线上

위성 경과의 설명에 관하여 다음 중 옳은 것은?

A 위성이 정상 궤도를 벗어난다
B 수신기가 신호를 받지 못한다
C 태양이 완전히 가려진다
D 위성과 태양이 일직선 상에 있다

단어 　脱离 tuōlí 통 벗어나다 | 轨道 guǐdào 명 궤도 | 遮挡 zhēdǎng 통 막다, 가리다

| 해설 | 본문에서 '卫星凌日是指(위성 경과란)'라고 했기 때문에 뒷부분을 잘 들어야 한다. 설명에서 위성과 태양, 그리고 위성 수신소가 일직선 상에 있는 현상(通讯卫星与太阳及地面卫星接收点，大致位于一条直线上的现象)이라고 언급했기 때문에 정답은 D이다. |

제 5 회

听力

33

根据这段话，下列哪项正确?

A 天气变化会干扰无线信号
B 卫星凌日很少发生
C 天体运行会影响信号接收
D 太阳发出的电波很弱

이 글에 근거하여 다음 중 옳은 것은?

A 날씨 변화는 무선 신호를 방해할 수 있다
B 위성 경과가 적게 발생한다
C 천체의 운동은 신호 수신에 영향을 줄 수 있다
D 태양이 방출하는 전자파는 매우 약하다

| 해설 | 텔레비전 신호가 중단되는 것은 위성 경과로 태양의 강한 전자파가 위성의 신호를 방해하여 일어나는 것이고, 그래서 텔레비전 프로그램이 중단되는 현상이 생길 수 있는 것이라고 마지막에 언급되었다. 그러므로 정답은 C이다. |

34-37

很多人购买商品时，都有自己偏爱的品牌。37一般来说，对品牌的偏好一旦形成就很难改变。但经济学家却表示，想要改变这种偏好其实很简单。经济学家通过研究发现，消费者在对不同品牌的同类商品进行选择时，34一般会选择那个让其视线停留时间最长的。也就是说，消费者偏爱哪个品牌的商品，就会给予其更多地注意力。那么，反过来想一想，如果一种商品能够吸引消费者更多的注意力，那它是否就更容易被消费者选择呢？对此，35经济学家以商品拍卖的方式对志愿者进行了测试。他们事先了解了志愿者对品牌的偏好，在拍卖过程中，针对某些志愿者不喜爱的品牌，还36特意用声音提示等方式来吸引其注意力。果然，对于自己原本不喜欢，但却有提示音的品牌商品，有超过三分之二的志愿者给出了原本高于偏爱品牌商品的价格。看来，商家只要能够吸引顾客的眼球，就不愁商品没销路了。

많은 사람이 상품을 구매할 때 자신이 편애하는 브랜드를 가지고 있다. 37일반적으로 말해 브랜드에 대한 편애가 일단 생기면 바꾸기 어렵다. 하지만 경제학자들은 이런 편애를 바꾸고자 한다면, 사실 아주 간단하다고 한다. 경제학자들이 연구를 통해 소비자가 서로 다른 브랜드의 같은 제품 중에서 선택을 할 때 34일반적으로 시선이 머무르는 시간이 가장 긴 것을 선택한다는 것을 알아냈다. 다시 말해, 소비자가 편애하는 어떤 브랜드의 상품은 더욱 많은 주의력을 준다는 것이다. 그렇다면, 바꾸어 생각해서 만약 한 상품이 소비자의 주의력을 더욱 많이 끈다면 그것이 더 쉽게 소비자의 선택을 받지 않을까? 이것에 대해서 35경제학자는 상품을 경매하는 방식으로 지원자들에게 테스트를 진행했다. 그들은 사전에 브랜드에 대한 지원자들의 편애를 알아두고 경매 과정 중에 어떤 지원자가 좋아하지 않는 브랜드를 겨냥하여, 36특별히 소리를 내어 알려주는 등의 방식으로 주의력을 끌었다. 과연 자신이 원래 좋아하지 않았지만 도움말이 있었던 브랜드 상품에 3분의 2가 넘는 지원자가 원래 편애했던 브랜드 상품보다 가격을 높게 냈다. 보아하니 판매상이 고객의 눈길을 끌 수 있기만 하다면 상품의 판로가 없는 것을 걱정하지 않아도 되는 것이다.

| 단어 | 偏爱 piān'ài 동 편애하다 | 品牌 pǐnpái 명 상표 | 偏好 piānhào 특히 좋아하다 | 视线 shìxiàn 명 시선, 주의력 | 停留时间 tíngliú shíjiān 머무는 시간 | 给予 jǐyǔ 동 주다, 부여하다 | 拍卖 pāimài 동 경매하다 | 针对 zhēnduì 동 겨누다 | 提示 tíshì 동 알려주다 | 眼球 yǎnqiú 명 주의, 눈길 | 销路 xiāolù 명 판로 |

34 面对多个同类商品，消费者一般会选择哪个? | 같은 종류의 여러 상품에 대하여 소비자는 일반적으로 어느 것을 선택하는가?

A 价格最贵的
B 看得最久的
C 评价最高的
D 第一眼看见的

A 가격이 가장 비싼 것
B 가장 오래 본 것
C 평가가 가장 높은 것
D 처음으로 본 것

해설 경제학자의 견해로 '一般会选择那个让其视线停留时间最长的(일반적으로 시선이 머무르는 시간이 가장 긴 것을 선택한다)'라고 했다. 다시 말해 오래 본 것이라는 의미이기 때문에 정답은 B이다.

35 经济学家以什么方式来测试志愿者? | 경제학자는 어떤 방식으로 지원자들을 테스트했는가?

A 免费试用
B 商品拍卖
C 商品促销
D 限时抢购

A 무료 시용
B 상품 경매
C 상품 판촉
D 제한된 시간에 구매

단어 促销 cùxiāo 图 판매를 촉진시키다 | 抢购 qiǎnggòu 图 다투어 구매하다

해설 '经济学家以商品拍卖的方式对志愿者进行了测试(경제학자는 상품을 경매하는 방식으로 지원자들에게 테스트를 진행했다)'라고 했기 때문에 그 방식이 경매의 방식이라는 것을 알 수 있다. 또한 이때 '以'는 '~로, ~로써'라는 의미이다. 그러므로 정답은 B이다.

36 提示音的作用是什么? | 도움말의 작용은 무엇인가?

A 营造气氛
B 提示测试流程
C 提醒时间
D 吸引志愿者

A 분위기를 만든다
B 테스트 과정을 알려준다
C 시간을 알려준다
D 지원자들을 끌어당긴다

단어 营造 yíngzào 图 만들다, 짓다 | 流程 liúchéng 图 공정, 과정, 계통

해설 뒷부분의 내용에 도움말로 인해 사람들의 이목을 끌게 되면 평소에 좋아하지 않는 브랜드일지라도 가격을 높게 부른다고 했으므로 정답은 D이다.

37 根据这段话，下列哪项正确? | 이 글에 근거하여 다음 중 옳은 것은?

A 广告无法提升经济效益
B 品牌商品质量好
C 品牌偏好可以改变
D 要重视商品包装

A 광고는 경제 수익을 올릴 방법이 없다
B 브랜드 상품의 질이 좋다
C 브랜드 편애는 바뀔 수 있다
D 상품 포장을 중시해야 한다

단어 效益 xiàoyì 图 효과와 수익, 효익

해설 문장 도입 부분에서 '많은 사람이 브랜드에 대한 편애를 바꾸는 게 힘들지만 경제학자는 간단하다고 했다'라는 내용이 언급되었다. 또한 아래의 이야기 전개도 이 주제에 대한 실험 문제였기 때문에 어려움 없이 C를 선택할 수 있다.

제 5 회
听力

 38-40

研究发现，脚能比较准确地透露出一个人的内心感受。比如，你想参与某几个人的谈话，但你不确定自己是否受欢迎，**38这时你可以观察一下他们的脚有没有朝你的方向移动。有的话，就是表示欢迎**。如果脚没有动，只是髋部转动，那么你最好知趣地走开。人们在交往中，往往更习惯从对方的脸上寻找有效信息。但不幸的是，**39脸是很善于骗人的**。光是微笑，就会让你很难猜出对方的想法。而脚却不容易伪装或撒谎。人在讲话时，如果说的是真话，双脚会自然的分开，而如果对自己所说的话感到不安，例如：说谎时，双脚就会不自觉地靠近一些。另外，坐着说话时，说谎的人会不自觉地用手反复摩擦大腿。这是因为，人在说谎时会略有不安。如果遇到非常直接、尖锐的问题，就会感到非常不适。**40而做些小动作，能有效缓解他们内心的焦虑**。

연구에서 밝혀지길, 발은 비교적 정확하게 사람의 마음을 나타낼 수 있다고 한다. 예를 들어, 당신이 몇몇 사람과의 대화에 참여하고 싶은데 환영을 받을지 확실치 않다면, **38그들의 발이 당신의 방향 쪽으로 이동해 있는지를 관찰해도 좋다. 만약 그렇다면 바로 환영을 나타내는 것이다**. 만약 발이 움직이지 않고 엉덩이만 돌려져 있다면, 눈치 있게 떠나는 게 제일 좋다. 사람들은 교제할 때 때때로 상대방의 얼굴에서 유용한 정보를 찾는 것에 더욱 익숙해져 있다. 하지만 안타깝게도 **39얼굴은 사람을 잘 속일 수 있다**. 미소만 해도 상대의 생각을 짐작하기 어렵다. 하지만 발은 위장이나 거짓말하기가 쉽지 않다. 사람이 말을 할 때 만약 진실을 말한다면 두 다리가 자연적으로 벌어질 것이고, 만약 예를 들어 거짓말을 할 때처럼 자신이 한 말에 대해서 불안감을 느낀다면 두 발이 무의식적으로 가까워질 것이다. 이 외에 앉아서 말할 때 거짓말을 하는 사람은 저도 모르게 손으로 다리를 계속해서 문지를 것이다. 이것은 사람이 거짓말을 할 때 다소 불안해지기 때문이다. 만약 매우 직접적이고 날카로운 문제를 만났다면 매우 불편함을 느낄 것이다. **40하지만 작은 동작으로 그들 마음속의 초조함을 효과적으로 완화할 수 있다**.

단어 透露 tòulù 동 드러나다, 나타나다 | 参与 cānyù 동 참여하다 | 朝 cháo 개 ~쪽으로 | 知趣 zhīqù 동 눈치가 있다 | 有效 yǒuxiào 형 유용하다 | 骗人 piànrén 동 (남을) 속이다, 기만하다 | 伪装 wěizhuāng 동 위장하다 | 撒谎 sāhuǎng 동 거짓말하다 | 摩擦 mócā 동 마찰하다 | 尖锐 jiānruì 형 날카롭다 | 不适 búshì 형 불편하다 | 小动作 xiǎodòngzuò 명 작은 동작 | 焦虑 jiāolǜ 형 초조하다

38

如果别人欢迎你加入交谈，他们会怎么做?	만약 다른 사람이 당신이 이야기에 끼는 것을 환영한다면 그들은 어떻게 할 것인가?
A 同你握手 B 脚朝你的方向移动 C 对你微笑 D 调高说话声音	A 당신과 악수한다 B 발이 당신 쪽으로 움직인다 C 당신에게 미소 짓는다 D 말하는 목소리를 높게 조정한다

단어 调高 tiáogāo 동 상향 조정하다

해설 발이 당신 쪽으로 움직였다면 환영의 의미이지만, 그렇지 않고 엉덩이만 돌려져 있으면 환영하지 않는 의미라고 했기 때문에 정답은 B이다.

39

关于人的脸，下列哪项正确？ | 사람의 얼굴에 관하여 다음 중 옳은 것은?

A 善于伪装
B 会反映身体状况
C 总保持一种表情
D 常透露内心真实想法

A 위장을 잘한다
B 몸 상태를 반영한다
C 늘 한 가지 표정을 유지한다
D 마음속 진실한 생각을 자주 드러낸다

해설 본문에서는 미소를 예로 들며 '脸是很善于骗人的(얼굴은 잘 속일 수 있다)'라고 말했다. '骗人(남을 속인다)'은 결국 '伪装(위장)'의 의미이기 때문에 정답은 A이다.

40

为什么人在说谎时，喜欢做一些小动作？ | 왜 사람은 거짓말을 할 때 작은 동작을 하기 좋아하는가?

A 向同伴发出暗号
B 舒缓内心焦虑
C 吸引他人注意
D 辅助表达感情

A 동료에게 암호를 보낸다
B 마음의 초조함을 완화한다
C 타인의 주의를 끈다
D 감정 표현을 돕는다

暗号 ànhào 명 암호 | 舒缓 shūhuǎn 형 완화하다, 느슨하게 하다 | 辅助 fǔzhù 동 돕다, 보조하다

해설 맨 마지막 문장 '做些小动作，能有效缓解他们内心的焦虑(작은 동작으로 그들 마음의 초조함을 완화할 수 있다)'라는 부분을 읽어보면 정답이 B임을 알 수 있다. 또한 '减轻…焦虑'는 '초조함을 완화하다'라는 의미이므로 외워두면 좋다.

 41-43

地球上绝大多数生物，从藻类、真菌再到人类这样的哺乳动物，体内的细胞活动都会在生物钟的指挥下与地球的昼夜变化周期保持同步。但是，生物钟的周期和地球自转的周期并不是精确对应的，研究表明，41人体生物钟的一天要比地球的一天长一些。科学家曾做过这样一个实验，42他们让志愿者在没有阳光、无法获取时间信息，完全与外界隔离的地方生活一个月，结果发现，这些人每天都比前一天晚起床十几分钟。这个实验表明，人体生物钟的节律周期要比地球自转的24小时长一些。43人体为了使生物钟的周期与地球自转的周期相一致，就会利用太阳光线来调整。正是这种努力校正自身节律以适应自然节律的行为才使得有些人感觉起床很困难。

지구 상의 절대다수의 생물은 조류와 진균류에서 인류와 같은 포유동물까지 체내의 세포 활동이 모두 생체시계의 지휘 아래 지구의 낮과 밤의 변화 주기와 동일하게 유지된다. 그러나 생체시계의 주기와 지구 자전의 주기가 결코 정확하게 대응되는 것은 아니다. 연구에서 밝혀지길 41인체 생체시계의 하루는 지구의 하루보다도 길다. 과학자들은 일찍이 이러한 시험을 한 적이 있다. 42그들은 지원자들을 햇빛도 없고 시간 정보도 얻을 수 없는 완전히 바깥 세계와 격리된 곳에서 한 달을 살게 했다. 그 결과, 이러한 사람들은 매일 전날보다 십몇 분 늦게 일어났다. 이 연구가 표명하는 것은 인체 생체시계의 리듬 주기는 지구 자전의 24시간보다 길다는 것이다. 43인체는 생체시계의 주기를 지구 자전의 주기와 일치시키기 위하여 햇빛을 이용해 조정한다. 바로 이런 자연의 리듬에 적응하기 위해 자신의 리듬을 열심히 교정하는 행위 때문에 사람들이 아침에 일어나는 것을 힘들게 느끼는 것이다.

단어 绝大多数 juédà duōshù 형 절대다수 | 藻类 zǎolèi 명 (해양) 조류 | 真菌 zhēnjūn 명 (버섯류) 진균 | 哺乳动物 bǔrǔ dòngwù 명 포유동물 | 细胞 xìbāo 명 세포 | 生物钟 shēngwùzhōng 명 생체시계 | 指挥 zhǐhuī 명 지휘 | 昼夜 zhòuyè 명 낮과 밤 | 周期 zhōuqī 명 주기 | 同步 tóngbù 동 진행 속도를 맞추다 | 自转 zìzhuàn 명 자전 | 精确 jīngquè 형 정확하다 | 对应 duìyìng 동 대응하다 | 隔离 gélí 동 격리하다 | 节律 jiélǜ 명 리듬 | 相一致 xiāngyízhì 서로 일치하다 | 校正 jiàozhèng 동 교정하다

제 5 회 听力

41
人体生物钟周期, 下列哪项正确?

A 随年龄增长而缩短
B 与地球公转有关
C 易被打乱
D 比地球自转周期稍长

인체 생체시계 주기에 대해 다음 중 옳은 것은?

A 연령에 따라 증가하고 줄어든다
B 지구의 공전과 관련이 된다
C 쉽게 엉망이 될 수 있다.
D 지구의 자전 주기보다 조금 길다

단어 打乱 dǎluàn 동 엉망으로 만들다 | 公转 gōngzhuàn 명 공전

해설 본문 중간에 '研究表明, 人体生物钟的一天要比地球的一天长一些(연구에서 밝혀지길 인체 생체시계의 하루는 지구의 하루보다도 길다)'라고 했기 때문에 정답은 D이다.

42
关于实验环境, 可以知道什么?

A 与外界完全隔离
B 室内外温差大
C 有钟表
D 有娱乐设施

실험 환경에 관하여 알 수 있는 것은 무엇인가?

A 바깥 세계와 완전히 격리되었다
B 실내외 온도 차이가 크다
C 시계가 있다
D 오락 시설이 있다

단어 钟表 zhōngbiǎo 명 시계

해설 중간 부분에서 '他们让志愿者在没有阳光、无法获取时间信息, 完全与外界隔离的地方生活一个月(그들은 지원자들을 햇빛도 없고 시간 정보도 얻을 수 없는 완전히 바깥 세계와 격리된 곳에서 한 달을 살게 했다)'라고 언급이 되었기 때문에 정답은 A이다.

43
人体利用什么来调整自身节律?

A 细胞活动
B 阳光
C 饮食
D 气温

인체는 무엇을 이용해서 자신의 리듬을 조정하는가?

A 세포활동
B 햇빛
C 음식
D 온도

해설 '利用太阳光线来调整'는 '햇빛을 이용하여 조정한다' 혹은 '햇빛으로 조정한다'라는 의미가 되므로 정답은 B이다. '利用…来调整'은 '~로 조정한다'라는 의미로 외워두면 좋다. 그러므로 정답은 B이다.

44-47

也许你已经发现，身边很多人有了特异功能。比如，⁴⁴他们动动眼珠，电子设备的屏幕就会翻页；眨一下眼就能拍照；开车犯困眯一下眼睛，马上就会有语音提示响起。这可并不是因为他们的眼睛被改造了，而是因为他们使用的电子设备搭载了一项名为"眼球追踪"的技术。"眼球追踪"的技术并不复杂，⁴⁵当人眼看向不同方向时，眼部会有细微的变化。而这些变化特征，可以被计算机捕捉和提取。从而实现通过追踪眼睛的变化来预测用户需求，达到用眼睛控制电子设备的目的。⁴⁶在日常生活中，使用"眼球追踪"技术最多的就是手机。比如：一些智能手机可以通过检测用户的眼睛状态，来控制屏幕锁定。只要用户盯着手机屏幕，即使没有进行任何操作，屏幕也不会被锁定。然而，⁴⁷目前"眼球追踪"技术的发展还存在不少困难。要让机器对眼部动作的真实意图，进行识别并不是件容易的事。所以，这项技术在短期内，很难成为人与机器互动的主要方式。

아마도 당신은 이미 발견했겠지만, 주변의 많은 사람이 특이 능력을 가지고 있다. 예를 들어, ⁴⁴그들이 눈동자를 움직이면 전자 설비 화면의 페이지를 넘길 수 있고, 눈을 한번 깜빡이면 사진을 찍을 수 있으며, 운전을 하다가 졸려서 눈을 잠깐 붙이면 곧 알림음이 울릴 것이다. 이것은 결코 그들의 눈이 개조된 것이 아니라 그들이 사용하는 전자 설비가 일명 '안구 추적' 기술을 탑재하고 있기 때문이다. '안구 추적' 기술은 결코 복잡하지 않은데, ⁴⁵사람이 다른 방향을 바라볼 때 눈에는 미세한 변화가 있다. 그리고 이 변화의 특징이 컴퓨터에 의해 포착되고 추출될 수 있다. 이에 따라 안구의 변화를 추적하는 것을 통해 사용자의 요구를 예측하고, 눈으로 전자 설비를 통제하는 목적을 실현하는 것이다. ⁴⁶일상생활 중에서 '안구 추적' 기술을 가장 많이 이용한 것이 휴대전화이다. 예를 들어 스마트폰은 사용자의 눈 상태를 검사하여 화면 고정을 통제한다. 사용자가 휴대전화 화면을 응시하기만 하면 어떠한 조작을 하지 않더라도 화면이 고정되지 않을 것이다. 그러나 ⁴⁷현재 '안구 추적' 기술의 발전에 적지 않은 어려움이 존재한다. 기계가 눈 동작의 실제 의도를 식별하게 하는 것은 결코 쉬운 일이 아니다. 그래서 이 기술이 단기간에 사람과 기계가 상호작용을 하는 주요 방식이 되기는 어렵다.

단어 特异功能 tèyì gōngnéng 명 특이 능력 | 眼珠 yǎnzhū 명 안구 | 屏幕 píngmù 명 영사막, 스크린 | 眨 zhǎ 동 (눈을) 깜빡이다 | 犯困 fànkùn 동 졸리다 | 眯 mī 동 잠깐 눈을 붙이다 | 改造 gǎizào 동 개조하다, 전환하다 | 搭载 dāzài 동 끼워 싣다, 탑재하다 | 追踪 zhuīzōng 동 추적하다 | 细微 xìwēi 형 미세하다 | 捕捉 bǔzhuō 동 잡다, 포착하다 | 提取 tíqǔ 동 추출하다, 찾다 | 预测 yùcè 동 예측하다 | 锁定 suǒdìng 동 고정시키다 | 盯 dīng 동 주시하다, 응시하다 | 操作 cāozuò 명 조작 | 机器 jīqì 명 기구, 기계

44

下列哪项，属于这段话提到的特异功能？
다음 중 이 글에서 언급된 특이 능력에 속하는 것은?

A 眨眼拍照
B 转动眼珠关闭电脑
C 用眼睛暂停视频
D 用眼睛控制音量

A 눈을 깜빡여 사진을 찍는다
B 눈동자를 굴려서 컴퓨터를 끈다
C 눈으로 잠시 동영상을 일시 정지한다
D 눈으로 음량을 조절한다

단어 转动 zhuàndòng 동 돌다, 돌리다 | 视频 shìpín 명 동영상

해설 초반에 언급된 세 가지 특이 능력은 눈으로 페이지를 넘기는 것, 눈을 깜빡여 사진을 찍는 것, 운전을 하다 졸리면 알림음이 나오는 것이다. 두 번째에 해당하는 내용이 A에 언급되었다.

45 计算机通过什么来使眼睛控制电子设备?　　컴퓨터는 무엇을 통하여 눈이 전자 설비를 통제하도록 하는가?

A 测量眼睛与设备的距离　　A 눈과 설비의 거리를 측량해서
B 捕捉眼部变化特征　　B 눈가 변화의 특징을 포착해서
C 检测眨眼频率　　C 눈을 깜빡이는 빈도를 측정해서
D 计算眼球转动时间　　D 안구가 회전하는 시간을 계산해서

 测量 cèliáng 동 측량하다 | 频率 pínlǜ 명 빈도

해설　사람이 다른 방향을 볼 때 보이는 미세한 변화가 컴퓨터에 의해 포착되고 추출된다고 본문에서 언급했다. 미세한 변화를 B에서는 '特征(특징)'이라는 말로 바꾸어 나타냈으므로 정답은 B이다.

46 "眼球追踪"技术运用最多的设备是什么?　　'안구 추적' 기술이 가장 많이 사용되는 설비는 무엇인가?

A 手机　　A 휴대전화
B 车载播放器　　B 차량용 플레이어
C 探测器　　C 탐지기
D 电子阅读器　　D 전자 열독기

해설　'在日常生活中, 使用"眼球追踪"技术最多的就是手机(일상생활 중에서 '안구 추적' 기술을 가장 많이 이용한 것이 휴대전화이다)'라고 하며 스마트폰을 예로 들었기 때문에 정답은 A이다.

47 关于"眼球追踪"技术, 下列哪项正确?　　'안구 추적' 기술에 관하여 다음 중 옳은 것은?

A 发展存在局限　　A 발전에 제한이 있다
B 造价高　　B 제조비가 많이 든다
C 会损伤视力　　C 시력을 손상시킬 수 있다
D 能识别人眼的全部动作意图　　D 사람 눈의 전체 동작의 의도를 식별할 수 있다

 局限 júxiàn 동 국한하다 | 造价 zàojià 명 제조비, 건설비

 마지막 부분에서 안구 추적 기술의 한계성을 언급하며 단기 내에 이루어지기 어렵다고 언급했다. '局限(국한적이다, 제한적이다)'이라는 단어가 본문에 따로 나오지는 않았지만 의미상으로 제한성에 대해 말하고 있으므로 정답은 A이다.

48-50

　　一位年轻人拜一位老船工为师，学习划船。⁴⁸一开始，老船工并没有教他如何划船，而是让他先学游泳。年轻人一学就是半年。终于有一天，他游得不耐烦了。就问："师傅，我是来跟您学划船的。您却一天到晚让我练游泳，这是为什么？"老船工说："要想学划船，就得先学会游泳。如果你不会游泳，划船时难免会担心失足落水，就不能专心致志地去划船。你觉得这样能划好吗？"年轻人顿悟。于是，他潜心学习游泳，再学划船。很快，他便成了一名划船好手。⁴⁹,⁵⁰这就是所谓的有备无患。就像演讲家演讲时，虽然不一定会照着稿子念，但他们还是会随身带着稿子，只为求一个心安。备用方案并不一定能直接派上用场，但却可以减轻我们的忧虑。这样，注意力就会更多地集中到事情本身上。从而达到事半功倍的效果。

　　한 젊은이가 노 뱃사공을 스승으로 받들어 배 젓는 것을 배웠다. ⁴⁸처음에 노 뱃사공은 그에게 노 젓는 방법을 가르쳐주지 않고, 먼저 수영하는 법을 배우도록 했다. 젊은이가 배운지 반년이 되었다. 마침내 어느 날 그는 수영을 하다가 참지 못하고 물어보았다. "사부님, 저는 당신께 배 젓는 것을 배우러 온 것인데, 사부님은 온종일 저에게 수영 연습만 시키시네요. 왜 그러시는 건가요?" 노 뱃사공이 말했다. "배 젓는 것을 배우고 싶다면 먼저 수영을 배워야만 한다. 만약 네가 수영을 할 줄 모른다면 배를 저을 때 발을 헛디뎌 물에 빠지는 것을 걱정하게 되기 마련이고 그렇게 되면 온 정신을 기울여 배를 저을 수 없다. 너는 이렇게 해서 배를 잘 저을 수 있다고 생각하느냐?" 젊은이는 문득 깨달았다. 그리하여 그는 전심으로 수영을 배우고 나서 배 젓는 것을 배웠다. 곧 그는 배를 젓는 숙련가가 되었다. ⁴⁹,⁵⁰이것이 소위 말하는 유비무환이다. 마치 연설가가 연설을 할 때, 원고를 그대로 읽지는 않지만 단지 마음의 안정을 위해 원고를 항상 지니고 다니는 것과 같다. 방안을 준비하는 것이 반드시 직접 도움이 되는 것은 아니지만 우리의 우려를 경감시킬 수는 있다. 이렇게 해서 주의력을 일 자체에 더욱 집중시킬 수 있다. 따라서 적은 노력으로 많은 성과를 올리는 효과에 도달하게 된다.

단어 划船 huáchuán 동 배를 젓다 | 不耐烦 búnàifán 형 귀찮다 | 一天到晚 yìtiān dàowǎn 형 온종일 | 难免 nánmiǎn 통 면하기 어렵다, ~하게 마련이다 | 失足落水 shīzú luòshuǐ 발을 헛디뎌 물에 빠지다 | 专心致志 zhuānxīn zhìzhì 온 마음을 다 기울이다 | 顿悟 dùnwù 통 갑자기 문득 깨닫다 | 潜心 qiánxīn 통 몰두하다, 몰입하다 | 好手 hǎoshǒu 명 숙련가 | 有备无患 yǒubèi wúhuàn 성 유비무환 | 稿子 gǎozi 명 원고 | 心安 xīn'ān 형 근심 없다, 마음놓다 | 派上用场 pàishang yòngchǎng 도움이 되다 | 忧虑 yōulǜ 통 우려하다 | 事半功倍 shìbàn gōngbèi 성 적은 노력으로 많은 성과를 올리다

48

老船工一开始让年轻人做什么?

A 了解船的结构
B 观察别人划船
C 学游泳
D 熟悉航线

노 뱃사공은 처음에 젊은이에게 무엇을 하도록 했는가?

A 배의 구조를 이해하게 했다
B 다른 사람이 배 젓는 것을 관찰하게 했다
C 수영을 배우게 했다
D 항로를 익숙하게 했다

단어 航线 hángxiàn 명 항로

 '老船工并没有教他如何划船，而是让他先学游泳(처음에 노 뱃사공은 그에게 배를 젓는 방법을 가르쳐주지 않고, 먼저 수영하는 것을 배우도록 했다)'이라고 했으므로 정답은 C이다. 본래는 '不是A，而是B' 구조로 'A가 아니라 B이다'라는 의미이지만 조금 변형되어 '不是' 대신 '并没有'를 써서 표현했다.

49

根据这段话，演讲家为什么要随身带着稿子？

A 让自己心安
B 想照着读
C 时刻提示自己
D 给观众展示

이 글에 근거하여 연설가는 왜 원고를 지니고 다니는가?

A 자신을 안심시키려고
B 보면서 읽으려고
C 늘 자신에게 일러주려고
D 관중들에게 드러내려고

> **해설** '心安'은 '근심 없다, 마음이 편안하다'라는 의미로 연설가가 원고를 지니고 다니는 이유는 '心安' 때문이라고 했기 때문에 정답은 A이다.

50

这段话，主要想告诉我们什么？

A 学习要持之以恒
B 做事应有备选方案
C 做事要有条不紊
D 学习要讲求效率

이 글에서 주로 말하고자 하는 것은 무엇인가?

A 배움은 꾸준해야 한다
B 일을 할 때는 반드시 방안을 준비해야 한다
C 일을 할 때는 질서정연해야 한다
D 공부는 효율을 중시해야 한다

> **단어** 持之以恒 chízhī yǐhéng 젱 오랫동안 견지하다 | 有条不紊 yǒutiáo bùwěn 젱 조리 있고 질서정연하다 | 讲求 jiǎngqiú 동 중시하다

> **해설** 본문의 주제는 '有备无患(유비무환)'으로 그 예로 뱃사공과 연설가의 사례를 들었다. 결국 유비무환이라는 것은 미리 준비를 해두어야 걱정이 없다는 의미이기 때문에 반드시 방안을 준비해야 한다는 B와도 같은 맥락이다.

二 阅 读

第 一 部 分

51-60

51

A 人生的价值不在于你和别人相像的地方，而在于你与别人的不同之处。
B 春草冒出尖尖的脑袋，似针似线，点缀着大地。
C 屋里安排着鲁迅先生曾用过的一些物品。
D 她毫无争议地成为了本届世界超级模特大赛的总冠军。

A 인생의 가치는 다른 사람과 비슷한 부분에 있는 것이 아니라 다른 사람들과 다른 부분에 있다.
B 봄풀이 뾰족한 머리를 내밀어 바늘 같기도 하고 실 같기도 한 것이 대지를 단장하고 있다.
C 방에는 루쉰 선생이 썼던 물품 몇 개가 (배치되어) 있다.
D 그녀는 논쟁의 여지 없이 이번 세계 슈퍼모델 대회의 우승자가 되었다.

단어 价值 jiàzhí 몡 가치 | 冒出 màochū 생겨나다 | 点缀 diǎnzhuì 통 단장하다, 꾸미다 | 毫无 háowú 조금도 ~이 없다 | 争议 zhēngyì 통 논의하다, 논쟁하다 | 冠军 guànjūn 몡 챔피언, 우승(자)

해설 C에 술어 '安排'는 '안배하다'라는 의미이다. 하지만 본문의 목적어는 '物品(물품)'으로 이때는 '안배하다'라는 표현보다는 '배치하다'라는 의미의 '摆放'이 적절하다. 따라서 C를 '屋里摆放着鲁迅先生曾用过的一些物品'으로 바꾸어야 한다.

52

A 他事先没有充分地调查研究，以致得出了错误的结论产生。
B 口弦是彝族人民文化艺术生活中最常见的一种乐器。
C 最新的一项研究显示，午间小睡有助于儿童巩固上午所学的内容。
D 旅客须持与票面身份信息一致的本人有效身份证原件进站上车。

A 그는 사전에 충분한 연구를 하지 않아서 잘못된 결론에 이르렀다.
B 구현은 이족 사람들의 문화예술 생활 중 제일 흔한 악기의 일종이다.
C 최신 연구에서 짧은 낮잠은 아이가 오전에 배웠던 내용을 다지는 데 도움이 된다.
D 관광객은 반드시 액면 신분정보와 일치하는 본인의 유효 신분증 원본을 지니고 차에 타십시오.

단어 充分 chōngfèn 혱 충분하다 | 以致 yǐzhì 젭 ~이 되다, ~을 초래하다 | 乐器 yuèqì 몡 악기 | 研究 yánjiū 통 연구하다 | 巩固 gǒnggù 통 견고하게 하다, 튼튼히 다지다 | 票面 piàomiàn 몡 액면, 권면 | 一致 yízhì 통 일치하다 | 有效 yǒuxiào 혱 유효하다

해설 A에서 뒷절의 술어를 보면 '得出(얻다)'이고 목적어는 '结论(결론)'이므로, '结论' 뒤의 '产生'은 필요가 없는 성분이다. 다시 말해 A를 '他事先没有充分地调查研究，以致得出了错误的结论'으로 바꾸어야 한다.

53

A 泉州木偶戏始于汉、兴于唐、盛于宋，历史悠久。	A 취안저우의 인형극은 한대에 시작되어 당대에 유행해 송대에 흥성하여 그 역사가 유구하다.
B 秋冬交替之时，银杏树满身金黄，十分好看。	B 가을과 겨울이 교차할 때, 은행나무는 전체가 황금색으로 뒤덮여 매우 보기 좋다.
C 低碳环保的生活方式已成为一种趋势，逐渐为大众所远离。	C 저탄소 환경보호 생활방식은 이미 일종의 추세가 되어 점차 대중들이 (받아들이게) 되었다.
D 对于公司人才闲置的现象，王经理至今还没有拿出一个有效的解决方案。	D 회사의 인재 방치 현상에 대해 왕 매니저는 현재까지도 효과적인 해결 방안을 제시하지 못했다.

단어 悠久 yōujiǔ 형 유구하다 | 交替 jiāotì 동 교체하다, 교대하다 | 满身 mǎnshēn 명 전신, 온몸 | 低碳 dītàn 명 저탄소 | 趋势 qūshì 명 추세 | 逐渐 zhújiàn 부 점점, 점차 | 远离 yuǎnlí 동 멀리 떠나다 | 闲置 xiánzhì 동 방치하다

해설 C를 그대로 해석해보면 '저탄소 환경보호 생활방식은 이미 일종의 추세가 되어 점차 대중들로부터 멀어졌다'이다. 하지만 '일종의 추세가 되었다'는 표현과 '대중들로부터 멀어졌다'는 표현은 의미상 함께 쓰일 수 없다. 그러므로 뒷절을 '대중들이 점차 받아들이게 되었다'라는 표현으로 바꾸어야 한다. '低碳环保的生活方式已成为一种趋势，逐渐为大众所接受'로 바꾸면 옳은 표현이 된다.

54

A 拙政园是苏州园林中面积最大的一座，在江南园林中极具代表性。	A 졸정원은 쑤저우 원림 중에서 면적이 제일 큰 곳이어서 강남 원림 중 대표성을 지닌다.
B 为了培育好这些树苗，他每天都坚持去地里查看并做记录。	B 이 묘목들을 잘 배양하기 위해 그는 매일 가서 관찰하고 또 기록한다.
C "金无足赤，人无完人"，任何人都会有缺点。	C '황금 가운데 순금은 없고, 사람 가운데 완벽한 사람은 없다' 즉 모든 사람은 다 단점이 있다.
D 雪崩的发生归因于冰雪能够承受的压力有关。	D 눈사태의 발생은 얼음과 눈이 견딜 수 있는 압력 (때문이다).

단어 树苗 shùmiáo 명 묘목 | 坚持 jiānchí 동 견지하다 | 雪崩 xuěbēng 명 눈사태 | 归因于 guīyīnyú ~때문에 | 承受 chéngshòu 동 받아들이다, 감당하다

해설 D에서 '归因于'는 '~의 탓으로 돌리다' 혹은 '~때문이다'라는 뜻이다. 그렇기 때문에 사실상 '有关(관련이 있다)'이라는 표현은 필요가 없다. '雪崩的发生归因于冰雪能够承受的压力'라고만 써도 '눈사태의 발생은 얼음과 눈이 견딜 수 있는 압력 때문이다'라고 해석이 된다.

55

A 北京四合院有着深厚的文化底蕴，是中华传统文化的载体。	A 베이징 사합원은 풍부한 문화적 재부가 있어 중화 전통문화의 저장고이다.
B 一切伟大的行动都有一个微不足道的开始。	B 모든 위대한 행동에는 다 보잘것없는 시작이 있다.
C 鱼类所含有的蛋白质属于优质蛋白，易把人体吸收。	C 어류에 함유된 단백질은 양질의 단백질에 속하는데 인체(에) 흡수되기 쉽다.
D 持续的高温天气引起了公众的广泛关注。	D 지속적인 고온 날씨는 대중의 광범위한 관심을 불러일으켰다.

단어 深厚 shēnhòu 형 두껍다, (감정이) 깊다 | 底蕴 dǐyùn 명 묻혀 있는 재지와 식견 | 载体 zàitǐ 명 저장 장치 | 微不足道 wēi bù zú dào 형 하찮아서 말할 가치가 없다 | 易 yì 쉽다 | 吸收 xīshōu 동 흡수하다 | 广泛 guǎngfàn 형 광범위하다, 폭넓다 | 关注 guānzhù 명 관심, 중시

해설 '把'는 '~를'이라는 의미이다. C에 '把'를 넣어서 해석해보면 '어류에 함유된 단백질은 양질의 단백질에 속하는데 인체를 흡수하기 쉽다'라는 이상한 뜻이 된다. 이때는 '把' 대신 '被'가 적절하며 '鱼类所含有的蛋白质属于优质蛋白，易被人体吸收'로 바꾸어 '어류에 함유된 단백질은 양질의 단백질에 속하는데 인체에 흡수되기 쉽다'로 해석해야 한다.

56

A 本公司办理各类运输保险，您的货物安全护航。	A 본사는 귀하의 화물을 안전하게 호송하기 (위해) 각종 운송보험을 처리합니다.
B 中华书局一直以传承中华文明为己任，整理并出版了大批古籍。	B 중화도서국은 줄곧 중화문명의 전승을 소임으로 삼아 대량의 고서를 정리하고 출판했다.
C 人们习惯将日常生活中那些不太好办却又算不上困难的事称为"麻烦"。	C 사람들은 습관적으로 일상생활 속에서 해결하기 쉽지 않지만 또 어렵다고도 할 수 없는 일을 '골칫거리'라고 부른다.
D 人工炒制的茶叶一般都较完整、鲜亮，口感也比较清醇。	D 인공으로 볶은 찻잎은 보통 완전한 모양에 산뜻하고 맛도 비교적 맑고 그윽하다.

단어 运输 yùnshū 동 운송하다 | 护航 hùháng 동 호송하다, 호위하다 | 己任 jǐrèn 명 자기의 소임 | 大批 dàpī 형 대량의 | 古籍 gǔjí 명 고서 | 完整 wánzhěng 형 완정하다, 나무랄 데가 없다 | 鲜亮 xiānliang 형 산뜻하다 | 清醇 qīngchún 형 맑고 그윽하다

해설 A를 직역하면 '본사는 각종 운송보험을 처리하며 귀하의 화물이 안전하게 호송합니다'라는 의미로 뒷절의 주어가 '您的货物'가 되기 때문에 의미가 이상하다. 그렇기 때문에 '为您的货物'로 바꾸어 '本公司办理各类运输保险，为您的货物安全护航'이라고 쓰면 '본사는 귀하의 화물을 안전하게 호송하기 위해 각종 운송보험을 처리합니다'라는 의미가 된다.

57

A 抗生素有很强的杀菌性，可有效抑制细菌细胞壁的合成，抑制细菌生长。	A 항생물질은 매우 강한 항균성이 있어 효과적으로 세균 세포벽의 합성을 억제하고, 세균의 성장을 억제한다.
B 北极村是中国境内唯一一处可以观赏到极光和极昼现象。	B 북극촌은 중국 내에서 유일하게 오로라와 백야 현상을 감상할 수 있는 (곳이다).
C 海水深度在200米以内的大陆架，蕴藏着大约1500亿吨石油。	C 바닷물의 깊이가 200미터 이내에 있는 대륙붕은 대략 1,500억 톤의 석유가 묻혀있다.
D 救援人员冒着滂沱大雨，在泥泞的小路上快速前行。	D 구조대원은 퍼붓는 비를 무릅쓰고 질퍽거리는 오솔길을 빠르게 나아갔다.

단어 抗生素 kàngshēngsù 명 항생소, 항생물질 | 抑制 yìzhì 동 억제하다 | 细菌细胞壁 xìjūn xìbāobì 세균 세포벽 | 唯一 wéiyī 형 유일한 | 极光 jíguāng 명 극광, 오로라 | 极昼 jízhòu 명 백야 | 大陆架 dàlùjià 명 대륙붕 | 蕴藏 yùncáng 동 잠재하다, 묻혀있다 | 滂沱大雨 pāngtuó dàyǔ 비가 퍼붓다 | 泥泞 nínìng 형 질퍽거리다

해설 B를 보면 주어가 '北极村', 술어가 '是', 목적어가 '现象'이다. 이렇게 주술목 구조만 두고 보자면 '북극촌은 현상이다'라는 의미가 되기 때문에 적절치 않다. 북극촌은 현상이 아니라 장소이기 때문에 마지막에 '的地方'을 첨가하여 '北极村是中国境内唯一一处可以观赏到极光和极昼现象的地方(북극촌은 중국 내에서 유일하게 오로라와 백야 현상을 감상할 수 있는 곳이다)'이라고 쓰면 된다.

58

A 这种新研制的牙膏不仅香气浓郁，还能使牙齿洁白光亮，因此深受消费者喜爱。
B 作为人类文明奇迹和世界文化艺术瑰宝，敦煌壁画的重大价值不止在于数量巨大，更在于其内涵博大精深。
C 那时，世界上很多国家<u>才</u>知道，虽然用化肥和农药能大大提高农作物产量，但后果是真可怕的。
D 很多时候，把困难看得太清楚，分析得太透彻、考虑得太详尽，我们反而会被它吓倒。

A 새로 개발된 이 치약은 향이 짙을 뿐만 아니라 치아를 하얗고 밝게 만들어 소비자들의 많은 사랑을 받았다.
B 인류 문명의 기적과 세계 문화예술의 보배로써 둔황 벽화의 중요한 가치는 큰 수량에 있는 것이 아니라 내포된 사상이 넓고 심오하다는 것에 있다.
C 그때, 세계의 많은 국가들이 비록 비료와 농약을 사용하면 농작물의 생산량을 크게 늘릴 수 있지만 결과는 정말 무서울 것이라는 것을 (바로) 알게 되었다.
D 많은 경우 어려움을 너무 자세히 보고 분석을 너무 철저히 하며 너무 상세하게 고려를 하면 우리는 도리어 그것에 놀라 넘어질 것이다.

단어 浓郁 nóngyù 图 짙다, 농후하다 | 洁白 jiébái 图 새하얗다, 희디희다 | 喜爱 xǐ'ài 图 좋아하다 | 奇迹 qíjì 图 기적 | 瑰宝 guībǎo 图 보배 | 不止 bùzhǐ 图 멈추지 않다, 그치지 않다 | 内涵 nèihán 图 (언어에 담겨있는) 의미 | 博大精深 bódà jīngshēn 图 사상·학식이 넓고 심오하다 | 透彻 tòuchè 图 투철하다, 확실하다 | 详尽 xiángjìn 图 상세하다

해설 C에서 '才'는 '비로소, 그제야'라는 의미를 지니며 시간상으로는 느린 느낌을 주는 부사이다. 하지만 C에서 '才'는 문맥상 맞지 않으며 '就知道'라고 쓰는 것이 훨씬 적절하다. 그리하여 '那时，世界上很多国家就知道，虽然用化肥和农药能大大提高农作物产量，但后果是真可怕的(그때, 세계의 많은 국가들이 비록 비료와 농약을 사용하면 농작물의 생산량을 크게 늘릴 수 있지만 결과는 정말 무서울 것이라는 것을 바로 알게 되었다)'라고 해석할 수 있다.

59

A 太阳房是指利用太阳能取暖发电、去湿降温和通风换气的节能环保型住宅。
B 刺猬身上的刺不仅可收集果子，还是一种防卫武器。当刺猬受到侵袭时，身体就会团成一个刺球，使侵犯者扫兴而去。
C 专家认为，早在文字出现以前，作为口头文学的民歌就已经在民间广泛流传了。
D 到目前为止，人类还不能完全控制自然灾害，农业收成的好坏很大程度上还是取决于自然条件的好坏<u>决定的</u>。

A 태양열 주택은 태양 에너지를 이용해 난방과 발전을 하며, 습기 제거와 온도를 낮추고, 통풍과 환기를 하게 하는 에너지 절약 및 환경친화적 주택이다.
B 고슴도치 몸의 가시는 과일을 수집할 수 있을 뿐만 아니라 방어 무기도 된다. 고슴도치는 습격을 받으면 몸이 가시 공으로 변해서 침략자를 쫓아낸다.
C 전문가는 일찍이 문자가 출현하기 이전에 구전문학의 민요가 이미 민간에 널리 알려졌다고 여긴다.
D 현재까지 인류는 자연재해를 완전히 통제할 수 없으며 농업 작황의 좋고 나쁨은 대부분 자연 조건의 좋고 나쁨에 달려있다.

단어 太阳房 tàiyángfáng 태양열 주택 | 取暖 qǔnuǎn 图 따뜻하게 하다 | 去湿 qùshī 图 습기를 제거하다 | 节能 jiénéng 图 에너지를 절약하다 | 刺猬 cìwei 고슴도치 | 防卫 fángwèi 图 방어하다, 방어하다 | 武器 wǔqì 图 무기 | 侵袭 qīnxí 图 침입하여 습격하다 | 扫兴 sǎoxìng 图 흥을 깨다 | 目前为止 mùqián wéizhǐ 현재까지 | 控制 kòngzhì 图 통제하다 | 收成 shōucheng 图 (곡식이나 과일·야채 등 농작물의) 수확, 작황

해설 D의 '取决于'는 '~에 달려있다'라는 의미이다. 그렇기 때문에 가장 마지막의 '决定的'라는 표현은 필요가 없다. '决定的'를 뺀 '到目前为止，人类还不能完全控制自然灾害，农业守城的好坏很大程度上还是取决于自然条件的好坏' 자체가 '지금까지 인류는 다 자연재해를 완전히 통제할 수 없으며 농업 작황의 좋고 나쁨은 대부분 자연 조건의 좋고 나쁨에 달려있다'라고 해석이 가능하기 때문이다.

60

A 沙坡旅游区集大漠、黄河、高山和绿洲为一体，既有西北风光之雄奇，又有江南景色之秀美。
B 贵州阴雨天多，气候潮湿，所以人们常用"天无三日晴"来形容其气候特征。
C 闹钟响后继续睡，醒后却感觉更累。这是因为闹钟响后，<u>所以</u>大脑会不断发出起床提醒，睡眠质量大打折扣。
D 电子促销券是指由商家发放的，以电子媒介形式制作、传播和使用的促销优惠凭证。

A 샤포 관광지는 사막과 황허, 높은 산과 오아시스가 한 데 모여 서북쪽 풍경의 웅대함과 기이함, 또 강남 풍경의 아름다움도 가지고 있다.
B 구이저우는 흐리고 비 오는 날이 많으며 기후가 습하여 사람들은 종종 '3일 동안 맑은 날이 없다'라는 말로 그 기후의 특징을 형용한다.
C 알람이 울린 후 계속 자면 깨어난 후에 오히려 더욱 피로함을 느낀다. 이것은 알람이 울린 후 대뇌가 계속 일어나라는 경고를 하기 때문에 수면의 질이 크게 떨어지는 것이다.
D 전자 판촉증은 파는 사람이 배포하는 것으로 전자 매개체의 형식으로 제작, 전파되어 사용되는 판촉 할인 증서이다.

단어 旅游区 lǚyóuqū 관광지 | 绿洲 lǜzhōu 명 오아시스 | 雄奇 xióngqí 형 웅대하고 기이하다 | 秀美 xiùměi 형 수려하다, 아름답다 | 潮湿 cháoshī 형 습하다 | 特征 tèzhēng 명 특징 | 提醒 tíxǐng 동 일깨우다 | 大打折扣 dàdǎzhékòu 크게 떨어지다, 엉망이 되다 | 促销 cùxiāo 동 판매를 촉진시키다, 판촉하다 | 发放 fāfàng 동 보내다, 내보내다 | 媒介 méijiè 명 매개체 | 制作 zhìzuò 동 제작하다 | 优惠 yōuhuì 우대의, 할인의 | 凭证 píngzhèng 명 증빙, 증거

해설 C에서 '因为' 뒤에는 '所以'가 올 수 있지만 '所以'의 위치에 집중해야 하며, '所以'가 의미상 생략될 수도 있음을 알아야 한다. C를 직역하면 '알람이 울린 후 계속 자면, 깨어난 후에 더욱 피로함을 느낀다. 이것은 알람이 울렸기 때문에 그래서 대뇌가 계속 일어나라는 경고를 해서 수면의 질이 크게 떨어지는 것이다'라고 해석이 되기 때문에 다소 이상하다. 이때 '所以'를 없애면 '이것은 알람이 울린 후 대뇌가 계속 일어나라는 경고를 하기 때문에 수면의 질이 크게 떨어지는 것이다'라는 표현이 되어 더욱 자연스럽다.

第 二 部 分

제 5 회
阅读

61-70

61

潜力股本来指在未来一段时间内具有上涨潜力的股票，后用来指尽管现在不是非常____，但是在能力、人气等方面都有很大发展____的人。若未来有____的机遇，他们就会取得很大的成就。

A 出色　前景　合适
B 优越　预兆　舒适
C 突出　前途　合格
D 优秀　背景　适宜

潜力股(성장 잠재주)란 본래 미래의 일정 기간 내에 상승할 잠재력이 있는 주식을 가리켰다. 후에 사용하길 지금은 대단히 뛰어나지는 않지만 능력이나 인기 등의 방면에서 모두 큰 발전 전망이 있는 사람을 뜻한다. 만약 미래에 적당한 기회가 있으면 그들은 매우 큰 성과를 얻을 것이다.

A 뛰어나다 / 전망 / 적당하다
B 우월하다 / 전조 / 편안하다
C 뛰어나다 / 전망 / 합격이다
D 우수하다 / 배경 / 적합하다

단어 潜力股 qiánlìgǔ 명 성장 잠재주 | 上涨 shàngzhǎng 동 (수위·물가 등이) 오르다 | 潜力 qiánlì 명 잠재력, 저력 | 股票 gǔpiào 명 주식 | 若 ruò 접 만약 ‖ 预兆 yùzhào 명 조짐, 징조 | 前途 qiántú 명 전망 | 适宜 shìyí 형 알맞다, 적합하다

해설 첫 번째 빈칸에서 '매우 ~하다'라는 '非常' 뒤에 들어갈 수 있는 표현으로는 보기의 네 단어가 모두 들어갈 수 있다.
두 번째 빈칸에서 '发展(발전)'과 함께 하나의 복합명사로 쓸 수 있는 것은 '발전 전망'이라는 의미의 '前景', '前途'가 들어갈 수 있다.
마지막으로 '만약 미래에 ~한 기회가 있다면'이라는 구문에서 '적당하다'라는 뜻으로 '合适'를 쓰면 정답이 A라는 것을 알 수 있다.

62

宜昌古称夷陵，是巴蜀文化的发源地。宜昌地处长江中上游，____就是兵家必争、商旅云集之地。____三峡工程蓄水、通航、发电目标的实现，宜昌独特的大坝景观、峡江风光、民俗风情等____优势将日益突显。

A 自古以来　随着　资源
B 不言而喻　跟随　物资
C 一如既往　接着　资本
D 家喻户晓　伴随　资产

이창은 옛날에 이릉이라고 불렸으며 파촉문화의 발원지이다. 이창은 창장 중상류 쪽에 위치하고 있는데, 예로부터 군사상 반드시 점령해야 하는 곳이었고 많은 행상이 모여드는 곳이었다. 싼샤 대공사로 물의 저장과 취항, 발전의 목표가 실현됨에 따라 이창의 독특한 댐 경치와 협곡, 강의 풍경, 민속풍토 등의 자원 우세가 더욱 두드러지게 될 것이다.

A 예로부터 / ~에 따라 / 자원
B 말하지 않아도 안다 / (뒤)따르다 / 물자
C 예전과 같이 / 이어서 / 자본
D 모두가 알다 / 함께하다, 수반하다 / 자산

단어 必争 bìzhēng 동 반드시 쟁탈하다 | 云集 yúnjí 동 구름같이 모여들다 | 蓄水 xùshuǐ 동 물을 비축하다 | 通航 tōngháng 동 비행기나 선박이 다니다, 취항하다 | 大坝 dàbà 명 댐 | 日益凸显 rìyì tūxiǎn 날로 부각되다 ‖ 不言而喻 bùyán éryù 성 말하지 않아도 알다 | 一如既往 yìrú jìwǎng 성 지난날과 다름없다 | 家喻户晓 jiāyù hùxiǎo 성 집집마다 다 알다 | 物资 wùzī 명 물자

해설 첫 번째 빈칸에서 '예로부터'라는 뜻으로 쓰일 수 있는 것은 A의 '自古以来(예로부터)'뿐이다.
두 번째 빈칸에서 ' 싼샤 대공사로 물의 저장과 취항, 발전의 목표가 실현됨에 따라'라로 해석이 되어야 하는데 이 때 '~에 따라'라는 뜻으로 '跟随'와 '接随'는 쓸 수 없다. '跟着'는 보통 '사람을 따르다'라고 쓰이고 '接着'는 '이어서'로 해석이 되기 때문이다.
마지막으로 세 번째 빈칸에서 '독특한 댐 경치와 협곡, 강의 풍경, 민속풍토' 등을 모두 아우를 수 있는 단어는 '资源(자원)'뿐이다. 그러므로 정답은 A이다.

63

秋天树叶落地时一般都是正面朝下。树叶正面的细胞中含有很多叶绿体，且排列____紧密，而背面细胞中叶绿体较少，排列____，因此正面要比背面____。所以树叶落地时，通常是正面朝下，背面向上。

A 齐全　稀薄　壮
B 完整　疏远　硬
C 整齐　疏松　重
D 全面　分散　宽

가을에 나뭇잎이 떨어질 때는 주로 정면이 밑을 향한다. 나뭇잎 정면의 세포에는 엽록체가 많이 함유되어 있으며 가지런하고 밀접하게 정렬되어 있는 반면, 뒷면의 세포에는 엽록체가 비교적 적고 엉성하게 정렬되어 있어서 정면이 뒷면보다 무겁다. 그래서 나뭇잎이 떨어질 때는 보통 정면이 밑으로, 뒷면이 위로 향한다.

A 완비하다 / 엷다 / 건장하다
B 완전하다 / 소원하다 / 딱딱하다
C 가지런하다 / 엉성하다 / 무겁다
D 전면적이다 / 분산되다 / 넓다

단어 排列 páiliè 통 정렬하다 | 紧密 jǐnmì 형 긴밀하다, 밀접하다 | 通常 tōngcháng 명 보통 | 朝下 cháoxià 아래로 ‖ 齐全 qíquán 통 완비하다 | 稀薄 xībó 형 엷다, 희박하다 | 疏远 shūyuǎn 형 소원하다, 멀다 | 疏松 shūsōng 형 엉성하다

해설 첫 번째 빈칸에서 '排列(정렬되다, 배열하다)'라는 단어와 쓰일 수 있는 표현은 '整齐(가지런하다)'라는 단어뿐이다.
두 번째 빈칸에서 '叶绿体(엽록체)'라는 주어와 함께 '~하게 정렬되어 있다'라는 표현으로 '疏松(엉성하다)'이 들어가야 한다. '疏远'을 쓸 수 없는데, '疏远'은 보통 관계가 소원해질 때 쓰이는 표현이다.
마지막 빈칸에서 정면이 뒷면보다 '____해서' 정면 쪽으로 떨어진다고 했기 때문에 무게와 관련이 있다는 것을 알 수 있으므로 '重'이 들어가야 한다. 정답은 C이다.

64

云锦因其色彩绚丽、美如天上云霞而得名，____已有1500多年的历史。它浓缩了中国丝织技艺的____，有"寸锦寸金"之说。云锦集历代织锦____之大成，是中国乃至全世界最珍贵的历史文化____之一。

A 曾经　宝贝　文艺　文物
B 始终　经典　手法　资源
C 至今　精华　工艺　遗产
D 总共　核心　手艺　资产

원진은 색상이 화려하고 하늘 위의 꽃구름같이 아름답다 하여 명성을 얻었으며 오늘날까지 이미 1,500년이 넘는 역사를 가지고 있다. 이것은 중국 비단 기술의 정수를 농축한 것으로, '비단 값이 금값'이라는 말이 있다. 원진집은 역대 채색 무늬 비단 공예의 대성이자 중국, 심지어 전 세계에서 제일 귀중한 역사문화 유산 중 하나이다.

A 이전에 / 보물 / 문예 / 문물
B 시종 / 고전 / 수법 / 자원
C 오늘날까지 / 정수 / 공예 / 유산
D 모두 / 핵심 / 수예 / 자산

단어 云锦 yúnjǐn 색채가 아름답고 구름무늬를 수놓은 중국의 고급 비단 | 色彩 sècǎi 명 색채 | 绚丽 xuànlì 형 화려하고 아름답다, 현란하다 | 云霞 yúnxiá 명 꽃구름 | 浓缩 nóngsuō 동 농축하다 | 织锦 zhījǐn 채색 무늬 비단 | 大成 dàchéng 명 대성 | 乃至 nǎizhì 접 더 나아가서, 심지어 ‖ 精华 jīnghuá 명 정화, 정수 | 遗产 yíchǎn 명 유산

해설 첫 번째 빈칸 뒤에 '已有(이미 있다)'가 나왔기 때문에 빈칸 자리에는 '至今(오늘날까지)'이 들어가야 한다.
두 번째 빈칸에서 '중국 비단 기술의 ___ 을 농축했다'는 말은 비단 기술의 최고 기술을 농축시켰다는 말로, 정화, 정수라는 의미를 지닌 '精华'가 들어가야 한다.
세 번째 빈칸에서 윈진은 공예의 일종이기 때문에 '工艺'가 들어가야 하며, '历史文化(역사문화)'와 함께 쓰여 하나의 복합명사를 이룰 수 있는 것은 '遗产(유산)'뿐이므로 정답은 C이다.

제 5 회
阅读

65

汤圆是中华民族的传统小吃之一，历史十分____。汤圆虽好吃却不适合做早餐，这是因为____汤圆的主料——糯米粉黏性很高，不易消化，再加上汤圆馅儿油脂多，会加重胃肠____。所以汤圆最好是在中午吃，此时人的胃肠消化功能最强，有____的时间来消化汤圆里过多的热量。

A	长久	创造	包负	富裕
B	持久	加工	责任	充沛
C	悠久	制作	负担	充分
D	遥远	制定	义务	充足

탕위안은 중화민족의 전통 먹거리 중 하나로써 역사가 매우 유구하다. 탕위안은 맛있지만 아침으로 먹기에는 적절하지 않은데, 이것은 탕위안을 만드는 주재료인 찹쌀가루의 점성이 강해서 소화하기 어렵기 때문이며, 또한 탕위안의 소에 유지가 많아서 위장에 부담을 가중할 수 있다. 그래서 탕위안은 정오에 먹는 것이 제일 좋은데, 이때 사람의 위장 소화능력이 제일 좋고 탕위안에 있는 많은 열량을 소화할 충분한 시간이 있다.

A 장구하다 / 창조하다 / 포부 / 부유하다
B 지속되다 / 가공하다 / 책임 / 넘쳐흐르다
C 유구하다 / 만들다 / 부담 / 충분하다
D 까마득하다 / 제정하다 / 의무 / 충분하다

단어 汤圆 tāngyuán 명 탕위안(찹쌀가루 등을 새알 모양으로 빚은 것) | 糯米 nuòmǐ 명 찹쌀 | 黏性 niánxìng 명 점성, 진득거림 | 馅儿 xiànr 명 (떡이나 만두 등에 넣는) 소 | 油脂 yóuzhī 명 유지, 지방 | 遥远 yáoyuǎn 형 까마득하다 | 负担 fùdān 명 부담, 책임 | 富裕 fùyù 형 부유하다 | 充沛 chōngpèi 형 넘쳐흐르다

해설 첫 번째 빈칸을 보면 주어가 '历史(역사)'일 때 쓸 수 있는 술어로는 '持久'를 빼고 모두 가능하다. '持久'는 '지속되다'라는 느낌을 주므로 정답이 될 수 없다.
두 번째 빈칸에서 탕위안을 '만들다, 가공하다'라는 단어가 나와야 하기 때문에 '加工'이나 '制作'밖에 되지 않는다.
세 번째 빈칸에서 '加重(가중하다)'이라는 술어에 맞는 목적어는 '负担(부담)'뿐이다.
마지막으로 '충분한 시간'이라고 쓸 때는 '充分' 또는 '充足' 밖에 되지 않는다. 그러므로 정답은 C이다.

66

自然界中的一草一木，都有其存在的价值与____性。大自然总是会用一只无形的手，____地调节和平衡各种生物之间的关系，而人类所要做的就是____自然法则和规律，与自然____相处。

A	合法	奇妙	遵守	和气
B	充实	敏捷	尊敬	和睦
C	合理	巧妙	尊重	和谐
D	必要	灵敏	遵循	和蔼

자연계에서의 풀 한 포기 나무 한 그루는 모두 존재의 가치와 합리성이 존재한다. 대자연은 줄곧 보이지 않는 손을 써서 교묘하게 각종 생물 사이의 관계를 조절하고 균형을 맞추는데, 인류가 해야 하는 일은 바로 자연법칙과 규율을 존중하고 자연과 조화롭게 지내야 한다.

A 합법 / 기묘하다 / 준수하다 / 온화하다
B 충실 / 민첩하다 / 존경하다 / 화목하다
C 합리 / 교묘하다 / 존중하다 / 조화롭다
D 필요 / 영민하다 / 따르다 / 상냥하다

단어 一草一木 yīcǎo yīmù 성 일초일목, 풀 한 포기 나무 한 그루 | 无形 wúxíng 형 보이지 않는 | 调节 tiáojié 동 조절하다 | 平衡 pínghéng 동 균형 있게 하다, 균형을 맞추다 | 敏捷 mǐnjié 형 (생각·동작 등이) 민첩하다, 빠르다 | 遵守 zūnshǒu 동 (규칙 등을) 준수하다 | 遵循 zūnxún 동 따르다 | 和睦 hémù 형 화목하다, 사이가 좋다 | 和蔼 hé'ǎi 형 상냥하다

해설 | 첫 번째 빈칸은 '~성'이라는 표현이 가능해야 하며 주어로 풀 한 포기나 나무 한 그루를 썼을 때 어울리는 표현이어야 한다. 이때는 '合理(합리)'를 쓰는 것이 가장 적절하다.
두 번째 빈칸은 바로 앞의 '无形的手(보이지 않는 손)'와 함께 쓸 수 있는 표현으로 '교묘하다'는 의미의 '巧妙'뿐이다.
세 번째 빈칸에서 '法律(법률)', '规律(규율)'라는 주어와 쓰일 수 있는 술어는 '尊敬(존경하다)'을 제외한 모든 것이 가능하다.
마지막 빈칸에서는 '자연과 조화롭게 어울려야 한다'는 해석이 나와야 하는데 이때는 '和睦' 또는 '和谐'가 가능하다. 따라서 정답은 C이다.

67

白洋淀____河北省中部, 是中国海河平原上最大的____, 平均蓄水量可达13.2亿立方米, 白洋淀水产____丰富, 有淡水鱼50多种, 并以大面积的芦苇荡和千亩连片的荷花淀而____。

A 坐落　沙滩　资产　著名
B 占据　陆地　物资　知名
C 位于　湖泊　资源　闻名
D 处于　沼泽　能源　驰名

백양전은 허베이성 중부에 위치해 있으며 중국 하이허 평원에서 가장 큰 호수로 평균 저수량이 13.2억 세제곱미터에 달한다. 백양전은 수산 자원이 풍부하고 50여 종의 민물고기가 있으며, 게다가 넓은 면적의 갈대 습지와 천 묘에 이어진 연꽃 호수로 유명하다.

A ~에 위치하다 / 모래사장 / 자산 / 유명하다
B 점거하다 / 육지 / 물자 / 잘 알려지다
C ~에 위치하다 / 호수 / 자원 / 유명하다, 이름을 날리다
D 처하다 / 소택 / 에너지 / 명성을 떨치다

단어 | 蓄水量 xùshuǐliàng 저수량 | 淡水鱼 dànshuǐyú 명 담수어, 민물고기 | 芦苇荡 lúwěidàng 갈대가 무성한 습지 | 亩 mǔ 묘(중국식 토지 면적의 단위) ‖ 坐落 zuòluò 동 ~에 위치하다 | 占据 zhànjù 동 점거하다 | 湖泊 húpō 명 호수 | 沼泽 zhǎozé 명 소택 | 能源 néngyuán 명 에너지 | 驰名 chímíng 동 명성을 떨치다

해설 | 첫 번째 빈칸에서 장소나 위치를 말할 때 '~에 위치하다'라는 표현으로는 '位于'를 쓴다.
두 번째 빈칸에서 빈칸 뒤에 '蓄水量(저수량)'이 나왔기 때문에 '湖泊(호수)'라는 단어를 써야 한다.
세 번째 제시어는 '水产(수산)'이라는 단어와 함께 쓰여서 복합명사가 될 만한 것을 찾는 것으로 '수산 자원'이라고 할 수 있도록 '资源'이 와야 한다.
마지막으로 '잘 알려져 있다, 명성을 떨치다'라는 의미로 네 가지 제시어가 모두 가능하므로 정답은 C이다.

68

肢体动作可以传递____, 有时甚至比有声的语言更容易吸引对方的注意。人的每个肢体动作都代表或者隐含着一些____的含义, 掌握这些有助于我们在沟通中准确____对方的态度, 及时做出____。

A 信号　独特　抓紧　答复
B 信息　特殊　把握　回应
C 因素　神秘　推测　答应
D 情景　奇妙　琢磨　反应

보디랭귀지는 정보를 전달할 수 있으며 때로는 심지어 소리를 내는 언어보다 더 상대방의 주의를 끌기 쉽다. 사람의 모든 보디랭귀지는 어떤 특별한 뜻을 나타내거나 함축하고 있는데, 이런 것을 파악하는 것은 우리가 소통할 때에 상대방의 태도를 더 정확히 파악하고 제때 응답하는 데 도움이 된다.

A 신호 / 독특한 / 꽉 쥐다 / 답변
B 정보 / 특별한 / 파악하다 / 응답
C 요인 / 신비한 / 추측하다 / 동의
D 광경 / 기묘한 / 궁리하다 / 응답

단어 肢体动作 zhītǐ dòngzuò 몡 보디랭귀지 | 传递 chuándì 동 (차례차례) 전달하다, 전하다 | 注意 zhùyì 동 주의하다 | 隐含 yǐnhán 동 어떤 의미를 함축하다 | 含义 hányì 몡 내포된 뜻 | 掌握 zhǎngwò 동 정통하다, 파악하다 | 沟通 gōutōng 동 의견을 나누다, 소통하다 | 准确 zhǔnquè 톙 정확하다 | 神秘 shénmì 톙 신비하다 | 推测 tuīcè 동 추측하다 | 琢磨 zuómo 동 깊이 생각하다 | 答复 dáfù 몡 회답, 답변

해설 첫 번째 빈칸에서 술어인 '传递(전달하다)'와 쓰일 수 있는 것은 '信号' 혹은 '信息'뿐이다.
두 번째 제시어에서 '___한 뜻'이라고 해석이 되어야 하는데 '독특하다, 특별하다'라는 뜻의 '独特', '特殊'만이 가능하다.
세 번째 빈칸 부분을 해석해보면 '이런 것을 파악하는 것은 우리가 소통할 때에 상대방의 태도를 더 정확히 ___할 수 있는 데 도움이 된다'라는 뜻으로 결국 '파악하다'라는 표현이 가장 적절하다. '掌握'와 비슷한 의미로 '파악하다'라는 뜻을 가진 단어는 '把握'뿐이다.
마지막으로 제때에 '응답'하다라는 의미로는 '回应' 또는 '反应'뿐이므로 정답은 B이다.

69

哺乳动物和鸟类为什么会___地躲避高压电线呢? 科学家发现, 电线发出的紫外线是动物躲避它的主要___。电线周围会发出不___的紫外线, 虽然人类看不见, 但动物却看得很清楚, 而且电压越大, 紫外线越强, 它们的躲避___也就越高。

A 自发　动机　规矩　比例
B 自觉　原因　规则　程度
C 自主　道理　规范　频率
D 自动　理由　正规　幅度

포유동물과 새는 어떻게 자발적으로 고압전선을 피할 수 있을까? 과학자가 발견하길, 전선에서 나오는 자외선이 동물이 그것을 피하는 주요 <u>원인</u>이다. 전선 주위에서는 불<u>규칙</u>한 자외선이 나온다. 비록 사람에게는 안 보이지만 동물은 매우 분명하게 볼 수 있으며 게다가 전압이 클수록 자외선도 더 강해져 그들이 피해 가는 <u>정도</u>도 더 높아진다.

A 자연적으로 / 동기 / 규정 / 비례
B 자발적으로 / 원인 / 규칙 / 정도
C 자주적으로 / 도리 / 규범 / 빈도
D 자동으로 / 이유 / 정규의 / 너비

단어 哺乳动物 bǔrǔ dòngwù 몡 포유동물 | 躲避 duǒbì 동 피하다, 숨다 ‖ 自发 zìfā 톙 자발적인 | 自主 zìzhǔ 동 자주적이다, 자신의 뜻대로 처리하다 | 动机 dòngjī 몡 동기 | 规范 guīfàn 몡 규범 | 频率 pínlǜ 몡 빈도 | 幅度 fúdù 몡 너비, 폭

해설 첫 번째 빈칸에서 '자발적으로', '자동으로'라는 단어를 써줄 때 '自发'를 제외하고 모두 쓸 수 있다. '自发'는 '스스로 발생한'이라는 뉘앙스를 가지고 있기 때문이다.
두 번째 제시어에서 '主要'와 함께 복합명사로 쓰이며 문맥상 적절한 단어는 '原因'뿐이다.
세 번째 제시어에서 '불규칙한'이라고 쓰이려면 '规则'가 들어가야 한다.
마지막으로 '피하는 정도'라고 해석이 되려면 '程度'가 들어가야 한다. 고로 정답은 B이다.

70

　　阿尔山____太兴安岭西南麓。远古时期，这里的岩浆活动____而强烈，为阿尔山留下了丰富的地质遗迹和自然____。这里有亚洲面积最大、保存最完整的火山熔岩____；有世界最大、可洗可饮的矿泉群；有世上____的天池群，还有在-40℃以下也不会结冰的不冻河。

A 属于　繁忙　财产　景色　难得
B 坐落　忙碌　资产　风景　珍稀
C 位于　频繁　财富　景观　罕见
D 在于　漫长　宝藏　情景　珍贵

아얼산은 타이씽안 고개의 서남쪽 기슭에 위치한다. 고대시대에 이곳의 마그마 활동이 빈번하고 맹렬하여 아얼산에 풍부한 지질 유적과 자연 재산을 남겼다. 이곳에는 아시아 최대 면적의 가장 온전하게 보존된 화산용암 경관이 있고 세계 최대의 씻고 마실 수 있는 광천이 있으며, 세상에서 보기 드문 천지도 있고 또 영하 40도 이하에서도 얼지 않는 강도 있다.

A ~에 속한다 / 일이 많고 바쁘다 / 재산 / 경치 / 얻기 어려운
B ~곳에 위치한다 / 서두르다 / 자산 / 풍경 / 진귀하고 드문
C ~에 위치한다 / 잦다, 빈번하다 / 재산 / 경관 / 보기 드문
D ~에 있다 / 멀다 / 소장품 / 광경 / 진귀한

단어 岭 lǐng 몡 고개, 재 | 麓 lù 몡 산기슭 | 岩浆 yánjiāng 몡 마그마 | 强烈 qiángliè 톙 강렬하다, 맹렬하다 | 留下 liúxià 툉 남기다 | 丰富 fēngfù 톙 많다, 풍부하다 | 完整 wánzhěng 톙 완전하다 | 熔岩 róngyán 몡 용암 | 结冰 jiébīng 툉 얼음이 얼다, 결빙하다 ‖ 坐落 zuòluò 툉 ~에 위치하다 | 忙碌 mánglù 톙 서두르다, 서둘러 하다 | 宝藏 bǎozàng 몡 소장품 | 珍稀 zhēnxī 톙 진귀하고 드물다 | 罕见 hǎnjiàn 톙 보기 드물다

해설 첫 번째 빈칸을 보면 '~에 위치하다'라고 해석이 되므로 보통 장소를 이야기할 때 쓰는 '位于'가 와야 한다.
두 번째 빈칸에서 주어인 '岩浆活动(마그마 활동)'은 사람 주어가 아니기 때문에 '잦다, 빈번하다'라는 '频繁'이 와야 한다.
세 번째 빈칸에서 빈칸을 지칭하는 것이 '화산 용암', '광천', '천지' 등이 있기 때문에 그만큼 귀중한 자산이라는 '财富'가 나와야 한다. 이때 '资产', '财产'은 금전적인 것과 관련이 있는 재산이기에 본문에서는 쓰일 수 없다.
네 번째 빈칸에서 '화산용암' 뒤에 '경치'라는 의미가 들어가야 할 때 하나의 경치뿐 아니라 모든 구경거리로 제공되는 경물까지 모두 이를 때 '景观'만이 들어갈 수 있다.
마지막으로 '진귀한', '보기 드문'이라는 표현으로는 '难得'를 제외하고 모든 것이 다 들어갈 수 있기 때문에 정답은 C이다.

第 三 部 分

71-75

节约是自然界进化发展的神圣法则之一，动物在进化的过程中就很好地贯彻了这一法则。众所周知，水作为生物最基本的组成分，其比热是随着温度的变化而变化的。(71)___B___，这是因为水在35℃时的比热最小，也就是说在这个温度时，动物为保持体温恒定所需要吸收和释放的热量最少。又例如蜻蜓的翅膀只有5厘米长，(72)___A___，重量仅0.005克。然而，它却具有足够的强度和硬度，能在一秒钟内扇动20至40次，让蜻蜓飞行15米远。这种翅膀构造可谓是节约的典型了。

(73)___E___。人们发现，某些植物的叶子是按照螺旋状排列的，夹角为137°30′，这样的叶序排列能使植物的采光面积达到最大。有建筑设计师借鉴这一采光原理，设计建造了一座13层高、外形呈螺旋状的大楼。结果发现，(74)___D___。另外，人们还从雨滴下落时前圆后尖的形状中得到启发，设计制造了阻力很小的雨滴状汽车。空气从车前拂过时，在车后不会形成空气漩涡，(75)___C___。

A 面积不过4.6平方厘米
B 恒温动物的体温大都保持在35℃左右
C 从而大大地提高了车的行驶速度
D 这个大楼里的每个房间都能照到阳光
E 自然界中的节约法则极大地启发了人类

절약은 자연계 진화 발전의 신성한 법칙 중 하나인데, 동물이 진화하는 과정에서 이 법칙을 매우 잘 관철시켰다. 모두 알다시피, 물은 생물의 가장 기본적인 구성 성분으로 그 비열은 온도의 변화에 따라 변화한다. (71) B 항온동물의 체온은 대부분 35℃ 정도로 유지된다. 이것은 물이 35℃일 때 비열이 제일 작기 때문인데, 이 말은 이 온도일 때 동물이 체온을 항상 일정하게 유지하기 위해 흡입과 방출에 필요한 열량이 가장 적다는 것이다. 또 예를 들어 잠자리의 날개는 5센티미터밖에 안 되며 (72) A 면적은 4.6 제곱센티미터를 넘지 않고 중량은 0.005그램밖에 안 된다. 하지만 그것은 충분한 강도와 경도를 갖추고 있고 1초 안에 20~40회의 날개짓을 할 수 있어 잠자리가 15미터를 날게 한다. 이런 날개의 구조는 절약의 전형이다.

(73) E 자연계에서의 절약 법칙은 인류에게 매우 큰 영감을 주었다. 사람들이 알아내길, 몇몇 식물의 잎은 나선형으로 배열되었으며, 끼인각이 137°30′이므로 이런 잎차례의 배열은 식물의 채광 면적을 최대에 이르게 한다. 어떤 건축 디자이너는 이 채광 원리를 이용하여 13층 높이에 외형은 나선형인 큰 건물을 설계하고 만들었다. 그 결과 (74) D 이 건물 안의 모든 방이 햇빛을 받을 수 있음을 발견했다. 또한 사람들은 빗방울이 떨어질 때 앞은 둥글고 뒤는 뾰족한 형태에서 영감을 얻어 저항력이 매우 적은 물방울 모양의 차를 디자인하여 만들었다. 공기가 차 앞을 스쳐 지나갈 때 차 뒤에서는 공기 소용돌이가 만들어지지 않는데, (75) C 이로써 차의 운행 속도를 크게 높였다.

A 면적은 4.6 제곱센티미터를 넘지 않는다
B 항온동물의 체온은 대부분 35℃ 정도로 유지된다
C 이로써 차의 운행 속도를 크게 높였다
D 이 건물 안의 모든 방이 햇빛을 받을 수 있다
E 자연계에서의 절약 법칙은 인류에게 매우 큰 영감을 주었다

단어 神圣 shénshèng 혱 신성하다 | 贯彻 guànchè 동 관철시키다 | 众所周知 zhòngsuǒ zhōuzhī 성 모든 사람이 다 알고 있다 | 比热 bǐrè '比热容(비열)'의 약칭 | 恒定 héngdìng 혱 항상 일정하다 | 释放 shìfàng 동 방출하다 | 然而 rán'ér 접 그러나 | 翅膀 chìbǎng 명 날개 | 硬度 yìngdù 명 경도, 굳기 | 扇动 shāndòng 동 (부채 모양의 것을) 부치다, 흔들다 | 构造 gòuzào 명 구조 | 螺旋 luóxuán 명 나선 | 夹角 jiājiǎo 명 협각 | 叶序 yèxù 명 엽서, 잎차례 | 排列 páiliè 동 배열하다, 정렬하다 | 采光 cǎiguāng 명 채광 | 借鉴 jièjiàn 동 참고로 하다, 본보기로 삼다 | 雨滴 yǔdī 명 빗방울 | 下落 xiàluò 동 떨어지다 | 启发 qǐfā 명 영감, 깨우침 | 阻力 zǔlì 명 저항력 | 拂 fú 동 가볍게 스치고 지나가다 | 漩涡 xuánwō 명 소용돌이

| 71 | B 恒温动物的体温大都保持在35℃左右 | B 항온동물의 체온은 대부분 35℃ 정도로 유지된다 |

해설 빈칸의 뒷부분을 보면 '这是因为水在35℃时的比热最小(이것은 물이 35℃일 때 비열이 제일 작기 때문이다)'라고 해석이 되어 처음으로 35℃가 언급이 되는 것을 알 수 있다. 그러므로 정답은 B이다.

| 72 | A 面积不过4.6平方厘米 | A 면적은 4.6 제곱센티미터를 넘지 않는다 |

해설 빈칸 앞에서는 '又例如蜻蜓的翅膀只有5厘米长(또 예를 들어 잠자리의 날개는 5센티미터밖에 안 된다)'이라고 해서 잠자리 날개 길이에 대해서 이야기를 하고 있다. 그렇기 때문에 이어서 '面积(면적)'라는 단어가 나오는 A가 정답이다.

| 73 | E 自然界中的节约法则极大地启发了人类 | E 자연계에서의 절약 법칙은 인류에게 매우 큰 영감을 주었다 |

해설 빈칸 뒤의 내용을 보면 '有建筑设计师借鉴这一采光原理，设计建造了一座13层高、外形呈螺旋状的大楼(어떤 건축 디자이너는 이 채광 원리를 이용하여 13층 높이에 외형은 나선형인 큰 건물을 설계하고 만들었다)'라는 표현이 들어가기 때문에 인류가 자연을 이용하여 개발을 했다는 전제 조건이 앞에 들어가야 한다. 그러므로 E가 정답이다.

| 74 | D 这个大楼里的每个房间都能照到阳光 | D 이 건물 안의 모든 방이 햇빛을 받을 수 있다 |

해설 빈칸 앞 내용을 보면 나선형 구조의 건물에 대해서 이야기하고 있으며 D보기 문장에서처럼 '这个大楼'라고 지칭했기 때문에 D가 적절하다.

| 75 | C 从而大大地提高了车的行驶速度 | C 이로써 차의 운행 속도를 크게 높였다 |

단어 行驶 xíngshǐ 동 (차나 배 등이) 통행하다, 운항하다

해설 마지막 빈칸 앞에서는 '在车后不会形成空气漩涡(차 뒤에서는 공기 소용돌이가 만들어지지 않는다)'라고 해서 차가 언급되었으므로 C가 정답이다.

76-80

研究发现，当人们觉得凭自己的能力无法完成一件事，或者可能会搞砸一件事的时候，就会产生恐惧感。但是，(76) __B__，我们就会发现，其实这种恐惧感很多时候都是毫无依据的。

出于自我保护的目的，(77) __D__。举个例子，假如你乘坐的飞机在万米高空中遇到险情，你必须要跳伞，这时大脑便会产生一些负面信息让你不敢从机舱内跳下去。但如果你以前有过多次跳伞的经历，(78) __E__，因为你的潜意识已经告诉你：跳伞不会有危险。

当你试着将自己推向能力极限的时候，让你感到恐惧的事就会开始减少。久而久之，(79) __A__：其实所有的恐惧都只是我们的大脑处于保护自己的本能而产生的，而那些未知的恐惧其实并没有我们潜意识中认为的那样可怕。

人们常说：能想多远就能够走多远。坚持去做一些让自己感到恐惧的事情，(80) __C__，你就会变得越来越自信，也不会再因为恐惧而错失体验人生的大好机会。

A 你会悟出这样一个道理
B 当我们尝试去做这件事时
C 或是完成一些原先自己认为不可能做到的事情
D 大脑会不顾一切地阻止人们做一些有风险的事
E 便不会有这样的恐惧感

연구에서 사람들은 자신의 능력으로 일을 완성할 수 없다고 생각할 때, 혹은 어떤 일을 실패할 것 같을 때, 곧 공포감이 생길 수 있음을 알아냈다. 하지만, (76) B 우리가 이런 일을 시도해볼 때, 우리는 사실 이러한 공포감이 많은 경우에 어떠한 근거도 없다는 것을 알 수 있다.

자기 보호의 목적으로 출발해서 (77) D 대뇌는 사람들이 리스크가 있는 일을 하는 것을 무조건 막는다. 예를 들어, 만약 당신이 탑승한 비행기가 만 미터 상공에서 위험한 상황에 부닥쳐 반드시 낙하산을 메고 뛰어내려야 한다면, 이때 대뇌는 부정적인 정보를 만들어 당신을 기내에서 뛰어내리지 못하게 할 것이다. 하지만 만약 이전에 낙하산을 탄 경험이 많으면, (78) E 이런 공포감은 없어질 것이다. 왜냐하면, 이미 당신의 잠재의식이 낙하산으로 뛰어내려도 위험하지 않을 거라고 알려주고 있기 때문이다.

당신이 자신을 능력의 한계치로 몰고 가려고 할 때, 공포를 느끼게 되는 일들이 줄어들 것이다. 오랜 시간이 지나면, (79) A 당신은 이러한 이치를 깨닫게 될 것이다. 사실 모든 공포는 우리 대뇌의 자기 보호 본능에서 만들어진 것일 뿐이고, 그런 알 수 없는 공포는 사실 우리의 잠재의식 속에서 생각하는 것만큼 그렇게 무섭지 않다는 것을 말이다.

사람들은 종종 멀리 생각하는 만큼 멀리 갈 수 있다고 말한다. 지속적으로 자신이 공포를 느끼는 일들을 해나간다면 (80) C 또는 처음에 자신이 불가능하다고 생각했던 것을 완성한다면, 더욱더 자신감을 갖게 될 것이고, 공포 때문에 인생을 체험하는 제일 좋은 기회를 놓치지 않을 것이다.

A 당신은 이러한 이치를 깨닫게 될 것이다
B 우리가 이런 일을 시도해볼 때
C 또는 처음에 자신이 불가능하다고 생각했던 것을 완성한다면
D 대뇌는 사람들이 리스크가 있는 일을 하는 것을 무조건 막는다
E 이런 공포감은 없어질 것이다

단어 凭 píng 개 ~에 근거하여 | 搞砸 gǎozá 동 실패하다 | 恐惧 kǒngjù 동 겁먹다, 두려워하다 | 依据 yījù 동 근거하다, 의거하다 | 出于 chūyú 동 (어떤 입장·태도에서) 출발하다, 비롯되다 | 险情 xiǎnqíng 명 위험한 상황 | 跳伞 tiàosǎn 동 낙하산으로 뛰어내리다 | 机舱 jīcāng 명 기내 | 经历 jīnglì 명 경험 | 潜意识 qiányìshí 잠재 의식 | 推向 tuīxiàng 동 일정한 방향으로 밀다, 추진하다 | 久而久之 jiǔ'ér jiǔzhī 성 오랜 시일이 지나다, 긴 시간이 지나다 | 错失 cuòshī 동 놓치다 | 体验 tǐyàn 동 체험하다

| 76 | B 当我们尝试去做这件事时 | B 우리가 이런 일을 시도해볼 때 |

해설 빈칸 앞을 보면 '研究发现，当人们觉得凭自己的能力无法完成一件事，或者可能会搞砸一件事的时候，就会产生恐惧感(연구에서 사람들은 자신의 능력으로 일을 완성할 수 없다고 생각할 때, 혹은 어떤 일을 실패할 것 같을 때 바로 공포감이 생길 수 있음을 알아냈다)'이라고 되어 있고 뒷부분에서는 '我们就会发现，其实这种恐惧感很多时候都是毫无依据的(우리는 사실 이러한 공포감이 많은 경우에 어떠한 근거도 없다는 것을 알 수 있다)'라고 주절이 나와 있기 때문에 빈칸에 들어갈 수 있는 것은 부사절이라는 것을 알 수 있다. 그러므로 B가 들어가야 한다.

| 77 | D 大脑会不顾一切地阻止人们做一些有风险的事 | D 대뇌는 사람들이 리스크가 있는 일을 하는 것을 무조건 막는다 |

단어 不顾一切 búgù yíqiè 아무것도 따지지 않다 | 阻止 zǔzhǐ 图 저지하다

해설 뒷부분을 읽으면 '这时大脑便会产生一些负面信息让你不敢从机舱内跳下去(이때 대뇌는 부정적인 정보를 만들어 당신을 기내에서 뛰어내리지 못하게 한다)'라고 하여 처음 '大脑(대뇌)'라는 단어가 언급된다. 그러므로 정답은 D이다.

| 78 | E 便不会有这样的恐惧感 | E 이런 공포감은 없어질 것이다 |

해설 '如果'가 앞에 위치했을 때 뒷절에는 '就' 혹은 '便'이 많이 쓰인다. 또한 해석을 보아도 앞의 내용과 상반되게 빈칸 앞부분은 '但如果你以前有过多次跳伞的经历(하지만 만약 이전에 낙하산을 탄 경험이 많으면)'이라고 나와 있기 때문에 빈칸에는 공포감이 없어질 것이라는 표현이 나와야 한다. 그러므로 정답은 E이다.

| 79 | A 你会悟出这样一个道理 | A 이러한 이치를 깨닫게 될 것이다 |

단어 悟出 wùchū 图 깨닫다, 이해하다

해설 빈칸 앞의 내용을 보면 '当你试着将自己推向能力极限的时候，让你感到恐惧的事就会开始减少。久而久之(당신이 자신을 능력의 한계치로 몰고 가려고 할 때 공포를 느끼게 되는 일들이 줄어들 것이다. 오랜 시간이 지나면)'라고 했으며 뒤에는 어떠한 사실에 대해서 언급이 되었다. 그러므로 정답은 A이다.

| 80 | C 或是完成一些原先自己认为不可能做到的事情 | C 또는 처음에 자신이 불가능하다고 생각했던 것을 완성한다면 |

단어 原先 yuánxiān 명 종전, 이전, 본래

해설 문장 구조상 앞에서 '坚持去做一些让自己感到恐惧的事情(지속적으로 자신이 공포를 느끼는 일들을 해나간다면)' 그리고 '____한다면' '你就会变得越来越自信(더욱더 자신감을 가질 수 있다)'의 구조이기 때문에 빈칸에는 '或(혹은, 아니면)'가 들어간 C가 들어가야 한다.

第四部分

心理学上有一个著名的现象叫做框架效应。它指的是 [81]对于同一个问题或同一种情况，不同的表达方式会导致接受方做出不同的决定。在生活中，框架效应很常见。有这样一个典型的案例：

甲加油站每升汽油卖7.6元，但如果以现金的方式付款，每升汽油可以便宜0.6元。而乙加油站每升汽油卖7元，但如果用信用卡付款，则每升要多付0.6元。[83]面对这两种选择，人们通常会认为甲加油站的价格要比乙加油站的更吸引人，所以大多数人都会去甲加油站加油。[82]但事实上，无论从哪个加油站购买汽油，所花的钱都是一样的。但由于两个加油站不同的表述方式，导致了人们更倾向于选择甲加油站。

这是一种复杂的心理现象。如果人们选择去乙加油站购买汽油，心里往往会感到不舒服。这是因为甲加油站是与某种"效益"联系在一起的，而乙加油站则是与某种"损失"联系在一起的。人们在利益的驱动下，自然会选择貌似很便宜的甲加油站。

通过这一事例可以发现，人们在做决定时很容易受框架效应的影响。[84]生活中，那些看似很有诱惑力的选项，往往会让人们掉入决策的陷阱。

심리학에 프레임 효과라고 불리는 유명한 현상이 있다. 그것은 [81]동일한 문제 혹은 동일한 상황에서 서로 다른 표현 방식이 받아들이는 측의 다른 결정을 이끈다는 것이다. 생활 속에서 프레임 효과는 자주 볼 수 있으며, 그중 이런 전형적인 사례가 있다.

갑 주유소는 리터 당 휘발유를 7.6위안에 팔지만 만약 현금으로 계산하면 리터 당 0.6위안이 저렴하다. 을 주유소는 리터 당 휘발유를 7위안에 팔지만, 만약 신용카드로 계산하면 리터 당 0.6위안을 더 내야 한다. [83]이두 선택 앞에서 사람들은 일반적으로 갑 주유소의 가격이 을 주유소보다 더 매력적이라고 여겨 대부분의 사람들은 갑 주유소에 주유하러 갈 것이다. [82]하지만 사실상 어느 주유소에 가서 기름을 사든 쓰는 돈은 똑같다. 그러나 두 주유소의 다른 표현방식이 사람들로 하여금 갑 주유소를 선택하는 쪽으로 기울게 한다.

이것은 복잡한 심리현상이다. 만약 사람들이 을 주유소에 가서 주유하는 것을 선택하면 마음이 불편할 것이다. 이것은 갑 주유소는 일종의 '이익'과 연관돼 있고, 을 주유소는 일종의 '손해'와 연관돼 있기 때문이다. 사람들은 이익의 유혹 아래, 자연스럽게 이득을 취할 수 있을 것 같은 갑 주유소를 선택하게 된다.

이 사례를 통해 사람들은 결정을 할 때 프레임 효과의 영향을 쉽게 받는다는 것을 알 수 있다. [84]생활 속에서 매우 유혹적으로 보이는 선택 사항들은 종종 사람들을 결책의 함정에 빠뜨린다.

단어 著名 zhùmíng ⑱ 저명하다 | 框架效应 kuàngjià xiàoyìng 프레임 효과, 틀 효과 | 导致 dǎozhì ⑧ 야기하다, 초래하다 | 典型 diǎnxíng ⑱ 전형적인 | 案例 ànlì ⑲ 사례 | 付款 fùkuǎn ⑧ 돈을 지불하다 | 无论 wúlùn ⑳ ~에 관계 없이 | 表述 biǎoshù ⑧ 서술하다, 설명하다 | 倾向于 qīngxiàngyú 경향이 있다 | 效益 xiàoyì ⑲ 이익, 이득 | 损失 sǔnshī ⑲ 손실, 손해 | 驱动 qūdòng ⑧ 구동 | 诱惑力 yòuhuòlì ⑲ 매력 | 掉入 diàorù ~에 빠지다 | 陷阱 xiànjǐng ⑲ 함정

81

| 根据框架效应，什么会影响人们的决定？ | 프레임 효과를 근거로 무엇이 사람들의 결정에 영향을 주는가？ |

A 坚定的立场
B 人际关系
C 表达方式
D 审美习惯

A 확고한 입장
B 인간관계
C 표현 방식
D 심미적 습관

단어 坚定 jiāndìng ⑱ (입장·주장·의지 등이) 확고부동하다, 결연하다 | 审美 shěnměi ⑱ 심미적

해설 첫 번째 단락의 두 번째 문장에서 '对于同一个问题或同一种情况，不同的表达方式会导致接受方做出不同的决定(동일한 문제 혹은 동일한 상황에서, 서로 다른 표현 방식이 받아들이는 측의 다른 결정을 이끈다는 것이다)'이라고 했기 때문에 사람들에게 영향을 주는 것은 '표현 방식'이라는 것을 알 수 있다. 따라서 정답은 C이다.

82 根据第2段，下列哪项正确？

두 번째 단락에 근거하여 다음 중 옳은 것은?

A 刷卡消费更划算
B 汽油价格波动大
C 人们不喜欢用现金付款
D 两个加油站油价一样

A 카드 소비가 더 수지가 맞다
B 휘발유의 가격 파동이 크다
C 사람들은 현금으로 지불하는 것을 좋아하지 않는다
D 두 주유소의 휘발유 가격은 같다

 划算 huásuàn 형 수지가 맞다, 계산이 맞다

 두 번째 단락에서 '但事实上，无论从哪个加油站购买汽油(하지만 사실상 어느 주유소에 가서 기름을 사든 쓰는 돈은 똑같다)'라고 했기 때문에 정답은 D이다.

83 人们为什么更倾向于选择甲加油站？

사람들은 왜 갑 주유소를 선택하는 쪽으로 기우는가?

A 服务非常周到
B 获得的实际利益更多
C 汽油品质更好
D 感觉得到了某种优惠

A 서비스가 세심해서
B 얻는 실제 이익이 더 많아서
C 휘발유의 품질이 더 좋아서
D 어떤 혜택을 얻는 느낌이 들어서

 周到 zhōudào 형 세심하다, 치밀하다 | 优惠 yōuhuì 형 특혜의, 우대의

 두 번째 단락에서 '面对这两种选择，人们通常会认为甲加油站的价格要比乙加油站的更吸引人，所以大多数人都会去甲加油站加油(이 두 선택 앞에서 일반적으로 사람들은 갑 주유소의 가격이 을 주유소보다 더 매력적이라고 여겨 대부분의 사람들은 갑 주유소에 주유하러 간다)'라고 했기 때문에 같은 가격이더라도 표현 방식에 따라서 더욱 할인을 많이 받는 느낌이 드는 쪽으로 소비자가 움직인다는 것을 알 수 있다. 따라서 정답은 D이다.

84 上文主要想告诉我们：

위 글은 우리에게 무엇을 알려주고자 하는가？

A 不要被表面现象迷惑
B 要懂得货比三家
C 做决定要果断
D 不能重利轻义

A 표면적인 현상에 현혹되지 않도록 한다
B 물건을 살 때 여러 곳의 것을 비교할 줄 알아야 한다
C 결정을 할 때는 확실해야 한다
D 이익만 중시하고 의리를 경시하면 안 된다

 迷惑 míhuò 동 미혹되다, 현혹되다 | 货比三家 huòbǐ sānjiā 서로 금(을) 맞추다 | 果断 guǒduàn 형 결단력이 있다 | 重利轻义 zhònglì qīngyì 재물을 중히 여기고 의리를 가벼이 여기다

 마지막 단락에서 '生活中，那些看似很有诱惑力的选项，往往会让人们掉入决策的陷阱(생활 속에서 매우 유혹적으로 보이는 선택 사항들은 종종 사람들을 결책의 함정에 빠뜨린다)'라고 했기 때문에 프레임 효과에 현혹되면 안 된다고 말하고 있다. 그러므로 정답은 A이다.

85-88

　　一个年轻人在经历了几次失败的面试后，心灰意冷，便不再继续找工作。一天，他看见父亲种的南瓜无人照料，想到自己也没事可做，于是就去地里给南瓜施肥、浇水、灭虫，干得非常认真。

　　85在他的精心照料下，瓜藤长得非常茂盛。可奇怪的是，那些茂盛的瓜藤上却迟迟不结瓜。千盼万盼，好不容易结了一个，但长到拳头大小就没再长，反而渐渐萎缩，最后竟然烂掉了。年轻人以为是肥料不足，于是又给南瓜施了很多肥。可结出的瓜依然无一例外都"夭折"了。他沮丧地问父亲："为什么瓜藤长得那么好，却结不成瓜呢？"父亲说："你用竹签从瓜藤中间插过去，以后结的瓜就不会烂了。"

　　于是，年轻人照父亲说的，拿了一大把竹签到地里准备插瓜藤。可刚插了一根，他就下不去手了。他心想：自己费尽心思才种出这么好的瓜藤，为什么要刺伤它们？再说，完好的瓜藤都结不成瓜，受伤的又怎能结成呢？86年轻人怀疑父亲故意捉弄他，于是就干脆把剩下的竹签都扔掉了。

　　之后，那根被插了竹签的瓜藤长势明显赶不上其他的瓜藤。87可出乎意料的是，这根受伤的瓜藤竟结出了南瓜，而且南瓜并没有烂掉，反而长得飞快，最后竟然长到了15公斤。而那些没有插竹签的瓜藤，只空长了一堆藤叶。

　　年轻人不解地问父亲："为什么好的瓜藤结不成瓜，而受伤的瓜藤反而结出了一个大瓜呢？"父亲说："瓜和人一样，肥料下得足不见得有用，有时吃点儿苦、受点儿磨难更有助于成长。"年轻人恍然大悟，于是开始积极地寻找工作，在一次次的应聘失败中总结经验教训，最后终于找到了一份满意的工作。

　　88人生的道路不会总是一帆风顺，但只要我们肯在自己这根"瓜藤"上插一根"竹签"，勇于在逆境中磨砺自己，就一定能够实现我们的人生目标。

한 젊은이가 여러 번 면접에 실패한 후, 의기소침해져서 다시는 일을 찾지 않았다. 어느 날 그는 아버지가 심은 호박을 아무도 관리하지 않는 것을 보고는 자신도 별다른 할 일이 없다는 생각에 밭으로 나가 비료를 주고 물을 뿌리며 해충을 퇴치하는 등 매우 열심히 일했다.

85그의 정성 어린 보살핌 아래 덩굴줄기는 매우 무성하게 자랐다. 하지만 이상하게도 그 무성한 덩굴줄기에서 호박이 끝까지 열리지 않는 것이다. 손꼽아 기다리던 중에 어렵게 하나가 열렸지만 주먹만 한 크기까지만 자라다가 더는 자라지 않고 도리어 점점 시들더니 결국에는 썩었다. 젊은이는 비료가 충분치 않다고 여겨 호박에 더 많은 비료를 주었다. 그러나 맺히는 것은 여전히 하나같이 모두 '단명'했다. 그는 상심하여 아버지께 물었다. "왜 덩굴줄기는 이렇게 무성히 자라는데, 열매는 안 열리는 거죠?" 아버지가 말했다. "대꼬챙이를 덩굴줄기 중간에 꽂아 넣으면 후에 열리는 호박은 썩지 않을 거야."

그래서 젊은이는 아버지가 말한 대로 대꼬챙이를 한 줌 가득 덩굴줄기에 꽂을 준비를 했다. 하지만 막 하나를 꽂았을 때 그는 계속할 수가 없었다. 속으로 생각하길 '스스로 온 힘을 다해 이렇게 좋은 줄기를 키웠는데 왜 상처를 내야 하지? 더군다나 온전한 덩굴줄기도 열매를 맺지 못하는데, 상한 줄기가 어떻게 열매를 맺겠어?' 86젊은이는 아버지가 자신을 일부러 놀리는 것이라고 의심하여 아예 나머지 대꼬챙이를 모두 버려버렸다.

후에, 그 대꼬챙이가 꽂혀 있는 줄기의 생장은 확실히 다른 덩굴줄기를 따라가지 못했다. 87하지만 뜻밖에도 이 다친 줄기에서 호박이 열렸고, 이 호박은 썩지 않고 도리어 매우 빠르게 자라서 마지막에는 15킬로그램까지 자랐다. 하지만 대꼬챙이를 안 꽂은 덩굴줄기들은 그저 잎사귀들만 잔뜩 자랐다.

젊은이는 이해할 수 없다는 듯이 아버지에게 물었다. "왜 성한 덩굴줄기는 열매를 맺지 못하고, 다친 덩굴줄기에는 오히려 커다란 호박이 자라난 거죠?" 아버지가 말했다. "호박은 사람과 똑같단다. 비료를 많이 줘야 효과가 있다고 할 수 없지. 가끔은 고통도 맛보고 어려움도 겪어 보는 것이 성장에 더 도움이 된단다." 젊은이는 문득 크게 깨달아 적극적으로 일을 구하기 시작했고 계속되는 실패 속에서 경험과 교훈을 얻어 결국에는 만족스러운 일을 찾을 수 있었다.

88인생의 길이 늘 순조롭지만은 않지만 우리가 자신의 이 '덩굴줄기' 위에 '대꼬챙이'를 꽂고, 용감하게 역경 속에서 자신을 갈고 닦는다면 우리 인생의 목표를 실현할 수 있다.

단어

心灰意冷 xīnhuī yìlěng 의기소침하다 | 无人照料 wúrén zhàoliào 돌 볼 사람이 없다 | 施肥 shīféi 동 비료를 주다, 시비하다 | 浇水 jiāoshuǐ 동 물을 주다 | 灭虫 mièchóng 해충을 박멸·퇴치하다 | 精心照料 jīngxīn zhàoliào 정성을 들여 보살피다 | 茂盛 màoshèng 형 우거지다, 무성하다 | 瓜藤 guāténg 명 (박·오이 등 박과 식물의) 덩굴줄기 | 迟迟 chíchí 부 매우 늦도록 | 千盼万盼 qiānpàn wànpàn 손꼽아 기다리다, 매우 바라다 | 渐渐 jiànjiàn 부 점점, 점차 | 萎缩 wěisuō 형 마르다, 시들다 | 烂 làn 썩다, 부패하다, 낡다 | 无一例外 wúyí lìwài 동 하나도 예외가 없다 | 夭折 yāozhé 동 (일이) 중도에서 실패하다 | 沮丧 jǔsàng 낙담하다, 풀이 죽다 | 竹签 zhúqiān 명 대꼬챙이, 대나무 이쑤시개 | 费尽心思 fèijìn xīnsī 온갖 수를 다 짜내다, 온갖 계책을 다 쓰다 | 刺伤 cìshāng 찔러서 상하게 하다 | 捉弄 zhuōnòng 동 희롱하다, 놀리다 | 干脆 gāncuì 부 아예, 차라리 | 长势 zhǎngshì 명 (식물이) 생장하는 기세 | 出乎意料 chūhū yìliào 동 예상 밖이다, 뜻밖이다 | 藤叶 téngyè 덩굴 잎 | 不见得 bújiànde 반드시 ~한 것은 아니다, 반드시 ~라고는 할 수 없다 | 磨难 mónàn 명 고난, 어려움 | 恍然大悟 huǎngrán dàwù 동 갑자기 모든 것을 알게 되다, 문득 모든 것을 깨치다 | 一帆风顺 yìfān fēngshùn 형 일이 순조롭게 진행되다 | 逆境 nìjìng 명 역경 | 磨砺 mólì 동 연마하다, 단련하다

85

根据第2段，下列哪项正确？　　　　　두 번째 단락에 근거하여 다음 중 옳은 것은？

A 南瓜长得都不好　　　　　　　　　A 호박이 모두 잘 안 자란다
B 父亲也无能为力　　　　　　　　　B 아버지도 어찌할 수 없다
C 瓜藤都烂掉了　　　　　　　　　　C 덩굴줄기가 다 썩어버렸다
D 年轻人没用心照料南瓜　　　　　　D 젊은이는 정성을 다해 호박을 키우지 않았다

단어 无能为力 wúnéng wéilì 형 힘을 제대로 쓰지 못하다, 능력이 없다

해설 두 번째 단락에서는 젊은이가 호박을 기르는 이야기가 나왔다. '在他的精心照料下，瓜藤长得非常茂盛。可奇怪的是，那些茂盛的瓜藤上却迟迟不结瓜(그의 정성 어린 보살핌 아래 덩굴줄기는 매우 무성하게 자랐다. 하지만 이상하게도 그 무성한 덩굴줄기에서 호박이 끝까지 열리지 않는 것이다)'라고 했기 때문에 정답은 A이다.

86

年轻人为什么把竹签扔掉了？　　　　젊은이는 왜 대꼬챙이를 버렸는가？

A 用不了那么多　　　　　　　　　　A 그렇게 많이는 필요 없어서
B 觉得父亲在骗他　　　　　　　　　B 아버지가 그를 속이고 있다고 생각해서
C 想到了更好的办法　　　　　　　　C 더 좋은 방법이 생각나서
D 竹签太难插　　　　　　　　　　　D 대꼬챙이를 꽂기 어려워서

해설 아버지가 주신 대꼬챙이를 끼우려고 할 때 젊은이는 온전한 덩굴줄기에 상처를 내는 것을 꺼렸다. '年轻人怀疑父亲故意捉弄他，于是就干脆把剩下的竹签都扔掉了(젊은이는 아버지가 자신을 일부러 놀리는 것이라고 의심하여 아예 나머지 대꼬챙이를 모두 버려버렸다)'라고 했기 때문에 정답은 B이다.

87

关于那根被插了竹签的瓜藤，可以知道：　　대꼬챙이를 꽂은 덩굴줄기에 관해 알 수 있는 것은？

A 叶子异常茂盛　　　　　　　　　　A 잎이 비정상적으로 무성하다
B 被施了更多的肥料　　　　　　　　B 더 많은 비료가 사용되었다
C 结出的南瓜更大　　　　　　　　　C 열린 호박이 매우 크다
D 有15米长　　　　　　　　　　　　D 길이가 15미터이다

해설 '可出乎意料的是，这根受伤的瓜藤竟结出了南瓜，而且南瓜并没有烂掉，反而长得飞快，最后竟然长到了15公斤(하지만 뜻밖에도 이 다친 줄기에서 호박이 열렸고 이 호박은 썩지 않고 도리어 매우 빠르게 자라서 마지막에는 15킬로그램까지 자랐다)'이라는 네 번째 단락의 표현으로 보아 정답이 C라는 것을 알 수 있다. 이 문제는 대꼬챙이에 대한 문제로 15라는 숫자가 나왔다고 해서 D를 선택해서는 안 된다.

88

上文主要想告诉我们：	위 글에서 우리에게 말하고자 하는 것은?
A 要善于思考	A 사고를 잘해야 한다
B 虚心才能进步	B 겸손해야만 발전할 수 있다
C 成长需要经历磨难	C 성장 과정에 어려움도 겪어봐야 한다
D 要有坚定的信念	D 확고한 신념이 있어야 한다

해설 본문에서는 호박과 대꼬챙이를 통해 순탄치 않은 삶 속에서 발전하는 모습에 대해 이야기하고 있다. 마지막 단락인 '人生的道路不会总是一帆风顺，但只要我们肯在自己这根"瓜藤"上插一根"竹签"，勇于在逆境中磨砺自己，就一定能够实现我们的人生目标(인생의 길이 늘 순조롭지만은 않지만 우리가 자신의 이 '덩굴줄기' 위에 '대꼬챙이'를 꽂고, 용감하게 역경 속에서 자신을 갈고닦는다면 우리 인생의 목표를 실현할 수 있다)'를 통해 C가 정답임을 알 수 있다.

 89-92

你是否曾经为在某次宴会上把饮料洒了一身而懊恼很久？你是否曾经在公共场合摔倒后迅速起身，虽然装作若无其事，但还是觉得极为丢脸？很多人的回答都是"是"。这就是心理学中"焦点效应"的表现。[89]焦点效应是人类的一种普遍心理，主要表现是过度关注自我，把自己当做一切的中心，过高地估计周围人对自己外表和行为的关注度。

[90]为了观察人们对其他人的关注度究竟有多高，心理学家曾做过一个实验：他让几个大学生穿上某名牌衬衫走进教室，在此之前，他让这些学生预计一下教室里会有多少人注意到他们的衬衫，大家都觉得至少会有一半儿的同学注意到。而实际上，最后的调查结果却出人意料，只有不到四分之一的人注意到了这一点。[90]这个实验说明，我们往往会不自觉地放大别人对我们的关注程度，觉得他们对自己非常在意，而事实并非如此。所以，如果下次再遇到把饮料弄洒或者其他尴尬的情况时，你完全不必不好意思，因为关注你的人要比你想象的少得多。

如果我们总是觉得别人非常关注自己，总觉得自己是人们视线的焦点，一举一动都受到监控，这样下去很容易产生社交恐惧。[91]有社交恐惧的人往往在心理压力较大，他们难以容忍自己的社交失误。比如，当他们发现自己恰巧是宴会上唯一一位没有主人准备礼物的客人，他们会为此苦恼很久。所以，[92]只有正确理解焦点效应，除去压在自己身上沉重的心理负担，才能享受轻松的社交生活。

당신은 어떤 만찬에서 음료수를 온몸에 쏟아서 오래도록 난감했던 적이 있는가? 공공장소에서 넘어진 후에 잽싸게 일어나서, 비록 아무 일 없는 듯이 행동했지만 사실 매우 창피한 적은 없는가? 많은 사람의 대답은 '있다'일 것이다. 이것은 바로 심리학의 '초점반응'을 나타낸 것이다. [89]초점반응은 인류의 보편적인 심리로 주로 자신에게 지나치게 관심을 갖는 것이며 자신을 모든 것의 중심으로 보고 주위 사람들이 자신의 겉모습이나 행동에 대한 관심도를 너무 높게 어림잡는 것이다.

[90]사람들이 타인에 대한 관심도가 얼마나 높은지 관찰하기 위해 심리학자가 실험을 한 적이 있다. 몇몇 대학생에게 어떤 명품 브랜드의 셔츠를 입고 교실에 들어가게 했는데, 들어가기 전에 이 학생들에게 교실 안의 몇 명이 그들의 셔츠에 주의를 기울이는지 예측해보라고 했고, 모두 적어도 절반의 학생은 알아챌 것이라고 생각했다. 하지만 사실상 마지막 검사 결과는 예상 밖이었다. 4분의 1도 안 되는 사람들만 이것을 알아챘다. [90]이 실험을 통해 알 수 있는 것은 우리는 종종 알게 모르게 다른 사람들의 우리에 대한 관심의 정도를 확대 해석하고 자신을 매우 신경 쓰고 있다고 생각하지만 사실은 그렇지 않다. 그러므로 만약 다음에 다시 음료수를 쏟거나 다른 난감한 상황에 처하게 되더라도 전혀 부끄러워할 필요가 없다. 왜냐하면, 당신에게 관심을 가지는 사람은 당신이 생각하는 것보다 많이 적기 때문이다.

만약 우리가 줄곧 다른 사람이 자신에게 매우 큰 관심을 가지고 있다고 생각하고 자신이 사람들 시선의 중심이며 행동 하나하나를 다 감시받는다고 생각한다면 사교공포증에 걸릴 수 있다. [91]사교공포증이 있는 사람들은 종종 심리적 스트레스가 매우 많으며, 그들은 자신의 사교에서의 실수를 쉽게 용납하지 못한다. 예를 들어,

자신이 만찬에서 유일하게 주인에게 선물을 준비하지 못한 사람이라는 것을 발견했을 때, 그들은 이것에 대해 오랫동안 괴로워할 것이다. 그러므로 92초점반응을 정확히 이해하고, 자신을 억누르는 무거운 심리적 부담을 떨쳐낼 수 있어야만 사교생활을 더 편히 즐길 수 있다.

단어 洒 sǎ 동 엎지르다 | 懊恼 àonǎo 동 괴로워하다, 근심하다 | 摔倒 shuāidǎo 동 (몸이 균형을 잃고) 쓰러지다 | 迅速 xùnsù 형 신속하다 | 装作 zhuāngzuò 동 ~한 체하다 | 若无其事 ruòwú qíshì 마치 아무 일도 없는 듯하다 | 丢脸 diūliǎn 동 체면을 잃다, 창피를 당하다, 쪽팔리다 | 焦点 jiāodiǎn 명 (문제나 관심사의) 초점, 집중 | 普遍 pǔbiàn 형 보편적인 | 过高 guògāo 형 너무 높다, 지나치게 높다 | 预计 yùjì 동 예측하다, 추산하다 | 出人意料 chūrén yìliào 형 예상 밖이다 | 自觉 zìjué 형 자발적인, 자진하여 | 在意 zàiyì 동 마음에 두다 | 一举一动 yìjǔ yídòng 명 일거수일투족, 모든 행동 | 监控 jiānkòng 동 감시하고 제어하다, 감독하고 조절하다 | 容忍 róngrěn 동 참고 용서하다, 용인하다 | 失误 shīwù 명 실수 | 恰巧 qiàqiǎo 부 때마침, 공교롭게도 | 苦恼 kǔnǎo 형 괴롭다 | 沉重 chénzhòng 형 (무게·기분·부담 등이) 몹시 무겁다, 심하다 | 负担 fùdān 명 부담, 책임

89

第1段主要谈的是什么? | 첫 번째 단락에서는 주로 무엇에 관해 말하는가?

A 几种常见的心理疾病　　　　　A 몇 가지 자주 보이는 심리적 질병
B 焦点效应的表现　　　　　　　B 초점반응의 표현
C 宴会上的礼节　　　　　　　　C 만찬에서의 예절
D 焦点效应在医学上的应用　　　D 초점반응의 의학상에서의 응용

해설 첫 번째 단락에서는 공공장소에서 음료수를 쏟은 사례로 인한 초점반응에 대해 말하고 있다. 특히 '焦点效应是人类的一种普遍心理, 主要表现是过度关注自我, 把自己当做一切的中心, 过高地估计周围人对自己外表和行为的关注度(초점반응은 인류의 보편적인 심리로 주로 자신에게 지나치게 관심을 갖는 것이며 자신을 모든 것의 중심으로 보고 주위 사람들이 자신의 겉모습이나 행동에 대한 관심도를 너무 높게 어림잡는 것이다)'라고 하며 초점반응의 표현을 언급했기 때문에 정답은 B이다.

90

第2段的实验说明了什么问题? | 두 번째 단락에서의 실험은 어떤 문제를 설명했는가?

A 人喜欢关注新奇事物　　　　　A 사람은 새로운 사물에 관심 갖는 것을 좋아한다
B 人常高估他人对自己的关注度　B 사람은 타인의 자신에 대한 관심도를 더 높이 평가한다
C 大学生并不追求名牌　　　　　C 대학생은 명품을 추구하지 않는다
D 人会出于礼貌忽略别人的错误　D 사람은 예의상 다른 사람의 잘못을 그냥 넘어간다

단어 高估 gāogū 동 높이 평가하다 | 出于礼貌 chūyú lǐmào 예의를 표하다 | 忽略 hūlüè 동 무시하다, 빼버리다

해설 두 번째 단락 첫 번째 문장에서 '为了观察人们对其他人的关注度究竟有多高, 心理学家曾做过一个实验(사람들이 타인에 대한 관심도가 얼마나 높은지 관찰하기 위해 심리학자가 실험을 한 적이 있다)'이라고 했으며 마지막 문장을 보면 사람들이 관심의 정도를 확대 해석 한다고 했으므로 정답이 B라는 것을 알 수 있다.

91

有社交恐惧的人：

A 不能容忍自己的社交失误
B 总感觉别人对自己不友好
C 习惯掩饰自己的错误
D 不愿接触陌生人

사교공포증이 있는 사람들은 어떠한가?

A 자신의 사교에서의 실수를 참지 못한다
B 다른 사람이 자신에게 우호적이지 않다고 생각한다
C 습관적으로 자신의 잘못을 감춘다
D 낯선 사람과의 만남을 안 좋아한다

단어 掩饰 yǎnshì 통 덮어 숨기다, 감추다

해설 사교공포증에 대해서는 마지막 단락에서 언급이 된다. '有社交恐惧的人往往心理压力较大，他们难以容忍自己的社交失误(사교공포증이 있는 사람들은 종종 심리적 스트레스가 매우 많으며, 그들은 자신의 사교에서의 실수를 쉽게 용납하지 못한다)'라고 했기 때문에 정답은 A이다.

92

第3段主要想告诉我们：

A 要扩大自己的社交圈
B 心理压力很难消除
C 要学会卸去心理负担
D 不要因为别人的失误而苦恼

세 번째 단락이 우리에게 말하고자 하는 것은 무엇인가?

A 자신의 사교 범위를 넓혀야 한다
B 심리적 스트레스는 없애기 힘들다
C 심리적 부담을 없애는 것을 배워야 한다
D 다른 사람의 실수 때문에 고뇌하지 마라

단어 消除 xiāochú 통 없애다, 제거하다 | 卸去 xièqù 제거하다, 없애다

해설 가장 마지막 문장에서 '只有正确理解焦点效应，却去压在自己身上沉重的心理负担，才能享受轻松的社交生活(초점반응을 정확히 이해하고, 자신을 억누르는 무거운 심리적 부담을 떨쳐낼 수 있어야만 사교생활을 더 편히 즐길 수 있다)'라고 했기 때문에 본문에서 우리에게 말하고자 하는 것은 C라는 것을 알 수 있다.

 93-96

　　在新疆浩瀚的荒原中，常常会见到一座座矗立"城堡"、一系列奇特的"雕塑"，犹如鬼斧神工一般，人们称其为"魔鬼城"。⁹³魔鬼城不仅仅存在于新疆，世界上许多干旱的沙漠地区都有此奇观。

　　其实，魔鬼城并不是真正的城市，而是一种典型的风蚀地貌——雅丹地貌。在一些极度干旱的地区，地表常因干涸而裂开，随着时间的流逝，这些裂隙越来越大，于是，原本平坦的地面产生了许多不规则的垄脊和沟槽。那么形状各异的雅丹地貌又是如何被塑造出来的呢？我们知道，地表是由不同性状的岩石一层层相叠而成的。这些岩石有的坚硬，如花岗岩；有的松软，如砂岩、泥岩。在长期的强风作用下，比较松软的部分被吹蚀，而比较坚硬的部分则被保留下

　　신장의 드넓은 황야에서는 종종 우뚝 솟은 '성보'를 볼 수 있는데, 일련의 독특한 '조소품'은 마치 사람이 했다고는 할 수 없을 정도로 정교해서 사람들은 그것을 '마귀성'이라고 부른다. ⁹³마귀성은 신장에서뿐만 아니라, 세계의 여러 건조한 사막 지역에서 이 신기한 광경을 볼 수 있다.

　　사실 마귀성은 진짜 도시가 아니고 일종의 전형적인 풍식 지형, 즉 야르당 지형이다. 극도로 건조한 지역에서는 지표가 자주 물이 말라서 갈라지며, 시간의 흐름에 따라 이런 갈라진 틈이 점점 커지게 되어 원래 평탄했던 지면에 수많은 불규칙적인 굴곡진 이랑과 구멍이 생긴다. 그럼 형태가 각각 다른 야르당 지형은 또 어떻게 만들어진 것일까? 우리는 지표가 다른 형태의 암석으로 한 층 한 층 겹쳐져서 만들어진 것이라는 것을 안다. 이런 암석은 어떤 것은 화강암과 같이 딱딱한 것도

来，从而形成了千姿百态的地形地貌。⁹⁴所以，岩石的性状与风力的大小是形成雅丹地貌的重要条件。

这种风蚀地貌在新疆的分布相当广。⁹⁵罗布泊西北的楼兰地区有着最为典型的雅丹地貌，堪称最全面的地质资料宝库。该地区的土丘由泥岩和砂岩相叠构成，丘体高约10到20米，长约200到300米，且成行列式整齐分布。远远望去，这些土丘既像海湾中停泊待航的巨大舰队，又似鳞次栉比的高楼大厦，蔚然壮观。

魔鬼是恐怖的，魔鬼城却是可爱的。⁹⁶如今，新疆很多的魔鬼城已被开发成了旅游景区，吸引了许多中外人士前来观光。

있고, 사암석, 이암과 같이 무른 것도 있다. 장기간의 강풍작용으로 비교적 무른 부분은 바람에 깎이고, 비교적 딱딱한 부분은 남겨져서 여러 형태의 지형 지모가 만들어진다. ⁹⁴그러므로 암석의 형태와 풍력의 크기는 야르당 지형이 형성되는 중요한 조건이다.

이런 풍식 지형은 신장에서 분포가 상당히 넓다. ⁹⁵뤄부호 서북쪽의 누란 지역에는 가장 전형적인 야르당 지형이 있으며 가장 완전한 지질 자료의 보고라고 할 수 있다. 이 지역의 흙 언덕은 이암과 사암이 겹쳐져서 만들어졌으며 흙 언덕의 높이가 10에서 20미터 정도이고 길이는 200~300미터에 행렬식으로 가지런히 분포되어 있다. 멀리서 바라보면 이런 흙 언덕은 해만에 정박하여 항해를 기다리는 거대한 함대로 보이기도 하고 빽빽하게 늘어서 있는 고층건물 같기도 해서 장관을 이룬다.

마귀성은 무서운 것이지만 마귀성은 귀엽기도 하다. ⁹⁶오늘날, 신장의 많은 마귀성은 이미 관광지로 개발되어 많은 국내외 사람들의 관광을 이끌었다.

단어 浩瀚 hàohàn 혱 드넓다, 광활하다 | 荒原 huāngyuán 몡 황량한 벌판, 황야 | 矗立 chùlì 동 우뚝 솟다 | 城堡 chéngbǎo 몡 (보루식의) 작은 성, 성보 | 一系列 yíxìliè 혱 일련의, 연속의 | 雕塑 diāosù 몡 조소품 | 鬼斧神工 guǐfǔ shéngōng 셩 건축이나 조각 등의 기교가 사람이 했다고는 할 수 없을 정도로 정교하다 | 不仅 bùjǐn 젭 ~뿐만이 아니다, ~만이 아니다 | 干旱 gānhàn 혱 가물다, 건조하다 | 奇观 qíguān 몡 기이한 풍경 | 风蚀 fēngshí 동 풍식되다 | 地貌 dìmào 몡 지구 표면의 형태 | 雅丹 yǎdān 야르당: 풍식(風蝕) 작용으로 모래땅 따위의 표면에 생기는 불규칙한 밭이랑 모양으로 패인 곳 | 极度 jídù 튀 극도로, 아주 | 干涸 gānhé (강이나 연못 등의) 물이 마르다 | 裂开 lièkāi 벌어지다 | 流逝 liúshì 동 흐르는 물처럼 지나가다 | 裂隙 lièxì 갈라진 틈 | 垄脊 lǒngjǐ 생김새가 등마루같이 생긴 이랑, 고랑 | 沟槽 gōucáo 몡 (어떤 물체 속의) 구멍, 빈 부분 | 塑造 sùzào 동 조소하다 | 性状 xìngzhuàng 몡 성질과 형상 | 坚硬 jiānyìng 혱 단단하다, 견고하다 | 松软 sōngruǎn 혱 푹신푹신하다, 말랑말랑하다 | 砂岩 shāyán 몡 사암, 사암석 | 泥岩 níyán 몡 이암 | 蚀 shí 동 좀먹다 | 千姿百态 qiānzī bǎitài 셩 모양이 제각각이고 서로 다르다 | 堪称 kānchēng 동 ~라고 할 만하다, ~라고 할 수 있다 | 土丘 tǔqiū 몡 흙언덕 | 整齐 zhěngqí 혱 가지런하다 | 海湾 hǎiwān 만, 해만 | 停泊 tíngbó 동 (배가) 정박하다, 머물다 | 巨大 jùdà 혱 아주 크다 | 舰队 jiànduì 몡 선박 편대 | 鳞次栉比 líncì zhìbǐ 물고기의 비늘이나 참빗의 빗살같이 빽빽하게 늘어서 있다, 집들이 빽빽하게 늘어서 있다 | 蔚然 wèirán 동 울창하다, 성대하다 | 壮观 zhuàngguān 혱 장관이다

93

魔鬼城一般出现在什么地方?	마귀성은 주로 어느 지역에서 나타나는가?
A 热带地区	A 열대지역
B 高原	B 고원
C 干旱地区	C 가뭄 지역
D 盆地	D 분지

단어 盆地 péndì 몡 분지

해설 첫 번째 단락의 마지막 문장에서 '魔鬼城不仅仅存在于新疆, 世界上许多干旱的沙漠地区都有此奇观(마귀성은 신장에서뿐만 아니라, 세계의 여러 건조한 사막 지역에서 이 신기한 광경을 볼 수 있다)'이라고 했기 때문에 정답은 C이다.

94

下列哪项是雅丹地貌形成的重要条件?	다음 중 야르당 지형 형성에 가장 중요한 조건은?
A 风 B 充足的阳光 C 充足的降雨 D 悬殊的昼夜温差	A 바람 B 충분한 햇빛 C 충분한 강우량 D 밤낮의 심한 기온차

단어 悬殊 xuánshū 형 차이가 크다

해설 야르당 지형에 대해서 처음 언급한 두 번째 단락에서 '所以，岩石的性状与风力的大小是形成雅丹地貌的重要条件(그러므로 암석의 형태와 풍력의 크기는 야르당 지형이 형성되는 중요한 조건이다)'이라고 했으므로 바람이 주요 원인임을 알 수 있다. 정답은 A이다.

95

根据第3段, 楼兰地区:	세 번째 단락에 근거하여 누란 지역은 어떠한가?
A 有很多高楼大厦 B 船舶制造业发达 C 人口密度大有 D 被称为地质资料宝库	A 고층빌딩이 많다 B 선박 제조업이 발달해 있다 C 인구밀도가 높다 D 지질 자료의 보고라고 불린다

해설 세 번째 단락에 따르면 '罗布泊西北的楼兰地区有着最为典型的雅丹地貌，堪称最全面地质资料宝库(뤄부호 서북쪽의 누란 지역에는 가장 전형적인 야르당 지형이 있으며 가장 완전한 지질 자료의 보고라고 할 수 있다)'라는 표현으로 보아 정답은 D라는 것을 알 수 있다.

96

根据上文, 下列哪项正确?	위 글에 근거해 다음 중 옳은 것은?
A 新疆水土流失严重 B 魔鬼城可由人工建造 C 雅丹地貌正逐年增加 D 魔鬼城已成为旅游景点	A 신장의 물과 토양의 유실이 심각하다 B 마귀성은 인공적으로 만들어진 것이다 C 야르당 지형은 매년 증가하고 있다 D 마귀성은 이미 관광명소가 되었다

단어 建造 jiànzào 동 건조하다

해설 가장 마지막 문장에서 '如今，新疆很多的魔鬼城已被开发成了旅游景区，吸引了许多中外人士前来观光(오늘날, 신장의 많은 마귀성은 이미 관광지로 개발되어 많은 국내외 사람들의 관광을 이끌었다)'이라고 했으므로 정답은 D이다.

97-100

　　在日益全球化的今天，会讲两种语言比只会一种语言具有明显的交际优势。⁹⁷近年来，科学家们又有新的发现：熟谙两种语言会让人更聪明。使用双语会对人的大脑产生深刻的影响，提高人的认知能力，甚至还能预防老年痴呆。

　　长期以来，研究人员和教育工作者都认为第二语言是一种干扰。从认知的角度来说，学习第二语言会影响儿童的学业和智力发育。有充分的证据表明，即使双语者只使用一种语言，他们大脑中的两种语言系统也都同时处于活跃状态，¹⁰⁰从而会出现一种语言系统妨碍另一种语言系统的状况。

　　⁹⁸不过，这种干扰与其说是障碍，倒不如说让双语者因祸得福。许多研究表明，使用双语能够增强大脑的执行功能。在我们做计划、解决问题以及执行其他对智力要求比较高的任务时，这种功能可以引导我们忽略干扰、集中注意力、随意在两件事情之间转换注意力以及牢记信息等。

　　为什么两种同时活跃的语言系统间的冲突会提高这些方面的能力呢？有研究者认为，双语者的优势主要来自于某种抑制能力，这种能力有助于训练双语者的大脑忽视其他干扰。不过，这种解释显然不够充分。因为也有研究表明，即使在完成不需要抑制能力的任务，如将纸上任意分布的数字按升序排列时，双语者的表现也比只使用一种语言的人出色。

　　⁹⁹另外，双语者比只使用一种语言的人具有更加突出的监控环境的能力。在执行任务时，他们参与监控的那部分大脑的活动较少，这表明他们这方面的能力更强。研究者说："双语者需要频繁切换语言——你可能跟爸爸说话时用一种语言，跟妈妈说话时又用另一种语言，这就要求你时刻注意周围环境的变化，这和开车时随时留意周围是一个道理。"

점점 국제화가 되고 있는 오늘날, 두 가지의 언어를 할 수 있는 것은 한 가지의 언어를 할 수 있는 것보다 분명한 교제의 우세함을 지닌다. ⁹⁷최근 과학자들은 또 새롭게 발견하기를, 두 가지 언어를 이해하는 것은 사람을 더 똑똑하게 만든다는 것이다. 이중 언어를 사용하는 것은 사람의 대뇌에 강렬하게 영향을 주고 사람의 인지능력을 향상하며 심지어 노년의 치매를 예방할 수 있다.

오랫동안 연구원과 교육 관계자들은 다 제2언어는 일종의 방해라고 생각해왔다. 인지의 각도에서 보면 제2언어를 배우는 것은 아동의 학업과 지능발달에 영향을 준다. 충분한 증거에서 밝혀지길, 이중 언어를 하는 사람들이 한 가지의 언어만 사용하더라도 그들 대뇌의 이중 언어 체계는 동시에 활성화 상태에 놓이게 되는데 ¹⁰⁰이로써 한 가지 언어체계가 또 다른 언어체계를 방해하는 상황이 나타난다는 것이다.

⁹⁸하지만 이런 방해를 장애라고 하기보다는 이중 언어를 하는 사람들의 불행 가운데 행운이라고 보는 것이 나을 듯하다. 많은 연구 결과, 이중 언어를 사용하는 것은 대뇌의 집행기능을 강화할 수 있다. 우리가 계획을 세우고 문제를 해결하며 지능에 대한 요구가 비교적 높은 기타 임무를 수행할 때, 이런 기능은 우리가 방해를 무시하고 주의를 집중하며 두 가지 일 사이에서 집중력을 마음대로 전환하며 정보를 확실히 기억하게 해준다.

왜 동시에 활성화된 두 가지 언어체계 사이의 충돌은 이런 방면의 능력을 향상시켜줄까? 어떤 연구원은 이중 언어를 하는 사람들의 장점이 어떤 억제 능력에서 주로 비롯되며 이런 능력은 이중 언어를 하는 사람들의 대뇌가 다른 방해를 무시하도록 훈련하는 데 도움이 된다고 한다. 하지만 이런 설명은 확실히 충분하지는 않다. 왜냐하면 또 다른 연구결과에 따르면 종이에 임의로 널려 있는 숫자를 오름차순으로 배열할 때처럼 억제능력이 필요 없는 임무를 끝낼 때도 이중 언어를 하는 사람의 행동은 한 가지 언어를 하는 사람보다 뛰어났기 때문이다.

⁹⁹또한, 이중 언어를 하는 사람들은 한 가지 언어를 하는 사람보다 더 뛰어나게 환경을 제어하는 능력을 가지고 있다. 임무를 실행할 때 제어에 관여하는 대뇌의 활동이 비교적 적은데, 이것은 그들이 이 방면의 능력이 더 강하다는 것을 뜻한다. 연구원이 말하길 "이중 언어를 하는 사람은 자주 언어를 교환해줘야 되는데, 즉 아빠와 말할 때 한 언어로 말을 하고, 엄마와 말할 때는 또 다른 언어로 대화하는 것이다. 이것은 시시각각 주변 환경의 변화에 주의할 것을 요구하는데, 운전할 때 계속 주위를 주의하는 것과 같은 이치이다."라고 했다.

단어 日益 rìyì 🔘 날로, 나날이 더욱 | 优势 yōushì 🔘 우세 | 熟谙 shú'ān 🔘 이해하다 | 深刻 shēnkè 🔘 (인상이) 깊다 | 预防 yùfáng 🔘 예방하다 | 痴呆 chīdāi 🔘 치매 | 干扰 gānrǎo 🔘 방해 | 认知 rènzhī 🔘 인지하다 | 即使 jíshǐ 🔘 설령 ~하더라도 | 双语 shuāngyǔ 🔘 이중 언어 | 活跃 huóyuè 🔘 활동적이다, 활기 있다 | 妨碍 fáng'ài 🔘 지장을 주다, 방해하다 | 因祸得福 yīnhuò défú 🔘 재난 때문에 도리어 복을 얻다 | 执行 zhíxíng 🔘 집행하다 | 任务 rènwu 🔘 임무 | 随意 suíyì 🔘 마음대로 | 牢记 láojì 🔘 명심하다 | 抑制 yìzhì 🔘 억제하다 | 升序排列 shēngxù páiliè 오름차순으로 배열하다 | 出色 chūsè 🔘 대단히 뛰어나다 | 监控 jiānkòng 🔘 감시하고 제어하다 | 切换 qiēhuàn 🔘 빠르게 화면을 바꾸다, 전환되다

제 5 회
阅读

97

根据第1段, 掌握两种语言的人:

A 更聪明
B 爱独立思考
C 更敏感
D 更长寿

첫 번째 단락에 근거하여 두 가지 언어를 터득한 사람들은 어떠한가?

A 더 똑똑하다
B 독립적인 사고를 좋아한다
C 더 민감하다
D 더 장수한다

단어 敏感 mǐngǎn 🔘 민감하다 | 长寿 chángshòu 🔘 장수하다

해설 첫 번째 단락에서 과학자들의 발견을 살펴보면 '熟谙两种语言会让人更聪明(두 가지 언어를 이해하는 것은 사람을 더 똑똑하게 만든다)'이라고 했으므로 정답은 A이다.

98

第3段中的"因祸得福"指的是什么?

A 大脑的执行功能得到提高
B 消除了文化隔阂
C 逻辑思维能力增强
D 记忆力更好

세 번째 단락의 '因祸得福'는 무엇을 뜻하는가?

A 대뇌의 집행기능이 향상된다
B 문화적 거리를 없애준다
C 논리적인 사고능력을 강화한다
D 기억력이 더 좋아진다

단어 隔阂 géhé 🔘 (생각·감정의) 틈, 간격, 거리

해설 '因祸得福'라는 성어의 의미를 알고 있지 못하다면 앞뒤 문맥으로 파악해야 한다. '不过，这种干扰与其说是障碍，倒不如说让双语者因祸得福。许多研究表明，使用双语能够增强大脑的执行功能(하지만 이런 방해를 장애라고 하기보다는 이중 언어를 하는 사람들이 불행 가운데 행운이라고 보는 것이 나을 듯하다. 많은 연구 결과, 이중 언어를 사용하는 것은 대뇌의 집행기능을 강화할 수 있다)'으로 보아 정답은 A이다.

99

下列哪项属于双语者的优势?

A 突出的环境监控能力
B 识别差异的能力更强
C 获取信息更快
D 驾驶技术更好

다음 중 이중 언어를 하는 사람의 장점에 속하는 것은?

A 뛰어난 환경 제어 능력
B 차이를 인식하는 능력이 더 뛰어나다
C 정보를 더 빨리 얻는다
D 운전기술이 더 좋다

단어 识别 shíbié 🔘 식별하다, 분별하다

해설 마지막 단락에서 '另外，双语者比只使用一种语言的人具有更加突出的监控环境的能力(또한, 이중 언어를 하는 사람들은 한 가지 언어를 하는 사람보다 더 뛰어나게 환경을 제어하는 능력을 가지고 있다)'라고 했으므로 정답은 A이다.

100 根据上文，下列哪项正确?

A 研究者不同意学习双语
B 双语者的抑制能力差
C 双语者的语言系统相互干扰
D 双语者的注意力很难集中

위 글에 근거하여 다음 중 옳은 것은?

A 연구원은 이중 언어를 배우는 것을 반대한다
B 이중 언어를 사용하는 사람들의 억제능력은 떨어진다
C 이중 언어를 사용하는 사람들의 언어체계는 서로 방해된다
D 이중 언어를 사용하는 사람들의 주의력은 집중하기 어렵다

단어 相互 xiānghù 분 서로, 상호

해설 앞서 정답이 나오지 않았던 두 번째 단락에서 '从而会出现一种语言系统妨碍另一种语言系统的状况(이로써 한 가지 언어체계가 또 다른 언어체계를 방해하는 상황이 나타난다는 것이다)'이라고 했기 때문에 정답은 C이다.

三 书写

제 5 회
阅读

(1) 아래 지문을 자세히 읽을 것. 제한시간은 10분이며 읽는 동안 베끼거나 기록할 수 없음.
(2) 10분 후 감독관이 읽기 자료를 수거하면 이 지문을 짧은 글로 요약할 것. 제한시간은 35분.
(3) 제목은 스스로 정할 것. 지문 내용만 요약하고 자신의 의견은 첨가하지 말 것.
(4) 글자수는 400자 내외로 할 것.
(5) 답안지에 직접 작성할 것.

秦朝末年，楚国有一个叫季布的人，他性情耿直、乐于助人。而且只要是他答应过的事情，无论遇到多大的困难，他都会设法办到，从不会让求助于他的人失望。所以，季布一直都很受大家的尊敬。

秦朝灭亡后，刘邦与项羽展开了争夺天下的大战。季布作为项羽的部下，很受项羽的器重。他为项羽进献良策，并主动带兵出击，多次使刘邦的军队陷入困境。

不过，最终刘邦打赢了这场战争，建立了汉朝，并当上了汉朝的开国皇帝。他每次想起季布帮助项羽让自己的军队多次陷入困境的事就气愤不已，于是下令捉拿季布。他专门让人贴出告示：如有举报季布行踪者，赏黄金一千斤，而如果有人敢窝藏季布，则予以重罚。

季布平时非常讲信用，帮助过很多人，大家都感念他的恩情。因此，当刘邦的告示公布于天下之后，有许多知道季布行踪的人不但不受金钱的诱惑上报他的行踪，甚至还冒着生命危险，尽心尽力地保护季布。当时，还流传着这样一句话"得黄金千斤，不如得季布一诺"。后来，季布藏到了一个叫朱家的人家里。朱家也很欣赏季布，他不仅努力保护季布，还专门找到刘邦的亲信滕公，准备说服他，让他为季布求情。

其实，滕公也认为季布是一个不可多得的人才，再加上朱家的一番劝说，他就答应了下来。滕公对刘邦说："我知道您之所以捉拿季布，是因为他当初曾帮助项羽，使您的军队陷入困境。但那时候，季布是项羽的部下，他为项羽打仗，这是他应尽的责任啊。同时，这不也表明季布是一个有才干、有责任心的人吗？何况，现在您刚刚赢得天下，就因为从前的仇恨捉拿季布，作为一个皇帝来说，会显得您太没有气量了。"

滕公见刘邦并没有反驳他的意思，于是就接着说道："您现在这么恨季布，到处捉拿他，假如他因为害怕，再去为别的国家效力，与汉朝

진나라 말기에 초나라에 계포라는 사람이 있었는데 그는 성격이 강직하고 남을 도와주는 것을 좋아했다. 게다가 그가 승낙했던 일은 어떤 큰 어려움이 닥쳐와도 늘 방법을 강구하여 해결했으므로 한 번도 부탁한 사람을 실망시키지 않았다. 그래서 계포는 늘 사람들의 존경을 받았다.

진나라가 멸망한 후, 유방과 항우가 천하를 다투는 큰 전쟁을 치렀다. 계포는 항우의 수하로 항우의 신임을 받았다. 그는 항우를 위해 제일 좋은 계책을 생각해 냈고 주동적으로 병사를 끌고 나가 싸웠으며 여러 번 유방의 군대를 곤경에 빠뜨렸다.

하지만 마지막에는 유방이 이 전쟁에서 승리하고 한나라를 세워 한나라의 개국 황제가 되었다. 그는 매번 계포가 항우를 도와 자신의 군대를 여러 차례 곤경에 빠지게 한 것이 생각날 때면 매우 분개하며 계포를 잡아오라 명했다. 그는 특별히 사람을 시켜 공고문을 붙이라 했다. '계포의 행적을 제보하는 자는 황금 천 근을 상으로 내린다. 하지만 만약 계포를 숨기는 자가 있으면 중벌에 처한다.'

계포는 평소에 신용을 매우 중시하고 많은 사람을 도왔으므로 모두 그의 은혜를 감사하게 생각했다. 그래서 유방이 공고문을 올려 만천하에 알린 후에도 계포의 행적을 아는 많은 사람은 돈의 유혹에 빠지지 않고 그의 행적을 말하지 않았을 뿐 아니라 생명의 위협까지 감수하면서까지 최대한 계포를 보호하려 했다. 그 당시 "황금 천 냥을 얻을 바엔 계포의 승낙을 얻는 것이 낫다"는 말이 퍼졌을 정도였다. 후에 계포는 주가라 불리는 사람의 집에 숨어 있게 되었다. 주가도 계포를 마음에 들어 했는데, 그는 계포를 열심히 보호했을 뿐만 아니라 특별히 유방의 심복인 등공을 찾아가 계포를 위해 선처해달라고 설득하기도 했다.

사실 등공도 계포가 쉽게 얻기 힘든 인재라고 생각했고 주가의 설득까지 더해져 이를 승낙했다. 등공이 유방을 찾아가 "계포를 잡으려는 이유가 당시 그가 항우를 도와 황제의 군대를 곤경에 빠뜨렸기 때문임을 압니다. 하지만 그때 계포는 항우의 수하였고 항우를 위해

作对，这不是给您增添了不必要的麻烦吗？依我说，您还不如现在就把他召进宫来，给他一个合适的官职，让他为您做事。这样他不仅不会投奔他国，给您带来威胁，说不定还会对您十分感激，从而发挥自己的才智为汉朝做出贡献。另外，您这么做的话，老百姓也会赞扬您爱惜人才，大家一定都会很敬重您，愿意归顺您。"

刘邦听后，点了点头，觉得滕公说得有一定的道理，便接受了他的建议，并立即派人撤去了告示，将季布召进宫来，任命他为郎中。后来，季布果然对刘邦十分感激，而且不负众望，竭尽所能为汉朝做出了很大的贡献。

싸우는 것은 마땅한 책임이었습니다. 동시에 이것은 계포가 재능이 있고 책임감이 있는 사람이라는 것을 뜻하는 것 아니겠습니까? 게다가 지금 황제는 막 천하를 얻으셨는데, 이전의 원한으로 계포를 잡으려 하시면 한 황제로서 포용력이 너무 없다고 보일 수도 있습니다."라고 말했다.

등공은 유방이 그의 의견에 반박할 것 같지 않자 계속해서 "지금 이렇게 계포를 증오하여 그를 붙잡으려고만 하셔서 그가 겁을 먹고 다른 나라로 건너가 한나라와 맞서게 된다면, 도리어 불필요한 골칫거리만 더해지는 것이 아니겠습니까? 제가 보기엔 그냥 그를 궁으로 데리고 와서 그에게 적당한 직책을 주어 황제를 위해 일을 하게 하는 것이 좋다고 생각합니다. 이러면 다른 나라로 도망가서 위협을 주는 일이 없어질 뿐만 아니라, 도리어 황제께 감격하며 자신의 기지를 발휘해 한나라에 공헌할 수도 있습니다. 또한, 이렇게 하신다면 백성들도 황제가 인재를 아낀다고 칭송할 것이고 모두 황제를 존경하여 황제께 귀순하기를 원할 것입니다."라고 말했다.

유방이 듣고 고개를 끄덕이며 등공의 말에 어느 정도 일리가 있다고 여겨 그의 의견을 받아들인 동시에 사람을 파견하여 공고문을 거두고 계포를 궁에 불러 낭중으로 임명했다. 후에, 계포는 역시나 유방에게 매우 감격해하며 기대를 저버리지 않고 전심을 다해 한나라를 위해 많은 공헌을 했다.

단어 耿直 gěngzhí 형 정직하다, 바르고 곧다 | 乐于助人 lèyú zhùrén 다른 사람을 기꺼이 돕다 | 无论 wúlùn 접 ~에 관계없이 | 设法 shèfǎ 동 방법을 강구하다 | 尊敬 zūnjìng 동 존경 | 争夺 zhēngduó 동 쟁탈하다 | 器重 qìzhòng 동 (윗사람이 아랫사람을) 신임하다 | 良策 liángcè 명 좋은 계책 | 陷入 xiànrù 동 (불리한 지경에) 빠지다 | 气愤 qìfèn 형 화내다, 분개하다 | 不已 bùyǐ 동 ~에 마지않다 | 下令 xiàlìng 동 명령을 하달하다 | 捉 zhuō 동 잡다, 포획하다 | 告示 gàoshi 명 공고문 | 举报 jǔbào 동 신고하다 | 行踪 xíngzōng 명 행방, 종적 | 窝藏 wōcáng 동 은닉하다, 감추다 | 予以 yǔyǐ 동 ~을 주다 | 公布 gōngbù 동 공포하다 | 诱惑 yòuhuò 동 유혹하다 | 甚至 shènzhì 접 심지어 | 危险 wēixiǎn 형 위험하다 | 尽心尽力 jìnxīn jìnlì 몸과 마음을 다하다 | 专门 zhuānmén 부 전문적으로, 특별히 | 说服 shuōfú 동 설득하다 | 劝说 quànshuō 동 타이르다, 설득하다 | 打仗 dǎzhàng 동 전쟁하다 | 才干 cáigàn 명 능력, 재능 | 仇恨 chóuhèn 명 원한, 증오 | 反驳 fǎnbó 동 반박하다 | 增添 zēngtiān 동 늘리다 | 投奔 tóubèn 동 몸을 의탁하다 | 威胁 wēixié 동 위협하다, 협박하다 | 感激 gǎnjī 동 감격하다 | 贡献 gòngxiàn 동 공헌하다 | 赞扬 zànyáng 동 찬양하다, 칭찬하다 | 敬重 jìngzhòng 동 존경하다 | 归顺 guīshùn 동 귀순하다, 귀복하다 | 撕 sī 동 찢다 | 果然 guǒrán 부 과연, 아니나다를까 | 不负众望 búfù zhòngwàng 성 대중의 기대를 저버리지 않다 | 竭尽所能 jiéjìn suǒnéng 할 수 있는 모든 바를 다하다

　　秦朝末年，楚国有一个叫季布的人，他性情耿直、乐于助人。而且只要是他答应过的事情，无论遇到多大的困难，他都会设法办到，从不会让求助于他的人失望。所以，季布一直都很受大家的尊敬。

해설 계포를 중심으로 이 모든 이야기가 진행이 되므로 성격을 반드시 언급해야 한다. 성격이 강직하고 남을 도와주는 것을 좋아하여 많은 사람의 사랑을 받는다는 것은 뒷 이야기의 밑받침이 된다.

요약 秦朝末年楚国有一个叫季布的人，他不但性情耿直，乐于助人，而且还一言九鼎，所以很多人都非常的尊敬他。

　　秦朝灭亡后，刘邦与项羽展开了争夺天下的大战。季布作为项羽的部下，很受项羽的器重。他为项羽进献良策，并主动带兵出击，多次使刘邦的军队陷入困境。

해설 두 번째 단락은 유방과 항우가 전쟁을 하며 싸우는 동안 계포는 항우의 편에서 많은 공을 세웠고, 그 과정에서 유방이 여러 번의 곤경에 처하게 됐다는 내용이다. 이 단락은 유방이 계포를 마음에 들지 않게 되는 결정적 이유이므로 간단하게 한 문장에서 두 문장 정도로 짧게 언급해주는 것이 좋다.

요약 秦朝灭亡后，刘邦与项羽开战。季布作为项羽的部下，项羽非常器重他，而且他多次使刘邦军队陷入困境。

　　不过，最终刘邦打赢了这场战争，建立了汉朝，并当上了汉朝的开国皇帝。他每次想起季布帮助项羽让自己的军队多次陷入困境的事就气愤不已，于是下令捉拿季布。他专门让人贴出告示：如有举报季布行踪者，赏黄金一千斤，而如果有人敢窝藏季布，则予以重罚。
　　季布平时非常讲信用，帮助过很多人，大家都感念他的恩情。因此，当刘邦的告示公布于天下之后，有许多知道季布行踪的人不但不受金钱的诱惑上报他的行踪，甚至还冒着生命危险，尽心尽力地保护季布。当时，还流传着这样一句话"得黄金千斤，不如得季布一诺"。后来，季布藏到了一个叫朱家的人家里。朱家也很欣赏季布，他不仅努力保护季布，还专门找到刘邦的亲信滕公，准备说服他，让他为季布求情。
　　其实，滕公也认为季布是一个不可多得的人才，再加上朱家的一番劝说，他就答应了下来。滕公对刘邦说："我知道您之所以捉拿季布，是因为他当初曾帮助项羽，使您的军队陷入困境。但那时候，季布是项羽的部下，他为项羽打仗，这是他应尽的责任啊。同时，这不也表明季布是一个有才干、有责任心的人吗？何况，现在您刚刚赢得天下，就因为从前的仇恨捉拿季布，作为一个皇帝来说，会显得您太没有气量了。"
　　滕公见刘邦并没有反驳他的意思，于是就接着说道："您现在这么恨季布，到处捉拿他，假如他因为害怕，再去为别的国家效力，与汉朝作对，这不是给您增添了不必要的麻烦吗？依我说，您还不如现在就把他召进宫来，给他一个合适的官职，让他为您做事。这样他不仅不会投奔他国，给您带来威胁，说不定还会对您十分感激，从而发挥自己的才智为汉朝做出贡献。另外，您这么做的话，老百姓也会赞扬您爱惜人才，大家一定都会敬重您，愿意归顺您。"
　　刘邦听后，点了点头，觉得滕公说得有一定的道理，便接受了他的建议，并立即派人撤去了告示，将季布召进宫来，任命他为郎中。后来，季布果然对刘邦十分感激，而且不负众望，竭尽所能为汉朝做出了很大的贡献。

해설 세 번째 단락부터 마지막 단락까지는 유방이 황제의 자리에 오른 뒤 자신을 여러 번 곤경에 처하게 한 계포에 대해 명령을 내린 것과 그에 따른 이야기로 요약이 가능하다. 유방은 계포를 처벌하기 위해 현상금까지 걸며 그를 찾았고 계포에게 도움을 받은 적이 있던 주위 사람들은 계포를 돕는 것에 목숨을 아끼지 않았다. 그중 주가가 계포를 도와주었고 유방은 그의 측근의 말을 듣고 계포를 등용했다. 계포는 그 은혜에 감사하며 나라에 많은 공헌을 했다는 내용이 이 문장들의 핵심이므로 의미를 잘 살려 요약해야 한다. 이 이야기에서는 나오는 사람들이 많으므로 이름을 외워서 쓰면 좋다. 또한 요약할 때 대화체는 없는 것이 좋으므로 간접적인 3인칭으로 쓰는 것이 좋다.

요약 后来刘邦取得了天下。当他一想起季布时，总是耿耿于怀，于是下令捉拿季布，而且要对提供信息的人就赏黄金千两。因为季布平时帮助过很多人，所以大家不但没有被金钱诱惑，反而用生命去保护他。后来他逃到了一个姓朱的人家，姓朱的人家也很欣赏季布。所以姓朱的人家为了帮季布而找到了刘邦的亲信滕公，请求滕公说服刘邦。其实滕公也很欣赏季布，所以他在刘邦面前，为季布说了很多好话，说季布帮项羽，其实那是因为他很有责任心，也能看出他对国君是多么的忠心。他还跟刘邦说，如果季布为别国效力，那么还会给刘邦带来很多麻烦。相反，如果把他招进宫来，老百姓也会赞扬刘邦是个贤明的皇帝。后来刘邦听了滕公的建议，把季布招回宫。季布不负众望，对汉朝做出了很多的贡献！

모범 답안

　　　　　　　季布

　　秦朝末年有一个叫季布的人，他不但性情耿直，乐于助人，而且还一言九鼎，所以很多人都非常的尊敬他。

　　秦朝灭亡后，刘邦与项羽开战。季布作为项羽的部下，项羽非常器重他，而且他多次使刘邦军队陷入困境。

　　后来刘邦取得了天下。当他一想起季布时，总是耿耿于怀，于是下令捉拿季布，而且要对提供信息的人就赏黄金千两。因为季布平时帮助过很多人，所以大家不但没有被金钱诱惑，反而用生命去保护他。后来他逃到了一个姓朱的人家，姓朱的人家也很欣赏季布。所以姓朱的人家为了帮季布而找到了刘邦的亲信滕公，请求滕公说服刘邦。其实滕公也很欣赏季布，所以他在刘邦面前，为季布说了很多好话，说季布帮项羽，其实那是因为他很有责任心，也能看出他对国君是多么忠心。他还跟刘邦说，如果季布为别国效力，多么还会给刘邦带来很多麻烦。相反，如果把他招进宫来，老百姓也会赞扬刘邦是个贤明的皇帝。后来刘邦听了滕公的建议，把季布招回宫。季布不负众望，对汉朝做出了很多的贡献！

동양북스 新HSK 수험서 시리즈

북경대 新HSK 실전 모의고사
2급·3급·4급·5급·6급
최신 개정판

★ 출간 즉시 新HSK 시험 매회 적중!
★ 〈新HSK 이거하나면 끝! 실전 모의고사〉 완벽 해설판!
★ 급수별 필수 단어장 무료 제공!

독학용

북경대출판사 펴냄, 刘云 외 지음 | 4×6배판
- 2급 276쪽 | 16,500원
- 3급 248쪽 | 16,500원
- 4급 308쪽 | 17,500원
- 5급 400쪽 | 18,500원
- 6급 488쪽 | 19,500원

중국어뱅크
新HSK 이거 하나면 끝!
실전 모의고사
3급·4급·5급·6급

新HSK 시험문제 최다 적중!
新HSK 모의고사 베스트 1위!

★ 실전모의고사 5회분 수록
★ 실제 시험에 가까운 문제유형·난이도·길이·어휘 선정

강의용

북경대출판사 펴냄, 刘云 외 지음 | 4×6배판
- 3급 152쪽 | 11,500원
- 4급 168쪽 | 12,500원
- 5급 200쪽 | 13,500원
- 6급 224쪽 | 14,500원

동양북스 新BCT 수험서 시리즈

새롭게 바뀐 BCT 출제 경향에 맞춘

新BCT 실전 모의고사

A·B형

新BCT 대비 파이널 실전 모의고사!

★ 기출문제에 근접한 배점과 난이도의 실전 모의고사로 구성
★ 쉽고 간단명료한 해설을 실어 자기주도학습이 가능!
★ 새로 바뀐 BCT에도 新BCT 실전 모의고사면 자신 있다!

이동욱 지음·김현철 감수
A형 − 12,000원, **B형** − 13,000원(각 권 모의고사 3세트 + MP3 CD 1장 + 해설 포함)

동양북스 비즈니스 회화 도서

중국어뱅크 비즈니스 실무 중국어 〔초·중급〕 〔중·고급〕

★ 실무 자신감을 키워주는 비즈니스 교과서!
★ 중국통상, 국제무역, 국제경영 전공자를 위한 필독 교재!
★ 현장에서 자주 쓰는 표현만을 수록하여 실무에 바로 적용!
★ 기업 실무, 경제 무역의 전문 용어로 고급 비즈니스 표현 구사!

진탁, 윤형빈 지음 | 4×6배판 | 부록: 워크북 + 오디오 CD 1장
〔초·중급〕 본책 164쪽 | 워크북 84쪽 | 15,000원
〔중·고급〕 본책 168쪽 | 워크북 56쪽 | 15,000원

중국어 비즈니스 이메일

★ 중국어 비즈니스 이메일 쓰기의 바이블!
★ 자주 쓰이는 46가지 이메일 표현 및 2500개 문장 수록!
★ 현장에서 자주 쓰는 표현만을 수록하여 실무에 바로 적용!
★ 상사에게 인정받고 능력 있는 해외 거래처 담당자로 거듭날 수 있는 절호의 기회!

김태순 지음 | 4×6배판 | 416쪽 | 19,500원

중국어뱅크
판매중국어

★ 중국인 고객을 사로잡는 고객 응대 회화 교재!
★ 백화점&면세점&아울렛 매장에서 꼭 필요한 교재!
★ 허를 찌르는 필수 회화 표현만 콕콕 실은 교재!

이종순, 이의선, 张进凯 지음 | 4x6배판 | 13,500원
(MP3 CD 1장 포함)

스마트 Smart
중국어 면접

★ 똑똑하게 준비해서 한 번에 합격할 수 있는 교재!
★ 면접직전까지 놓을 수 없는 면접장 필수 지침서!
★ 면접 기출 질문과 합격 보장을 위한 스마트한 모범답안 최다 수록!
★ 느린 속도와 빠른 속도의 MP3 2번 반복 청취로 중국어 학습 효과 향상!

유리, 권나경 지음 | 4x6배판 변형 | 15,000원
(MP3 무료 다운로드)

TSC 한권이면 끝

★ 국내 유일의 TSC 기출문제 완벽 분석!
★ 저자의 다년간 TSC 강의 경력을 이 책 한 권에!
★ 각 부분별 학습 공략법 및 예상 답안 대 공개!
★ 충분히 학습·연습할 수 있는 다량의 문제와 답안 제시!

郑琴 지음·최시아 번역 | 4×6배판 | 556면 | 26,500원
(MP3 무료 다운로드)

TSC VOCA

★ TSC 기출단어 완벽 분석!
★ 고득점 달성을 위한 문장 수록!
★ 다양한 중국어 숙어와 어휘 부록!

지앙리 지음 | 142×220 | 424면 | 19,500원
(MP3 무료 다운로드)